医院医疗保险管理理论与实务

主 编 储爱琴
主 审 操礼庆

合肥工业大学出版社

图书在版编目(CIP)数据

医院医疗保险管理理论与实务/储爱琴主编 . —合肥:合肥工业大学出版社,2016.3
ISBN 978 - 7 - 5650 - 2664 - 5

Ⅰ.①医… Ⅱ.①储… Ⅲ.①医院—医疗保险—管理—中国 Ⅳ.①F842.684

中国版本图书馆 CIP 数据核字(2016)第 027802 号

医院医疗保险管理理论与实务

储爱琴 主编

责任编辑	张择瑞	
出版发行	合肥工业大学出版社	
地　　址	(230009)合肥市屯溪路 193 号	
网　　址	www.hfutpress.com.cn	
电　　话	理工编辑部:0551 - 62903204	
	市场营销部:0551 - 62903198	
开　　本	787 毫米×1092 毫米　1/16	
印　　张	32	
字　　数	706 千字	
版　　次	2016 年 3 月第 1 版	
印　　次	2016 年 3 月第 1 次印刷	
印　　刷	合肥现代印务有限公司	
书　　号	ISBN 978 - 7 - 5650 - 2664 - 5	
定　　价	65.00 元	

如果有影响阅读的印装质量问题,请与出版社市场营销部联系调换。

编 委 会

前　言

　　国家统计局网站数据显示,2014 年年末新型农村合作医疗参合率达 98.9%,城镇基本医疗保险参保人数达 5.98 亿。随着国家全民医保制度的建立,医疗保险管理在医院管理中的职能越来越重要。2015 年《全国医院医疗保险服务规范》的发布,将医院医保管理纳入科学化、规范化、精细化的轨道。医院医疗保险的管理职能再不仅仅是贯彻落实医疗保险政策、为参保者提供满意的服务,同时还肩负着推进医疗保险支付方式改革、维护医疗保险基金安全的重要作用,在政府、参保者以及医务人员之间架起沟通和协调的桥梁,不断研究和总结医疗保险实施过程中存在的问题,提供决策参考。

　　为了更好地宣传、落实医疗保险政策,使广大参保者和医务人员了解医疗保险的重大意义,减少医疗保险改革对临床科室带来的冲击和影响,我们组织多年工作在医疗保险一线,特别是在三甲医院中长期从事医院医疗保险管理实践的同志,在总结多年管理工作经验的基础上,参考了医疗保险管理领域的经典理论及各家医院医疗保险管理经验,基于实用的原则编写了本书。

　　本书分为理论与实务两部分,共十八章。其中,理论部分九章,从社会保险引入医疗保险的概念,介绍了医疗保险筹资与管理、医疗保险支付方式、医疗保险谈判、医疗保险法制管理,系统地介绍了医疗保险管理的基础理论。同时,从医院的角度介绍了医疗保险管理的内容,医疗保险费用控制的原因、难点和途径,医疗保险基金管理,医疗保险信息系统等与医疗保险管理实务密切相关的理论。

　　实务部分共九章,以医院医疗保险管理工作为基础,以落实医疗保险政策为主要任务,以服务参保者、服务临床科室为宗旨,详细介绍了医院医疗保险管理部门职责及岗位设定、医院医疗保险目录管理、医院医疗保险质量管理、医院医疗保险资金的财务管理、医院医疗保险拒付的管理、医院医疗保险风险及危机管理、参保者就医管理、生育保险及工伤保险管理、医院医疗保险政策的宣传培训等内容,做到一切从实际出发,理论与实务工作相结合。

　　编写《医院医疗保险管理理论与实务》一书的目的是让医院医疗保险从业人员能

有一本实用的工具书,从而指导他们学习理论、操作实践,并能进行医疗保险精细化管理,同时,也为医院管理者、临床工作者、参保者提供参考,争取做到"一看就懂、一学就会、一用就灵"。

目前,市场上关于医疗保险理论的书较多,但关于医院医疗保险管理,尤其是实务部分的学术著作相对较少,本书将对医院医疗保险从业者迅速熟悉工作,掌握理论与实务大有裨益。本书编写过程中参考了有关书籍和资料,在此一并表示谢意!由于编者水平所限,书中不足之处恳请读者、学者和同仁批评指正。

序　一

国家新一轮医药卫生体制改革已经步入深水区,参与改革的相关各方已形成医疗、医药、医保"三医"联动的共识。2015年底我在中央党校学习、研究国家民生政策时,一直在思考医疗保险在国家新一轮医药卫生体制改革中的重要角色和作用,恰逢安徽省立医院操礼庆总会计师带领其医疗保险管理团队编撰《医院医疗保险管理理论与实务》一书,并请我作序,经阅读该书内容,与我正在书写的《牵住深化医改的"牛鼻子"》一文的观点不谋而合,遂以此代为序。

牵住深化医改的"牛鼻子"

深化医改是中央全面深化改革的重要布局,医疗、医药、医保"三医联动"是深化医改的基本要求。从各地实践来看,医疗、医药联动较多,而医疗、医保联动不足。尽快推动基本医保制度改革,对于更好更快地推进医改各项任务落实,增进人民健康福祉,助力健康中国的建设,具有极为重要的意义。

医保已经成为医改的牛鼻子

近年来,政府为解决群众看病难、看病贵问题采取了加强基层服务能力、提高医保筹资水平和报销比例、合理分流病人、规范诊疗行为、加强医疗监管等一系列的具体举措。细细分析,这些重要的医改举措几乎都和医保紧密相关,医保处于核心位置。

如针对大医院的战时状态,需要推进分级诊疗,医保就要区分病种,实行差异化的病种付费标准和起付线、报销比例政策,把大医院常见病的病种付费标准适度降低,使其回报明显低于疑难杂症。同时提高基层服务能力和报销比例等,引导患者常见病在基层机构诊治,这样反过来也会节省医保基金。

再如,遏制大处方、滥检查、耗材多等过度医疗服务,需要推行临床路径管理,最重要的前提是医保实行按病种付费。三明市等一些地方医改实践取得成效,其三保合一、全力配合与支持医改,发挥了重要作用。

对于医院来讲,医保资金已经占其收入的60%～70%,患者个人自付部分也完全受医保支配,可以说医保不仅调控着医院医疗服务行为,也调控着患者的就医行为。医保的经济杠杆作用远大于各种行政措施的作用。安徽近年顺利推进县级医院临床路径管理工作,受到广大医患双方欢迎,得益于新农合同步实施了按病种付费改革。

从国际经验看,发达国家医改主要是通过调整医保报销范围、支付方式等政策,来推动医疗服务、医药市场改革。极少通过行政手段直接干预医院的微观管理行为和医务人员的临床技术服务行为。

我国基本医保制度存在的主要问题

我国基本医保制度在短时间内实现了全覆盖,特别是9亿多农民进入了看病"报销族",被称为是"世界奇迹"。医保全覆盖大大减轻了群众看病就医的经济负担,缓解了人民群众因病致贫、因病返贫问题,为实现全民小康奠定了扎实基础。但是,在制度层面仍存在不少问题。主要有:

1. 管理体制不统一。我国基本医疗保障制度分别由不同的部门主管,城镇职工医保、城镇居民医保是由人社部门管理;新农合是由卫生计生部门管理。另外,还有面向贫困人口的医疗救助制度是由民政部门管理。造成了管理、经办机构人员和设施重复配置,管理成本高。

2. 筹资政策不统一。城镇职工医保是以职工工资一定比例为基数筹集资金;城镇居民医保、新农合筹资来源类似,但方式与政策不同。筹资标准差别大。

3. 报销政策不统一。不同医保的报销目录、支付标准、补偿比例等都不同,地区差异也较大。

4. 管理技术不统一。不同医保管理部门分别建设了不同的医保信息结算系统,支付方式也各不相同,购买服务的谈判、评价机制尚未形成。

上述问题对患者、医疗机构、医务人员产生了不同影响。对不同医保患者,报销待遇不同,由此产生自付费用的担忧,容易导致医患之间产生误解和矛盾。对医疗机构,不同医保制度的结算标准、方式不同;医保信息系统对接复杂、成本高;特别是很多地方实施的总额预算制,把医保基金不足的矛盾交给医院,导致医保基金上半年敞着用,下半年抠着用,年底没得用,造成年底看病难问题。对医务人员,需要根据不同的报销目录对病人提供治疗,造成"同病不同治""同治不同药"等现象。

很多医改措施,都需要医保予以支持,分散管理协调难度大。一些地方,出现一些改革措施进展缓慢、停滞不前的情况即是反证。反之,医改不能有效推进,医药费用过快增长,又拖累了医保基金安全,出现超支问题。

围绕改革总体目标调整医保制度

党的十八届五中全会提出了健康中国的宏伟目标,必须在医保制度上确立大健康发展理念,创新医保制度。从我国国情出发,遵循医保发展规律,我国基本医保制度应推进以下三个方面的创新发展:

一是立法上,从自愿参保发展为强制参保。自愿参保易出现逆选择问题,疾病风险低的人群不参保,会导致医保资金入不敷出。国际上基本医保都是强制性的。经过十几年发展,我国城乡居民已经认识并接受互助共济理念。以法律形式明确公民参加基本医保的责任、医保各方的权利与义务,有利于建设好人人参与、人人尽力、人人享有的社会基本医保制度。

二是发展方向上,从医疗保险发展为健康保险。目前我国慢性、退行性疾病已成为最主要的死因与最大的费用负担。研究表明,1 元的预防投入,可以减少 8.59 元的医疗支出。将医保延伸到预防领域,既保已病治疗,又促未病预防,是我国医保制度创新的战略选择。目前,可探索将基本公共卫生服务项目经费与医保基金统筹安排,做到目标导向一致。探索将城镇职工医保个人账户基金用于健康促进与干预,变"死钱"为"活钱"。还要发挥中医药治未病优势。

三是管理体制上,从三保分散管理改为统一管理。最优方式是在卫生部门组建统一的基本医保管理机构,统管医疗、医保。次优方式是建立各类基本医保支付方式、报销政策等统一协调机构(须在医改领导小组框架内)。过渡性办法是,选择部分省由卫生部门统管医保,部分省由人社部门统管,部分省委托第三方管理,试点后再作出决定。国际经验提示,医疗保险由卫生部门统管,是采用国家最多、效率最高、效果最好的管理体制。

另外,还有两项具体改革建议:

1. 提高保障水平,由"低水平广覆盖"逐步向"中高水平全覆盖"转变。目前我国城乡居民基本医保实际报销比例与群众期望差距较大,要通过全面完善医保制度和推进医改,提高报销比例,使实际报销比例达到 75%～80%。安徽省有 26 个县城镇居民医保并入新农合后,强化管理并协同推进医改,报销比例明显提高。

2. 调整支付方式,由按项目付费为主向混合支付转变。住院服务要全面推开按病种付费、床日或人头付费,门诊服务实行总额预付或按人头付费,对不同级别的医院应采取不同的支付方式。要合理确定支付标准,兼顾多方利益,实现共赢。

安徽省卫生和计划生育委员会主任　于德志

2016 年 1 月 10 日

序 二

  1994年以来,我国从"两江试点"(江苏镇江、江西九江)改革建立职工医疗保险制度起步,2003年试点建立新型农村合作医疗制度、2007年试点建立城镇居民基本医疗保险制度,历经20余年的不懈努力,通过不断扩大覆盖人群、持续健全制度体系、稳步提高待遇水平、改革完善经办服务等系列举措,初步建立了具有中国特色的覆盖全体13亿国民的全民医保体系,为促进社会主义市场经济建设、保障全体人民基本医疗需求、化解老百姓"看病贵、看病难"问题发挥了极其重要的经济"助推器"和社会"稳定器"的作用。中国医疗保障体制改革的巨大成就为世界所瞩目!

  "医保""医疗"和"患者"是社会医疗保险制度中三者缺一不可的有机整体,医保方筹集医疗保险基金,通过向医疗机构购买医疗服务或者支付费用,在参保人员患病时保障其基本医疗需求。"徒法不足行",好的制度设计需要好的执行才能产生好的效果,医疗机构是医疗保险体系顺畅运行的"传动轴",是医保基金支付和患者获得服务的"落脚点",医疗保险在医院端的管理实践,也是医疗保险管理领域的重中之重、难中之最。一项社会保障制度的建立和发展离不开所处的政治生态和经济土壤。随着我国经济发展进入新常态,供给侧结构性改革走向深入,经济结构、发展方式、国家治理模式等都在深刻变化,全民医保制度的持续发展面临着改革红利释放的机遇,也面临着经济增速换挡、改革窗口期"阵痛"、人口老龄化加剧等挑战,基金增收减缓与支出膨胀的双重压力,使医疗保险从"控需方"向"控供方"的管理方式继续强化转变,这更使医院医疗保险管理成为整个医保杠杆上的焦点和难点。

  "工欲善其事,必先利其器"。安徽省立医院医疗保险管理团队通过理论荟萃、实践总结,编写了《医院医疗保险管理理论与实务》这本工具书,内容囊括了医疗保险概念、筹资、管理、基金、结算等完整理论,以及医院医疗保险岗位设置、目录管理、财务运行、质量控制、拒付谈判、风险应对、政策宣传等丰富实务。思想是行动的先导,理论是实践的指南!此书是在国家开启"十三五"规划布局、安徽省全面深化医药卫生体制改革的大背景下成书的,紧扣当前深化改革的时代主题,能为医院医疗保险管理提供良好的借鉴和帮助,是医院医疗保险管理者能置于案头,可读、易读,可用、有用的"利器"。

  作为医疗保险工作战线上的一员,由衷祝贺此书流传于世,也热切期盼医院医疗保险管理工作再上台阶、再创佳绩。

安徽省人力资源和社会保障厅副厅长

安徽省社会保险局局长

2016年1月12日

目　　录

理论部分

实务部分

附　录

理 论 部 分

t

第一章　社会保险和医疗保险

第一节　社会保险的概念及基本构成

19 世纪末,西方国家中的德国最早产生现代意义上的社会保险。作为现代社会保障制度的主体,社会保险是区别于商业保险而存在的,它是社会保障制度的核心内容。

一、社会保险概念

（一）社会保险的基本含义

社会保险是指通过国家立法强制实施的,以全体社会成员为保险对象,在保险对象年老、疾病、失业、生育、伤残等特殊情况下给予一定的物质帮助或经济补偿,从而减少风险损失的一种社会保障制度。

（二）社会保险的基本特征

社会保险作为国家立法强制实施的一种社会保障制度,与建立在市场行为基础上的商业保险具有较大的差异性,有以下几个基本特征:

1. 强制性

所谓强制性就是指国家通过立法强制实施,凡符合法律规定条件的用人单位和个体均应参加社会保险,并履行法律规定的缴费义务等,参保者在满足一定条件后可依法享受相应的社会保险待遇。

2. 保障性

保障性即社会保险对全体社会成员具有普遍的保障责任,它的实施不以营利为目的,其根本目的是当参加社会保险的社会成员在遭遇年老、疾病、失业、生育、伤残等风险时,政府依法提供物质帮助或损失补偿,以保障参保人员最基本的生活需要。

3. 互济性

互济性是指社会保险遵循风险共担的运行管理原则。通过向负有缴费义务的单位和个体筹集社会保险费从而建立社会保险基金,并在全体参保人员之间统一调剂使用,以此实现年轻者与年老者、健康者与疾病者、高收入者与低收入者、在业者与失业者之间的风险共担、互助共济。

4. 福利性

福利性是指社会保险是基本公共服务事业,政府通过税收减免、财政出资等方式给予参保者参保补助,被保险者承担较少的缴纳保险费的责任,特殊困难人群甚至不承担缴费责任,却能享受到较好的社会保险保障待遇,具有典型的公共福利属性。此外,社会保险还提供各种非物质帮助,如免费医疗、工伤康复等,其福利属性尤为明显。

二、社会保险的基本构成

社会保险是在特定的国情下产生的,因世界各国的政治、经济、社会、文化等情况均存有差异,相应的社会保险的构成和保障内容也不尽相同。我国现行社会保险的基本构成主要分为五个大类,即:基本养老保险、基本医疗保险、工伤保险、失业保险和生育保险。

(一)基本养老保险

基本养老保险是社会保险中最重要的险种之一,是社会保险制度不可或缺的构成内容。基本养老保险是指由政府通过立法规定劳动者在年老失去劳动能力或达到退休条件退出工作岗位时,从政府、用人单位及个人共同筹集的养老保险基金中获得一定的货币补偿或物质帮助,保障其享有基本生活待遇的一项社会保险制度。政府建立养老保险的目的是保障职工、城乡居民在年老时能获得相对稳定可靠的生活来源,从而不降低基本生活水平。

(二)基本医疗保险

基本医疗保险作为社会保险制度的重要组成部分,是指国家按照法定的原则,强制规定由政府、用人单位及个人共同筹集医疗保险基金,当参保者因病或因伤住院治疗时,由医疗保险基金按规定给予一定补偿的社会保险制度。现有的基本医疗保险制度包括城镇职工基本医疗保险、城镇居民基本医疗保险和新型农村合作医疗制度。医疗保险基金在参保者之间统筹调剂使用,实现医疗风险分摊和互助共济,从而防范因病致贫、因病返贫现象发生。

(三)工伤保险

工伤保险是国家通过立法强制建立的。工伤保险基金由用人单位以缴纳保险费的形式建立,职工因工作原因受到事故伤害,或者患职业性疾病被认定为工伤时,由工伤保险基金按照规定支付医疗费用、康复费用、伤残津贴、伤残补助、辅助器具配置等费用,给予工伤职工一定的物质帮助的社会保险制度。

(四)失业保险

失业保险是指依据国家法律法规规定,通过用人单位和职工个人缴纳失业保险费建立失业保险基金,在劳动者非因本人原因中断就业时,失业保险基金给予失业救济以保障参保失业人员最基本生活需要的社会保险制度。

(五)生育保险

生育保险是保障公民在生育情况下依法从国家和社会获得物质帮助的社会保险制度。用人单位按规定缴纳生育保险费用建立生育保险基金,参保单位职工及其未就业配偶按规定享受生育保险待遇。生育保险待遇主要包括两项:一是生育津贴,包括女职工生育产假、计划生育手术休假等期间的津贴;二是生育医疗费用,包括女职工因生育、计划生育、生育当期并发症治疗等产生的医疗费用。

第二节　医疗保险概述

一、医疗保险概念、特征及其作用

（一）医疗保险的概念

医疗保险从其保障的范围和内涵来看,可以分为广义的医疗保险和狭义的医疗保险。广义的医疗保险也称为健康保险,它的保障范围包括:一是参保者患病就医产生的医疗费用和间接经济损失;二是参保者因伤、残障、死亡等造成的损失;三是对参保群体进行疾病预防和健康维护等。狭义的医疗保险主要是对参保人员患病治疗时发生的医疗费用进行补偿,减少参保患者的伤害风险和经济损失。

我国当前还处于社会主义初级阶段,经济社会的发展水平决定着现行的医疗保险主要为狭义的医疗保险,遵循的是"广覆盖、保基本、多层次、可持续"的基本原则,实行基本医疗保险保障。依据保障人群的不同和制度设计的差异,可分为城镇职工基本医疗保险、城镇居民基本医疗保险和新型农村合作医疗制度三种制度模式。

（二）医疗保险的特征

医疗保险是社会保险领域中的一个重要险种,不仅具有社会保险所具有的普遍特征,同时还具有其他险种不具有的独特特征,主要表现在以下几个方面:

1. 医疗保险对象的普遍性

对于每一个社会个体来说,疾病的风险是客观且普遍存在的,而为防范和抵御疾病风险而建立的医疗保险,它的保障对象必然具有普遍性,即医疗保险的保障对象原则上为全体公民,没有特定排除对象。医疗保险是社会保险中覆盖面最广、使用率最高、与每个个体都息息相关的险种。

2. 医疗保险制度的复杂性

医疗保险制度的复杂性主要表现在三个方面:

第一,医疗保险制度涉及政府、医疗保险经办机构、医疗机构、药品材料供应商、用人单位以及参保者等多个群体,这些群体之间相互影响、相互作用,构成错综复杂的权利和义务关系;第二,医疗保险制度的可持续发展不仅取决于制度本身是否科学、合理,而且会受到整个社会公共卫生资源配置、医药卫生服务体制以及医疗器械和药品流通体制的深刻影响;第三,由于医疗服务提供方与医疗服务购买方、需求方之间存在信息的不对称,医疗服务提供方在医疗消费行为中往往占据主导地位,医疗保险机构的第三方付费方式对医疗消费行为和医药费用控制缺乏强有力的约束。

3. 医疗保险补偿形式的特殊性

医疗保险的补偿形式具有以下特殊性:

第一,疾病风险具有个体差异,个体医疗保险费用支出也不可预知,因此,医疗保险费的测算和控制具有困难性;第二,医疗保险经办机构依据参保者的病情和疾病治疗发生的医疗费用,以第三方的身份按比例进行补偿,不同于参保者直接购买医疗服务;第三,由于疾病风险的随机性和普遍性,医疗费用偿付具有短期性和经常性;第四,医疗保险费用的偿付与年龄因素相关联,通常老年人的医疗费用要高于年轻人的医疗费用,现收现付式的医疗保险制度要考虑代际转移问题。

（三）医疗保险的作用

医疗保险是社会保险的一种,它对经济社会的发展起到重要作用。一方面,解决了政府、用人单位和个人的后顾之忧,稳定经济社会生活;在一定程度实现收入再分配,促进公平和效率的统一;保障有效医疗服务的提供,扩大医疗需求和其他消费需求,保障了健康劳动力的提供,促进了社会再生产。另一方面,它增进和提高了一个国家或地区的健康水平,对规范医疗服务供需行为、控制医疗费用不合理增长发挥积极作用,促进了医疗服务卫生事业的发展和医疗卫生资源的合理配置。

二、医疗保险的基本内容

（一）基金筹集

医疗保险基金是医疗保险制度运行管理的基础,医疗保险机构依法对单位和个人征收医疗保险费来筹集医疗保险基金。在医疗保险基金筹集、使用、管理过程中,必须遵循"以收定支,收支平衡,略有结余"的原则。实行医疗保险制度的国家,根据财务管理方式等的不同,可以将医疗保险基金的筹集分为:现收现付制、积累制和混合制三种模式,大多数国家均实行现收现付制。

医疗保险基金的筹集渠道是多元化的,主要包括:政府专门税收、参保者与用人单位缴费、公共财政补贴、医疗保险基金的营运增值、利息以及罚没等其他收入。在医疗保险费用的缴纳责任中,多数国家采取由参保者与用人单位分担缴费或政府、参保者与用人单位三方分担缴费的做法。医疗保险费用的缴纳方式,主要有固定保险费式和与工资或收入挂钩的浮动式,前者是按照一个固定的费用额度向承担缴费义务者征收医疗保险费,后者是按照被保险人的工资或收入的一定比率征收医疗保险费。较为通常的做法是采取与工资或收入挂钩的浮动式缴费方式。

（二）保障范围

医疗保险的保障范围有广义和狭义之分,广义的医疗保障范围包括医疗保险的保障对象、医疗费用的负担比例和纳入保障范围的卫生服务项目,即医疗保险覆盖人群和该人群具体享受的医疗保障程度。狭义的医疗保障范围主要是指医疗保险保障的医疗服务项目,以及这些项目提供的数量、形式与限制等。

在一定时期内,每个具体国家或地区的经济发展水平、国家财政的支持能力、医疗保险的健全程度以及公众健康观念的转变等方面的因素影响和决定了医疗保险的保障范围。对于医疗保险范围的确定必须遵循以下几个原则:一是与医疗保险目的一致的原则;二是与经济发展水平相适宜的原则;三是满足参保者多层次医疗保险需求的原则;四是充分考虑医疗服务供给状况的原则;五是不断发展原则。

（三）待遇给付

医疗保险的待遇给付,由最初的补偿被保险人患病造成的收入损失逐步扩展到被保险人在遭遇疾病风险时所发生的医疗费用。由于经济社会发展水平和医疗保险筹资水平的不同,不同国家医疗保险规定的支付范围和支付标准具有较大差异。在福利型国家,个人基本享受免费医疗或低收费医疗服务,而且提供的医疗服务项目范围非常大,包括疾病的预防、免疫、疾病的早期诊断、保健、老年护理和康复等项目。而在大部分国家,个人都要负担一定比例的医疗费用。

医疗费用的补偿方式是医疗保险制度运行中的一个重要内容,是确保医疗保险管理目标实现的重要手段之一。医疗保险经办机构作为医疗保险服务的付费人,其对医疗机构的补偿方式种类繁多,主要包括后付制和预付制,并且逐步由后付制向预付制过渡,具体包括总额预付制、按病种付费(疾病诊断分类定额支付)、按人头付费、按服务项目付费等多种类型。

三、医疗保险的基本原则

(一)普遍性原则

所有人都面临着疾病风险。医疗保险制度是通过在参保者之间分摊疾病风险,使社会成员互助共济,从而实现其保障效用。医疗保险的社会化体现在要求全体社会成员无论是否就业、健康与否、年龄长幼等,都成为保险对象,发挥大数法则的技术性作用,最大限度扩大保障的人群范围。

(二)强制性原则

医疗保险是国家通过立法的形式强制推行的,要求所有符合条件的用人单位和个人均应按照法律规定参加。医疗保险的强制性还体现在参保者必须按照规定的基数和费率缴纳保险费用,并按照目录范围享受基本医疗保险待遇。

(三)保基本原则

我国现阶段的经济社会发展水平,决定了医疗保险制度只能为参保者提供基本的医疗保障。基本医疗保险只对参保者治疗确需的基本用药、诊疗项目和医疗服务设施范围进行支付,超过范围的则由参保者自己承担或通过其他补充医疗保障措施解决。

(四)费用分担原则

医疗保险的费用分担原则主要体现在医疗保险基金的收和支两个方面。一方面医疗保险基金由国家、用人单位和个人三方共同筹集,三方共担医疗保险费用;另一方面在医疗费用支付上,医疗保险基金和参保者个人按照一定的比例进行分摊,个人在医疗消费行为中要承担一定的责任。

(五)权利义务相结合原则

权利义务相结合的原则体现在参保者享受基本医疗保险待遇前,需承担缴纳医疗保险费的义务,同样的,履行了缴费义务,即可享受到从基本医疗保险中获得保障的权利。在医疗保险制度的运行过程中,参保者的权利与义务始终相辅相成,二者不可偏废其一。

(六)公平效率兼顾原则

医疗保险制度作为社会保障制度的重要组成部分,具有收入再分配、维护社会公平正义的基本功能,参保者在履行缴费义务后,均可平等的获得基本保障。医疗保险的效率主要体现在医疗保险基金的筹集、使用及购买医疗卫生服务等方面,有效利用医疗卫生资源,使用有限的资源获取最大的效益。

（七）以收定支、收支平衡、略有结余原则

我国基本医疗保险制度中，医疗保险基金遵循"以收定支、收支平衡、略有结余"的筹集、管理和使用原则。统筹地区按照基金的收入情况，综合确定该地区基本医疗保险的待遇水平和支付范围，必须维护医疗保险基金的平稳运行，做到收支平衡。为了确保预留一定的医疗保险基金面对疾病、年老等支出风险，必须使基金结余控制在安全合理水平。

（八）属地管理原则

因各地区之间经济社会发展存有一定差异，医疗保险遵循属地管理的基本原则。属地管理原则即统筹地区内所有符合参保条件的用人单位和参保者，统一参加所在统筹地区的医疗保险，执行统一的政策，实行医疗保险基金的统一筹集、使用和管理。

四、医疗保险系统

（一）医疗保险系统概述

医疗保险系统是一个以维持医疗保险的正常运转和科学管理为目的，具有规范医疗保险费用的筹集、医疗服务的提供、医疗费用的支付等功能的有机系统，主要由政府、医疗保险机构、医疗服务提供机构和被保险人等要素组成，各因素相互影响、相互依存。

随着经济社会的进步和医学、药学技术的发展，医疗保险的作用体系由简单趋向复杂，并逐步形成了一种由政府、医疗保险机构、医疗服务提供机构和被保险人四方关系组成的现代医疗保险系统。

（二）医疗保险系统的构成

1. 政府

在现代医疗保险系统中，政府处于管理者的地位，发挥宏观调控的作用，重大政策需要政府出面做出决策。在我国，由于医疗保险处在不断改革和完善之中，管理和解决医疗保险发展过程中出现的问题成为政府的一项重要职能。因此，在医疗保险系统中，政府需要设计和规范医疗保险市场，促进和协调医疗保险市场的发展，监督和控制医疗保险市场的运行，参与医疗保险市场并弥补其不足，维护和协调医疗保险当事人的合法利益，实现医疗保险系统的持续健康运行。

2. 医疗保险经办机构

医疗保险经办机构代表政府具体操办医疗保险业务，一般由政府部门下设的医疗保险管理中心或医疗保险局履行该角色。医疗保险经办机构是指在医疗保险活动过程中负责医疗保险费用的筹集、支付、审核和管理，对定点机构实行协议管理等医疗保险具体业务经办的机构和组织，亦称为"保险人"，它的基本任务是按照国家法律法规规定和医疗保险政策要求，在一定的区域和人群中有效开展医疗保险业务，保障和促进人们的健康。具体工作内容包括：参与制定医疗保险法规、政策；筹集医疗保险基金；保证医疗服务的提供；支付参保者的医疗费用；依法对医疗服务提供者和参保者进行监督和管理；管理医疗保险基金。

3. 医疗服务提供方

医疗服务的提供方有狭义和广义之分。狭义的医疗服务提供方是指经医疗保险管理部门认定,并与医疗保险经办机构签订服务协议,为参保者提供基本医疗服务的医疗机构。广义的医疗服务提供方除了上述医疗机构外,还包括提供各种卫生保健等服务的机构和人员,如妇幼、防疫、健康教育等。我国医疗保险实行定点管理制度,即为参保者提供医疗服务的必须为经医疗保险管理部门认定的定点医疗机构和定点零售药店,本书中主要涉及定点医疗机构。

4. 被保险方

被保险方在我国通常指参保单位或参保者,亦称投保人,是医疗保险系统中的医疗服务需求方。被保险人按照规定按时足额缴纳医疗保险费,在其因疾病等治疗时,可以在医疗保险规定的范围内,由国家或社会为其提供必需的医疗服务以及经济补偿。

(三)医疗保险系统各方相互关系

在现代医疗保险系统中,四个基本要素均有着各自的功能和特点,各方围绕着医疗保险基金的筹集和医疗费用的补偿问题相互作用、相互影响。具体表现在以下几个方面:

1. 医疗保险经办机构与被保险方

在医疗保险系统中,医疗保险经办机构和被保险方是一种保险合同关系,两者的联系主要表现在医疗保险费的征收、医疗服务的组织和医疗费用的支付等。保险人即医疗保险经办机构,大多数是在过去公费医疗办公室的基础上形成的,在有些地区称为医疗保险基金管理中心或医疗保险局;部分地方成立了社会保险事业管理局,医疗保险只是其中一部分。被保险人按时足额向医疗保险经办机构缴纳保险费,在遭遇疾病风险时可享受相应的医疗服务和医疗费用的偿付。影响这一关系的主要因素为被保险方的参保类型、医疗消费行为、保险方的费用补偿范围和方式等。

2. 医疗服务提供方与被保险方

医疗服务提供方与被保险方的关系主要表现为提供服务、接受服务与支付服务费用等。医疗服务机构是落实医疗保险政策、控制医疗费用的载体,同时是向被保险方提供基本医疗服务、与被保险方直接沟通的主体。被保险方在遭遇疾病风险时接受医疗服务机构提供的服务,并支付一定的费用。影响两者关系的主要因素是被保险方选择医疗服务的自由度,被保险方需要支付服务费用的高低和医疗服务供方的服务水平、制度约束等。

3. 医疗保险机构与医疗服务提供方

医疗保险机构与医疗服务提供方之间的关系,主要表现为医疗保险机构确定医疗保险支付医疗服务的范围、对医疗费用及医疗服务质量的监控等。通过医疗保险基金支付购买医疗服务将医疗保险机构与医疗服务提供者联系起来,它使医疗保险提供方和医疗服务提供方之间的经济关系在医疗服务系统中成为主导,使原有的医患双方之间直接经济关系弱化。医疗保险机构通常采取医疗费用的稽核和病历督查等外部监督方式控制不合理的医疗费用,以及通过改变医疗保险支付方式使医疗服务提供方自我约束,以此促进医疗服务提供方对参保者合理施治,引导医疗卫生资源合理配置。影响二者联系的主要因素是医疗服务提供方的服务范围和项目,以及医疗保险经办机构的费用支付方式等。

4. 政府与医疗保险系统其他三方

政府与医疗保险系统其他三方的关系主要表现为政府对医疗保险机构、参保者、医疗服务提供者的监督、管理与协调。政府通常通过政策、法律、行政、经济等手段来协调和保障三方利益,明确各方的关系、责任和义务,规范各方的行为,对医疗保险的运行发挥重要作用。影响政府和医疗保险系统其他三方关系的主要因素是政府对医疗保险系统的干涉程度和监管力度等。

第三节　医疗保险模式

一、医疗保险模式概述

由于各国政治社会制度、经济文化水平、卫生组织发展程度和卫生服务历史传统等诸多的不同,决定了不同国家实行的医疗保险制度也是不同的。目前,世界各国的医疗保险模式大体可以分为国家医疗保险模式、社会医疗保险模式、储蓄医疗保险模式和市场医疗保险模式四种类型。不同类型的医疗保险模式具有不同的资金筹集方式、医疗保险支付方式和医疗保障水平等。

二、国家医疗保险模式

(一)国家医疗保险模式的概念

国家医疗保险模式是指由政府直接举办医疗保险事业,医疗保险基金由国家财政通过税收等方式实现归集、预算、支出,通过政府实现对国民收入的再分配,医疗保险基金有计划地拨给有关部门或直接拨给医疗机构,向国民提供低收费甚至免费的医疗服务。

实行这种模式的主要是英国、瑞典、西班牙等西方福利国家以及加拿大、澳大利亚、新西兰等一些英联邦国家。实施国家医疗保险模式的国家中最具代表性的是英国。在英国,国家医疗卫生服务主要通过国家预算来筹集医疗资金,支付医疗费用,为全体英国人提供免费的医疗卫生服务。我国原有的公费医疗制度属于这种模式。

(二)国家医疗保险模式的主要特征

国家医疗保险模式的主要特征包括以下五个方面:第一,医疗保险基金绝大部分来源于国家财政预算,医疗费用总量根据政府资金投入量来控制;第二,向全体公民提供免费或低收费的医疗服务,保障医疗服务在全社会公平享有;第三,医疗保障水平较高,通常提供包括预防、保健、医疗和护理康复等在内的卫生健康服务项目;第四,医疗卫生资源配置、医疗服务价格等主要通过计划体制和行政手段控制,具有较强的计划性,市场机制基本不起调节作用;第五,国家垄断提供医疗服务。政府卫生行政部门直接参与医疗服务的规划、管理、分配和提供,公办医疗机构的基本建设与日常运行经费通过全额预算的形式由各级财政下拨,也有部分医疗服务政府通过合同向民办医疗机构或私人医生购买。

（三）国家医疗保险模式的优缺点

1. 国家医疗保险模式的优点

（1）公平性和福利性

公平性和福利性是国家医疗保险模式最大的优点。医疗服务覆盖面一般为本国全体社会成员,国家通过税收筹资,向公民直接提供免费或低收费的医疗服务,且政府积极参与医疗服务机构的建设与管理,保证医疗保险资金有稳定的来源,保证医疗资源公平分配,使公众能够享受公平享有医疗保障,带有典型的福利性质。

（2）成本低

政府通过预算决定医疗经费的收入和支出,同时政府对医院设备的购置、新技术的开发和应用、药品价格等实行积极介入和严格控制,使得医疗保险体系中的医疗成本控制在相对较低水平。

2. 国家医疗保险模式的缺点

（1）政府财政负担过重

医疗服务的免费提供或低收费,使得医患双方缺乏费用控制意识,医疗需求不断增长,医疗费用持续攀升,政府将越来越多的公共资金用于医疗费用支出,政府财政负担不断加重。

（2）医疗服务效率低下

由于医疗服务属于国家经营,医护人员收入采用薪金制,其获得的报酬与其劳动量并不挂钩,缺乏有效的激励机制,造成公立医疗机构运行缺乏活力、设备更新慢、人员配置不足、医务人员工作积极性不高,不利于临床新技术、新药品的研发、使用,导致医疗服务效率低下,医务人员服务意识和服务质量不高。

（3）医疗服务需求过度

国家医疗保险模式提供的近乎免费的医疗服务,导致社会公众对医疗服务过度需求,"门诊挤住院""小病大治"等现象时有发生,从而使得公立医院"排队现象"突出,患者得不到及时的医疗救治。

三、社会医疗保险模式

（一）社会医疗保险模式的概念

社会医疗保险是国家通过立法强制建立的一种医疗保险模式,医疗保险基金主要由参保者和用人单位按照一定比例共同筹集,政府酌情给予补贴,参保者及其家属患病或受伤等需要医治时,由医疗保险基金购买医疗服务,并对医疗费用实施补偿。

社会医疗保险模式的实质是社会成员收入的再分配,或者说是收入的横向转移,即健康人群将收入向患病群体转移,高收入者将部分收入向低收入者转移,通过"大数法则"分摊风险,实现互助共济和社会稳定的目标。目前,世界上有100多个国家采取这种模式,社会医疗保险也成为医疗保障的主流模式。代表性的国家和地区有德国、日本、韩国以及欧洲多数国家等。其中,德国是实行社会医疗保险模式最为典型和最具代表性的国家。

（二）社会医疗保险模式的主要特征

社会医疗保险模式具有以下几个特征：第一，采取多渠道筹集医疗保险基金。多渠道的形式主要是指医疗保险基金由用人单位和参保者共同负担，或由用人单位、参保者缴纳医疗保险费另加政府福利性补助作为保险基金，或再加其他组织的募捐或慈善赞助等。第二，具有强制性，即由国家立法规定参保范围和筹集医疗保险基金，强制规定用人单位和参保者按照一定比例缴纳保险费。第三，医疗保险基金由医疗保险机构按照"以收定支、收支平衡"的原则进行统一筹集、管理和使用，按规定向医疗机构支付医疗费用，并对医疗机构提供的医疗服务行为进行管理和监督。第四，权利和义务相对等原则。用人单位和参保者都必须按规定的缴费标准和时限缴纳医疗保险费，不履行缴纳义务不享受医疗保险待遇。第五，医疗保险的保障水平根据医疗保险基金的支付能力确定，与本国的经济、政治和文化等具体国情相关，一般都能满足参保者的基本医疗需求。第六，对参保者的医疗保障一般分为两种方式：向参保者提供免费或部分免费的医疗服务，或是医疗保险机构对参保者的医疗费用进行补偿。

（三）社会医疗保险模式的优缺点

1. 社会医疗保险模式的优点

（1）互济性较强

社会医疗保险模式坚持权利和义务相结合原则，强调个人责任和互助共济，社会覆盖面广，能在法定的较大范围中实现风险共担，社会互助共济性较强。

（2）宏观和微观效率较高

第一，政府不直接参与医疗保险的具体业务，其主要起到政策制定和宏观调控的作用，扮演一个中介和仲裁的角色，能较好地处理各方面的利益冲突；第二，医疗保险机构与医疗服务提供方之间建立契约，有利于提高医疗服务质量和控制医疗费用的过快增长；第三，社会医疗保险模式强调权利和义务相对应，要求雇主和个人共同缴纳医疗保险费，在一定程度上抑制了参保人员的过度医疗需求。

2. 社会医疗保险模式的缺点

社会医疗保险模式的缺点主要在于该模式实行基金现收现付制，追求基金的当期平衡，缺乏纵向积累，面对人口老龄化的挑战，不能很好地解决医疗费用负担代际转移问题。

四、储蓄医疗保险模式

（一）储蓄医疗保险模式的概念

储蓄医疗保险模式是国家通过立法强制雇主和雇员共同缴费，政府给予适当补贴，以雇员名义建立保健储蓄账户（即个人账户），用于支付个人及家庭成员的医疗费用的一种医疗保险模式，属于公积金制度的一部分。

储蓄医疗保险模式中个人承担主体责任，强调个人通过纵向积累资金支付医疗费用，政府分担部分医疗费用。目前，世界上采用该种模式的国家较少，主要有新加坡、马来西亚、印度、印度尼西亚等，其中以新加坡最为典型。

（二）储蓄医疗保险模式的主要特征

储蓄医疗保险模式的主要特征包括三个方面：第一，强调以个人责任为基础，要求每个有收入的国民在年轻时就要为其终身医疗需求储蓄资金，能较好地解决人口老龄化带来的人口保健筹资费用问题，从而实现了代际转移；第二，个人储蓄医疗账户，只能用于个人和家庭成员的医疗费用，可在家庭成员之间调剂使用，并且可以按照法律规定予以继承，但不能在社会成员中互助共济，不具备社会医疗保险模式的互济功能，也不及国家医疗保险模式公平；第三，政府推动储蓄医疗保险制度，保证个人医疗储蓄资金的保值增值，拨款建立保健信托基金，扶助贫困国民保健费用的支付，并对医疗机构给予适当补贴。

（三）储蓄医疗保险模式的优缺点

1. 储蓄医疗保险模式的优点

储蓄医疗保险模式强调以个人责任为基础，医疗保险基金具有纵向积累的特点，一方面较强地推动了医疗保险基金和卫生资源的合理高效使用，另一方面增强了个人对医疗费用的控制意识，对医疗服务的过度利用和超前消费起到抑制作用。

2. 储蓄医疗保险模式的缺点

储蓄医疗保险模式的缺点主要有两个方面：第一，该模式过分强调个体在医疗保险方面的责任，而忽视了整个社会的公平，特别是低收入和无收入人群不能为个人账户提供稳定的储蓄资金，往往得不到医疗保障或者保障水平很低，易加剧社会贫富两极分化，影响社会公平的实现；第二，医疗保险基金不能实现社会成员之间的互助共济，风险共担，无法体现医疗保险的社会性和互济性。

五、市场医疗保险模式

（一）市场医疗保险模式的概念

市场医疗保险模式是指由商业保险公司主办，将医疗保险作为一种商品按市场原则自由经营的医疗保险类型。即通过市场来筹集资金和提供服务，医疗保险机构、医疗服务机构和医疗服务的价格等通过市场自主调节，政府基本不干预或很少干预。

该模式属于自愿保险，投保人自愿选择保险项目，并缴纳相应的保险费。美国是实行这种制度的典型国家，大部分人通过用人单位或自己购买医疗保险，联邦或州政府为老年人、穷人和儿童提供医疗保险计划。

（二）市场医疗保险模式的主要特征

市场医疗保险模式的主要特征包括以下四个方面：第一，以私人医疗保险为主，没有法定的全民医疗保险，市场对用人单位和保险人行为起决定作用；第二，私人营利与非营利机构、政府公共组织与半公共组织彼此密切合作，具有高度混合性、多样性和复杂性；第三，公共医疗保险制度覆盖特定的人群，对低收入阶层、低收入老年人提供医疗保险，对一些无任何保障的病人提供紧急救助；第四，政府有限介入，用人单位在提供医疗保险方面有较大的自主权。

（三）市场医疗保险模式的优缺点

1. 市场医疗保险模式的优点

市场医疗保险模式的优点主要包括以下两个方面：第一，市场医疗保险根据不同社会阶层对医疗服务的需求,提供灵活多样的保险套餐和服务;第二,市场医疗保险按照市场经营模式运作,医疗消费者根据需要自由选择保险机构、医疗服务机构,在同类型机构之间形成充分竞争,从而提高医疗保险、医疗服务的总体水平,控制医疗保险费用和医疗服务成本。

2. 市场医疗保险模式的缺点

市场医疗保险模式的缺点主要包括以下三个方面:第一,社会公平性较差。市场医疗保险模式的医疗保险缴费往往较高,小企业雇员、个体劳动者、农民及其他低收入者难以参加;市场医疗保险模式强调个体责任和社会多样性,不同收入阶层的人群选择不同层级的医疗消费,医疗保障的优劣差异明显,医疗服务不公平现象突出。第二,医疗保险覆盖面有限。由于该模式属于自愿保险,且以营利为目的,易造成保险机构选择参保对象,产生道德风险。如保险机构乐意接受身体健康、疾病发生风险低的参保人,而将体弱多病者或老年人拒之门外,使得迫切需要医疗服务的人群反而没有医疗保险保障。第三,医疗消费支出高。企业化管理的医疗保险机构之间、医疗机构之间竞争激烈,政府难以有效调控医疗卫生费用,公共基本医疗服务提供不足,高额医疗消费持续拉高医疗服务价格。

第四节　我国医疗保险的形成与发展

一、我国的传统医疗保险制度

(一)公费医疗制度(1952—1994 年)

1. 公费医疗制度的概念

公费医疗制度是一种免费的医疗卫生保健制度,保障的人群主要为机关、事业单位工作人员以及大专院校学生。公费医疗经费全部来自于国家财政预算拨款,由各级政府卫生行政部门设立公费医疗管理机构进行管理或由人员所在单位自管,对个人医疗费用进行实报实销。因此,公费医疗制度属于国家医疗保险的一种形式。我国的公费医疗制度是根据 1952 年 6 月 17 日政务院颁布的《关于全国各级人民政府、党派、团体及所属事业单位的国家工作人员实行公费医疗预防的指示》建立起来的,此后进行了一定的修订和发展,成为一段时期我国主要的医疗保障制度之一。

2. 公费医疗制度的基本内容

(1)享受范围和对象

公费医疗制度的享受范围和对象主要是:国家机关、全民所有制事业单位(包括民主党派、工会、共青团、妇联等人民团体,文化教育、卫生、科研等事业单位)的工作人员和离退休人员,还包括二等乙级以上革命伤残军人、国家正式核准设置的高等院校学生、派驻享受公费医疗单位的人武干部、在华工作的外籍专家及随迁家属等。截至 1996 年,全国约有 3040 万人享受公费医疗待遇。

(2)经费的来源和使用

公费医疗的经费主要由国家财政预算拨付给各级卫生行政管理部门,属于国民收入的再分配。国家根据职工医疗实际需要和国家财力状况,以及医疗卫生资源分布提供情况,确定公费医疗对象每人每年享受待遇的预算定额,再将经费拨付给地方财政,由地方财政对超支的部分进行补贴。1979 年以前,公费医疗款项作为卫生事业费列支,但其实际开支却往往超过国家预算定额,挤占了地方的卫生事业费;1980 年开始,国家将公费医疗经费从卫生事业费列支渠道分出,规定专款专用。

(3)管理机构和职责

各级政府设立公费医疗管理机构,贯彻落实有关公费医疗的政策和规定,审核本级享受公费医疗的人数和医药费报销金额,负责经费预算的编制和经费的管理,监督有关规定的执行等。

(4)就诊办法及待遇

享受公费医疗的病人一般需在指定的医院就诊,转诊到其他医院需经管理部门批准。公费医疗的具体待遇是:除由个人自付挂号费、营养滋补药品以及美容、矫形等少数项目外,职工大多数医药费用全部或大部分由公费医疗经费开支。职工出院后,公费医疗经费按服务项目向医院支付门诊、住院医疗费用。

(二)劳保医疗制度(1951—1994 年)

1. 劳保医疗制度的概念

劳保医疗制度又称企业医疗保险制度,是我国劳动保险制度的一个有机组成部分,是指为保障企业职工的健康,通过企业提取的职工福利基金,对企业职工实行免费医疗,职工家属实行半费医疗的一项企业医疗保险制度。劳保医疗制度是根据 1951 年政务院颁布的《劳动保险条例》及 1953 年劳动部门试行的《劳动保险条例实施细则修正草案》等相关法规政策建立和实施的。

2. 劳保医疗制度的基本内容

(1)保障范围

劳保医疗制度的保障范围主要是全民所有制企业的职工及其直系亲属。此外,区、县以上的城镇集体所有制企业及部分乡镇企业也可参照劳保条例,给职工及其供养的直系亲属提供劳保医疗待遇。企业职工本人患病时享受免费医疗(其直系亲属在指定的医疗机构就诊时实行减半收费)。截至 1995 年,全国约有 1.14 亿人享受劳保医疗。

(2)经费的来源和使用

劳保医疗经费主要来源于企业生产经营收入,它是企业职工当年新创造的价值,属于国民收入初次分配的范畴。国家规定劳保医疗经费属职工福利经费,按职工工资总额的 5.5% 提取,在企业生产成本项目中列支,其中在职职工从福利基金中开支,离、退休人员从劳动保险费中开支。国家还规定劳保医疗经费必须专款专用、单位统一使用,不得把劳保医疗经费分给个人,也不能由个人自行购药。除了职工医药费外,劳保医疗经费还支付职工直系亲属的医疗补助费(即家属半费医疗)、企业医务人员工资、医务经费和因工负伤就医的交通费等。

(3)管理机构和职责

1954 年 5 月起,国家决定将最初由劳动部和全国总工会两部门共管的劳保医疗改由全国总工会统一管理。后来发生的"文化大革命"使此管理格局被全部打乱,改由社会保险局统筹管理。

（4）就诊办法及待遇

职工患病在本企业自办的医疗机构或指定的社会医疗机构就医,除享受劳保医疗的职工直系亲属享受减半医疗外,劳保医疗的保险项目和待遇标准与公费医疗基本相同。除职工的挂号费、出诊费、营养滋补品以及整容、矫形等少数项目自付费用外,绝大部分医疗费用都由劳保医疗经费负担。

（三）农村合作医疗制度(1955—1982年)

1.农村合作医疗制度的概念

农村合作医疗是指在各级政府的支持下,按照"风险分担,互助共济"的原则在农村社区范围内筹集资金,用来补偿农民群众的医疗、预防、保健等服务费用的医疗保障制度。农村合作医疗制度是我国历史上农村卫生重点工作之一,是农村医疗保障的主要形式,在一定时期内对广大农民的医疗保障起了重要作用。

2.农村合作医疗制度的基本内容

（1）保障范围

农村合作医疗制度的保障范围为农村居民。

（2）经费的来源和使用

各农村地区按不同情况采用集体资助和个人筹款的方式建立合作医疗基金。个人缴纳的费用是合作医疗基金的主要来源,集体补助部分视集体经济发展情况不同而定,或从公益金中提取,或从乡镇、村企业税后利润中支付,少数经济发达地方的合作医疗基金全部由集体资助。

（3）管理机构和职责

由乡村干部、农民、乡村医生和当地卫生院代表组成管理委员会,对当地的农村合作医疗进行管理,管理范围基本上与合作医疗基金的筹集核算范围一致。根据合作医疗基金的筹集和核算办法,可将实行合作医疗的农村卫生机构分为:村办村管、村办乡管、乡办乡管或乡村二级管理等不同形式。村办村管是依靠村集体经济和群众筹资,以村为核算单位,由村自己管理;村办乡管是依靠村集体和群众个人集资,仍以村为核算单位,由乡统一管理;乡办乡管,是以乡为单位筹集、管理、使用合作医疗基金,实行统一核算,共担风险;乡村二级管理,以村集体经济和群众个人筹资为主,乡财政予以一定数额补贴,乡村二级核算、二级管理。

（4）补偿机制

参加合作医疗的农村居民,就医时按集体规定的办法获得基金补偿,这种补偿分为三种形式:第一,"福利型"补偿。它对大多数人的"小病"医药费用按比例补偿,又称"保小不保大",其特点是群众受益面大,参加者均可得到服务和补偿;第二,"风险型"补偿。此种补偿又称"保大不保小",其特点是只对重病患者实行较大比例的医疗费用减免补偿,意义在于防止或减轻农民因病致贫;第三,"福利风险型"补偿。此种补偿又称"保人也保小",即无论大病小病均给予一定的医药费减免补偿。

二、医疗保险制度的改革进程

(一)城镇职工基本医疗保险制度

我国城镇职工基本医疗保险是对原有的公费、劳保医疗制度的重大变革,是针对城镇所有用人单位和职工,通过法律规定强制建立的一项基本医疗保险制度。在经过"两江试点"等多次试点后,1998 年 12 月国务院颁布了《关于建立城镇职工基本医疗保险制度的决定》,要求各地建立城镇职工基本医疗保险制度。到 2014 年年底,全国城镇职工基本医疗保险参保人数有 2.83 亿余人。城镇职工基本医疗保险制度主要包括以下内容:

1. 保障范围

城镇职工基本医疗保险的保障范围包括城镇各类用人单位(包括机关、企事业单位、社会团体、民办非企业单位)及其职工。乡镇企业及其职工、城镇个体经济组织业主及其从业人员、灵活就业人员也可参加参加城镇职工基本医疗保险。

2. 基金筹集

城镇职工基本医疗保险基金的筹集遵照"以收定支、收支平衡、略有结余"的原则,由用人单位与职工共同缴纳,退休职工达到规定年限后无需缴费,用人单位缴费率一般为上年度职工工资总额的 6% 左右,职工缴费率一般为本人工资的 2% 左右。各统筹地区可根据当地的经济社会发展水平,对用人单位和职工缴费比例作相应调整。职工个人缴纳的费用全部计入个人账户,用人单位缴纳费用的 70% 用于建立统筹基金,30% 划入个人账户,城镇职工基本医疗保险实行统账结合的基金筹集使用模式。

3. 统筹层次

城镇职工基本医疗保险原则上以辖县、区的市及以上行政区域为统筹地区,起步阶段也可以县(市)为统筹单位。目前,我国各省市已基本实现职工医疗保险市级统筹,省级统筹在正在积极探索中。按照《社会保险法》的规定,用人单位及其职工均应按照属地管理原则参加所在统筹地区的职工基本医疗保险,实行医疗保险基金的统一筹集、使用和管理,执行统一的医疗保险管理政策。铁路、电力、远洋运输等跨地区或生产流动性强的企业及其职工,可以相对集中的方式选择相应的统筹地区参加职工医疗保险。

4. 费用支付

城镇职工基本医疗保险基金实行统账结合的管理模式,个人账户基金主要用于支付参保者在定点医疗机构发生的门诊费用、住院费用自付部分和统筹基金起付标准以下费用等,也可用于定点零售药店购药;统筹基金用于支付参保者的住院费用和门诊大病费用等。统筹基金设立起付标准和最高支付限额,起付标准以上、最高支付限额以下的医疗费用由统筹基金按比例支付。统筹基金的起付标准、最高支付限额以及个人的负担比例,由统筹地区根据基金以收定支、收支平衡的原则具体确定。

5. 基金监管

医疗保险经办机构负责基本医疗保险基金的筹集、管理和支付,并严格实行预算管理。医疗保险基金纳入财政专户管理,专款专用,任何组织或个人不得挪用和挤占。财政、审计等部门根据各自职责对基金实行行政监督。统筹地区设立由政府有关部门的代表、用人单位代表、参保人员代表、医疗机构代表、工会代表和有关专家参加的医疗保险基金监督组织,加强对医疗保险基金的社会监督。

6. 医疗管理

人力资源社会保障部门同卫生计生委、财政、物价、药品监督等有关部门确定基本医疗保险的支付范围,选择医药费用的结算标准、支付方式。各地根据国家和省里的规定,制定本地区具体的实施标准和办法。基本医疗保险对医疗机构、零售药店实行定点管理,医疗保险行政管理部门机构本着方便职工就医的原则,从基层、专科和综合医疗机构选择确定定点医疗机构和定点零售药店,组织医疗保险经办机构与定点机构签订服务协议,明确各自的责任、权利和义务。

(二)城镇居民基本医疗保险制度

1. 保障范围

不属于城镇职工基本医疗保险保障范围的城镇老年居民、低保对象、重度残疾人、大中小学学生(包括职业高中、中专、技校学生)、少年儿童和其他非从业城镇居民,以及农村进城务工人员。

2. 基金筹集

城镇居民基本医疗保险以家庭或个人缴费为主,政府财政给予适当参保补助。城镇居民履行缴费义务后,按规定享受基本医疗保险待遇,有条件的用人单位可以对职工家属参保缴费给予补助。

政府对居民医疗保险参保的补助标准由财政部门同人力资源社会保障部门研究确定,中央、省级、市级、县级财政承担不同的补助责任,补助经费纳入各级政府财政预算。2015年各级财政对城镇居民医疗保险的补助标准提高到每人每年380元,个人缴费不低于120元。

3. 费用支付

城镇居民基本医疗保险基金的筹集、管理和支出坚持"以收定支、收支平衡、略有结余"的原则,主要用于参保居民住院、门诊大病、普通门诊等规定范围内的医疗费用。统筹基金支付住院费用和门诊大病费用的标准基本一致,相对较高;支付普通门诊费用是以建立门诊统筹制度为前提,支付比例相对较低,一般按人头定额结算。统筹基金支付参保居民医疗费用的政策框架与职工医疗保险相同,只是起付标准、报销比例相对低一些。居民医疗费用的具体报销政策,由各统筹地区根据当地经济发展水平和基本医疗需求确定。

4. 组织管理

城镇居民基本医疗保险的管理政策、支付范围、统筹层次,原则上参照城镇职工基本医疗保险的有关规定执行,各统筹地区依托现有的管理服务体系进行居民医疗保险经办管理,部分地区根据当地实际对基本医疗保障管理资源进行了整合。各地普遍建立了由政府机构、参保居民、社会团体、医疗服务机构等代表共同成立的医疗保险社会监督组织,加强对城镇居民基本医疗保险的监督管理。建立了医疗保险专业技术标准组织和专家咨询组织,不断完善医疗服务管理专业技术标准和业务规范。

5. 基金管理

医疗保险经办机构负责城镇居民基本医疗保险基金的筹集和支付,实行预算管理、属地管理。城镇居民基本医疗保险基金纳入社会保障财政专户统一管理,专款专用。

6. 医疗管理

城镇居民基本医疗保险的医疗服务管理参照城镇职工基本医疗保险有关政策执行,在医疗保险药品目录中增补了儿童特殊用药,在就医管理上增加了儿童医院为定点医疗机构。门诊统筹制度原则上依托基层医疗机构,实行按人头打包付费,方便居民就近就医。

(三)新型农村合作医疗制度

新型农村合作医疗制度,简称"新农合",是指由政府组织、引导、支持,农民自愿参加,个人、集体和政府多方筹资,以大病统筹为主的农民医疗互助共济制度。2002 年 10 月,中国明确提出各级政府要积极引导农民建立以大病统筹为主的新型农村合作医疗制度。2009 年,中国做出深化医药卫生体制改革的重要战略部署,确立新农合作为农村基本医疗保障制度的地位。

1. 保障范围

新型农村合作医疗制度的保障范围为所有农村居民。

2. 基金筹集

新型农村合作医疗实行家庭或个人缴费为主,集体、政府给予资助的筹资模式。新农合一般采取以县(市)为单位进行统筹,随着我国社会经济的发展,新农合的筹资水平不断提高,财政对新农合的补助政策与城镇居民医疗保险基本相同。但从各地实际情况来看,新农合统筹模式主要有大病统筹加门诊家庭账户、住院统筹加门诊统筹两种模式。2015 年,中央和地方各级财政对新农合的人均补助标准在 2014 年的基础上提高 60 元,达到 380 元。

3. 待遇支付

原则上实行大病统筹为主,对参合农民的大额医疗费用或住院医疗费用给予补偿。具体补偿办法和保障水平各地均有不同,但具体做法与城镇基本医疗保险制度类似,仍然采用药品和诊疗目录、起付线,差别医院报销比例、封顶线等方法。为了减轻慢性病门诊费用问题,各地都出台了大病门诊费用补偿办法。补助方式一般为:大部分地区都实现了在省内定点医疗机构住院医疗费用即时结算。非定点医疗机构由参保者先行垫付后回参合地新农合经办机构报销。

4. 基金管理

新农合基金按照"以收定支、收支平衡"和"公平、公开、公正"的原则进行管理,专款专用,专户储存,任何组织或个人不得挤占和挪用。新农合基金由政府设立的新农合管理委员会及其经办机构进行管理,财政部门、审计部门对新农合基金的管理和支出负有监督责任,确保基金的安全和完整。

5. 组织管理

新农合一般以县(市)为单位进行统筹管理。省、市人民政府组织成立由卫生、财政、农业、民政、审计、扶贫等部门组成的农村合作医疗协调管理机构,在各级卫生计生部门内部设立专门的农村合作医疗管理部门。县级人民政府成立农村合作医疗管理委员会,负责有关组织、协调、管理和指导工作。委员会下设经办机构,负责具体业务工作,并根据需要在乡镇设立派出机构或委托管理机构。

6. 医疗管理

各地新农合管理部门根据当地实际,在农村卫生机构中择优选择农村合作医疗的服务机构,实行定点管理,与定点医疗机构签订服务协议,约定双方的权利、责任和义务。新农合经办机构通过开展医疗保险付费方式改革、医疗费用审核等方式加强对参合人员、定点医疗机构医疗服务行为的监管,实行动态管理,保证服务质量,控制医疗费用。

(四)我国医疗保险未来发展趋势

我国经济、社会发展进入新常态,在新形势下我国医疗保险体系未来发展重点是继续完善城镇职工基本医疗保险制度,整合发展城乡居民基本医疗保险制度,支持促进商业健康保险体系,充实提高大病保障制度水平,强化城乡医疗救助制度的托底作用,逐步实现"医疗保险"向"健康保险"的演进,从保疾病向保健康、重预防方向转变,不断提高保障标准,并做好制度之间的衔接。

1. 健全完善全民医疗保险体系

健全完善全民医疗保险体系主要包括以下四个方面:第一,明确城乡医疗保险的管理职能归属。根据社会医疗保险的基本规律,以及社会保险独有的责任分担和"第三方"机制的特征,明确基本医疗保险由独立于医疗、药品供给方和参保者以外的"第三方"部门统一实施管理。第二,实现制度的一体化设计。先期实现城乡居民基本医疗保险制度的统一,保障城乡居民医疗保险权益的公平享有;允许地方根据区域经济社会发展状况、城乡居民收入水平、医疗消费需求特点等,建立补充医疗保险制度。第三,整合机构、网络等经办资源。整合现有的城镇居民医疗保险经办机构、新农合经办机构等为城乡居民医疗保险管理机构;实现城乡医疗保险信息系统的统一建设、更新和维护,使身份证号成为参保者的唯一识别码;完善医疗保险网络信息系统,实现省内地区的互联互通,实现医疗保险卡省内通用、全国通用。第四,实现职工、居民医疗保险制度同步设计。从长远来看,在实现城乡居民基本医疗保险整合后,最终目标是实现职工医疗保险、居民医疗保险制度的整合;建立一元化的基本医疗保险制度,完全打破户籍、身份的限制,破除制度的不公平与衔接障碍。

2. 持续扩大医疗保险覆盖面

持续扩大医疗保险覆盖面主要体现在以下四个方面:第一,围绕重点人群,巩固扩大基本医疗保险制度的覆盖面,最终实现"人人享有医疗保险"的目标。将封闭运行企业、行业化管理单位、部分延续实现公费医疗的机关、企事业单位纳入基本医疗保险制度体系,实现医疗保险制度的全覆盖;第二,顺应城镇化的进程和趋势,将进城务工人员、失地农民、灵活就业人员纳入基本医疗保障范围,并做好医疗保险关系的转移接续服务,实现个体医疗保险权益的无缝衔接、自由迁徙;第三,推进实施全民参保登记计划,持续引导参保居民、职工连续参保,防范"有病参保,无病断保"等问题;第四,进一步加大政策宣传力度,提高参保者的政策知晓度、满意度,让参保者拥护支持医疗保险制度持续健康发展。

3. 稳步提高医疗保险待遇水平

稳步提升医疗保险待遇水平主要体现在以下五个方面：第一，政府随着经济社会发展，进一步提高对城乡居民参加基本医疗保险的财政补助水平；第二，提高住院费用医疗保险统筹支付比例至适度水平，进一步减轻参保者实际医药费用负担；第三，全面建立医疗保险门诊统筹制度，逐步解决人民群众常见病、多发病的医疗费用负担问题，转变完善职工医疗保险个人账户管理政策；第四，完善重大疾病救助机制，加大城乡医疗救助力度，对困难人群的高额医疗费用给予补助；第五，推动发展补充医疗保险，鼓励商业健康保险公司提供与基本医疗保险相衔接的产品和服务，满足人民群众多层次的医疗保障需求。

4. 不断加强医疗保险基金管理

不断加强医疗保险基金管理主要包括以下四个方面：第一，编制包括医疗保险在内的社会保障预算，使基金管理更加科学、规范。对部分基金结余较多的地区，通过降低费率，扩大覆盖面，提高待遇水平，控制结余规模。第二，提高医疗保险统筹层次，在巩固完善医疗保险市级统筹的基础上探索建立省级统筹，增强基金共济能力。第三，加强医疗服务管理，推行医疗机构分级诊疗管理，增强基层医疗机构的人才软实力，培育提高医务人员从业操守，合理引导参保者到基层就医。第四，推进医疗保险支付方式改革，推行总额预付、按病种付费、按人头付费等多种付费方式，推动建立疾病预防诊断治疗的临床路径。

5. 提高医疗保险管理服务水平

提高医疗保险管理服务水平主要体现在以下三个方面：第一，实现基本医疗保险异地就医直接结算。以国家"金保工程"为依托，以金融社保卡"一卡通"为重点，完善医疗保险信息系统，推动省内、省际的联网结算工作，减少个人垫付医药费用，着力解决参保人员"跑腿"和"垫支"问题。第二，完善基本医疗保险关系转移接续。简化手续、规范流程、网络服务，方便广大参保人员转移接续医疗保险关系和待遇享受。第三，建立统一的医疗保险经办服务规程。在医疗保险费用审核、门诊慢特（特殊）病管理、定点机构管理等方面，建立统一、适用、规范的流程，防范个体风险。探索委托具有资质的商业保险机构等提供医疗保险服务。

6. 加快发展商业健康保险

加快发展商业健康保险主要包括以下三个方面：第一，全面推进并规范商业保险机构承办城乡居民大病保险。从城镇居民医保基金、新农合基金中划出一定比例或额度作为大病保险基金，在全国推行城乡居民大病保险制度。遵循收支平衡、保本微利的原则，全面推进商业保险机构受托承办城乡居民大病保险，发挥市场机制作用，提高大病保险的运行效率、服务水平和质量。第二，稳步推进商业保险机构参与各类医疗保险经办服务。加大政府购买服务力度，按照管办分开、政事分开要求，引入竞争机制，通过招标等方式，鼓励有资质的商业保险机构参与各类医疗保险经办服务，降低运行成本，提升管理效率和服务质量。第三，完善商业保险机构和医疗卫生机构合作机制。鼓励各类医疗机构与商业保险机构合作，成为商业保险机构定点医疗机构。利用商业健康保险公司的专业知识，发挥其第三方购买者的作用，帮助缓解医患信息不对称和医患矛盾问题。

第五节　补充医疗保险

一、补充医疗保险概述

补充医疗保险是相对于基本医疗保险而言的,是为了满足不同层次的医疗消费需求,通过对基本医疗保险中的个人自付部分、超过封顶线部分以及基本医疗保险不覆盖的医疗项目费用进行补偿,从而对基本医疗保险制度起补充作用的医疗保险制度,它是医疗保险体系中不可或缺的重要组成部分。补充医疗保险有广义和狭义之分,狭义的补充医疗保险主要包括企业补充医疗保险、公务员医疗补助、大额医疗补助等。广义的补充医疗保险还包括商业健康保险。本书所涉及的是广义的补充医疗保险。与基本医疗保险不同,补充医疗保险不是通过国家立法强制推行的,而是在用人单位和个人参加统一的基本医疗保险后,由用人单位或个人根据需求和可能原则自愿选择参加,以此来提高保险保障水平的一种补充性保险。

二、我国现有的补充医疗保险模式

我国现有的补充医疗保险模式主要有企业补充医疗保险、公务员医疗补助、城镇居民补充医疗保险、大额医疗费用补助和商业健康保险五种模式。商业健康保险后面重点阐述。

(一)企业补充医疗保险

企业补充医疗保险,是指企业在参加城镇职工基本医疗保险和大额医疗费用补助的基础上,企业依据经营效益和行业特点自主主办或参加,国家给予政策鼓励,并经国家社会保障部门批准设立的一种补充性医疗保险形式。企业补充医疗保险根据企业经营效益和行业特点,灵活选择和确定费率、保障项目和待遇标准,其费用由企业和职工按照国家和补充医疗保险的有关规定共同缴纳。企业或行业集中使用和管理,单独建账,单独管理,其基金用于解决企业职工基本医疗保险待遇以外医疗费用,可以是封顶线以上部分的医疗费用,或是起付标准以下的部分,也可以是共付的部分。经过多年发展我国企业补充医疗保险已日趋完善和成熟,其举办形式主要有企业和单位自办、社会保险机构主办和商业保险经办、企业主办和社会医疗保险机构经办三种形式。

(二)公务员医疗补助

公务员医疗补助是在城镇职工基本医疗保险制度基础上,为了保障公务员的医疗待遇水平不降低而建立的一种补充医疗保险形式,包括国家行政机关工作人员和退休人员、党群机关以及参照国家公务员管理的事业单位人员。按照现行财政管理体制,公务员医疗补助经由同级财政列入当年财政预算,具体筹资标准一般是参照享受医疗补助人员实际消费水平、同期基本医疗保障水平和工资收入水平,以及财政承受能力等情况合理确定,由当地社会保障部门、财政部门逐年核定。医疗补助经费要专款专用、单独建账、单独管理,其主要用于基本医疗保险统筹基金最高支付限额以上,符合基本医疗保险用药、诊疗范围和医疗服务设施标准的医疗费用补助;在基本医疗保险支付范围内,个人自付超过一定数额的医疗费用补助;中央和省级人民政府规定享受医疗照顾的人,在就诊、住院时按规定补助的医疗费用。

(三)城镇居民补充医疗保险

城镇居民补充医疗保险是指对参加城镇居民基本医疗保险人员(包括大学生和中小学生)因患疾病且医疗费用超过城镇居民基本医疗保险统筹基金最高支付限额进行保障的补充医疗保险。城镇居民医疗保险一般由所在统筹地区人力资源和社会保障行政部门负责建立。城镇居民补充医疗保险费按照"以支定收"的原则,由参加补充医疗保险的家庭或个人缴纳,在校大学生、中小学生可以以学校为单位统一缴纳保险费,具体的缴费标准由各地根据具体情况确定,其经费由城镇居民基本医疗保险统筹地区负责,实行单独核算、单独管理使用,主要用于在一定限度内支付参保人员因疾病住院,且医疗费用超过城镇居民基本保险统筹基金最高支付限额以上的医疗费用。

(四)大额医疗费用补助

大额医疗费用补助是政府组织和建立的面向城镇职工基本医疗保险参保者,旨在对参保者年度医疗费用超过最高支付限额至一定数额以下的医疗费用,通过统一筹资、调剂、支付和管理所实行的一种补充医疗保险形式。大额医疗费用补助的实施条件是必须参加城镇职工基本医疗保险,其资金来源由用人单位缴纳或由用人单位和个人共同缴纳,主要用于支付参保职工封顶线以上的医疗费用。医疗保险经办机构负责大额医疗费用补助资金的筹集、支付和管理。大额医疗费用补助资金要单独设账,单独管理,专款专用。在补助资金支付范围内的医疗费用,由大额补助资金按确定的比例支付,个人需要自付一定比例的费用。

第六节 商业健康保险

一、商业健康保险概述

商业健康保险是一种相对比较成熟的补充医疗保险形式,具有商业特征,多以营利为目的,设计不同的产品结构供投保人选择,具备较强的抵御风险的能力,主要作用在于满足不同人群、不同层次的医疗保障需要,是对基本医疗保险制度的完善和补充。《中共中央、国务院关于深化医疗卫生体制改革的意见》中指出,"鼓励商业保险机构开发适应不同需要的健康保险产品,简化理赔手续,方便群众,满足多样化的健康需求"。因此,商业健康保险是我国多层次医疗保障体系的组成部分,和基本医疗保障、其他补充医疗保险共同构成了覆盖城乡居民的多层次医疗保障体系。商业健康保险具有风险控制和管理机制方面的优势,市场潜力巨大,但在我国目前仍处于探索阶段,尚需进一步发展完善。

二、商业健康保险与基本医疗保险的区别

商业健康保险与基本医疗保险的区别主要表现在以下几个方面：

第一，性质不同。商业健康保险是一种商业行为，保险人与被保险人之间完全是一种自愿的契约关系，具有以营利为目的的性质；基本医疗保险是由国家立法强制实施，属于政府行为，是一种福利事业，具有非营利性质。第二，目的不同。商业健康保险的根本目的是获取利润，在此前提下给投保者以经济补偿；基本医疗保险不是以营利为目的，其出发点是为了保障公民的基本医疗需求、维护社会稳定、促进经济发展。第三，资金来源不同。商业健康保险完全是由投保个人负担；基本医疗保险是由国家、用人单位和个人三者承担。第四，待遇水平不同。商业健康保险着眼于一次性经济补偿。基本医疗保险从稳定社会出发，着眼于公民基本医疗的保障，且随着物价上升进行调整、逐步提高。第五，政府承担的责任不同。商业健康保险受市场竞争机制制约，政府主要依法对商业健康保险进行监管，以保护投保人的利益。基本医疗保险是公民享有的一项基本权力，政府对社会承担最终的兜底责任。

三、我国商业健康保险的现状和发展趋势

（一）我国商业健康保险的现状

我国商业健康保险的发展自 20 世纪 80 年代初原中国人民保险公司在国内试办团体医疗保险业务开始，到 1998 年以后与城镇职工基本医疗保险衔接的各种补充保险展开，以及随后财险公司开始经营短期健康保险业务和专业健康保险公司的建立，商业健康保险经历了一个快速发展时期。但是由于我国商业健康保险发展起步较晚，仍存在一些待完善的地方，主要表现在：第一，作为多层次医疗保障体系的一部分，作用发挥还不够充分；第二，对医疗风险的控制能力有待提高；第三，商业健康保险市场竞争仍需进一步规范；第四，商业健康保险的发展呈现出不均衡的态势。

（二）我国商业健康保险的发展趋势

2009 年的医改明确提出要鼓励企业和个人通过参加商业健康保险解决基本医疗保险之外的健康保障需求，积极推动发展商业健康保险。我国未来将从以下三个方面推动商业健康保险的发展：第一，要开发个性化的健康保险产品，提供优质的健康管理服务，走专业化的经营道路，满足广大群众多层次、多样化的医疗保障需求。第二，开发补充医疗保险市场。根据基本医疗保障对象和保障范围的变化，及时开发与其互为补充的健康保健产品，与基本医疗保险形成良性互补，满足人民群众更高的健康保障需求。第三，积极稳妥地参与基本医疗保险经办管理业务，提高经办管理服务质量，确保基金安全，服务国家医疗保障体系建设。

第二章 医疗保险基金的筹集与管理

医疗保险基金是医疗保险制度得以存在、发展的依托。通过筹集医疗保险基金,并对医疗保险基金的收支、运行等实施管理,从而实现医疗保险制度的保障功用。

第一节 医疗保险基金筹集概述

一、医疗保险基金的含义

医疗保险基金是指通过法律规定或以合同约定的方式,由参加医疗保险的用人单位或个人按照规定的基数、比例或者约定的额度,缴纳一定数量的医疗保险费从而归集形成的货币资金。医疗保险基金由医疗保险经办机构实施管理,用于偿付法律规定的或保险合同约定的被保险人因疾病或伤害等产生的医疗费用损失。

医疗保险基金按照医疗保险的形式可分为商业医疗保险基金和社会医疗保险基金,本书侧重讲述的是社会医疗保险基金。社会医疗保险基金是不以营利为目的的,它的筹集、支出和管理都带有法定性、强制性,基金运行的结余、利息等收入仍归属于基金范畴,社会医疗保险行政管理、经办服务机构的工作经费由政府财政予以保障,任何单位或个人均不得挤占、挪用医疗保险基金。

二、医疗保险基金构成

一般来讲医疗保险基金主要由社会统筹基金、个人账户基金、储备金和管理费四个方面构成。

(一)社会统筹基金

社会统筹基金是指由医疗保险管理机构统一筹集、支配的,用于偿付被保险人遭遇疾病风险时住院、长期门诊治疗时产生的医疗费用损失的医疗保险基金,其具体的支付范围与所采取的医疗保险模式有关。

目前我国实行城镇职工基本医疗保险、城镇居民基本医疗保险和新型农村合作医疗制度(以下简称"新农合"),社会统筹基金主要用于支付住院和特殊病、慢性病的门诊医疗费用,城镇居民医疗保险和新农合的统筹基金还可按规定支付部分普通门诊医疗费用、生育医疗费用,新农合还可按规定支付一定的体检费用。其支付标准由各统筹地区根据当地实际情况确定。

（二）个人账户基金

个人账户基金的主要来源是个人缴纳的医疗保险费、用人单位缴纳的部分社会医疗保险费和个人账户基金的利息收入，有的还包括用人单位为个人缴纳的个人账户的铺底启动资金。

我国城镇职工基本医疗保险筹集的基金中，个人账户基金一般由两部分组成：一是个人按本人工资 2% 全部缴费；二是用人单位按本单位职工工资总额的 6% 缴纳费用，其中 30% 左右的费用按人头划归个人账户。在具体实施过程中，个人账户基金的划入比例由各统筹地区根据当地的实际情况确定。个人账户基金主要用于支付参保职工的门诊医疗费用和住院医疗费用中由个人支付的部分。

城镇居民基本医疗保险未设立个人账户。新农合实行初期，为调动广大农民的参合积极性，部分地区设立了家庭账户，账户基金主要来源于参合家庭缴纳的参合费用，各级财政补助资金不划入家庭账户。

（三）储备金

医疗保险的储备金主要是指用于偶然突发性的传染病、流行病等超常风险以及医疗保险基金出现赤字时的调节基金。储备金的提取比例可以根据医疗保险的参保规模和保险系统历年出现的风险情况确定，一般为历年出现的赤字费用与参保人数总和之间的比值再加上 5% 的安全系数。

（四）管理费

管理费是指用于医疗保险业务管理方面的费用，是为了保证医疗保险事业正常运行的必要费用。管理费用的高低主要取决于采用的保险模式和管理手段等。一般来说，可根据上年的实际管理费用估算本年度的管理费用，考虑因素主要有下年度物价上涨指数加上一定的安全系数。我国目前基本医疗保险的经办机构大多数是财政全额预算管理单位，一般来说，理论上管理费用提取比例为保险费的 2%~5%，最高可达 8%。对于基本医疗保险的管理费用，我国目前都由国家财政支付，而不是从基本医疗保险基金中直接提取。

第二节　医疗保险基金筹集依据和渠道

一、医疗保险基金筹集依据

医疗保险基金筹集是医疗保险制度顺利运行的重要保证。在医疗保险基金筹集中主要涉及医疗保险基金筹集的比例和基数两个因素。

（一）医疗保险基金筹集比例

科学合理地确定医疗保险基金的筹资比例是医疗保险的重要工作。医疗保险基金的筹资比例的确定与经济发展水平、社会制度、人口结构、医疗消费水平、个人收入水平、人群发病率等诸多因素密切相关，它主要包括用人单位筹资比例的确定和个人缴费率的确定。一般情况下，医疗保险基金筹集比例相对比较稳定，在其他因素保持不变的情况下,筹资比例增长的幅度与医疗保险基金额增长的幅度是相同的,它是在收集所在统筹地区医疗费用支出的资料和参照实际的医疗消费水平基础上测算出来的。

在我国,由于医疗保险制度仍在不断发展完善,为保持全国基本医疗保险筹资水平的大致相当,《国务院关于建立城镇职工基本医疗保险制度的决定》(国发〔1998〕44 号)规定:基本医疗保险费由用人单位和职工共同缴纳。用人单位缴费率应控制在职工工资总额的 6％左右,职工缴费率一般为本人工资收入的 2％。具体到各个统筹地区,用人单位缴费率可以根据当地财政与用人单位实际承受能力合理确定。

(二)医疗保险基金筹集基数

医疗保险基金的筹集一般以参保者的收入状况和实际发生的医疗费用为依据。对于有稳定收入的职工群体,医疗保险基金的筹集基数一般以职工的实际工资总额为依据来确定;对于没有固定收入的参保者,如普通居民、在校学生和儿童等,一般是按本地区在岗职工平均工资的一定比例来缴纳医疗保险费;对于低收入、失业、残疾等特殊困难群体及退休人员等可免除缴费义务或政府给予缴费补助。

我国城镇职工基本医疗保险基金的筹集,用人单位缴纳的医疗保险费一般是以上年度本单位职工工资总额为基数来计算缴费;城镇居民基本医疗保险和新农合的缴费和补助标准由各省市、自治区人民政府规定,实行家庭缴费和政府补助相结合的缴费方式。

二、医疗保险基金筹集渠道

医疗保险基金实行多渠道筹集,主要包括用人单位缴费、政府财政补贴和个人缴费等,同时包括医疗保险基金的利息及投资收益、集体收入代缴、社会团体捐赠等其他来源。因世界各国国情不同,医疗保险费筹集主体承担的具体责任存有一定差别。

(一)用人单位缴费

用人单位缴费是指用人单位按照本单位职工工资总额的一定比例为职工缴纳的医疗保险费。用人单位有责任为职工缴纳保险费,这部分费用属于劳动力再生产费用的一部分,用人单位缴费一般列入企业生产成本或营业外支出。大部分国家(如德、日、韩等)医疗保险费的缴纳是用人单位和参保者各占 50％。在我国,用人单位缴费是医疗保险基金最重要的筹资渠道,《国务院关于建立城镇职工基本医疗保险制度的决定》(国发〔1998〕44 号)规定其缴费比例占职工工资总额的 6％左右,随着经济社会发展,国内很多城市已超过这一水平。

(二)政府财政补贴

政府作为医疗保险制度运行管理的责任主体,政府财政补贴是医疗保险基金筹集的重要渠道,其补助的标准取决于国家的经济发展水平、社会制度、医疗制度和福利政策等因素。在我国,政府在医疗保险基金筹集中的财政补贴主要体现在以下几个方面:一是为国家机关、财政拨款事业单位的工作人员缴纳基本医疗保险费并给予医疗补助;二是对职工基本医疗保险费给予税收优惠政策;三是对参加城镇居民基本医疗保险和新型农村合作医疗的参保者给予财政补贴,对困难群体的个人缴费给予全额或部分补助;四是特殊情况下对医疗保险基金进行补助等。

（三）个人缴费

　　个人缴费一般采取按比例缴费或定额缴费两种方式,个人缴费是医疗保险基金的重要组成部分。实行个人缴费不仅可以充实医疗保险基金,提高医疗保险待遇水平,减轻国家和企业的负担,还可以增强参保者的医疗控费意识,有利于遏止卫生资源浪费。不同国家的个人缴费比例和方式也是不同的,我国城镇职工基本医疗保险中,个人缴费比例占本人工资收入的2％;城镇居民基本医疗保险和新型农村合作医疗制度规定,个人采取定额缴费方式,定额标准依据经济社会发展而相应调整。

（四）基金利息及投资收益

　　基金利息主要包括:一是医疗保险基金存入财政专户取得的存款利息收入;二是医疗保险基金存入医疗保险机构在银行开设的"医疗保险基金收入账户"和"医疗保险基金支出账户"所取得的利息收入;三是医疗保险基金购买国债所取得的收益。

　　投资收益主要是指,由于医疗保险基金收支的时间差和数量差这一特点,如果医疗保险基金额大,可以在控制风险的前提下,有条件、有限度、有步骤地对医疗保险基金进行投资,以实现保值增值的目的,其所产生的投资收益应归入医疗保险基金。长期以来,国内对医疗保险基金的运营持保守态度,我国现行的医疗保险基金只能存入财政专户或购买国债。我国医疗保险基金投资首先考虑安全性原则,但是效益性原则却没有做到。

（五）其他

　　1. 医疗保险管理机构罚没的滞纳金

　　对于没有按时足额缴纳医疗保险费的单位和个人,按照《中华人民共和国社会保险法》、医疗保险基金征缴有关规定,医疗保险经办机构有权对其进行处罚,罚没的滞纳金应归入医疗保险基金。

　　2. 社会无偿捐赠

　　除上述基金筹集渠道外,随着经济社会和慈善事业的不断发展,社会公众的通过慈善捐助回报社会的意识不断增强,一些社会团体和个人对医疗保险机构的无偿捐赠也成为医疗保险基金的重要来源之一。在部分基础条件较好的地区,部分村民、居民集体资产的收益也用于代缴个人医疗保险费,成为医疗保险基金的组成部分。

第三节　我国医疗保险基金的筹集

　　我国基本医疗保险主要分为城镇职工基本医疗保险、城镇居民基本医疗保险和新型农村合作医疗三种制度模式,因制度设计的不同导致它们基金筹集的方式也存有一定差异和各自的特点。

一、城镇职工基本医疗保险基金的筹集

　　城镇职工基本医疗保险基金的筹集,采取社会统筹基金和个人账户相结合的模式,即通过单位按照工资总额的一定比例、个人按本人工资的一定比例缴纳基本医疗保险费,形成社会统筹基金和个人账户基金。其中,个人缴纳的基本医疗保险费全部计入个

人账户;单位缴纳的医疗保险费大部分划入社会统筹基金,部分划入个人账户,具体的划入比例由统筹地区根据个人缴费年限和职工年龄等因素决定。

(1)缴费主体

城镇职工基本医疗保险缴费主体是用人单位和职工,包括各类机关、企事业单位、社会团体、民办非企业等单位及其职工。乡镇企业及其职工、城镇个体经济组织业主及其从业人员是否参加基本医疗保险,由各省、自治区、直辖市人民政府决定。

(2)缴费标准

城镇职工基本医疗保险缴费标准为缴费基数与缴费比例的乘积。用人单位以上年度单位职工工资总额作为缴费基数,缴费费率一般控制在职工工资总额的6%左右;职工个人以本人工资收入作为缴费基数,缴费费率一般为本人工资收入的2%左右,职工个人缴纳的基本医疗保险费由用人单位代为扣缴,达到规定缴费年限的退休人员个人不缴纳基本医疗保险费。

(3)统筹层次

由于我国地区之间经济发展、医疗消费水平和历史背景等存在差异,城镇职工基本医疗保险原则上以地级以上行政区(包括地、市、州、盟)为统筹单位,运行初期也可以以县(市)为统筹单位。目前,全国范围内已基本实现市级统筹,部分省(自治区、直辖市)实现省级统筹。

二、城镇居民基本医疗保险基金的筹集

城镇居民基本医疗保险只设立社会统筹基金,不设立个人账户,基金主要用于支付参保者的住院和门诊大病医疗费用。部分有条件的地方探索统筹基金用于保障参保者的普通门诊医疗费用。

(一)缴费主体

城镇居民基本医疗保险的缴费主体为不属于城镇职工基本医疗保险制度覆盖范围非从业城镇居民,包括城镇中小学阶段在校学生、少年儿童、老年人等。按照《国务院办公厅关于将大学生纳入城镇居民基本医疗保险试点范围的意见》(国办发〔2008〕119号)要求,大学生也要参加城镇居民基本医疗保险。

(二)缴费标准

城镇居民基本医疗保险实际的缴费标准,由各地根据当地的经济发展水平,并考虑居民家庭收入情况合理确定,确定方式主要有三种:一是按当地上年度全社会在岗职工平均工资的一定比例缴纳;二是按当地上年度城镇居民人均可支配收入的一定比例缴纳;三是按人头定额缴纳。前两种主要用于确定老年居民和其他非从业城镇居民缴费标准,未成年人的缴费标准基本都是按人头定额缴纳,且缴费额度较低。

城镇居民基本医疗保险的筹资原则是"家庭缴费为主,政府给予适当补助"。城镇居民基本医疗保险缴费由个人(家庭)和财政共同负担,其中低保对象、重度残疾人和低收入家庭老年人等困难群体的个人缴费以财政补助为主。中央和地方各级财政补助和居民个人缴费标准具体见表2-1。

表 2-1　城镇居民医疗保险的筹资标准

年份	财政补助																	个人	合计
	普通城镇居民									大学生									
	西部及比照西部大发开发地区			一般区			一般县（区）			合计	部署高校	省属高校		市属高校					
	中央	省	县区	中央	省	市	中央	省（市）	县		中央	中央	省	中央	省	市		
2007	—	—	—	—	—	—	20	30	10	60	—	—	—	—	—	—	—	—
2008	—	—	—	—	—	—	40	30	10	80	—	—	—	—	—	—	—	—
2009	—	—	—	—	—	—	40	30	10	80	80	40	40	40	30	10	—	—
2010	—	—	—	60	30	30	60	45	15	120	120	60	60	—	—	120	—	—
2011	—	—	—	108	46	46	108	69	23	200	200	108	92	—	—	200	50	250
2012	—	—	—	132	54	54	132	81	27	240	240	132	108	—	—	240	50	290
2013	188	77	15	156	62	62	156	93	31	280	280	156	124	—	—	280	60	340
2014	220	85	15	180	70	70	180	105	35	320	320	180	140	—	—	320	60	380
2015	268	97	15	216	82	82	216	123	41	380	380	216	164	—	—	380	120	500

（三）统筹层次

　　城镇居民基本医疗保险的统筹层次一般与城镇职工基本医疗保险保持一致，基本实现以地市为单位进行统筹。

三、新农合基金的筹集

　　新型农村合作医疗保险主要为农村居民提供基本医疗保障，鼓励引导农民自愿参加，个人、集体和政府多方筹资，是以大病保障为主的农民互助式共济保障制度。

（一）缴费主体

　　新型农村合作医疗以家庭为单位自愿参加，实行家庭及个人缴费为主、集体扶持和政府资助相结合的筹资机制。中央和地方政府各级财政对参合农民也给予补助，有条件的乡村集体经济组织对本地参合农民给予适当资助。此外，政府鼓励社会团体和个人通过慈善捐助新型农村合作医疗制度。

（二）缴费标准

　　根据国家有关政策规定，起步阶段，新型农村合作医疗中农民个人年均缴费标准不低于 10 元，经济条件好的地区相应提高缴费标准。随着我国经济社会的发展，各级财政收入和农民人均可支配收入不断提高，新型农村合作医疗基金的筹集标准也不断提高。中央和地方各级财政补助和农民个人缴费标准具体见表 2-2。

表 2-2　新农合筹资标准

年份	财政				农民个人	合计
	中央	省级	市县	合计		
2003—2004	10	7.5	2.5	20	10	30
2005	10	7.5	2.5	20	10	30
2006	15	11.25	3.75	30	10	10
2007	20	15	5	40	10	50
2008	40	30	10	80	20	100
2009	40	30	10	80	20	100
2010	60	45	15	120	30	150
2011	108	69	23	200	30	230
2012	中部 132	中部 81	中部 27	240	50	290
	西部 156	西部 69	西部 15			
2013	中部 156	中部 93	中部 31	280	60	340
	西部 188	西部 77	西部 15			
2014	中部 180	中部 105	中部 35	320	70	390
	西部 220	西部 85	西部 15			
2015	—	—	—	380	100	480
	—	—	—			

(二)统筹层次

新型农村合作医疗一般以县(市)为单位进行统筹,条件不具备的地方以乡(镇)单位进行统筹再逐步过渡到县(市)统筹;经济条件发达的地方,探索实现城乡居民基本医疗保险制度并轨。

四、其他保险基金的筹集

(一)生育保险基金的筹集

生育保险基金的筹集包括筹集主体、缴费标准、基金统筹层次等,主要用于参保者的生育医疗费用支出和生育休假期间的收入损失补偿。

1. 缴费主体

生育保险基金的缴费主体是用人单位,包括国家机关、企业事业单位、社会团体、民办非企业单位、有雇工的个体工商户等。职工个人不缴费生育保险费。

2. 缴费标准

用人单位缴纳生育保险费的数额为本单位上一年度职工月平均工资总额乘以本单位生育保险费费率之积。国家机关、全额拨款事业单位的费率为 0.4%;企业的费率在 0.8%～1% 之间,企业具体费率由各统筹地区人民政府确定;其他用人单位可选择上述某一种费率。用人单位按月足额缴纳生育保险费。

根据人社部、财政部《关于适当降低生育保险费率的通知》(人社部发〔2015〕70 号)要求,2015 年 10 月 1 日起,生育保险基金累计结余超过 9 个月的统筹地区,将生育保险费率调整到用人单位职工工资总额的 0.5％以内。

3. 统筹层次

生育保险按照属地原则进行管理。生育保险基金的统筹层次与基本医疗保险基金的统筹层次保持一致,实行生育保险基金的统一筹集、使用和管理。考虑到各地生育保险制度改革的进展情况,在生育保险制度改革的初期阶段,实行市(地)或县级范围统筹。随着经济社会的发展,生育保险在经济发达地区在实现市级统筹的基础上过渡到省级统筹。

(二)工伤保险基金的筹集

工伤保险基金的筹集包括缴费主体、缴费标准和基金统筹层次等。工伤保险基金主要用于参保者因公负伤或职业病医疗费用支出和伤残期间的收入损失补偿。

1. 缴费主体

工伤保险基金由用人单位缴纳的工伤保险费、工伤保险基金的利息和依法纳入工伤保险基金的其他资金构成,职工个人不承担缴费义务。

2. 缴费标准

工伤保险费根据以支定收、收支平衡的原则筹集。国家根据不同行业的工伤风险程度确定行业的差别费率,并根据工伤保险费使用、工伤发生率等情况在每个行业内确定若干费率档次。用人单位缴纳工伤保险费的数额为本单位职工工资总额乘以单位缴费费率之积。

按照《国民经济行业分类》(GB/T 4754—2011)对行业的划分,根据不同行业的工伤风险程度,由低到高,依次将行业工伤风险类别划分为一类至八类,不同工伤风险类别的行业执行不同的工伤保险行业基准费率。各行业工伤风险类别对应的全国工伤保险行业基准费率为:一类至八类分别控制在该行业用人单位职工工资总额的 0.2％、0.4％、0.7％、0.9％、1.1％、1.3％、1.6％、1.9％左右。通过费率浮动的办法确定每个行业内的费率档次。一类行业分为三个档次,即在基准费率的基础上,可向上浮动至 120％、150％;二类至八类行业分为五个档次,即在基准费率的基础上,可分别向上浮动至 120％、150％或向下浮动至 80％、50％。

3. 统筹层次

工伤保险基金正在逐步实行省级统筹。跨地区、生产流动性较大的行业,可以采取相对集中的方式异地参加统筹地区的工伤保险。具体办法由国务院社会保险行政部门会同有关行业的主管部门制定。

第四节　基本医疗保险基金的监管

基本医疗保险基金的管理包括医疗保险基金的运行管理和在运行过程中的风险监控两个方面。

一、基本医疗保险保险基金的管理

医疗保险基金管理水平的高低直接关系到医疗保险基金保障功能、保障绩效的发挥程度,同时也关系到医疗保险基金的运行安全,它是基本医疗保险基金运行过程中的重要环节。

(一)管理的目的

基本医疗保险基金的管理,是指医疗保险管理部门根据国家关于基本医疗保险的法律法规、政策制度,按照医疗保险基金运行的客观规律,对医疗保险基金的筹集、支付、使用和管理等进行预算、组织、协调、控制、监督等工作的总称,是整个医疗保险管理工作的重要组成部分。

医疗保险基金是医疗保险制度依存和运作的物质基础,更是广大参保者的"保命钱",因此,医疗保险基金管理对于保障参保者的基本医疗权益、确保医疗保险基金安全高效运作、促进医疗保险制度稳定运行和经济社会可持续发展都具有十分重要的意义。

(二)管理的原则

1. 依法集中原则

基本医疗保险是国家通过立法强制推行的一种社会保障制度,医疗保险经办机构是执行医疗保险政策、依法独立行使职能、保持医疗保险基金正常运行的法人机构,医疗保险经办机构依据国家相关政策法规统一规定的缴费标准、给付标准、征缴医疗保险费并支出医疗保险基金,对医疗保险基金进行分别列账,依法严格管理,确保医疗保险基金安全。

政府的社会保障部门主要是制定医疗保险相关政策法规,对医疗保险事业进行规划、调控和监督等;医疗保险经办机构负责执行医疗保险政策,维护医疗保险基金正常运行;财政部门负责建立医疗基金专账,遵循医疗保险基金财务管理要求,保证基金安全,同时配合其他部门进行账目的核对等工作。各个部门应相互协调、配合,各行其责,保证基金安全。

2. 专款专用原则

医疗保险基金实行专款专用,任何单位和个人均不得挤占、挪用。按照医疗保险基金财务管理和核算制度的规定,医疗保险基金收支分开,实行两条线管理。基金的银行账户应设立收入户和支出户,两个账户应分开管理,分别作账,实现专款专用,专户存储。医疗保险经办机构内部设立基金征缴部门,负责基金的征收,设立支出部门,负责医疗费用的审核支付。

3. 以收定支原则

收支平衡是医疗保险基金管理的首要原则,对医疗保险基金的管理要求是以收定支、收支平衡、略有结余。医疗保险方案要根据基金筹资额度和历年基金支出规模进行合理设计,既要避免基金结余过多,使参保者的医疗待遇下降,又要防止超支过多,带来基金风险。我国目前医疗保险制度主体是"统账结合"模式,因此统筹基金的收支平衡是医疗保险基金管理的重点,只有收支平衡,才能保证医疗保险制度稳定运行。

4. 效率原则

效率原则即有限的医疗保险基金发挥最大的效益。一方面,由于医疗消费的弹性、医疗技术的垄断性,以及参保者医疗需求的无限性,容易导致过度医疗服务和医疗欺诈行为;另一方面,随着医疗保险基金总额的增加,在保证基金安全的前提下,要开展基金的运营管理,保证医疗保险基金保值增值,这也是医疗保险基金管理的重点和难点。以上因素要求医疗保险基金管理遵循效率原则。

(三)管理的内容

医疗保险基金管理从不同维度包含不同的内容:从业务上讲包括征缴管理和偿付管理;从财务上讲包括基金的计划、预决算;从风险上讲包括基金运行分析、基金预警和相关的监督管理。

1. 基金征缴和稽核

医疗保险经办机构根据医疗保险基金征缴的法律法规,向单位、个人征收医疗保险费。同时,由于医疗保险缴费是按照工资收入的一定比例缴纳,为了保证医疗保险基金应保尽保、应收尽收,基金征收中还需要对参保和缴费基数进行稽核,防范欠缴、不缴行为发生。

2. 医疗费用的支付

按照法定的及医疗保险政策规定的支付范围、支付比例等规定,审核并支付参保者就医后发生的医疗费用,对医疗保险定点机构拨付医疗保险基金。对定点医疗机构、定点零售药店落实医疗保险政策情况、医疗药事服务行为等进行监督和管理。

3. 财务管理

医疗保险基金的管理既要遵守财务管理的一般制度规定,又要符合医疗保险管理的特点。医疗保险基金的管理必须按照医疗保险法律法规、医疗保险基金财务制度等管理办法和会计核算办法执行。

4. 风险管理

在医疗保险基金运行过程中,要及时对基金运行情况、收支结余等进行分析,对基金的安全风险实施管控,确保基金安全平稳运行。医疗保险基金的风险管理一般要求建立医疗保险运行分析制度,尤其是医疗费用的分析制度,并按月、按季度、按年等编制报表,定期公开发布。

5. 监督管理

建立对医疗保险基金有效的监督机制,包括内部监督和外部监督。内部监督指在医疗保险基金的管理上,医疗保险经办机构内部各部门要建立相应的制约和协调机制。外部监督包括行政监督、审计监督和社会监督等。

二、基本医疗保险基金监督

基本医疗保险基金的监督是指通过建立健全医疗保险基金管理使用情况的监督体系,强化基本医疗保险基金安全管理,防范医疗保险基金运行风险,维护医疗保险基金持续健康。医疗保险基金监督管理包括内部监督和外部监督两个方面。

（一）内部监督

对基本医疗保险基金内部监督是医疗保险基金监督管理的基础和内生环节,它主要是医疗保险经办机构内部各部门、各岗位之间相互配合、协调和制约,根据医疗保险基金的管理规程、内控制度、会计制度等,形成一系列相互关联的制度及管理措施。它主要包括以下几个方面:

第一,建立健全经办机构业务流程。如医疗保险费征缴流程、住院费用支付流程、异地医疗费用支付流程、个人账户支付流程等,通过建立安全、高效的内部管理制度和流程,使医疗保险基金监督管理有章可循;第二,建立完善内部管理制度。如财务会计制度、审计制度、基金预决算制度、医疗费用审核复核制度、基金支出审批制度、基金征缴和医疗费用支出的内部稽核制度等。通过建立完善的内部管理制度,完善轮岗交流、多级审核、专家论证等多种方式,实施内部监督管理,防范出现廉政风险;第三,配备管理工作机构和人员。在医疗保险经办机构内部,对于基金运行管理应建立基金审核、支付、审计部门,对于医疗保险费的征收、医疗费用支出都应有相应的部门或机构来实施管理工作。内部审计稽核工作应按业务程序设置岗位,制定岗位责任制,做到责任到人。

（二）外部监督

基本医疗保险基金的外部监督主要包括行政监督、审计监督、社会监督三种形式。

1. 行政监督

行政监督是按照行政管理权限和行政隶属关系,由行政机关对医疗保险基金管理实施的一种执法性质的外部监督,是基金外部监督的主导环节。它主要包括社会保障部门的监督和财政部门的财务监督。其中社会保障部门的行政监督是基金行政监督管理的主体。

社会保障部门的监督内容主要包括:第一,指导、监督经办机构贯彻执行医疗保险基金管理法律、法规和国家政策;第二,指导、监督医疗保险基金预算执行及决算;第三,定期审查医疗保险基金征收、支出及结余情况;第四,建立医疗保险基金监督举报系统,受理投诉举报,查处基金管理违规案件等。

财政部门的监督主要涉及医疗保险基金账户的设立和管理、基金预决算编制及预算执行、基金的收支平衡、基金安全等。财政监督管理有利于抑制挤占、挪用医疗保险基金的不良现象,增强医疗保险基金管理的严密性和计划性。

2. 审计监督

审计监督是基金外部监督的独立环节,指由专门从事审计业务的部门对医疗保险基金的财务收支、运用效益和违反财经法纪的行为所进行的一种法律效力较强的外部经济监督。审计监督管理有利于维护财经秩序,严肃财经纪律,维护医疗保险基金安全。

审计监督的主要内容包括:第一,对医疗保险基金的预决算进行审计监督,如经批准的医疗保险基金预算和财务收支计划是否严格执行,有无超预算、超计划问题;年度决算和财务报告及有关的会计报表、会计账簿、会计凭证是否真实合法等。第二,对医疗保险基金内部控制制度的审计监督。包括财务管理的规章制度是否健全,财务和内部审计机构是否健全,能否有效地发挥核算监督和控制作用等。第三,对医疗保险基金收支和结余情况进行审计监督。第四,对医疗保险经办机构财务收支相关内容进行审计监督。

3. 社会监督

社会监督是人民群众通过社会团体、社会组织、舆论机构以及公民个人对医疗保险基金管理情况实施的监督。社会监督是衡量基金监督效率的一个重要标志。实施医疗保险基金社会监督一般采取以下一些措施：第一，成立医疗保险基金监督组织。以统筹地区为单位，设立由政府部门、人大或政协代表、用人单位、医疗机构代表、工会代表和有关专家等组成的，具有广泛的社会性和代表性的医疗保险基金监督组织。第二，建立和完善医疗保险基金信息公开制度。医疗保险基金的预决算报告等相关资料数据，通过合法程序，定期由新闻媒体向社会公布，接受广大参保者的监督。第三，履行政务公开规定。通过新闻媒体、互联网、宣传栏、宣传活页等多种途径，将医疗保险的有关政策、经办程序、时限要求等向社会公布。第四，建立医疗保险查询系统。建立包括语音、电话、互联网等多种形式的查询系统，如12333全国人力资源社会保障电话咨询热线、网上查询平台、自查查询机等，方便参保者查询参保缴费、个人账户、费用报销等情况。第五，畅通社会群众与医疗保险经办机构之间的沟通渠道。医疗保险经办机构、监督机构等相关部门应设立举报电话、投诉、意见箱等，及时听取社会群众对医疗保险基金管理的意见和建议。

第三章　医疗保险费用支付方式

第一节　医疗保险费用支付的概念

支付方式(Payment Method)又称为结算方式,是现代医疗保障制度的核心设计,是医疗服务购买方(医疗保险机构)与医疗服务提供方(定点医疗机构)之间的重要经济纽带,更是政府和购买方以经济激励方式调控医疗服务提供方行为,间接影响医疗服务质量、数量、成本等指标的核心工具,是推动公立医院和初级卫生保健等方面改革的重要方式。医疗保险支付方式的改革是医药卫生体制改革的核心内容之一,它关系着医疗保险制度的平稳运行,是医疗保险过程中涉及各方经济利益最直接、最敏感的环节。

医疗保险费用支付作为医疗保险最重要和最基本的职能,首先,它是一种经济补偿制度,即参保者向保险机构缴纳保险费,形成医疗保险基金,当参保者因病获得保险范围规定的医疗服务时,保险机构按照保险合同或法规条款给予参保者全部或部分经济补偿;其次,医疗保险费用支付又是一种法律契约关系,即医疗保险经办机构、参保者、医疗服务提供方都必须签订保险费用支付合同,各方在合同和保险规则的约束下履行自己的权利与义务。

第二节　医疗保险支付方式的主要类型

一、参保者支付方式

参保者支付方式主要是指参保者在医疗保险过程中分担一部分医疗费用的方法。世界各国实施不同医疗保险制度的实践证明,医疗保险支付参保者全部医疗费用,尽管体现公平性,但却造成了过度利用卫生服务、卫生费用上涨过快和卫生资源浪费等现象的发生。因此,为防止上述现象的发生,不同国家都已逐步开始采用各种费用分担的办法来取代全额支付,以有效地控制医疗费用。

常见的分担支付方式包括以下几种:

(一)起付线

起付线又称为扣除保险(Deductibles),按照"医疗保险基金与参保者个人共同负担住院医疗费"的基本医疗保险制度改革原则,参保者在定点医疗机构实际发生的属于基本医疗保险"目录"范围内的住院医疗费,个人先承担一部分后,医疗保险基金才按规定比例支付。个人先承担的住院医疗费数额标准,就是医疗保险机经办构规定的医疗保险费用支付的"起付线",低于起付线以下的医疗费用由参保者自付。

1. 起付线控制的特点

起付线以下的医疗费用由病人自付或由病人与其单位分担,增强了参保者的费用意识,有利于减少浪费,同时,将大量的小额医疗费用剔除在医疗保险偿付范围之外,减少了保险结算工作量,有利于降低管理成本。小额费用由参保者自付,有利于保障大病。

2. 起付线控制的管理难点

起付线的设计初衷是在住院时设一个费用门槛,防止参保者"门诊转住院",避免小病大看。该方式的难点在于起付线的合理确定。起付线的高低直接影响医疗服务的利用效率和参保者的就医行为,起付线过低,可能导致参保者过度利用卫生服务,不利于有效控制疗费用;起付线过高超过部分参保者的承受能力,抑制其正常的医疗需求,可能导致少数参保者小病不及时就医而酿成大病,反而增加了医疗费用。另外,过高的起付线可能影响参保者的积极性,造成保险覆盖面和受益面下降。

(二)封顶线

封顶线也叫最高支付限额保险(Maximums or Ceiling),是与起付线相反的费用分担方法。该方法规定一个医疗保险年度内医疗保险基金支付给每位参保人的最高限额,医疗保险机构只支付低于封顶线以下的费用,超出封顶线以上的费用由参保者自付。

封顶线管理的特点有以下三方面:首先,在社会经济发展水平和各方承受能力比较低的情况下,医疗保险只能首先保障享受人群广、费用比较低、各方都可以承受的一般医疗。因而本着保障基本医疗、扩大享受面的原则,将高额医疗费用剔除在保险支付范围之外;其次,有利于限制参保者对高额医疗服务的过度需求,以及医疗服务提供方对高额医疗服务的过度提供;最后,有利于鼓励参保者重视卫生保健,防止小病酿成大病。

(三)按比例自付

按比例自付又称共付保险(Coinsurance),即医疗保险经办机构和参保者按一定的比例共同支付医疗费用,这一比例又称共同负担率或共同付费率。个人自付比例是指医疗保险政策规定准予支付的医疗费用中由参保者个人承担的比例。按比例自付可以是固定比例,也可以是变动比例。

1. 按比例自付的特点

简单直观,易于操作,参保者可根据自己的支付能力适当选择医疗服务,有利于调节医疗消费,控制医疗费用;由于价格需求弹性的作用,参保者往往选择价格相对较低的服务,有利于降低卫生服务的价格。

2. 按比例自付的管理难点

自付比例较难合理确定。自付比例的高低直接影响参保者的就医行为,自付比例过低,制约作用小,达不到控制医疗费用不合理增长的目的;自付比例过高,可能超越参保者的经济负担,达不到保险的目的。另外,对不同人群和不同收入状况采用统一自付比例,可能出现卫生服务的不公平性。

（四）混合支付

上述三种费用支付方式方法各有其优、缺点，因此在医疗保险支付制度的建立中，往往将两种以上的支付办法结合起来应用，形成优势互补，更有效地促使合理需求，控制医疗费用的过度增长。例如，对低费用实行起付线，对高费用实行封顶线，并对中间段费用实行按比例给付的方法，被认为是既能够合理保障，又能够有效制约的办法。

二、医疗保险经办机构支付方式

目前常用的对医院支付方式有按服务项目付费、按人头付费、按服务单元付费、按单病种付费、按疾病诊断相关分组付费以及总额控制等。

（一）按服务项目支付方式（Fee For Service，FFS）

1. 按服务项目支付的定义

指对医疗服务过程中所设计的每一服务项目制定价格，按医疗机构提供服务的项目和数量支付医疗服务费用的形式。服务项目费用是确定付费最原始的费用依据，也是进行项目成本核算、收费标准制定及调整的根据。虽然对每一个项目都有明确的收费标准，但是对每一个病种来说，医院到底该用什么项目，整个诊疗过程中该使用哪些项目，目前为止尚缺乏统一的规范。

2. 按服务项目付费的现状

采用这种支付方式的国家或地区一般都通过各种形式制定统一的各种项目的收费标准。按服务项目付费的支付方式在发达国家和发展中国家都很常见。例如荷兰、韩国、德国、法国等国家都有相应的服务价格表。我国多数地区仍然采用较为传统的按服务项目付费的支付方式，但我国目前所使用的项目价格表不尽合理，没有以成本为基础制定的项目价格表，出于历史的原因通常劳务项目定价较低，高新医疗技术项目定价较高。在这种情况下，在一定程度上导致了高、新、尖医疗技术的过度使用，以及高额医疗设备的购买，形成成本推动型的医疗服务成本上涨。

（二）按人头支付方式（Capitation）

1. 按人头付费方式的定义

人头付费方式指在有限的医疗服务范围内，按照约定医疗机构或医生服务对象的人数和每人规定的支付定额，而不论实际服务情况的一种支付方式。它是一种预付制的支付方式。这种特定的医疗服务一般以合同的形式予以约定，在此期间定点医疗机构提供合同规定内的医疗服务均不再另行收费。以基本医疗服务、体格检查和家庭护理服务最为常见。按人头支付可以使筹资部门更易于预测和控制医疗服务总费用。

2. 按人头付费方式的作用

医院的收入与服务人次成正比，服务人数越多，医院的收入越高。按人头支付方式给了医疗机构最大限度地降低成本以便收支差异最大化的经济激励机制。促使医疗机构寻求并尝试各种降低成本的办法，采用较低成本的治疗方案，自觉进行费用控制，如开展疾病预防、健康教育、定期体检等活动，以期最大限度地降低发病率，减少费用开支。然而并不是所有的激励机制都是有益的，按人头支付也可能促使医疗机构选择低风险的参保者以降低其服务人群的成本，并限制服务的数量和质量。按人头数支付使得医疗机构要承担一定的经济风险,包括每次服务的成本和每一病例的服务数量,但有可能出现供方诱导病人就诊次数的现象。由于总的服务次数不确定,因此医疗费用支付方承担的医疗总费用可能超支。因此按人头支付方式具有激励供方控制成本,提供符合成本效益服务的作用。

3. 按人头付费方式的管理风险

按人头支付的管理成本倾向于高于总额预算支付方式的管理成本,但可能低于按服务项目付费的管理成本,因为它不需处理各种项目补偿的细节问题。由于存在医生提供不足服务,降低服务质量以及转移参保者的风险,因此,管理能力是实施按人头支付方式成功与否的关键。

（三）按服务单元支付（Serviceunit）

1. 按服务单元支付的定义

又称平均费用标准付费,是介于按项目支付与按病种支付之间的一种费用支付形式。它是指按预先规定的次均门诊费用或住院床日费用标准进行支付,属于预付制与后付制相结合的一种类型（每个单元的预算标准是预付制,按服务单元量累计结算是后付制）。平均支付标准是通过抽查一定比例的门诊处方和住院病历,并扣除不合理医疗费用支出后统计出来的。它把参保者每次住院分解成按天或其他单元来支付。

2. 按服务单元支付的优缺点

按预先规定的次均门诊费用或住院床日费用标准进行支付。优点是:方法简单,结算程序简便,利于经办机构操作,医院易于接受;由于对同一医院所有参保者每日住院或每次门诊费用支付都是相同的,与治疗的实际花费无关,有利于医院抑制不必要的服务和用药;鼓励医生降低每住院床日和每门诊人次成本,提高工作效率,费用控制效果比较明显。缺点是:医院通过诱导需求和分解服务人次以及延长住院时间来增加收入,医疗机构还可能出现拒收危重参保者,降低服务水平等现象。

（四）单病种支付（Single Disease Payment）

1. 单病种支付的定义

所谓单病种支付是指通过统一的疾病诊断分类,科学地制定出每一种疾病的定额偿付标准（这个标准接近合情、合理、合法的医疗成本消耗）,医疗保险经办机构按照该标准与住院人次向定点医疗机构支付住院费用,使得医疗资源利用标准化,即定点医疗机构资源消耗与所治疗的住院病人的数量、疾病复杂程度和服务强度成正比。单病种支付的特点是,定点医疗机构的收入仅与每个病例及其诊断有关,而与定点医疗机构治疗该病例所花费的实际成本无关。简而言之,就是明确规定某一种疾病该花多少钱,从而既避免了医疗单位滥用医疗服务项目、重复项目和分解项目,防止医院小病大治,又保证了医疗服务质量,而且操作十分简便。单病种支付是疾病诊断相关分组的初级阶段。

2. 单病种支付的优缺点

医疗费用支付方和医疗服务提供方都承担一定的经济风险。医疗服务提供方承担每一病例治疗成本的经济风险。医生有很强的动机控制每一个病例的成本。通常单病种支付需防止服务提供方提供不足的医疗服务,因此通常会规范每个病种的临床诊疗路径,并对其实施有效的监督。此外,以病种为基础的支付制度需要有先进管理信息系统予以支持,因此管理成本较高。

示例 3-1 安徽省新型农村合作医疗按病种支付

安徽省新型农村合作医疗(以下简称"新农合")推行按病种支付和按项目支付两种,按病种支付分为重大疾病和常见病/多发病两种。安徽省自 2010 年执行新农合重大疾病政策,其单病种实际补偿比例保持在 65%～90%,极大减轻了参合病人的经济负担。2011 年,新增 20 组重大疾病类型;2012 年,全省新农合重大疾病保障政策扩大到百余种重大疾病,全年近万个参合家庭从中受益,部分参保者最高补偿额有 30 万元以上,重大疾病参保者的平均自付费用从原来的 2 万元以上降至 1 万元以下。2014 年 8 月,新农合试行 51 组常见病/多发病,报销比例分为 40%和 60%两档。按照方案规定,主要疾病诊断、年龄、主要治疗方法要符合方案规定的范围,才能执行按病种付费。2015 年 11 月,安徽省卫生和计划生育委员会再次新增 78 组单病种,初具按疾病诊断相关分组雏形。

安徽省省级医院 2010 年新农合重大疾病按病种付费工作实施方案
皖卫农〔2010〕34 号

序号	试点重大疾病	治疗方法	每例费用定额（万元）	新农合支付定额（万元）	医疗救助支付定额（万元）
1	白血病	首次诱导加巩固化疗	2.8	1.96	0.56
		自体造血干细胞移植	10.0	7.0	2.0
		异基因造血干细胞移植（亲缘相合）	15.0	10.5	3.0
		异基因造血干细胞移植（亲缘不合、非亲缘）	28.0	19.6	5.60
2	先天性心脏病（3 周岁以下）	介入治疗	2.7	1.35	0.54
		外科手术治疗	3.1	1.55	0.62
	先天性心脏病（3 周岁～14 周岁）	介入治疗	2.4	1.2	0.48
		外科手术治疗	2.8	1.4	0.56
	①先天性心脏病患儿一次住院行两个心脏部位手术或介入治疗,表中每例费用定额顺加 1.5 万元;②先天性心脏病患儿介入治疗失败再行外科手术治疗,仅按外科手术类别,费用定额顺加 0.5 万元。					

安徽省省级医院 2011 年新农合重大疾病按病种付费实施方案

皖卫农〔2011〕30 号

序号	重大疾病范围（含年龄及主要治疗方法）		定额标准（万元）	基金支付定额（万元）
1	急性早幼粒白血病（>14 岁）	初治－首次诱导化疗	5.4	3.78
2	双侧感音神经性耳聋（≤14 岁）	人工耳蜗植入	17.0	11.9
3	心脏瓣膜病变	人工瓣膜置换或成形术（单瓣膜）	6.4	4.48
		人工瓣膜置换或成形术（双瓣膜）	8.2	5.74
4	冠心病	冠状动脉旁路移植术（使用球囊反搏）	9.0	6.30
		冠状动脉旁路移植术（不使用球囊反搏）	7.3	5.11
	冠心病合并心脏瓣膜病变	搭桥术加人工瓣膜置换或成形术（单瓣膜）	8.8	6.16
		搭桥术加人工瓣膜置换或成形术（双瓣膜）	9.8	6.86
5	升主动脉瘤	主动脉根部带瓣管道置换术	9.5	6.65
6	主动脉夹层动脉瘤	外科开胸手术治疗	18.0	12.6
7	简单先心病（>14 岁）	手术根治术	3.0（一类）2.3（二类）	2.10（一类）1.61（二类）
	复杂先心病（>14 岁）	生理性矫正手术或解剖学根治术	4.0（一类）3.0（二类）	2.8（一类）2.1（二类）
8	先天性心脏病（>14 岁）	介入手术治疗	2.1	1.47
9	心房扑动或心房颤动	经导管心内电生理检查及导管消融治疗	6.7	4.69
10	频发室性早搏或室性心动过速	经导管心内电生理检查及导管消融治疗	5.7	3.99
11	室性心动过速或心室颤动	置入型除颤器治疗（ICD）——单腔	10.0	7.0
		置入型除颤器治疗（ICD）——双腔	15.0	10.5
12	慢性心力衰竭	心脏同步起搏治疗（CRT）	10.0	7.0
		心脏同步起搏加除颤治疗（CRT - D）	15.0	10.5
13	颈椎病（脊髓型）	颈前路减压植骨固定	3.5	2.45
		颈后路减压植骨固定	4.8	3.36
		颈前后联合入路减压植骨固定术	6.5	4.55
		颈椎间盘置换术	5.0	3.50
14	腰椎滑脱症	腰椎融合术（单节段）	4.0	2.80
		腰椎融合术（多节段）	5.5	3.85

（续表）

序号	重大疾病范围（含年龄及主要治疗方法）		定额标准（万元）	基金支付定额（万元）
15	重度膝关节骨关节炎	全膝关节置换术（单侧）	5.0	3.5
		全膝关节置换术（双侧）	9.0	6.30
16	青少年脊柱侧凸（≤18岁）	侧凸矫形、内固定、植骨融合术	6.0	4.20
17	三叉神经痛	微血管减压术	3.4	2.38
18	椎管内肿瘤（神经纤维瘤、脊膜瘤）	后正中入路肿瘤切除术（使用电生理监测）	3.1	2.17
		后正中入路肿瘤切除术（不使用电生理监测）	2.3	1.61
19	垂体腺瘤	垂体腺瘤切除术（使用导航）	3.1	2.17
		垂体腺瘤切除术（不使用导航）	2.7	1.89
20	肾脏疾病	肾移植术（术前使用免疫诱导剂）	7.0	4.90
		肾移植术（术前不使用免疫诱导剂）	5.0	3.50

安徽省省级医院 2012 年新增新农合重大疾病按病种付费实施方案

皖卫农〔2012〕36 号

序号	重大疾病范围（含年龄及主要治疗方法）		定额标准（万元）	基金支付比例
1	慢性粒细胞白血病	限一线酪氨酸激酶抑制剂门诊治疗。1.25605万元/100mg×60片/每盒伊马替尼，每次处方1盒或1盒以上。每参合年度最多享受9盒伊马替尼的打包付费	1.25605	70%
2	慢性粒细胞白血病（>14岁）	造血干细胞移植（亲缘相合）	16.0	70%
3		造血干细胞移植（非亲缘、亲缘不合）	29.0	70%
4	血友病	非重组凝血因子制品治疗	暂按当次住院费用	65%*当次住院费用
5	重型再生障碍性贫血	造血干细胞移植（限亲缘相合）	27.0	70%
6		层流病房支持下含 ATG/ALG 联合免疫抑制治疗	暂按当次住院费用	65%*当次住院费用
7	病态窦房结综合征或二度Ⅱ型/三度房室传导阻滞	永久性起搏器植入术（单腔）	2.6	70%
8		永久性起搏器植入术（双腔）	4.6	70%
9	急性 ST 段抬高心肌梗死	冠状动脉介入治疗（1个支架）	3.5	70%
10		冠状动脉介入治疗（2个及2个以上支架）	4.5	70%

（续表）

序号	重大疾病范围（含年龄及主要治疗方法）		定额标准（万元）	基金支付比例
11	耐多药结核病	内科综合治疗	1.5	70%
12	甲状腺癌	①甲状腺癌根治术	1.3	70%
13		②碘131去除残余甲状腺	0.90	70%
14		③碘131治疗甲状腺癌转移灶	1.3	70%
15	原发性纵隔肿瘤	纵隔肿瘤或囊肿切除术	2.0	70%
16	颅内动脉瘤	开颅动脉瘤夹闭术	7.0	70%
17	听神经瘤	听神经瘤切除术（使用电生理监测）	4.7	70%
18		听神经瘤切除术（不使用电生理监测）	3.7	70%
19	骨肉瘤（≤25岁）	保肢手术治疗	5.0	70%
20		截肢手术治疗	1.6	70%
21	先天性巨结肠（≤14岁）	外科手术治疗	1.6	70%
22	发育性髋关节脱位（2岁～8岁）	外科截骨矫形手术	3.0	70%
23	非小细胞肺癌	外科手术治疗	2.5	60%
24	食道癌	外科手术治疗	2.9	60%
25	胃癌	外科手术治疗	2.4	60%
26	结肠癌	外科手术治疗	2.2	60%
27	直肠癌	外科手术治疗	2.3	60%
28	唇裂（≤6岁）	首次整复手术治疗（含单侧双侧）	0.4	60%
29	腭裂（≤6岁）	首次整复手术治疗（含完全、不完全）	0.6	60%

安徽省省级医院常见病按病种付费试点实施方案
皖卫农〔2014〕2号

序号	疾病名称	主要诊疗技术	按病种付费范围	定额标准（元）
1	肺炎	儿内科综合治疗	包括各种病原体（细菌、真菌、支原体、衣原体等）引起的肺炎，参保者年龄≤14岁，住院日≥5天	4000
		内科综合治疗	包括各种病原体（细菌、真菌、支原体、衣原体等）引起的肺炎，参保者年龄>14岁，住院日≥5天	6000

序号	疾病名称	主要诊疗技术	按病种付费范围	定额标准（元）
2	慢性阻塞性肺疾病	内科综合治疗	含必要时气管插管和机械通气费用,住院日≥5 天	12000
3	支气管哮喘	内科综合治疗	住院日≥5 天	6000
4	支气管扩张症	内科综合治疗	住院日≥5 天	8000
5	原发性高血压	内科综合治疗	并发症住院,住院日≥5 天	7000
6	急性心肌梗死	内科综合治疗	心肌梗死发作当次住院,不包括介入治疗方法,住院日≥5 天	10000
7	胃十二指肠溃疡	内科综合治疗	住院日≥5 天	6000
8	肝硬化	内科综合治疗	住院日≥5 天	12000
9	过敏性紫癜	内科综合治疗	住院日≥5 天	5000
10	特发性血小板减少性紫癜	儿内科综合治疗	参保者年龄≤14 岁,住院日≥5 天	7000
10	特发性血小板减少性紫癜	内科综合治疗	参保者年龄>14 岁,住院日≥5 天	10000
11	弥漫性毒性甲状腺肿(Grave病)	内科综合治疗	并发症住院,住院日≥5 天	5000
12	Ⅰ型/Ⅱ型糖尿病	内科综合治疗	并发症住院,住院日≥5 天	8000
13	肾盂肾炎	内科综合治疗	含急、慢性,住院日≥5 大	7000
14	肾病综合征	内科综合治疗	住院日≥5 天	8000
15	脑出血（急性期）	内科综合治疗	指原发性非外伤脑实质出血,脑出血发作当次住院。不含恢复期住院,不含蛛网膜下腔出血。住院日≥5 天	15000
16	脑梗死（急性期）	内科综合治疗	含脑血栓、脑梗死及腔隙性脑梗死,脑梗死发作当次住院。不含恢复期住院,不包括介入治疗方法。住院日≥5 天	10000
17	阑尾炎	外科手术治疗	含各种类型阑尾炎。★:本表中外科手术治疗包括开放、微创、腔镜等术式,但不含活检等术式,下同	7000
18	胆囊炎/胆囊结石	外科手术治疗	含胆囊炎、胆囊结石、胆囊息肉	10000
19	胆管结石	外科手术治疗	含肝内、肝外胆管内结石	15000
20	输尿管结石	外科手术治疗		11000

（续表）

序号	疾病名称	主要诊疗技术	按病种付费范围	定额标准（元）
21	肾结石	外科手术治疗	包括肾结石、肾盂结石，不包括膀胱结石	15000
22	前列腺增生	外科手术治疗		13000
23	膀胱良性肿瘤	外科手术治疗		11000
24	前列腺癌	外科手术治疗	★：本表中所有癌症外科手术住院治疗，均含手术当次住院期间的放化疗费用，下同	16000
25	肾癌	外科手术治疗		20000
26	精索静脉曲张	外科手术治疗（单侧）		5000
26	精索静脉曲张	外科手术治疗（双侧）		6000
27	下肢静脉曲张	外科手术治疗（单侧）		6000
27	下肢静脉曲张	外科手术治疗（双侧）		7000
28	腹股沟疝	外科手术治疗（单侧）	含补片费用	6000
28	腹股沟疝	外科手术治疗（双侧）	含补片费用	7000
29	急性乳腺炎	外科手术治疗		5000
30	甲状腺良性包块	外科手术治疗	包括结节性甲状腺肿（年龄≤70岁）及甲状腺良性肿瘤，含单双侧	8000
31	乳腺良性肿瘤	外科手术治疗	含单双侧	6000
32	卵巢良性肿瘤	外科手术治疗（单侧）	包括卵巢畸胎瘤	9000
32	卵巢良性肿瘤	外科手术治疗（双侧）	包括卵巢畸胎瘤	10000
33	卵巢恶性肿瘤	外科手术治疗	含单双侧	21000
34	子宫平滑肌瘤	外科手术治疗		10000
35	子宫腺肌病	外科手术治疗		10000
36	单纯性孔源性视网膜脱离	外科手术治疗（外路）	外路是指巩膜扣带术等	5000
36	单纯性孔源性视网膜脱离	外科手术治疗（内路）	内路是指玻璃体视网膜联合术等	13000
37	白内障	外科手术治疗	含人工晶体费用	6000

（续表）

序号	疾病名称	主要诊疗技术	按病种付费范围	定额标准（元）
38	原发性急性闭角型青光眼	外科手术治疗		6000
39	声带息肉	外科手术治疗		6000
40	慢性化脓性中耳炎	外科手术治疗	含植入耗材费用	10000
41	慢性扁桃体炎	外科手术治疗		4000
42	鼻中隔偏曲	外科手术治疗		7000
43	腮腺多形性腺瘤	外科手术治疗		10000
44	痔	外科手术治疗	含内痔、外痔、混合痔	5000
45	乳腺癌	外科手术治疗		15000
46	食道癌	外科手术治疗		43000
47	肺癌	外科手术治疗		36000
48	胃癌	外科手术治疗		33000
49	结肠癌	外科手术治疗		32000
50	直肠癌	外科手术治疗		32000
51	宫颈癌	外科手术治疗		17000

2015年度省级医院新增新农合按病种付费病种及费用定额标准（试行）

序号	疾病名称	主要诊疗技术以及按病种付费范围	费用定额标准（元）	基金支付比例（%）	基金支付定额（元）	患者自付比例（%）
1	新生儿ABO血型不合溶血病	儿科综合治疗。入院年龄≤28天。含换血治疗费用	9000	50%	4500	50%
2	新生儿呼吸窘迫综合征	儿科综合治疗。入院年龄≤28天,含肺表面活性物质费用	45000	50%	22500	50%
3	脑性瘫痪	非手术中西医综合治疗。包含发育指标延迟、运动发育落后、全面性发育落后等不同诊断但治疗技术和过程相同的患儿。含药物、针刺、推拿及康复训练等费用;入院年龄≤10岁,住院天数≥10天。两次住院间隔时间≥15天	6500	50%	3250	50%

（续表）

序号	疾病名称	主要诊疗技术以及按病种付费范围	费用定额标准(元)	基金支付比例(%)	基金支付定额(元)	患者自付比例(%)
4	轮状病毒肠炎	儿科综合治疗。入院年龄≤14岁	4000	40%	1600	60%
5	毛细支气管炎	儿科综合治疗。入院年龄≤14岁	8000	40%	3200	60%
6	手足口病(非重症)	儿科综合治疗。入院年龄≤14岁	2500	40%	1000	60%
7	手足口病(重症)	儿科综合治疗。入院年龄≤14岁	8000	40%	3200	60%
8	新生儿高胆红素血症	儿科综合治疗。入院年龄≤28天	5800	40%	2320	60%
9	肾病综合征	儿科综合治疗。入院年龄≤14岁	6400	40%	2560	60%
10	自发原发性气胸	内科综合治疗	6000	40%	2400	60%
11	结核性胸膜炎	内科综合治疗。含结核性胸腔积液	9000	50%	4500	50%
12	带状疱疹	内科综合治疗。限皮肤科住院患者	5000	40%	2000	60%
13	急性荨麻疹	内科综合治疗。限皮肤科住院患者	3500	40%	1400	60%
14	类风湿关节炎(轻中症)	内科综合治疗。轻中症是指无系统受损,无合并严重感染及病理性骨折	6000	40%	2400	60%
15	类风湿关节炎(重症)	内科综合治疗。住院天数≥15天,不含间充质干细胞费用。重症是指继发关节外表现、肺部病变、血管炎,合并严重感染及骨质疏松、骨折,具有难治性	28000	50%	14000	50%
16	系统性红斑狼疮(轻中症)	内科综合治疗。轻中症是指无重要脏器(如肾脏、肺、中枢神经系统等)累及,无器官功能衰竭,不合并严重感染	7000	50%	3500	50%

序号	疾病名称	主要诊疗技术以及按病种付费范围	费用定额标准（元）	基金支付比例（%）	基金支付定额（元）	患者自付比例（%）
17	系统性红斑狼疮（重症）	内科综合治疗。住院天数≥15天，不含间充质干细胞费用。转入ICU病房治疗的重症患者退出按病种付费。重症是指合并肾脏、血液、心脑血管、中枢神经等器官系统严重受损，合并严重感染及脏器衰竭	52000	50%	26000	50%
18	慢性乙型肝炎（中度）	内科综合治疗。住院天数≥10天。注：轻度慢性乙型肝炎按普通住院补偿	16000	50%	8000	50%
19	慢性乙型肝炎（重度）	内科综合治疗。住院天数≥20天	29000	50%	14500	50%
20	消化道息肉	内镜下息肉切除术。含胃息肉及结直肠息肉，限直径小于2.0cm息肉，不限息肉个数	6000	40%	2400	60%
21	腰椎间盘突出症	非手术中西医综合治疗。含药物、针刺及推拿等治疗费用；住院天数≥10天。两次住院间隔时间≥15天	9000	50%	4500	50%
22	颈椎病	非手术中西医综合治疗。包含合并有腰椎间盘突出症的患者。含药物、针刺及推拿等治疗费用；住院天数≥10天。两次住院间隔时间≥15天	10000	50%	5000	50%
23	脑梗死（恢复期）	非手术中西医综合治疗。含药物、针刺及推拿等康复治疗费用；不含介入治疗。脑梗死患者生命体征平稳后入院，入院时间在梗死发生后3个月以内，住院天数≥10天，符合按病种付费范围。脑梗死（恢复期）两次住院间隔时间≥15天	11000	50%	5500	50%

（续表）

序号	疾病名称	主要诊疗技术以及按病种付费范围	费用定额标准（元）	基金支付比例（％）	基金支付定额（元）	患者自付比例（％）
24	脑出血（恢复期）	非手术中西医综合治疗。含药物、针刺及推拿等康复治疗费用；不含介入治疗。脑出血是指原发性非外伤脑实质内出血，不包含蛛网膜下腔出血。脑出血患者生命体征平稳后入院，入院时间在脑出血发生后 3 个月以内，住院天数≥10 天，符合按病种付费范围。脑出血（恢复期）两次住院间隔时间≥15 天	12000	50％	6000	50％
25	肝豆状核变性	首次诊断加内科综合治疗。指首次诊断并首次住院，包含首次诊断费用。住院天数≥10 天	21000	50％	10500	50％
26	肝豆状核变性	内科综合治疗。指确诊患者再次住院治疗。住院天数≥10 天	13000	50％	6500	50％
27	髋关节骨性关节炎	髋关节置换术（单侧）。使用陶瓷髋关节假体、双侧髋关节置换术不列入按病种付费范围，按普通住院补偿	42000	50％	21000	50％
28	腰椎管狭窄症	椎板减压内固定加椎间融合术（单节段）	40000	50％	20000	50％
29	腰椎管狭窄症	椎板减压内固定加椎间融合术（多节段）	55000	50％	27500	50％
30	腰椎间盘突出症	经后路单纯腰椎间盘髓核摘除术	12000	50％	6000	50％
31	腰椎间盘突出症	经椎间孔镜单纯腰椎间盘髓核摘除术	18000	50％	9000	50％
32	腰椎间盘突出症	腰椎间盘摘除内固定加融合术（单节段）	40000	50％	20000	50％
33	腰椎间盘突出症	腰椎间盘摘除内固定加融合术（多阶段）	55000	50％	27500	50％
34	胆总管结石	经内镜逆行性胆管取石术（ERCP）	25000	40％	10000	60％
35	子宫内膜癌	外科手术治疗（开腹）	23000	50％	11500	50％
36	子宫内膜癌	外科手术治疗（经腹腔镜）	27000	50％	13500	50％

（续表）

序号	疾病名称	主要诊疗技术以及按病种付费范围	费用定额标准（元）	基金支付比例（%）	基金支付定额（元）	患者自付比例（%）
37	膀胱结石	外科手术治疗。包含腔镜碎石术。如当次住院同时手术治疗膀胱结石及前列腺增生的患者，执行前列腺增生定额标准	13000	50%	6500	50%
38	非肌层浸润性膀胱癌	经尿道膀胱肿瘤切除术（TURBT）	23000	50%	11500	50%
39	肛周疾病	外科手术治疗。含肛瘘、肛周脓肿，不含痔	6000	40%	2400	60%
		注：40～77为放化疗病种，单疗程计收一次住院费用。单疗程放化疗方案未完成患者，退出按病种打包付费，按普通住院结算。本表精确放疗限指适形放疗、调强放疗				
40	脑恶性肿瘤	普通放疗	12000	50%	6000	50%
41	脑恶性肿瘤	伽马刀治疗	25000	50%	12500	50%
42	脑恶性肿瘤	伽马刀治疗加同步化疗	38000	50%	19000	50%
43	脑恶性肿瘤	精确放疗。精确放疗限指适形放疗、调强放疗，下同	40000	50%	20000	50%
44	脑恶性肿瘤	精确放疗加同步化疗。不含靶向治疗（是指含靶向治疗的当次住院不实行按病种付费，按普通住院结算，下同）	70000	50%	35000	50%
45	脑恶性肿瘤	术前术后辅助化疗。不含靶向治疗	9000	50%	4500	50%
46	鼻咽癌	精确放疗加同步化疗	80000	50%	40000	50%
47	口腔癌	术前术后辅助化疗	6000	50%	3000	50%
48	食道癌	精确放疗	45000	50%	22500	50%
49	食道癌	精确放疗加同步化疗	65000	50%	32500	50%
50	食道癌	术前术后辅助化疗。不含靶向治疗	7000	50%	3500	50%
51	食道癌	晚期姑息化疗。不含靶向治疗	8000	50%	4000	50%
52	肺癌	精确放疗	45000	50%	22500	50%
53	肺癌	精确放疗加同步化疗	65000	50%	32500	50%
54	肺癌	首次诊断加化疗。含肿瘤驱动基因监测、腔镜等相关检查费用，含介入治疗方法；不含靶向治疗	17000	50%	8500	50%

（续表）

序号	疾病名称	主要诊疗技术以及按病种付费范围	费用定额标准（元）	基金支付比例（%）	基金支付定额（元）	患者自付比例（%）
55	肺癌	术前术后辅助化疗。不含靶向治疗	8000	50%	4000	50%
56	肺癌	晚期姑息化疗。不含靶向治疗	11000	50%	5500	50%
57	乳腺癌	术前术后辅助化疗或晚期姑息化疗。不含靶向治疗	9000	50%	4500	50%
58	肝癌	晚期姑息化疗。不含靶向治疗	8000	50%	4000	50%
59	肝癌	介入治疗	20000	50%	10000	50%
60	胰腺癌	术前术后辅助化疗。含介入治疗方法	10000	50%	5000	50%
61	胃癌	精确放疗加同步化疗	50000	50%	25000	50%
62	胃癌	术前术后辅助化疗。不含靶向治疗	7000	50%	3500	50%
63	胃癌	晚期姑息化疗。不含靶向治疗	8000	50%	4000	50%
64	结直肠癌	术前术后辅助化疗。不含靶向治疗	7000	50%	3500	50%
65	结直肠癌	晚期姑息化疗。不含靶向治疗	8000	50%	4000	50%
66	卵巢癌	术前术后辅助化疗	7000	50%	3500	50%
67	卵巢癌	晚期姑息化疗	8000	50%	4000	50%
68	宫颈癌	普通放疗（外照射）加腔内放疗。单纯外照射或者单纯腔内放疗不实行按病种付费	30000	50%	15000	50%
69	宫颈癌	精确放疗加腔内放疗加同步化疗。一次住院过程,三种治疗同时存在并完成,符合按病种付费范围	60000	50%	30000	50%
70	宫颈癌	术前术后辅助化疗或晚期姑息化疗	8000	50%	4000	50%
71	膀胱癌	晚期姑息化疗	7000	50%	3500	50%
72	弥漫性大B细胞淋巴瘤	联合化疗（不使用单抗,不含PET-CT）。入院年龄>14岁	5000	50%	2500	50%
73	弥漫性大B细胞淋巴瘤	联合化疗（不使用单抗,含PET-CT）。包含首次诊断费用。入院年龄>14岁	15000	50%	7500	50%

（续表）

序号	疾病名称	主要诊疗技术以及按病种付费范围	费用定额标准(元)	基金支付比例(%)	基金支付定额(元)	患者自付比例(%)
74	弥漫性大 B 细胞淋巴瘤	联合化疗(使用单抗,不含 PET - CT)。入院年龄＞14 岁	30000	50%	15000	50%
75	弥漫性大 B 细胞淋巴瘤	联合化疗(使用单抗,含 PET - CT)。包含首次诊断费用。入院年龄＞14 岁	40000	50%	20000	50%
76	急性髓细胞白血病	首次诱导化疗(使用去甲氧柔红霉素)。急性髓细胞白血病含 M0～M7,但除 M3(已列入新农合重大疾病)外。限血液内科住院患者。不含完全缓解后强化巩固、维持化疗	100000	60%	60000	40%
77	急性髓细胞白血病	首次诱导化疗(不使用去甲氧柔红霉素)。急性髓细胞白血病含 M0～M7,但除 M3(已列入新农合重大疾病)外。限血液内科住院患者。不含完全缓解后强化巩固、维持化疗	70000	60%	42000	40%
78	慢性粒细胞白血病	门诊酪氨酸激酶抑制剂治疗。限一代酪氨酸激酶抑制剂"甲磺酸伊马替尼"门诊规范治疗量费用。中华慈善总会格列卫援助项目患者限 3 个月使用量,不包含免费援助的 9 个月药品费用。(定点救治医院、报销流程、报销比例仍按照新农合重大疾病皖卫农〔2012〕36 号文执行)	按实际费用	70%	实际费用 * 70%	30%

（五）按疾病诊断相关分组(Diagnosis Related Groups，DRGs)

从 20 世纪 70 年代起,美国率先对疾病诊断相关分组(DRGs)进行研究,并建立起了按疾病诊断相关分组。根据国际疾病分类方法,将住院病人疾病按诊断分为若干组,每组又根据疾病的严重程度及有无合并症、并发症分为若干级,对每一组不同级分别制定价格,按这种价格对该组某级疾病治疗全过程一次性向医院进行支付。DRGs 付费方式的费用制约力度强于按服务单元,在一定程度上促进了管理和成本核算。

1. 按疾病诊断相关分组的原理

通过统一的疾病分类定额偿付的制定,使非常复杂和随机的医疗支付过程和医疗资源利用标准化,即医院资源消耗与所治疗的住院病人的数量、疾病复杂程度和服务强度成正比。该方式的费用公式为：总费用＝∑DRG 费用标准×服务量。将参保者的诊疗过程作为一个整体,医院的收入与实际成本无关,而与每个病例及其诊断有关。DRGs 是目前国际上较理想的病例组合模式,其综合反映了病种的严重程度、预后、治疗难度、医疗服务强度及资源消耗程度。这是一种相对合理的医疗费用管理方法和相对客观的医疗质量评价方法。除了美国以外,澳大利亚、德国和阿根廷等国家,也将此作为医疗费用支付的主要方式。

2. 按疾病诊断相关分组的分类规则

将收费单上参保者性别、年龄、主要诊断、并发症和主要治疗措施(手术)等信息输入到一种称为"Grouper"的病种分类软件或模块,以确定所属疾病诊断分组或简称病种(Diagnosis Related Groups,DRGs)。根据主诊断将参保者分配到 25 个互相独立的主诊断类中。确定主诊断后,分类软件根据影响医疗费用的参保者特征将其归入不同的基本病类。大多数的主诊断类首先根据有无手术分为手术类和治疗类 DRGs。手术类的DRGs 通常根据手术难易程度和费用消耗情况由高到低分层级划分 DRGs。治疗类的DRGs 通常根据年龄和诊断进行分类。某些基本病类可以根据参保者次诊断码中是否有主要并发症与合并症、一般并发症与合并症进一步分层,分入权重高低不同的 3 个DRGs。DRGs 分类软件每年会进行更新,以及时反映医疗技术进步和其他因素造成的治疗方式的变化。

3. 按疾病诊断相关分组的优缺点

DRGs 是现今世界公认比较科学的支付方式,其优点主要为:对于医疗保险经办机构来说,该制度可以通过制订预付标准控制支出,使医院得到较合理的医疗资源消耗补偿,并借助预算强迫其分担经济风险,促使医院主动寻求最合理的治疗流程,增强成本意识,提高效率;医生有很强的意愿控制每一个病例的成本。对参保者来说,通过 DRGs 支付的标准,了解自己可享受的基本医疗服务项目,不用担心费用的未知数。

DRGs 体系仍处于发展中,许多问题尚有待于解决。如,为获取更多的补偿,当诊断界限不确定时,医疗服务提供方往往使诊断升级,或"就低不就高",甚至可以让参保者重复入院、增加住院次数以获得多次补偿,或者推诿重症病人减少损失。同时,还有可能减少使用高新技术的机会。现阶段的 DRGs 分类表没有考虑病人疾病的严重程度,医生更愿意选择低成本病人。

DRGs 需要大量统计数据支持才能测算出各类各级疾病的诊疗费用,管理难度与成本较高,因此在医疗卫生信息系统不发达的国家实行有一定难度。现行的版本只考虑了通货膨胀因素的影响,还没有考虑医疗服务价格的调整和新技术使用导致的费用变化,因此,需要在实际应用中加以优化。

(六)总额控制(Global budget)

总额控制是由政府部门或医疗保险经办机构在考虑定点医疗机构服务情况的基础上,按某种标准,如机构规模、技术、服务人群数及医院的服务量(包括门诊人次、住院人次与费用等),确定某一医疗机构一定时期(一般为一年)的预算总额。医院可以在预算额度内使用预算资金。

1. 预算总额

由医疗保险经办机构单方面或由经办机构与医院协商确定每个年度预算总额。年度预算总额的确定,往往考虑医院规模,医院服务质量、服务数量、服务绩效、服务地区人口密度及人群死亡率,医院设施与设备情况,医院上年度财政赤字或结余情况,通货膨胀等综合因素。医院预算总额一般每年协商一次。总额预算额度一旦确定,医院的收入就不能随着服务量的增加而增加,所以能控制医疗费用总量,促使医院在收入总量固定的条件下,降低成本,提高资源的利用率。总额预算是所有费用控制方法中费用控制效果较好的方法之一。

2. 总额预算的特点

总额预算费用结算简单,节省管理费用,医疗服务提供方有控制费用的动力,但可能会阻碍医疗技术的更新与发展,容易降低医院提供服务的积极性和主动性,导致服务数量减少,服务强度和服务质量下降的现象。医疗服务提供方承担较大的经济风险。在预算总额内需要完成确定的产出,当完成产出的预算超支,超支部分的大部分将由医疗服务提供方承担。

由于总额预算对医疗服务供方有提供不足服务的刺激,可能对其所提供的服务质量产生影响。因此,在使用总额预算的支付方式时,必须建立收集和评价质量信息的制度,制定质量评测标准,明确质量评估责任和程序,建立良好的预算协商程序。评估和调整总额预算需要严格和公开的行政程序。没有预算调整余地("硬"预算)的总额预算方式具有降低成本的作用,但是如果预算总额制定不合理,就会对医疗服务质量带来不利的影响。

3. 总额预算管理的管理成本

总额预算的管理由医疗服务购买方和医疗服务提供方共同承担。因此,医疗服务购买方的管理成本一般较低。医疗服务购买方定期对医疗服务提供方的行为进行评价是总额预算必须支付的成本之一。医疗服务提供方的管理成本会随着其对预算自主权的增加而增加。然而,总额预付的管理成本应该大大地低于按服务项目支付或按病种支付的管理成本,因为后者不仅需要更为详尽的记录,而且还有频繁发票往来和支付发生。

第三节　医疗保险支付方式的发展趋势

一、后付制转向预付制是支付方式改革的方向

支付方式改革前,按服务项目支付是医疗保险最主要的支付方式。这种支付方式对于提高我国医疗卫生技术水平、激发卫生工作者工作积极性、增加卫生服务供给起到了非常重要的作用。然而在医疗技术、管理水平、卫生服务供给能力得到极大提高的今天,按服务项目支付导致了定点医疗机构"诱导需求"的产生,医疗服务过量提供,医疗费用快速上涨。鉴于此,医疗保险开始了支付方式改革的探索,引入总额预付和按人头支付。这些支付方式与传统的事后按服务项目支付方式有明显的不同,具有了预付制的某些性

质和作用。20 世纪 90 年代起，计算机信息技术、疾病分组技术等快速发展，总额预付和按人头支付的固有缺陷难以克服，欧美医疗保险制度掀起应用疾病诊断相关分组的高潮。新引入的疾病诊断相关分组呈现两个特点：一是与总额预付相结合，如奥地利、德国等的疾病诊断相关分组受总额预付限制；二是细分医疗服务类型，主要支付方式为疾病诊断相关分组，其他服务依据特点决定支付方式。

2011 年 6 月，人社部《关于进一步推进医疗保险付费方式改革的意见》（人社部发〔2011〕63 号）明确提出医疗保险支付方式改革的任务目标，"探索总额预付、按人头付费和按病种付费，建立和完善医保经办机构与医疗机构的谈判协商机制与风险分担机制"。随后，确定上海市、杭州市等 7 个城市为推行总额预付方式的试点城市，2011 年 11 月，又确定北京、天津、合肥等 40 个城市作为首批付费方式改革重点联系城市。2012 年 11 月，人社部《关于开展基本医疗保险付费总额控制的意见》（人社部发〔2012〕70 号），建议"用两年左右的时间在所有统筹地区内开展总额控制工作，要在开展总额控制的同时，积极推进按人头、按病种等付费方式改革"。2015 年，国务院办公厅《深化医药卫生体制改革 2014 年工作总结和 2015 年重点工作任务》（国办发〔2015〕34 号）中指出，要"深化医保支付制度改革，指导各地在加强基金预算管理的基础上，推进医保付费总额控制工作，普遍开展按人头、按病种等多种付费方式相结合的复合付费方式改革"。此类改革信息无一不透露出一个信息，那就是预付制已成为支付方式改革的目标方向。

预付制通过增加预期性成分，转变对医疗服务提供方的激励机制，提高节约意识和资源的使用效率，优化资源配置效率。对于抑制快速增长的医疗费用是有利的，对于解决当今"看病贵"的现象有重要的积极意义。

二、单一支付转向复合型支付模式

复合支付方式是现阶段医疗保险支付应该选择的策略。没有一种支付方式是全能或者是完美的，每种支付方式都有其风险性（如图 3 - 1）、适应性和历史阶段性。在这样的背景下，复合型支付方式逐渐成为大多数国家的选择。复合型支付方式优于单一方式，原因在于：一是各种医疗服务的特性不同，医疗机构提供主动性不同，不同付费方式组合可提高医疗服务供给效率和资源利用效率；二是存在部分医疗服务供给不足，部分供给过量的问题，对供给不足的服务实行鼓励供给的付费方式，对过量提供的医疗服务采取控制供给的付费方式；三是现阶段处于医疗机构支付方式改革进程中，导致付费方式多样。采取复合型支付方式不仅便于管理，而且能够消除单一支付方式的负面效应而保留综合优势。

就大多数支付方式而言，某种支付方式的缺点可从其他支付方式中得到一定程度的弥补。如，在医疗保险覆盖率较高的地区，可以尝试实行按病种或按人头支付、总额预付的方式；而医疗保险覆盖率较低的地区，则可尝试实行按床日、诊次以及按病种支付的方式；对于社区卫生服务可以采用按人头支付的方式；对诊断明确、治疗方法相对稳定的病种实行按病种支付；而对于特殊的疑难病症则仍可采用按服务项目支付的办法；对床日费用变动较小、床位利用率高及难以通过延长住院天数来增加费用的疾病可按床日费用支付；对于暂不能用上述办法支付的住院费用，实行总额预付、按服务项目支付或弹性结算的方式。奥巴马的医改政策曾指出,要进行医疗费用支付体制的改革,采用按总额支付方式,同时对治疗效果好的医生实施经济奖励,改变原有按服务量结算的支付机制,代之以按绩效(或治疗效果)支付报酬,提倡更为有效的治疗方式,而非数量更多的治疗模式,这样才真正有益于参保者的身心健康。

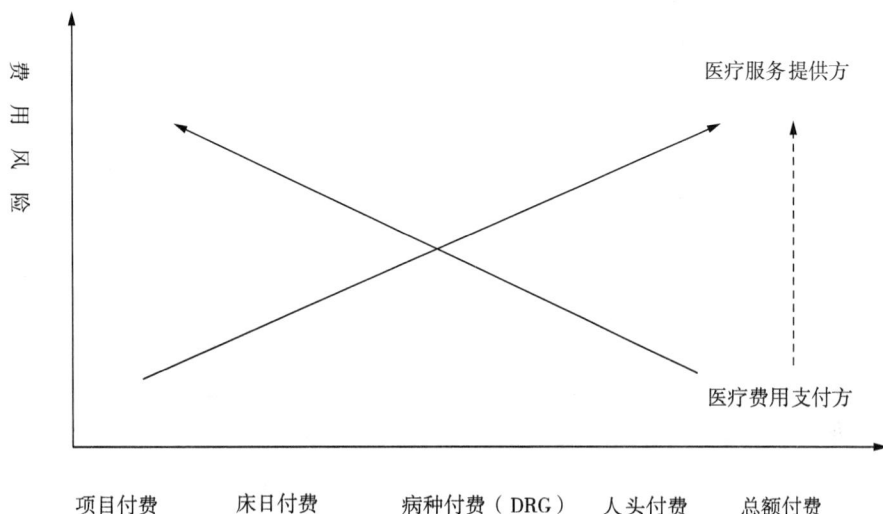

图 3-1 不同医疗保险支付方式的风险

复合型支付方式有利于参保者享受比较优质的医疗服务,有利于提高医疗保险基金的使用效率,有利于医疗费用的总量得到合理控制,也有利于吸引更多的参保者取得更多的收益,从而促进医疗卫生事业的健康发展。

三、以疾病诊断相关分组为基础的支付组合是发展趋势

长期以来,大多数西方国家对医院的支付方式是总额预付制,如瑞典、丹麦、加拿大等国家。预付基金主要来自政府,但由于医疗费用上涨、人口老龄化以及政府拨款不足,医院难以保证医疗服务的质量。美国、德国和法国过去长期主要采用按床日支付方式(Per Diem System),虽然有利于保证医疗服务质量,但容易刺激医院延长病人住院时间,导致医疗费用的迅速上涨。美国、德国等先后采用了按病种支付方式,其主要优点是有利于提高医院的工作效率,但也存在缺点,即可能出现医院推诿病情严重病人的现象;另一方面,医院为了省钱,往往不等病人完全康复,就要求病人尽快出院,因而有可能导致病情的恶化。

事实上,任何一种支付方式都有其特定的使用条件和对象,优缺点并存,关键是如何将它们有机地组合起来,因地制宜地采用综合支付方式。目前,各国总体呈现出以"疾病诊断相关分组(DRGs)"为基础组合的趋势。很多国家在其支付方式组合中加入了疾病诊断相关分组或正在进行疾病诊断相关分组试点抑或是正在讨论引进疾病诊断相关分组。在我国,各地也在探索多种支付方式混合使用,如江苏省镇江市的"总额预算、弹性结算、部分疾病按病种付费";有的地区根据医疗服务机构的不同类别使用不同的支付方

式,如对外科专科医院实行"按病种支付",对社区卫生服务中心实行"按人头支付";另外,由于各地的医疗保险制度不同、财政能力有别,因而支付方式不能简单地照搬照抄,要因地制宜。

四、体现医生医疗劳动价值的支付方式

医疗资源相对价值比例(Resource Based Relative Value Scale,RBRVS)是根据医疗服务提供中所消耗的医疗资源的相对价值来决定支付额度。

在 RBRVS 体系中,医生提供医疗服务所需资源投入主要有三种:医生的总工作量,包括工作时间、服务所需要的技巧和强度(劳动强度包括 3 个不同层次:脑力消耗及临床判断、技术技能及体力消耗、承担风险的压力);医疗项目所需要的成本,包括设备折旧、水、电、人员工资、医师的医疗事故责任保险等;责任成本,包括可能的医疗纠纷所造成的机会成本、医生所受专业培训的机会成本等。以上构成了医疗服务的资源消耗的相对价值。

这种支付方法并不考虑医疗资源使用的结果,是由生产因素,而不是参保者的因素决定的。医疗资源相对价值比例能全面、合理地估计和比较每个医生服务资源的投入,并据此能使各种服务得到近似于理想的竞争市场中的补偿标准。难点在于正确计算医务人员的相对资源消耗价值,以便科学地确定医务人员劳务支付标准。

总之,医疗保险支付方式的改革多种多样,各有其优势与不足之处,对社会医疗保险经办机构、医疗服务提供方以及参保者的影响也各不相同。从经验来看,实施医疗保险支付方式改革,对定点医疗机构的影响较为显著,过度医疗的现象在一定程度上得到了抑制。在我国基本医疗保险制度不断完善、购买医疗服务基本格局逐步确定的背景下,必须充分发挥医疗保险的补偿、引导和监控作用,促进医疗服务体系和医疗保障的协同发展,以此两大体系为支柱构建基本医疗卫生制度,缓解"看病难、看病贵"问题。通过医疗保险支付方式,促进医院在发展方式上,由规模扩张型转向质量效益型;在财务管理模式上,从粗放的经验式管理转向精细的信息化管理。医院应当根据医疗保险确定的支付方式,避免财务风险,提高基金使用效率,建立有效的内部监控和激励机制,更好地适应支付方式的改革。

第四章 医疗保险谈判

谈判是一种历史悠久并遍及各个领域的社会现象,对于人类历史的发展和人类文明的进步具有重要作用。谈判是谈判各方就共同关心的问题相互磋商、交换意见、寻求解决的途径和达成协议的过程。因此,谈判作为协调各方关系的重要手段,广泛应用于政治、经济、军事、外交等各个领域。

第一节 医疗保险谈判概述

一、医疗保险谈判的概念及特点

谈判有狭义与广义之分,狭义的谈判仅仅是指正式场合下的谈判,广义的谈判泛指一切的协商和交涉。

（一）医疗保险谈判的概念

1. 谈判的概念

谈判是指谈判各方出于某种需要,在一定的时空条件下,采取协调行为的过程。谈判应包括以下几方面的内容:

（1）谈判建立在人们需求的基础上

美国谈判协会创始人、著名律师杰勒德·尼伦伯格指出:“当人们想交换意见、改变关系或寻求同意时,人们开始谈判。”这里,交换意见、改变关系、寻求同意都是人们的需求。当各方的需求无法被同时满足,冲突就会发生,而解决冲突的重要方式——谈判就会产生。因此,任何谈判都是建立在需求的基础上。

（2）谈判是两方以上的交际活动

只有一方则无法进行谈判活动,而且谈判各方需要具有一定的关联性。关联性指的是参与谈判的各方的需求有可能通过对方的行为而得到满足。

（3）谈判是建立或改善社会关系

人们的一切活动都是以一定的社会关系为条件的。以商品交换为例,从形式上看是买方与卖方的商品交换行为,但实质上是商品所有者和货币持有者之间买卖关系的建立。谈判的目的是满足某种利益,要实现所追求的利益,就需要建立新的社会关系,或巩固已有的社会关系,而这种关系的建立和巩固是通过谈判实现的。

（4）谈判是一种协调行为的过程

任何谈判协议的达成,都是寻求协调、达成一致的结果。谈判的开始意味着某种需求希望得到满足、某个问题需要解决或某方面的社会关系需要协调。由于参与谈判各方的利益、思维及行为方式不尽相同,存在一定程度的冲突和差异,谈判实际上就是寻找共同点,是一种协调行为的过程。谈判的整个过程就是提出问题和要求,进行协商,又出现矛盾,再进一步协商的过程。这个过程可能会重复多次,直至谈判终结。

(5)任何一种谈判都选择在参与者认为合适的时间和地点举行

这也是区分狭义的谈判和广义的谈判的一个很重要的依据。谈判时间与地点的选择实际上已经成为谈判的一个重要组成部分,对谈判的进行和结果都有直接的影响。

2.医疗保险谈判的概念

医疗保险谈判是指医疗保险实施过程中,医疗服务的购买方(包括参保者、医疗保险经办机构、政府、保险公司等其他主体)和提供方(包括医师、医疗机构、药材与耗材生产供应商及行业协会等主体),就医疗服务的范围、服务质量、服务价格、支付方式等通过对话与协商达成一致的过程。

医疗保险谈判的目的就是协调医疗服务购买方和提供方的利益关系,即医疗服务的提供方通过优质的医疗服务,获得合理的经济收益,医疗服务的购买方以合理的费用获取相应的医疗服务。双方通过谈判的方式进行交换利益、达成妥协,实现共赢。

(二)医疗保险谈判的特点

1.谈判的特点

(1)行为性谈判是人的行为,是人在需求支配下采取的一种为满足需求进行的活动,是人的理性行为。谈判过程中各方不断调整需求,最终使各方的需求相互调和、互相接近,从而达成一致意见。

(2)合作性谈判的前提是参与者都存在尚未满足的需求,需要通过与对方的合作使自己的需求得到满足,各方利益的获得是互为前提的。

(3)冲突性谈判的冲突性表现在谈判各方都希望自己在谈判中获得尽可能多的利益,或减少自己付出的代价,并为此积极地进行讨价还价。

(4)互惠性谈判的结果应是互惠的,但是这种互惠又不是绝对均等的,有可能一方获利多一些,另一方获利少一些。造成这种结果的主要原因在于双方的需求有差异,对利益的认识、分析、评价标准也不一致。同时,谈判双方所拥有的实力、地位与谈判的技能也各不相同,因而不可能达到谈判利益的绝对均等。

2.医疗保险谈判的特点

医疗保险谈判除了具有谈判的一般特点外,还具有以下几点:

(1)谈判主体的特殊性

医疗保险谈判的主体包括参保者(委托代理机构)、医疗保险经办机构、医疗服务提供方、药品及耗材供应商和相关政府部门。这些主体由政府机构、企业单位以及委托代理机构组成。其中,参保者通过其委托机构作为谈判主体,医疗保险经办机构既是参保人的委托代表,又是经办管理者;医疗服务提供方既有非营利性的,又有营利性的。谈判主体的多样性导致其具有鲜明的特殊性。

(2)谈判内容的复杂性

医疗保险谈判涉及多方面的内容,包括医疗保险服务范围、医疗服务质量、医疗服务价格、医疗保险基金支付标准与方式等,这些内容不仅涉及不同学科的专业知识,更为重要的是涉及谈判各方主体的根本利益。加上医疗卫生行业的特点,决定了供需双方的信息不对称。因此,如何确定谈判各方主体的权责关系,维护各方主体的利益,实现互惠共赢,这使得谈判内容变得极为复杂。

(3)谈判性质的公益性

基本医疗保险作为一种公共产品本身就具有公益性,建立在基本医疗保险基础上的谈判,是以维护医疗服务过程中的参保者的利益为前提,通过谈判协调各方主体利益。因此,在谈判的整个过程中,要以公益性为宗旨,保证谈判结果的可行性和公平性。

(三)医疗保险谈判的原则

医疗保险谈判原则是指在医疗保险谈判过程中,谈判双方必须遵守的基本准则。遵循必要的原则,是医疗保险谈判成功的保证。

1. 法治原则

我国的医疗保险法律体系、制度架构和政策框架已基本形成,医疗保险谈判的行为和谈判程序必须符合法律与政策规定。

2. 平等原则

医疗保险谈判的目的是为了保障参保者利益,同时提升医疗保险基金使用效率和促使医疗服务提供方获得合理发展。医、保、患三方利益既是谈判的出发点,也是谈判的落脚点。这就要求谈判双方建立平等的主体关系,谈判内容应该公开化,谈判结果能够体现公平性,从而保证谈判的有效进行。

3. 合作原则

医疗保险谈判各方必须以合作为前提和基础,双方的不合作甚至对抗会直接损害谈判各方的利益。

(四)医疗保险谈判的理论

谈判是人的理性行为,具有一定的规律。随着研究的逐渐深入,许多其他领域的理论也应用在医疗保险谈判方面,提供理论指导。

1. 博弈理论

(1)博弈论

博弈论也称对策论,是决策主体在一定的环境条件下,同时或先后,一次或多次,从各自允许选择的行为或策略中进行选择并加以实施,并各自从中取得相应结果的过程。根据参与人之间有没有一个具有约束力的协议,可以分为合作博弈与非合作博弈,如有,就是合作博弈。根据参与者行动的先后顺序,可以分为静态博弈和动态博弈。静态博弈指的是在博弈中,参与人同时选择行动,或者有先后顺序,但后者并不知道前者的行动;动态博弈指的是参与人的行动有先后顺序,且后者能够知道前者所选择的行动。根据参与人对其他参与人的了解程度,可以分为完全信息博弈和不完全信息博弈。完全信息博弈是指在博弈过程中,每一位参与人对其他参与人的特征、策略和收益有准确的信息;反之,就是不完全信息博弈。

(2)委托代理理论

委托代理理论是建立在非对称信息博弈论的基础上的。非对称信息指的是某些参与人拥有但另一些参与人不拥有的信息。交易中有信息优势的一方称为代理人,另一方称为委托人。在委托代理的关系当中,由于委托人和代理人之间利益目标不同,代理人不会总以委托人的最大利益行动,甚至以牺牲委托人的利益为代价来谋取私利。因此,委托代理理论的核心就是解决在信息不对称的情况下,委托人通过对代理人的激励机制,使委托人利益最大化的问题。

2. 需求理论

(1)需求层次论

需求层次论是由 20 世纪美国社会心理学家亚伯拉罕·马斯洛提出来的。马斯洛在《人的动机理论》中把人的需求从低到高分成生理需求、安全需求、情感和归属需求、尊重需求、自我实现需求 5 个层次。一般来说,某一层次的需求获得满足,就会向高一层次发展,追求更高一层次的需求就成为驱使行为的动力。在实际谈判中,可根据此理论找出对方参与谈判背后的需求,根据不同层次的需求运用谈判谋略和技巧,制定谈判方案。

(2)基本需求论

美国谈判学会创始人、著名律师杰勒德·尼伦伯格在其所著《谈判的艺术》一书中,详尽、系统地提出了基本需求理论。其理论认为:人们在审视自我的各种需求时,往往会忽略那些能够充分满足和无法得到满足的需求;在策划和考虑行为目标时,也往往会将那些轻而易举就能得到满足,和不可能达到满足的需求排斥在行为目标的范围之外;人们在每次行动时,通常只考虑那些尚未满足且在自己的能力范围以内的需求,而这种需求就是其基本需求。基本需求理论归纳出六种类型的谈判方式:谈判者顺从对方需求、谈判者使对方服从其自身的需求、谈判者同时服从对方和自己的需求、谈判者违背自己的需求、谈判者损害对方的需求、谈判者同时损害对方和自己的需求。在这 6 种方式中,第一种最容易被谈判者控制,第二种次之,第六种最难控制。

基本需求论应用于实践,引导人们在谈判中重视谈判双方的各种需求,从自身的需求出发,去探索对方的需求,然后选择满足双方需求的双赢方案。

3. 实力理论

谈判的实力理论是霍普金斯大学教授威廉·扎特曼提出的。他认为,谈判中起决定作用的是谈判双方的实力结构,谈判的实力结构决定了谈判的形式和结果。实力理论主要分析了谈判双方的实力处于不同结构下的可能结果。实力是指谈判者在谈判中相对于谈判对手所拥有的综合性制约力量,它不仅包括谈判者所拥有的客观实力(如经济实力、科技水平、独特性、规模、信誉、品牌等),也包括谈判者与对方相比所拥有的心理势能(如对交易的迫切程度、竞争的激烈程度)。这种心理势能是谈判策略和技巧运用的主要来源。谈判实力较强的一方,就能在谈判中占据优势、掌握主动,取得于己方更有利的谈判结果。

根据实力理论,客观实力较弱的一方在谈判的准备阶段就应该采取适当的策略(如运用制造竞争、借助外力干预)以增强本方实力。

4. 利益合作理论

利益合作理论认为利益是人类社会发展的原动力,谈判双方通过合作、寻求共同利益是谈判开展的前提。利益合作理论主张谈判的双方要以客观事实为依据,签订一个公平、公正的协议。具体来说,在谈判过程中,谈判各方的目的都是希望达成一致,进行合作。能否合作取决于合作风险值的大小和合作剩余的分配,合作风险值是指双方不进行合作能够得到的收益,合作剩余则是双方通过合作,扣除成本后得到的收益。

谈判的过程包括:确定风险值、预测并分配合作剩余。理论上,在不存在外界压力和双方判断实力均等的情况下,每个参与谈判的主体可以获得合作剩余的一个均等份额。

5.心理学理论

心理学是研究人类行为和心理过程的科学。整个谈判过程也是一场心理过程的较量,在谈判中正确运用心理学知识,可以在谈判中占据主动地位。

(1)文饰心理

个体无法达到目标时而产生的一种防御心理。通常是用似是而非的理由证明行为的正确,从而掩盖其错误或失败,以保持内心的平衡。一个人用对自己最有利的方式来解释一件事情,就是文饰心理在起作用。在谈判中,如对方过度的提出要求或条件,或谈判结束后,吹嘘谈判结果,表明自己的突出作用与贡献,都是文饰心理在发挥作用。

(2)压抑心理

压抑心理是指个体把不能接受的情感和事物排斥到意识之外,压抑到潜意识之中,或者主动忘记自己的不幸与痛苦,从而避免焦虑、紧张和冲突的一种心理。谈判进程一拖再拖,可能就是其中一方的压抑心理在起作用。如遇到这种情况,应该分析对方是否对谈判的条件甚至谈判的本身不太满意。

(3)移置心理

个体无意识地将指向某一对象的情绪、意图或幻想转移到另一个对象或替代的象征物上,以减轻精神负担取得心理安宁的一种心理。如人们往往迁怒于无辜者,拿他们当"出气筒"或"替罪羊"。在谈判中,如对方有平白无故、莫名其妙的情绪变化,就很有可能是移置心理在起作用。

(4)投射心理

个体将自己的思想、态度、愿望、情绪、性格等个性特征,不自觉地反映于外界事物或者他人的一种心理作用。在人际交往中,投射效应就是从主观出发,简单地去认知他人,结果造成了障碍和冲突。谈判中,对谈判对手的认识,或者对对方行为的判断都会受到投射心理的影响。

(5)角色心理

从角色的观点出发,来分析和研究一个人的社会行为活动,在心理学中,就称为角色理论。根据角色理论,谈判不仅是谈判双方个人之间进行的,更是双方扮演的谈判角色之间进行的,谈判态度和谈判行为是由其在社会中的角色地位及社会角色期望所决定的。例如,谈判中,个人认为对手的谈判条件是合情合理的,但根据己方谈判方案,却不得不加以反对,或对手提出的谈判条件比较满意,但根据谈判经验,却不能露出真实想法,继续扮演谈判者角色,争取更大利益。实际中,出于人的本性和弱点,都会在谈判中流露出真实想法。因此,掌握这种心理知识,从对手的举动中发现真实意图,就能在谈判中占据主动地位。

6. 结构理论

结构理论的代表人物是英国两位谈判学家 P·D·V·马什和比尔·斯科特。马什认为,谈判是由 6 个阶段组成的,即计划准备阶段、开始阶段、过渡阶段、实质性谈判阶段、交易明确阶段和谈判结束阶段。谈判者在谈判的各个阶段中,应充分运用心理学、对策论、经济学和法学的知识及其分析方法对谈判进行系统分析,并根据谈判计划、原则、策略和目标,采用一切可能的措施、技巧和手段,实现自己的谈判目标。斯科特则从横向方面规划出一套谈判理论。他通过对大量谈判案例的研究,得出 3 种谈判的基本方针:双方互惠互利的最佳谈判方针、双方折中接受的方针和一方迫使对方让步的方针。他认为,任何谈判都是运用谈判技巧的实践,在谈判之前确定谈判方针,根据谈判方针,运用谈判技巧来实现。谈判技巧是谈判者以心理学、管理学、社会学等为指导,并在长期实践中逐渐形成的,以丰富实践经验为基础的本能或能力。

纵向结果理论和横向结构理论通常被结合起来应用。即首先按照纵向结果理论将谈判划分为若干个阶段,然后在各个阶段按照横向结构理论策划出基本的谈判方针,并根据谈判的基本方针去规范和驱动各阶段的谈判。

二、医疗保险谈判产生的原因及作用

医疗保险谈判机制的建立,不仅有利于控制医疗费用,而且有助于提高医疗服务质量。在医疗保险市场发达的欧美国家,医疗保险谈判机制十分成熟,在国家医疗保障体系中发挥着重要的作用。

(一)我国医疗保险谈判产生的原因

医疗保险谈判的产生,既是医疗保险本身的需求,也是社会政治因素推动的结果。

1. 医药卫生体制改革的要求

2009 年 4 月,中共中央、国务院在《关于深化医药卫生体制改革的意见》中明确指出,要"积极探索建立医疗保险经办机构与医疗机构、药品供应商的谈判机制,发挥医疗保障对医疗服务和药品的制约作用"。2012 年人力资源社会保障部、财政部、卫生部三部委下发《关于开展基本医疗保险付费总额控制的意见》(人社部发〔2012〕70 号),"要建立医疗保险经办机构和定点医疗机构之间有效协商的机制,在分解地区总额控制目标时,应广泛征求定点医疗机构、相关行业协会和参保人员代表的意见"。2013 年国务院办公厅印发的《深化医药卫生体制改革 2013 年主要工作安排》(国办发〔2013〕80 号),要求"积极推动建立医保经办机构与医疗机构、药品供应商的谈判机制和购买服务的付费机制"。2015 年 10 月,中共中央、国务院发布《关于推进价格机制改革的若干意见》,文件要求"理顺医疗服务价格","公立医疗机构医疗服务项目价格实行分类管理,对市场竞争比较充分、个性化需求比较强的医疗服务项目价格实行市场调节价,其中医保基金支付的服务项目由医保经办机构与医疗机构谈判合理确定支付标准。进一步完善药品采购机制,发挥医保控费作用,药品实际交易价格主要由市场竞争形成"。2015 年 10 月,国家卫生计生委、发展改革委、财政部、人力资源社会保障部、中医药管理局等五部委发布《关于印发控制公立医院医疗费用不合理增长的若干意见的通知》(国卫体改发〔2015〕89 号),指出"对部分专利药品、独家生产药品,建立公开透明、多方参与的价格谈判机制","完善并落实医保经办机构与医疗机构的谈判机制,动态调整支付标准,强化质量监管"。

事实上,国家层面的反复强调,有着深刻的现实基础。医疗保险经办机构确保基金安全与医疗机构追求发展的矛盾日益凸显。建立医疗保险谈判机制,正是现实问题的制度诉求。

2. 医药费用上涨过快

据国家卫生和计划生育委员会 2015 年度《中国卫生和计划生育统计年鉴》显示,2010 年至 2014 年,全国人均门诊和住院费用平均每年分别增长 7.17% 和 6.04%。医药费用的过快上涨对医疗保险基金的安全运行提出了很大挑战。在这种情况下,通过建立医疗保险谈判机制,发挥"团购"效应,有助于降低医疗费用,减轻医疗保险基金的压力。

3. 政府管理模式的转变

随着改革的不断深入,政府的管理模式也发生了相应的改变,从权力型政府转变为服务型政府;从自上而下的行政管制到政府、社会各方的多元参与、协商和合作;在公共服务领域中引入了市场机制。因此,医疗保险管理也要面临管理理念和管理模式的转变。

4. 医疗保险体制发展的需要

当前我国医疗保险领域存在着很多问题,医疗保障体系的框架虽然已初步形成,但在城乡之间、地区之间、不同人员之间制度不统一,政策不衔接;医疗服务管理体系初步建立,但科学合理的调控尚未形成;医疗保险制度效应初步显现,但保障水平较低;医疗保险覆盖人群迅速扩大,但管理措施尚不完善等等。这些问题的解决既需要制度的保障,更需要医疗保险系统各方主体的合作。引入谈判机制,是解决这些问题的有效方式。

(二)医疗保险谈判的作用

谈判机制作为市场经济体制下多个主体之间的协调利益、寻求合作的重要方式,在促进公平和提高效率中,发挥着重要作用。把谈判机制引入医疗保险领域的作用主要体现在以下几个方面:

1. 充分发挥"团购"优势

医疗保险经办机构作为"参保者的经纪人",集政府责任、专业化优势与资金配置主体于一身,其话语权和谈判能力强,可以代表参保者的利益,直接与医疗服务提供方和药品及耗材供应商进行谈判,促使供应商适当让利,并在一定程度上降低医疗费用。

2. 促进医疗卫生市场健康发展

医疗保险谈判作为制度动态发展的"修正器",通过对医疗服务提供方进行监督、协议管理,可以有效控制医疗费用的不合理增长和不合理医疗费用的发生,提高医疗服务提供方的医疗服务质量。通过支付政策的调整,引导医疗卫生市场就医秩序,促进医疗卫生资源合理配置,推动和促进医药卫生体制改革。

3. 提高医疗保险管理水平

医疗保险管理中谈判机制的运行在一定程度上降低了医疗保险运行成本,促进医疗卫生资源的合理配置,也推动了医疗保险政策的科学化与民主化等,使医疗保险管理水平和医疗保险事业有了较大发展。

三、医疗保险谈判的构成要素

谈判的主体、谈判的内容以及谈判的方式是谈判的基本构成要素。在医疗保险领域,每个构成要素又有着不同的内涵。

（一）医疗保险谈判的主体

医疗保险谈判的主体,即医疗保险谈判中具体参加谈判并履行谈判结果的自然人、社会组织及其他能够在谈判或履约中享受权利、承担义务的各种实体。一般而言,医疗保险谈判的主体,主要是指医疗服务的购买方和提供方。

1. 医疗服务的购买方

在医疗保险系统中,参保者作为医疗保险中的被保险人,处于主体地位。参保者向社会医疗保险机构、保险公司等从事医疗保险的机构或组织缴纳保费、享受医疗服务。参保者既是医疗服务的服务对象,也是医疗保险基金的具体使用者。而在医疗保险谈判中,医疗保险机构或医疗保险协会等代表参保者利益,作为医疗服务的购买方进行谈判。在我国,医疗保险经办机构主要是指各级医疗保险基金管理中心。由于医疗保险经办机构是医疗保险政策的直接执行部门,同时又参与国家医疗保险政策制定,其性质和职能决定了其在医疗保险谈判中的主导地位,具有强大的话语权。

2. 医疗服务的提供方

在医疗保险系统中,医疗服务提供方主要包括药品、耗材生产供应商和医疗卫生服务提供者。

（1）医疗服务提供者

医疗服务提供者有狭义和广义之分。狭义是指各类与治疗疾病有关的医疗、护理、药剂等服务提供者。广义的概念还包括提供各种健康保健服务的卫生机构和人员。

在医疗保险系统中,医疗服务提供者主要指经统筹地区人力资源和社会保障部门审查,并与医疗保险经办机构签订协议,为参保者提供医疗服务,并承担相应责任的定点医疗机构,以及为参保者提供处方外配和非处方药零售服务的定点零售药店。

（2）药品、耗材生产供应商

药品、耗材生产供应商是指经企业所在省、自治区、直辖市人民政府相关管理部门批准,符合国家制定的行业发展规划和产业政策,具备相关生产条件的药品、耗材生产企业。

（二）医疗保险谈判的内容

医疗保险谈判的具体内容主要是指医疗服务的范围、服务质量、价格标准、支付方式等。除此之外,还有对双方的责、权、利进行明确界定。根据谈判主体的不同,主要可分为以下几种:

1. 医疗保险经办机构与医疗服务机构的谈判

医疗保险经办机构与医疗服务机构通过谈判,合理解决争议和分歧;通过对话,制定科学合理的医疗保险管理模式,加强双方配合与协作,共同维护参保者的利益和医疗保险基金安全。

(1)定点准入谈判

① 行政审批阶段(1998—2015 年)

根据《国务院关于建立城镇职工基本医疗保险制度的决定》(国发〔1998〕44 号),"基本医疗保险实行定点医疗机构(包括中医医院)和定点药店管理"。

根据原劳动保障部、卫生部、中医药局制定的《城镇职工基本医疗保险定点医疗机构管理暂行办法》(劳社部发〔1999〕14 号)第四条:"以下类别的经卫生行政部门批准并取得《医疗机构执业许可证》的医疗机构,以及经军队主管部门批准有资格开展对外服务的军队医疗机构,可以申请定点资格:a. 综合医院、中医医院、中西医结合医院、民族医医院、专科医院;b. 中心卫生院、乡(镇)卫生院、街道卫生院、妇幼保健院(所);c. 综合门诊部、专科门诊部、中医门诊部、中西医结合门诊部、民族医门诊部;d. 诊所、中医诊所、民族医诊所、卫生所、医务室;e. 专科疾病防治院(所、站);f. 经地级以上卫生行政部门批准设置的社区卫生服务中心(站)。"第五条:"定点医疗机构应具备以下条件:a. 符合区域医疗机构设置规划;b. 符合医疗机构评审标准;c. 遵守国家有关医疗服务管理的法律、法规和标准,有健全和完善的医疗服务管理制度;d. 严格执行国家、省(自治区、直辖市)物价部门规定的医疗服务和药品的价格政策,经物价部门监督检查合格;e. 严格执行城镇职工基本医疗保险制度的有关政策规定,建立了与基本医疗保险管理相适应的内部管理制度,配备了必要的管理人员和设备。"第六条:"愿意承担城镇职工基本医疗保险定点服务的医疗机构,应向统筹地区劳动保障行政部门提出书面申请,并提供以下各项材料:a. 执业许可证副本;b. 大型医疗仪器设备清单;c. 上一年度业务收支情况和门诊、住院诊疗服务量(包括门诊诊疗人次、平均每一诊疗人次医疗费、住院人数、出院者平均住院日、平均每一出院者住院医疗费、出院者平均每天住院医疗费等),以及可承担医疗保险服务的能力;d. 医疗机构评审合格的证明材料;e. 药品监督管理和物价部门监督检查合格的证明材料;f. 由劳动保障行政部门规定的其他材料"。

劳动保障行政部门根据医疗机构的申请及提供的各项材料对医疗机构的定点资格进行审查。审查合格的发给定点医疗机构资格证书,并向社会公布,供参保者选择。

② 取消行政审批阶段(2016 年以来)

2015 年 10 月 11 日,国务院《关于第一批取消 62 项中央指定地方实施行政审批事项的决定》(国发〔2015〕57 号),取消了基本医疗保险定点医疗机构和基本医疗保险定点零售药店资格审查。2015 年 12 月 2 日,人力资源社会保障部发布《关于完善基本医疗保险定点医药机构协议管理的指导意见》(人社部发〔2015〕98 号),"2015 年底前,全面取消社会保险行政部门实施的两定资格审查项目",按照"自愿申请、多方评估、协商签约"的程序,"完善经办机构与医药机构的协议管理,提高管理服务水平和基金使用效率,更好地满足参保人员的基本医疗需求"。

(2)医疗服务协议谈判

医疗保险服务协议管理是医疗保险经办机构与定点医疗机构、定点零售药店通过签订服务协议,明确双方的权利、义务和责任,进而落实各项医疗保险政策,满足参保者基本医疗服务需求的管理方式。协议内容主要包括:服务对象、服务范围、服务质量考核、费用支付方式与支付标准、费用结算办法、医疗费用审核、违规处罚措施等。

（3）医疗服务质量谈判

医疗服务协议谈判的目的是通过协议条款，引导定点医疗机构提高服务质量，合理使用医疗保险基金，为参保者提供安全、有效、合理、价廉的医疗服务。提高医疗服务质量的重点是规范医务人员的诊疗行为。通过谈判制定相应的合理规范，确保治疗与用药的合理性；通过合理的督查机制和科学的评价指标，提高医疗保险基金的使用效益。

在规范诊疗行为的同时，医疗保险经办机构还可以通过与医务人员签订《医疗保险医师服务协议》，建立医疗保险服务医师资格信息库和诚信档案库，直接对医务人员进行准入控制与监督管理。

（4）支付方式的谈判

支付方式在医疗保险制度中有着重要作用，不同支付方式对医疗保险各方的行为会产生不同的影响。根据定点医疗机构的服务能力与服务水平，对不同的定点医疗机构，医疗保险经办机构根据医疗保险基金运行情况，运用合理的支付方式，引导定点医疗机构合理分配医疗资源，提高医疗保险基金的合理利用与管理的有效性。

2. 医疗保险经办机构与药品、耗材供应商的谈判

医疗保险经办机构与药品、耗材供应商的谈判主要涉及准入谈判以及价格谈判。

（1）准入谈判

我国于1999年建立城镇职工医疗保险制度，2000年制定了第一版《国家基本医疗保险药品目录》，分别于2004年、2009年进行了修订。最新版药品目录中的药品分西药、中成药和中药饮片三部分。其中，基本医疗保险、工伤保险基金准予支付费用的西药品种分别为1133个和1137个，中成药品种927个，民族药品种47个。医疗保险、工伤保险基金不予支付费用的中药饮片127种及1个类别。其中，单方不予支付的有99种，单、复方均不予支付的有28种和1个类别。

由于我国各地区经济发展不平衡，医疗保险筹资水平不同，为了保证参保人员的基本医疗用药，《国家基本医疗保险药品目录》分为甲类目录和乙类目录。甲类目录的药品费用按规定由基本医疗保险基金支付，在全国所有统筹地区都应保证支付。乙类目录的药品各省、自治区、直辖市可以根据经济水平和用药习惯进行适当调整，医疗保险基金支付比例由各统筹地区根据当地医疗保险基金的承受能力确定。

准入谈判是指在基本医疗保险药品目录调整时，对一些价格较高的、无法替代的、治疗效果较好的药品，通过与药品供应商的谈判，降低一定的药品价格后，纳入基本医疗保险药品目录，从而提高医疗保险基金的社会效益，如部分肿瘤靶向药物。

（2）价格谈判

药品及耗材的价格是医疗保险谈判中最重要的内容，价格的高低直接影响着医疗服务各方的经济利益。医疗保险经办机构可参与药品集中采购，与药品、耗材生产企业进行谈判。通过谈判协商，综合考虑同类药品、耗材价格费用和市场价格比较情况，制定药品与耗材的医疗保险结算价，高于此价格的部分，不纳入医疗保险支付范围。

通过谈判，可扩大医疗保险经办机构对药品、耗材价格管理的范围，进一步降低价格，挤压不合理的价格空间，直接让参保者受益。

3. 医疗服务提供方与药品、耗材供应商之间的谈判

医疗服务提供方与药品、耗材供应商之间的谈判有两种情况：一种是在政府主导的集中招标采购后，医疗服务提供方在集中招标价格基础上，以带量采购方式与药品、耗材供应商进行再次谈判；另一种是在政府集中采购目录外，由医疗服务提供方自行直接与供应商采购药品、耗材的谈判。

医疗服务提供方与药品、耗材供应商谈判的直接目的就是降低药品、耗材价格。医疗服务提供方参与谈判的优势在于，对同种药品、耗材，不同品牌之间的效果把握更准确，价格谈判之后容易形成同一品种不同品牌之间的合理价格级差；能够实现量价挂钩，根据采购数量压低采购价格，充分发挥量多价优的市场规律。

4. 不同统筹地区医疗保险经办机构之间的谈判

医疗保险异地就医结算是当前医疗保险管理服务中的一个重要谈判内容。由两个或两个以上统筹地区的医疗保险经办机构进行谈判，达成不同统筹地区之间医疗保险费用的结算办法，以方便异地就医参保者医疗费用的结算报销。

(三)医疗保险谈判的方式

医疗保险谈判的方式是指医疗保险谈判中各方主体之间沟通、协商的途径和手段。谈判采取的方式和手段不同，谈判的效果也不同。

1. 面对面谈判

面对面谈判是最广泛、最经常的一种方式。顾名思义，就是谈判双方直接面对面就谈判内容进行沟通、磋商和洽谈。面对面谈判有着较大的灵活性，谈判方式比较规范，内容比较深入细致，有利于建立长久的合作关系，成功的概率较高，但容易被谈判对手掌握我方谈判意图，决策时间短。

2. 电话谈判

电话谈判是借助电话通信进行沟通信息、协商，寻求达成协议的一种谈判方式。与面对面谈判不同之处在于双方不见面的磋商，相同之处在于都是用语言的表达方式进行磋商。电话谈判的结果靠协议备忘录作为保障，它是谈判各方履约的依据，也是事后处理纠纷的法律依据。电话谈判自始至终都应录音，双方在电话中达成的口头协议也具有法律约束力。

3. 函电谈判

函电谈判是指通过邮政、传真等途径进行磋商，寻求达成交易的书面谈判方式。在国际贸易的商务谈判中使用最普遍、最频繁。函电谈判有方便准确、利于决策、材料齐全、有据可查、省时、低成本等优点；不足也比较明显，如文字沟通可能出现理解不一致，讨论问题不能深入、细致等。

4. 网络谈判

网络谈判是借助于互联网进行协商、对话的一种特殊书面谈判。它为谈判双方提供了丰富的信息和低廉的沟通成本，因而具有强大的吸引力，也是社会发展的必然。网络谈判有利于提高谈判效率，具有获取信息更容易，谈判人员的选择更灵活等特点。

四、医疗保险谈判的程序

不同类型的和不同方式的谈判,具体程序不尽相同,但其基本谈判程序通常分为三个阶段:谈判准备阶段、正式谈判阶段、协议签订阶段。

(一)谈判准备阶段

任何一项成功的谈判都是建立在良好的准备工作基础上的。医疗保险谈判活动的准备工作一般包括信息准备、组织准备、方案准备。

1. 信息准备

信息准备指的是医疗保险实施中的相关政策、法律、法规以及行政运行过程等与谈判有关的信息准备工作。除此之外还应对谈判各方主体做充分的了解。如谈判对象是医疗机构,则应了解该医疗机构的医疗水平、管理水平、服务能力、财务、文化信息建设以及主要领导的性格特点等。充分了解对方信息,增加谈判实力,有助于在谈判过程中掌握主动权。

2. 组织准备

组织准备是指为谈判而进行的谈判人员安排及管理。谈判是谈判主体之间的一系列的行为互动过程,谈判人员的素质和能力直接影响到谈判的成败得失。因此,欲使谈判获得成功,取得预期的效果,谈判人员的安排和谈判团队的构成与分工是一项十分重要的内容。

3. 方案准备

方案准备是指医疗保险谈判中各方主体根据本次谈判内容,制定的谈判目标、战略、步骤等一系列具有指导意义的计划,是谈判者行动的指南。

在实际谈判中,参加谈判的各方根据自身利益需求、他人利益需求和各种客观因素的可能,来制定谈判的目标层次和实施纲领。方案准备得越充分,谈判成功的机会也越大。谈判方案确定后,谈判人员根据现场谈判的环境、议程,以及对方的接受程度,对谈判工作进行有效的组织和控制,灵活地左右谈判局势,使谈判沿着预定的方向前进。

(二)正式谈判阶段

在谈判各方做好充足的准备以后,谈判各方主体之间就可以按照约定的时间、地点、谈判形式进行正式的谈判。正式谈判是各方能否达成协议的重要阶段。

一般来讲,正式谈判分为开局阶段和实质性谈判阶段。

1. 开局阶段

开局就是指一场谈判开始时,谈判各方之间的介绍和表态,以及对对手的底细进行探测。开局阶段的具体内容如下:

(1)营造谈判氛围

谈判氛围的营造贯穿于谈判双方见面、互相介绍、开始某种形式的对话、走进谈判桌到入座的整个活动。谈判人员要善于运用灵活的技巧来营造适宜的谈判氛围。

(2)表明己方意图

在建立适宜谈判氛围后,谈判进入开场陈述,这个阶段谈判双方应对本次谈判的议题、议程、进度和期限进行讨论,并取得一致。在进入实质性谈判之前,谈判各方应通过各种方式主动表达己方意图,或者对对方所表达的意图积极做出反应。申明己方意图,应根据具体场合、情况,采取不同的方式,可以采取明示、暗示等表达方式,或书面、口头等表达形式。

(3)了解对方意图

通过与对方的接触,初步掌握对方的利益目标和谈判意图,根据谈判方案,从而运用谈判策略影响谈判进程,达成己方目标。

2. 实质性谈判阶段

实质性谈判是指谈判开局到谈判结束之前,谈判双方就实质性事项进行磋商的过程,是整个谈判的主体和关键,一般有明示与报价、讨价还价、交锋相持、妥协四个阶段。在每个阶段,谈判各方都根据各自谈判目标,有效运用谈判技巧、策略、手段,根据所提的交易条件进行广泛磋商,调整己方的谈判策略,修改谈判目标,从而逐步确立谈判协议的基本框架。实质性谈判不仅是谈判主体间实力、智力和技术的具体较量阶段,也是谈判主体间求同存异、让步妥协的阶段。

(1)明示报价

明示报价阶段的内容就是摆出问题,阐明各自的立场、态度,提出各自的谈判方案。谈判主要包含四类主要问题:己方需求、对方需求、双方互相的需求,以及表面上看不出来的内蕴需求。谈判者既要满足己方的需求与目标,同时又要适当考虑对方的需求与目标,这是谈判的关键所在。在医疗保险谈判中,"报价"是一个广义的概念,是对各种谈判要求的统称。不仅仅指如药品、医疗服务价格方面的要价,也泛指谈判一方向另一方提出的所有要求。报价有书面报价和口头报价两种形式。

(2)讨价还价

谈判中很少会出现一口价,谈判双方对交易条件存在不一致是必然的。双方就此改进报价,或重新报价,在维护己方利益前提下,做出一定程度的让步,最终促使双方利益趋于一致的过程即为谈判的讨价与还价阶段。

讨价与还价阶段是谈判中最为重要的阶段。这个阶段最重要的任务是确定对方提出的谈判条件是否合理可信,然后采取相应的谈判策略和技巧,辅以事实或数据,申明己方的合理性,争取有利谈判条件。讨价是指谈判一方对另一方报出的价格解释进行评论后向其提出的技术或其他要求的行为,讨价可分为全面讨价和具体讨价。全面讨价是指对总体价格和条件的各个方面要求重新报价。具体讨价是指对分项价格和具体的报价内容重新要求报价。还价即谈判另一方重新报价后,一方给出还价的行为。一般来说,还价的方式是对应于讨价及对方改善报价后的方式。在讨价还价阶段,双方谈判人员对彼此谈判方案的差距逐渐有清楚的认识。

(3)交锋相持

交锋磋商时,谈判双方都会列举事实,据理力争。在这种情况下,双方找到真正的分歧点,准确判断对方的目标和需求,充分估计己方讨价还价的实力,然后据理力争或做出让步。

在交锋阶段,根据谈判的发展变化,需要对谈判的计划方案、谈判策略、谈判人员安排以及谈判的价值构成等进行分析、评估和重新调整。当谈判一方要求太高而无法达成协议时,可适当做出一些让步,表达己方达成协议的意愿,同时也要求对方做出同样的回报。

（4）妥协阶段

妥协是谈判的重要组成部分。谈判过程就是一个双方不断调整要求,以求得妥协的过程。

在谈判陷入僵局时,如果双方仍有达成协议的意愿,应采取一切可能的办法,努力打破僵局。在实际谈判中,打破僵局往往是双方共同努力的结果。谈判中,双方都会争取更大利益,但如果双方始终坚持原有立场,那就不可能达成协议,交锋阶段也将无休止的持续下去,或者造成谈判破裂。因此,双方经过激烈的交锋后,积极施展各种策略和技巧,寻求妥协的时机,求同存异,适当调整双方立场和要求,相互妥协,达成协议。

（三）协议签订阶段

协议签订阶段并不代表谈判的终结,协议的签订、履行、变更与解除都与谈判有着密切的关系。

协议是谈判各方为明确各自权利和义务,以书面形式将其确定下来的文本,具有法律效力,也是双方履行协议阶段处理矛盾纠纷的依据。因此,在协议签订的过程中,应严肃、认真讨论协议的每一条款,主要注意以下几个方面:

1. 协议文本的起草

谈判各方达成一致时就要进行协议的签订。协议文本的起草方一般掌握较大的主动权,可以根据双方口头协商的内容,斟酌选用对己方有利的措辞,安排条款的顺序和解释条款的内容。因此,在签订协议时,应注意文化差异、语言措辞的对协议内容造成的影响,如果是外文合同,不仅要注意翻译内容,还要注意外文的基本含义、约定俗成的用法、一词多义等,做到双方理解一致,避免纠纷。

2. 责任义务的明确

许多协议只规定主要交易条款,对于承担的义务,特别的违约责任只是笼统说明,这样无形中就削弱了协议的约束力。还有协议标的不祥、质量条款笼统含糊引起纠纷。

3. 免责条款的约定

免责条款是指双方在合同中事先约定的,旨在排除或限制其未来责任的条款。事先约定免责条款,可以合理分担风险,平衡双方的利益关系。如约定不当,也可能造成一方凭借其地位而制定不公平的条款,免除自己本应承担的责任,损害另一方利益的后果。

4. 谈判协议的履行

履行谈判协议要求当事人必须全面履行协议规定的义务。要实现这一点,必须贯彻实际履行和适当履行的原则,两者缺一不可。实际履行,就是严格按照协议规定的标的履行,不能用其他标的来替代,如供方未能履行协议,按协议规定,承担其全部责任的同时,仍须执行实际履行的义务。适当履行,指的是协议的当事人,不仅要严格按协议的标的履行,而且对协议的其他条款,如质量、数量、期限、地点等都要以适当的方式全面履行。

5. 谈判协议的变更

谈判双方共同协商后签订的协议具有法律效力,任何一方无权单独变更和解除。当签订协议时的客观条件发生变化,导致实际履行协议不可能或无意义,这就要求变更和解除协议。

6. 纠纷矛盾的处理

协议履行过程中发生的矛盾、纠纷,可通过调解或仲裁进行解决。

五、医疗保险谈判的策略

谈判策略,是指谈判人员为取得预期的谈判目标而采取的措施和手段的总和。恰当地运用谈判策略是谈判成功的重要前提。从谈判开始,到最后协议签订为止,各个阶段具有很强的阶段性特点。谈判人员应根据每个阶段的特点,灵活运用不同的策略达成目标。

(一)开局阶段

1. 创造合适的谈判气氛

谈判气氛是指谈判双方通过各自所表现的态度、作风而建立起来的洽谈环境。事实证明,开局阶段所创造的气氛会对谈判的全过程产生重要影响。为营造一个良好的、合作的气氛,谈判人员应注重礼仪,这不仅在于谈判过程和内容本身,而且在一定程度上还在于与内容无关的其他因素,如语言组织、语气、语态、语调和身体语言等。

2. 策略的选择

不同内容和类型的谈判,需求有不同的开局策略,一般来说,有以下策略:

(1)协商式开局

使用礼节性语言,选择中性话题,如对工作的职责范围、专业经历进行一般性的询问和交谈,本着尊重对方的态度,不卑不亢。适用于实力比较接近的双方,过去没有往来,第一次接触。

(2)坦诚式开局

直接切入话题,真诚、热情地畅谈双方过去的友好合作关系,坦率的陈述己方观点以及对对方的期望;坦率的表明己方存在的弱点。适用于双方相互了解或者实力不如对方的谈判。

(3)谨慎式开局

开局时,表达出对双方关系表示遗憾,希望改善关系。不急于拉近关系,用礼貌性提问来考察对方的态度、想法。适用于谈判双方有过合作但双方印象不好。

(4)进攻式开局

直接切入谈判关键问题,做到有理、有利、有节但不能咄咄逼人,适时转变做法。适用于谈判对方居高临下,有不尊重己方的情况。

(二)正式谈判阶段

正式谈判阶段是双方冲突最多的阶段。为达成己方目标,或促使对方让步,谈判双方会使用各种策略来达到或接近己方期望的最佳谈判结果。谈判的策略多种多样,谈判者应善于观察谈判对手的言论、表情和揣摩对方的用意和期望,从而灵活机动、随机应变地选择和运用。

1. 报价策略

(1)价格起点策略

己方提出一个高于对方实际要求的谈判起点来与对方讨价还价,最后再做出让步达成协议的策略。或者先提出一个低于己方实际要求的谈判起点,以让利来吸引对方,首先去击败参与竞争的同类对手,然后再与对方进行真正的谈判,迫使其让步,达到己方目的的策略。

（2）除法报价策略

以价格为除数,以数量或使用时间等概念为被除数,得出一个数字很小的价格,使对方对价格产生一种便宜、较低感觉的策略。

（3）加法报价策略

把价格分解成若干层次渐进提出,使若干层级的报价最后加起来仍等于己方实际要求报价。

（4）差别报价策略

在谈判中根据对方的性质、购买数量、支付方式等方面的不同,采取不同的报价策略。

（5）对比报价策略

对比报价策略是指向对方抛出有利己方的多个竞争对手同类交易对象的报价单,设立一个价格参照系,然后将所交易的对象与其他同类在性能、质量、服务等方面做出有利于己方的比较,并以此作为己方要价的依据。

2. 还价策略

（1）逐项还价

对所谈标的的每一具体项目进行还价。

（2）分类还价

根据价格分析时划分的价格差距档次分别进行还价。

（3）总体还价

对所谈标的进行全面还价,仅还一个总体价。

三种方式可单独使用,也可组合使用。

3. 交锋磋商阶段的策略

（1）优势条件下的谈判策略

① 免谈条款策略

在谈判中,己方为坚持交易条件或避免对一些固定条款反复谈判,宣称某些问题在谈判中或协议的签订过程中是免谈的,以此来迫使对方让步。

② 先苦后甜策略

在谈判中先用苛刻的条件使对方产生疑虑、压抑等心态,以大幅降低对方的期望值,然后在实际谈判中逐步予以让步,使对方得到满足,进而达成协议的策略。

③ 最后期限策略

谈判中向对方提出达成协议的时间期限,否则退出谈判,以此给对方施加压力,使其尽快做出决策的一种策略。

④ 声东击西策略

在谈判中,为达到某种目的和需求,有意识地将磋商议题引导到无关紧要的问题上,故作声势,转移对方注意力,以实现己方谈判目标的策略。

（2）劣势条件下的谈判策略

① 吹毛求疵策略

对对方的问题和要求，再三挑出毛病，使对方信心降低，进而做出让步的策略。

② 以柔克刚策略

指在谈判出现危难局面，或对方坚持不让步，采取软的手法来迎接对方硬的态度，避免正面冲突，从而达到制胜目的的一种策略。

③ 难得糊涂策略

是指出现对谈判或己方不利的局面时，故作糊涂，并以此为掩护麻痹对方，以达到蒙混过关目的策略。

④ 疲惫拖延策略

通过马拉松式谈判，逐渐消磨对方，使其疲惫，以扭转己方在谈判中的不利地位和被动局面的策略。

⑤ 权力有限策略

己方被要求做出某些条件过高的让步时，宣称在这问题上授权有限，无权做出让步，或无法更改既定事实，以使对方放弃坚持条件的策略。

⑥ 反客为主策略

己方运用让对方为谈判付出更大代价的办法，从而变被动为主动，达到劣势转为优势的策略。

（3）均势条件下的谈判策略

① 投石问路策略

谈判过程中，己方有意提出一些假设条件，通过对方的反应和回答，琢磨和探测出对方的意向，抓住有利时机达成交易的策略。

② 先造势后还价

是指在对方开价后不急于还价，而是指出市场行情的变化态势，或者强调己方的实力与优势，构筑有利于己方的形势，然后再提出己方要价的一种策略。

③ 欲擒故纵策略

在谈判中，己方虽然想达成协议，却掩盖急切心情，迫使对方主动谈判，主动让步，进而实现先"纵"后"擒"的策略。

④ 大智若愚策略

己方故意装出糊里糊涂、犹豫不决、反应迟钝，以此松懈对方，争取充分的时间，达到后发制人的目的的策略。

⑤ 走马换将策略

己方遇到关键性问题，或与对方有无法解决的分歧，或欲补救己方的失误，借口其他理由，转由他人进行谈判的策略。

⑥ 浑水摸鱼策略

在谈判中，己方故意搅乱正常谈判秩序，将全部问题全部提出来，使对方难以应付，让对方慌乱失误的策略。

⑦ 红脸白脸策略

己方两人分别扮演"红脸"和"白脸"的角色,诱导谈判对方妥协的一种策略。"白脸"是在谈判中态度坚决,一步不让;"红脸"在谈判中态度温和,两人配合以达成有利于己方的协议。

(三)僵局处理策略

谈判进入实质性阶段后,谈判双方对利益的期望或对某一问题的立场和观点存在分歧,很难达成共识,而又都不愿做出妥协让步时,谈判进程就会出现停顿,谈判即进入僵持状态。谈判僵局出现后对谈判双方的利益和情绪都会产生不良影响。谈判僵局会有两种后果,即打破僵局继续谈判或谈判破裂,当然后一种结果是双方都不愿看到的。因此,在谈判进入僵局时,谈判者应适当采取相应的策略和技巧,妥善处理,让谈判顺利进行下去。

1. 回避分歧

当双方对某一议题产生严重分歧都不愿意让步而陷入僵局时,可以回避有分歧的议题,换一个新的议题谈判。一方面可以争取时间进行其他问题的谈判,避免耽误时间;另一方面当其他议题经过谈判达成一致之后,对有分歧的问题产生正面影响,解决分歧相对容易。

2. 避重就轻

谈判在大的方面出现僵局,可尝试将问题分解,变成多个小问题,谈判问题比较具体,选择比较容易,解决也相对简单。另一种办法是将双方注意力集中到意见一致的领域,回顾已经解决的问题,珍惜获得的成果,增加解决问题的动力。

3. 替代方案

在实际谈判中,往往存在多种满足双方利益的方案。一旦谈判方案遇到障碍,就更换其他替代方案。

4. 适当让步

谈判的目的是为了达成协议。因此,当谈判陷入僵局时,应认识到,如果促使合作成功带来的利益大于坚守原有立场的好处,就应适当地进行让步。采取有效退让的方法打破僵局基于三点认识:第一,在某些问题上稍做让步,而在其他问题上争取更好的条件;在眼前利益上做一点牺牲,而换取长远利益;在局部利益上稍做让步,而保证整体利益。第二,站在对方的角度看问题,对己方一些要求过高的条件做出一些让步。第三,这种主动退让可以向对方传递合作诚意,促使对方在某些条件做出相应的让步。

5. 表明立场

当谈判陷入僵局,己方的条件是合理的,无法再做让步,而且又没有其他可以选择的方案。此时,可以向对方表明立场,换位思考,消除偏见,表明己方没有退让余地,希望对方做出让步。如果对方愿意合作,有可能选择退让的方案,使僵局被打破,达成一致的协议。

在具体谈判中,僵局的处理也多种多样。如谈判双方情绪比较激动,可以提出休会,缓和情绪;或者改变谈判环境,从正式场合改变为休闲场所。也可以采取场外沟通、私下接触等方式消除障碍,或者调整谈判人员。如果严重僵持,但双方又希望达成协议时,寻找一个双方都能接受的中间人作为调节人,或者选择第三方干预。

　　谈判策略是在谈判中扬长避短和争取主动的有力手段。灵活合理的运用谈判策略克服谈判中出现的问题和困难,最大限度发挥自身优势,才能让谈判顺利进行,达到预期目标。

六、医疗保险谈判的现状

（一）国外医疗保险谈判简介

　　自 20 世纪 50 年代以来,西方国家在医疗保险领域的支出开始成倍增长,在国内生产总值中的比重不断提高。20 世纪 70 年代末,发达国家的经济增长速度减缓,而医疗保险费用支出的增长速度远远超过国民生产总值的增长速度。医疗保险的高保障水平对医疗保险基金的安全运行造成了空前压力,客观要求医疗保险经办机构进一步加强医疗费用的管理。合理控制费用支出的有效做法之一就是通过医疗保险经办机构与医疗服务提供方进行谈判,协商医疗服务范围、数量标准及支付方式,建立约束激励机制,防止医疗机构提供过度服务。

　　对医疗机构而言,参与谈判是医疗保险发展的结果,也是维护自身发展的需求。社会保障制度及商业健康保险产业的发展,使医疗机构服务对象从以未参保的自费患者为主,转变为以参保者为主,医疗保险支付方式从事后补偿方式转变为预付制为主的混合支付方式。这使医疗机构在医疗费用控制上要发挥更积极的作用,医、保双方在费用控制上形成了既有对立又有共同利益的关系。

　　从世界范围看,医疗保险经办机构和医疗服务提供方大多是根据医疗保险协议结合在一起形成法律关系。医疗保险经办机构或商业保险公司与医生个人或组织、医院等各类型医疗服务提供方签订包括服务范围、内容、质量、费用结算等内容的协议,即医疗保险协议以明确双方的权利和义务。

　　1. 美国医疗保险谈判

　　美国的医疗保障体系是一个以商业医疗保险为主的医疗保障体系。此外,政府对于弱势人群也建立了数个由政府运行的大型医疗保险项目,分别覆盖了老年人、低收入人群、残疾人、儿童等。

　　美国的商业医疗保险完全采用市场化运作,政府基本不加干预。商业医疗保险的保险费、保障范围、支付标准均由投保的企业与承保的保险公司通过市场谈判确定。通常情况下,雇员多的大企业依托人数优势能够与保险公司谈出一个相对较低的保险费率、较宽的保障范围和较高的待遇水平。

　　保险公司与医疗机构、医生的医疗费用结算方式和标准也是双方通过谈判确定。较大的保险公司往往利用"团购"优势与医疗服务提供方谈出一个较大的支付范围和较低的支付标准。美国医疗保险公司"团购"话语权和谈判能力很强,能够用谈判使参保者享受到优惠。美国的医疗保险公司为了吸引更多人参保,为了让投保企业的参保者获得优质价廉的医疗服务,每年都要与医疗服务提供方进行医疗服务质量和价格方面的谈判。医疗服务提供方为了取得更大的医疗市场,就必须千方百计地提高医疗服务质量、降低医疗服务成本,才能与更多的医疗保险公司合作,创造更大的利益空间。

　　商业医疗保险的三方（投保企业、保险公司和医疗服务提供方）如何开展谈判,政府并不加以干涉,完全按照市场运作方式进行,谈判方式多种多样,谈判获得的支付价格和标准属商业秘密。不过,由政府运行的医疗保险项目,其结算方式和支付价格却是透明的。由相关利益集团通过谈判、协商达成共识,最终在国会形成法律,然后由联邦卫生与人类服务部下属的联邦医疗照顾与医疗救助管理中心(简称 CMS)负责执行。以老年人的"医疗照顾"保险为例,谈判主要体现在支付方式和药品价格两个方面。

(1)支付方式

由于美国医疗机构和医生是各自独立的,"医疗照顾"保险基金分别向医院和医生支付费用。对于医院的住院医疗服务,主要采用 DRGs 支付方式(根据病人的年龄、疾病诊断、治疗方式、疾病严重程度、合并症与并发症及转归等因素分入若干诊断组,医疗保险经办机构对诊断组制定费用标准,并进行支付的方式)。对医生提供医疗服务实行按项目付费,联邦政府对医生的医疗服务进行分类,确定每项服务的支付标准。每年的预算计划都要根据相关情况和医疗照顾的总预算对住院 DRGs 和医生服务项目的支付标准进行调整。在每年国会通过政策调整法案之前,相关的机构和组织(如医生协会、医院协会等)与国会预算委员会、CMS 等进行沟通协商,争取预算调整符合其行业的利益。因此,国会通过的结算方式和支付价格也是各方谈判妥协的结果。"医疗照顾"基金的费用审核和支付具体由保险公司承担,保险公司依据联邦政府制定的相关政策和支付标准对医疗机构提交的患者费用账单进行审核,CMS 对保险公司的审核和费用支付工作进行监督,联邦政府对保险公司这部分业务的运作进行严格审计。

(2)药品价格

美国的药品价格形成以市场为主,药品价格通过市场竞争,特别是药品企业与医疗机构或保险公司的谈判确定。美国政府既不制定、也不采取直接措施管制价格。

对于住院使用的药品,其价格由医院与药品企业谈判确定。对于有必要使用的新药(包括新技术、新材料,通常不在 DRGs 规定的的支付范围之内),也是医院与药品企业谈判定价。大部分情况下,医院会联合起来以集体的方式与药品企业进行谈判,通过大规模的团购获得合理的价格。至于新药、新技术使用造成的医疗费用超过 DRGs 设定的费用支付标准,医院通常将相关情况报告 CMS,提出额外增加支付的申请,CMS 如认为新药、新技术成本效果好,就会对此进行个案处理,增加支付额度。一旦该新技术和新药物普遍使用,CMS 就会组织专家修改相应的 DRGs 支付标准。

对于门诊使用的药品,由保险公司通过市场机制决定其支付的药品目录和药品价格。但保险公司确定的药品目录和药品价格需提交 CMS 进行审核和评估。一般来说,保险公司不直接与药品企业谈判,而是将确定药品目录和药品价格的事务以合同的方式委托给专门的中介机构——药品待遇管理公司(PBM)来承担。PBM 是专业化的药品谈判机构,其能够利用专业优势和集团购买优势为保险公司制定一个合理的药品目录,通过与药品企业的积极谈判获得比保险公司直接谈判获得的价格还低的药品价格。

2. 德国医疗保险谈判

德国是世界上最早建立社会保障制度的国家,实行的是以法定医疗保险(GKV)为主、商业医疗保险为辅的社会医疗保险模式。法定医疗保险由 1300 多个财务上独立、自我管理的疾病基金组成,政府不参与医疗保险的具体操作,国家也没有统一的医疗保险经办机构,政府的主要作用就是设计制度和制定相关法律,担当中介及进行仲裁,处理各方面的利益矛盾。德国法定医疗保险很大程度上是通过法定医疗保险疾病基金及其协会与医疗服务提供方之间的协商谈判,并以订立契约的方式进行落实。医疗服务提供方包括医师、医院及其协会和医药行业等多个主体。

德国的门诊与住院严格分离,医药严格分业。门诊服务由私人诊所的全科或专科医师提供,住院治疗和日间手术服务由医院提供,药品由药店提供。因此,医疗保险机构与医疗服务提供方每个主体的谈判规则也不尽相同。

以疾病基金与门诊服务提供者之间的谈判为例。其谈判机制主要有两个基本层面,即联邦和地区层面。联邦层面的谈判聚焦于制定框架性的规则,特别是对全德统一的医疗保险基本待遇范围、医疗服务质量保障措施等做出规定。地区层面的谈判则更多地依据各地实际情况和地区差别,在附加服务、医师报酬规则等方面进行协商。

(1)联邦层面

在联邦层面,疾病基金和法定医疗保险医师之间协商的重要平台是联邦共同委员会(GBA)。在法律框架下,该委员会就医疗服务各部门(门诊、住院、药品)颁布指令。主要内容是关于医疗保险的待遇范围和偿付标准。法定医疗保险基金全国协会(GKV-SV)和法定医疗保险医师全国协会(KBV)作为联邦共同委员会的成员单位,通过选派投票代表的方式参与实际决策过程。联邦共同委员会本身以中立于疾病基金和服务提供方的角色发布指令,免除了利益团体或国家监督的过度干涉。其主要运作功能在于通过具有法律强制力的指令,确保所有法定医疗保险参保者享有平等的基本医疗服务。

联邦层面上的另一重要协商议题是门诊治疗项目的费用目录。法定医疗保险基金全国协会和法定医疗保险医师全国协会依托联邦共同委员会下设的估价委员会,共同参与设计和修订门诊医疗服务的定价,制定统一的费用体系。

(2)地区层面

在地区层面,州医师协会和疾病基金及其协会,根据本地区基本合同、附加服务、地区报销规则、费用价格、药品供应、可行性评估等进行协商。地区层面协商的重点是医师的报酬支付等财务问题,而非参保者的待遇和医疗质量。保险待遇和医疗质量在联邦层面上的统一确定可有效避免地区层面协商可能带来的待遇差距,充分保障参保人的权益公平。在州级层次上,各疾病基金与州医师协会商定医师报酬的预算总额,并向州医师协会进行支付,再由州医师协会按一定标准对医师提供的服务进行审核、结算,再行分配。每年度,疾病基金与州医师协会进行谈判,协商按参保人数计算的支付总额。

为满足参保者更高的医疗服务需求,与集体合同形成竞争关系,德国的门诊服务协议还由各疾病基金与医疗服务提供方协商签订的个体合同组成。2004年的《健康保险现代化法案》,允许疾病基金与服务提供者签订选择性合同,同时可向参保者提供多样的费率选择。疾病基金由此获得了部分附加的购买力和谈判能力,可以选择与单个医生或部分医生群体缔结服务合同,还可以与药商就折扣进行谈判。

(二)我国医疗保险谈判的实践

我国在20世纪90年代中期进行社会医疗保险改革的同时,就开始了对医疗保险谈判机制的探索实践。根据《国务院关于建立城镇职工基本医疗保险制度的决定》(国发

〔1998〕44 号)、《国务院办公厅关于保留部分非行政许可审批项目的通知》(国办发〔2004〕62 号)等政策要求,医疗保险经办机构与医疗机构、零售药店之间通过定点资格审查与基本医疗保险服务协议的形式进行管理。因此,定点资格准入与签订医疗保险服务协议是我国医疗保险谈判的主要表现形式。

2009 年 4 月,中共中央、国务院在《关于深化医药卫生体制改革的意见》中明确指出,要"积极探索建立医疗保险经办机构与医疗机构、药品供应商的谈判机制,发挥医疗保障对医疗服务和药品的制约作用",之后《医药卫生体制改革近期重点实施方案(2009—2011 年)》(发改价格〔2009〕2844 号)、《关于进一步推进医疗保险付费方式改革的意见》(人社部发〔2011〕63 号)、2015 年中共中央、国务院《关于推进价格机制改革的若干意见》与国家卫生计生委、发展改革委、财政部、人力资源社会保障部、中医药管理局五部委发布《关于印发控制公立医院医疗费用不合理增长的若干意见的通知》(国卫体改发〔2015〕89 号)等文件相继发布,鼓励地方积极探索建立医疗保险经办机构与医药服务提供方的谈判机制和支付方式改革,合理确定药品、医疗服务和医用耗材支付标准,控制成本费用,逐步形成与基本医疗保险制度发展相适应、激励与约束并重的支付制度,为各地开展医疗保险谈判探索提供了政策支持。

1. 以支付方式改革为主的谈判实践

(1)江苏省镇江市

镇江市把谈判机制作为一种主要的管理手段运用到医疗保险管理中,从具体项目入手,开展谈判,取得了良好的成效。

① 基金预决算指标和支付方式的谈判

按定点医疗机构的不同类别,医疗服务能力和保障水平上的差异,对不同的定点医疗和医药机构展开分类谈判。具体来讲,就是医疗保险经办机构分别就支付方式、总额预算指标测算办法(包括按就诊人次、慢病人数、实际出院人次、平均住院床日、药品差价补助以及部分疾病的住院费用"按病种付费"等)与三类不同的谈判对象(一级医疗机构和零售药店、社区卫生服务机构、二级及以上定点医疗机构)进行商谈,年初确定全年医疗保险管理指标,年底根据有效工作量决算。管理指标是谈判双方经过反复协商,在基本达成共识的基础上确定的。

② "团购"医疗服务的谈判

镇江市为引导参保居民到社区就诊,通过谈判代表参保人员"团购"社区服务,让社区门诊就诊费用降低 15%,而定点社区卫生服务机构通过谈判从医疗保险经办机构获得"定额预付",解决了社区卫生服务机构发展筹资的问题,实现医、保、患三赢。

(2)四川省成都市

2010 年 11 月 24 日四川省成都市发改委、人社局、财政局、卫生局、监察局、审计局、食品药品监督管理局、医院管理局八部门联合下发《关于建立基本医疗保险药品和医疗服务费用谈判机制(试行)的通知》。通过谈判机制的建立,发挥基本医疗保险集团购买的优势,增强医疗保险经办机构代表广大参保者向医药服务提供方购买药品和医疗服务的谈判能力,进一步加强对基本医疗保险药品和医疗服务费用的监管约束,切实缓解参保者"看病贵"问题。成都市医疗保险管理部门根据通知要求,相继下发配套文件,对谈判目标、主体、程序、内容等进行了规范,按准备、协商和执行三个步骤;协议管理、付费制度完善、团购医药服务和动态调整作为谈判内容。

① 医疗保险支付方式谈判

成都市积极推进医疗保险支付方式改革,形成在"总额预算、年终考核、弹性结算"基础上的多元化付费方式。一是深化按人次付费,通过协商谈判,对精神病、慢性病、老年病实行按人次定额结算;二是探索总额预付,对城乡居民基本医疗保险参保人员门诊费用,按参保人数、基层医疗机构诊疗人次等情况,实行总额预付制度;三是试行周转金制度,2010年,出台《成都市基本医疗保险结算费用周转金管理暂行办法》,采取年初核定预拨、年终清算结账方式,以定点医疗机构上一年度月平均结算额为基数,由医疗保险经办机构向符合条件的定点医疗机构预拨不超过2个月标准的垫支额;四是实行按病种付费,2011年5月,从卫生部门已公布临床路径的病种中,选择诊断标准明确、诊疗规范、治愈标准和疗效确切,且并发症、合并症少的急性阑尾炎等10种疾病组(对应疾病编码ICD-10共43个疾病),与全市定点医疗机构谈判并达成协议,实行按病种定额付费。

② 基本医疗保险服务协议谈判

2011年5月,成都市把定点零售药店协议管理内容纳入医疗保险谈判中,通过多次协商,达成了"禁止定点零售药店摆放兜售日杂用品、主副食品"的协议,规范了药店经营秩序,减少零售药店伙同参保者套取医疗保险基金的行为,确保基金不受侵蚀。

③ 药品团购谈判

在广泛征求定点医疗机构和参保群众意见基础上,从307种国家基本药物和部分定点医疗机构使用量排列前100位,并且符合成都市基本医疗保险报销范围的口服药品中,选取定点医疗机构与定点零售药店销售价差率超过100%(含)的26种(涉及同一规格、剂型共308个)药品作为首批谈判药品,与各定点医疗机构达成协议,按优惠价格(优惠幅度达到50%)与参保人员结算。截至2012年10月,成都市已与全市定点医疗机构和94家药品供应商先后开展了7次谈判,涉及药品种类458个,团购价格在四川省集中招标采购基础上最高降幅达30%,平均降幅6.5%,累计减少医疗保险基金支出上千万元,减轻参保人员医疗负担近7000万元。

2. 以药品采购为主的谈判实践

(1)浙江省

自2014年初开始,浙江省人力资源和社会保障厅等部门开始筹备将一些"治疗癌症等大病的高值药物"纳入大病医保范围。从2015年7月1日起,浙江省在全省启动实施药品集中采购相关改革,这些举措均以医疗保险谈判为着力点,以药品价格谈判为主要内容。

① 大病保险特殊用药谈判

按照浙江省政府出台的《关于加快建立和完善大病保险制度有关问题的通知》(浙政办发〔2014〕122号),浙江将大病保险覆盖范围从原来的城乡居民拓展到包括职工在内的全体基本医疗保险参保者,实现大病保险制度人群全覆盖,这在全国尚属首创。根据文件精神,对部分大病治疗必需且疗效明确的高值药品,通过谈判逐步纳入大病保险支付范围。

谈判的药品品种由各市、区人力资源和社会保障、卫生和计划生育委员会等部门和部分权威医疗机构推荐,并经过两轮临床专家遴选,确保入选药物是治疗必需且疗效明确的高值药品。浙江省人力资源和社会保障厅根据药品品种组织专家组和药企直接谈判,避开中间环节,同时采取多家药企竞价的方式,降低药品价格。

② 药品分类采购谈判

为完善公立医院药品集中采购制度,深化城市公立医院改革,2015 年 5 月 26 日,浙江省下发了《浙江省人民政府办公厅关于改革完善公立医院药品集中采购机制的意见》(浙政办发〔2015〕57 号),提出"以临床需求为导向,根据各级医疗卫生机构用药需求,汇总编制全省药品采购清单,分类列明招标采购药品、谈判采购药品、挂网直接采购药品、定点生产药品等,合理确定每个竞价分组的药品采购数量,落实带量采购。""a. 对临床用量大、采购金额高、多家企业生产的药品,采取双信封公开招标采购。省级药品采购机构负责经济技术标书评审。采购主体以医保支付标准和全国最低价为依据,按照规定自主采购。b. 对部分专利药品、独家生产药品,由省卫生计生委会同省级有关部门,建立多方参与、公开透明的价格谈判机制,与药品供应商进行价格谈判。c. 对妇儿专科非专利药品、急(抢)救药品、基础输液和常用低价药品,在评定经济技术标书的基础上,进行挂网采购。d. 对临床必需、用量小、市场供应短缺的药品,进行招标定点生产、议价采购。e. 对麻醉药品、精神药品、防治传染病和寄生虫病的免费治疗药品、国家免疫规划疫苗、计划生育药品及中药饮片,按国家有关规定采购。"

药品的实际采购价格由采购的定点医疗机构与药品生产企业按照"带量采购、以量换价、成交确认"的原则,通过谈判产生。省级以下医疗卫生机构(不含省级医院)可以医联体、医疗集团等组成采购共同体,发挥批量采购优势,参加药品采购的价格谈判。政府办基层医疗卫生机构以县(市、区)为单位,由医疗卫生机构自愿联合组建采购共同体进行价格谈判。

(2)山东省青岛市

青岛市高值药品采购谈判是建立在大病医疗救助制度的基础上,通过医疗保险经办机构与药品供应商谈判,将一部分需求迫切、疗效明显、价格昂贵的药物纳入救助范围,降低了参保者的个人医药费用负担,并建立一系列保障机制,在降价控量的同时提高救助基金的使用效率,避免采购的高值药品用于无效治疗。

① 特药准入条件

青岛市纳入特药救助范围的药品大体可分为 4 类:治疗恶性肿瘤的靶向药物、治疗罕见病的特效药物、治疗致残性疾病的生物制剂、治疗其他类的重大疾病。具体品种源于患者的需求及临床专家的推荐。

在药品准入环节,要接受来自全国包括临床医学、药理学以及卫生经济学等各个领域的知名专家组成的评审团进行质询。评审围绕临床使用费用较高、疗效显著以及难以使用其他治疗方案替代这三个标准进行审核。

② 谈判过程

青岛市医疗保险经办机构与药品生产企业进行谈判,以将药品纳入保障范围为条件,与供应商进行价格和服务的谈判。

谈判主要围绕以下几个方面展开:一是降低参保者负担,采用复合打包式的降低费用模式(包括降价、赠药、管理支持、服务支出、培训支出、其他项目援助等);二是确定保障范围,以选择有效治疗的适宜人群及避免基金浪费为原则,谈判双方共同制定各种药品对应参保者的准入标准;三是与药品供应商之间形成风险共担机制,在与药品供应商谈判降价的同时,对药品年度救助人数做出约定,结算人数以内的救助对象由医保救助,超过结算人数后的救助人群则由供应商负责救助。

通过对以上地区医疗保险谈判机制建立和实施的现状来看,已经取得了卓有成效的成绩。总体来看,我国医疗保险谈判机制虽然在试点中积累了一定的经验,却还是处于探索阶段,难以真正发挥调节价格、控制成本、提高质量、协调利益冲突的作用。

第二节 医院医疗保险谈判的实践

一、与医疗保险经办机构的谈判

(一)医疗保险定点医疗机构准入

定点医疗机构是指通过人力资源和社会保障部门资格审定,并经医疗保险经办机构确定,为参保者提供医疗服务的医疗机构。它包括公立医疗机构和具有一定资质的民营医疗机构。

人力资源和社会保障部门依据《城镇职工基本医疗保险定点医疗机构管理暂行办法》(劳社部发〔1999〕14号),或者本地区的相关规定,对医疗机构的申请及提供的各项材料进行审查。审查合格的,由人力资源和社会保障部门颁发基本医疗保险定点医疗机构资格证书,并签订包括服务人群、服务范围、服务内容、服务质量、医疗费用结算办法、医疗费用支付标准以及医疗费用审核与控制等内容的协议,明确双方的责任、权利和义务。以合肥地区申请办理基本医疗保险定点医疗机构资格审查为例:

示例4-1 基本医疗保险定点医疗机构资格审查服务指南

一、项目名称

申请办理基本医疗保险定点医疗机构资格审查

二、政策依据

《国务院办公厅关于保留部分非行政许可审批项目的通知》(国办发〔2004〕62号)、《关于印发〈城镇职工基本医疗保险定点零售药店管理办法〉的通知》(劳部发〔1999〕16号)、关于印发《合肥市城镇职工基本医疗保险定点医疗机构管理办法》的通知(合人社秘〔2010〕105号)。

三、办理条件

申请基本医疗保险定点医疗机构资格应当具备以下条件(不包括社区卫生服务机构):

(一)取得《医疗机构执业许可证》,在本市开诊1年以上,上年度未因严重违规行为受到卫生、药监和物价等行政部门处理。

（二）申请单纯门诊定点资格的，上年度门诊服务数量达到日均30人次以上；申请住院定点资格的，上年度收治住院病人总数量，二级、一级医疗机构分别达到400人次和200人次以上。

（三）临床及辅助科室设置、人员配置及技术水平、备药数量及质量、仪器设备及服务设施等条件能满足参保人员的基本医疗需求。

（四）医疗服务场地符合以下条件：

1. 开展单纯门诊医疗服务的场地使用面积300平方米以上；开展门诊及住院医疗服务的场地使用面积2000平方米以上，住院床位数及人员配备符合卫生部《医疗机构基本标准》的要求。

2. 从提交申请材料之日起计算，医疗服务场所使用权或租赁合同的剩余有效期限4年以上。

（五）开展单纯门诊医疗服务的医疗机构在职执业医师有5名以上，开展门诊及住院医疗服务的综合医疗机构应满足临床工作需求。

（六）医疗机构及其职工已按本市社会保险的规定参加各项社会保险，并按时足额缴纳社会保险费。

（七）医疗机构负责人及相关人员熟悉医疗卫生的政策、法规，熟悉基本医疗的规定与基本操作。

四、所需材料

1. 定点医疗机构资格申请书。

2.《合肥市基本医疗保险定点医疗机构资格申请表》《大型医疗仪器设备清单》《执业医师登记表》。

3.《医疗机构执业许可证》正、副本，中国人民解放军、中国人民武装警察部队所属医疗机构还应提供《中国人民解放军事业单位有偿服务许可证》和《中国人民解放军事业单位有偿收费许可证》；《诊疗科目核定表》；组织机构代码证副本；法定代表人公民身份证（原件和复印件）、执业医师证书（原件和复印件）；单位银行账户信息的等证明材料。

4. 开展住院医疗服务的医疗机构，需提供医院等级评审文件及相关证明材料。未提供以上材料的，由市人力资源和社会保障行政主管部门按一级医疗机构处理。

5. 上年度医疗机构医疗服务情况和医疗机构运营情况。主要包括：医疗机构的组织情况、医疗业务收入、门诊人次、住院人次、次均门诊费用、次均住院费用等。

6. 医疗服务场所产权或租赁合同相关资料原件及复印件。

7. 本单位《社会保险参保人员花名册》（加盖市社会保险征缴中心公章）。

五、办理程序

审定定点医疗机构资格按以下程序办理：

1. 发布通知：由市人力资源和社会保障行政部门在市人力资源和社会保障信息网发布开展拟新增定点医疗机构资格审定工作的通知。

社区卫生服务中心和中医医疗机构由市卫生行政部门统一收集资料,报市人力资源和社会保障行政部门分批次开展定点医疗机构资格审定工作。

2.申报登记:在通知发布后 30 日内,符合申报定点资格范围和条件的医疗机构,根据通知发布的内容,可向市人力资源和社会保障行政服务窗口提交申请材料。

3.申报受理及材料审查:市人力资源和社会保障行政部门对医疗机构申报材料进行审查,在 7 个工作日内做出受理或不受理决定,并书面告知医疗机构。

4.现场考查:在申请期届满后 30 个工作日内,由市人力资源和社会保障行政部门会同市卫生、物价和药监等行政部门以及市医疗保险经办机构联合对已受理申报的医疗机构进行现场考查。考查组成员及被考查的医疗机构负责人现场签名确认考查结果。

5.集体评审:在现场考查后 10 个工作日内,参与考查的部门根据本办法规定的条件,在材料审查和现场考查的基础上,结合其上年度的经营情况,并根据规划控制情况,对医疗机构进行综合评审,由各部门负责人签名确认集体评审结果。

6.领导审批:在完成集体评审后 5 个工作日内,由市人力资源和社会保障行政部门将集体评审结果报主管领导审批,确认定点医疗机构资格。

六、办理时限

82 个工作日。

七、收费标准

不收费。

八、监督电话

略。

附：

安徽省城镇职工基本医疗保险
定点医疗机构申请书

单位名称 _____

申请日期 _____

安徽省劳动厅印刷

填写说明

一、该表用钢笔填写,要求字迹工整清楚,内容真实。

二、"医院等级"一栏由医院填写,其他类别的医疗机构不填写。

三、"基本医疗保险管理部门"一栏是指医疗机构内部设立或指定的负责城镇职工基本医疗保险定点服务管理的部门。

四、"申请内容"一栏由医疗机构填写申请定点医疗机构资格的意向。

五、最后一栏由统筹地区劳动保障行政部门负责填写。

六、医疗机构向统筹地区劳动保障行政部门提交本申请书时,要附以下材料:

1. 执业许可证副本和医院等级的批准文件(原件及复印件);

2. 大型医疗仪器设备清单;

3. 上一年度业务收支情况和门诊、住院诊疗服务量(包括门诊诊疗人次、平均每一诊疗人次医疗费、住院人数、出院者平均住院日、平均每一出院者住院医疗费、出院者平均每天住院医疗费等),以及可承担医疗保险服务的能力;

4. 药品监督管理和物价部门监督检查合格的证明材料;

5. 军队医疗机构在所在地卫生行政部门备案的证明材料(原件及复印件);

6. 本单位职工劳动合同、社会保险登记表(原件及复印件)和安徽省社会保险费通用缴款书(原件及复印件);

七、申请书一式三份,统筹地区劳动保障行政部门、医疗保险经办机构和定点医疗机构各一份。

单位名称						法人代表		
单位地址						邮编		
所有制形式			机构类别		机构代码		医院等级	
基本医疗保险管理部门								
联系人					联系电话			
执业许可证								
单位开户银行						账号		

卫生技术人员构成		总人数	高级职称	中级职称	初级职称
	医生				
	护士				
	医技人员				
	其他人员				
	合　计				

参加社会保险情况	养老保险	医疗保险	工伤保险	失业保险	生育保险

科室设置及病床数	科室	床位数	科室	床位数	科室	床位数

申请内容	（申请单位印章） 法人代表签字：　年　月　日
劳动保障行政部门审查意见	（印　章） 年　月　日

(二)基本医疗保险服务协议谈判

从1999年开始,全国各地根据实际情况建立了城镇职工基本医疗保险制度,并成立了医疗保险经办机构,由医疗保险经办机构负责审核和确定定点医疗机构,双方签署《基本医疗保险服务协议》,明确基本医疗保险的规则、双方的义务和权利等。《中华人民共和国社会保险法》第三十一条明确提出,"社会保险经办机构根据管理服务的需求,可以与医疗机构、药品经营单位签订服务协议,规范医疗服务行为。"

随着社会经济的发展,医疗保险的发展方式从扩大范围转向提升质量,从粗放管理转为精细管理。基本医疗服务协议是精细化管理措施的载体,预算管理、总额控制、支付方式改革、医疗保险服务医师管理、医疗质量考核等多项管理目标,通常量化为协议指标,纳入协议文本。基本医疗保险服务协议也是规范医疗保险经办机构与医疗服务提供方双方责任、权利和义务的法律文书,具有法律约束力。任何一方违反协议条款都应当承担违约责任,因此双方都要重视协议条款的准确性,特别是涉及权责的内容要清晰、明确。

基本医疗服务协议是医疗保险管理的重要内容,根据人力资源和社会保障部的基本医疗保险定点医疗机构医疗服务协议范本[《关于印发基本医疗保险定点医疗机构医疗服务协议范本(试行)的通知》人社险中心函〔2014〕112号],把协议分为总则、就医管理、药品和诊疗项目管理、医疗费用结算、信息管理、违约责任、附则共7章。根据协议,医疗保险经办机构与定点医疗机构谈判的主要内容有以下部分:

1. 协议期限

双方约定基本医疗保险服务协议的服务期限,一般以一年为期限。

2. 双方权利与义务

一方面,医疗保险经办机构要依据协议对医疗保险基金进行管理和监督检查,按医疗保险有关规定和协议约定,支付医疗保险基金;另一方面,定点医疗机构要明确专门机构并配备专职人员,建立健全内部管理制度,做好医务人员医疗保险政策法规的宣传和培训,按照协议约定做好医疗保险管理,做好信息支持工作,配合医疗保险管理机构,审核医疗费用。

3. 医疗服务质量

一方面,定点医疗机构必须强化医护人员的质量意识,加强对基础质量、环节质量和终末质量的管理和监督,确保医疗质量和医疗安全,强化服务意识,树立"以病人为中心"的服务观念;另一方面,医疗保险经办机构应完善考核评价体系和标准,考核标准和内容制定应有医疗机构的参与,其结果应向社会公开,接受定点医疗机构和参保者监督。

4. 支付方式

医疗机构是落实各项医疗保险政策的载体,医疗保险支付方式的改进和完善需要医疗保险经办机构和定点医疗机构共同努力,具体协商。目前,比较常见的是总额预付制,即根据定点医疗机构服务人次、次均住院费用等,医疗保险经办机构与定点医疗机构谈判,协商一个年度内统筹补偿总额,实行总额控制、超支分担的支付方式。

5. 奖惩措施

根据医疗服务质量考核条款以及双方对医疗服务范围、服务内容等的协议条款,医疗保险经办机构对定点医疗机构进行监督,对定点医疗机构违反协议条款的,应依据协议规定进行处理。

二、药品采购谈判

为降低药品价格,解决药品价格虚高的问题,国务院先后出台了《关于城镇医药卫生体制改革的指导意见》(国办发〔2000〕16 号),"由卫生部牵头,国家经贸委、药品监管局参加,根据《中华人民共和国招投标法》进行药品集中招标采购工作试点,对招标、投标和开标、评标、中标以及相关的法律责任等进行探索,提出规范药品集中招标采购的具体办法";《关于整顿和规范药品市场的意见》(国办发〔2001〕17 号),"卫生部门要规范医疗机构的药品使用管理,扩大集中招标采购药品的品种,逐步将主要药品品种都纳入集中招标采购的范围,"来规范医疗机构购药行为。

原卫生部也发布《关于进一步规范医疗机构药品集中招标采购的若干规定》的通知(卫规财发〔2004〕320 号)、原卫生部和国务院纠风办等 7 部委在 2010 年 7 月联合印发了《医疗机构药品集中采购工作规范》(卫规财发〔2010〕64 号)和《药品集中采购监督管理办法》(国纠办发〔2010〕6 号)等规定,进一步完善药品集中招标采购制度。在国家政策的指导下,药品集中招标采购的方案也在全国各地不断创新,以安徽省 2014 年公立医疗机构基本用药集中招标采购实施方案为例(见示例 4-2)。

为进一步降低药品虚高价格,遏制医药销售领域的不正之风,我国部分地区在药品采购过程中率先采用了带量采购的模式。如《安徽省公立医疗卫生机构药品耗材设备集中招标采购办法》(皖卫药〔2015〕6 号),"医疗机构在省级采购目录中,科学编制采购计划,集中带量采购,发挥规模优势,进一步降低药品价格。市、县级及基层医疗机构带量采购原则上以设区市为采购单位。省直医疗机构可参与属地省辖市,也可组建省直医院采购联合体,共同带量采购"。

带量采购是指医院采购联合体在药品集中采购实施过程中,兼顾药品中标价格和采购数量,把需求集中起来,在投标企业报价前公布集中采购药品的采购数量,生产企业可以按照采购数量进行成本核算,提供合理的报价,以"价"换"量",通过降低药品价格换取更多的市场份额。医院采购联合体通过以"量"换"价"的方式,达到合理降低药品价格的目的。

示例 4-2 安徽省 2014 年公立医疗机构基本用药集中招标采购实施方案

一、基本原则和总体要求

(一)基本原则

科学合理、公开透明、阳光操作、规范运行、全程监管、严格处罚。

(二)实施范围和采购周期

全省政府举办的公立医疗机构和基层医疗卫生机构。鼓励其他非营利性医疗机构执行本轮药品集中招标采购结果。采购周期不少于一年半。

（三）招标药品范围

《安徽省公立医疗机构基本用药目录》（2014年版）中所列药品和剂型及其对应的规格，作为本次集中招标药品。基本药物严格依据《国家基本药物目录》（2012年版）及处方集中的药品剂型与规格；国家实行特殊管理的麻醉药品、一类、二类精神药品、医疗放射药品、医疗毒性药品、原料药、中药材、公共卫生类用药、计划生育药品、中药饮片等，不纳入本次招标目录。

（四）组织机构

1. 领导机构：省医改领导小组研究决定我省基本用药集中采购工作重大事项，成员部门按职责做好相关工作。

2. 管理监督机构：省医改领导小组下设药招办（设在省卫生计生委）和监督办（设在省发展改革委）。药招办负责药品招采日常管理工作，监督办负责全程监督药品招采工作。招标期间，在省卫生计生委监察室设置信箱接受举报和投诉等。省卫生计生委监察室将收到的材料分类整理：属于招标业务范围的送省卫生计生委药政处分办，属于招标纪律问题的送纪检监察部门。省卫生计生委药政处及时将招标各阶段工作中涉及委、厅、局职能的，分送药招办各成员单位和部门界定。

3. 工作机构：省医药集中采购服务中心（简称"省药采中心"）承担药品集中招标采购具体工作。企业报名后，省药采中心将申报企业名单送省纪委驻卫生计生委纪检组，后者协助省纠风办对企业名单进行审定，确定本次投标企业。

（五）公告方式

药品集中采购工作所有公告、信息通过省医药集中采购平台（简称"省采购平台"，http://www.ahyycg.cn/）发布。申请企业按照公告进行资质及材料申报。

二、招标评审方法及步骤

本轮药品招标实行"双信封"评标办法。企业须同时投技术标和商务标两份标书，第一信封为技术标，内容系附件3所列药品质量相关的质量因素、GMP认证、销售金额、行业排名等指标信息；第二信封为商务标，系企业提交的药品价格。

技术标评审按照得分高低，确定进入商务标评审药品。商务标分为三个质量类型。

（一）技术标评审

按照竞价分组（原则及说明见附件5）实行百分制评价（评价标准见附件3）；按照技术标评审得分高低，确定进入商务标评审药品。得分相同的，企业2013年销售金额大的进入。技术标进入商务标的药品数量关系见下表：

技术标药品	第一轮入围数	技术标药品	第一轮入围数
≤4个	全部进入	13～15个	8个
5～6个	淘汰1个	16～20个	9个
7～9个	6个	20个以上	45%的进入（四舍五入按整数取）
10～12个	7个		

（二）商务标评审

根据竞价分组和质量类型划分，商务标评审综合得分最高者为拟中标品种。对综合得分相同的，企业2013年销售金额大的优先；企业销售金额相同的，获得我省省级医药质量管理奖的优先。

$$商务标评审综合得分＝技术标得分×60\%＋\frac{P_{\min}}{P}×40$$

注：P 为某药品的报价，$P_{\min}$ 为同竞价组药品中的最低报价；计算数据保留两位小数。

三、限价

拟中标药品报省药招办审定后进入限价程序。以国家卫生计生委全国药品集中采购中标价格查询数据库中，安徽周边的山东等7个省份（河北、湖南、河南、湖北、江西、陕西）2010年以来最近一次集中招标（包括基药招标和非基药招标）中标价格和我省2012年县级医院药品集中采购中标价，社会药店同厂家、同剂型、同规格、同包装、同效期药品零售价格作为本次采购参考价。参考的中标价，若之后国家发展改革委或安徽省物价局进行了价格上调，则按上调幅度相应调整参考限价；物价上调后产生的中标参考价不作调整。

1. 商务标综合评审同竞价组药品数≤2时，取2010年以来，国家卫生计生委全国药品集中采购中标价格查询数据库中安徽和山东等7个省最近一次集中招标中标价格的最低价作为限价。本省和山东等7个省份均无中标价的，投标企业提供该品规2010年以来在全国所有省份的中标价，取所有省份中标价的最低价作为限价，提供虚假材料的要依规严肃处理。该竞价组类型所有药品中标价格不得高于该药品政府零售指导价的82%。

2. 商务标综合评审同竞价组药品数≥3时，取（1）山东等7个省份最近一次集中招标中标价格平均价；（2）我省2012年县级医院药品集中采购中标价，二者的低值作为限价。本省和山东等7个省份均无中标价的，投标企业提供该品规2010年以来在全国所有省份的中标价，取所有省份中标价的平均价作为限价，提供虚假材料的要依规严肃处理。

3. 符合《国家发展改革委定价范围内的低价药品清单》或《安徽省第一批廉价药品目录》以及相关规定的药品技术标入围后，直接挂网，医疗机构自行采购。

4. 国家基本药物中国家定点生产的第一批试点品种（麦角新碱、去乙酰毛花苷、氨苯砜、普鲁卡因胺、洛贝林、多巴酚丁胺、甲巯咪唑）技术标入围后，按照有关规定直接挂网，医疗机构自行采购。

四、中标结果公示、公布

1. 省药采中心将拟中标形成结果直接公示。公示结束并经省药招办专题会议研究后，最终结果报省医改领导小组审批，同时报省价格主管部门备案审核。依据省医改领导小组批复及价格主管部门审核结果，省药采中心在省采购平台公布中标品种目录。

2.中标企业自中标结果公布之日起,20个工作日内须能按照中标结果供应药品,满足全省参与本轮集中采购的医院采购需求。

五、评审专家管理

药品招标评审专家由省纪委驻卫生计生委纪检组和省监督办共同从已建的专家库中组织抽取并审核确认,再单向通知专家本人。评审半小时前,药招办集中专家传达评审纪律、评审内容及注意事项并临时指定专家组组长。专家对药品评价指标中的主观指标评审后,专家组组长对评审结果签署意见。评审过程省监督办、省纪委驻卫生计生委纪检组全程参与监督,并对评审结果签署意见。

六、药品使用与采购配送结算

(一)药品遴选

医疗机构按照有关规定,从本次招标药品中标目录中遴选制定网上集中采购目录。遴选采购目录要坚持质量优先、价格合理、临床必需、常用剂型、规格、保证特殊用药的原则,经过临床专家、药事管理与药物治疗学委员会(组)审定,科学合理确定药品使用目录和计划采购量。

(二)药品采购

1.医疗机构依据本单位药品使用目录和采购计划,按照本实施方案和《合同法》等有关规定,与中标药品企业或其委托的配送企业签订药品购销合同。基层医疗卫生机构通过签定协议授权省医药集中采购服务中心,与中标药品企业或其委托的配送企业签订药品购销合同。合同须明确品种、规格、数量、价格、回款时间、履约方式、违约责任等。

2.基层医疗卫生机构采购2012年版国家基本药物(520)中标药品仅能选择中标药品的最低价品种,其中属于2009年版国家基本药物(307)的,还需符合国家发展改革委〔2009〕2489号文件精神。各级医疗机构采购药品金额比例要求见下表:

	村卫生室、社区卫生服务站	乡镇卫生院、社区卫生服务中心	中心卫生院	县级医疗机构	省、市级医疗机构
安徽省基本用药	100%	100%	≥90%	≥80%	≥70%
其中国家基本药物	100%	≥70%	≥70%	≥50%	≥30%
质量类型一药品	纳入一体化管理统计	<10%	<20%	≤30%	≤40%

3.医疗机构必须通过省药采平台网上采购中标药品。药品交易全部实行电子化、信息化,所选药品品种、价格、生产厂家等信息要予以公开。严格审核药品采购发票,防止标外采购、违价采购或从非规定渠道采购药品。

4.本轮招标非中标药品及《安徽省公立医疗机构基本用药目录》外药品采购办法另行制定。

（三）药品配送

1. 生产企业是供应配送第一责任人。生产企业可直接配送，也可委托符合法定资质条件的药品批发企业作为配送企业。委托配送的，生产企业必须和委托药品配送企业在省药采平台建立配送关系，若更改必须由双方协商一致通过省采购平台确认。

2. 生产企业选择委托配送企业时须考虑经营企业配送能力和医疗机构认同程度，优先从基层配送业绩优良的企业中选择。承担本次中标药品的配送企业资质条件见附件6。

3. 中标企业及其委托配送的经营企业，必须按照购销合同保证药品供应，及时满足医疗机构的采购需求。急救药品配送不超过4小时，一般药品24小时内送到（特殊情况时不超过48小时），节假日照常配送。配送药品的剩余有效期，必须占药品有效期的三分之二以上。

（四）药款结算

基层医疗机构从交货验收到付款时间不超过30天。

县级及县级以上医院按购销合同及时与药品企业结算货款，从交货验收到结算时间不超过60天。

三、医用设备与耗材采购谈判

随着现代医学科学技术的发展，各种新产品的开发和新技术的开展，大型的医用设备和高值耗材被广泛地应用于疾病的诊断和治疗。因此，医用设备和耗材在医疗机构的固定资产投入和医疗费用支出中比例逐年增加。为降低采购费用，防范采购风险，全国各省、市根据国家有关政策进行了积极的探索。其采购形式分为政府集中招标采购和医疗机构自行招标采购。

（一）政府集中招标采购

根据《卫生部办公厅关于印发甲类大型医用设备集中采购工作规范（试行）的通知》（卫办规财发〔2012〕96号）、《关于印发〈高值医用耗材集中采购工作规范（试行）〉的通知》（卫规财发〔2012〕86号）的规定，甲类大型医用设备和部分高值医用耗材采取政府集中招标采购的方式。各地区以此为蓝本，纷纷出台医用设备与耗材采购方案。以安徽为例：

示例4-3　安徽省公立医疗卫生机构药品耗材设备集中招标采购办法（皖卫药〔2015〕6号）

为规范和加强我省公立医疗机构药品、医用耗材及医用设备集中采购管理，保障采购质量，降低虚高价格，促进合理使用，破除以药补医机制，根据国家有关法律、法规以及省深化医药卫生体制综合改革试点方案等，制定本办法。

一、总体要求与原则

（一）坚持政府主导、发挥市场机制作用，坚持质量优先、价格合理，坚持公平公正、阳光操作、严格监管。

（二）坚持招生产企业、招采合一、量价挂钩、"双信封"制。集中采购在公共资源交易平台上运行，严禁平台外采购交易。

（三）药品、耗材由全省统一招标或集中限价，实行网上集中采购交易，各地带量采购、货款按月支付、及时配送到位、严格合同管理、全程严格监督。设备采购实行分级分类集中招标采购。

二、组织管理

（一）省医改领导小组研究决定集中采购工作重大事项。领导小组下设省药品、耗材、设备集中采购管理办公室（以下简称省药招办，设在省卫生计生委），负责全省公立医疗机构药品、耗材、设备集中采购的管理工作。省医药集中采购监督管理办公室负责全省药品、耗材及设备集中采购监督工作。

（二）安徽合肥公共资源交易管理中心医药分中心（简称省医药分中心）承担药品、耗材及权限范围内医用设备的全省集中采购具体工作。

（三）各市、县（市、区）医改领导小组负责研究决定所辖医疗机构集中采购工作重大事项。建立完善同级采购、监督管理组织机构，承担所辖医疗机构药品、耗材及设备集中采购的管理和监督工作。

三、集中采购方式

（一）药品集中采购

1. 全省集中招标。按照科学合理、公开透明、阳光操作、规范运行、全程监管、严格处罚的要求，省药招办对医保目录内、属于集中招标采购范围的药品，制定集中采购目录，实行全省统一招标。

2. 各地带量采购。医疗机构在省级采购目录中，科学编制采购计划，集中带量采购，发挥规模优势，进一步降低药品价格。市、县级及基层医疗机构带量采购原则上以设区市为采购单位。省直医疗机构可参与属地省辖市，也可组建省直医院采购联合体，共同带量采购，不得单一、零星采购。

3. 实行带量采购。医疗卫生机构根据临床用药需求，依据省发布的基本医疗保险药品目录及限价，遴选本医院实际使用品种。各带量采购单位汇总药品品种信息及采购量后，实行带量采购，量价挂钩，在省级采购限价（2014年中标药品按中标价、医保目录内非2014年中标药品按2012年县级医院药品中标价）基础上，合理降低药品价格。

4. 其他药品采购。医保目录外的参照周边省份最低价实行带量采购，在省医药采购平台上备案采购、网上交易。

5. 探索建立中药饮片（含中药配方颗粒）的联合采购机制，规范采购供应渠道，保证药品质量，合理控制价格。

（二）耗材集中采购

1. 全省集中限价。高值医用耗材实行全省网上集中限价交易，分期分批扩大范围。列入全省集中采购类别的耗材，省级统一限价，制定全省耗材网上集中交易目录及限价。

2. 各地带量采购。医疗机构在耗材网上集中交易目录中，参照药品带量采购方法，组织带量采购,进一步降低价格,并不得高于限价采购。

3. 严格采购管理。已列入网上集中交易目录的医用耗材,医疗机构必须实施网上集中采购,严禁网下交易。属于集中采购目录范围,未通过限价品种,由医疗机构确有需求的,按规定实行网上备案交易。

4. 暂未列入全省网上集中采购目录的其他类别医用耗材,可由市、县或医疗机构按相关规定自行组织采购。

(三)设备集中采购

1. 分级分类集中采购。全省乙类大型医用设备、200万元及以上的医用设备由省级组织集中采购。价值50万元(含50万元)至200万元,且不属于省级组织集中采购的设备由市组织集中采购,50万元以下的由市根据实际情况制订本地区采购方案。省直医疗机构200万元以下的医用设备由医疗机构按规定自行采购。

2. 报送采购需求。医疗机构根据临床诊治需求提出设备采购需求(大型乙类设备装备前须符合规划并经过论证),落实采购资金后,按要求向相应采购权限的主管部门及公共资源交易机构报送采购需求。

3. 实行带量采购。各级采购机构汇总医疗机构医用设备配置需求和资金使用情况,确定采购数量,拟定采购计划,编制集中采购目录,招生产企业。

4. 属于省级采购权限的以省为单位,由省级采购工作机构面向生产企业公开招标。大型乙类设备装备原则上每年一次,其他设备原则上每季度一次,市级采购次数由各市确定。

四、加强配送供应管理

(一)卫生计生主管部门要督促药品耗材供货企业承担配送供应的责任和义务,积极组织货源,减少中间环节,按时、保质、保量送货。急救药品、耗材原则上在4小时内配送到位,一般24小时内送达,最长不超过72小时,节假日照常配送。配送药品的剩余有效期,必须占有效期的三分之二以上。如医疗机构有特殊配送需求的,应设法满足。

(二)对地处偏远、交通不便地区,特别是基层医疗机构的配送,主管部门要加强组织协调和配送管理,按照远近结合、城乡联动的原则,统筹做好药品、耗材等配送工作。探索建立符合规范的县级集中配送体系,实现县乡村一体化配送,提高集中度,保障及时供应。

(三)各级药品、耗材采购管理及工作机构要建立健全配送督导制度,及时收集和反馈供应信息,加强组织协调,保障临床需求。对配送不及时、影响临床使用和拒绝提供偏远地区配送服务的,要督促供货企业及时纠正,限期整改。对长期配送率低且督促后逾期不改的,取消其中标或交易资格,并视情况列入不良记录,及时对社会公布。

五、严格合同管理与货款结算

(一)严格合同管理

1. 药品、耗材生产企业、经营企业与医疗机构协商建立配送关系后,签署委托或配送合同(协议),明确采购品种、剂型、规格、型号、价格、数量、配送、结算方式与时限等内容。医疗机构与供货企业按照有关规定签订购销合同,严格合同管理,履行责任与义务。

2.各级集中采购管理机构督促医疗机构与设备中标企业严格依据评标结果签订采购合同,明确设备型号、数量、价格、供货时间和地点、付款时间、履约方式、违约责任等,并监督合同执行。同时,医疗机构要加强采购合同签订和设备验收的规范管理,保证采购质量,严格防范各类风险。

(二)货款按月支付

1.医疗机构要将药品、耗材等收支纳入预算管理,实行专款专用,严格按照合同约定时间支付货款,原则上按月支付。

2.医疗机构设备采购验收合格后,严格按照合同约定与供货商结算货款。

(三)完善药品、耗材财务管理

各地或医疗机构联合体通过带量采购、量价挂钩,药品、耗材价格差收支结余,在会计核算时记入其他收入项目。可作为提升医疗技术水平专用资金、药事服务费,用于支持提高医疗服务能力、指导临床合理用药,以及药品(耗材)采购管理等支出。

六、全程严格监督

(一)完善集中采购工作制度,健全内部约束和外部监督机制,用制度管事管人,加强风险防范,规范采购程序。加强采购全过程的严格管理与监督,坚持公开、公平、公正,确保采购各个环节阳光运作。

(二)严厉打击药品、耗材生产经营企业挂靠经营、租借证照、销售假劣药品、商业贿赂等违规违法行为。建立医疗机构与药品、耗材等生产、配送企业诚信记录,将合同执行情况、药品、耗材质量保证与保障供应及时等指标纳入诚信体系,及时公布不良记录。

(三)严厉查处医疗机构违规在平台之外的网下采购交易行为,将药品、耗材及设备集中采购、货款及时并足额支付等情况作为医疗机构及其负责人的重要考核内容。对医院不按规定参加集中采购、违反合同的,视情节进行通报批评、限期整改。

(二)医疗机构自行招标谈判

对于医疗机构自行招标采购的医用设备与耗材,大部分采用较为灵活的竞争性谈判采购方式。所谓竞争性谈判,是指医疗机构直接邀请三家以上供应商就采购的医用设备或耗材项目进行谈判,最终确定供应商的一种招标采购方式。

1.竞争性谈判采购的特点

(1)缩短准备期,能使采购项目更快地发挥作用,从而及时满足临床需求。

(2)减少前期工作量,省去大量的开标、投标工作的隐形成本,有利于提高工作效率,降低采购成本。

(3)供求双方能够进行更为灵活的双边谈判,谈判结果更容易实现。

2.竞争性谈判采购的步骤

为规范竞争性谈判步骤,保证谈判在一定的组织架构下有效率的进行,可以实现谈判过程合法有序,从而达到公平、公开、公正和透明的结果。谈判步骤一般如下:

(1)成立医院招标采购办公室在采购之前,医院成立医用设备和耗材招标采购办公室,招标采购谈判办公室负责制定所采购项目的谈判文件,同时发布招标公告,邀请医疗设备或耗材供应商参加谈判,确保谈判顺利如期进行。

（2）制定招标谈判文件。根据竞争性谈判的特点，招标采购办公室应事先制定好招标文书（见示例4-4）。

（3）确定参与谈判的供应商。医院招标采购办公室规定参加谈判的供应商资质，然后进行遴选，确定不少于三家供应商，向对方提供招标谈判文件（见示例4-5）。

（4）开展招标谈判。在谈判过程中，在遵守政府采购法的前提下，本着公平、公正、透明的原则，医疗机构对参加谈判的供应商进行抽签、排序，然后开始轮次谈判。谈判的双方及成员不得透露与谈判有关其他供应商的资料，如价格信息，在充分、全面了解的基础上，为更好实现采购目的，医疗机构可以对谈判文件部分内容做出修改或调整，但对涉及实质性条款的变更，医疗机构要以书面形式通知所有参加谈判的供应商，让其决定是否继续参加下次谈判。

（5）确定采购供应商。通常情况下，医疗机构一般是按照符合招标文件的要求，在满足采购需求、质量和售后服务的前提下，采用最低价中标的形式来决定最终供应商。也可以综合其他因素，根据招标谈判文件规定的分项评定标准、分值，综合打分，以性价比原则，确定意向成交候选人。

（6）订立采购协议。医疗机构确定采购供应商后，根据院务公开的要求，发布本次采购应披露的重要信息及成交结果，同时向供应商发出成交通知书，订立采购供应合同。

示例4-4　　某三甲医院网闸比选采购信息

一、项目编号

　　0684-15ATBXSL496

二、项目名称

　　网闸

三、委托单位

　　某三甲医院

四、报名材料（提供给招标采购代理机构）

　　填写报填写报名申请表一份，格式请见本公告附件。申请表填好后请直接发送至招标采购代理机构邮箱（邮箱：略）并以电话形式与招标采购代理机构确认，报名必须以投标人收到招标采购代理机构收到报名邮件的回复为有效，否则视为无效。

五、相关材料（提供给招标采购代理机构）

　　请所有供应商报名同时将营业执照等公司三证、生产许可证或经营许可证、产品授权书（包含各级授权）和医疗器械注册证（如适用）原件扫描，并将电子版本于报名时间截止前发送至代理机构邮箱（邮箱：略）。

六、比选文件获取方式

比选文件可直接从医院主页"招标公告"栏下载。

七、标书费

200 元/包,请下载比选文件,若确认参与,请在接到招标代理公司电话通知后,到×市×路×号×大厦×室缴纳 200 元/包费用。

八、参选保证金

参选保证金为 4000 元,请于比选截止日期之前电汇或转账至我司账户。(具体金额参照比选文件)

采购代理机构财务信息:

开户名称:安徽省×股份有限公司

开户银行:略

账　　号:略

九、报名时间

符合上述资格条件的投标人可从 2015 年 10 月 30 日起至 2015 年 11 月 3 日下午 17:00 截止,每天工作时间(上午 09:00~11:30;下午 14:00~17:00,双休日除外)进行报名。

十、报名地点

报名地点为安徽省×股份有限公司(邮编:略;地址:×市×路×号×大厦×室);咨询人:李某某;电话:略;传真:略。

十一、比选文件接收地点

略

十二、比选文件递交截止时间

另行通知

十三、其他相关信息

采购代理机构:安徽×股份有限公司

联系人:略

电　话:略

传　真:略

地　址:×市×路×号×大厦

邮　编:略

委托单位:某三甲医院

地　　址:×市×路×号

邮　　编:略

示例 4-5　　　　某三甲医院招标参选单位须知

一、采购单位

　　某三甲医院

二、采购内容

　　设备名称:冷冻高速离心机

　　数量:1 台

三、标书费

　　200 元。参选文件递交截止时间前标书费未交,将被视为无参选资格。

四、比选地点

　　略

五、参选文件递交截止时间

　　另行通知。

六、参选文件有效期

　　60 天

七、参选保证金

　　人民币贰仟元整(2000 元),以银行即期汇票或电汇/转账于开标前汇入采购代理单位账户。参选人应将保证金单独密封提交。

　　开户名称:略

　　开户银行:略

　　账　　号:略

　　如参选单位中选,未能按照承诺签订合同,参选保证金不予退还。

八、比选要求

　　1. 参选单位必须具有独立法人资格和履行合同能力,具有政府相关部门颁发的营业执照和医疗用品生产或销售许可证(如适用)。

　　2. 具有良好的商业信誉及完善的销售供应及优质的售后服务保障体系。

　　3. 参选文件评审和确定中选人。

(1)采用综合评估的方法进行参选文件评审,包括技术评审、商务评审和报价评审。

① 技术评审:采购单位对参选文件中的技术内容进行评审,与比选文件中的技术参数要求有实质性偏离者或提交的技术文件内容不真实者将被作废标处理。

② 商务评审:采购单位对参选文件中的商务内容进行评审,不符合资质要求者或所提交的资质材料不真实者将作废标处理。有违规行为、不良记录或用户满意度低的参选单位,其中选可能将被削弱;

③ 报价评审:采购单位对参选文件中的系统报价进行评审,与当前业界普遍性报价有严重偏离的,其中选可能将被削弱。

(2)确定中选人

① 不保证最低报价的参选最终中选;

② 采购单位将选择价格、质量、技术实力、财务状况、综合服务最优的参选单位为作为中选单位,且实质与比选文件要求相符,该参选单位应有资格和能力圆满地履行合同;

③ 采购单位有权根据参选文件对比选文件实质性响应的程序来决定接受参选单位全部或部分的参选文件。

4. 注意事项:

已报名的参选人须按要求如期参加比选活动,对既未提交放弃比选确认函(截止时间为比选日前一天下午三点),又未参与比选的参选人将予以警告并记录在案。若参选人一年内累计出现三次及以上类似情况,将被取消报名资格,待参选人提出整改方案后,视整改情况决定是否恢复其参选资格。

九、解释权

凡涉及本次比选文件的解释权属于某三甲医院。

四、按病种付费谈判

按病种付费模式是指通过统一的疾病诊断分类,科学地制定出每一种疾病的定额偿付标准,医疗保险经办机构按照该标准与出院人次向定点医疗机构支付住院费用。按病种付费的特点是:医疗机构的收入仅与每个病例及其诊断有关,而与医疗机构治疗该病例所花费的实际成本无关。

实施按病种付费,需要制定科学合理的用药、检查及治疗方案,挤出虚高的水分,从而有利于在源头上有效地避免不合理检查、不合理用药和不合理治疗。安徽省新农合于2010 年开展了按病种付费,根据不同类型的定点医疗机构,制定相应的病种与付费标准。以安徽省新农合省级医院常见病按病种付费实施方案为例:

示例 4－6 安徽省新农合省级医院常见病按病种付费实施方案(2014 版)

一、按病种付费常见病病种名单

经遴选,将省级医院收治的 56 组常见病病种列入 2014 年度按病种付费病种,病种名单如下：

序号	疾病名称	按病种付费范围	医院定额（元）	基金支付比例（%）	患者自付比例（%）	一类医院基金支付定额（元）
1	肺炎	包括各种病原体（细菌、真菌、支原体、衣原体等）引起的肺炎，患者年龄＞14岁，住院日≥5天	6600	40%	60%	2640
2	慢性阻塞性肺疾病	含气管插管和机械通气费用，住院日≥5天	8500	40%	60%	3400
3	支气管哮喘	住院日≥5天	5000	40%	60%	2000
4	支气管扩张	住院日≥5天	7000	40%	60%	2800
5	原发性高血压	住院日≥5天	7000	40%	60%	2800
6	冠心病	住院日≥5天	8500	40%	60%	3400
7	急性心肌梗死	住院日≥5天	10000	40%	60%	4000
8	胃十二指肠溃疡	住院日≥5天	5000	40%	60%	2000
9	上消化道出血	住院日≥5天	8500	40%	60%	3400
……	……	……	……	……	……	……
56	过敏性紫癜	住院日≥5天	5000	40%	60%	2000

二、按病种付费常见病费用新农合基金支付办法

（一）同时符合以下条件，执行按病种付费

1. 患者须参加新农合并在省级新农合定点医疗机构住院治疗。

2. 患者主要疾病诊断、年龄及主要治疗方法须同时符合本方案规定的按病种付费病种范围，病种范围包含该病种所有的并发症及合并症。患者同一病种多次住院，不受打包次数限制。

3. 患者按规定治疗方法住院治疗所发生的当次住院医药费用（包括患者从诊断入院到按出院标准出院期间所发生的各项医药费用支出）。

（二）以下费用，不执行按病种付费

略

（三）按病种付费常见病定额标准及新农合基金支付金额

1. 参考全省医疗机构的费用水平，经与省级医院协商后，确定省三级、二级医院各按病种付费常见病病种的平均医药费用的定额标准（以下简称定额标准）。

2. 基金付费。按照前款确定的定额标准，新农合基金按照本方案规定的支付比例，对每例常见病住院患者实行定额付费（打包付费）。

各病种定额标准及新农合基金支付定额，见附件。

3. 患者付费。以当次住院实际发生的医药费用（按项目计费）为基数，患者按本方案规定的自付比例，支付个人承担的费用。

4. 新农合基金对省级医院按病种付费常见病病种的定额补偿，不受新农合报销药品目录与诊疗项目目录限制，且计入患者当年新农合封顶线计算基数。

5. 新农合基金对按病种付费常见病特殊病例的补偿规定。

特殊病例之一：患者因自动出院、转院、死亡等各种原因，当次医药费用未达到定额标准的50％的，退出按病种付费管理，按普通住院，执行新农合统筹地区原补偿方案。

特殊病例之二：患者当次住院医药费用超过定额2倍以上（定额标准×2）的，其超过部分的费用，新农合基金按照本方案规定的基金支付比例（第1～48组常见病按照40％，第49～56组常见病按照60％），另外追补给省级医院。

特殊病例之三：患者在一次住院过程中同时实施并完成2个以上病种诊疗的，按照最高定额标准的病种，新农合基金支付定额费用。

三、住院、报销与结算流程

略

四、其他要求

略

在医疗保险领域，引入、构建谈判机制来解决医疗保险中的价格形成、权责关系、利益协调等问题，已经成为一种共识。近年来，国家层面连续发文，明确提出了要积极探索建立医疗保险经办机构与医疗机构、药品供应商的谈判机制，发挥医疗保障对医疗服务和药品费用的制约作用。而全民医疗保险制度的建立，为引入医疗保险谈判奠定了"资本"基础，使医疗保险谈判具备了政策依据和良好的实践环境。如何积极探索建立医疗保险管理谈判机制，促进公平，提高效率，促使医、保、患三方和谐发展，最终实现维护和促进人民健康水平的目标，是社会医疗保险下一步工作和研究的重点。

第五章　医疗保险的法制管理

第一节　医疗保险法律法规概述

一、医疗保险法律法规相关概念

法律(Law)是国家按照统治阶级的利益和意志制定或认可,并由国家强制力保证其实施的行为规范的总和,包括宪法、法律(就狭义而言)、法规、规章、判例等。由全国人大或其常委会制定的行为规范称为法律;由国务院、地方人大或其常委会制定的行为规范称为法规;由国务院各部委或地方政府制定的行为规范称为规章。

社会保障法(Social security law)是指调整关于社会保险和社会福利关系的法律规范的总称,即调整有困难的劳动者和其他社会成员,以及特殊社会群体的基本生活,并逐步提高其生活质量而发生的社会关系的法律规范的总和。

医疗保险法律法规(Medical insurance law)作为社会保障法的重要内容之一,是调整在医疗保险关系中形成的各种社会关系的法律规范的总称。医疗保险法律法规是整个医疗保险制度运行的法律依据和准则,它不仅是对医疗保险制度改革成果的法律确认,更是我国医疗保险制度持续发展的基本法律依据和保障。

二、医疗保险法律法规特征

医疗保险法律法规作为调整在医疗保险中形成的各种社会关系的法律规范,与其他法律相比,具有如下特征:

(一)安全性

医疗保障权作为公民一项基本社会权利已被广泛认可。医疗保险法律法规的任务就是通过对医疗保险权利义务关系的规范,从而达到维护公民医疗保障权的目的。公民在社会生活及劳动过程中,难免会遇到疾病的风险,通过社会医疗保障制度,能够使公民在发生疾病时,获得物质帮助,而不至于因病致贫或生活无着落,从而使社会每一个公民都能得到必要的医疗安全保障。因此,维护和实现社会成员的医疗安全保障权益是其立法宗旨。

(二)强制性

医疗保险法和其他法律一样都是国家强制实施的,但其强制性更明显。医疗保险法类似于税法,不仅有所有法律都具有的形式上的强制性,而且其强制性还体现在具体内容规定上:首先,必须全员参保,即凡属于保险范围内的用人单位和个人都必须参保。其次,基本医疗保险费由用人单位和个人共同负担,保险费率由政府主管部门根据社会经济发展水平综合确定,参与保险的各方都无权更改保险费率。再次,建立社会医疗保险统筹基金与个人账户,并划定各自的支付范围,分别核算,不得相互挤占。此外,所有用人单位和职工都要按照属地化管理原则执行统一政策,实行社会医疗保险基金的统一筹集、使用和管理。最后,基本医疗保险基金纳入财政专户管理、专款专用,不得挤占挪用。

(三)普遍性

医疗保险制度是社会保险中最为复杂的一项制度,其实际运行涉及医、保、患以及用人单位等多方。法律是普遍性的规范,在法律规范的范围,对所涉及单位和个人均有普遍的约束作用。尽管各国社会保障立法均是从覆盖范围较小起步,但在各国又确实以不断扩大覆盖范围为基本特征。同时,随着我国全民医疗保险概念的提出,其覆盖对象扩大到全体公民,加之疾病是每个人不可避免的,从而进一步加深了其普遍性。

(四)非对等性

作为法律核心内容的法律关系,其实质就是法律关系各方权利和义务的规定,而且以权利和义务对等为原则,即法律关系的主体所享受的权利和其承担的义务必须相一致。但是,社会医疗保险除外,具体表现在参保者以其收入的一定百分比来缴纳保险费,显然高收入者多交,低收入者少交,以此来达到社会互助共济的目的;但在保险金的支付上,则是根据法定的保险范围内参保者的实际需要来支付保险金的,不与缴费数额挂钩。但是这种相对不对等性不等于不公平性,其恰恰是医疗保险对国民收入强制进行分配与再分配的实质体现。

(五)技术性

这是由医疗保险制度的特性决定的。医疗保险涉及医疗、保险和管理等多个领域,医疗事业离不开必要的医学知识,保险事业的运行离不开概率与数理统计理论,医疗保险的管理离不开必要的社会管理科学知识,这些在法律上即表现为医疗保险法律条文的高度专业性和技术性。

(六)可变动性

相对于其他法律规范而言,医疗保险法律法规富于变动性,而缺乏一定的稳定性。一般地讲,法律的严肃性和权威性要求任何法律规范都必须具有一定的稳定性,不应频繁修改。但是,一方面,我国的医疗保险事业刚刚起步,各方面的工作都还处于探索试验阶段,主客观方面的经验尚不成熟,因此,还不能肯定所制定的法律法规是否符合实际情况。如果在法律法规的适用过程中发现了新情况、新问题,就应该及时补充和完善有关的法律法规。

(七)交叉性

医疗保险法律法规交叉性指其与工伤、生育等保险的交叉。由于社会成员随时都可能面临疾病,因此医疗保险与其他保险项目可能存在着交叉之处,如养老保险的参保者在养老保险期间发生疾病,失业保险的参保者在失业期间发生疾病,则可能与医疗保险发生交叉。至于工伤、生育保险,更是与医疗保险有着紧密的联系,以至于世界一些国家和地区将生育保险纳入医疗保险中进行调整。

三、医疗保险法制管理目的

世界医疗保险法律制度发展的历史已经证明,医疗保险法律制度是医疗保险制度建立、实施和改革完善的基础依据和法律保障。同时,对于促进经济发展、维护社会稳定和保障人权也有着日趋重要的意义。

(一)保证每个公民获得基本的人权保障

1601年英国王室颁布的《济贫法》,实现了医疗保障由国家恩惠到公民权利的转变。医疗保障作为现代社会公民的一项基本权利已被广泛认同。我国宪法以根本大法的形式规定公民在患病时有从国家获得物质帮助的权利,标志着医疗保障作为我国公民的一项基本社会权利被正式确立。而公民医疗保障权的实现离不开医疗保险法律制度的规范和保障,因此要求我们不断地完善我国医疗保险法律制度。

(二)保证社会医疗保险基金有长期、稳定的来源

根据大数法则,一方面参保者数越多意味着可以筹集到的社会医疗保险基金也就越雄厚,社会医疗保险系统的共济能力和抗风险能力也就越强;另一方面参保者数越多,可以分摊疾病风险的人数也就越多。在此情况下可以适当降低社会医疗保险费率,吸引更多的人参保。因此,为了保证医疗保险基金有长期、稳定的来源,提高社会医疗保险的保障水平,应尽可能地扩大医疗保险覆盖面。通过立法和法律的强制实施是提高参保率的关键,如果没有法律作保证,即使参加了社会医疗保险,也可能会出现少缴、滞缴,甚至不缴社会医疗保险费的现象,导致医疗保险基金入不敷出,难以为继。因此,为了从根本上解决医疗保险基金的筹集问题,必须立法。

(三)转变人们医疗消费观念,合理使用医药卫生资源

社会医疗保险制度的实施,使参保者生病就医时个人只需要承担部分医疗费用,以致部分消费者缺乏费用意识。没有法律的约束,某些医疗服务机构和参保者从自身利益出发,可能出现提供过度医疗、参保者之间串换身份等现象,导致医疗保险费用发生转移,造成资源的不合理使用,从而降低了资源的利用效率。因此,要转变人们的医疗消费观念,规范人们的医疗行为,除了采用费用分担机制外,必须采取立法强制形式。否则,卫生资源浪费与流失现象难以改变,医疗保险基金也难以为继。只有通过立法,对定点医疗机构实行法制化管理,才能防止和杜绝定点医疗机构仅从供方利益考虑、诱导参保者进行不合理的检查与治疗的现象。同时促使定点医疗机构改善服务态度,提高医疗服务质量,杜绝人为的消极行为与乱收费现象。也只有通过立法来制约参保者的消费行为,才能做到合理需求和合理消费医疗服务。

(四)保障广大劳动者的基本医疗需求

联合国早在1952年的第102号公约中就把社会医疗保险作为社会保障的重要内容;在1969年的第130号公约中又确定了详细的社会医疗保险原则。由此可见,国际社会对保障劳动者的医疗需求是非常重视的。但是,我国某些用人单位,特别是一些私营企业、外资企业和合资企业出于自身利益的考虑,可能不愿意为员工购买医疗保险。因此,只有通过立法,强制所有用人单位为其员工购买社会医疗保险,才能使广大劳动者享受基本医疗服务的权利得到保障。

（五）协调各方利益关系，保证医疗保险系统正常运转

医疗保险立法，首先强化了医疗保险管理机构约束力，明确了其责、权、利，否则有可能导致管理混乱，无法确保医疗保险基金的安全性和有效性；其次，强化了对参保者的约束力，避免那些不遵守医疗保险规定的少数人逍遥法外；另外，增强了医疗服务提供者的医疗行为约束，避免卫生资源浪费及医疗保险基金流失。正是由于医疗保险法律法规的约束，才使参加医疗保险的各方能够协调一致，从而保证了医疗保险管理系统的正常运转。

四、医疗保险法律法规发展历程

（一）国外医疗保险法律法规发展历程

医疗保险的产生源于人类生存需要和社会经济的发展，近现代国外医疗保险法律法规的发展历程，可以分为萌芽、正式建立、全面发展和改革完善四个阶段：

1. 医疗保险法的萌芽

医疗保险最早产生于欧洲。当时部分产业工人为了减轻疾病风险，自发成立了互助合作组织如"共济会""友谊会"，自愿共同出资，当其成员生病或因工负伤时给予帮助。这些早期的自愿性互助性团体即是后来医疗保险组织的雏形。为了应对资本主义原始积累产生的失业、物价上涨、医疗无保险等社会问题，1601年英国王室颁布《济贫法》，历史上第一次以法律的形式提出医疗救助政策。1834年，为进一步扩大医疗救助的内容范围，英国颁布了《新济贫法》，尽管这一时期正式的医疗保险法律法规尚未产生，但是，这种以法律形式确立医疗救助内容的方式可以看作是近现代医疗保险法律法规的萌芽。

2. 医疗保险法的正式建立

现代意义上的医疗保险法律法规的建立以德国1883年颁布的《疾病保险法》为标志，这是医疗保险法律法规发展史上的一个里程碑。《疾病保险法》规定了由用人单位、参保者共同出资，国家适当补贴的强制性疾病保险，这种以法律形式存在的社会医疗保险制度，不仅符合用人单位和参保者的利益，而且有利于社会稳定。因此，20世纪初期，德国成为西欧许多国家仿效的对象。如1910年瑞典颁布的《疾病保险法》，1911年12月英国颁布的《国民保险法》，1928年法国颁布的《社会保险法》等。

3. 医疗保险法的全面发展

二战结束到20世纪70年代石油危机爆发期间是医疗保险法律法制的全面发展时期，医疗保险制度在世界范围内普遍建立是这一阶段的突出特点。这一时期，早期已经建立医疗保险法律法规的国家通过从单一制度向多元化的制度体系发展来逐步完善其医疗保险法律法规，如1935年美国颁布的《社会保障法》、1946年英国颁布的《国民保险法》，均确立了国家责任原则；1966年加拿大制定了专门的疾病保险法案，实行广泛的国家社会医疗保险。到20世纪70年代，发达国家医疗保险已基本达到全民覆盖。同时，尚未建立医疗保险法律法规的国家，尤其是二战后新独立的发展中国家在借鉴发达国家医疗保险法律法规建设经验教训的基础上，纷纷建立起了以社会保险形式为主体的医疗保险法律法规。

4. 医疗保险法的改革和完善

20世纪70年代末80年代初,世界医疗保险呈现出发达国家模式、发展中国家模式和计划经济国家模式并立的多元化格局。20世纪70年代,资本主义国家经济因石油危机陷入滞胀阶段,严峻地考验着各国的医疗保险制度;同时,面对医疗技术发展和人口老龄化引起的医疗成本和费用的增长,西方各国纷纷通过立法,对本国现行医疗保险制度进行改革。此外,随着苏联解体,东欧各国纷纷建立了社会医疗保险制度,取代计划经济模式下的国家医疗保险法律法规。同时,韩国、日本随着经济体制的转变,从根本上改革原有的医疗保险法律法规。这一阶段,发达国家的改革以减轻医疗保险制度对经济效率的影响为目的;发展中国家的改革以逐步提高医疗保险水平和改善结构为重点;经济体制转型国家的改革则旨在重构与市场经济体制相适应的医疗保险制度。

(二)我国医疗保险法律法规发展历程

与国外相比,我国的医疗保险法律法规起步相对较晚。在我国,医疗保险法律法规是医疗保险法律体系的主要组成内容,医疗保险法律法规与医疗保险法律体系的发展历程是相互吻合的。新中国成立以来,伴随医疗保险制度的发展,我国医疗保险法律法规体系大致经历了五个阶段:

1. 传统医疗保险制度初步建立阶段(1949—1978年)

这一时期的医疗保险制度与我国当时的基本国情是相适应的,是在社会成员不同身份属性分类的基础上建立起来的,主要由劳动医疗保险制度、公费医疗制度和农村合作医疗制度三部分组成。劳动医疗保险制度和公费医疗制度在政务院1952年颁布的《公费医疗预防措施的指示》中得到体现,农村合作医疗制度则于1978年在《宪法》中以最高法的形式在法律层面获得认可,这些法律法规共同构成了我国建设医疗保险法律体系的基础。

2. 社会医疗保险制度探索阶段(1979—1992年)

伴随着我国市场经济体制的确立和改革开放的开始,传统医疗保险制度的弊端逐渐显现。在西方国家社会保险制度成功实践的影响下,我国开始了与市场经济体制相适应的以控制医药费用为核心的改革和社会医疗保险模式的探索。与此同时,我国医疗保险法律体系的建设也进入了探索阶段,相继出台了《关于进一步加强公费医疗管理的通知》(卫字计〔1984〕85号)、《试行职工大病统筹的意见》(劳险字〔1992〕25号)等部门规章,为社会医疗保险模式和医疗保险大病统筹的探索提供法律依据。

3. 统账结合医疗保险制度改革试点阶段(1993—1997年)

以建立适应社会主义市场经济体制的医疗保险制度为指导,我国开始探索建立"统账结合"的医疗保险制度。1994年国务院颁布下发的《关于职工医疗制度改革的试点意见》(体改分〔1994〕51号),明确了逐步建立覆盖城镇所有劳动者的"统账结合"社会医疗保险制度的改革目标,加快建立由政府、用人单位和员工三方共同负担的筹集机制、运行机制,指明了我国制定医疗保险相关法律法规的方向,进而推动我国医疗保险法律体系的改革与发展。

4. 基本医疗保险制度形成阶段(1998—2009年)

这一阶段初步形成了基本医疗保险制度的"三支柱"体系,主要由城镇职工基本医疗保险制度、新型农村合作医疗保险制度和城镇居民基本医疗保险制度组成。1998年,《国务院关于建立城镇职工基本医疗保险制度的决定》(国发〔1998〕第44号)发布实施,标志着"统账结合"的城镇职工基本医疗保险制度在我国正式确立;2003年,《关于建立新型农村合作医疗制度的意见》(国办发〔2003〕3号)正式发布,新型农村合作医疗保险制度试点在全国范围内展开;2007年,《开展城镇居民基本医疗保险试点的指导意见》(国发〔2007〕20号)正式印发,城镇居民医疗保险试点工作逐渐开展。这些行政法规、部门规章的相继出台,极大地丰富了我国医疗保险法律体系的内容。

5. 医疗保险制度法制化阶段(2010年以来)

2010年10月28日,全国人大常委会审议通过主席令第35号《中华人民共和国社会保险法》(以下简称《社会保险法》),首次以立法形式确立了我国覆盖城乡全体居民的基本医疗保险制度,在我国医疗保险法律体系建设进程中具有里程碑意义。它不仅是对医疗保险制度改革成果的法律确认,更是为我国医疗保险制度今后的发展提供了基本法律依据和保障。《社会保险法》是我国在医疗保险法领域的第一部基本法律,也是最重要的一部法律,在一定程度上填补了我国医疗保险法领域的立法空白,意义深远。《社会保险法》第一次以基本法律的形式,把新型农村合作医疗制度正式纳入了基本医疗保险范畴,在法律上确认了我国基本医疗保险制度的"三支柱"体系,为建设城乡一体的医疗保险制度奠定了基础。

综上所述,随着医疗保险制度的不断改革和发展,我国医疗保险法律体系也在不断地健全和完善,其具体过程及主要内容见表5-1。

表5-1　我国医疗保险法律体系发展涉及的重要法律条文

时间	发文字号	法律条文	覆盖范围(主要内容)
1951年	政秘字134号	《劳动保险条例》	全民所有制企业和城镇集体所有制企业的职工及其供养的直系亲属
1952年	政务院	《公费医疗预防措施的指示》	国家机关和事业单位的工作人员
1953年	政财申字11号	《劳动保险条例(修订)》	国有企业职工也纳入劳动保险范畴
1979年	卫生部	《农村合作医疗章程(实行草案)》	农村群众疾病预防诊治、儿童免疫、计划生育
1984年	卫计字〔1984〕85号	《关于进一步加强公费医疗管理的通知》	
1989年	卫计字〔1989〕138号	《公费医疗管理办法》	以控制费用为中心,对公费医疗、劳动保险制度进行改革
1993年	卫公医发〔1993〕3号	《关于加强公费医疗用药管理的意见》	——

（续表）

时间	发文字号	法律条文	覆盖范围（主要内容）
1994 年	体改分〔1994〕51 号	《关于职工医疗制度改革的试点意见》	明确建立逐步覆盖城镇所有劳动者的统账结合的社会医疗保险制度
1998 年	国发〔1998〕44 号	《关于建立城镇职工基本医疗保险制度的决定》	城镇职工基本医疗保险正式确立
2003 年	国办发〔2003〕3 号	《关于建立新型农村合作医疗制度的意见》	确立新型农村合作医疗的任务和原则
2004 年	国办发〔2004〕3 号	《关于进一步做好新型农村合作医疗试点工作的指导意见》	进一步明确新型农村合作医疗的任务和原则，对筹资、补助标准等进行指导
2007 年	国发〔2007〕20 号	《开展城镇居民基本医疗保险试点的指导意见》	针对城镇非从业居民，开始试点城镇居民基本医疗保险制度
2010 年	主席令第 35 号	《中华人民共和国社会保险法》	首次以立法形式确立基本医疗保险制度

第二节　医疗保险法律法规内容

一、医疗保险法律关系

（一）医疗保险法律关系概念

医疗保险法律关系（Legal relation of social medical insurance）是指医疗保险法律在调整医疗保险关系的过程中形成的具体法律关系，表现为医疗保险的参保主体、特定医疗机构和医疗保险管理机构之间因依法设立、变动和终止医疗保险关系而形成的权利义务关系，包括医疗保险费用的缴纳、支付、管理、监督和医疗服务的提供等过程中所发生的权利义务关系。社会医疗保险法律关系的产生取决于两个条件：现存的社会医疗保险关系和现行有效的社会医疗保险法律。社会医疗保险关系是产生社会医疗保险法律关系的社会基础；社会医疗保险法律关系是社会医疗保险关系的法律形式。

（二）医疗保险法律关系构成

医疗保险法律关系是调整人们在医疗保险行为过程中形成的权利义务关系，或者是医疗保险法律规范调整医疗保险关系所形成的权利义务关系。社会医疗保险法律关系的构成要素与其他法律关系一样，由主体、客体和内容三部分构成，如图 5-1。

1. 医疗保险法律关系的主体

医疗保险法律关系的主体即医疗保险法律关系中的权利和义务主体，是医疗保险权利的享有者和医疗保险义务的承担者，具体是指参与社会医疗保险法律关系的各方当事人。根据医疗保险的整个运行过程，其主体应当包括：

```
                        ┌──────────────┐
                        │ 医疗保险法律关系 │
                        └──────────────┘
            ┌────────────────┼────────────────┐
       ┌────────┐       ┌────────┐       ┌────────┐
       │ 主  体 │       │ 内  容 │       │ 客  体 │
       └────────┘       └────────┘       └────────┘
```

行政主管机构:
劳动和社会保障部、民政部、卫生计生委等
医疗保险经办机构:
医疗保险管理中心、医疗保险局等
医疗服务机构:
定点医院与药店等
企业或用人单位
参保者

医疗保险法律关系主体依法享有的权利和应该承担的义务

物质帮助权
行为:
医疗保险机构、医疗服务机构提供的医疗服务行为
物:
现金、医疗待遇、药品、医疗器械等

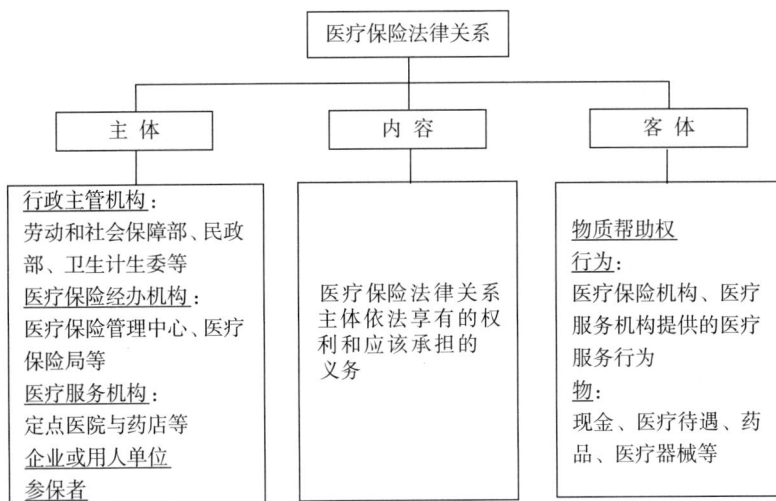

图 5-1　医疗保险法律关系构成

（1）医疗保险行政主管机构

医疗保险行政主管机构是指医疗保险的举办者和管理者,同时,行政主管机构的财政投入是医疗保险筹资的重要渠道之一,尤其在基本医疗保险制度中,国家或政府参与了医疗保险法律关系,是医疗保险法律关系的特殊主体。其中,人力资源与社会保障部、民政部、卫生计生委及其下属各级机关是社会保险法律关系主要的三大行政机关。它们在社会医疗保险法律关系中的主要职责是制定政策、制度和标准并监督执行,且作为政府代表参与社会医疗保险的运行。

（2）医疗保险经办机构

医疗保险经办机构一般由政府部门下设的医疗保险基金管理中心或医疗保险局履行该角色,是医疗保险事业的直接管理者,其承担着与医疗保险实施相关的各项事务,负责医疗保险基金的筹集、支付和管理,因此是医疗保险法律关系的当然主体。

（3）医疗服务机构

医疗服务机构是指经统筹地区劳动保障行政部门和卫生行政部门审查,并与社会医疗保险经办机构签订协议,为社会医疗保险参保者提供医疗服务的机构,包括定点医疗机构和定点零售药店。作为医疗保险关系中提供医疗服务的重要一方,其与医疗保险经办机构之间签订医疗服务协议,享有约定的法律权利,履行相应的法律义务,因此也是医疗保险法律关系主体之一。

（4）企业或用人单位

企业或用人单位包括企业、事业单位、国家机关、工会组织、慈善机构、社区服务机构以及其他社会团体。在就业关联的医疗保险项目中,企业或用人单位负有向医疗保险机构缴纳医疗保险费的法定义务,同时享有医疗保险方面间接的权利,因此是医疗保险法律关系的当然主体。

（5）参保者

按照国际盟约和我国宪法规定,每一个公民都享有社会医疗保障的权利。尤其是

老、弱、病、残、幼、城镇特困户、下岗失业人员、农村五保户、荣复退转军人和军烈属,这些特殊的公民,是社会医疗保障法律关系的重要照顾对象。他们是医疗保险最主要的权利主体,同时其也需要承担一定的缴费义务,因此是医疗保险法律关系的主要主体。

上述各主体中,医疗保险经办机构与参保者具有完全的主体资格,其他则具有特殊主体资格,它们共同构成了医疗保险法律关系的主体。

2. 医疗保险法律关系的客体

从语义上,"客体"与"主体"相对,客体指的是主体的意志和行为所指向、影响、作用的客观对象。医疗保险法律关系的客体是指医疗保险法律关系主体之间权利义务所指向的对象,具体来讲主要包括医疗保险法律所规定的物质帮助权、物和行为。

(1)物质帮助权

社会医疗保险立法的宗旨决定了劳动者及其他国民的物质帮助权是医疗保险法律关系的首要客体。物质帮助权是宪法规定的我国公民的一项基本权利,指公民在年老、疾病、残疾等丧失劳动能力或部分丧失劳动能力的情况下,有权利从国家和社会获得物质帮助,从而维持基本生活。社会医疗保险法律旨在贯彻发展社会保险事业的国家政策,实现劳动者或其他国民在生病时能从国家和社会获得物质帮助的权利。社会医疗保险法律中的诸多权利义务最终都追溯到对劳动者或其他国民的物质帮助权的维护。因此,劳动者或其他国民的物质帮助权是社会医疗保险法律关系中最高层次的客体。

(2)物

物是可为人们控制和利用的一切物质财富。在医疗保险法律关系中,作为客体的物包括各种与社会医疗保险有关的费用,通常表现为与医疗保险有关的医疗费用、医疗器械、药品等有形物。

(3)行为

行为有作为和不作为两种形式。在医疗保险法律关系中,作为包括:定点医疗机构的医疗服务提供行为、用人单位及参保者的参保行为与医疗服务消费行为、社会医疗保险经办机构以及社会医疗保险管理机构的管理行为和支付行为等;不作为是指相关主体有相应的法定或约定的义务应该对某项行为作为,但却不作为,在医疗保险法律关系中包括定点医疗机构应该提供某项医疗服务而不提供、用人单位及参保者应缴纳保险金而不缴纳等。

3. 医疗保险法律关系的内容

医疗保险法律关系的内容是医疗保险法律关系最主要的部分,是指医疗保险法律关系各主体间的权利与义务。具体包括以下内容:

(1)医疗保险行政主管机构

医疗保险行政主管机构的权利是指行使行政管理的职权,医疗保险行政主管机构作为国家行政机关,其行政管理职权是它固有的法定职权,此机构一经依法成立,就具备了由宪法和有关组织法所规定的行政职权。社会保险行政主管部门的义务就是其应承担的行政职责,主要表现为依法履行国家法定的职责,接受国家、社会和个人的监督,保护参保者的合法权益。

(2)医疗保险经办机构

医疗保险经办机构的权利即其在医疗保险关系中享有的行政职权。医疗保险经办机构作为事业单位,其本身并不享有行政职权,它需要由社会医疗保险法律法规明确授权,才能获得一定的行政职权。具体表现为依法履行国家法定的职责,如有义务接受社会成员的参保,征收医疗保险费,监督管理医疗保险基金的运营,支付约定医疗服务提供者医疗费用等。

（3）医疗服务机构

医疗服务机构的权利主要包括:要求医疗保险经办机构支付约定的医疗服务费用补偿的权利;有权平等地参与包括医疗费用偿付标准在内的医疗服务协议的制定;在医疗服务提供过程中行使一定处置权等。其义务在于严格遵守医疗保险法律规范和与医疗保险经办机构签订的医疗服务协议,提供符合医疗保险法规、协议规定的基本医疗服务,并接受医疗保险管理机构的监管。

（4）企业或用人单位

企业或用人单位的权利和义务主要是指就业关联的医疗保险项目而言,如职工基本医疗保险,而在普遍关联的医疗保险项目中,其不是医疗保险法律关系的当然主体,不存在权利义务。在就业关联医疗保险中,企业或用人单位的权利主要是消极的、隐形的,表现在其职工享有医疗保险即表明社会分担了其职工医疗费用的风险,维持了本单位的劳动力,进而给企业带来效益。用人单位的义务包括为本单位职工办理参保手续,按期足额缴纳医疗保险费,不允许在参保者数量、参保对象、基本工资总额等方面出现弄虚作假现象,遵守社会医疗保险法律法规的各项规定。

（5）参保者

参保者的权利最主要的就是有权享受相应的医疗保险待遇,此外还有与医疗保险相关的知情权,获得医疗费用补偿,实施监督等。其最主要的义务就是依法缴纳医疗保险费,此外还有相关的附随义务。

二、医疗保险法律体系

（一）我国现有与社会医疗保险有关的法律法规

1. 全国人民代表大会颁布的法律

● 《中华人民共和国宪法》,1982 年 12 月 4 日第五届全国人民代表大会第五次会议通过,12 月 4 日全国人民代表大会公布施行,2004 年 3 月 14 日颁布修正案。

● 《中华人民共和国劳动法》,1994 年 7 月 5 日第八届全国人民代表大会常务委员会第八次会议通过,1994 年 7 月 5 日中华人民共和国主席令第 28 号公布,自 1995 年 1 月 1 日起施行。

● 《中华人民共和国保险法》,1995 年 6 月 30 日第八届全国人民代表大会常务委员会第十四次会议通过,1995 年 6 月 30 日中华人民共和国主席令第 11 号公布,2002 年 10 月 28 日颁布修正案。

● 《中华人民共和国农业法》,1993 年 7 月 2 日第八届全国人民代表大会常务委员会第二次会议通过,2002 年 12 月 28 日中华人民共和国主席令第 81 号公布,自 2003 年 3 月 1 日起施行。

● 《中华人民共和国劳动合同法》,2007 年 6 月 29 日第十届全国人民代表大会常务

委员会第二十八次会议通过,2008 年 1 月 1 日中华人民共和国主席令第 65 号公布,2012
年 12 月 14 日颁布修正案。

●《中华人民共和国社会保险法》,2010 年 10 月 28 日第十一届全国人民代表大学
常务委员会第十七次会议通过,10 月 28 日中华人民共和国主席令第 35 号公布,自 2011
年 7 月 1 日实施。

●《中华人民共和国军人保险法》,由中华人民共和国第十一届全国人民代表大会常
务委员会第二十六次会议于 2012 年 4 月 27 日通过,中华人民共和国主席令第 56 号公
布,自 2012 年 7 月 1 日起施行。

　2. 国务院颁布的法规

●《中华人民共和国劳动保险条例》,1951 年 2 月 23 日政务院第七十三次政务会议
通过,1951 年 2 月 26 日政务院公布。

●《关于全国各级人民政府、党派、团体及所属事业单位的国家工作人员实行公费医
疗预防的指示》,1952 年 6 月 27 日发布。

●《中共中央、国务院关于卫生改革与发展的决定》,1997 年 1 月 15 日颁布。

●《关于建立统一的企业职工基本养老保险制度的决定》,1997 年 7 月 16 日发布。

●《关于建立城镇职工基本医疗保险制度的决定》,1988 年 12 月 14 日发布。

●《社会保险费征缴暂行条例》,1999 年 1 月 14 日发布。

●《工伤保险条例》,2003 年 4 月 27 日颁布。

●《关于做好 2004 年下半年新型农村合作医疗试点工作的通知》,2004 年 8 月 9 日
发布。

●《关于完善企业职工基本养老保险制度的决定》,2005 年 12 月 14 日发布。

●《关于成立国务院城镇居民基本医疗保险部际联席会议的通知》,2007 年 5 月 5
日发布。

●《关于开展城镇居民基本医疗保险试点的指导意见》,2007 年 7 月 10 日发布。

●《关于将大学生纳入城镇居民基本医疗保险试点范围的指导意见》,2008 年 10 月
25 日发布。

●《国务院关于印发医药卫生体制改革近期重点实施方案(2009—2011 年)的通
知》,2009 年 3 月 18 日发布。

●《国务院办公厅关于印发医药卫生体制五项重点改革 2009 年工作安排的通知》,
2009 年 7 月 22 日发布。

●《关于开展新型农村社会养老保险试点的指导意见》,2009 年 9 月 1 日发布。

●《关于试行社会保险基金预算的意见》,2010 年 1 月 2 日发布。

●《关于印发 2011 年公立医院改革试点工作安排的通知》,2011 年 2 月 28 日发布。

●《关于开展城镇居民社会养老保险试点的指导意见》,2011 年 6 月 7 日发布。

●《关于印发"十二五"期间深化医药卫生体制改革规划暨实施方案的通知》,2012
年 3 月 14 日发布。

●《关于建立统一的城乡居民基本养老保险制度的意见》,2014 年 2 月 21 日发布。

●《国务院关于加快发展现代化保险服务业的若干意见》,2014 年 8 月 10 日发布。

●《关于机关事业单位工作人员养老保险制度改革的决定》,2015 年 1 月 14 日发布。

●《关于完善公立医院药品集中采购工作的指导意见》,2015 年 2 月 9 日发布。

●《国务院办公厅关于印发全国医疗卫生服务体系规划纲要(2015—2020 年)的通知》,2015 年 3 月 6 日发布。

●《关于全面推开县级公立医院综合改革的实施意见》,2015 年 4 月 23 日发布。

●《国务院办公厅关于城市公立医院综合改革试点的指导意见》,2015 年 5 月 6 日发布。

●《关于全面实施城乡居民大病保险的意见》,2015 年 7 月 28 日发布。

●《关于印发基本养老保险基金投资管理办法的通知》,2015 年 8 月 17 日发布。

●《关于推进分级诊疗制度建设的指导意见》,2015 年 9 月 8 日发布。

●《中共中央、国务院关于推进价格机制改革的若干意见》,2015 年 10 月 15 日发布。

●《中共中央关于制定国民经济和社会发展第十三个五年规划的建议》,2015 年 11 月 3 日发布。

●《国务院关于整合城乡居民基本医疗保险制度的意见》,2016 年 1 月 12 日发布。

3. 部门发布的规章、规范性文件

●《国家工作人员公费医疗预防实施办法》,1952 年 8 月 30 日发布。

●《关于改进公费医疗管理问题的通知》,1965 年 10 月 27 日发布。

●《关于发布〈农村合作医疗章程(试行草案)〉的通知》,1979 年 12 月 15 日发布。

●《关于发展和完善农村合作医疗若干意见》,1997 年 3 月 13 日发布。

●《关于进一步推动合作医疗工作的通知》,1997 年 11 月 7 日发布。

●《城镇职工基本医疗保险定点零售药店管理暂行办法》,1999 年 4 月 26 日发布。

●《关于印发加强城镇职工基本医疗保险费用结算管理意见的通知》,1999 年 6 月 29 日发布。

●《城镇职工基本医疗用药范围管理暂行办法》,1999 年 6 月 30 日发布。

●《关于确定城镇职工基本医疗保险服务设施范围和支付标准的意见》,1999 年 6 月 30 日发布。

●《关于妥善解决城镇职工计划生育手术费用问题的通知》,1999 年 9 月 28 日发布。

●《关于印发城镇职工基本医疗保险定点医疗机构和定点零售药店服务协议文本的通知》,2000 年 1 月 5 日发布。

●《关于印发城镇职工基本医疗保险业务管理规定的通知》,2000 年 1 月 5 日发布。

●《国务院办公厅转发国务院体改办等部门〈关于城镇医药卫生体制改革指导意见〉的通知》,2000 年 2 月 21 日发布。

●《国务院办公厅转发劳动保障部财政部关于实行国家公务员医疗补助意见的通知》,2000 年 5 月 20 日颁布。

●《关于印发国家基本医疗保险药品目录的通知》,2000 年 5 月 28 日发布。

●《国务院办公厅转发国务院体改办等部门〈关于农村卫生改革与发展的指导意见〉的通知》,2001 年 5 月 24 日发布。

●《关于中央直属企业单位按属地管理原则参加统筹地区基本医疗保险有关问题的通知》,2001 年 9 月 29 日发布。

●《关于二等乙级以上伤残人民警察医疗待遇问题的通知》,2002 年 2 月 6 日发布。

●《关于企业补充医疗保险有关问题的通知》,2002 年 5 月 21 日发布。

●《关于加强城镇职工基本医疗保险个人账户管理的通知》,2002 年 8 月 12 日发布。

●《关于妥善解决医疗保险制度改革有关问题的指导意见》,2002 年 9 月 16 日发布。

●《国务院办公厅转发卫生部等部门〈关于建立新型农村合作医疗制度意见〉的通知》,2003 年 1 月 16 日颁布。

●《卫生部办公厅〈关于做好新型农村合作医疗试点工作〉的通知》,2003 年 3 月 24 日发布。

●《关于进一步做好扩大城镇职工基本医疗保险覆盖范围工作的通知》,2003 年 4 月 7 日发布。

●《关于完善城镇职工基本医疗保险定点医疗机构协议管理的通知》,2003 年 5 月 14 日发布。

●《关于城镇灵活就业人员参加基本医疗保险的指导意见》,2003 年 5 月 26 日发布。

●《国务院办公厅转发卫生部〈关于进一步做好新型农村合作医疗试点工作的指导意见〉》,2004 年 1 月 13 日发布。

●《关于推进混合所有制企业和非公有制经济组织从业人员参加医疗保险的意见》,2004 年 5 月 28 日发布。

●《关于印发国家基本医疗保险和工伤保险药品目录的通知》,2004 年 9 月 13 日发布。

●《关于开展农民工参加医疗保险专项扩面行动的通知》,2006 年 5 月 16 日发布。

●《关于促进医疗保险参保人员充分利用社区卫生服务的指导意见》,2006 年 6 月 22 日发布。

●《关于基本养老保险费基本医疗保险费、失业保险费、住房公积金有关个人所得税政策的通知》,2006 年 6 月 27 日发布。

●《关于城镇居民基本医疗保险儿童用药有关问题的通知》,2007 年 9 月 27 日发布。

●《关于城镇居民基本医疗保险医疗服务管理的意见》,2007 年 10 月 10 日发布。

●《关于做好 2008 年新型农村合作医疗工作的通知》,2008 年 3 月 13 日发布。

●《关于做好 2008 年城镇居民基本医疗保险试点工作的通知》,2008 年 6 月 10 日发布。

●《关于认真做好地震灾区救灾期间基本医疗保险和工伤保险工作的紧急通知》,

2008 年 10 月 25 日发布。

●《关于做好新型农村合作医疗管理能力建设项目有关工作的通知》,2009 年 1 月
10 日发布。

●《关于做好大学生参加城镇居民基本医疗保险有关工作的通知》,2009 年 1 月 10
日发布。

●《关于全面开展城镇居民基本医疗保险工作的通知》,2009 年 4 月 8 日发布。

●《关于补充养老保险费和补充医疗保险费有关企业所得税政策问题的通知》,2009
年 6 月 2 日发布。

●《关于进一步完善城乡医疗救助制度的意见》,2009 年 6 月 15 日发布。

●《关于在省级和设区市级新型农村合作医疗定点医疗机构开展即时结报工作的指
导意见》,2009 年 6 月 24 日发布。

●《关于做好 2009 年下半年新型农村合作医疗工作的通知》,2009 年 6 月 29 日
发布。

●《关于巩固和发展新型农村合作医疗制度的意见》,2009 年 7 月 2 日发布。

●《关于开展城镇居民基本医疗保险门诊统筹的指导意见》,2009 年 7 月 24 日
发布。

●《关于进一步加强基本医疗保险基金管理的指导意见》,2009 年 7 月 24 日发布。

●《关于妥善解决城镇居民生育医疗费用的通知》,2009 年 7 月 31 日发布。

●《关于调整和制订新型农村合作医疗保险药物目录的意见》,2009 年 9 月 29 日
发布。

●《人力资源和社会保障部关于印发国家基本医疗保险、工伤保险和生育保险药品
目录的通知》,2009 年 11 月 27 日发布。

●《流动就业人员基本医疗保障关系转移接续暂行办法》,2009 年 12 月 31 日发布。

●《关于基本医疗保险异地就医结算服务工作的意见》,2009 年 12 月 31 日发布。

●《关于实行基本医疗保险定点医疗机构分级管理的意见》,2010 年 1 月 27 日
发布。

●《卫生部办公厅关于推进乡村卫生服务一体化管理的意见》,2010 年 3 月 31 日
发布。

●《关于做好 2010 年城镇居民基本医疗保险工作的通知》,2010 年 6 月 1 日发布。

●《关于开展提高农村儿童重大疾病医疗保障水平试点工作的意见》,2010 年 6 月 7
日发布。

●《关于印发国家基本医疗保险工伤保险和生育保险药品目录部分要么名称剂型调
整规范的通知》,2010 年 6 月 28 日发布。

●《关于将部分医疗康复项目纳入基本医疗保障范围的通知》,2010 年 9 月 6 日
发布。

●《关于做好 2011 年新型农村合作医疗有关工作的通知》,2011 年 4 月 6 日发布。

●《关于普遍开展城镇居民基本医疗保险门诊统筹有关问题的意见》,2011 年 5 月
24 日发布。

- 《关于进一步加强新型农村合作医疗基金管理的意见》,2011年5月25日发布。
- 《关于进一步推进医疗保险付费方式改革的意见》,2011年5月31日发布。
- 《关于领取失业保险金人员参加职工基本医疗保险有关问题的通知》,2011年7月4日发布。
- 《关于商业保险机构参与新型农村合作医疗经办服务的指导意见》,2012年4月11日发布。
- 《关于推进新型农村合作医疗支付方式改革工作的指导意见》,2012年4月12日发布。
- 《关于开展基本医疗保险付费总额控制的意见》,2012年11月14日发布。
- 《关于将在内地(大陆)就读的港澳台大学生纳入城镇居民基本医疗保险范围的通知》,2013年10月10日发布。
- 《关于印发利用基本医疗保险基金向商业保险机构购买城乡居民大病保险会计核算补充规定的通知》,2013年12月6日发布。
- 《关于提高2014年新型农村合作医疗和城镇居民基本医疗保险筹资标准的通知》,2014年4月25日发布。
- 《关于进一步加强基本医疗保险医疗服务监管的意见》,2014年8月18日发布。
- 《卫生计生经济管理队伍建设方案(2014—2010年)》,2014年9月30日发布。
- 《关于进一步做好基本医疗保险异地就医医疗费用结算工作的指导意见》,2014年11月18日发布。
- 《进一步改善医疗服务行动计划》,2015年1月28日发布。
- 《关于落实完善公立医院药品集中采购工作指导意见的通知》,2015年6月11日发布。
- 《关于印发控制公立医院医疗费用不合理增长的若干意见的通知》,2015年11月6日发布。

4. 地方政府发布的规章

根据国家的法律和中央政府颁布的有关法规,为做好社会医疗保险工作,各地方政府均发布了与社会医疗保险相关的规章。

(二)社会医疗保险涉及的法律

1. 宪法

宪法是国家的根本大法,具有最高的法律效力,其中有关社会保障的规定是我国社会医疗保险法的法律形式。《宪法》第45条规定:"中华人民共和国公民在年老、疾病或丧失劳动能力的情况下,有从国家和社会获得物质帮助的权利。国家发展为公民享受这些权利所需的社会保险、社会救济和医疗卫生事业"。宪法是社会医疗保险立法的根本依据。

2. 社会保障法

社会保障是指国家和社会帮助公民抵御社会风险,保证基本生活需要的物质帮助制度。社会保障是一个综合性的概念,它包括社会保险、社会救济和社会福利。而社会保障法是调整各类社会保障关系的综合性法律规范。社会保障法包括社会保险法、社会救济法和社会福利法。

3. 合同法

合同法规范合同关系，重在合同的主体和内容的合法性，以及合同订立、变更、终止和续订的条件，以保护当事人的平等地位与合法权益。因此，合同也是人们之间订立、变更、终止社会保险关系和社会医疗保险关系的法律形式。例如《中华人民共和国保险法》第 9 条规定："保险合同是投保人与保险人约定保险权利与义务的协议"。

4. 劳动法

1994 年 7 月，具有"小宪法"之称的《劳动法》颁布，将我国发展社会保险事业、建立社会保险制度、设立社会保险基金纳入明文规定。劳动法是调整劳动关系以及与劳动关系有密切联系的其他社会关系的法律规范总称，包括国家劳动标准、集体劳动关系、个体劳动合同关系、集体与个体劳动纠纷的处理。社会保险首先发生在具有劳动关系的雇主与雇员之间，目的在于保护劳动者的合法权益，因此许多社会保险法律关系是基于劳动关系而发生的。

5. 社会保险法

社会保险立法工作被第八届全国人大常委会列入立法计划，自此《社会保险法》在经过四次大范围征求意见和实施调研的基础上，通过三次草案提交、四次全国人大审议，历时 16 个春秋，经历多番争议，于 2010 年 10 月 28 日由第十一届全国人大常委会审议通过，自 2011 年 7 月 1 日起实施。

《社会保险法》是继《劳动法》《劳动合同法》《就业促进法》《劳动争议协调仲裁法》之后，我国社会法领域的一部龙头法，在社会保障体系中处于核心地位。《社会保险法》从法律的层面上明确了国家基本医疗、养老和工伤、失业、生育等社会保险制度，基本医疗保险作为这五项社会保险中最复杂的制度，其所涉及的主体多元、法律关系多面，是利益博弈最为复杂的一种社会保险。在《社会保险法》的第三章有十个条款规定了包括城镇职工基本医疗保险、城镇居民基本医疗保险和新型农村合作医疗等城乡二元、"三三制"的基本医疗保险体系，可归纳为以下几个要点：

（1）明确医疗保险制度框架，强调对弱势群体的保护

《社会保险法》第 23、24 和 25 条规定，确立了我国基本医疗保险制度框架和城乡二元、"三三制"的基本医疗保险体系。24 和 25 条将城镇居民基本医疗保险制度和新型农村合作医疗制度都纳入了基本医疗保险的范围，使城乡人民可以共享国家、社会进步带来的成果，这是法律角度对人人平等理念的再一次诠释；同时就医疗保险筹资问题做出明确规定，明确了用人单位、个人、政府三方权利义务关系，强化政府的责任，这对于理顺体制、提高效率有重大作用。《社会保险法》第 27 条规定"参加职工基本医疗保险的个人，达到法定退休年龄时累计缴费达到国家规定年限的，退休后不再缴纳基本医疗保险费，按照国家规定享受基本医疗保险待遇；未达到国家规定年限的，可以缴费至国家规定年限"。这一规定更加明确了个人缴费义务和退休后不缴费而享受待遇的权利。不仅如此，对于退休时缴费年限不足的退休人员允许通过补缴方式确保其享受医疗保险待遇。这一规定体现了社会保险的基本原则，又照顾到老年人的长远利益，是对现有政策的完善。

（2）细化参保者管理办法，制度更加人性化

《社会保险法》第 29 条规定"参保者医疗费用中应当由基本医疗保险基金支付的部分，由社会保险经办机构与医疗机构、药品经营单位直接结算"，"社会保险行政部门和卫生行政部门应当建立异地就医费用结算制度"；第 32 条规定"个人跨统筹地区就业的，其基本医疗保险关系随本人转移，缴费累计计算"。具体而言，就第一点来看，在现有医疗保险制度中，由于尚缺乏关于医疗保险经办机构与医疗机构和药品经营机构直接结算的规定，患者在就医时，往往需要自己先垫付医疗费用，之后再凭就医单据到医疗保险经办机构或相关单位报销，这种费用支付方式无疑给患者带来不少麻烦，还会占用参保者的资金。而《社会保险法》关于直接结算费用的规定将会大大减轻甚至免除参保者报销之苦。关于第二点，对于需要在非参保地就医的人来说，由于现有医疗保险制度统筹层次不高，不同地区不同制度，造成就医费用结算困难。解决参保者异地就医结算问题，急需建立不同统筹地区患者就医的结算通道，从这一点看，《社会保险法》确实弥补了现有制度的不足。至于第三点，医疗保险关系的转移接续是关乎参保者医疗保险权益的原则问题。劳动者在不同地区就业和生活，如果医疗保险关系不能随之转移，即从流出地进入流入地，就可能造成医疗保险关系的中断，从而影响在流入地的就医；另外，医疗保险关系不能接续，会造成参保者缴费年限不够，影响其退休后享受医疗保险制度。《社会保险法》对此做出的规定保障了参保者的利益和需要。

（3）资金先行支付减轻个人负担，凸显人本理念

《社会保险法》第 30 条规定，"医疗费用依法应当由第三人负担，第三人不支付或者无法确定第三人的，由基本医疗保险基金先行支付。基本医疗保险基金先行支付后，有权向第三人追偿"。这条规定第一次确定了主管医疗保险基金的医疗保险经办机构对参保者"代位补偿"的责任。就参保个人来说，当其遭遇意外事故导致疾病风险时，相对于"第三人"往往处于弱势地位。如果"第三人"不承担医疗费用，就只好由患者个人"买单"。这不仅会造成患者身体上的痛苦，还会带来经济上的损失。即使参保者可以将"第三人"上诉到法院，但法院的案件审理需要时间，就算是最终判决"第三人"责任，患者也要经历一个较长的等待期，而患者的病是不能耽搁的，还是得自己支付医疗费用，而是否可以最终讨回自己垫付的资金，仍是一个未知数。总之，就现有的医疗保险制度而言，由于没有规定医疗保险基金对参保者由"第三人"造成的医疗费用进行先行支付的责任，出现这样的问题只好由个人或"第三人"自行解决，但不可避免出现患者利益受损的结果。《社会保险法》关于代位补偿的规定将个人负担转嫁给医疗保险管理机构，充分体现了医疗保险制度"以人为本"的理念和维护个人权益的精神。

第三节   医疗保险中的纠纷处理和违法责任

一、医疗保险中的纠纷

在医疗保险中，相关方各有其自身的利益，相互之间发生冲突、产生纠纷在所难免。

根据性质的不同,医疗保险中的纠纷可分为行政纠纷和民事纠纷两大类。

（一）医疗保险中的行政纠纷

医疗保险中的行政纠纷是指医疗保险行政主管机构在行使管理职权的过程中与用人单位、定点医疗机构或参保者之间发生的法律纠纷。在这种纠纷中,双方当事人是一种管理与被管理的关系。最常见的医疗保险行政纠纷发生在医疗保险经办机构与被管理的参保者之间。纠纷往往因被管理方不服医疗保险管理机构的行政处罚、行政强制措施而产生。

（二）医疗保险中的民事纠纷

医疗保险中的民事纠纷是指医疗保险法律关系中处于平等地位的各方当事人因财产关系或人身关系而发生的法律纠纷。纠纷双方在法律地位上是平等的,各方当事人在遵循等价有偿、诚实信用等基本原则下,进行医疗保险活动。医疗保险中的民事纠纷常因当事人的违法行为、侵权行为而产生。

二、医疗保险纠纷的处理途径

医疗保险中的纠纷可以通过多种途径予以处理,而行政裁决、行政复议和司法裁判是其中的三种主要途径。

（一）行政裁决

行政裁决是行政机构根据法律法规的授权,对与行政管理活动密切相关的、与合同无关的特定民事纠纷进行审查,并做出裁决的行政行为。行政裁决一般包括权属纠纷的裁决、侵权纠纷的裁决、损害赔偿纠纷的裁决三种类型。在医疗保险中,参保者与定点医疗机构之间常因医疗服务质量或医疗服务费用而产生纠纷。而这类纠纷与医疗保险管理机构,特别是医疗保险经办机构的管理事项密切相关。因此,这类特定的医疗保险民事纠纷可以通过行政裁决的途径予以解决。

（二）行政复议

行政复议是公民、法人或者其他组织认为行政主体的具体行政行为违法或者不当,侵犯了其合法权益,依法向主管行政机关提出复查该具体行政行为的申请,行政复议机关依照法定程序对被申请的具体行政行为进行合法性、适当性审查,并做出行政复议决定的一种法律制度。行政复议机关通过对不合法的或者不当的具体行政行为予以撤销和纠正,来救济行政相对人。在医疗保险中,当用人单位、定点医疗机构或参保者等认为医疗保险管理机构的具体行政行为侵犯了其合法权益时,即可向规定的行政复议机关申请行政复议,寻求行政救济。

（三）司法裁判

司法裁判即诉讼,是国家司法机关在当事人和其他诉讼参与人的参加下,依照法定程序,用裁判或者其他方式解决纠纷、处理案件的专门活动。它是解决争议时最激烈的一种方式。当事人双方发生纠纷时,有权以自己的名义直接请求法院通过审判给予法律上的保护。当事人提起诉讼应当在法律规定的时效以内。司法裁判具有最终的法律效力。根据案件纠纷性质、适用法律、裁判方法等的不同,诉讼可以分为民事诉讼、行政诉讼和刑事诉讼三种类型,这三种诉讼程序可以解决医疗保险中相应的纠纷或案件。

《社会保险法》第 38 条规定:用人单位或个人认为社会保险费征收机构的行为侵害自己合法权益的,可以依法申请行政复议或者提起行政诉讼。用人单位侵害个人社会保险权益的,个人也可以要求社会保险行政部门或者社会保险费征收机构依法处理。

三、违反医疗保险法的法律责任

社会医疗保险法律关系中的各方主体都应当在法律规定的范围内行使权利和履行义务,否则就应承担相应的法律责任。参照《社会保险法》根据在社会医疗保险法律关系中的各方主体所应承担的法律责任可归纳如下:

(一)社会保险服务机构违反医疗保险法的法律责任

(1)《社会保险法》第 87 条规定:社会保险经办机构以及医疗机构、药品经营单位等社会保险服务机构以欺诈、伪造证明材料或者其他手段骗取社会保险基金支出的,由社会保险行政部门责令退回骗取的社会保险金,处骗取金额二倍以上五倍以下的罚款;属于社会保险服务机构的,解除服务协议;直接负责的主管人员和其他直接责任人员有执业资格的,依法吊销其执业资格。

(2)《社会保险法》第 89 条规定:社会保险经办机构及其工作人员有下列行为之一的,由社会保险行政部门责令改正;给社会保险基金、用人单位或者个人造成损失的,依法承担赔偿责任;对直接负责的主管人员和其他直接责任人员依法给予处分:

① 未履行社会保险法定职责的;

② 未将社会保险基金存入财政专户的;

③ 克扣或者拒不按时支付社会保险待遇的;

④ 丢失或者篡改缴费记录、享受社会保险待遇记录等社会保险数据、个人权益记录的;

⑤ 有违反社会保险法律、法规的其他行为的。

(3)《社会保险法》第 90 条规定:社会保险费征收机构擅自更改社会保险费缴费基数、费率,导致少收或者多收社会保险费的,由有关行政部门责令其追缴应当缴纳的社会保险费或者退还不应当缴纳的社会保险费;对直接负责的主管人员和其他直接责任人员依法给予处分。

(4)《社会保险法》第 91 条规定:违反本法规定,隐匿、转移、侵占、挪用社会保险基金或者违规投资运营的,由社会保险行政部门、财政部门、审计机关责令追回;有违法所得的,没收违法所得;对直接负责的主管人员和其他直接责任人员依法给予处分。

(5)《社会保险法》第 92 条规定:社会保险行政部门和其他有关行政部门、社会保险经办机构、社会保险费征收机构及其工作人员泄露用人单位和个人信息的,对直接负责的主管人员和其他直接责任人员依法给予处分;给用人单位或者个人造成损失的,应当承担赔偿责任。

(6)《社会保险法》第 93 条规定:国家工作人员在社会保险管理、监督工作中滥用职权、玩忽职守、徇私舞弊的,依法给予处分。

(二)用人单位违反医疗保险法的法律责任

(1)《社会保险法》第 84 条规定:用人单位不办理社会保险登记的,由社会保险行政部门责令限期改正;逾期不改正的,对用人单位处应缴社会保险费数额一倍以上三倍以下的罚款,对其直接负责的主管人员和其他直接责任人员处五百元以上三千元以下的罚款。

(2)《社会保险法》第85条规定:用人单位拒不出具终止或者解除劳动关系证明的,依照《中华人民共和国劳动合同法》的规定处理。

(3)《社会保险法》第86条规定:用人单位未按时足额缴纳社会保险费的,由社会保险费征收机构责令限期缴纳或者补足,并自欠缴之日起,按日加收万分之五的滞纳金;逾期仍不缴纳的,由有关行政部门处欠缴数额一倍以上三倍以下的罚款。

(三)参保者违反医疗保险法的法律责任

《社会保险法》第88条规定:以欺诈、伪造证明材料或者其他手段骗取社会保险待遇的,由社会保险行政部门责令退回骗取的社会保险金,处骗取金额二倍以上五倍以下的罚款。

第四节　我国医疗保险法律法规现状及发展趋势

一、我国医疗保险法律法规现状

我国自新中国成立以来,在完善医疗保险法律体系方面不断进行探索和完善,并取得了一定成就。但是就自身内容、满足发展需求等方面而言,我国医疗保险法律体系还存在着许多问题,主要可以概括为立法、执法和司法三个方面。

(一)立法方面

1. 我国医疗保险法律立法滞后、层次较低

当前,我国现行医疗保险制度是以国家有关政策为支撑的,相关法律立法滞后、层次较低,严重制约了我国医疗保险法律体系的发展。医疗保险立法滞后主要表现在两个方面:一是与国外已经制定医疗保险单项法律的发达国家相比,我国立法工作相对滞后。目前,在《社会保险法》第三章基本医疗保险中,对医疗保险相关的参保者、待遇享受条件、支付范围和经办机构职责等内容进行了原则上的规定,并未具体细化。虽然这是我国第一次以法律形式明确医疗保险地位,但并未针对医疗保险制定单项法律。二是医疗保险法律制度体系的制定仍然滞后于我国医疗保险的发展需求和实践。现阶段,受地域差异大、统筹难度大等因素影响,我国医疗保险立法层次较低,主要表现在立法主体和发布形式两方面,我国现行医疗保险立法多是以国家法律指导下的地方行政立法为主,立法主体以省、市级的地方政府为主,如北京、上海、广州等地方政府积极探索医疗保险立法工作,内容大多集中在结合地方实际的医疗保险实施方面,专项立法相对较少,只有上海出台了关于医疗保险监督管理的专项规定《上海基本医疗保险监督管理办法(草案)》。而发布形式多以暂行规定、试行办法、意见和条例等为主,法律范围和影响力有限,缺乏权威性和稳定性。

2. 我国医疗保险法律体系尚不完善

医疗保险运行过程主要由基金筹集、基金运营管理和待遇支付等环节组成,整个过程中医疗保险管理机构、用人单位、参保者和医疗机构之间存在着复杂的利益关系,这对相关法律规范的制定与完善提出了要求。然而,就我国医疗保险法律体系建设而言,系统性和整体性欠缺。不同医疗保险制度之间存在无法衔接现象。具体到进城务工人员来讲,进城务工前参加了新型农村合作医疗保险,进城务工后参加了城镇职工医疗保险,这两种医疗保险制度在衔接问题上缺乏相关法律法规依据。由于务工人员存在较强流动性,变换工作地点前后所参加的两种医疗保险制度之间也存在无法衔接问题。此外,目前依然缺乏保障各环节有序运转的专项法律规范,在医疗保险基金转移接续和使用监管、医疗机构监管等核心问题上缺乏法律条文的支持。

3. 医疗保险法律立法缺乏城乡统筹的制度设计

《社会保险法》把新型农村合作医疗制度正式规定为基本医疗保险制度,我国现有的由职工基本医疗保险、新型农村合作医疗和城镇居民基本医疗保险构成的三支柱的基本医疗保险体系正式形成。但是由于我国城乡二元经济社会发展区域不平衡以及农村县域发展差异,基于城乡二元以及从业标准不同所建立的城乡二元、"三三制"的基本医疗保险制度,致使医疗保险基金的统筹层级也表现为"三板块、多层级",以"三板块、多层级"为特征的三项基本医疗保险制度基金统筹层级,实质在于不同统筹地区经济社会发展差异下的"不同筹资、不同待遇、不同经办流程、不同服务网络"为核心内容的医疗保险政策的区隔,导致三项基本医疗保险制度分割下的多重医疗保险统筹层级的再分割,使得"三块板"医疗保险制度更为碎片化,这不仅削弱了医疗保险制度的共济性和公平性,而且容易造成参保者重复参保,财政重复补贴、经办机构和信息系统重复建设,导致我国的财政、行政、医疗资源严重浪费,阻碍了医疗保险制度的可持续发展。

(二)执法方面

与时俱进的立法进程、完善健全的法律体系是执法行政的前提和基础,但是对于广大医疗保险参保者来讲,法律的如实贯彻实施更为重要。然而近年来,受执法体系不健全、执法人员认识不到位等诸多因素的影响,我国在实际执行医疗保险相关法律的过程中依然存在一些问题,主要表现在以下两个方面:

1. 医疗保险执法主体之间协调性欠缺

医疗保险执法是一项通过众多执法主体互相合作、相互协调共同推动医疗保险法律贯彻落实的系统性活动。虽然我国已经初步形成了以医疗保险基金管理中心等相关部门为核心的执法主体队伍,但是,在既有利益关系的束缚下,执法主体之间缺乏协调性,多部门管理相互掣肘,没有建立从上至下的执法监督检查体系,容易导致执法不到位。如面对医患合谋骗保、"倒药"等违法行为,医疗保险管理部门、医疗服务机构和药品监管部门未能够统一响应、相互合作、建立联动。

2. 医疗保险基金使用缺乏有效监管

医疗保险基金监管是保障医疗保险依法落实的必要途径,对医疗保险基金的监管力度直接影响医疗保险基金功能发挥。医疗保险基金缺乏有效监管是医疗保险基金管理领域的核心问题,主要表现为医疗保险基金欺诈行为频频发生,如患者骗保、医患合谋骗保等行为在全国各地时有发生。医疗保险基金监管缺失将造成大量基金的浪费,同时也会损害参保者的利益。

(三)司法方面

近年来,医患矛盾、医疗纠纷等热点问题逐渐增多,司法机关如何处理这些问题、保障参保者利益受到了公众密切关注。然而,在我国医疗保险法律体系的实践中,司法救济难以使得参保者的医疗保险权益得到充分维护,针对医疗保险执法行为的行政救济程序不能完全达到解决医疗保险相关纠纷的目的。在我国医疗保险领域的现有司法救济中,行政救济占据了主导地位,而行政救济的核心在于审查医疗保险执法行为的合法性,反而忽视了对参保者医疗保险权益的关注,即医疗保险参保者的基本医疗需求是否得到满足并未成为我国现有司法体系所要解决的主要问题,偏离了医疗保险司法救济的初衷。

二、我国医疗保险法律法规发展趋势

(一)医疗保险立法工作规范化

加快社会医疗保障的立法步伐,为医疗保障制度的推行提供法律保证。从医疗保险法律体系构成内容上来讲,要加快推进单项法、相关专项法的立法工作。《社会保险法》的颁布实施意味着我国社会保障立法向前迈出了一大步,但是其中关于医疗保险的规定赋予了执法者更多的自由裁量权,对医疗保险法律制度具体实践的指导作用比较有限。因此,要推进立法细化工作,丰富、完善医疗保险法律体系,在《社会保险法》的指导下,加快推进医疗保险领域各单项法、专项法的立法进程,尽快建立确定医疗保险法律地位的《医疗保险法》,建立用以规范医疗保险各个环节的专项法律,如《医疗保险基金管理法》《医疗保险监管法》等,从而从粗到细,由简到繁,逐步实现社会保障法律的科学化、合理化,以保证基本医疗保险有法可依,同时基本医疗保障制度的立法内容应与其他法律部门的立法内容相衔接,以保证基本医疗保障法律规范的有效实施。同时,就城乡统筹等医疗保险的关键问题,要在《医疗保险法》的指导下,制定与其相适应的配套实施制度,"十三五规划"中也提出要整合城乡居民医疗保险政策和经办管理,坚持共享发展,着力增进人民福祉。要实现以上目标,就需要把医疗保险城乡统筹作为新时期医疗保险制度发展的方向和完善我国医疗保险法律制度的指导原则,积极探索医疗保险制度的城乡统筹,尽快将现行的城镇居民医疗保险与新型农村合作医疗并轨成统一的城乡居民基本医疗保险,并且以实现与职工医疗保险的高度并轨,形成一元化的全民医疗保险为最终目标,真正达到城乡统筹与全国统筹,保证医疗保险制度的共济性和公平性。

(二)医疗保险执法工作科学化

1. 整合部门资源,建立协同合作的执法体系

由于医疗保险的执法活动是一个众多环节组成的综合性过程,必然会涉及医药卫生、财政审计等其他执法部门。因此,要以医疗保险基金为核心建立执法部门协同合作体系。首先,要合理划分职责、界定权力边界,形成权力清单,各地方要以医疗保险管理机构为核心,整合医疗保险基金管理中心、卫生监督部门和财政部门等相关机构建成协同执法队伍。其中,人力资源和社会保障局和卫生计生委作为医疗保险的主管机构,主

要负责部署、协调和监管其他部门依法开展工作。医疗保险基金管理中心作为医疗保险基金的直接管理者,主要负责医疗保险的报销审核和待遇支付;卫生监督部门主要负责对医疗机构及其人员的行为进行监督和管理;财政部门则负责医疗保险基金收支的监管工作。其次,要借助大数据、互联网等先进技术,搭建医疗保险运行信息共享平台,在执法部门之间实现信息实时动态传输,为多部门协同合作提供前提。最后,建立执法协作制度,在执法部门之间建立长期有效的协同关系。

2. 转变监管理念完善相关配套制度

针对上述医疗保险基金监管方面的问题,要转变依法监管理念,由制止性措施主导的事后监管向预防性策略为主的事前监管转型,通过相关制度建设与完善,促使参保者、医护人员等由被动监管向主动约束转变。以社会信用体系建设为依托,建立参保者个人信用体系,并将其纳入到医疗保险基金监管中,建立医疗保险基金实时监控系统,探索建立与个人信用相挂钩的医疗保险基金分配使用机制,加强对参保者的行为约束,提高基金使用效率;规范医护人员行医行为,与卫生部门通力合作,探索建立部门之间的协同监管机制,开发或融合医疗保险基金管理与医护人员管理的综合系统,将医疗保险基金分配使用与医护人员执业资格、个人职业发展相挂钩。此外,在定点医疗机构中推行医疗保险医师管理制度,通过加强对医疗保险医师日常管理和监督考核,强化医疗保险政策宣传及医药费结算预警,建立相应配套惩处制度,加大对违规诊疗和就医行为的查处力度,切实加强自身干部队伍建设,以达到完善医疗保险的监督管理的目的。

(三)医疗保险司法工作公开化

完善的法律制度必然要包含着健全的司法机制,因为健全的司法机制是解决纠纷的法律武器,为法律制度的健康运行提供最终保障。医疗保险领域存在诸多纠纷,但并不是所有纠纷均可以进入司法程序,只有医疗保险理赔纠纷、医疗保险劳动纠纷等争议才属于其司法工作的内容,并且属于行政诉讼的范畴。因此,法院只可以针对医疗保险行政行为的合法性进行审查,如医疗保险基金管理中心办理医疗报销的程序、用人单位是否按照规定为员工按时交纳医疗保险费等内容。在此基础上,要建立由参保者、用人单位、经办机构和法院等多方参与组成的医疗保险纠纷处理机制,以确保参保者的医疗保险权益得到保障。此外,监督是实现医疗保险司法工作公开的有效手段,而健全的监督机制和丰富的监督渠道是实现有效司法监督的重要前提和基础。因此,要完善新闻媒体的监督机制,扩大监督主体范围,拓展参与监督渠道。首先要合理规范新闻媒体的监督行为;其次,要提高社会力量参与司法监督的意识和积极性,加强社会监督;最后,要通过建立制度(如公众陪审制度)、搭建信息公开平台等举措,广泛拓展监督渠道,为社会监督提供便利条件。

第六章　医院医疗保险管理内容

医疗保险制度的各项政策只有通过医院实施才能落实到参保者身上,是医疗保险制度改革的载体。医院在促进医疗服务质量提高的同时加强医院医疗保险管理,规范医疗服务行为,维护保障参保者利益。因此,对医院医疗保险管理工作的要求也越来越高。

第一节　医院医疗保险管理的目标

医疗保险作为社会保障体系的重要组成部分,是一件利国利民的民生工程,彰显保障权益、调节公平、促进和谐的重要作用,对推进医药卫生体制改革、促进医疗机构自身发展起着积极作用。

“十一五”末,我国医疗保险制度已经逐步完善,医疗保险覆盖的群体已由最初的1亿多人发展为12亿人,基本上实现了全面覆盖的目标。2014年国家统计年鉴数据显示,约2.25亿人参加了城镇职工医疗保险,约2亿人参加了城镇居民医疗保险,参保率为85%以上;8.3亿多人参加了新型农村合作医疗保险,参合率为90%以上。职工基本医疗保险、城镇居民基本医疗保险和新型农村合作医疗三项基本医疗保险参保(合)率稳定在95%以上。

医疗保险工作是一项政策性、操作性很强的工作,受到全社会的高度关注,是关系到每个人切身利益的一件大事,需要通过不断地实践,探索出科学、合理的管理办法,更好地实施医疗保险政策。只有不断转变理念,深入学习和研究政策,强化制度建设,积极探索医疗保险服务管理的有效性,才能使医疗保险政策真正地惠及参保者。

医疗保险建制十余年来,随着覆盖面的日益扩大,保障水平的不断提高,医疗保险参保者在医院就诊者中所占比例逐年增多,由此对医院的医疗保险管理工作提出了更高、更严的要求。改变经验主义、粗放式管理模式,建立科学的组织架构、完善的管理制度、规范化的流程、科学的考核方式、安全的统筹基金管理体系,以提高医院医疗保险基金使用效率为核心,以参保者的需求和满意度为目标,将精细化管理的思想和理念贯彻到医疗保险管理的各个环节中,将管理工作做细、做精,全面提高管理水平。医院作为医疗服务提供方,应将贯彻落实医疗保险政策、保障医疗保险基金安全、构建医疗保险三方和谐作为工作的目标。

一、贯彻落实医疗保险政策

医院是医疗保险运作的主要载体,它与医疗保险制度相互依赖又相互制约,处在医疗保险改革的最前沿,不仅要为参保者提供良好的医疗服务,同时还要兼顾国家、社会、参保者各方的利益。医疗保险的各项政策规定只有通过医院的贯彻落实,才能惠及参保者。

随着医疗保险覆盖面的不断扩大,医疗保险正在对医疗服务和医院管理产生深远的影响。为落实医疗保险政策,医院必须加大宣传培训的力度,通过做好对医务人员、参保者的医疗保险政策的宣传培训工作,使其理解医疗保险改革的深远意义,了解医疗保险的相关政策、法规。在对医务人员进行医疗保险政策培训的同时,还要使其树立起医疗保险费用控制观念,不仅要提供优质的医疗服务,还要充分考虑医疗保险基金安全及参保者的承受能力,提高医疗保险基金的使用效率。

二、加强医院医疗保险基金管理

随着全民医疗保险时代的到来,医院收治的患者大部分是各类医疗保险的参保者。医院的资金大部分来源于医疗保险基金。为此,医院医疗保险基金管理显得尤为重要。

加强医院医疗保险基金收入预算管理,增进医疗保险基金管理的计划性和科学性,建立基金运行情况分析和风险预警机制,完善医疗保险基金监管制度,提高基金管理水平和风险防范能力,控制医疗费用过快增长,杜绝套取、骗取医疗保险基金的行为,切实保障医疗保险基金的安全运行。

三、构建医疗保险三方和谐

医院医疗保险管理部门是医(医疗服务提供方)、保(医疗保险方)、患(参保者)三者间最重要的沟通纽带。医院医疗保险管理部门执行医疗保险政策,向医院医务人员进行政策宣传;服务广大参保者,并向其解释医疗保险政策;听取医院各学科、各级医疗保险经办机构、参保者对医院医疗保险管理工作的意见和建议。

医院对医疗保险的管理是双向的,既要对内控制,也要对外拓展,才能取得各级医疗保险经办机构、社会各界及参保者的支持。医院在医疗保险业务处理中要采取积极的态度,主动做好与各级医疗保险经办机构的沟通协调工作,让医疗保险经办机构了解医院的实际情况以及影响医疗费用的客观因素,努力、合理争取政策性补偿,正确面对医疗保险各类政策落实过程中可能存在的问题。

医疗保险工作是一项严谨、规范、公平性很强的工作,与医、保、患三方利益密切相关,受到各方高度重视。因此,医院医疗保险管理部门要认真研究医疗保险政策,分析医疗保险发展趋势,权衡医疗保险三方关系,依据实际情况探索和制定相应的医疗保险管理制度并落实,以提高医院医疗保险服务质量和效率。

第二节　医院医疗保险管理的内容

医院是医疗保险系统中卫生服务的提供者,也是落实医疗保险政策的场所。医疗保险在医院的运行涉及多个环节,医院医疗保险管理部门工作人员需掌握医疗保险政策,制定科学的操作流程并规范实施,处理好来自各级医疗保险经办机构和参保者的各项业务。

医院医疗保险管理部门,是为参保者直接办理具体医疗保险业务的机构。其基本任务是在严格执行医疗保险政策的前提下,尽可能为临床科室、参保者提供全面、周到的服务。实现政策执行的公平化,管理标准的精细化,服务流程的人性化,要提供体现人文关怀的健康保障。医院医疗保险管理内容一般包括以下部分:

一、医院医疗保险管理制度

医院医疗保险管理制度,是医院为了维护医疗保险业务秩序,保证国家、地方各项政策的顺利执行和各项工作的正常开展,依照法律、法令、政策而制订的具有规范性或指导性与约束力的规章。管理制度可分为岗位设置制度和规章性制度两种类型。岗位性制度适用于某一岗位上的长期性工作,所以有时制度也叫"岗位责任制",如《医院医疗保险管理部门工作职责》。规章性制度是对某方面工作制定的带有规范性质,如《医院医疗保险内部管理规定》《医院医疗保险药品目录、诊疗项目管理制度》《医院医疗保险应急处理制度》等。

二、参保者就医管理

随着社会医疗保险体制的不断完善、医疗保险覆盖面的不断扩大,医院接收、诊治的参保者不断增加,随之而来的是与医疗保险有关的来自参保者的大量业务处理、政策咨询、来访接待,而处理好每个医疗保险参保者的业务是非常重要的。

（一）门（急）诊就医管理

在我国当前就医模式下,门诊是参保者就医的第一个环节。随着医疗信息化的不断推进,医疗保险制度在一些地区与预约诊疗进行了有效的衔接,参保者持社会保障卡(或银行卡)即可完成挂号、就诊、检查、缴费整个流样,参保者进行就医发票打印的时候,实时报销。医院也根据联网情况,设立不同医疗保险类型的窗口,提高就诊效率,方便参保者就医。

1. 门诊统筹

门诊统筹是门诊医疗保险的一种实现形式,将参保者的门诊费用纳入医疗保险报销,费用由统筹基金和个人共同负担。

2. 门诊慢特病（或门诊特殊病、门诊慢性病）

对病情相对稳定,需长期服用药物或在门诊治疗,其费用纳入统筹地区基本医疗保险基金支付范围的慢性或特殊疾病统称为门诊慢特病。门诊慢特病的申请,由参保者个人向医疗保险经办机构递交真实、可靠、准确的申请材料,医疗保险经办机构组织专家根据医疗保险的有关规定,对材料严格审核,通过后确定参保者的医院。

（二）住院就医管理

1. 参保者入院管理

门诊接诊医生确认参保者的疾病需住院治疗后,为参保者开具住院通知单,应核对参保者社保卡与本人是否相符,并标明医疗保险类型,入院诊断务必填写清楚、准确。意外伤害及有第三方责任的情况,需要注明。

入院办理窗口应根据提供的身份证、社保卡、住院通知单核对身份信息,根据提供的医疗保险类型材料登记相应的医疗保险类型。

办理好入院手续后,病区经治医生和责任护士根据提供的个人身份信息再次核对参保者身份,并按登记的医疗保险类型执行相应政策。

2.参保者在院管理

(1)严格出入院标准

要严格掌握参保者出入院标准,不挂床住院、轻病住院;对于短期内再次住院的参保者在入院记录中说明原因;严禁套用他人信息住院。医院医疗保险管理部门应严格管理,加强核查,若发现异常情况及时解决。

(2)规范医疗行为

医务人员在为参保者诊治的过程中,在确保医疗质量及安全的前提下,加强医疗行为规范性的管理。如,参保者是否符合出入院标准;医嘱、费用、报告单是否一致;使用药品和植入材料是否规范;限定性用药是否符合要求等。因病情需要使用基本医疗保险"三个目录"范围以外的药品、诊疗项目和医用材料时,医务人员应履行告知义务,向参保者说明自费项目使用的原因、用量以及金额,征得同意后,参保者在《自费项目同意书》上签字方可使用。

(3)完善审批制度

根据不同的业务项目,医疗保险经办机构通常授予医院医疗保险管理部门审批和初审的权限。

①审批权限由医院医疗保险管理部门审批的项目一般有大额处方、血液制品、植入材料、特殊检查及治疗、异地安置的定点等;

②初审权限由医院医疗保险管理部门初审、各级医疗保险经办机构审核的项目一般有门诊特殊病的初审、异地外转就诊的初审。

医院医疗保险管理部门应根据各级医疗保险经办机构对不同业务的政策规定,分别制定业务流程,制定出科学、合理的审批制度及参保者办理流程。

示例 6-1　　医疗保险业务审批流程

一、特殊项目审批程序

特殊项目使用科室填写"特殊项目使用申请表"(植入材料、血液制品、人血白蛋白使用等),并提供相关材料(植入材料申请报告单、化验单、病危通知书等)—交至医院医疗保险部门审批—审批通过后,医院在 HIS 系统中维护新项目,科室根据审批结果计费。

二、门诊特殊病初审程序

参保者在网上下载或领取《门诊慢特病(门诊特殊病、门诊慢性病)鉴定表》—相关学科副主任以上医师填写相关鉴定项目—医院医疗保险部门审核盖章—医疗保险中心组织专家审核—为参保者发放门诊慢特病(门诊特殊病、门诊慢性病)卡及手册—参保者就医—定期年审。

（三）住院类型的管理

1. 按保险类型管理

（1）基本医疗保险

根据《中华人民共和国社会保险法》《国务院关于建立城镇职工基本医疗保险制度的决定》（国发〔1998〕44号）、《开展城镇居民基本医疗保险试点的指导意见》（国发〔2007〕20号）和《关于建立新型农村合作医疗制度的意见》（国办发〔2003〕3号）文件精神，结合各级统筹地区医疗保险政策，对城镇职工、城镇居民医疗保险、新型农村合作医疗参保者的就医过程、医疗保险质量以及医疗保险统筹基金进行精细化、规范化、科学化管理。

（2）生育保险

生育保险是国家通过立法，在怀孕和分娩的妇女劳动者暂时中断劳动时，由国家和社会提供医疗服务、生育津贴和产假的一种社会保险制度，国家或社会对生育的职工给予必要的经济补偿和医疗保健的社会保险制度。在医疗保险体制中，生育保险与基本医疗保险属不同的险种，分开管理；而在新型农村合作医疗制度中则统一管理。医院应根据生育保险的特点制定相应的管理办法及就医流程，指导学科及参保者执行。

（3）工伤保险

工伤保险是指参保者在工作中或在规定的特殊情况下，遭受意外伤害或患职业病导致暂时或永久丧失劳动能力以及死亡时，参保者或其遗属从国家和社会获得物质帮助的一种社会保险制度。工伤保险执行属地管理政策，需按各地工伤保险政策制定医院管理规章。如入院时需判断参保者是否属于工伤保险，参保者是否进行联网结算，参保者的手续是否齐全，参保者住院期间是否享受工伤医疗保险待遇等。

工伤保险住院医疗，必须经参保地人力资源和社会保障部门鉴定。需再次住院治疗的，出示由人力资源和社会保障部门出具的《工伤再住院申请表》办理相关手续。

2. 按基金支付方式管理

医疗保险基金对医院的支付方式有按服务项目支付、按人头支付、按服务单元支付、按病种支付、按疾病诊断相关分组支付以及按总额预付等。根据人力资源和社会保障部《关于进一步推进医疗保险付费方式改革的意见》（人社部发〔2011〕63号）要求，要根据基金收支预算实行总额控制，探索总额预付办法。现阶段，国家大力推进按病种支付，根据《关于印发控制公立医院医疗费用不合理增长的若干意见的通知》（国卫体改发〔2015〕89号）文件精神，要求强化医疗保险基金收支预算，建立以按病种支付为主，按人头、按服务单元等复合型支付方式，逐步减少按项目支付。鼓励推行按疾病诊断相关组（DRGs）支付方式。到2015年底，城市公立医院综合改革试点地区医保支付方式改革要覆盖区域内所有公立医院，实施临床路径管理的病例数达到公立医院出院病例数的30%，实行按病种支付的病种不少于100个。

（1）总额预付制

总额预付制是指根据总服务量、次均费用等数据，测算医疗保险费用支付总额，由医疗保险经办机构定期预拨，实行"总额预算，按月支付，超支不补，结余留存"的支付方式。

预付总额是医疗保险经办机构和医院通过谈判确立的，有一系列的管理控制指标，包括住院、普通门诊和门诊慢特病（门诊特殊病、门诊慢性病）三类。主要管理指标为参保者个人自付比、次均费用，其他管理指标如基金使用率、药占比、耗材比、自费项目比等。若分别监控单个指标，可能忽略指标之间的内在关联。因此，在总额预付的日常工作中，对于复杂的指标数据，应该做到精细化管理，对多维度指标进行综合分析。

（2）按病种支付

按病种支付主要包括单病种支付和DRGs支付。单病种是指没有并发症，单一的疾病。其理论基础和方法学是循证医学和临床路径，主要针对诊断明确、技术成熟、治疗流程和效果可控性强的内外科常见病和多发病。DRGs以出院病历为依据，综合考虑了参保者的主要诊断和主要治疗方式，结合个体特征如年龄、并发症和合并症，根据疾病的复杂程度和费用将相似的病例分到同一个组中。基于这样的分组，卫生管理部门、人力资源和社会保障部门就可以在DRGs系统的帮助下对不同的医疗机构进行较为客观的医疗服务绩效评价，也可以根据此分组进行医疗保险费用支付的管理。

通过对参保者入院诊断、手术指征、治疗方法、平均住院日等信息的监督，对药占比、耗材占比、手术麻醉占比等指标的控制，结合临床路径实施情况，为学科及时反馈相关信息，在确保医疗质量的前提下，合理控制医疗费用。目前，安徽省新型农村合作医疗实施的单病种管理包括两部分：常见病和重大疾病。

3. 其他医疗服务模式管理

（1）专科疾病

为合理使用医疗保险基金，一些医疗保险经办机构对专科医院中的专科疾病实行按床日付费，如传染病医院、神经专科医院。专科医院医疗保险管理部门应制定相应的管理办法，避免虚记床日天数等违规现象；对因参保者个体差异造成医疗费用过高的情况，要及时向医疗保险经办机构备案，并争取合理的床日费支付标准。

（2）日间病房

日间病房是根据常见病、多发病经短期观察治疗即可出院的特点，专为该类参保者设计的"短、平、快"式医疗服务，可减少医疗保险基金支出和减轻患者负担。日间病房是目前国外比较流行的治疗模式，国内一些医院也已经开展，常见的有日间手术病房、日间化疗病房等。

① 日间手术

日间手术是指选择一定适应征的参保者，在一至二个工作日内安排参保者的住院、手术、手术后短暂观察、恢复和办理出院，参保者不在医院过夜。如，广州中山眼科中心开展了将多数眼科手术改为日间手术的试点项目，2014年完成总量为19810例的手术，其中日间手术占63%。

② 日间放化疗

日间放化疗即参保者在放化疗当天前往医院日间病房进行化疗，结束后回家休养的治疗模式。目前，不少省市已将日间病房纳入医疗保险补偿范围，有的按"门诊统筹"或"特殊统筹"给予报销，有的按普通住院进行结算。医院应对日间病房统一管理，建立日间病房管理制度，设计参保者就医流程，全面保障医疗质量和医疗安全。

示例 6－2　　　　　日间病房工作流程

一、门诊接诊

门诊相应资质医师(高年资主治医师)做出入院安排。在门诊按照纳入标准开出入院通知,住院单上注明"日间病房"字样,到入院处办理住院手续,对相关检查做出安排。

二、办理入院手续

患者来到日间病房,护士接待并签署知情同意书,同时告知收住日间病房指征和日间手术或治疗简单流程及注意事项,安排相关检查。

三、住院治疗

(1)手术或治疗病人:值班医师审查检查结果,如无异常,医师开具手术通知单或安排治疗,与手术室沟通,尽快安排手术,护士进行术前健康教育,医师与患者签署手术知情同意书或特殊治疗知情同意书。

(2)化疗病人:值班医师审查检查结果,制定化疗方案并执行。

四、出院或其他转归

出院评估:达到出院标准者办理出院并做出随访安排,并提供书面的注意事项。

其他转归:患者在日间病房治疗中出现临床路径变异的、出院后出现严重并发症的,需转普通病房住院治疗或延长住院的,由本科室负责医生联系转普通病房住院治疗。

五、出院后支持

由主管护士发放出院小结,交代出院注意事项,告知随访电话(相关科室住院总电话),保证随访电话畅通,护士定期随访并记录在案。

示例 6－3　　　　　日间病房管理制度

一、科主任－护士长负责制

日间病房患者由相应科室主任负责,各科配置一名高年资主治医师负责患者诊治及病情评估。配置一名护士长及若干名护士,护士长负责日间病房的管理。

二、实行早晚查房制度

在遵守医疗核心制度基础上,各科室治疗组早晨查房对患者做出诊治,录入医嘱,由护士执行,医师夜间查房时必须对下步诊疗计划做出评估:离院、留院、转普通病房、转院。

三、值班制度

白班,患者由各治疗组负责诊治;夜班,由科室轮流值班,每周五上报下一周值班表到医务处、护理部,值班医师主要负责患者的一般情况处理,涉及专科病情由值班护士及时联系专科值班医师处理。

四、病历书写要求

根据各科实际情况,简化病历书写,制作专科简化模板;24小时内出院病人书写24小时内入出院记录;住院日超过24小时书写入院录、首次病程录、病程记录。

五、制定应急预案

各科室制定确保医疗质量、避免发生医患纠纷的应急预案。

六、宣教制度

入院时宣教:完成患者的入住手续办理、注意事项、管理要求、术前谈话、健康教育等;治疗后宣教:治疗后或术后管理是一个高风险阶段,并发症主要依靠患者及家属自行观察,要求患者与家属具备一定的观察发现能力,需要宣教术后或治疗后观察的内容、注意事项;出院宣教:出院流程、出院后的注意事项、随诊时间、随访电话等。

(四)异地转诊(院)

基本医疗保险参保者由于病情特殊,在参保地无法确诊和治疗的,由医疗保险医院中有转诊资格的经治医院提出转诊意见,经当地医疗保险经办机构批准,转往异地医院诊治。异地就医参保者凭医疗费用发票、费用清单、出院小结、转诊单到参保地医疗保险经办机构办理报销手续。

1. 转诊流程

参保者申请外转就医,一般由主管医生提供病历摘要,提出转诊原因,填写转诊申请表,经科主任签署意见后,送至医院医疗保险管理部门审核并加盖公章,参保者再到医疗保险经办机构核准。

2. 转诊审核

医院医疗保险管理部门要严格转诊审核:一是经本院最高水平会诊仍未确诊的疑难杂症;二是无设备或技术诊治抢救的危重参保者。转诊资格必须严格控制,原则上只有统筹地区最高级别的综合或专科医院才有提出转诊的资格。

严格异地转诊审核,是建立分级诊疗体系的基础,是合理配置医疗资源、促进基本医疗卫生服务均等化的重要举措,通过及时调整和不断完善医疗保险政策,发挥医疗保险对医疗服务供需双方的引导作用和对医疗费用的控制作用,有利于减轻参保者的经济负担,同时提高了医疗保险基金使用效率。

(五)异地急诊

参保者在统筹地区以外的地区基本医疗保险医院急诊、抢救、留观并收治入院治疗的或门急诊、抢救、留观治疗无效死亡的医疗费用,所发生的门诊和住院医疗费用合并计算,按一次住院处理,符合基本医疗保险政策范围内的由统筹基金支付。门急诊、抢救、留观未收治入院治疗的,所发生的医疗费用由参保人员个人支付。

示例 6-4　异地急诊、抢救、留观并住院医疗费用报销材料

异地急诊住院费用先由个人支付,出院后一个月内,至参保地医疗保险经办机构申请报销。需准备材料如下:

① 社会保障卡;

② 接诊医院急诊、抢救、留观门诊病历(加盖急诊章或相关证明);

③ 住院费用发票;

④ 出院记录或出院小结;

⑤ 费用明细总清单;

⑥ 若住院行手术治疗涉及 1000 元以上医用材料的,需提供医用材料是国产还是进口的产地条形码证明;

⑦ 若因外伤住院的,需提供相关部门的伤情经过证明;

⑧ 其他特殊情况审核所需的材料。

(上述材料均需提供原件并盖章,若需留存请自行提前复印)

三、医院医疗保险质量管理

(一)政策研究与落实

1. 政策研究

医疗保险制度涉及社会、经济、医学等多个领域,在国外有上百年历史,但在我国是一项新兴的事业。随着我国经济水平的不断提高,政府及医疗保险经办机构会不断推出相应的政策、法规,而作为医疗服务主要提供方的医院无论是为社会还是自身发展,需要不断研究医疗保险的各项法规、政策,并结合医疗运行规律和医院运行特点,制定操作要点和关键节点,并定期总结分析有关政策在落实过程中存在的问题,及时向政府有关部门反映,为下一步政策调整提供依据。

(1)社会保险法

《中华人民共和国社会保险法》出台实施,对社会保险制度起到法律支持的作用。医院医疗保险管理部门根据《中华人民共和国社会保险法》与医疗保险经办机构签订服务协议,为参保者提供合理、必要的医疗服务;对城镇职工基本医疗保险、城镇居民基本医疗保险、新型农村合作医疗参保者就医进行管理;对符合《基本医疗保险药品目录》《基本医疗保险诊疗项目目录》《基本医疗保险医疗服务设施标准》的医疗费用给予医疗保险报销;对基本医疗保险基金支付范围之外的内容严格管理。

(2)地方性政策法规

根据人力资源和社会保障部门、卫生和计划生育委员会发布的政策、法规内容,落实医院医疗保险管理。

2. 政策落实

根据医疗保险政策调整及更新情况及时在医院 HIS 系统中更新，并对医院所有医务人员进行医疗保险政策、法规、操作规范进行宣传培训。同时，对医院内部各运行环节医疗保险政策执行情况进行监督检查，并把监督检查情况及时向相关人员反馈点评，以确保政策与制度的落实。

(二)医疗保险目录管理

根据国家、各省市医疗保险主管部门发布的《基本医疗保险药品目录》《基本医疗保险诊疗项目目录》和《基本医疗保险医疗服务设施项目范围》(简称"三个目录")，对医院数据进行维护，根据政策调整情况定期或不定期对"三个目录"及时更新，通过执行"三个目录"对参保者报销范围、报销标准进行管理。

(三)医疗保险控费管理

1. 医疗保险费用的监管和评估

为控制医疗费用不合理增长、维护基金平衡，医疗保险经办机构通过改革支付方式对医院进行约束，同时，通过对医院医疗费用的检查、监督、评估来落实支付政策，检查、监督中发现的问题通过拒付、追款等进行纠正。医院在为参保者提供优质医疗服务的基础上，重视参保者医疗费用的监督和评估，以提高医疗保险统筹基金的安全和使用效率。

(1)医疗保险费用的监管

医院应在医疗保险运行的各个环节加强管控，在确保医疗质量的前提下，合理控制医疗费用增长。对住院时间长、医疗费用高、超定额 2 倍以上的参保者的医疗过程进行重点监控；对检查费用高、辅助性用药、自费药品居全院前 20 的医疗项目进行分析，并对相关医生沟通提示，督促改进，确保真正实现多层协调、上下监控、分级管理的预期目的。利用医疗保险控费系统，监测参保者限制性用药、自付比、次均费用使用情况，发现问题及时与学科负责人和主管医生沟通。

(2)医疗保险费用的评估

随着医疗保险管理体制的逐步完善，医疗保险方对医疗服务提供方监管评估的力度不断加大。为提高医疗保险统筹基金使用效率，医院应当在医疗保险运行的各个环节加强管控，如处方点评、参保者住院病历检查、医疗费用分析等。通过对医疗行为的监管评估，规范医疗行为，提高医疗质量。处方点评、病历检查、费用分析是一种事后评估手段，随着信息技术的发展，监管评估将会体现在医疗服务的全过程中。

2. 成本核算

医院医疗保险成本控制的目的就是在保证医疗质量的前提下把医疗费用控制在各级医疗保险经办机构考核指标内。如果不进行成本核算，就无法有效控制成本，也无法决定开展哪些项目和开展这些项目的规模。因此，医院应当加强预算管理，进行成本核算，控制医疗成本，提高基金的使用效率。

四、医院医疗保险数据统计与分析

医疗保险经办机构通过不断改革支付方式，促使医院主动控制医疗费用不合理增长。医院需要根据医疗保险经办机构的支付方式，研究制定相应的措施和计划，寻找自我控制、增加的切入点和度，提供决策依据和路径。

（一）数据统计与分析的目的

　　医院根据医疗保险支付方式，制定医疗保险运行的办法与措施。这种办法和措施的管理需要动态监测并不断修正，需要进行大量的数据统计和分析，找到医院医疗保险费用实际发生与支付之间的差距，使基金发挥最大效率。数据统计分析旨在分析对比医院整体及学科运行状况，提供决策依据。

　　医疗保险数据统计分析最重要的目的在于保证医疗质量的前提下对医疗费用的合理性进行深入挖掘。若数据分析显示医疗费用增长主要集中在药品费用占比的上升，那么首先要明确药品费用的上涨是否合理。如果是少数学科的过度医疗行为，可以通过加强管理（如以医疗费用与质量评估为基础的考核与医疗保险指标挂钩），并定期核查来调整；如果是某类新药或新的治疗方式引起的，那就需要根据临床效果及卫生经济学分析，判断增长是否合理以及是否需要进行控制。

　　数据分析者需要掌握数据分析的基本方法，提高对医疗保险的战略性认识，才能有效服务于医院医疗保险决策制定。

（二）数据统计与分析的主要任务

　　以学科、病种、项目等为单位，以各级医疗保险经办机构设定的指标为依据，按日、月、季、年进行统计、对比，或针对运行中显现的不同问题设计不同的统计指标，整理出需要的数据。无论是对内控制或对外争取医疗保险基金额度和指标，数据都是重要的依据。

五、医院医疗保险基金管理

（一）预决算管理

　　医院在运行战略目标的指导下，利用预算对医疗保险基金在医院内部各学科、各治疗组的各种资源进行分配、控制，并通过对预算执行过程的监督，将实际完成情况与预算目标不断进行对照和分析，以便有效地组织和协调医院的运行，从而及时指导运行活动的改善和调整，以帮助管理者更加有效地管理医疗保险基金和最大程度地实现战略目标。预算管理主要包括预算的编制、预算的分解、预算的执行与控制、预算的分析与考核。

　　决算，是根据年度预算执行结果而编制的年度会计报告。它是预算执行的总结，包括医疗保险基金的收入情况、医疗保险基金扣减情况、医疗保险基金预算执行情况、存在的问题及建议和附表等。

（二）基金安全

　　医疗保险基金安全直接关系到参保者的切身利益和医疗保险事业持续健康发展。医院要加强内部管理，要建立健全预算制度和财务会计制度；同时接受医疗保险经办机构及社会各界的监督，保证基金管理的公开、透明。

（三）报表制作

　　医疗保险制度的实施给医院带来的最大变化就是偿付方式的改变——第三方支付。即由原来的医生看病、参保者直接支付变为医生看病，医疗保险经办机构向医院支付。

医疗保险经办机构代表参保者向医疗服务提供方购买服务,成为医疗市场最大的购买者。由于医疗保险经办机构购买的服务量大,向医院支付也是按一定的时间段进行,因此医院需要定时按要求制作医疗费用报表,向医疗保险经办机构申报费用。

六、医院医疗保险信息系统

医院医疗保险运行大量应用了计算机网络技术,形成了医疗保险信息系统。通过医疗保险信息系统进行参保者医疗保险业务处理、医疗费用监控。

(一)医疗保险业务处理

医院通过网络技术与医疗保险经办机构相连,为参保者提供服务,主要包括参保者医疗保险信息补登记、个人信息的核实、备案审批、结算、异常处理等,还要根据医疗保险政策的调整,对医疗保险目录进行更新,对网络系统硬件、软件要求很高。因而网络安全、系统维护、升级改造成为医院的一项日常工作。

(二)医疗保险费用监控

通过医疗保险信息系统对医疗过程进行监督,对药品、耗材使用情况进行监测,对疑似违规行为的数据进行预警提示,以便医务人员在医疗保险政策规定下进行医疗服务。

七、综合协调

医疗保险工作政策性强,种类繁多。对内不仅要涉及医疗、护理、物价、结算和信息管理等多方面的工作,对外还要与其他机构协调,如政府相关部门、医疗保险经办机构、商业保险机构以及其他单位和个人,协调各方利益,处理各种危机,责任重大(见图6-1)。

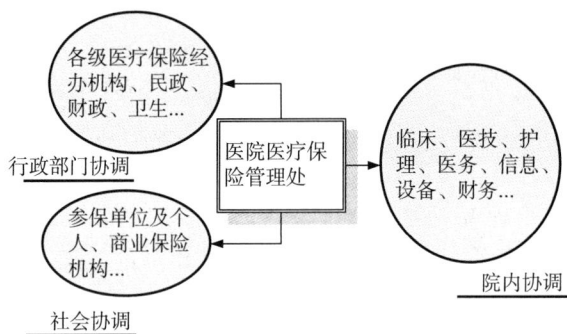

图6-1 医院医疗保险部门内、外部关系

医院对医疗保险的管理,既要做到对内控制,同时也要做到对外开拓,以取得各级医疗保险经办机构和社会的支持,有利于医院顺利实施医疗保险有关规定。一般包括以下几方面:

(一)对外协调

对外协调主要指行政部门协调和社会协调,包括:

1. 医疗保险经办机构

医疗保险经办机构包括人力资源和社会保障部门的经办机构和商业保险经办机构。医院在实际工作中要积极做好对外的沟通协调工作,让医疗保险经办机构了解医院学科优势、收治病种的特点以及影响医疗费用的客观因素,了解医院医疗保险工作的具体管理办法、措施、规定,以及为此做出的工作和付出的努力。对于医院在落实医疗保险政策过程中存在的问题,也要积极与医疗保险经办机构进行沟通,协调解决,以改进工作,更好地为参保者提供优质高效的服务。

2. 相关行政部门

相关行政部门包括卫生和计划生育委员会、民政部门、物价部门等。医院医疗保险工作需要向相关部门申报项目,获得审批等。

3. 参保者

参保者包括参保单位和参保者。提供优质服务,解决参保者就医过程中遇到的医疗保险问题,简化流程,使医疗保险政策能够顺利地在医院落实。

(二)对内协调

1. 临床科室

临床科室主要指医生和护理人员。医院要采取各种宣传措施,使医务人员了解医疗保险的政策,知晓医院医疗保险的管理办法、制度、规章,对工作中存在的问题,加强沟通,及时解决,更好地为参保者服务。

2. 相关职能部门

相关职能部门包括医务、财务、设备、信息、经管、药剂等各职能部门。通过与院内各职能部门的沟通,使各项医疗保险政策能够得到各方的支持。如,设备科提供医院的耗材信息,供医院医疗保险部门对医疗保险目录范围内的耗材进行规范管理;经管科提供物价部门最新文件,供医院医疗保险管理部门向政府申报医疗保险项目编码;由于药品更新换代快,药剂科对医疗保险目录内的药品进行及时调整,保证参保者享有医疗保险待遇;信息科负责对医疗保险常规业务处理系统进行维护,发生信息问题及时沟通协调,尽快解决参保者的难题。

第三节　医院医疗保险管理的工具

一、计算机信息技术

医疗保险是世界上票据和数字最多的行业之一,现代计算机信息技术为该行业的发展提供了便捷,使原本不可能或不容易做到的事成为可能或变得简单。医院医疗保险管理需要充分依靠计算机信息技术,在医院信息系统基础上,构建"统筹基金—医疗保险业务—财务"一体化的医疗保险业务操作平台、医疗保险费用监控平台、医疗保险数据统计分析平台,提高医院医疗保险管理的效率和效果。

(一)医疗保险业务处理系统

医院医疗保险业务处理系统与医疗保险经办机构网络相连,主要实现参保者医疗保险费用的实时结算。它包括参保者的医疗保险信息登记、备案登记、身份审核、信息查询、结算异常处理等业务,同时还进行医疗保险目录的对应,新增目录的上传、下载等工作,是日常工作中最常使用的操作业务功能。

（二）医疗保险监控系统

《人力资源社会保障部关于进一步加强基本医疗保险医疗服务监管的意见》（人社部发〔2014〕54号）指出,要"强化医疗保险医疗服务监管,将监管对象延伸到医务人员",要"优化信息化监控手段,建立医疗保险费用监控预警和数据分析平台"。国务院《深化医药卫生体制改革2014年工作总结和2015年重点工作任务》提出"推进医疗保险实时监控,确定45个地区开展医疗服务监控试点"。2015年底,人力资源社会保障部办公厅《关于全面推进基本医疗保险医疗服务智能监控的通知》（人社厅发〔2015〕56号）提出,到2016年,要在全国所有统筹地区开展智能监控工作。在此背景下,医院应当加强内部管理,通过先进的信息化手段,增强对医疗费用、医疗服务行为的事前控制,避免违规现象的发生。一般从以下几方面进行管理:

1. 规则管理

根据已知的各种医疗服务违规行为、医疗保险政策规定以及总结的各地经办机构监管经验,根据医疗服务过程中各类违规行为或疑似违规行为的数据特征,确定单项监控指标或组合指标,从而形成规范的监控规则和分析规则库,同时支持疾病关联、药品关联、耗材关联等数据库的维护,在医院信息系统中进行预警提示。

2. 监控重点提示

定期筛查监控的重点信息,经医院医疗保险管理部门工作人员进行初步分析判断,确定为疑似违规问题,在医院医疗保险监控系统中进行提示,或直接对负责医务人员进行告知。

（三）医疗保险数据分析系统

医疗保险数据分析不仅是衡量医疗质量的重要方法,还对医疗保险基金的运行、医疗保险费用的控制起到重要的作用。医疗保险数据分析的作用包括以下两方面:

1. 对医疗过程的评估

对医疗过程的评估需要庞大的临床规则数据库作为支撑,通过基础数据收集,准确判断在不同疾病管理中该做什么,不该做什么;用药合理性分析中的药物间相互反应的监测、用药剂量及用药相关检查的指标对医疗过程进行初步分析。

2. 对医疗结果的评价

对医疗结果的评估和评价需要统计大量的医疗数据,在此基础上对结果进行整理分析,以便管理者决策。

有了科学合理的评估医疗质量与费用的手段,医院能够有效应对包括总额预付、按病种支付、按人头支付等各类支付方式在内的医疗保险类型的综合管理,达到在保证医疗质量的基础上控制费用的目的。

二、预算机制

预算是一种定量计划,在科学的运行预测与决策基础上,协调和控制未来一定时期内资源的获得、配置和使用,强调内部控制,利于发现管理中的漏洞和不足,降低风险。预算能够细化医院的医疗保险发展规划和运行目标,是对整体活动量化的计划安排,有利于监控整体战略目标的实现。

通过预算编制,将有助于医院各学科、各部门之间的互相交流与沟通,增进相互之间的了解,加深学科及医生对医院整体运行目标的理解和认同;同时加强对医疗费用支出的控制,避免医疗费用不合理增长。

三、考核机制

在医院医疗保险基金预算管理的基础上,对临床科室实行绩效考核。通过预算管理与考核管理相结合,使医院医疗保险考核真正做到"有据可循"。

(一)考核目的

在于通过建立科学、规范的医疗保险服务质量评价体系,通过对临床科室医疗保险服务环节质量、终末质量、工作量及考核指标的具体化,使广大临床医护人员在医疗保险管理中有据可依。

(二)考核作用

考核的结果与资源配置、奖励相挂钩,调动医务工作者的参与热情,提高医疗服务质量,促进医院以及医疗保险工作的开展。

四、宣传培训

对医务工作者和参保者进行医疗保险政策的宣传培训,是医疗保险管理的重要工具,分为对内培训和对外宣传两部分。

(一)对内培训

1. 培训讲座

医院通过举办医务人员医疗保险培训会、医院办公会议、住院总医师例会进行政策的宣讲,同时通过宣传手册、办公自动化系统、HIS 系统以及竞赛等各种形式多样的手段,对医疗保险政策进行普及。

2. 专题会议

定期安排医疗保险管理部门的工作人员到临床科室,有针对性地进行医疗保险政策宣讲和医疗保险基金合理使用的案例分析会,使广大医务人员对医疗保险政策内容有更具体的感受,更好地为广大参保者提供服务。此外,应考虑医疗保险政策的动态更新,宣传培训工作应该是非固定时间举办,以便临床科室及时掌握最新的医疗保险政策。

(二)对外宣传

通过宣传单、宣传栏、数字化显示屏、语音广播、互联网等多种形式对参保者进行医疗保险政策及就医流程宣传,使参保者及时掌握最新医疗保险政策,切实享有医疗保险待遇。

五、流程设计

优化服务流程,推进"以人为本",持续改进。"以参保者为中心"是医院医疗保险管理的宗旨之一。利用过程流程图来管理医疗保险服务的全过程,应把所有程序、方法、注意事项等都包括在流程的说明中,以避免过程中可能出现的偏差。为方便参保者,可设置专用的咨询、结算窗口。同时,在各就诊地点提供基本医疗保险政策、药品和诊疗项目价格和自付比例自助查询等多种功能,体现人本服务理念,避免参保者往返咨询,制定各类医疗保险的就医流程图,张贴在就医区域,以便参保者查询浏览,使就医更加快捷、更加规范,改善参保者就医体验。

六、谈判机制

医疗保险谈判机制是医疗服务的购买方和提供方通过对话和反复博弈达成协议,就医疗服务的范围、价格、质量等进行规范,以明确双方责、权、利的一种制度。谈判机制是现代医疗保险和医疗服务体系的有机组成部分,是基本医疗保障制度改革的重要内容。其中,协议条款的设计和支付方式的选择是医疗保险谈判的核心内容,不同协议条款和支付方式的组合对医疗体系所产生影响效应大不相同。

总之,医院医疗保险管理内容涉及医院医疗保险管理制度建设、参保者就医管理、医疗保险质量管理、医疗保险管理决策支持、医疗保险基金管理、医疗保险信息系统等多方面,常用的工具包括计算机信息技术、预算机制、考核机制、宣传培训、流程设计、谈判机制等。具体内容将在后面的章节中详细介绍。

第七章　医疗保险费用控制

第一节　医疗保险费用控制的概述

随着基本医疗保险制度的全覆盖,医疗需求得到了释放,在公立定点医疗机构改革逐步拓展情况下,均次费用上涨幅度得到一定控制。但总体上看,医疗保险费用不合理增长问题仍然存在,突出表现在部分城市定点医疗机构医疗保险费用总量增幅较大,药品收入占比较大,大型医用设备检查治疗和医用耗材的收入占比增加较快以及不合理就医等导致的医疗服务总量增加较快等。为有效控制定点医疗机构医疗保险费用不合理增长,切实减轻参保者医药费用负担,进一步增强改革综合成效,需要对参保者发生的医疗费用实行有效监督和调控,以最大限度地集约化使用医疗保险基金,实现医疗保险保障基本医疗的目的。

一、医疗保险费用控制的目的

加强医疗保险费用控制,实行规范医疗、完善医保、改革医药等政策联动。统筹谋划,综合施策,实现推动医疗费用增长与经济社会发展、医疗保险基金运行和参保者承受能力相协调,保证医疗保险基金收支平衡,切实维护参保者健康权益,减轻参保者医药费用负担,促进医疗保险制度和医药卫生事业健康可持续发展。

二、医疗保险费用控制的原则

(一)公平性

通过对费用的合理控制,确保在同一统筹地区内所有参保者都能公平地获得医疗保障,确保所有定点医疗机构、药店都能在公平的原则下为参保者提供优质的基本医疗服务,获取合理的收益。

(二)安全性

医疗保险费用控制是围绕医疗保险基金支付的合理性和有效性所采取的一种平衡措施。如果医疗保险基金的收支不能确保平衡,那么医疗保险制度将不能持续健康发展。

(三)科学性

科学的管理手段是医疗保险费用控制实现的基本保证。医疗保险是社会保障项目中覆盖人群最广、涉及参保者利益较敏感、工作量最大的一项险种,如果没有科学的管理手段,要实现有效的费用控制是非常困难的。计算机信息化管理的应用等科学管理手段在其中发挥着重要的作用。

（四）合理性

医疗保险费用的高低主要取决于实际发生的医疗费用,控制医疗保险费用也主要是针对医疗费用采取控制措施。医疗费用包括合理及不合理的医疗费用,不合理的医疗费用是指对于参保者提供过度和不必要的医疗服务（绝对不合理）,以及对于参保者的经济承受能力提供他们负担不起的医疗服务（相对不合理）,因而这部分医疗费用的支出是没有必要的。控制医疗保险费用应是控制不合理的医疗费用及医疗费用的不合理增长。

第二节　医疗费用增长的原因

一、疾病谱改变

疾病谱是指某一地区危害人群健康的诸多疾病中,可按其危害程度的顺序排列成疾病谱带。不同的地区,疾病的谱带组合情况不尽相同。近 100 年来,人类疾病谱发生了历史性的转折。在 20 世纪初,威胁人类健康的主要疾病是急性和慢性传染病、营养不良及寄生虫病等。20 世纪后期以来,人类疾病谱发生了根本的变化,危害人类健康的主要疾病是慢性病。

导致非传染性慢性疾病如心血管病、脑血管病、恶性肿瘤等发生的主要因素包括社会因素、心理因素、环境因素以及人们的生活方式等。心理紧张、吸烟、酗酒、膳食不平衡、缺乏体育锻炼、环境污染等是造成人类患这些疾病的主要原因。此外,这些疾病的发生与年龄有一定的正相关关系,即随着人群生存时间的延长,此类疾病的发病率呈现增高的趋势。由于医学科学技术的进步,这些疾病可以通过手术或药物得到一定的治疗和控制,但慢性病治疗的效果差、病程长、费用高,对医疗保险基金的消耗大。

二、人口老龄化

随着生活条件改善以及医疗服务水平的提高,人口老龄化问题已成为许多国家面临的重大问题,该问题也对医疗保险基金产生了重大影响。根据我国民政部的统计数据,截至 2014 年底,全国 60 周岁及以上老年人口 21242 万人,占总人口的 15.5%,其中 65 周岁及以上人口 13755 万人,占总人口的 10.1%。按照国际通用标准,60 周岁及以上老人口占总人口的 10% 以上,或者 65 周岁及以上的人口占总人口的 7% 以上,就是老龄化社会。由于老年人口慢性病患病比例高,病程长,就诊及住院率高,且住院时间长,导致医疗费用负担增加。据统计,老年人所花费的医疗费用平均是年轻人的 3 倍以上,老龄化将使医疗保险费用开支大幅增加,对医疗保险制度的可持续运行形成严峻挑战。

三、医疗技术发展

医学和医疗科学技术的发展不断推动药物和技术设备的更新换代。如微创治疗、介入治疗、肿瘤的分子靶向治疗等高、精、尖技术的开展和高值耗材的广泛使用,带来了医疗服务成本的提高,医疗费用增长导致医疗保险费用支出增加。

四、物价自然增长

居民一般消费品价格上涨会导致医生的劳务成本、药品原材料、卫生材料的价格不断上涨。此外,医疗机构的日常开支,如水、电、气等也会随着物价上涨而上涨,其结果是医疗机构的整体运行成本增加,带动了参保者的医疗保险费用支出增加。

五、行业特点

医疗机构作为医疗服务供给方,相对于参保者具有信息垄断的优势,而参保者由于医疗知识的缺乏处于被动、从属的地位。当参保者去看病时,由于心理和生理上的不适,变得更加被动,更加依赖医生。作为拥有丰富专业知识的医生则可以通过估计疾病的每种结果发生的可能性及其效用,来开展符合预期效用和利益的行动,而参保者一方却没有办法约束医疗服务供给方以保护自己的利益。

六、需求增加

经验表明,随着社会经济的发展、人民生活水平的提高,医疗卫生费用必定随之上涨。这是因为,人们的收入水平提高后,必然会更重视自身的健康状况。一方面表现为对健康进行更大投资,如加强锻炼、关注营养和饮食、改变不良生活习惯等;另一方面则是保健意识增强,从而增加了就医频率,趋向选择优质高端医疗资源,导致医疗服务需求增加,医疗保险基金的开支提高。

七、其他

(一)分级诊疗体系尚未完善

据医学研究,人类只有 10% 的疾病需要在大型医疗机构治疗,大量的疾病在社区卫生服务机构就可以得到医治,部分慢性病的治疗也完全可以通过家庭护理来完成。大型医疗机构具有设备先进、技术水平高的优势,因此人们的就医行为存在着非理性因素,无论是"小病"还是疑难杂症,人们趋向选择高级别医疗机构医治。

我国目前的基本医疗保险制度没有对参保者的就医行为进行限制,参保者可以自由选择医疗服务的提供者。赋予参保者选择权的目的在于促进医疗机构竞争,并通过竞争来降低医疗成本、提高服务质量。目前看来效果并不明显,反而定点医疗机构为了增加病源,不断加大资本投入,购买先进设备,提供过度服务。由于接受医疗服务的参保者对价格变动不敏感而对医疗服务的质量却非常敏感,因此需要完善分级诊疗体系,提升基层定点医疗机构医疗力量,削减大型医疗机构的服务规模。

(二)支付方式的影响

自 20 世纪 70 年代以来,世界各国的医疗费用普遍迅速上涨。从各国医疗保险发展的经验教训来看,造成这种现象的一个制度上的原因是实行第三方事后付费方式。据国外研究估计,医疗费用上涨的 12% 是由第三方的事后付费方式,即按项目付费所引起的。而预付制是通过制定预付标准来控制医疗机构的总支出,进而规范医疗行为来控制费用。因此,不同的医疗费用支付方式具有的导向和激励作用差异很大,对费用控制的影响也大。

医疗费用的支付直接影响社会医疗保险过程中各方面的经济利益,涉及医疗保险对疾病的经济风险承担能力、医疗服务提供者的合理补偿,以及医疗保险费用的有效控制等。实践经验表明,支付方式改革和完善是控制医疗保险费用支出的最有效办法之一。

医疗保险费用支付通过对定点医疗机构和参保者行为进行监督、控制,使基本医疗服务消费保持适当的水平,从而有效地使用有限的医疗保险基金,确保医疗保险基金的抗风险能力。制定适当的费用偿付方式,从而在定点医疗机构、参保者、医疗保险经办机构三方之间形成有效的利益约束机制,既调动供方的积极性,又合理使用医疗费用,这是医疗保险基金管理中的焦点和难点。

第三节　医疗保险费用控制的难点

一、自然垄断

医疗服务市场具有特殊性,即医疗服务市场属于不完全竞争市场,医疗服务缺乏需求弹性,具有垄断性和价格刚性,使得医疗服务供方处于明显的优势地位。

医疗服务市场不具备完全竞争市场的标准条件。标准竞争市场假定:有许多卖方,每一个都寻求最大利润;买卖商品的质量是均一的;买方有充分信息;不存在进入和退出障碍。美国经济学家波利和萨特斯维特认为医疗保健服务是一种信誉物品,也就是说,它是一种消费者要依赖于从朋友、邻居或其他人那里获得的信息来对市场上可得的各种服务进行选择的物品。然而,每一个医院提供的医疗服务和其他医院都有差别,即医院提供的是不同的服务。因此,这一市场可被视为垄断竞争市场。在这一市场中,消费者对价格和其他行为特征的反应取决于他对可能的选择的认识,或者说是信息量的获得。因此,信息量的减少会降低需求曲线对价格的反应程度,造成均衡价格的上升。减少的信息量趋向于赋予每个医院附加的垄断势力。

同完全竞争市场相比,医疗服务和医疗保险领域存在着自然垄断与价格刚性的特点,表现在医疗服务价格水平的提高并不会使医生失去他们的病人,病人可能更看重医生的态度和信誉。另外,病人缺乏关于其他医生特点及价格方面的信息。由于质量很难监督,病人寻找相关信息的成本是很高的,而劣质医疗服务的后果可能不堪设想。因此病人还需要借助大量的补充性安排以降低他们的搜寻成本。这些措施包括许可证和行医执照、医疗事故诉讼的威胁等,而这些措施又会增加医疗服务市场的准入障碍和相关的费用。医疗服务和医疗保险领域的自然垄断与价格刚性是医疗机构的业务收入和医疗保险费用居高不下的根本性因素之一。

二、信息不对称

信息不对称是指相对其他利益主体,医疗机构对患者的疾病信息和治疗信息最为清楚。作为参保者的代理人,医生拥有处方权和对医疗技术的足够多的信息,而参保者不仅由于个体搜集、吸收和处理医疗信息的能力有限,而且由于信息传递的不完全性和不充分性,往往处于医疗信息的劣势地位,即产生了信息不对称。在医疗服务的提供与经济利益挂钩的情况下,医疗机构有向参保者提供更多医疗服务的冲动,一定程度上造成社会医疗资源的浪费。从参保者方面来看,由于疾病的不确定性和随机性,加上参保者专业知识明显缺乏,使其不能准确判断医生所提供的服务是否适合自己,对医疗服务的价格也没有讨价还价的能力,完全处于被动地位。与此同时,在医疗服务补偿机制对医疗机构及医生等医疗供方管理与评级机制不完善的情况下,存在部分医生开大处方等以提高自身利益行为的现象,进而造成了医疗保险费用的不合理上升。

由于医疗行业的高度专业性和技术性,参保者通常无法做出正确的决策,只能将决策权委托给医生代理,如此就形成了医患之间的代理关系。在医患关系中,参保者将权力授予医生,后者在很多情况下也是被推荐的医疗服务提供者。权力委托的动机在于委托人认识到他们对于大多数合理的决定知之甚少,而解决这种低效率问题的最好办法就是找一个了解情况的代理人。然而由于利益的分歧,作为代理人的医生并不会采取符合参保者的最大利益的行为,而且很难引入或安排契约机制以消除这种利益冲突。

三、道德风险

医疗保险领域中的道德风险是指参保者在投保以后,由于使用医疗服务所支付的边际价格为零或者很低,导致医患双方为了自身利益最大化过度提供或过度使用医疗服务的倾向。

道德风险主要来自两个方面:参保者和定点医疗机构。来自参保者方面的道德风险表现在:第一,参保者通过个人行动故意对医疗保险的需求施加影响。例如,参保以后,人们很可能较少努力地去避免医疗风险,如吸烟、不太注意饮食和不太注意锻炼身体等。个人降低了健康意识,势必影响医疗保险的需求概率,导致资源配置效率低下。第二,在医疗保险市场"第三方支付"的制度下,"过度消费"的心理倾向很普遍,人们普遍存在着一种"多多益善"的消费动机。

来自医疗机构的道德风险表现为:医疗机构的"过度供给"行为,即在按项目收费制度下,医疗机构的收入与它提供服务的多少成正比,这种经济上的好处往往鼓励医疗机构提供过多的或昂贵的医疗保健服务,形成诱发需求。另外,由于医疗事故官司越来越多,医生们倾向采用防卫性治疗,有可能向参保者提供更多更昂贵的检查和医疗程序。

第四节　医疗保险费用控制途径

一、政府及医疗保险经办机构费用控制途径

(一)推进医药卫生体制改革

通过深化医药卫生体制综合改革,科学合理配置医疗卫生资源,建立健全现代定点

医疗机构管理制度和分级诊疗制度,协调发展中西医,基本形成多元办医格局,显著提升基本公共卫生服务水平;全面取消以药补医,全面理顺医药价格,进一步健全以基本药物制度为基础的药品供应保障体系,完善合理用药用材机制,药品、耗材、设备回归合理价值;整合城乡居民基本医疗保险制度,探索管办分开的医疗保险运行机制,基本建立科学有效的医疗保险支付制度,更加健全相互衔接的基本医疗保险、大病保险和医疗救助制度。努力做到参保者负担不增逐减,医生收入不减逐增,定点医疗机构总收入合理增加,财政投入合理有效增加,医疗服务体系能力明显提高,人民群众就医满意度明显提高,人民群众健康水平逐步提高。

1. 引导医疗资源合理布局

经过长期发展,我国已经建立起由医疗机构、公共卫生机构、基层医疗卫生机构等组成的覆盖城乡的卫生服务体系。但是,与经济社会发展和人民群众日益增长的医疗卫生服务需求相比,当前医疗卫生资源配置存在资源总量不足、质量有待提高、布局结构不合理、医疗卫生服务体系没有建立合理的分工协作机制,存在管理"碎片化"现象等问题。在深化医改特别是公立定点医疗机构改革的推进过程中,需要从国家层面研究制定服务体系规划,对医疗卫生资源进行布局和调整。促进优质医疗资源下沉,提高基层服务能力,合理确定各级各类医疗机构功能定位,完善分工协作机制。

2. 构建分级诊疗体系

坚持系统治理、防治结合,优化医疗资源配置,以参保者为中心制定分级诊疗规范。综合运用医疗保险、行政、价格等多种措施,推动建立基层首诊、双向转诊、急慢分治、上下联动的分级诊疗模式,引导参保者合理就医,逐步建立完善分级诊疗制度,加强疾病防控和健康管理,提高医疗资源利用效率和整体效益。在统一质量标准前提下,实行同级医疗机构医学检查检验结果互认。三级公立医院要逐步减少和下沉普通门诊服务,实现普通门诊占比逐年降低。基层中医药服务能力不足及薄弱地区的中医医院应区别对待。

3. 降低药品耗材虚高价格

贯彻落实《国务院办公厅关于完善公立医院药品集中采购工作的指导意见》(国办发〔2015〕7号),实行药品分类采购。对临床用量大、采购金额高、多家企业生产的基本药物和非专利药品,发挥省级集中批量采购优势,由省级药品采购机构采取双信封制等公开招标采购。对部分专利药品、独家生产药品,建立公开透明、多方参与的价格谈判机制。加强对药品价格执行情况的监督检查。实施高值医用耗材阳光采购,在保证质量的前提下鼓励优先采购国产高值医用耗材。严厉查处药品耗材购销领域商业贿赂行为。

4. 转变医疗费用补偿机制

破除以药补医机制,理顺医疗服务价格,降低大型医用设备检查治疗价格,合理调整提升体现医务人员技术劳务价值的医疗服务价格。建立以成本和收入结构变化为基础的价格动态调整机制。坚持"总量控制、结构调整、有升有降、逐步到位"的原则,通过降低药品耗材费用和加强成本控制,留出空间用于调整医疗服务价格。切实落实政府对公立医疗机构各项投入政策,保证医保基金按规定及时足额结算,促进医疗费用结构合理化。

（二）设计合理支付结算体系

医疗费用的支付结算体系包括：按项目支付、按人头支付、按服务单元支付、按病种分类支付（DGRs）、总额预算制等。不同的支付结算方式对费用控制的力度和效果不同，我国多数统筹地区采用控制费用力度较强的总额预付制或半预付制。医疗保险经办机构对定点医疗机构的费用支付结算方式决定医疗机构的收入，因此选择合适的支付结算方式能够有效控制费用的增长。自 20 世纪 80 年代以来，各地纷纷改革支付手段，具体来看，目前全国普遍的情况是混合使用多种支付结算方式，一般门诊费用多采用按定额支付，住院费用多采用总额预付制，按病种付费也占相当比例。

医疗保险费用的支付结算方式是医疗保险制度运行中的一个重要环节，不同的费用支付结算方式会影响医疗费用的开支、医疗资源的配置以及参保者所得到的医疗服务质量。因此，需要逐步对统筹区域内定点医疗机构及病种实行支付方式改革，控制过度医疗的发生。一是强化医保基金收支预算，建立以按病种付费为主，按人头、按服务单元等复合型付费方式，逐步减少按项目付费；鼓励推行按疾病诊断相关组（DRGs）付费方式。二是完善并落实医疗保险经办机构与定点医疗机构的谈判机制，动态调整支付标准，强化质量监管；充分发挥各类医疗保险对医疗服务行为和费用的调控引导与监督制约作用。三是在规范日间手术和中医非药物诊疗技术的基础上，逐步扩大纳入医疗保险支付的日间手术和医疗机构中药制剂、针灸、治疗性推拿等中医非药物诊疗技术范围；对高额药品和耗材进入医疗保险目录库进行严格的经济学评价及审查。四是综合考虑医疗服务质量安全、基本医疗需求等因素制定临床路径，加快推进临床路径管理。

（三）加强医疗服务市场监管

1. 加强医疗保险服务协议管理

医疗保险服务协议是医疗保险经办机构与定点医疗机构签订的为参保者提供医疗服务的契约。在医疗保险中由于实行"第三方付费"制度，因此，医疗保险经办机构可以在医疗保险服务合同中明确规定对定点医疗机构的要求，包括定点医疗机构的权利和职责，用药、诊疗及设施使用规范，费用支付结算方式，考核和奖惩办法等。一般医疗保险经办机构与定点医疗机构的协议期限为 1 年，如果定点医疗机构提供的服务能够得到医疗保险经办机构和参保者的认同，协议可以续签；否则，医疗保险经办机构可能会取消该定点医疗机构的定点资格。因此，医疗保险经办机构可以通过协议管理来控制定点医疗机构的行为，特别是医疗费用的支出状况。

2. 完善对定点医疗机构的监管措施

据美国全国卫生保健反欺诈协会（NHCAA）估计，在美国的医疗服务中，由于欺诈和滥用医疗服务所消耗的医疗费用大约占到了每年医疗服务费用总额的 10%，为 1000 亿美元。在我国，也出现过不少定点医疗机构骗取医疗保险基金的案例，如"挂床住院""分解住院"、伪造病历、串换药品、乱开发票、违规冲票等。由定点医疗机构的违规行为造成医疗保险基金的大量浪费和流失，必须加强对定点医疗机构的监管，如规范定点医疗机构服务行为，加大执法力度，建立违约保证金制度，建立遏制骗取医疗保险基金行为的新型防范机制等。

同时，医疗保险经办机构要加强对定点医疗机构管理的业务指导和工作督导，制定定点医疗机构药品和耗材占比、均次费用、自付比例、单病种定额等指标,签订目标管理责任书,组织开展规范化评估,建立定点医疗机构院长述职报告制度,明确奖惩和问责制度。

此外,在医疗保险管理中,应建立信誉机制。而这个机制的建立,靠的就是医疗保险经办机构对定点医疗机构服务情况的信息公开发布。通过发布,让参保者了解哪个定点医疗机构看病贵,哪个定点医疗机构服务好,靠市场信誉和竞争的力量使医疗服务机构加强自律。

3. 限制医疗服务供给总量

由于医疗服务市场的特殊性,即定点医疗机构占有明显的信息优势,因此在对医疗费用的控制中,对定点医疗机构的控制显然比对参保者的控制作用更大。通过减少医疗服务能力的供给,一定程度上可以减少医疗费用的开支。根据《国务院办公厅关于印发全国医疗卫生服务体系规划纲要(2015—2020 年)的通知》(国办发〔2015〕14 号)要求以及省级卫生资源配置标准和医疗机构设置规划,合理把控公立定点医疗机构床位规模,严禁擅自增设床位。严格实施大型医用设备配置规划,加强使用评价和监督管理。严禁公立定点医疗机构举债建设,严格控制建设标准。这些方面实行一系列的控制措施,可以从医疗资源的源头上进行治理,从根本上限制医疗服务的供给。

4. 调控医疗服务价格

政府物价部门对医疗服务价格进行调控,主要有两种方式:一是政府物价部门直接确定价格,如对药品、诊疗、治疗、床位、检查、化验、手术等项目制定统一价格;二是由定点医疗机构与医疗保险经办机构协商确定某些服务项目的价格,政府物价部门也会在其中发挥调控作用。

5. 监控医疗服务质量

医疗保险经办机构利用审查和质量管理手段,防止定点医疗机构不合理诊疗。具体而言,医疗保险经办机构通过制定标准和规范来监控医生的临床活动,如在医疗保险经办信息系统中前置智能审核子系统来对定点医疗机构上传的参保者入院、诊断、检查、治疗、用药、手术、院内转科等数据进行审查,判断其是否存在过度医疗行为和收费不实问题。

(四)建立医疗费用控制考核机制

1. 加强医疗费用监测

医疗保险经办机构以定点医疗机构医疗费用增长情况、医疗资源利用效率、医疗收入结构、医疗服务效率等为核心,设立费用控制指标,建立医疗费用监测体系。综合考虑医疗费用的历史情况、医疗服务需求、各级各类医疗机构功能定位及诊疗特点、物价变化、经济社会发展水平等因素,科学测算、合理确定各级各类公立医院医疗费用控制的年度和阶段性目标。各地医疗费用监测体系要以信息化为基础,建立本地区信息化监管平台,确保信息真实、准确、全面。

2. 加强医疗费用排序和公开

医疗保险经办机构根据费用指标监测情况,按地区、按医疗机构进行排序,每年定期按规定公示排序结果,加强信息公开和社会监督。公立医疗机构要落实医疗服务价格、药品价格和费用公示制度。

3. 严格实施考核问责

政府及医疗保险经办机构将控费目标实现情况与公立定点医疗机构基建投入、设备购置投入、重点学(专)科建设投入、财政拨款预算安排等挂钩。对于控费目标排名靠前的定点医疗机构予以优先考虑,对于达不到控费目标的定点医疗机构,各级卫生计生行政部门会同发展改革、财政等部门根据情况核减或取消资金补助。

将医疗费用控制作为公立定点医疗机构等级评审准入、新增床位审批和大型医用设备配置等的重要依据。对未达到控费目标要求的公立定点医疗机构,暂停上述资格,经整改符合要求后再予启动评审及审批新增床位、大型医用设备配置等。

将医疗费用控制工作纳入对所属公立定点医疗机构目标管理、院长年度绩效考核和院长任期考核范围,提高控费指标所占的考核权重,对未按照目标完成费用控制要求的院长,追究其相应的管理责任。

二、定点医疗机构费用控制途径

由于参保者没有足够的医学知识来选择医疗服务,参保者所需要的检查与治疗服务完全由医生做主,医生的特殊地位决定了定点医疗机构在医疗保险费用的控制上起着举足轻重的作用。为了维持医疗保险基金的收支平衡,减少不合理的医疗费用开支,保障广大参保者的基本医疗需求,加强定点医疗机构费用控制十分必要。

(一)规范医务人员诊疗行为

整个医疗保险体系的运转主要涉及定点医疗机构、医疗保险经办机构、参保者三方,而关键的医疗保险基金使用环节则主要在定点医疗机构完成。在疾病治疗过程中,定点医疗机构能否加强医疗质量管理,在维护参保者利益的同时保证定点医疗机构的效益,对于控制医疗费用、维护医疗保险基金安全至关重要。

因此,定点医疗机构要进一步强化对医疗保险基金拒付的重视,规范医生医疗服务行为,推行临床路径管理,采取处方负面清单管理,落实处方点评、抗生素使用、辅助用药、耗材使用管理等制度。加强中药饮片合理应用监管,建立中药饮片处方专项点评制度,促进合理用药。建立对辅助用药、医院超常规使用的药品和高值医用耗材等的跟踪监控制度,明确需要重点监控的药品品规数,建立健全以基本药物为重点的临床用药综合评价体系。严格执行医疗机构明码标价和医药费用明细清单制度。

建立符合医疗卫生行业特点的人事薪酬制度,要将合理诊疗行为作为对医务人员绩效考核评价的重要内容。探索建立医疗服务信息化监管体系,把合理检查、合理治疗、合理用药的执行情况与医务人员的评优、评先、晋升、聘用、绩效工资分配等挂钩,并纳入医疗服务信息化监管体系一监管。严禁给医务人员设定创收指标,医务人员个人薪酬不得与医院的药品、耗材、大型医用设备检查治疗等业务收入挂钩。而是与控制基本医疗保险费用增长挂钩,以此来保证定点医疗机构医疗保险管理活动的正常和可持续性的运转。

(二)规范医疗收费行为

建立健全价格管理制度。定点医疗机构要将各项收费标准公布在明显场所,同时要严格按照物价部门制定的收费标准进行收费,不得擅自扩大收费项目,不得将目录外项目转换成目录内项目,不得介绍参保者住院期间在院外或门诊购药,保证公开、透明、合理的医疗费用。建立参保者费用复核及内部价格监督检查机制,监督检查的结果纳入科室绩效考核。公开价格咨询与投诉的渠道,提供价格咨询与收费投诉处理服务,对经查实的不规范收费行为,医院除及时纠正外,还应对参保者进行赔偿。

(三)强化医疗机构内控

定点医疗机构法人代表为定点医疗机构医保管理第一责任人,明确院领导班子、科主任、医务人员、管理人员等岗位具体职责,细化管理目标和任务,加强各部门协作与联动,形成目标一致、责任分解、齐抓共管的良好局面。

加强医疗保险基金预算约束,定点医疗机构按照政府及医疗保险经办机构审核后的基金预算目标,强化成本核算,探索建立医疗机构成本信息库。加强信息技术手段的运用,提高定点医疗机构病案、临床路径、药品、耗材、费用审核、财务和预算等方面的精细化管理水平,控制不必要的费用支出。定点医疗机构医疗保险管理部门根据政府及医疗保险经办机构考核要求制定任务目标,将医疗保险考核指标层层分解到临床科室;对医疗保险均次费用、自付比例等执行情况每月通报,每季度对考核情况进行落实,召开专题会议研究解决医疗保险执行过程中出现的问题;规范医生对医疗保险目录外项目的使用,如为临床必需的项目,需在参保者知情同意的情况下使用;制定防止医患合谋串通骗取套取医疗保险基金的制度。

(四)加强宣传培训

对医疗保险政策宣传工作进行总体安排和周密部署,一是对参保者进行医疗保险政策宣传,在定点医疗机构官网上开辟医疗保险板块、借助医疗保险窗口、设立医疗保险宣传专栏向参保者宣传医疗保险政策;二是对医务人员进行医保政策培训,编印医疗保险政策法规手册,利用专题会议等传达医疗保险运行情况及存在问题,宣传医疗保险政策"保基本"的特点。在我国目前经济发展水平下,能提供的医疗保险服务仅是医疗保险基金能支付起的、适宜的医疗技术。如果经济条件不允许,而又制定了过高的保障水平,势必造成医疗保险基金超支"出险",使医疗保险制度无法运行,结果使广大参保者得不到基本医疗保障。

三、参保者费用控制途径

参保者是医疗服务的受益者,参保者的行为对医疗保险基金的支出有直接影响。因此,加强对参保者费用控制一定程度上能有效地控制医疗保险费用。

(一)设定合理的医疗保险待遇标准

在医疗保险政策中,通常都会规定对参保者就医行为的控制办法,主要有费用分担方式(报销比例)和医疗费用补偿范围(报销内容)两个方面。以我国现行城镇职工基本医疗保险制度为例,有关的费用分担政策包括:起付线(社会统筹基金开始分担的医疗费用的金额起点,为当地员工年平均工资的10%左右)、共付比例(社会统筹基金分担医疗费用时,要求个人分担一定比例)和封顶线(社会统筹最高支付限额,原则上控制在当地员工年平均工资的4倍左右)。有关报销范围的规定有:《国家基本医疗保险药品目录》

《国家基本医疗保险诊疗项目范围》《城镇职工基本医疗保险医疗服务设施范围和支付标准》。参保者只能在政策规定的范围内享受医疗保险的保障,超出范围规定的项目和水平就要由个人负担。因此,医疗保险对参保者合适的报销政策可以有效地抑制参保者的就医行为和费用开支。

（二）防范套取骗取医疗保险基金行为

按规定缴纳医疗保险费用是参保者应尽的义务,按规定享受医疗保险待遇是每名参保者的基本权利,权利与义务是对等的。只有参加医疗保险,才具有享受医疗保险待遇的资格。参保者转借社保卡给他人就诊,伪造医疗票据文书报销,使用社保卡套取现金等行为是不正当的,涉及金额较大的还会构成犯罪。同时,对其他参保者来说,这也是一种侵权行为,应该加以控制防止。

套取骗取医疗保险基金行为会造成医疗保险基金的流失,增加整个制度的风险。因此,要开辟多种途径,发现就医异常情况:一是在日常监督检查过程中发现异常情况;二是建立医疗机构信息共享平台,实现住院票证网络查询和住院时间、地点信息网络共享,并将社保卡使用情况纳入个人诚信档案,直接与报销额度挂钩;三是建立违规行为举报制度。医疗保险经办机构可以向社会公布电话、信箱、电子邮箱等举报方式,举报人应提供具体的线索和翔实的资料,以便核实。举报经核实后,医疗保险经办机构对署名举报人予以奖励。通过建立举报奖励制度可以大大提高民众举报的积极性,形成就医异常情况的立体监测网。

对参保者就医的违规行为应严肃查处。除追回医疗保险基金损失外,视情节轻重,给予警告、通报批评、罚款等处罚,构成犯罪的,移交司法机关依法追究其刑事责任。

（二）加强预防保健和健康教育

如前所述,我国的疾病谱已经发生了根本变化,慢性非传染性疾病如癌症、心脑血管疾病等成为主要的健康"杀手"。而这类疾病的主要致病原因是心理、社会、生活方式和环境因素。于是"生物—心理—社会"医学模式应运而生,让参保者认识到,身体健康是可以通过良好的心理状态、和谐的社会关系以及科学的生活方式来获得。因此,加强健康教育和慢性疾病的预防控制工作,提高基本公共卫生服务和重大公共卫生服务项目绩效,实施全民健康促进战略,从源头上控制患病率和医疗费用增长成为政府医疗卫生工作的重点。对于参保者来说,了解健康知识,建立科学的生活方式,如不吸烟、少饮酒、合理膳食、适量运动、情绪稳定、定期体检等,防患于未然,就可以避免某些疾病的发生或使症状缓解,同时可以大大节省医疗费用的开支。

四、社会监督

社会监督是人民群众通过社会团体、社会组织(政协、人大、民主党派、工会、共青团、妇联等)、舆论机构(报刊、电视、广播等)以及公民个人对医疗保险经办机构和定点医疗机构医疗保险基金管理情况实施的监督,是非官方的监督系统。由于社会监督的各成员所处位置不同,切身利益不同,获取的信息不同,所施行的监督有时会更有力、更有效。在我国,社会监督主要包括社会团体监督、舆论监督和群众监督。

（一）社会团体监督

以统筹地区为单位，设立由政府有关部门、人大或政协代表、医疗机构代表、工会代表和有关专家等组成的，具有广泛代表性的医疗保险基金监督组织。医疗保险基金监督组织通过定期或不定期听取医疗保险经办机构对医疗保险基金的筹集、偿付、运营等情况的工作汇报和调查研究，对医疗保险基金管理情况进行监督检查，并定期或不定期向社会公布，加强对医疗保险基金的监督力度。

（二）舆论监督

医疗保险关系中存在不同利益群体和不同利益诉求，人民内部矛盾的内容与表现形式的变化，舆论监督的作用也日益彰显。医疗保险经办机构、定点医疗机构要主动接受舆论监督，公布医疗服务费用，实施社会医疗保险基金使用信息公示制度。将各类医疗保险的相关政策、办理程序、时限要求和医疗保险基金的使用情况报告等相关资料数据，通过合法程序，定期由新闻媒体向社会公布，接受广大参保者的监督。

（三）群众监督

建立快速方便的医疗保险信息查询系统，涵盖语音、电话、互联网等多种形式的查询系统，方便参保者查询参保信息、住院医疗项目医疗保险类别、医疗费用明细、医疗费用的报销情况。

畅通与医疗保险经办机构、定点医疗机构之间的沟通渠道，设立接待办公室，公布举报投诉电话、意见箱，及时听取人民群众对医疗保险基金使用的意见和建议，并认真进行研究，对一些合理的意见要积极组织落实，同时将处理意见反馈给相关人员。

第八章 医院医疗保险基金管理

第一节 医院医疗保险基金管理的原则和意义

一、医院医疗保险基金管理的原则

医疗保险基金是国家为了给参保者提供基本医疗保险,通过立法强制向个人或单位征缴的保险费,以及通过其他合法方式筹集起来的资金的总称。医疗保险基金是保障参保者基本医疗需求的物质基础,关系到整个社会的稳定与发展,因此对医疗保险基金进行有效管理,保障基金安全,充分发挥基金的效率,是医疗保险工作的重要组成部分。

医院医疗保险基金管理,是指医院医疗保险管理部门对预期的医疗保险收入的管理。广义上来说,包括按项目支付、按人头支付、按病种支付、总额预付等所有医疗保险支付收入的管理。从医院角度来说,医疗保险基金管理应遵循专款专用的原则,防止任何形式的挪用、挤占;在基金支付医疗费用的过程中,严格执行医疗保险的法律法规,杜绝套保、骗保行为;要提高医疗保险基金的使用效率,使有限的基金发挥最大的效益。

二、医院医疗保险基金管理的意义

医疗保险基金是我国医疗保险运行的物质基础,也是医疗保险政策可持续发展的根本保障。完善基金的使用与管理体制,使医疗保险基金的运行更加科学合理,是医疗保险制度可持续发展的必然要求。

(一)保障医疗保险基金安全

医疗保险基金管理的首要目标,就是基金安全。要保证基金安全,必须建立医疗保险基金安全运行监督制度,一旦发现不安全的行为,基金可能出现风险时,及时查找原因,采取相应措施。在使用基金的过程中,要认真核对患者身份信息,监督医疗行为,保障基金安全。

(二)提高基金使用的公平和效率

医院医疗保险基金使用要保证将有限的基金用在参保者最需要的医疗服务上。同时,加强对药品、医用材料和诊疗项目使用的监管,控制医疗费用不合理增长。在医疗保险支付方式引导下,倡导节约意识,杜绝滥用、浪费现象。

(三)制定基金管理制度

为保证基金安全、有效使用,医院医疗保险管理部门制定了医疗保险基金预算管理制度。基金预算管理制度的制定为各学科提供了业务目标和行为规范。具体的预算指标可使治疗组明确应当执行的规范,据此安排医疗行为,从而避免风险。

第二节　医院医疗保险基金预、决算管理

预、决算管理作为一种先进的经济管理和内部控制手段,是医院医疗保险管理的重要组成部分。加强医疗保险基金预、决算管理,不仅是医院自身医疗保险工作建设和发展的需要,还是检验医院整体管理水平的重要指标。有效的医疗保险预、决算管理,可以预测医院未来年度的医疗保险运行情况,为医院的战略实施、目标达成提供保证。医院应做好医疗保险预、决算管理工作,如在医院医疗保险管理委员会下设医疗保险基金预决算组、组织编制、严格执行、规范考核,发挥预、决算内部控制作用,提高医院医疗保险管理水平。

一、医院医疗保险基金预算编制

(一)医疗保险基金预算编制概述

　　1. 医疗保险基金预算编制的概念

　　医院医疗保险基金预算管理,是指能够对未来一定时期内的医院医疗保险运作情况准确预测并掌控,从而实现运作可计划、可控制,以提高内部管理水平,构建包括预算编制、审批、分解、执行、调整、分析、考核和决算在内的全面预算管理模式,全方位、全过程、全员参与的管理体制,达到提高医院医疗保险基金运行效率的目的,维护医院稳定发展。

　　医院结合医院运行发展目标,按照国家有关预算编制的规定,根据医疗保险相关政策,对以往年度预算执行情况进行全面分析的基础上,测算并编制医疗保险基金收入预算。预算结果受医疗保险待遇水平、法律法规以及学科诊疗技术等因素的影响。同时还需要对可能发生但尚未申报的费用进行测算,以确保充裕的准备金。测算结果作为医院向各级医疗保险经办机构申请医疗保险基金额度的参考。

　　2. 医疗保险基金预算编制的原则

　　医院医疗保险基金编制的预算,是指导未来医疗活动和医疗保险工作的大纲。为了使预算内容更精确、更符合实际情况,应遵循以下原则进行:

　　(1)预测的全面性

　　进行预算前,充分调取预算期前期基础数据,保证测算口径一致,对基线数据进行测算。充分考虑特殊情况及突发情况的可能,将全学科纳入医疗保险基金预算管理中,全方位支持管理决策。

　　(2)制度的完善性

　　为保证预算编制工作有条不紊地进行,医院一般专设一个医疗保险基金预算组负责预算编制并监督实施,制定相关规章制度,如基金预算调整制度、基金预算指标完成考核制度等。

（3）指标的科学性

预算指标的制定在充分考虑医院医疗保险基金平稳运行的基础上，还要把外部环境的变化、医院运行条件的改善、政策法规的调整等可能发生的情况考虑在内，体现预算指标制定的科学性。同时，若实际情况发生重大变化，致使预算的编制基础不再成立，或将导致预算执行结果产生偏差的，还要留有调整的余地。

3. 医疗保险基金预算编制的内容

（1）医院医疗保险业务量预算

医院医疗保险业务量预算，是反映医院预算期间日常实质性运行活动强度的预算。它包括医疗保险门诊业务量预算和医疗保险住院业务量预算。医疗保险门诊业务量包括门诊普通医疗保险业务量和门诊统筹业务量。医疗保险住院业务量根据不同医疗保险的类型分为城镇职工基本医疗保险、城镇居民医疗保险、新型农村合作医疗、生育保险、工伤保险等，各医疗保险又有不同的支付方式，需分别对其进行测算。

（2）医院医疗保险收入预测

根据预测的医院医疗保险业务量，对医院医疗保险收入进行预测。门诊部分，应以预测住院人次和预测平均住院水平计算；住院部分，应以预测住院人次和预测平均住院水平计算。

医疗保险门诊收入、住院收入的编制要考虑当年可能新开展的医疗服务项目、新增加或减少的门诊和病房工作量、计划全年门诊人次和住院人数及诊次，按照每门诊人次和每出院人次平均费用水平计算。

4. 医疗保险基金预算编制的主要指标及公式

（1）医疗保险基金预算编制的主要指标

量化的指标主要包括医疗总费用、服务量、次均费用、管理指标（个人自付比、人均住院费用、人均门诊费用等管理指标），其他直接成本指标，如药占比、高值耗材占比等。

① 次均费用预测　包括人均门诊费用和平均床日费用两个指标，分别反映门诊和住院患者的平均费用水平。人均门诊费用和平均床日费用参考上年收费水平确认预算基数，此外，物价上涨会使卫生材料等医疗成本不断提高，进而导致医疗费用增加，可将物价上涨指数作为确定人均费用上涨幅度的参考指标。

② 服务量预测　预算的编制要以需求为基础，使医院各项运行活动围绕服务量来组织。因此，应根据医院历史数据，合理确定增长：一是看过去连续预算年度的平均增长幅度，特别是上一年的增长幅度；二是结合医疗环境、医疗市场的变化及医疗改革的未来发展趋势进行分析；三是看医院的最大接待患者能力和最大服务能力。

③ 医疗费用预测　医疗费用测算涉及费用结算方式和运行模式、实际费用和预期费用之间的差距、医疗服务利用的实际数量和预期数量之间的变化及风险因子的变化、与其他医疗机构医疗费用的比较分析等多方面因素。

住院费用的测算主要包括住院率和床日费。住院率通常以"住院天数/千人"或"住院人数/千人"等方式表示。住院医疗的费用补偿一般采用按项目支付的结算方式，部分地区采用总额预付的形式。门诊费的预算也采用类似的方式，如果预计住院人次有可能上升，则门诊人次的测算也应做相应的调整。

④ 医疗服务类型预测　医疗费用预算根据不同服务类型主要分为医生诊疗费、放射费、化验费和药品费等,按服务项目付费方式支付,可根据服务类型分别进行测算。

⑤ 医疗服务使用频率预测　通常是根据以往数据的统计结果而确定。数据在统计学上必须具有可信度;也可根据学科指南或标准化数据进行相应调整。学科指南或标准化数据更具客观性,进行预算时必须考虑学科治疗的规范程度、服务利用的管理力度、医疗服务的支付方式以及服务网络的成熟度等因素,使测算结果更符合客观实际。医疗费用报销程度、转诊的便利性、医生的激励机制、医疗行为的监控机制以及参保者的疾病风险因素等对服务利用具有重要影响作用。

⑥ 药占比　通俗来说,就是参保者就诊过程中,药品费用占总费用的比例。即药占比＝药品收入/(药品收入＋医疗收入＋其他收入)。

⑦ 高值耗材占比是指参保者就诊过程中,使用高值耗材费用占总费用的比例。即高值耗材占比＝高值耗材收入/(药品收入＋医疗收入＋其他收入)。

预算一旦确定以后,医疗费用结算方式就不会再做较大调整,因为预算是依据预测的费用补偿水平而定,而费用补偿水平又与医疗市场发展趋势、费用竞争优势以及相关的服务价格谈判等因素密切相关。

(2)医疗保险基金预算编制公式

① 门诊年收入预算

门诊年收入预算＝预测人均门诊费用×预测门诊人次

② 住院年收入预算

住院年收入预算＝预测人均住院费用×预测住院人次

医院总收入预算＝门诊收入预算＋住院收入预算

③ 其他年收入预算

某项服务的年医疗费用＝某项服务的定价×某项服务的使用次数

药品实施零差率后,药品收入将变得固定。未实施零差率前,药品收入的预算如下:

药品收入预算＝上年实际收入数×(1±预测百分比)×预测物价变动率

以上是常见的按项目支付的医院医疗保险基金收入预算方式,医院与各级医疗保险经办机构一般在参保者就诊结束后,进行医疗费用的结算,属于后付制的一种。此类医疗费用的测算比较直观,容易调动医疗服务供方的积极性,服务的效率比较高,但难以约束医疗行为,容易诱导医疗需求,造成重复检查、大处方以及高精尖医疗技术和仪器设备的使用,不利于控制医疗费用,同时不利于医院加强成本管理。

④ 总额预算

一般来说,对于采用总额预付与单病种结合方式结算的医院,在编制年度基金收入预算时,可按以下公式对年度发生总额(E_1)进行估算。

估算方法如下:

$$E_1 = [E_0 \times (1+R)] \times (1+10\%) + DB_0 \times N$$

其中:E_0:医疗保险经办机构核定的基期基金总额;

　R:预测期医药费用平均增长率;

10%:医院预算超支上限 10%;

DB_0:医疗保险管理部门核定的单病种基期人均定额;

N:基期单病种实际收治人次。

(3)医疗保险基金收入预算表格的设计

临床学科应当参与到医疗保险基金预测的工作中,通过测算学科年度业务量及次均费用水平,来预测学科收入情况,完成"学科收入预算申报表"(见表 8-1)。

表 8-1　学科收入预算申报表

指标	门诊	住院
业务量预计值		
每业务量收费水平预计值		
按项目计费收入小计		
总额预算		
单病种付费		
按人头付费		
医疗保险收入合计		

5. 常用编制方法

医院一般运用"基数法"进行编制预算,也就是按照去年的基数加本年增减因素来确定年度的预算收支。基数法受人为因素影响较多,往往不能考虑发展水平的变化情况,预算安排与实际的动态管理不能同步。因此,选择合适的预算方法能够有效提高预算的准确性。换算的编制方式形式比较多,常用的方法如下:

(1)零基预算法和增量预算法

零基预算(Zero-based Budgeting)是指在编制成本费用预算时,不考虑以往预算期间所发生的费用项目或数额,而是以所有的预算支出为零作为出发点,一切从实际需要与可能出发,逐项审议预算期内各项费用的内容及其开支的必要性和支出数额的大小,兼顾效率,在综合平衡的基础上编制费用预算的一种方法。在预算编制的诸多方法中,"零基预算"是一种比较科学且切合实际的编制方法。它不仅能够压缩医疗费用开支,而且能将有限的资金用在最需要的地方。

增量预算(Incremental Budget)又称调整预算、分析法,是指以基期的业务量水平和成本费用消耗水平为编制预算的基础,根据业务量的增减变化,相应增加或减少有关项目预算数额的预算方法。通过对基期的指标数值进行增减调整而确定预算期的指标数值方法。这种预算方法比较简单,但这种预算是以过去存在为合理的假设前提下进行的,如果过去的预算编制基础存在不合理现象,则会将这种不合理的现象永远递延下去。

计算公式为:收支预算数=基数±各种增减因素。

(2)固定预算法和弹性预算法

固定预算(Static Budget)又称静态预算、定额法,是以预算期内正常的、可能实现的某一业务量水平为固定基础,不考虑可能发生的变动因素而编制预算的方法。

计算公式为:收支预算数＝定额×计划年度有关指标数。

弹性预算法(Variable Budget)又称变动预算法,是在变动成本法的基础上,以预算期间可以预见的多种业务量水平为基础,分别确定与之相应的费用数额而编制的、能适应多种业务量水平的费用预算,更加具有弹性,增加了预算的适用性。

(3)定期预算法和滚动预算法

定期预算,也称为阶段性预算,是指在编制预算时以不变的年度(如一年)作为预算期的一种编制预算的方法。

滚动预算(Rolling Budget)又称连续预算、永续预算,是指在编制预算时,将预算期与会计年度脱离,随着预算的执行不断延伸补充预算,逐期向后滚动,使预算期始终保持为一个固定期间(如12个月)的一种预算编制方法。按照滚动的时间学科不同,可以分为逐月滚动、逐季滚动和混合滚动。其实质是动态地不断连续更新调整的弹性预算。

(4)确定预算和概率预算

确定预算(Determined Budget)是对一些确定的预算项目,按照其以前有关数据而编制的预算。适用于预算期内情况比较稳定的项目预算编制。

概率预算(Probabilistic Budget)是指对在预算期内不确定的各预算构成变量,根据客观条件,估计他们可能变动的范围及出现在各个变动范围的概率,根据可能出现的最大值和最小值计算其期望值,从而编制的预算再通过加权平均计算有关变量在预期内的期望值的一种预算编制方法。概率预算属于不确定预算,但是弹性预算属于确定预算。一般适用于难以准确预测变动趋势的预算项目,如开展新的医疗保险服务类型等。

预算编制通常以一年为期,并且在第四季度着手编制。这样可使预算期与会计年度相一致,便于预算执行结果的分析、评价和考核。

(二)预算编制流程

1. 设置预算组

预算编制工作是一项工作量大、涉及面广、时间性强、操作复杂的工作。为了保证预算编制工作有条不紊地进行,医院一般在医疗保险委员会下专设医疗保险基金预算组,负责预算编制并监督实施。预算组应由院长和分管业务、运行、财务等各职能部门的副院长组成,具体工作由医院医疗保险管理部门负责实施。其主要任务是:制定有关医院医疗保险预算编制的各项规章;审查和协调各学科的预算申报工作;解决在编制预算时有关方面可能发生的矛盾,并批准最终预算;定期分析预算的执行情况,出现特殊情况对预算进行调整,使各学科协调一致地完成预算所规定的目标和任务。

2. 编制流程

预算的编制要在预算组的领导下,经过自下而上和自上而下的多次反复修正,其一般程序为:

(1)首先,由预算组拟定医院医疗保险预算总方针,结合医疗保险发展趋势、各项政策,制定医院预算总目标和分目标,如医疗保险基金收入总目标、次均费用、个人自付比等,并下发到各学科。

(2)各学科根据制定的总目标和分目标编制本学科预算(如图8-1)。由学科的基本服务单元进行业务及成本的测算,符合历史数据与未来变化趋势,使预算能较为可靠、较为符合实际。

(3)医疗保险管理部门汇总各学科的分预算,根据预算组拟定的医院医疗保险预算总方针,在对各项影响医疗保险基金的情况进行认真分析测算的基础上,制定全院医疗保险基金预算总额。在确定的预算总额后要附详细文字说明,其内容包括测算总额的基本情况及测算依据,增减变化情况及其主要原因,以便医疗保险经办机构审核。要做到预算编制的内容完整,测算口径与各医疗保险经办机构的预算要求一致,资料来源准确,预算编制说明文字符合要求。

(4)由预算组平衡和协调各部门的预算草案,并进行预算的汇总与分析。

(5)审议预算并上报院长办公会通过。

(6)将批准后的预算下达给各部门执行。

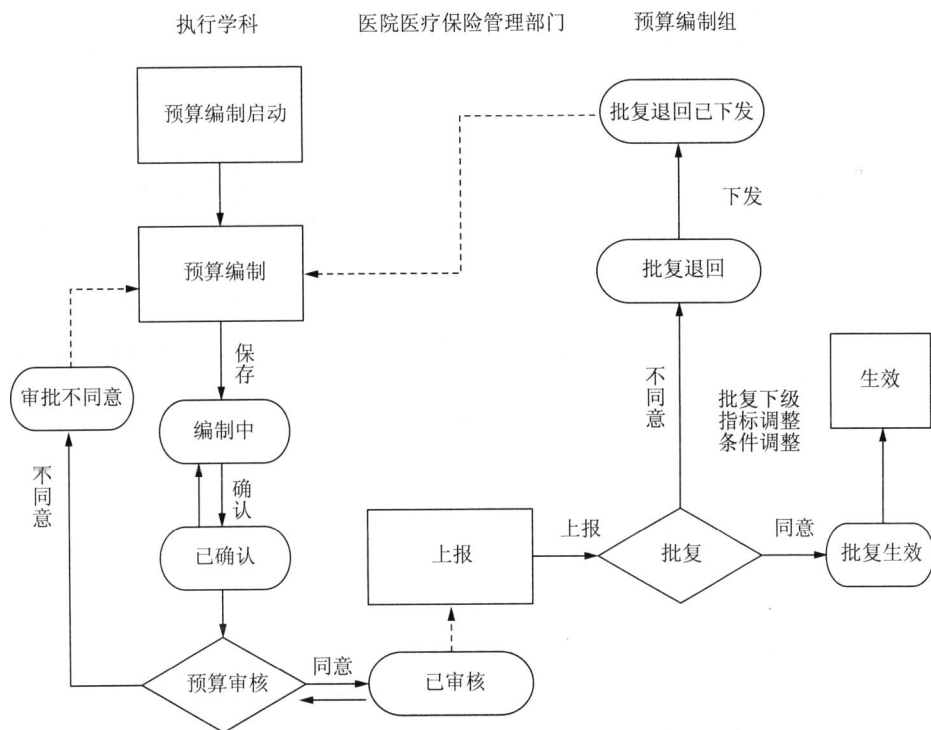

图 8-1　医疗保险基金预算编制流程

(三)不同医疗保险支付方式下预算编制的方法

医疗费用的发生受多种因素影响,医院需要制定相应策略,做好不同付费制度的政策衔接,既控制总额,又加强病种管理,分类管理,动态监测,并给予必要的干预,对医疗保险基金进行内部管控。

1.总额预付制

医疗保险经办机构与医院协商确定的、以年度预算总额为最高限度的支付方式。在总额预算下,医院预算额度确定以后,医院的收入就不能随服务量的增长而增长,一旦出现亏损,医疗保险经办机构不再追加支付,亏损部分由医院自负。合理确定预算额是实施这一支付方式的关键环节。

(1)确定预算总额

医院根据与医疗保险经办机构医疗服务协议中的费用结算办法,运用全成本预算的方法,对医疗服务的成本和医疗保险费用的各个方面进行测算、分析,根据医疗保险经办机构提供的数据,与医院上年实际发生额之差以及医院的运行目标进行核实和比对,估算医院需降低或增加的比例,通过与医疗保险经办机构进行协商、谈判后,确定新的医疗保险年度预算总额。

总额预付范围包括普通门诊、门诊慢特病和住院费用。有的医疗保险经办机构只将住院费用按总额结算,也有的将两项或三项都纳入总额预付范围。因此医院的预算总额需按项分别计算后合计得出。此外,对于总额预算中是否包括参保者自付部分,以及在多种支付方式并存下,按病种支付、按人头支付的费用是否纳入总额,结算办法中应予以明确。

(2)确定学科定额

当前各医院大多采用分科定额的管理办法,以医院预算总额和各学科历史数据为依据,原则上对各学科实行统一比例的调整,确定各学科全年费用量。特殊情况可根据实际进行调整,如学科有特别需要扶持项目、床位调整、收治病种和治疗手段有变化等,需剔除不合理费用。

确定分科定额值可用"基础值＋调整系数"的方法,即以各学科近年次均费用为基础,确定一个统一的幅度(如 10％)为基础值;调整系数则根据各学科发展情况进行一定幅度的上下浮动(10％～20％),在实施过程中也可根据实际情况进行微调,实现医疗保险费用控制的动态管理。此外,对麻醉费、手术费等占次均住院费用一定比例且缺乏控制能力的费用,应纳入统一管理范围,以提高费用控制的协同效应。各学科定额值一般需每年根据情况调整,同时必须与考核系统相关,在保证医疗安全、医疗质量的前提下控制费用。

(3)确定单元费用和服务量指标

单元费用指标包括住院次均费用、门急诊次均费用、平均住院日费用等。服务量指标有出院人次、门急诊人次、外转人次等。医院预算总额＝服务量×次均费用。在定额结算办法下,医疗保险经办机构与医院通过协议形式约定次均费用或自付比标准,还有的实行次均费用与自付比例指标双控,并依据这些指标进行医疗费用结算。因此,医院大多根据内部学科设置,采用分科定额管理或指标双控的办法以实现对医疗保险基金的合理利用。平均住院日费用则一般用于精神病专科医院和老年护理院等。

2. 按病种支付

与其他支付方式相比,按病种支付是一种相对合理的医疗费用管理方法和质量评价方法,它既兼顾了政府、医院、参保者等多方权益,又考虑了医疗质量与费用的合理平衡。典型的按病种支付是美国医院实施的疾病诊断组相关分类法,单病种支付则可认为是按病种支付方式的一种初级形式。

(1)门诊慢特病

门诊慢特病的支付方式因各地医疗保险经办机构结算方式的不同而异。有的限定用药和诊疗范围;有的限定月最高支付限额,超额的部分由参保者支付。医院应根据统筹地区的具体政策,制定相应的管理办法。门诊慢特病范围涉及多个学科,参保者流动性较强,需将门诊慢特病费用进一步分解落实到学科,执行医疗保险用药目录和诊疗目录,由医疗保险管理部门统一审核、管理、考核,加强费用控制。

（2）单病种支付

单病种支付模式是指通过统一的疾病诊断分类,科学地制定出每一种疾病的定额支付标准,医疗保险经办机构按照该标准与住院人次向医院支付住院费用,使得医疗资源利用标准化,即医疗机构资源消耗与所治疗的住院患者的数量、疾病复杂程度和服务强度成正比。

单病种费用标准依据国际疾病分类标准和手术方式进行分类和标化,是按病种付费的过渡阶段。实施单病种付费需要完成三项基本任务:第一,需要确定各病种临床路径;第二,根据药品和医疗收费价格、临床路径,核算各病种的最低、最高、平均收费额度;第三,对各病种使用的药品和诊疗项目,测算其固定成本和不同服务量条件下的变动成本总额。在此基础上医院与医疗保险经办机构协商、谈判,确定各病种的支付额度。

单病种支付意味着医疗费用的控制由外部转为内部。通过诊疗常规、临床路径和回顾历史数据,可将单病种费用分成临床、麻醉科、手术室等部分,制定单病种考核指标,明确责权利关系,调动医务人员参与单病种管理的积极性和主动性。

（3）DRGs 支付

该模式被世界上许多国家的医疗卫生管理部门应用。支付标准的制定是按病种支付实施的保证。在制定病种住院费用标准时,应体现病种费用标准的科学性、完整性和准确性。我国对按病种支付标准的测定方法有以下几种:按诊断相关分类确定病种费用;以病种成本核算确定病种费用;以近三年或上年度病种平均费用作为依据制定病种费用。

二、医院医疗保险基金预算分解

预算目标的合理分解,可以使各学科目标保持一致和平衡,使医院预算管理规范化、科学化、精细化。预算一经批复下达,各学科应当将预算作为组织协调各项业务的基本依据,将年度预算细分为月份和季度预算,落实到各负责人、各治疗组、各环节和各岗位,确保年度预算目标实现;各预算执行学科形成全方位的预算执行责任体系,保证预算目标的实现。

医院预算指标的分解可以按照预算的空间维度和时间维度两种形式进行分解。

（一）按预算的空间维度分解

目标分解可以按照各级学科展开,也可以按照治疗组展开。按空间维度进行的分解可以分为自上而下的层层分解及自下而上的层层分解。

1. 自上而下的预算目标分解

预算组确定总体预算目标,然后将预算目标逐层分解到各学科。这种"自上而下"的分解能将医院的目标直接体现在医院医疗保险的预算之中,体现了预算的整体性和权威性。但由于对各治疗组的信息掌握有限,很容易让预算目标的分解脱离实际,使预算的可执行性降低,难以发挥其计划、协调、控制的作用。自上而下的预算目标分解方法主要包括:倒挤法、固定比例法、基数法、因素分析法和联合基数法。

(1)倒挤法

首先把不确定性较小的学科和治疗组的具体预算目标确定下来,然后在医院整体医疗保险基金预算管理目标中逐一扣除,逐步倒挤出医院内部各学科和治疗组的具体预算目标。

(2)固定比例法

指充分考虑医院内部各学科和治疗组以往在实现医院整体医疗保险基金预算管理目标中权重大小,合理确定一套固定的分配比例,据以将已经确定的医院整体医疗保险基金预算管理目标按比例分解、落实。

(3)基数法

是以各学科和治疗组上年完成预算目标或前几年完成预算目标的平均数为基础,预测预算期发展速度,在此基础上分解,确定预算目标的方法。这种方法简单易行,应用面广。

(4)因素分析法

指将有可能影响各学科和治疗组预算期间预算目标完成情况的各有关因素综合起来,采用一定的分析方法进行分析,最终合理分解,落实医院整体医疗保险基金预算管理目标,确定各学科和治疗组的具体预算目标。

这种方法需要分析影响医院的各种因素,看似准确,其实可靠性不强。一方面,它的分析计算工作量大,程序烦琐,效率较低;另一方面,由于不可能面面俱到,往往顾此失彼或者抓不住主要矛盾,从而影响目标分解的准确性和合理性。

(5)联合基数法

指医院在确定各学科预算目标时,预算组根据战略目标,对业务进行分析和预期,结合具体情况提出可行的年度目标,各学科在不低于预算组提出的指标基础上,提出自己经充分努力可以完成的指标。然后,以双方提出指标的算术平均数作为当年医院的基数指标。

2. 自下而上的预算目标分解

"自下而上"的预算分解是由各学科提供基础数据,预算编制组对这些基础数据进行汇总,确定预算目标总量,然后再分层分解到各个学科。这种编制流程虽然一定程度上解决了预算脱离实际的情况,但由于信息不对称,会导致预算目标编制有所保留或夸大。其主要方法是自主申报法。

自主申报法是指由医院医疗保险基金预算管理组召集各学科和治疗组成员,在说明预算期间医院整体预算管理目标和相关医院内外部环境的背景下,动员各学科和治疗组根据实际状况自主申报其愿意承担的份额,经过医院医疗保险基金预算管理组的修正,据以进行分解的方法。

(二)按预算的时间维度分解

将年度预算目标按照一定的流程方法评估、细化,编制到各学科后可按照如下方法分解到月度或季度:

1. 全年平均分摊法

是将年度预算目标按照预算期平均的方法均匀地分解到季度或月度。

2. 历史经验分摊法

参考历史经验分摊法是将年度预算参考往年的历史数据逐级、按时间顺序进行分摊。此种方法充分考虑到了各学科患者就诊的周期性、提供医疗服务业务的时间性差异等因素,使预算标准具有更强的可参考性。

三、医院医疗保险基金预算执行与控制

(一)医院医疗保险基金预算执行

医院医疗保险基金年度预算经医疗保险基金预算管理组审核批准后,仅仅是预算工作的开始。各有关预算执行学科必须认真组织实施,将预算指标层层分解,从横向和纵向落实到各学科,甚至是每个医务人员,形成全方位的预算责任体系。可将年度预算细分为月度或季度预算,以分期预算控制确保年度基金目标实现。预算的执行贯穿于整个预算年度的始终,主要包括以下几方面工作:

1. 确定年度预算,落实管理责任

医疗保险管理部门要将主管部门和财政部门最终核定的预算及时分解到各学科,同时要提出管理的目标、要求和责任。同时医疗保险管理部门要加强与各学科或治疗组的协作,合理控制指标,保证预算期间各阶段的基金平稳运行。

2. 维护预算权威,严控超预算支出

各学科在预算执行过程中要认真落实,积极采取各种措施控制超支,尤其是总额预付和按病种支付模式下,控制超预算支出尤为重要。要积极探索提高基金使用效率的方法。

3. 按照规定程序,调整预算

经批准的预算一般不予调整。但在执行过程中,发生如新医疗技术开展、突发重大公共卫生事件等情况,学科可按照规定程序进行调整预算的申请。

4. 适时检查、分析,确保年度预算顺利完成

在预算执行过程中,要定期分析各部门预算执行情况。检查分析的主要内容包括:各项预算的执行进度是否与计划和任务的进度相协调;各项费用是否按预算、按制度执行,有无滥用基金现象的发生;各项收费是否符合国家政策规定,有无应收未收或多收、乱收和错收现象发生。在检查、分析、考核的基础上,实事求是地总结预算执行过程中的经验,对存在的问题及时改进,以保证年度预算的顺利完成,为下一年度预算提供有益信息。

预算执行过程中要注意强化指标管理,根据业务开展情况,调节指标平衡,控制风险。对于预算指标内的,按计划执行;对于预算指标外的,按预算管理制度规范严格管理,加强控制。

同时,医院应建立预算报告制度,各学科定期报告预算在执行过程中的进展情况及存在困难。对于预算过程中发生的新情况、新问题及出现偏差较大的重大项目,预算管理部门应当帮助并通知有关预算执行学科查找原因,提出解决问题的办法。预算管理部

门应当利用报表和信息系统监控预算执行的情况，及时向预算管理组、预算执行学科通报预算的执行进度、执行差异及其对医院预算目标的影响等信息，促进医院完成预算目标，促成医院预算有力执行。

（二）医院医疗保险基金预算执行的控制

随着计算机信息技术的发展，医疗保险指标控制系统和预算管理信息系统的设计和应用解决了预算管理中的控制难题，在信息技术的推动下，医疗保险管理部门可以获得实时、动态的预算执行数据，从而与原预算数据相比较，起到控制的作用。预算控制分为事前、事中、事后三种方式。

1. 事前控制

又称前馈控制，是在业务活动开始之前进行的控制。管理过程理论认为，只有当管理者能够对即将出现的偏差有所觉察并及时预先提出某些措施时，才能进行有效的控制，因此事前控制具有重要的意义，它能有效避免一些偏差的出现。

2. 事中控制

又称同期控制，是指在采取行动执行有关控制目标或标准的过程中，即可及时获得实际状况的信息反馈，以供管理者及时发现问题，解决问题，采取措施，预防纠偏。事中控制可以通过医院医疗保险信息系统实现。

3. 事后控制

又称反馈控制，是一种在预算执行一段时间或结束后进行的控制，主要是预算分析及通报，为下一步计划的实施总结经验。

（三）医院医疗保险基金预算调整

预算调整是指医院在执行预算时，根据医疗保险政策的变化对医院、学科年度预算计划所做出的调整。预算是有刚性的，一般年度预算确定以后，原则上不可随意调整，但医院是具有公益性质的事业单位，国家大政方针、各级医疗保险政策、医药卫生政策对医院预算执行的影响较大，预算管理部门应当结合卫生、医疗保险形势的变化，对预算做出相应的调整。

学科根据自身的具体情况核定基金总额预算后，及时上报到医院医疗保险基金预算管理组，经过院办公会决议后发布实施。学科预算数据一经上报，一般不得随意调整，但学科在执行中由于突发公共卫生事件、医疗保险经办机构基金拨付方式调整、医院基础设施更新改造等情况，可向医院医疗保险基金预算管理组申请，经院办公会决议及时调整。预算调整按照发起对象的不同，分为自上而下和自下而上两种。

1. 自上而下的预算调整

自上而下的预算调整发起对象为医院医疗保险基金预算管理组，适合于当外部环境和内部条件等客观因素导致全局性重大变化的情况。调整流程如下：

（1）由医院医疗保险基金预算管理组提出预算调整意向；

（2）医疗保险管理部门编制预算调整申请表，提交预算执行情况分析报告，说明调整内容和原因；

（3）医疗保险管理部门上报预算管理组审议批准；

（4）预算管理组批准调整申请；

（5）医疗保险管理部门下达预算调整通知书。

2. 自下而上的预算调整

自下而上的预算调整发起对象为各学科，适用于当外部环境或内部条件等客观因素导致医院局部重大变化，且符合预算调整条件的情况（如图 8-2）。其调整流程如下：

（1）预算调整申请部门填写预算调整申请表（见表 8-2），分析本学科运行状况、执行环境是否发生变化，并提供详尽的预算执行报告、数据分析报告，说明调整内容和原因，提出预算额度和管理指标调整幅度；

表 8-2　某医院医疗保险基金预算调整申请表

申请学科	预算 控制指标	年初 预算值	截至×月 实际值	完成 预算额度	调整后 预算值
××科	次均费用			%	
	自付比			%	
调整原因					
医院医疗保险预算管理组讨论或院办公会决议	签字（盖章）或决议： 　　　　　　　　　　　　　　　　　年　　月　　日				

（2）医疗保险管理部门汇总材料，会同相关职能部门验证学科提供数据的准确性（如图 8-2），综合考虑各学科的床位、技术、设备等硬件方面的客观变化，以及外部环境、政策调整等宏观层面原因，对于医疗保险拒付率高、次均住院费用上涨过快的学科，要剔除不合理因素造成的超支；

（3）医疗保险管理部门根据验证的数据、有关政策、医院、学科的具体情况提出调整幅度，拟定调整方案；

（4）医疗保险基金预算管理组讨论提出调整建议；

（5）预算管理委员通过的预算调整报院长或院办公会通过，并以文件形式下达预算调整通知书至学科执行。

四、医院医疗保险基金预算的分析与考核

医院应当建立严格的预算考核制度，对各预算执行学科和个人进行考核，做到奖惩分明，预算的考核工作应在预算管理组领导下进行。年度结束后，对预算执行情况考核，对没有完成预算指标的学科分析原因，查找问题；对超出预算的指标，分析超预算的原因，是指标制订不科学还是情况发生了改变，或是控费管理未到位。要将预算实际完成情况，作为考核的主要依据之一。由于建立了绩效考核体系，签订了目标责任书，就为绩效考核和业绩评价提供了标准，便于对各学科实施量化的业绩考核和奖惩制度，以及对医务人员进行激励与管理。

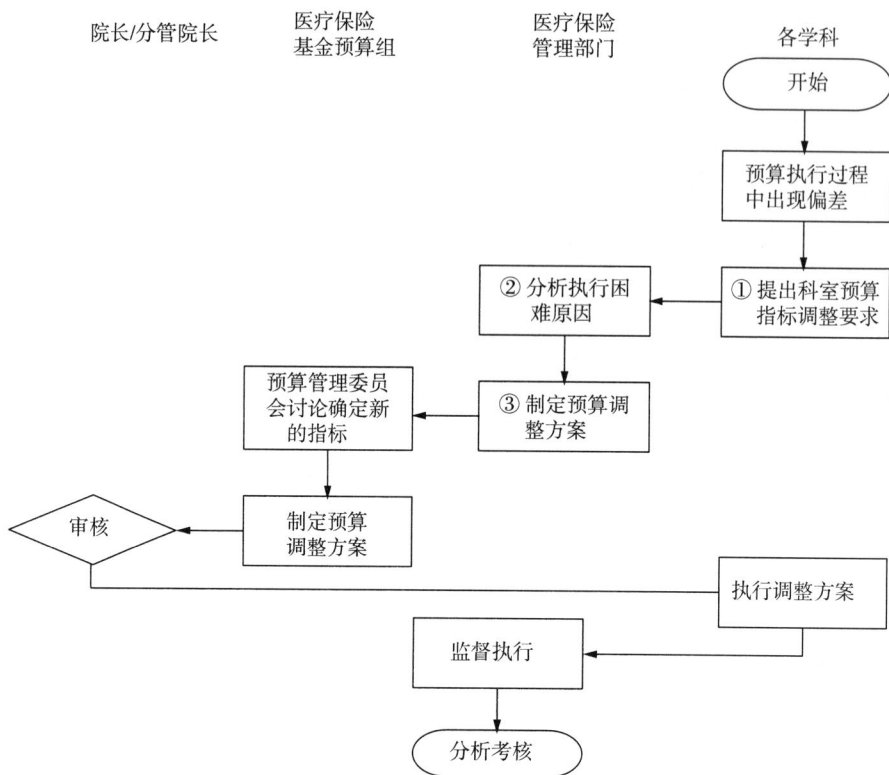

图 8-2　医院医疗保险基金预算调整流程

（一）医院医疗保险基金预算执行分析

预算分析主要是预算完成情况分析、差异分析等。在进行预算分析的过程中，需要考虑异常因素并将其剔除。分析的内容包括预算数与执行数的比较分析、图表分析等。医院医疗保险管理部门及预算执行学科应当收集有关业务、技术、政策、法律、财务等方面的信息材料，采用不同的分析方法，从定量与定性的两个层面反映预算执行的现状、发展趋势及存在潜力。针对预算执行偏差，应当充分、客观地分析产生的原因，提出相应的解决措施或建议，提交预算管理组研究决定、院办公会决策。

（二）医院医疗保险基金预算执行情况的分析方法

1. 差异分析法

对现象之间的差异或某一总体内部各组成部分之间的差异进行分析的方法。它包括两个总体之间或两个个体之间的差异。用来说明同一现象在不同总体之间或不同个体间的差异状况。差异分析法与平均分析法结合运用可以使我们对事物有更全面的认识。差异分析法可以反映现象分布或发展的均衡性、稳定性和节奏性；可以说明平均指标代表性的大小；可以用来评价两个总体或两个个体之间的差距程度，以说明工作的好坏；它是科学地进行抽样推断、统计预测应考虑的重要因素。一般用正值来表示，计算出来的数值越大，说明其差异越大。可以用来分析医疗保险基金收入差异、医疗保险成本费用差异等。

2. 趋势分析法

又称水平分析法,是指将两期或连续数期的统计报表中的相同指标或比率相比较,以确定其增减变动的方向、数额和幅度,揭示学科运行状况和预算成果增减变化的性质和变动趋势的一种分析方法。

具体做法是:编制比较报表,将连续数期的统计报表数据并列在一起,选择某一月份为基期,计算每一期各项目对基期同一项目的趋势百分比,或计算趋势比率及指标,然后再根据所形成的一系列具有可比性的百分数或指数,来确定各期执行状况的增减变化性质和方向。采用此法时,首先,在指标的选用和计算上应保持口径一致,否则分析就没有意义;其次,对于变动较大的项目或指标,应做重点分析;最后,应排除偶发性项目的影响,避免影响正常执行状况的分析。

3. 比较分析法

比较分析法是指通过两个或两个以上相关指标的对比,确定指标间的差异,并进行差异分析或趋势分析的一种分析方法。比较的基本表达方式一般有三种,即绝对数的比较、百分数的比较和比率的比较。通过比较分析,可以发现差距,确定差异的方向、性质和大小,并找出产生差异的原因及其对差异的影响程度,以进一步改善管理;将实际达到的结果与不同时期统计报表中同类指标历史数据相比较,确定基金的运行情况、变化趋势和变化规律,揭示学科医疗保险基金的利用潜力,为决策提供依据。

运用比较分析法时,为了分析计划或定额的完成情况,可将本学科当期实际指标与计划或定额指标相比较;若要考察学科医疗保险基金运行的变动情况和变动趋势,则以本学科当期实际指标与以前各期(上期、上年同期或历史最好水平等)同类指标进行比较。总之,在实际操作中,应根据分析者的分析目的和分析对象来决定需要哪些指标、多少指标以及采用哪种比较形式。而且,用于比较的指标应具有可比性,其比较的结果才有意义。

分析中最常见的三种比较分析法是:报表的比较、重要指标的比较、报表项目构成的比较。如果要进行分析,必然产生数据对比,一般包括实际数与预算数、实际数与周期实际数、实际数与上期实际数比较等。

4. 比率分析法

比率分析法是通过相对数指标的比较,对学科医疗活动变动程度进行分析和考察,借以评价学科医疗保险基金运行状况和运行成果的一种方法。比率分析法在统计分析中占有十分重要的地位,它也是比较分析法的一种形式,但它不是有关指标简单、直接的比较,而是将相关联的不同项目、指标之间相除,以揭示有关项目之间的关系,或变不可比指标为可比指标,或产生更新、更全面、更有用的信息。

不同的比率指标的计算方法各不相同,通过计算出来的各种比率进行分析,其分析的目的以及所起的作用也各不相同。根据不同的分析目的和用途,可将比率分为以下两类:

(1)相关比率

相关比率是指两个相互联系的不同性质的指标相除所得的比率。通过相关比率分析,可使财务分析更为全面、深刻。

（2）构成比率

构成比率又称结构比率，是指某项财务分析指标的各组成部分的数值占总体数值的百分比，反映部分与总体的关系。相应的计算公式为

$$构成比率＝指标某部分的数值／指标总体数值×100\%$$

利用构成比率与目标数、历史数、同行平均数相比较，可以考察总体中某个部分的现状和安排是否合理，充分揭示执行情况构成和结构的发展变化情况，以协调各项活动。

5. 结构分析法

结构分析法是指对系统中各组成部分及其对比关系的分析。如医院医疗保险基金收入中各收入类型的结构分析，如药品收入结构分析、耗材收入结构分析、大型设备使用结构分析等。

结构分析法是建立在比较分析法基础之上，简单的比较分析法仅显示了表象，尤其是同一项目类型不同学科之间的绝对数比较限定了对比的范围。因此，管理者应在比较法基础之上，扩大对比范围，运用结构分析做进一步比较。结构比率有助于揭示医疗资源结构分布是否合理、业务分部情况是否合理等问题，便于管理者进行调整，便于长期决策。其计算公式为

$$构成百分率＝某个组成部分数额／总体数额$$

结构分析法是在统计分组的基础上，计算各组成部分所占比重，进而分析某一总体现象的内部结构特征、总体的性质、总体内部结构依时间推移而表现出的变化规律性的统计方法。

结构分析法的基本表现形式，就是计算结构指标。其公式是：

$$结构指标（\%）＝（总体中某一部分／总体总量）×100\%$$

结构指标就是总体各个部分占总体的比重，因此总体中各个部分的结构相对数之和，即等于100\%。

通过结构分析可以认识总体构成的特征。如，2014年某三甲医院药占比48\%，耗材占比25\%，其他占比27\%。还可以揭示总体各个组成部分的变动趋势，研究总体结构变化过程，揭示现象总体由量变逐渐转化为质变的规律性。如，某地区近五年来药品比重第一年为52.86\%，第二年为48.38\%，第五年为34.73\%，表明医院收入结构的变化。

6. 因素分析法

在上述各种分析法中，比较分析法和比率分析法可以确定统计报表中各项指标发生变化的差异。但是，如果要了解形成差异的原因以及各种原因对差异形成的影响程度，则需要进一步应用因素分析法来进行具体的分析。

因素分析法，又称为连环替代法，是用来确定几个相互联系的因素对某个指标的影响程度，据以说明统计指标发生变动或差异的主要原因的一种分析方法。采用此法的出发点是，当有若干因素对分析对象产生影响时，假定其他各个因素都无变化，顺序确定每一个因素单独变化所产生的影响。

具体步骤如下：

（1）将分析对象——某综合性指标分解为各项构成因素；

（2）确定各项因素的排列顺序；

（3）按确定的顺序对各项因素的基数进行计算；

（4）顺序以各项因素的实际数替换基数，计算替换后的结果，并将结果与前一次替换后的计算结果进行比较，计算出影响程度，直到替换完毕；

（5）计算各项因素影响程度之和，与该项综合性指标的差异总额进行对比，检查是否相符。

7. 标杆分析法

标杆分析是指选择行业内或地区内具有代表性的医院作为比较对象，找出自身差距，提出改进措施，但这种对比往往涉及比较对象数据的获取。如医院和其他同等级医院进行药占比、耗材比、自付比、人均费用的数据比较。

（三）医院医疗保险基金预算考核

在一个完整的预算循环过程中，预算考核是对预算过程以及预算结果的评价与考核，是对预算工作的肯定。预算考核处于预算管理循环的末端，也是下一循环的开始。医院医疗保险基金预算考核由预算管理部门负责组织，考核依据是医院分解给各学科的预算指标。考核以定量分析为主，定性与定量相结合，做出评价、结论，形成书面文件，最后由医院医疗保险管理部门联合医疗保险管理委员会提交医院决策、奖惩。

医院预算考核指标体系是预算考核的核心，行之有效的考核指标体系是实现医院医疗保险基金预算管理的有力保障。医院应当从完整、规范的角度出发，设计合理的全面预算考核指标体系，从而确保考核结果的准确度和有效性。

1. 预算考核的内容

（1）医院的预算指标通过层层分解，形成各学科的目标。医院对学科的预算执行情况进行控制，并据以实施考核。

（2）月度、季度考核应以日常统计及报表数据为准，月度预算执行情况和其他执行情况为依据。考核内容主要为预算指标的完成情况，如次均住院费用、自付比是否达标，单病种定额是否超标等。考核结果可以与月度奖惩挂钩。

（3）中期考核以月度、季度预算执行情况分析表和中期预算执行结果为依据，并据此实施中期奖惩方案。考核内容主要是预算执行情况、预算完成情况、预算控制调整情况。

（4）年度考核以年度医院有关报表为依据。医院医疗保险基金预算管理组应从总体上分析比较预算执行完成情况，并据以执行年度奖惩方案（见表8-3）。

表8-3　某医院医疗保险基金学科预算考核指标设计

医疗保险类型		总控指标	月度预算执行考核	季度预算执行考核	年度预算执行考核
城镇基本医疗保险	省职工总额预付				
	市职工总额预付				
	居民总额预付				

（续表）

医疗保险类型		总控指标	月度预算执行考核	季度预算执行考核	年度预算执行考核
新农合	常见病/多发病				
	重大疾病				

2. 预算考核的流程

（1）每月初、季初、年初实施考核；

（2）医疗保险基金预算执行学科上报预算执行情况表，医疗保险管理部门收集学科执行预算的资料，集中统一分析各学科执行情况；

（3）医院医疗保险基金预算组对医疗保险管理部门提供的各学科预算执行情况进行审核，根据预算执行指标的完成情况给出考核评价考核建议，之后上报院办公会审批；

（4）审批后可以实施奖惩方案。

3. 预算考核的奖惩

（1）医院根据考核结果，对预算执行部门、学科及负责人和责任人进行奖惩；

（2）考核结果必须予以及时兑现，做到有奖有罚；

（3）医院除了对预算执行情况进行专项奖惩外，还必须将预算与年终考核、科主任聘任挂钩，以提高预算执行的效果。

五、医院医疗保险基金决算

年终，医院要根据医疗保险经办机构规定的表格样式、时间和要求编制年度医疗保险基金财务报告，即基金决算。基金财务报告包括当年发生的各类医疗保险的费用合计，以及情况说明书。财务情况说明书主要说明和分析基金的财务收支及管理情况，对本期或下期财务状况发生重大影响的事项，以及其他需要说明的事项。编制年度基金财务报告必须做到数据真实、计算准确、手续完备、内容完整、报送及时。

对医院来说，医疗保险基金决算报告应包括医院医疗保险基金的收入情况，如本年度医疗保险基金实际使用情况、人均费用、自付比等；医疗保险基金扣减情况；医疗保险基金预算执行情况，如决算数据和预算进行比较分析，发现存在的问题及建议；医疗保险经办机构规定格式的报表（见表8－4）。

表8－4　基本医疗保险年终决算确认表

住院统筹应支（＋）/收（－）	慢特病门诊应支（＋）/收（－）	医疗救助应收	补发补扣调整金额	决算后应支（＋）/收（－）
（1）	（2）	（3）	（4）	（5）

第三节　医院医疗保险基金的监督

医疗保险基金的风险比其他社会保险基金要高,为确保医疗保险基金的安全、合理、有效使用,依照有关法律法规,对社会医疗保险基金的预、决算,对基金运行管理的合法性、真实性、有效性进行监督检查,切实维护各方利益,预防风险。因此,需要建立健全社会医疗保险基金监督管理机制,对基金的运作进行有效监督。

一、医院医疗保险基金监督的原则

(一)法制性

医疗保险基金的监督必须依据现有的法律、法规,包括《中华人民共和国社会保险法》、人力资源和社会保障部门和卫生主管部门发布的医疗保险政策法规、地方性管理规范,财政、物价、药品监督等相关部门的规定。只有依法监督,才能保证监督的严肃性、强制性、权威性和有效性。

(二)安全性

对医疗保险基金的监督,要维护基金安全运行,确保参保者的合法权益,医疗保险系统顺利运行,避免基金损失。

(三)公正性

以客观事实为依据,以法律为准绳,综合运用各种管理方法,对医疗行为予以监督。按照公开原则,提高透明度,被监督者充分了解自己的权利、义务及责任,自觉维护基金安全。

(四)谨慎性

根据医疗保险基金安全性、效益性原则,合理设置有关考核指标,进行评价和预测,最大限度地控制风险,促进医生自我约束。监督工作需谨慎评价及处理,做到宽严适度,创造良好的管理环境。

(五)科学性

医疗保险基金监督管理是一门不断发展和完善的管理科学,要建立严密适度的监督法规体系和科学规范的监督指标体系,运用先进的计算机技术,如智能审核系统,不断提高监督效率。

二、医院医疗保险基金监督的内容

(一)政策执行情况

基本医疗保险是我国社会保险制度的重要组成部分,是一项难度很大、政策性很强的工作,它涉及参保者医疗保险权益,还直接影响改革、发展和稳定的大局。因此,依法合理使用基金是基本医疗保险管理的一项重要内容,基本医疗保险工作必须坚持国家的有关法律、法规和方针、政策。政策执行不到位,将直接影响医疗保险基金的安全。《中华人民共和国社会保险法》明确指出,"严禁各种形式骗取社会保险基金"。医院应当落实政策,加强对参保者和医务人员行为的监督,防止套取、骗取、串换等行为造成的医疗保险基金损失。

(二)预、决算情况监督

监督医院医疗保险管理部门编制的年度预算的执行情况、各学科考核指标完成情况,监督检查决算报告的完整性、客观性,以及决算数据的真实性等。

(三)基金收入监督

医疗保险基金的支付方式分为预付制和后付制两种。预付制下,医院达到医疗保险经办机构设置的控制指标,即可获得医疗保险基金的支付。后付制下,医院面临的风险是医疗保险经办机构长期不向医院拨款。医院医疗保险管理部门应当建立对账机制,针对每月发生医疗保险资金变动及时核对、追欠,对各级医疗保险经办机构进行的拒付,要分析原因并向全院通报,避免医院医疗保险基金损失。

三、医院医疗保险基金监督体系

建立行政监督、专业监督、社会监督和内部监督四位一体的全方位监督体系,加强对医疗保险基金使用、支付和管理的全程监督。

(一)内部监督

主要是指根据《中华人民共和国社会保险法》和《基本医疗保险医院协议》建立健全医院业务流程,明确内部管理制度,定期或不定期对基本医疗保险基金的使用情况进行监督自查。内部管理是基本医疗保险基金管理监督机制的基础环节,必须加强规章制度建设,按照运作规范、管理科学、监控有序、考核严格的要求,建立起岗位之间、业务环节之间相互监督、相互制衡的机制。

内部监督的主要执行者是医院管理者;其主要监督对象是医院的各项医疗保险事务;其主要依据是现有的法律规范和医院医疗保险运行的规章制度;主要目的是保障医院医疗保险各项业务的正常开展,坚决杜绝套取、骗取医疗保险基金的行为。内部控制在一定程度上提高了医院医疗保险工作的安全性和可靠性,减少了医疗保险业务开展过程中各种风险和安全隐患。

(二)行政监督

行政监督是医疗保险基金监督机制的主要环节,包括人力资源和社会保障部门、卫生主管部门的监督。人力资源和社会保障部门主要就城镇基本医疗保险基金预算、决算进行审核,对基金的运行情况进行监督。医院医疗保险管理部门要按照相关规定按时报送基本医疗保险基金预、决算及执行情况,发现问题及时纠正,保证基本医疗保险基金运行健康、有序。卫生主管部门主要就新型农村合作医疗基金的运行情况进行监督。医院及时报送统筹基金使用情况,对单病种加强管理,发现问题及时更正。

(三)社会监督

通过社会力量,对医院医疗保险基金的使用情况进行监督。医院应根据实际,采取适当方式向社会公开,主动接受社会各界和参保者的监督;落实举报制度,确定举报电话、信件的受理责任人,对参保者举报的情况要认真梳理,积极查办,对查证属实的违规行为,要依各项规章处理。加大宣传力度,通过各种形式向社会宣传加强医疗保险医疗行为监督的目的、意义和要求,对典型案例可组织新闻媒体进行追踪报道,建立起人人关心医疗保险基金的良好社会氛围。

(四)专业监督

构建专业技术指导监督体系。探索聘请医疗保险专家、专业保险机构,定期或不定期对医院医疗保险基金运行情况点评。监督医疗收费行为,控制医药费用的不合理增长,维护基金安全。

第九章　医院医疗保险信息管理系统

第一节　医疗保险信息管理系统概述

医疗保险信息是反映医疗保险活动过程的发生、发展、结果及其影响因素的定性和定量化数据、情报等。与其他管理一样,在医疗保险管理工作过程中贯穿着人流、物流和信息流,医疗保险信息管理是医疗保险管理的基础,是计划和决策的依据,也是组织和协调的重要手段和控制工具。医疗保险信息管理系统包括医疗保险经办机构医疗保险信息管理系统、定点医院和定点药店的医疗保险信息管理系统,本节主要对定点医院医疗保险信息管理系统进行阐述。

一、医疗保险经办机构信息管理

（一）医疗保险经办机构医疗保险信息系统构成

医疗保险经办机构医疗保险信息管理系统通常包括两部分:医疗保险核心系统（中心数据库）和医疗保险结算系统（定点医院端）。医疗保险核心系统负责管理参保者的基本档案、医疗保险基金的征集和管理,制定各种参数标准;医疗保险结算系统则根据医疗保险核心系统提供的 IC 卡状态、参保者的类别、医疗保险的支付标准及参保者的个人账户、统筹基金支付情况来完成医疗费用的结算。因此,医疗保险中心数据库与医院有效连接,使参保者情况、账户信息及相关政策信息数据实时同步,是医疗保险信息管理系统的一个重要环节。

（二）金保工程、国家新农合信息平台与医疗保险信息系统

1. 金保工程和国家新农合信息平台简介

2002 年,党中央办公室 17 号文件《国家信息化领导小组关于我国电子政务建设指导意见》出台后,电子政务社会保障工程人力资源和社会保障信息系统分工程（简称"金保工程"）被列入国家"十五"期间重点发展的"十二金工程"之一。金保工程是指利用先进的信息技术,以中央、省、市三级网络为依托,支持人力资源和社会保障业务经办、公共服务、基金监管和宏观决策等核心应用,覆盖全国的统一的人力资源和社会保障电子政务工程。金保工程所管理的信息包括就业、医疗、工伤、生育和失业五项社会保险业务,通过信息系统将各类信息有机组合,可充分发挥人力资源和社会保障体系的整体效益。

2006 年,原国家卫生部发出《关于新型农村合作医疗信息系统建设的指导意见》,意见中提出要在 2～3 年内建立起与新农合制度发展相适应、与建设中的国家卫生信息系

统相衔接、较为完备和高效的全国新农合信息系统。在各级新农合管理部门、经办机构、定点医疗机构以及其他相关部门间建立计算机网络连接,实现网上在线审核结算、实时监控和信息汇总,实现新农合业务管理的数字化、信息化、科学化,提高新农合工作效率和服务水平。

2. 金保工程和国家新农合信息平台对医疗保险信息系统的要求

医疗保险信息化建设是人社及卫生信息化建设的重要组成部分,以相关信息数据的获取、共享和整合为核心,以信息安全为基础,涵盖医疗保险领域的各项信息化建设内容。医疗保险信息系统是各项应用于医疗保险领域的信息技术体系,包括由各类应用软件组成的软件体系,以及技术标准规范和支撑软件运行的计算机硬件、网络和通信设备等。

医疗保险信息系统的建设工作应按照人社及卫生信息化建设的总体规划,依托金保工程和国家新农合信息平台建成的基础设施,建设服务于医疗保险领域的应用软件体系,完善相关应用软件的业务功能、运行环境和基础设施,支持各类各级医疗保险经办机构的业务经办,并提供统一的社会化服务和管理。医疗保险信息化建设以构建全国一体化的医疗保险信息系统为最终目标,建设内容包括统一的数据中心、信息网络、业务应用软件、运行环境等方面,以及集成相关应用软件、信息资源的建设方案和技术平台。

3. 我国医疗保险信息系统发展现状及未来趋势

我国医疗保险信息系统主要由人力资源和社会保障部主导的金保工程、国家卫生和计划生育委员会主导的国家新农合信息平台组成,这两大信息系统极大地促进了我国医疗保险业务的科学化和信息化管理水平,提高了我国医疗保险管理效能。但由于目前城镇职工和居民医疗保险、新型农村合作医疗分属不同部门管理,制度不统一,信息系统缺乏统一建设规划,无法互联互通。在全民医保的形势下,发展趋势应是构建一体化医疗保险体系,整合各项资源,实现跨区域结算。同时,医疗保险信息化涉及众多的关系,医疗保险经办机构、医院、IT厂商等必须密切联系,共同规划、协调配合,才能使整个系统有效运行。

二、医院医疗保险信息管理

(一)医院医疗保险信息管理系统概念

医院医疗保险信息管理系统是一个以提高医院医疗保险信息管理效率及科学决策为目的,由人、计算机技术及数据信息等要素组成的以医疗保险信息的收集、处理、存储、传输和利用为主体的有机整体。它是医院信息系统(Hospital Information System,简称HIS)的一个组成部分。医院医疗保险信息管理系统可监测医疗保险运作中的各种情况,利用过去及现在的数据预测未来,从全局出发辅助医院进行决策,利用信息控制医疗保险运行,帮助医院达到医疗保险管理目标。

(二)医院医疗保险信息系统建设的意义

医院医疗保险信息管理系统通过对整个医疗保险运作中的信息收集、传输和处理等,为医院管理者提供决策支持,为医院医疗保险管理部门提供高效的工作手段,为参保者提供便捷的信息服务。由于医疗保险管理和业务操作本身的复杂性,决定了医疗保险管理和业务实施信息化的必要性和紧迫性。建立医院医疗保险信息管理系统的意义主要有以下几个方面：

1. 提高医疗保险业务办理效率和质量

医疗保险业务政策性强、涉及面广、数据多、信息管理工作量大。每一笔医疗保险业务的办理，如参保者身份的审核登记、待遇享受、结算支付等，都需要许多复杂的计算和重复的劳动。靠手工处理医疗保险业务，很难确保高效率和高质量。信息系统的建立，可以一次输入数据，自动处理，数据共享，避免重复劳动，保证数据准确性，从而实现医疗保险精准可靠地实时结算。计算机的高速度和准确性，也使得快速精确查询各种社会医疗保险信息成为可能。同时，也有利于标准化和规范化管理，提高医院医疗保险管理工作的效率和质量。

2. 实施医疗保险科学管理、分析和预测

在手工处理信息的时代，科学管理、分析和预测非常困难。信息系统的建立可以为医院医疗保险管理部门进行上述工作提供基础条件，可以根据信息系统提供准确、及时、系统、完整的医疗保险信息资料，对医疗保险各个环节和总体运行状况进行科学的管理、分析和预测。

3. 实施医疗保险有效监督

医疗保险基金的合理使用需要有效的监督，只有建立起有效的信息系统，才能使得监督真正成为可能。信息系统可以判断并提示医嘱是否在基本医疗保险用药、诊疗和耗材目录范围；可以根据疾病的诊断确立用药范围，杜绝大处方、人情方等违规行为；医院医疗保险管理部门可以通过查阅参保者电子病历、登陆医生工作站和护士工作站，了解参保者诊断治疗的全过程，从而可以对医疗保险基金的使用实施有效的监督。

4. 发展完善社会医疗保险制度

社会在不断发展，不同的时期，基本医疗保险的功能定位和需求也会不同，因而必须根据社会的发展和人民群众不断增长的健康需求去调整，主动适应这种变化和需求，不断创新机制和管理。要做到这一点，就必须充分了解和掌握有关医疗保险的运行情况及社会对医疗保险需求的信息。医院医疗保险信息系统的建立可以更加有效地收集这些信息，满足社会医疗保险发展完善的需要。

（三）医院医疗保险信息管理系统发展历程

1. 国外医院医疗保险信息管理系统发展

国外很多国家在建设医院医疗保险信息管理系统的长期实践中，积累了丰富的实践经验和理论成就，其开发应用呈现出信息化、跨地区、资源共享、业务应用综合的发展趋势。这些对完善和提高我国的医院医疗保险信息管理系统，具有很好的借鉴意义。

在20世纪50年代，美国率先把计算机技术应用于医学领域。20世纪70年代，医院信息系统开始向小型机系统与微机系统方向发展。进入20世纪90年代后，现在医院信息系统初具雏形，能够把医生的诊断、医嘱及住院病历信息等管理起来。随着互联网的出现，医院的网络化管理已经成为趋势。现在美国医院信息管理系统的技术已经相对成熟，制定实施关于医疗保险信息化的相关法律、法规和标准。1987年美国国家标准局（ANSL）颁布了《卫生信息传输标准》（Health Level Seven，简称HL7），在此基础上，为使更多的医疗机构尽快进入数字时代，美国展开了一系列的立法，包括对数字化健康信息的安全保护程序做了具体规定的《健康保险改革：安全标准最终规则》，规定可以用广域网来处理患者资料的《健康保险改革：电子交流标准》法案等，从而规范了医疗保险标准条例，统一了编码等，促进医院医疗保险信息化管理的完善。

欧洲的医院医疗保险信息管理系统的研究与应用开始于 20 世纪 70 年代，但发展并不逊色于美国，主要在医院的联合管理及医疗共享上走在前列，如"红色系统"（由丹麦政府支持实现）能够同时管理七十多所医院及诊所。

韩国医疗保险信息化起步较晚，但也已完成了卫生信息系统计划。目前工作重点则放在标准化和司法问题（如隐私、远程医疗等方面的立法）等信息化基础工作，以及公立医院与私立医院系统的整合。在政府的强力推动下，该国 95％的医院和诊所通过网络链接了国家医疗保险部门进行结算，大多数医院已经安装了医嘱录入系统，其中三分之一的医院安装了图片文件传输系统。

由此可见，国外的医疗保险信息化程度越来越高，并不断向标准化、共享化、规范化推进。这些都是值得我国学习和借鉴的经验。

2. 我国医院医疗保险信息管理系统发展

在我国，随着社会信息化进程的加快，拥有功能完整的医院医疗保险管理系统已经成为衡量一个医院综合实力的重要标志。在不同的历史阶段，系统开发人员根据当时的计算机和网络通信技术、数据库技术、信息存储技术，研发出了适合不同政策、不同技术水平的医疗保险信息管理系统，使其能够真正为医疗、医疗保险管理服务。概括来讲，医疗保险信息管理系统的发展大体经历了以下三个阶段：

(1)单机独立运行阶段(1994—2000 年)

在这一阶段，由于受到当时计算机信息处理技术、网络技术、计算机和网络设备价格等因素的制约，大多数的医疗保险信息管理系统都采用单机独立运行技术方案，硬件平台是 286 或者 386 计算机，系统软件平台一般采用 FOXBASE 或者 FOXPRO 单机版数据库。系统规模小，功能简单，且未能与医疗保险经办机构联网，只能完成一般的账户数据管理和医疗费用手工报销、批处理和统计功能。

(2)客户机服务器阶段(2000—2011 年)

随着计算机信息处理技术、网络技术的发展，在这一阶段，计算机和网络设备价格进一步降低，网络技术迅速在中国普及，大多数的医疗保险信息管理系统开始采用客户机/服务器(C/S)技术方案，硬件平台是客户机采用奔腾及以上层次计算机而后台采用服务器，信息传输采用局域网络，后台服务器安装 UNIX 或者 Windows 2000 操作系统作为数据库支撑平台，数据库采用 DB2、ORACLE、SQL - SERVER、INFORMIX 等大型数据库。

医疗保险业务处理通过在前端客户机上安装客户端软件来完成，采用网络通信方式作为后台服务器和前端客户机数据信息传输模式，采用 IC 卡或者磁卡存储个人就诊的所有信息。系统规模大、功能完备，与医疗保险经办机构医疗保险信息管理系统建立了实时数据交换接口，具有账户数据管理和医疗费用报销、统计、数据安全、医疗保险诊疗业务管理，参保者住院费用网上实时结算等功能。医疗保险信息管理平台要求兼顾医疗保险业务开展现状和发展趋势，具有通用性强、组件化、多平台、可拆可合等特性，使全面解决方案跨越了时间和空间的限制，能够对政策调整及不同地方、不同层次的业务需求做出快速反应,从而能够方便快捷地完成与各地医疗保险信息系统的搭建,使系统具有建设周期短、建设资金集约化的特点。系统平台在硬件上采用双机服务器热备、磁盘阵列数据安全备份和恢复等技术,支持 DDN、PSTN、X.25 等多种有线、无线局域和广域网络通信方式;软件上后台采用 UNIX 系列操作系统和 ORACLE 大型数据库平台,前台采用界面友好的 Windows 系列操作系统;应用软件采用国际流行的三层甚至四层应用架构,采用组件化设计,提供开放的数据接口,涵盖所有的社会保障业务,实现医疗保险经办机构的互通互连,满足各种医疗保险业务处理需求。

(3)大数据云计算阶段:发展趋势(2011年以来)

随着计算机技术、网络技术、通信技术、互联网技术的迅速发展在医院医疗保险信息管理系统中的普及,医疗保险信息管理系统在工作过程中产生了大量的数据,这些数据蕴含着大量有价值的信息。面对如此大量的数据,传统的数据分析方法,如数据检索、统计分析等只能获得数据的表层信息,不能挖掘其内在的、深层次的信息,管理者面临着数据丰富而知识贫乏的困境。在大数据和"互联网+"时代,医疗保险管理面临前所未有的机遇和挑战,如何利用新的计算技术,从这些海量数据中提炼出对管理者有价值的信息,这是医疗保险信息管理系统未来的发展和完善方向。

云计算是由分布式计算、并行处理、网格计算发展来的,是一种新兴的计算模型。云计算其实就是一种信息技术基础设施的交付和使用模式,通过网络以按需、易扩展的方式获得所需的资源(硬件、平台、软件)。通俗的理解是,云计算的"云"就是存在于互联网上的服务器集群上的资源,它包括硬件资源(服务器、存储器、CPU 等)和软件资源(应用软件、集成开发环境等),本地计算机只需要通过互联网发送一个需求信息,远端就会有成千上万的计算机为你提供需要的资源并将结果返回到本地计算机,这样,本地计算机几乎不需要做什么,所有的处理都由云计算提供商所提供的计算机群来完成。云计算技术能够充分提取整合医疗保险运行中产生的大量数据,从而给管理者提供有效的决策信息,按照管理者的要求自定义获取所需信息。

云计算中的信息技术即服务的思想,能有效地解决医疗保险信息管理系统中医疗保险管理的信息技术困境,减少信息技术的投入和风险,能够以较少的投资和最短的周期获得信息技术交付,提高医院医疗保险管理部门对医疗保险运行的掌控能力。同时,一线医务人员可获得更加专业、更加贴合实际的医疗保险信息技术解决方案,而且,云计算服务平台的供应商,可以根据各级医疗保险经办部门的不同政策需求和云计算技术的发展状况,持续地对提供的软件服务进行维护,保持云计算服务的先进性。

目前我国不同的医疗保险险种筹资额度、报销比例、药品目录等不统一,这种医疗保险政策标准的不一致导致了医院统筹规划和建设信息系统遭遇重重阻力,统一信息系统建设的进程难以有效推进,而采用云计算技术能够保证在按照统一标准实现信息系统建设的同时,保留各医疗保险险种自身的不同标准和特色。

此外,在医院进行集团化扩张的过程中,可以采用云计算的技术将所有的 IT 基础设施全部收归医院总部,机房建设、硬件维护、网络建设、系统升级等工作全部由总部统一完成,各分院区根据各自的需要,向总部通过互联网获取存储和计算资源,进行符合自身条件和特点的业务系统开发,可以随时获取,按需使用,随时扩展,并且不需要考虑过多的硬件扩容和维护升级问题。这样既保障了数据的统一和标准,也可以提供丰富的业务系统,同时保障了数据的安全和降低了建设投资的成本。

(四)医院医疗保险信息管理系统功能

1. 收集存储

对原始数据的收集存储,即将各个时间段和业务层次上分散的原始数据(如出入院信息、医疗费用信息等)集中起来,通过一定的输入设备(如键盘、读卡器、影像传输系统等)将原始数据输入计算机并储存起来,以备后期使用。数据收集存储是整个数据处理的基础,不但要注意存储数据信息的物理介质,又要注意存储的逻辑关系等,这样才能有效地提高医院医疗保险信息管理系统的安全性及工作效率。

2. 查询分析

对进入医院医疗保险信息管理系统中的各种数据进行分类、合并、汇总、统计计算等,从而产生满足不同管理层次需要的有用信息。

3. 提取处理

对数据进行提取处理是医院医疗保险信息管理系统的核心功能,系统的加工处理水平越高,越能满足不同管理层次对信息的需求。根据用户的不同需求,以不同的形式将信息进行提取处理。提取处理后的信息是否准确、直观、易懂等,均会影响医院医疗保险信息管理系统的使用效果和功能的发挥。

4. 费用结算

将医院医疗保险信息管理系统所产生的参保者个人信息、住院费用、出院诊断等上传给医疗保险经办机构结算系统,经过结算系统结算后,生成结算数据返回医院医疗保险信息管理系统,医院据此给参保者结算报销。整个数据交换过程中保证传输真实、准确的数据,是医疗保险经办机构资金拨付的依据。

5. 监督预警

医院医疗保险信息管理系统对医疗保险业务中每一个过程、环节及具体工作的运行情况进行监控、督查、比较计划与执行的偏差。根据比较分析结果对管理工作进行控制,超出警戒值时发出警示,提醒系统用户重视,以达到预期的目的。

6. 决策支持

根据过去和现在医院医疗保险管理过程中的各种数据,运用各种数学方法及模型,开展预测和决策分析,得到大量与决策有关的信息,从而协助医院医疗保险管理者做出正确的决策。

第二节 医院医疗保险信息管理系统建设

一、医院医疗保险信息管理系统建设的目标和要求

(一)目标

以全面提高医院医疗保险管理能力和服务水平为目标,紧密围绕医疗保险管理的重点工作和发展方向,建立比较完备高效的与医疗保险事业发展相适应、与各级医疗保险经办机构医疗保险管理系统相衔接的医院医疗保险信息管理系统;以适用、及时的数字和文字信息为基础,以客观科学的分析为手段,为医疗保险工作重大决策和政策制定提供信息支持,为广大参保者提供医疗保险信息服务。

（二）要求

医院医疗保险信息管理系统建设是一项复杂的系统工程,具有政策性强、涉及面广、信息流量大、数据交换频繁等特点。医疗保险信息系统的建设要从社会保险管理系统的总体目标出发,把医院医疗保险信息管理系统作为医院信息系统的一部分来考虑。这要求医疗保险的信息化建设做到最大限度地利用现有人员、数据、设备资源,以避免系统重复建设带来的浪费,适应今后统一的医疗保险经办机构的管理要求;要充分考虑到社会保险业务发展的方向,为后续扩展其他险种留有余地,要防止各险种单独建系统所增加的成本;要做好医院医疗保险信息管理系统同医疗保险经办机构医疗保险信息管理系统、银行信息系统等系统的接口处理,并保持自身的独立性。具体有如下几点:

1. 统一规划、分步实施

医院医疗保险工作起步相对较晚,业务管理尚待规范,政策、目录、业务流程的调整不可避免,计算机技术也在不断发展,因此要求信息系统一步到位是不现实的。应根据医院的具体情况,确定合理的技术方案、投资规模和阶段性目标,并充分考虑医疗保险业务发展对信息系统的影响,统一规划、分步实施。

2. 整合资源、技术适宜

医院医疗保险信息管理系统的推进工作必须符合人社及卫生部门的整体部署,在实施过程中更要立足于长远发展,所使用的各种信息标准要尽量向国际标准、国家标准和部颁标准靠拢,高标准、高起点,以适应今后发展的需要。信息技术的发展日新月异,其功能性指标也越来越高,系统保持一定的先进性,才能经受得起时间的考验,保证采用的技术不会在短期内被淘汰。医疗保险不断地发展要求信息系统必须留有一定的发展扩充空间,以适应系统的扩充和升级;应用软件的模块化程度要高,对不同业务流程和管理方式的适应能力要强,软件维护方便;贯彻面向最终用户的原则,建立友好的用户界面,使操作简单、直观、灵活,易于学习掌握。

在医院医疗保险信息管理系统建设中,要充分利用已有的计算机网络资源和信息资源,避免重复建设和资源浪费。由于各类医疗保险制度设计和实施模式尚不统一,因此,要在系统建设实施前和实施中对业务流程不断调整和完善,用科学的业务流程优化信息系统建设,利用高效的信息系统使业务流程更加规范。具体要在各类医疗保险信息系统规范的前提下,充分考虑未来发展需要并结合实际,合理选择适宜的技术方案、投资规模和阶段性目标,并探索与当地银行、公安身份系统的资源共享与信息交流,使相关信息得到充分有效地利用。

3. 规范管理、确保安全

系统建设要以满足医疗保险工作的业务需求为主要目标,采用稳定可靠成熟的技术,保证系统长期安全运行;系统中的软硬件及信息资源要满足可靠性设计要求,建设方案以实际可接受为尺度,避免盲目追求新技术。医疗保险工作涉及广大参保者的根本利益,直接关系到社会稳定和经济发展,系统必须具备高稳定性和高安全保密性。因此系统必须遵循有关信息安全标准,具有切实可行的安全保护和保密措施,以及对计算机犯罪和病毒的防范能力,确保数据永久安全。

二、医院医疗保险信息管理系统构成

医院医疗保险信息管理系统是各项应用于医疗保险领域的信息技术体系,包括由各类应用程序组成的软件体系,以及技术标准规范和支撑软件运行的计算机硬件、网络和通信设备等。

(一)硬件

硬件包括网络服务器、UPS不间断电源、千兆路由器、普通台式计算机、平推针式打印机、激光打印机、读卡器等。

(二)软件及接口设计

软件包括多个模块,有医疗保险报销模块、借还款管理模块、统计结算模块、系统设置与维护模块等。

在接口设计中,如何按照医疗保险的规定内容,将医院信息系统和医疗保险经办机构医疗保险信息系统结合起来,使之成为一套完整的有机整体,既符合政府要求又满足医院系统的正常工作,成为医院信息管理工作的重点。现行医疗保险制度的诸多特点决定了只有做好两个系统的接口系统设计,实现医院信息系统与医疗保险经办机构医疗保险信息系统的有机结合才能有效地实施医疗保险政策。

要保证接口对接的成功,首先要做好数据的提取工作,提取的数据要保证准确,要和医院信息系统中的数据保持一致;其次,要做好两个系统中的项目字典的关联工作,保证项目字典相互对照一致,确保数据导入医疗保险系统后能正确识别。

(三)医院医疗保险数据库

医院医疗保险中心数据库是医院医疗保险信息管理系统的核心部分,服务于医院医疗保险管理,主要存储以下数据:

院内参保者基本情况的基础数据和统计、汇总数据;院内参保者医疗保险基金使用情况的全部详细数据和统计、汇总数据;院内参保者实际医药费用发生和构成以及报销情况的全部详细数据和统计、汇总数据;各类医疗保险经办机构的基础数据和统计、汇总数据;向医疗保险经办机构上报的反映医疗保险基金筹集和使用、参保者费用报销情况的统计汇总数据以及反映社会经济基本情况和医疗保险运行与管理的各项数据;在医疗保险业务管理、监督和决策中所需要收集的其他数据。医院数据库的数据各类业务子系统,除了常用的数据能够获取外,同时具备必要时通过HIS获取各类业务子系统数据的能力。

第三节　医院医疗保险信息管理系统应用

由于医疗保险系统运营的复杂性,以及社会对医疗保险需求的层次性和多样性,医疗保险信息系统所包含的内容也不尽相同。一般来讲，医院医疗保险信息管理系统由四大部分(子系统)组成，即医院医疗保险基金结算系统、业务管理系统、决策支持系统、宣传服务系统等，每个系统又进一步分解为若干子系统。

一、医院医疗保险基金结算系统

(一)门诊医疗保险基金结算系统

医疗保险门诊结算系统主要验证参保者身份的有效性，关联就诊卡与社保卡，登记患者医保信息，上传挂号或门诊诊疗项目，结算成功后打印收费收据和结算支付清单。这些功能通常由门诊收费划价模块、退费处理模块及打印票据模块来完成。

根据门诊管理要求，开发通用外部接口管理系统，除了通过解扣子管理系统实现与社保、银行等数据实时交换外，还应提供向各级医疗保险经办机构数据指标上报取数要求。

(二)住院医疗保险基金结算系统

医疗保险住院结算系统主要是参保者完成医院信息系统端的住院医保身份登记后，同时将相关住院登记信息上传医疗保险中心确认，对参保者在住院期间所用的药品或进行的检查、治疗等各项费用的录入。出院结账前，补充上传病人的出院日期、出院诊断等有关信息，结算完成后，在医院信息系统端和医疗保险经办机构端作相应的出院处理，打印收费收据和结算支付清单。这些功能主要由住院登记模块、数据修改模块、费用录入模块和出院结算划价模块来实现。

二、医院医疗保险业务管理系统

日常业务功能是指医院处理日常诊疗和基本数据的管理业务。本功能是医疗保险信息数据的主要数据采集点之一，包括：

(一)医疗保险查询系统

医疗保险查询系统主要是查询社会保障IC卡中该人的基本信息以及各医院所发生的费用及医疗保险结算明细；查询参保者每次费用发生的明细情况及费用汇总金额等。这些功能主要由IC卡查询模块、收费明细查询模块、催款单查询模块和个人档案查询模块来完成。

(二)医疗保险字典维护系统

医疗保险字典维护系统用于维护门诊收费及住院收费系统的标准编码库，主要包括：

1. 药品库

药品库的建立和维护要严格按照《基本医疗保险药品目录》执行。

2. 检查诊疗项目库、服务设施库

按照基本医疗保险诊疗项目及基本医疗保险服务设施和支付标准的规定，进行数据库的创建和维护。

3. 疾病分类库和手术、病理等的编码库

按照世界卫生组织颁布的ICD-9(或ICD-10)标准库编码及维护。

　　标准数据库由医疗保险经办机构制定,医院不能修改。除了在一个统筹区内统一的数据库,系统还提供基本医疗保险药品目录或诊疗项目之外的,只限于本院使用的药品目录和诊疗项目创建和维护,如增加新药等功能,其相应的项目如规格、剂型、单价、收费标准等也由医院制定、修改;在不超过基本医疗保险目录规定的范围以内,针对使用不同别名、简称或不规范名称的,但又被本地大多数人认可的药品,为方便医务人员和参保者而提供药品异名维护功能。

　　根据医院的具体情况,将医院信息系统使用的疾病编码、收据项目类别、药品和诊疗项目目录的标准与医疗保险经办机构目录匹配,建立对应关系字典,根据政策进行必要的增加、删除和修改。由于涉及医院和医疗保险经办机构的结算,也关系到参保者的切身利益,因此对应关系字典应当做到有据可循。

(三)医疗保险申报系统

　　医疗保险申报系统主要是住院参保者的费用明细应及时上传医疗保险经办机构,每日定时自动批量上传,未能上传的明细记入日志文件,以便及时分析上传失败的原因;出院结账前手工上传当日发生的未上传费用明细。医疗机构根据本医院的实际,选择与医疗保险机构的数据通信方式,备用通信线路的启用,数据交换效果的验证,以及数据上传、数据报盘、数据重发、数据的导入导出等功能,以保证医疗保险基本信息的完整、一致。具体包括:

　　1. 统计上报

　　每月统计各类参保者结算单据,形成统计报表,上报各级医疗保险管理机构,以便医疗保险费用的拨付,双方报表必须核对无误。

　　2. 审批业务

　　审批包括特殊业务和转诊转院审批。特殊业务是指需经医疗保险经办机构审批同意后其费用才能列入基本医疗保险支付范围的业务项目,包括特殊检查、特殊治疗和特殊用药。转诊则指转往外地就医,会涉及外地医疗费用报销。

　　3. 费用管理

　　包括医疗保险拨付费用和拒付费用管理,将医院统计上报的申请拨付费用与医疗保险实际拨付费用、缓拨费用、拒付费用登记汇总,加强对拒付费用的管理。

(四)医疗保险报表系统

　　医疗保险报表系统处理日常各项费用如医疗保险费用收入、支付等账目的记账、转账等;个人账户和统筹基金账户经费支出及查询;生成各类医疗保险报表。按功能和时间划分包括:

　　1. 按功能划分

　　根据医院的收费情况,可以产生收费明细表、科室核算表、收费汇总表及医疗保险收费汇总表等。

　　2. 按时间划分

　　对医疗保险门诊和住院收费等基本情况进行统计,产生日报表、月报表、季报表、(半)年报表等,送交医疗保险经办机构和医院存档。

　　这些功能主要由收费日结模块、收费明细模块、科室核算表模块及医疗保险汇总表模块来实现。

（五）医疗保险智能监控系统

将医疗保险经办机构智能监控系统前置医院,借助现代的信息技术系统监督管理手段,通过医疗数据筛查、异常排查、数据挖掘等监测分析方法,对参保者治疗期间日常用药、检查检验、大型物理诊断、核定或开放床位使用情况等在管理运行中出现的问题进行预警、跟踪、定位、核查,并对发生数据异常的列为重点监管区域、报警、封锁等。

设置的多项指标进行实时监控,对医疗数据进行及时筛查,对医疗数据指标波动异常的、监控系统指标内容已列入警戒范围的临床科室和医生个人进行归类、分析,发现情况及时通报给临床科室及经治医生,并列为季度或年度重点监控的科室,达到监控医疗行为的目的。

三、医院医疗保险决策支持系统

决策支持系统(DSS)是在信息管理系统的基础上发展起来的一种新型的信息处理方法,是运筹学理论和现代信息技术相结合的产物,其中最成熟、应用最广泛的技术有统计技术、优化技术和近几年发展起来基于数据仓库的决策支持系统。医院医疗保险决策支持系统主要是面向数据(数据驱动)的,即在快速准确地提供信息的基础上,建立数学模型,对以基金管理为主线的医疗保险运作提供可选择最优方案的定量化管理方法。它能够及时收集、整理、存储和提供与医疗保险决策过程有关的各种数据,例如,基金拨付、支出及其结构,医疗费用项目、费用结算细目等方面的动态数据。其基本功能是为决策者提供灵活性强的和"友好"的工具及环境来使用已有的数据,定义和输入新的数据,并按决策者要求的不同方式分析数据。

（一）决策支持系统基本功能

能够收集、整理、存储并提供本系统之外的与决策过程相关的信息,如参保者医疗需求情况、健康状况等;能够存储并提供所需的各种辅助决策模型,如基金财务分析模型、医疗费用预测模型等;能够对系统所使用的数据、模型进行组织、维护和管理;具有较强的数据处理能力,能够在所要求的时间内处理医疗保险管理所需要的数据;提供方便、灵活的人-机接口软件,如提示信息明确、对话方便、输出结果直观等。

（二）决策支持系统的基本结构

在目前阶段,医院医疗保险决策支持系统,总体上分为参保者就医行为分析系统、医疗保险即时分析管理系统、医疗保险评估管理系统、统计信息管理系统和数据管理系统。

1. 参保者就医行为分析系统

通过对个体、群体就医者的检查、诊断、治疗等详尽、大量的数据采集,发掘性别、年龄、职业、工种、健康状况等与所选择的医院提供的服务行为之间的相互关系,结合数据仓库中所有详细的历史数据,进行一系列的综合分析。通过分析为决策者提供了一系列参保者就医行为和医疗机构服务行为的模块文件,判断某医疗保险基金的收支结构、收支渠道以及产生基金结存或基金透支的各种因素,从而有助于及时、积极主动地对有关政策做出反应和调整。

2. 医疗保险即时分析管理系统

该系统是基于影响医疗保险的几个因素建立的管理分析模型,主要因素包括:不同年龄和职业的人群就医行为特点、参保者可支配收入和与医疗消费关系、医疗保险管理的直接成本、间接成本和风险成本等。它能够提供一套分析解决方案,帮助决策者做出更合适的业务决策。

3. 医疗保险评估管理系统

该系统通过对医疗保险多个参数数据的评估,形成一套先进的评估管理方案。它使决策者能够准确地预测每一笔医疗保险基金对参保者健康状况的影响及每一笔医疗费用支出对基金所产生的风险,并对决策者设置风险警示,最大限度地降低基金出险带来的损失,提高医疗保险管理质量及增加对基金的监控力度。

4. 统计信息管理系统

该系统能在网络环境下提供统计数据采集、处理、存储、传输、管理和信息服务,侧重点在医疗保险的微观决策支持。具体来讲,统计信息系统主要的功能有:能对大量复杂、多变的决策需求及时地做出响应,在大量的统计数据中找出有价值的信息作为决策时参考的依据;决策者可以较快地对数据进行"扫描",并得到各方面详尽的信息支持,包括历史的、当前的、未来的各种信息;支持对分布在不同管理系统和装置的数据或信息进行操作;支持对不同类型和格式的数据或信息进行操作;更多的用户尤其是微观决策得到统计信息支持,使统计信息资源能实现充分共享与快速交流。另外,统计信息系统可以对数据作进一步挖掘、提升统计水平和数据利用效果,为建立医疗保险的数据仓库系统提供数据储备。

5. 数据管理系统

根据建立数据库和用户信息的需要,按照确定的主题、力度、指标范围组织分割数据,建立数据视图、索引或数据模型,优化系统配置,提高查询和分析处理性能;对于重要的综合性统计数据,按照指标的口径范围和管理范围的变化进行调整等。

利用数据抽取、转换及装载工具获取有效数据,并通过建立多维模型和数据分析、数据挖掘方法生成各种分析、统计报表及图形。然后,建立智能的医院医疗保险业务决策支持系统架构和数据仓库模型,并对参保者的医疗费总额、药费比、耗材比、自付比例等进行多维度、多角度分析。

该系统常规管理及分析的数据主要有年报、季报、月报、分析预测数据等。将参保者的信息进行归类和整理,并结合医疗保险政策、已发送的数据资料等,对参保者的就医行为和提供医疗服务等各因素进行统计和分析,从而获得关于医疗费用、就医、服务行为、基金盈亏等关键信息。通过这些信息就能为合理制定、调整医疗服务措施等提出建议,从而真正做到实时调控,保证参保者的基本医疗需求,保障医疗保险健康稳定地发展。

四、医院医疗保险社会化服务系统

在公共服务系统建设方面,医院应建立医院门户服务网站,开辟医疗保险服务板块,实现医疗保险信息发布、业务经办指南、医疗保险政策咨询、监督与投诉、网上个人查询等功能,以及自助式的网上业务办理功能,为参保者提供方便、快捷的信息服务。

通过自助服务一体机、网上办事窗口等途径,参保者可持门诊就诊卡(银医卡)查询持卡人的基本信息以及在医院所发生的费用;查询参保者每次费用发生的明细情况及费用汇总金额等;可实现挂号、缴费、结算、打印等功能。

第四节　医院医疗保险信息管理系统安全

一、影响信息系统安全的因素

(一)信息系统自身原因

信息系统设计严谨性不强、友好性不足,用户对设备和系统应用的安全配置不当;信息系统自身在操作系统、数据库、应用软件、通信协议等存在安全漏洞和隐蔽通道,一旦为外界所知,就会构成信息安全隐患;其他方面,如利用数据恢复技术恢复存储磁盘中的数据信息、信息系统工作中发出的电磁波造成的信息泄密。

(二)信息系统外部威胁

1. 非法侵入

互联网黑客侵入、内部局域网非法用户侵入信息系统,通过信息截获、流量分析、口令嗅探、破译等方式获取、篡改、伪造、破坏数据。

2. 病毒破坏

计算机病毒通过网络、存储介质等途径进行传播,一旦一台计算机被感染,可造成整个信息系统的软件、硬件、数据受到损坏。

3. 自然原因

自然环境(如温度、湿度、灰尘和电磁场等因素)和自然灾害(如洪水、地震等)均会造成信息系统硬件和软件的故障和损害,以及数据的破坏和丢失。

二、安全保障措施

不同的医院具有各自特色的信息系统建设标准,但在多数业务实现了电子化、信息化的背景下,如何确保系统安全、平稳运行,主要有如下保障措施:

(一)基础保障

1. 制度保障

建立各项规章制度,如计算机防毒制度、数据备份制度等。据统计,90%以上的管理和安全隐患来自终端,提高各部门人员的安全意识非常重要。因此需要加强培训与安全教育,强化安全意识和法制观念,提升职业道德,掌握安全技术,确保这些措施落实到位,责任到人。

服务器是医院网络的核心,是数据库管理的心脏,它负责业务数据的处理和存储,网络的安全首先要保证服务器的安全。医院的中心服务器一般采用双机热备方案,采用阵列柜,实现 RAID 5 的磁盘安全级别,这样就做到了一块磁盘或一台服务器出现故障时,还能保证信息系统的正常运行。

由于医院的网络系统内的计算机数量庞大,软件模块多个,且服务器24小时不断工作,面临着如何管理各终端计算机、如何防止非法外联、如何限制移动存储的使用、如何控制网络流量等问题。对于这些问题,系统管理员需要定期检查,通过制定统一的安全策略,限制了移动电脑和移动存储设备随意接入内网,从而大大提高了医院内网的安全性。

大部分医院是购买的软件产品,都存在本地化、二次开发的工作,这样势必要经常修改、安装应用软件,如何控制软件公司人员,防止感染病毒,医院需要建立相应的管理制度、操作规范性,将内部信息系统和外部因特网在物理上隔离起来,防范外来设备对网络安全的影响。

2. 标准机房建设

机房基础设施的建设是最根本的硬件建设,只有性能出色的硬件才能够保障高效准确的业务处理,同时减少处理过程中发生的异常事件。机房的环境保障着机房的安全,只有在达到标准的环境下工作,机房中的各个设备才能在最优的状态下工作,并且降低发生事故的可能性。

(1)面积

对于机房面积的大小,一般是根据计算机设备的外形尺寸及设备在室内的布局所确定。国家对于电子计算机机房的使用面积有最低限定,要求两相对机柜正面不应小于1.5米,机柜侧面距墙不应小于0.5米,走道净宽不应小于1.2米。通常来说,机房的建设面积是不得小于20平方米的。

(2)场地

计算机机房除要满足所需最小面积要求外,对于建设场地的选择还要求远离易燃、易爆、强烈震动、粉尘污染、汽水腐蚀、强电磁场及背景噪声较大的地方。计算机机房的内部环境应本着安全、防火、防尘、防静电及防雷电的原则来设计。对于机房的温度、湿度、空气含尘浓度要有严格控制,并避免静电和雷电的破坏。一旦这些因素产生干扰,通常会对计算机信息系统的稳定运行造成较为严重的后果,所以应予以充分重视。

(3)环境

计算机机房作为网络的核心设备所在地,是网络安全的重要保证之一,机房在建设、装修时严格按照机房标准设计、装修,做到了专线、双路供电,做好防雷、防水的安全防范,重要设备如中心交换机、UPS等要做好备份。

(二)技术保障

医疗保险数据的产生具有不确定性,数据处理也要求实时高效,因此医院医疗保险信息管理系统对数据的安全性、实时性及可靠性要求较高。为满足所有用户能够通过网络进行实时访问,主机和网络必须具备较高的吞吐量和很短的响应时间。鉴于医院医疗保险信息管理系统的全天候服务的特性,为满足日益复杂和多样化的客户需要,医院信息技术人员必须掌握基础的安全控制技术,保证医疗保险信息管理系统24小时不间断安全运行。

1. 网络安全控制

(1)路由器技术

为了使路由器将合法信息完整、及时、安全地转发到目的地,许多路由器厂商开始在路由器中添加安全模块,于是出现了路由器与安全设备融合的趋势。添加安全模块的路由器可以通过加密、认证等技术手段增强报文的安全性,与专用安全设备进行有效配合,来提高路由器本身的安全性。

（2）防火墙技术

随着网络技术和信息技术的发展,各种各样的病毒泛滥成灾,严重威胁着信息财产的安全。为了避免病毒造成的损失,必须减少、关闭病毒的来源,周期性地对系统中的程序进行检查,利用病毒防火墙对系统进行实时监控。

（3）网络入侵检测技术

入侵检测是对入侵行为的发觉。它通过从计算机网络或计算机系统的关键点搜集信息并进行分析,从中发现网络或系统中是否有违反安全策略的行为和被攻击的迹象。进行入侵检测的软件与硬件的组合系统便是入侵检测系统。从安全控制的角度来看,入侵检测技术是对防火墙的合理补充,它可以辅助系统对付网络攻击,扩展了系统管理员的安全管理能力(包括安全审计、监视、进攻识别和响应),提高了信息安全基础机构的完整性。

（4）虚拟专用网技术

虚拟专用网(VPN)技术是通过公网(一般是 Internet)建立的一个临时安全的连接,中间穿过公网的一条安全稳定的隧道。VPN 技术将医院专用网的数据加密封装后,透过虚拟的公网隧道进行传输,从而防止敏感数据被窃取。医院通过公网建立 VPN,就如同通过自己的专用网建立内部网一样,享有较高的安全性、优先性、可靠性和可管理性,而其建立周期、投入资金和维护费用却大大降低。

2. 系统安全控制技术

（1）访问控制技术

通过完善的权限分配管理,管理员可以分配已有管理权限给新建的用户,通过授权、与 MAC 地址绑定等方法限制用户的行为,不同的用户拥有不同的管理权限,各个用户之间权限互不干涉。同时还通过内网安全管理软件的设备软件资源的管理模块对一些软件进行限制性安装,管理员随机地通过软件搜索网内的共享资源、系统进程等各项信息,有效地阻止了一些用户的猎奇心,使其只能提取与其业务有关的数据,提高了数据的保密性,提升了网络的安全性。

（2）扫描器

随着信息化应用日趋复杂,系统软件和应用软件的规模也越来越庞大,由此不可避免地带来了新的安全漏洞。在这种情况下,人工实现对网络中存在的漏洞进行发现和消除的做法效率低下,无法适应网络安全的发展形势;使用自动化的扫描工具对网络系统进行安全扫描,发现漏洞并进行安全控制,成为网络安全技术发展的趋势。

（3）安全日志技术

通过完善的日志审计功能,管理员的用户操作、策略操作、用户登录等日志都有完整的记录,防止管理员越权使用软件平台。系统运行和用户使用日志记录保存措施,日志记录一般需保存 60 天或更多时间为宜。

3. 数据安全控制技术

(1)加密技术

加密技术的基本思想是不依赖于网络中数据通道的安全性来实现网络系统的安全，而是通过对网络数据的加密来保障网络的安全可靠性。数据加密技术可以分为三类，即对称型加密、不对称型加密和不可逆加密。在医疗保险信息管理系统中选用了不可逆加密，因为其不存在密钥保管和分发问题，且由于本系统中需采取这种措施的数据量有限，所以这种加密方式是适用于系统的网络体系结构。

(2)数字签名

针对网络协议的攻击一般是破坏网络通信，窃取传输的数据。为了防御这些破坏、攻击，需要规定可以采取的安全措施，如链路加密机。通过加密算法对数据处理过程进行加密，并采用数字签名及认证来确保数据的安全。

(3)数据备份技术

医院数据记录着患者的治疗、检查、医嘱、费用等信息，如果数据丢失，对参保者及医院的损失不可估量。因此做好重要数据的备份，是保障医院信息系统安全的一项重要措施。医院需要制定相关的备份制度，每日做好备份日志，通过磁带、DVD等方式进行数据备份，并且做到异地存储。

随着医院的数字化应用不断普及、深入，医疗行业对信息系统的稳定性、安全性要求越来越高，医院可通过采取各种各样的安全保障措施来提高信息系统的稳定运行的能力，制定业务持续性计划和灾难恢复计划，制定相应的安全策略，加强人员安全管理等。但是信息系统没有绝对的安全，只有通过落实各项管理制度，提高网络安全技术队伍的水平，通过技术管理来制定合理的网络安全策略，采取有效的综合性防范措施，才能切实保障医院信息系统的安全、稳定、正常地运行，保障各项医疗业务的正常开展，体现信息化给参保者就医带来的便捷服务，提高医院的医疗、管理、教学、科研水平，给医院带来巨大的综合效益。

三、应急预案及处理方法

(一)适用范围

应急预案适用于医院医疗保险信息管理系统及其相关的各类应用系统。

(二)应急预案

1. 医院医疗保险信息管理系统出现故障报告程序

当各工作站发现计算机访问数据库速度迟缓、不能进入相应程序、不能保存数据、不能访问网络、应用程序非连续性工作时，要立即向信息部门报告。信息部门工作人员对各工作站提出的问题必须高度重视，做好记录，经核实后及时给各工作站反馈故障信息，同时召集有关人员及时进行分析，如果故障原因明确，可以立刻恢复的，应尽快恢复工作；如故障原因不明、情况严重、不能在短期内排除的，应立即报告分管院领导，在网络不能运转的情况下由院领导班子协调全院各部门工作，以保障全院医疗工作的正常运转。

2. 医院信息系统故障分级及处理原则

根据故障发生的原因和性质不同，分为一类、二类、三类和其他故障：

一类故障：由于服务器不能正常工作、光纤损坏、主服务器数据丢失、备份硬盘损坏、服务器工作不稳定、局部网络不通、价表目录被人删除或修改、重点终端故障、规律性的整体、局部软件和硬件发生故障等造成的网络瘫痪。针对此类故障，处理原则是：由信息部门负责人上报分管院长，由医院领导班子组织协调恢复工作。

二类故障：由于单一终端软、硬件故障，单一病人信息丢失、偶然性的数据处理错误、某些科室违反工作流程引起系统故障。针对此类故障，处理原则是：由系统管理员上报信息部门负责人，由信息部门集中解决。

三类故障：由于各终端操作不熟练或使用不当造成的错误。针对此类故障，处理原则是：由系统管理员单独解决，并详细登记维护情况。

其他故障：由于医疗保险线路、医疗保险端引起的医疗保险系统故障。针对此类故障，处理原则是：由医疗保险管理部门、财务部门等按医疗保险相关规定协调解决。

3. 发生网络整体故障时的业务部门应急工作

（1）门诊医疗保险卡交费业务

参保者暂用全额现金支付，待系统恢复后退现金、刷医疗保险卡支付。

（2）门诊特殊病交费业务

参保者暂用全额现金支付，待系统恢复后退现金、凭门诊特殊病手册记入统筹费用。

（3）办理医疗保险入院

先按普通患者入院，待系统恢复正常后，参保者持医疗保险手册、医疗保险卡、入院证，到入院窗口办理"自费转医疗保险"手续。

（4）住院医疗保险患者计费

需审批的项目正常审批，在 HIS 中正常计费，待系统恢复正常后上传。

（5）办理医疗保险出院

患者可正常出院，但先不办理医疗保险出院结算手续，待系统恢复正常后再来办理。

（6）其他业务

转诊转院备案、门诊特殊病新申请鉴定、医院与中心月结算等业务暂缓办理，有特殊情况与医疗保险中心电话沟通协调。

当故障问题得到解决，医疗保险系统恢复正常运行后，信息管理员测试线路和医疗保险程序，通知收费窗口可医疗保险收费，恢复正常医疗保险业务流程。

4. 应急数据恢复工作规定

当服务器确认出现故障时，由网络管理员对数据进行备份以恢复系统；网络管理员由信息部门负责人指定专人负责恢复，当人员变动时应有交接手续；当网络线路不通时，网络管理员应立即到场进行维护，当光纤损坏时应立即使用备用光纤进行恢复，交换机出现故障时，应使用备用交换机；对每次的恢复细节应做好详细记录；平时应定期对全系统备份数据要进行模拟恢复一次，以检查数据的可用性。

5. 网络服务器故障应急处理规程

网络服务器故障是因硬件或软件原因致使医院信息管理系统运行停止，一旦发生故障，按下列规程处理：

（1）专人管理

信息部门应设专人管理,监控网络运行。发现问题,在及时处理的同时迅速向部门领导汇报。故障排除后,应完成故障报告,在技术讨论会上汇报。

（2）集体攻关

遇到较大故障,信息部门工作人员应迅速集合,集体攻关。具体分为 3 个组做以下工作:

① 故障检修组:集中系统管理员继续分析故障、查找原因、修复系统。

② 技术联络组:迅速与软、硬件供应商取得联系,采取有效手段获得技术支持。

③ 院内协调组:通知全院各科室故障情况,并到关键科室协助数据保存。

（3）数据保护

全院各系统使用科室制定相应的系统故障数据保护措施,并建立数据抢录小组,发现停机,应保存断点,保护原始数据,断点前后表单分开存放。

（4）数据补录

在停机期间,相关科室应组织数据抢录小组在岗待命,一旦系统恢复,当日应立即完成对重要数据的录入,第二天完成全部数据补录。故障排除后,信息部门工作技术组应按制定方案分片包干,协助重要科室进行数据补录工作。

（5）故障报告

故障排除后 2 天内,信息部门应组织技术研讨会,分析故障原因,制定预防措施,完成故障排除报告,并报院领导。

6. 应急保障

（1）网络与信息安全的日常防护

① 组织管理措施:应急组织机构要进行层层把关,层层落实,对组织机构中的人员及联系方式,要做到及时更新,并进行定期的安全知识培训。

② 技术保障:一方面进行网络设备的安全加固,例如增加防火墙、入侵监测设备等,对已知的系统漏洞及时安装补丁程序,另一方面要进行技术储备,对内部进行人员定期培训,同时采取通过向专业网络安全公司购买安全服务的方式,加强处理紧急情况的能力和效率。

③ 在网络工程建设和规划方面,要切实加强网络安全意识,设计时要考虑设备的冗余备份,信息存储的异地备份等。

（2）应急预案演练

应急小组要定期进行应急预案的演练,增强应急响应的能力和意识。

实务部分

第十章 医院医疗保险管理部门职责及岗位设定

第一节 部门职责与协作关系

医院医疗保险管理部门兼具医疗保险管理及医疗保险服务的职能,具有自身的部门职责。由于当前的医疗保险工作涉及医院内部的医疗质量管理、医疗费用控制、信息系统改造完善等多方面的工作,同时涉及医疗保险经办机构、参保者等外部单位及个人的业务往来,因此医疗保险工作不是医院医疗保险管理部门单个部门的工作,需要综合协调医院内部及外部的各方力量方能顺利开展。

一、医院医疗保险管理部门职责

医院医疗保险管理工作一方面是医疗保险经办机构管理职能的延伸,另 方面医院医疗保险管理部门作为定点医疗机构的职能部门,具有自身的管理目标和职能。总体而言,医院医疗保险管理部门具有三大基本职责,即贯彻落实医疗保险政策、维护医疗保险基金安全及服务参保者和医务人员。具体职责此处以某省级综合性医院医疗保险管理部门职责为例说明:

示例 10 - 1 医院医疗保险管理部门工作职责

(一)认真学习和贯彻执行国家、省、市卫生法律法规及各项医疗改革、医疗保险和新农合政策,领会精神实质,不断提高政策、管理和服务水平。

(二)在院长、分管院长的领导下,全面负责城镇职工、城镇居民、大学生、职工生育、工伤保险(以下简称"各类医疗保险")和新型农村合作医疗(以下简称"新农合")管理工作。

(三)制订医院医疗保险管理的工作计划(报告、规划),本部门工作计划和培训制度,并组织实施,定期总结。

(四)根据国家、省、市医疗保险政策,结合本院实际与医院相关部门制定各类医疗保险、新农合医院内部管理规章制度及管理办法、就诊结算流程。

(五)做好与各级政府部门的协调和沟通,及时完成各级政府下达的医疗保险和新农合业务工作,定期总结反馈医院医疗保险运行管理中面临的困难和问题,及时向相关政府部门提出合理化建议。

(六)积极配合各级政府、人力资源和社会保障部门、卫生行政管理部门组织的医疗保险和新农合的调研和定期评估检查。

(七)做好对各类参保者的政策咨询和服务工作,及时、准确宣传医疗保险的政策、规定;协调处理医疗保险经办机构、医院临床科室与参保者之间的医疗保险纠纷。

(八)加强与医院相关职能处室、临床科室的沟通与协作,及时完成各类医疗保险和新农合的年度决算工作。

(九)定期组织专家对医疗保险病历、新农合病历进行"三合理"执行情况的审核,并分析总结。

(十)维护医疗保险基金安全。全面掌握各类医疗保险基金运作及医疗保险基金拨付情况,及时催要。定期分析总结并通报基金运作情况。

(十一)掌握医疗保险基金的使用运行情况,负责各类医疗保险和新农合基金拒付的反馈,分析并定期总结临床医疗保险管理中存在的问题,在政府和临床一线之间起桥梁和纽带作用。

(十二)严格执行各类医疗保险药品目录、诊疗项目目录、医疗服务设施范围和支付标准,负责各类医疗保险相关目录对照准入和审核工作。

(十三)定期向各级政府、医院领导和医院财务部门出具各类医疗保险报表,确保统计数据无误,为领导决策提供依据。

(十四)负责组织专家参与政府制定各类医疗保险政策的论证调研,门诊慢特病和工伤保险等鉴定工作。

(十五)负责医疗保险异地安置、转诊转院以及各级医疗保险经办机构有关住院参保者信息费用等情况的核查。

(十六)及时了解各级政府医疗保险管理改革的相关信息、工作动态及发展趋势,为院领导提供决策依据。

二、医院医疗保险管理部门协作关系

定点医疗机构医疗保险管理部门进行医疗保险管理活动的过程中,必须与医院内部各方、政府及医疗保险经办机构、参保者等医疗保险相关方密切协作,方可保障医疗保险管理目标的达成。

(一)对内协作关系

中国医院协会医院医疗保险管理专业委员会 2015 年 1 月 15 日实施的《全国医院医疗保险服务规范(试行)》首次明确地将医疗保险管理提高到医院行政管理的高度。要求成立由院领导负责的医疗保险管理委员会,建立健全医疗保险管理体系,形成医院、主管部门、科室三级医疗保险管理网络;设立与医疗保险管理任务相适应的、与本单位医疗行政管理部门相平行的、独立的医疗保险管理部门。随着全民医疗保险事业对医院医疗保险管理的要求越来越高,医院医疗保险管理部门无论作为独立的职能部门还是隶属于其他职能部门,均涉及多学科专业及多部门科室协同管理。

1. 医院负责人及医疗保险管理委员会

部分医院院长直接分管医疗保险工作,也有医院指定一名副院级领导分管,无论哪种领导方式,院长是医院医疗保险管理的第一责任人,全面负责医院医疗保险管理工作的指挥和协调事项。医院医疗保险管理部门平时要与院领导建立沟通汇报机制,在做好日常事务性工作的基础上,加强对本院医疗保险运行情况的分析研究,为院领导决策提供科学依据。

医疗保险管理委员会是集院领导、职能管理部门、临床专家为一体的组织形式,集合了医院各方智慧和利益诉求。除了医疗保险管理委员会制度外,对医院有重大影响的决策问题以及涉及不同部门利益权限的问题,应该由医院医疗保险管理部门提交医疗保险管理委员会讨论决策,综合各种意见,全局考虑,确定既有利于医院发展大局又能被各方所接受的决策。医院医疗保险管理部门要根据会议主题制订好会议计划,做到有的放矢,提高会议效率。

2. 职能处室

医院医疗保险管理涉及医院管理的计财、医务、信息、门诊、病案、药剂、物流、人事、纪检等各个职能部门。医疗保险工作需要医院医疗保险管理部门与上述各部门保持密切沟通协作,联合各部门的力量方能取得良好管理成效。

示例 10 - 2　　医院医疗保险管理部门与职能处室协作关系表

职能部门	协作关系
计财处	医疗保险基金及物价管理,医疗保险结算、出入院业务办理,对账,医疗保险奖惩兑现
医务处	临床医疗质量管理
药剂科	处方点评,用药合理性评估
物流中心	医用耗材管理
信息中心	医疗保险信息业务系统开发,完善医疗保险监管功能
门诊部	门诊参保者就医管理
病案室	病案质量管理,医疗保险病历抽查、提供检查、分析研究用病案资料
教育处	配合进行院内医疗保险培训
纪检	对医疗保险服务行为进行监督及纪律处理

3. 临床科室

虽然目前部分地区定点医疗机构能够实现按照科室治疗组为单位进行管理,但临床科室仍是贯彻落实医疗保险政策、提供医疗保险服务的主要单位,也是医院医疗保险管理的主要对象单位。科室行政主任为本科室的医疗保险管理第一责任人。医院医疗保险管理部门在医疗保险业务上为临床科室提供业务指导和帮助,临床科室提供医疗保险服务质量的高低,直接关系到医院医疗保险的管理水平和效果。医院医疗保险管理部门应转变管理理念,变"管理"为"服务",积极开展宣传培训,使临床医务人员了解掌握医疗保险政策;通过就医流程改造及完善信息系统,为临床医务人员提供医疗保险服务创造便利;利用各种传播渠道,使科室行政主任和临床医务人员实时了解本科室的医疗保险运行动态,使临床科室由被动管理向主动决策转变。

(二)对外协作关系

1. 政府及医疗保险经办机构

政府在医疗保险政策法规的出台和宏观调控中扮演不可替代的角色,政府可以选拔任命医疗保险经办机构负责人,制订指令性计划和监管措施,这些措施既可监督医疗保险经办机构,也可作为对定点医疗机构和定点药店的宏观控制依据。医院医疗保险管理部门要畅通与政府医疗保险主管部门的沟通渠道,主动分析并汇报本医院、本地区医疗保险存在的共性问题,并提供客观中肯的建议供其参考决策。

医院医疗保险管理部门虽然作为医院内部的职能部门,但更多的角色是医疗保险经办机构管理职能的延伸。医疗保险经办机构是具体负责医疗保险费用的筹集、管理和支付等业务的医疗保险机构和组织,本章节不涉及完全自负盈亏的商业性保险公司。医疗保险经办机构从组织性质上为中立性的事业单位,但即使从世界范围看,由于医疗保险制度往往被作为一种强制实行的社会保险制度,医疗保险经办机构实际上成了政府医疗保险政策法规的代理机构,因此其在不同国家带有不同程度的行政色彩。在我国,医疗保险经办机构作为医疗保险筹集基金的管理者和支付方,往往在医、保、患三方中处于较强势地位。定点医疗机构在与其进行业务往来时,一方面要"求同",即双方的终极目标都是加强管理,保障医疗保险基金健康安全,为参保者提供优质的服务;另一方面不可避免"存异",此时一定要坚持协议双方公平平等、权利和义务对等的原则,在保证所提供服务质量的前提下维护定点医疗机构的合法权益。

2. 参保者

医疗保险基金最终要通过定点医疗机构,为参保者提供服务后才能发挥支付保障作用。参保者带来的医疗保险收入是全民医疗保险局面下定点医疗机构主要的收入来源。由于参保者的高需求与目前我国医疗保险"保基本"的原则尚存在一定矛盾,因此参保者满意度的高低是作为检验医疗保险经办机构与定点医疗机构的管理水平和成效的主要标准而非唯一标准。尽管如此,定点医疗机构仍要在简化畅通就医流程、提高医疗质量、降低参保者负担等方面发力,为参保者提供价格合理、优质高效的服务。要发挥沟通桥梁作用,发生矛盾纠纷时,符合政策法规规定的及时予以解决;不符合政策法规规定的,耐心予以解释,并协助将其意见传达至政府及医疗保险经办机构。

3. 其他

社会公众、新闻媒体、药品及器械商等长期以来在各自领域对医疗保险工作起到监督促进及供应保障作用,均是医疗保险事业中不可或缺的参与方,医院医疗保险管理部门要做到廉洁自律,接受监督,在此基础上与有关各方相互促进,共同为落实医疗保险此项民生工程发挥作用。

第二节　岗位设定及岗位说明书

　　医院医疗保险管理部门岗位设定要求"以事为中心,因事设岗,事职相符,由岗择人"。岗位不能以某人而定,岗位是相对固定的,而身处岗位其中的人是可以改变的。担任此岗位的任何人都应具备这个岗位的任职条件。岗位的设置和分布、职务的合理确定,必须建立在明确的岗位职责和合理分工的基础上。

一、医疗保险管理岗位设定的原则

(一)实际需要和可能原则

　　岗位设置要根据该医院医疗保险实际工作需要,在现有人员和职务数额内进行。所谓实际需要,指的是现阶段明确的医疗保险任务,是必须实施的,是可进行的,不是将来的任务;所谓可能,是已核定的编制定员和职务数额。

(二)最少岗位数量原则

　　医院岗位的数量是有限的,医院医疗保险管理部门岗位数量的多少,取决于该部门在整个医院中的地位和作用,取决于该部门任务的多少、复杂程度,以及人员的需求等。因此,医院医疗保险管理岗位数量要以职务岗位适宜的工作量和规范履职标准,按最少岗位数额的原则来确定。一个岗位能承担和完成的,不能设两个岗位,以达到少投入、获得最高效率和最大效益的目的。

(三)最低职务岗位原则

　　不同的工作性质、不同的工作层次,不同任务及职责不一样,工作的难易程度也不一样,对岗位的要求也不一样。医院医疗保险管理部门最高职务档次岗位设置到哪一级,应由上述因素确定,按其工作性质、责任大小、难易程度,从低岗设起,避免低岗位能承担的职责和任务而设高的岗位。

(四)协调配合原则

　　协调配合原则也称整分合原则。医院医疗保险管理部门岗位不能孤立地设置,必须考虑医院整体协调配合的关系。每个职务岗位要在整体目标、任务下有明确的分工,并在分工的基础上形成一个协调配合、优化组合的岗位。因此,在设置岗位时必须以该部门的职能、目标为依据,进行层层分解,直到每一项具体工作,合理确定到每一个岗位。评价职务岗位设置是否合理,要看其目标任务是否明确具体,职责是否符合整体职能的要求,与其他职务岗位是否协调配合。

二、岗位设定及岗位说明书

(一)岗位设定

　　由于我国各地经济发展水平不一和地方医疗保险政策差异,加上各医院对医疗保险工作的分工不尽相同,医院医疗保险管理部门的岗位设定也存在差异。一般来说,根据岗位设定原则,医院医疗保险管理部门应设有部门负责人、业务办理、财务、信息、审核等岗位。

（二）岗位说明书

岗位说明书是对相应岗位的具体工作条件要求、工作范围、工作权责、考核办法等详细说明。此处以某省级综合性医院医疗保险管理部门的岗位设定为例说明：

示例 10-3　医疗保险管理部门负责人岗位说明书

岗位名称：主任　　　　　　　　　　所属部门：医院医疗保险管理部门

岗位编号：××××

工作概要：在分管院长的领导下，负责全院的医疗保险管理工作。

工作职责：

1. 在分管院长的领导下，负责医疗保险管理工作。

2. 认真学习和贯彻执行国家、省、市卫生法律法规及各项医疗改革、医疗保险管理政策，领会精神实质，不断提高政策、管理和服务水平。

3. 负责制订医院医疗保险管理的工作计划（报告、规划），并督促实施。

4. 根据国家、省、市医疗保险管理政策，结合本院实际，制定医院内部相关的医疗保险管理规章制度和管理办法。

5. 做好与各级政府人力资源和社会保障部门、卫生行政管理部门的联系、协调和沟通，及时完成各级政府机构下达的医疗保险业务工作。

6. 负责各类医疗保险目录的对照审核。

7. 负责各类医疗保险报表的审核，为领导决策提供依据。

8. 全面掌握医疗保险基金运作及基金拨付情况。

9. 负责医疗保险政策的宣传与培训，协调处理医疗保险投诉纠纷。

10. 定期召开部门会议，组织部门人员学习卫生法律法规及医疗保险政策，不断提高本部门工作人员的业务素质和服务水平。

11. 定期组织专家对医疗保险病历进行检查。

12. 完成院领导交办和政府下达的医疗保险相关工作。

岗位关系：请示上报：分管院长

内部关系：部门人员

外部关系：各级政府人力资源和社会保障部门、卫生行政管理部门、医疗保险经办机构、医院临床及相关职能部门

任职条件：年龄：未达到法定退休年龄

性别：不限

学历：本科及以上学历

专业：医学、卫生管理、财经、社会保障等相关专业

从业资格：相关专业资格证，具备三年以上相关工作经验

素质要求：较强的组织管理能力、政策水平，良好的沟通协调能力和人际关系，具备医疗保险专业知识，熟悉医疗保险相关规定及实施方法，具有良好的职业道德素质和团队合作精神，熟悉医疗和人力资源和社会保障行业的各项法律法规。

工作权限：

1. 本部门员工管理、工作分配及工作目标考核权；

2. 本部门员工考核奖惩建议权；

3. 医疗保险制度执行情况监督检查权；

4. 院领导赋予的其他权限。

绩效考核要点：

1. 医院各项指令的贯彻执行能力，工作规划能力，工作综合协调能力，监督检查能力；

2. 医疗保险工作管理情况，上级医疗部门检查评价情况；

3. 本部门总体的工作效率，实际完成任务与年度计划任务目标情况；

4. 上级领导、员工和参保者的满意度，政策把握准确度，出勤情况。

示例 10－4　　医疗保险业务办理岗位说明书

岗位名称：医疗保险业务办理岗位　　　　所属部门：医院医疗保险管理部门

岗位编号：××××

工作概要：在部门负责人的领导下，负责各类医疗保险、新农合窗口政策咨询、各类门诊慢特病管理、登记、办卡、结算、转诊转院、异地安置、结算单打印、费用查询、生育保险、工伤保险备案、住院医疗保险登记等各项业务工作，以及完成处室领导分配的其他工作。

工作职责：

1. 认真学习、领会和贯彻执行国家、省、市卫生法律法规、各项医疗保险政策，严格执行财务制度，不假公济私，学习医疗保险相关知识，不断提高业务素质和服务水平。

2. 做好各类医疗保险政策的宣传咨询，负责接待处理各类参保者的投诉。

3. 负责各类医疗保险门诊慢特病管理，包括收表、登记、注册、变更、补卡、证卡发放、审报和统计；门诊慢特病病历发放、用药审核、管理及咨询。

4. 实时监测门诊慢特病的费用，及时与医生联系并做好登记；及时向相关科室反馈门诊慢特病拟拒付情况，并指导科室书写情况说明呈送医疗保险经办机构；协助医疗保险经办机构对门诊慢特病病历的检查工作。

5. 负责处理因各类原因未能顺利报销的各类门诊慢特病费用、省市生育保险门诊费用、各类医疗保险住院费用，沟通协调医院相关部门和医疗保险经办机构，根据医疗保险政策和相关规定妥善解决。

6. 负责各类生育保险备案登记、建档、门诊产前检查费用审核工作。

7. 负责工伤保险的备案登记工作。

8. 负责各类医疗保险转诊转院、异地安置、异地转院管理、登记。

9. 负责按规定手续办理各类参保者的医疗保险补登记，做好登记统计工作。

10. 负责每天向医疗保险经办机构传送各类住院参保者的数据，如发现异常，及时和信息中心、医疗保险经办机构联系解决。每月底核对所有住院参保者信息，查看其缴费和享受情况。

11. 负责打印各类参保者门诊和出院结算单。随时调整、维护因网络不能及时传输数据或传输错误,导致参保者不能按时结账的工作。

12. 负责接待外来医疗保险管理单位人员检查病历、核对费用等工作。

13. 定期下病房检查人证相符情况,参与值班、代班和年终结算工作,协助部门负责人做好日常事务管理,完成领导分配的其他工作。

岗位关系:请示上报:部门负责人

内部关系:部门人员

外部关系:各级医疗保险经办机构、医院临床及相关职能部门

任职条件:年龄:未达到法定退休年龄

性别:不限

学历:大专及以上学历

专业:医学相关专业、医疗保险专业、卫生管理专业

从业资格:具有一年以上临床工作经验

素质要求:较强的人际沟通协调能力,热情耐心,团结协作,熟悉医疗行业的各项法律法规。

工作权限:

1. 医疗保险内部管理的建议权;

2. 本岗位具体事务的管理权;

3. 改进本部门工作的建议权;

4. 部门负责人授予的其他权限。

绩效考核要点:

1. 各类医疗保险政策的宣传解释及时性与准确性,工作综合协调能力;

2. 处理各类参保者投诉的满意度;

3. 医院相关部门,政府相关部门的满意度。

示例 10-5   医疗保险财务岗位说明书

岗位名称:医疗保险财务岗位   所属部门:医院医疗保险管理部门

岗位编号:××××

工作概要:在部门负责人的指导下,全面负责各类医疗保险基金的支出和拨付管理,制作各类医疗保险经费报表,并负责各类医疗保险基金的对账和催要工作。

工作职责:

1. 认真学习、宣传和贯彻执行国家、省、市卫生法律法规、医疗保险政策和财务管理规定,学习医疗保险相关知识,不断提高业务素质和服务水平。

2. 制定医疗保险经费会计工作计划,及时总结。

3. 负责完成各类医疗保险财务报表、对账和医疗保险费用的统计分析工作。

4. 负责及时准确完成各类医疗保险门诊、住院参保者费用汇总月报、季报、年报和核查工作,统计分析基金使用和赔付情况,为领导决策提供科学依据。

5. 打印报表存档,每月打印各类医疗保险住院、门诊参保者月报交院档案室存档和上报医疗保险经办机构。

6. 每月下旬负责各类医疗保险基金的账务流转和医疗保险基金清催、审核,做到账目清晰、准确。

7. 加强和医疗保险经办机构、医院相关部门的沟通和协调,做好医疗保险政策的宣传咨询,协调处理医疗保险投诉。

8. 负责各类医疗保险基金的预算、决算工作。做好各类医疗保险的年度汇总以及对比分析工作,以及计财部门要求的审计工作。

9. 保存各类报表、基金使用情况的电子版并备份交计财处和部门负责人。

10. 参与值班和代班工作,定期下病房进行医疗保险宣传和稽查。

11. 及时完成随着医疗保险政策调整变动的各项工作,完成院领导、计财处和部门负责人交代的其他工作。

岗位关系:请示上报:部门负责人、计财处

内部关系:本部门员工

外部关系:各级医疗保险经办机构、医院临床及相关职能部门

任职条件:年龄:未达到法定退休年龄

性别:不限

学历:本科及以上学历

专业:医学、卫生管理、财经等相关专业

从业资格:相关专业资格,具备一年以上相关工作经验

素质要求:掌握医院管理、财务管理、医疗保险管理的要求和标准,具有良好的沟通协调能力和人际关系,具有良好的职业道德素质和团队合作精神,熟悉医疗行业各项法律法规。

工作权限:

1. 医院医疗保险费用管理建议权;

2. 改进本部门工作的建议权;

3. 对政府调整医疗保险费用支付方式的建议权;

4. 部门负责人授予的其他权限。

绩效考核要点:

1. 岗位职责履行情况,主管领导和服务对象的满意度评价;

2. 各类医疗保险报表的及时性、准确性;

3. 各类医疗保险资金对账的及时性和准确性。

示例 10-6　医疗保险审核岗位说明书

岗位名称:医疗保险审核岗位　　　　　　所属部门:医院医疗保险管理部门

岗位编号:××××

工作概要:在部门负责人的领导下,负责参保者医疗费用审核及拒付工作的管理,负

责医疗保险经办机构和医院医疗保险费用审核的组织分析总结工作、文秘工作、内外协调工作,完成领导交代的其他工作。

工作职责:

1. 认真学习、掌握和贯彻执行国家、省、市卫生法律法规、医疗保险政策,学习医疗保险相关知识,不断提高业务素质和服务水平。

2. 负责参保者医疗费用的审核和实时监控。指导临床医务人员在医疗保险政策规定下决策医疗行为。

3. 负责医疗保险经办机构及其他审核机构对医院拒付费用的统计、反馈,每月将各类医疗保险拟拒付费用详细情况的统计,通知相关科室,指导科室书写情况说明,并报送医疗保险经办机构,特殊情况预先向医疗保险经办机构备案。

4. 每月与各类医疗保险经办机构核实实际拒付明细,完成制表,呈送相关职能处室;定期对拒付工作进行分析总结。统计各临床科室每月医疗保险基金运行分析并通报。加大宣传工作,指导临床医务人员执行政策,合理收治参保者。

5. 负责协调处理医疗保险经办机构、临床科室、参保者因政策和费用问题引发的纠纷,做好医疗保险政策的宣传咨询,定期下病房检查人证相符情况。

6. 负责医疗保险费用的定期分析总结工作,定期公布,为领导和政府决策提供依据。

7. 负责协助医疗保险经办机构医疗保险病历检查、医疗保险调研、核对费用等工作的准备接待和统计分析。

8. 负责定期组织专家对医疗保险病历(包括拒付病历)进行"三合理"评估,并总结分析,上报院领导和相关职能部门。

9. 负责统计各临床科室每月医疗保险基金运行分析并通报。

10. 撰写每月医疗保险工作简报,由部门负责人审核后分呈院领导、分管院长和相关部门。

11. 协助部门负责人协调组织召开医疗保险相关会议,做好会议组织安排并做好会议纪要等总结、宣传报道工作。

12. 负责医疗保险的文件、档案归档管理工作。

13. 参与值班和代班工作。定期下病房进行医疗保险相关政策宣传和医疗保险人证信息核查工作,听取临床一线对医疗保险工作的意见和建议。

14. 参与相关医疗保险年度决算工作。

15. 完成领导交代的其他工作。

岗位关系:请示上报:部门负责人

内部关系:部门人员

外部关系:各级医疗保险经办机构、医院临床及相关职能部门。

任职条件:年龄:未达到法定退休年龄

性别:不限

学历:本科及以上学历

专业:医学、卫生管理等相关专业

从业资格:相关专业资格,具备一年以上相关工作经验素质要求:较强的组织管理能力,良好的沟通协调能力和人际关系,具有良好的职业道德素质和团队合作精神,熟悉医疗行业及相关的法律法规。

工作权限:

1. 医疗保险内部管理的建议权;

2. 对本部门工作的建议权;

3. 本岗位具体事务的管理权;

4. 部门负责人授予的其他权限。

绩效考核要点:

1. 岗位职责履行情况,主管领导和服务对象的满意度评价;

2. 临床拒付工作综合协调能力;

3. 拒付管理流程的贯彻情况,挽回拒付经济损失的效率情况;

4. 医院和科室各项医疗保险制度的落实情况;

5. 本岗位总体的工作效率,实际完成任务与年度计划任务目标情况;

6. 本科室员工、其他科室的互评情况。

示例 10-7   医疗保险信息管理岗位说明书

岗位名称:医疗保险信息管理岗位   所属部门:医院医疗保险管理部门

岗位编号:××××

工作概要:在部门负责人的领导下,负责医疗保险三大目录的对照、维护、审核,各类医疗保险联网上线、接口测试、医疗保险网页的更新维护,医疗保险材料的备案、上传,参保者疾病编码对照维护以及所有相关医疗保险计算机信息管理工作,完成领导交办的其他工作。

工作职责:

1. 认真学习、掌握和贯彻执行国家、省、市卫生法律法规、各项医疗保险政策,学习医疗保险相关知识,不断提高业务素质和服务水平。

2. 负责按照医疗保险政策做好医疗保险三大目录的对照、维护工作。

3. 负责医院门户网站"医保在线"网页的维护、医疗保险新政策上线信息方面的维护、更新。

4. 负责各类医疗保险联网上线、接口测试相关的工作。

5. 负责根据各级医疗保险经办机构的要求,做好医疗保险材料的备案、上传、对照工作。

6. 负责协助相关部门做好参保者疾病编码对照维护。

7. 负责协调处理因各类原因导致门诊、住院参保者不能按时结账的信息调整、维护工作,负责解决因信息系统问题造成的各类医疗保险结算问题。

8. 负责与院内信息中心、经管、药剂部门、院信息系统开发商、省市医疗保险经办机构信息中心的沟通协调。

9. 做好医疗保险政策的宣传咨询,协调处理各类参保者的投诉。

10. 协助医疗保险经办机构大病救助病历等各类检查、医疗保险调研等工作。

11. 做好科室文秘工作。

12. 协助部门负责人做好日常事务管理工作。

13. 定期总结医疗保险目录和信息存在的问题并分析解决。

14. 参与值班和代班工作,定期下病房进行医疗保险相关政策宣传和医疗保险人证信息核查工作。

15. 参与相关医疗保险年度决算工作。

16. 完成领导交办的其他工作。

岗位关系:请示上报:医疗保险管理部门负责人

内部关系:部门人员

外部关系:各级医疗保险经办机构、临床及相关职能部门

任职条件:年龄:未达到法定退休年龄

性别:不限

学历:本科及以上学历

专业:卫生信息、计算机及相关专业

从业资格:相关专业资格,具备一年以上工作经验

素质要求:工作认真,一丝不苟,沟通协调能力较强,具有良好的职业道德素质和团队合作精神,熟悉医疗行业及相关的法律法规。

工作权限:

1. 医疗保险内部管理的建议权;

2. 对本部门工作的建议权;

3. 本岗位具体事务的管理权;

4. 部门负责人赋予的其他权限。

绩效考核要点:

1. 岗位职责履行情况,主管领导和服务对象的满意度评价;

2. 医疗保险目录对照的及时性、准确性;

3. 医院、科室各项规章制度的执行情况;

4. 本岗位总体的工作效率,实际完成任务与年度计划任务目标情况;

5. 本科室员工、其他科室的互评情况。

第三节　医院医疗保险从业人员职业素养

随着国家经济社会的不断发展和进步,对各行各业成员的职业素养水平都提出了更高的要求和标准,医疗保险行业也是如此。医疗保险作为涉及民生及和谐的重要行业,其从业人员的职业素养对于社会的发展和稳定具有重要的意义。

一、医疗保险从业人员的职业道德

（一）对待医疗保险事业的道德

1. 热爱医疗保险事业

热爱医疗保险事业既是一个职业道德信念，也是医疗保险从业人员崇高的美德。它是医疗保险从业人员热爱祖国、热爱人民的集中表现和实际行动，更是医疗保险从业人员做好医疗保险工作的无穷动力。

2. 高度的责任感和强烈的事业心

高度的责任感是医疗保险从业人员做好医疗保险工作的必备条件。医疗保险从业人员的责任感在于贯彻执行医疗保险管理政策法规，自觉维护医疗保险基金安全、把为参保者提供优质的服务作为自己的本职工作。强烈的事业心就是认定医疗保险事业是崇高的事业，决心在此项工作中为人民做出成绩和贡献，不断学习创新，推动医疗保险事业不断发展。

3. 廉洁自律，遵纪守法

医疗保险事业是民生工程，医疗保险基金关系到参保者的切身利益，从业人员应该以维护医疗保险基金安全，保障参保者利益为宗旨，必须具有廉洁奉公的高尚情操，不为名利，全心全意为参保者服务，不谋私利。

4. 诚实守信，坚守原则

在日常的服务工作中，医疗保险从业人员同时必须面对医疗保险经办机构、临床医务人员、参保者、供应商等对象。对于符合法律法规及医疗保险政策规定的事务，要及时完成。对于违背法律法规或医疗保险政策的要求，要坚持原则，果断拒绝。

5. 不计得失的奉献精神

医院医疗保险工作涉及面广，其复杂性和长期性决定了从业人员经常置身于各方矛盾的焦点，且其劳动不易为临床医务人员及参保者充分理解，其劳动报酬可能并非能够体现其劳动强度和价值，这就要求医疗保险从业人员具备不计得失、乐于奉献的精神。

（二）对待参保者的道德

1. 关爱参保者

关爱参保者是医疗保险从业人员职业道德的核心，是医院员工崇高的道德情感，也是处理与参保者关系的行为准则。由于医疗行业的特殊性，到医院就诊的参保者大部分为高龄、多基础疾病且行动不便的患者。医院医疗保险从业人员要设身处地为参保者着想，创新就医流程，方便参保者就医。为参保者提供服务时，尽量一次性完成各种业务办理，减少参保者往返。对于参保者提出的要求，在不违反医疗保险政策法规的前提下，应尽量予以满足。但由于政策法规所限，无法解决的，应耐心解释并记录在案，向政府及医疗保险经办机构反映。

2. 尊重、理解参保者

对待参保者应该一视同仁，不因个人好恶而改变。参保者及其家属本身在身体上存在疾患痛苦，且由于其追求优质医疗服务的需求与我国医疗保险"保基本"的现状存在偏差，在办理医疗保险业务时，往往因为达不到心理预期而对从业人员发难宣泄，此时医疗保险从业人员应用同理心,换位思考,充分理解参保者行为的原因,才能耐心地为其提供服务。

　　3. 文明用语、礼貌服务

医疗保险从业人员要同情参保者、尊重参保者,在实际服务行动中要做到语言温和,动作轻柔,举止稳重。这样有助于建立正常的医患关系,增加参保者对从业人员的信任和提升医疗保险服务满意度。

(三)对待集体和同事的道德

　　1. 树立团队意识

医院医疗保险从业团队是由不同专业层次的个人所组成,承担着共同的任务。要让这个集体能够成为一个统一的整体,发挥团队的力量,所有成员必须协调一致,不仅要对自己的本职工作负责,而且要依靠团队的力量和智慧,对集体承担的整个医疗保险事业负责。

　　2. 尊重其他员工

要尊重其他员工的人格和声誉,不能因为个人恩怨而诋毁他人;其次,要尊重其他员工的劳动,构建相互尊重的和谐氛围。

　　3. 信任其他员工

信任能够有效提升医疗保险从业团队成员合作水平及和谐程度,促进医疗保险工作的开展。在工作过程中员工之间的相互协作是经常的、多方位的,有本部门员工之间的配合,也有与其他职能部门的协作。员工之间应相互信任,以构建互相包容、互相帮助的人际氛围。

二、医疗保险从业人员的智能结构

(一)知识结构

　　1. 广泛而深厚的人文知识

从事医疗保险事业,从业人员应有深厚的人文知识和修养。医疗行业是救死扶伤的事业,而医疗保险是保障民生、减轻参保者负担的事业,二者相辅相成、密不可分,均需要从业人员加强人文知识的学习,成就博爱、敬业、谨慎的可贵人格。

　　2. 医疗保险管理的专业知识

从业人员必须精通自己专业岗位的知识,了解医疗保险行业的历史、现状、最新成果和发展趋势。深入学习研究国家医疗保险法律法规和医疗保险政策,以更好地服务于本职工作。

　　3. 其他相关学科知识

医疗保险从业人员在各自岗位上虽然分工不同,但是在实际工作中,往往需要跨专业、跨学科的知识结构才能解决面临的问题。除了精通医疗保险专业知识外,还须对医学知识、计算机常识、财务知识、物价知识、公文规范等其他方面的知识广泛涉猎,以适应医疗保险事业的发展需要。

(二)能力结构

　　1. 政策认知能力

政策认知能力是指医院医疗保险从业人员对政府、医疗保险经办机构下达的政策法规的理解领会能力。医疗保险行业政策性极强,准确理解医疗保险政策是开展医疗保险工作的基础。定点医疗机构要积极组织从业人员参加医院医疗保险从业人员胜任力培训,努力加强对医疗保险发展新方向、新动态的把握领会。

2. 业务操作能力

医院医疗保险业务涉及面广,关系到参保者就医的每个流程及就医后环节。医院医疗保险从业人员在各自的岗位上要熟练掌握相应业务处理流程,才能服务好参保者和临床医护人员。业务能力源于从业人员敏锐的观察、灵活的思维和果断的意志,也来自于经验和知识的积累。

3. 组织协调能力

医院医疗保险涉及内外多方协作关系,要使各项工作顺利开展,必须具备良好的沟通能力。

(1)协调与政府医疗保险经办机构关系

医疗保险从业人员在日常的医疗保险管理中要善于与政府医疗保险经办机构构建互信关系。倾听政府医疗保险经办机构的意见表达,同时能够将自身的意见及建议传递给对方,并使其易于理解和接受。

(2)协调与临床科室关系

通过宣传培训、密切沟通,使医院临床科室医务人员意识到医院医疗保险的管理结果与医院、临床科室的发展和参保者的利益息息相关。从业人员要注意工作的方式方法,一切工作要在尊重医务人员的基础上进行,取得临床科室的理解与支持。

(3)协调与参保者关系

优化就诊流程,方便参保者就医及享受医疗保险待遇。加强对参保者医疗保险知识的宣教,争取其对医院医疗保险管理制度的支持及配合。善于倾听参保者的意见,积极为其解决问题,化解矛盾,提升参保者满意度。

(4)协调与医院领导与其他职能部门的关系

医院医疗保险管理部门要注重归纳、统计、分析、总结,将本院医疗保险运行情况汇报医院各级领导,取得理解和支持;本着相互尊重的原则,协调其他职能处室协同解决医疗保险管理中遇到的困难和问题。

4. 语言沟通能力

语言沟通能力主要包括口头沟通能力和书面沟通能力,是医院医疗保险从业人员必备的基本能力。口头沟通能力表现在熟练使用字词和规范语法,防止词不达意和发生误解,使自己的语言易于理解,善于运用不同的语速、语调和节奏的能力,使倾听者能够准确地理解自己需要表达的思想,引起他人的共鸣。书面沟通能力在上传下达的规范行文中尤为重要。书面材料须文字规范、条理清晰、用词准确且简明扼要。

5. 探索研究能力

研究能力是医院医疗保险从业人员与时俱进的必须具备的重要能力。医疗保险是一门新兴的学科,还有许多问题有待解决,还有很多领域有待探索。从业人员在从事本职工作的过程中要潜心总结研究面临的问题,不断总结经验,创新管理方法,方能适应该学科快速发展的趋势。

6. 密切监控能力

监控能力是指医院医疗保险从业人员为了保证达到预期的管理目标,而将医疗保险运行情况作为监控对象,积极主动地对医疗保险政策落实情况、临床医疗保险服务行为以及客观运行数据进行提取、分析以及反馈各方的能力。此项能力要求从业人员具备积极主动的工作作风以及较强的数据敏感性。

7. 自我调控能力

医院医疗保险从业人员应对自己在医疗保险管理中的思维过程和行为过程进行自觉的反思,不断总结分析,提升自己的业务水平能力;另一方面医疗保险是社会和媒体以及参保者关注的热点和焦点,要调控自己的工作心境和情绪,使自己始终处于最佳的工作状态,以最饱满的热情和精神面貌工作。

三、医疗保险从业人员的心理品质

心理品质,并非是心理活动本身所固有,其是以生理素质为基础,在实践活动中通过主体与客体的相互作用,而逐步发挥和形成的心理潜能、能量、特点、品质与行为的综合。心理品质都有一定的特性,如记忆的敏捷性、持久性、准确性、备用性,思维的灵活性、深刻性、独立性、批判性,情感的倾向性、多样性、固定性、功效性等等。心理品质的优劣能表现出医疗保险从业人员心理素质的水平,其对从业人员的日常工作构成直接影响。

(一)积极乐观

积极心理学研究表明:幸福、希望、自信、快乐、满意是人类成就的主要动机。医院医疗保险从业人员具有愉快、乐观、开朗、满意的积极情绪,才具有较强的自我调节能力,能够较好地协调和控制自己的情绪,还可以拓展医疗保险从业人员的思维,消除思维定式,提升工作的积极性、主动性,更好地投入到医疗保险工作中去。

(二)理解他人

1. 移情理解

医疗保险行业涉及医、保、患三方,医院医疗保险管理同样涉及多部门、多对象。在开展医疗保险管理工作时,从业人员应站在他方的立场上理解问题,才能保证自身看待问题的客观性和全面性。

2. 心胸豁达

医院医疗保险从业人员应能接纳政府与医疗保险经办机构、临床科室医务人员、参保者、社会舆论与自己不同的看法和见解,本着相互理解、相互尊重的原则开展医疗保险工作。

3. 自制自控

自制即为克制自己的能力,表现在善于支配和节制自我。要善于控制自己的情感及行为,能够在各种情况下约束自己的语言和动作,抑制无益的冲动,方能与各方保持良好的合作关系,顺利开展业务往来。

(三)了解自我

1. 自我认知

优秀的医疗保险从业人员能够通过自我观察和体验而获得清晰的自我评价,了解自己所处的地位及自己努力的方向。在充分自我认知的基础上,方能有效地进行自我监督,自觉克服与社会道德和职业道德相悖的思想和行为。要自觉抵制各种不良因素的影响,不断根据现实情况,调整自己的思想和行为。用更高的标准要求自己,提升自我。

2.自我适应

要适应复杂的从业环境,化解工作中的问题和矛盾。还要正确面对工作中的挫折,保持积极向上的心态和平静愉快的工作情绪。面对医疗保险快速发展的现状,要更新理念,不断提升自己的业务水平,以适应医疗保险行业未来发展的新要求。

第四节　医院医疗保险管理制度

制度是源于人类生产生活的一种习惯累积,表现为一系列规则,受一定范围内的人所共同遵守。就狭义来讲,是指一个系统或单位制定的,要求全体成员共同遵守的办事规程或行动准则。医院医疗保险管理制度的主要作用在于约束医院员工行为、激励合理决策、提供管理目标、规避基金风险等。医院医疗保险管理制度制定时要结合所在统筹地区和医院的实际,具体应包括医疗保险质量管理、目录管理、宣传培训、投诉处理、费用审核、应急处理等制度。此处以某省某综合性三甲医院举例说明。

示例 10 - 8　　　××医院医疗保险管理规定

为加强医院医疗保险服务管理,规范医疗行为,控制医疗费用,为参保者提供优质高效、价格合理的医疗服务,并通过良好服务,促进医院自身健康发展,经研究决定,制定本规定。

第一条　成立医院医疗保险管理委员会(名单附后),负责院医疗保险服务工作的组织管理,科室行政主任负责参保者在本科诊疗服务工作的管理。

第二条　医院医疗保险管理部门负责医疗保险工作的日常管理,按月向医疗保险经办机构书面上报有关医疗服务信息。定期对医护人员开展医疗保险相关管理知识培训。

第三条　参保者在医院诊治执行以下流程和规定:

(一)门诊医师接诊参保者,如需住院,在其住院通知单上注明医疗保险身份类型,并告知其持住院通知单、社会保障卡和预缴金到入院处办理入院手续。

(二)入院处工作人员须认真核对相关证件,对其医疗保险身份进行确认并读取其卡信息后办理入院登记,并将社会保障卡退还参保者或委托人。

(三)病区接诊护士须核对参保者与社会保障卡信息的一致性,发现异常,及时告知医院医疗保险管理部门。如参保者系急诊入院,未带社会保障卡,应告知参保者或其委托人尽快补交、登记。

(四)严格控制参保者自费药品、自费检查项目的使用,参保者在诊疗过程中如需使用医疗保险目录以外的药品、特殊材料和诊疗项目,除急、危、重症抢救参保者外,必须征得参保者或其委托人的同意并在自费项目表内签字认可。

(五)严格执行诊疗护理规范、常规和入、出院标准,坚持因病施治、合理检查、合理治疗。

1. 科室行政主任为临床合理检查、合理治疗、合理用药的第一责任人,科室成立由科室行政主任、行政副主任、护士长组成的医疗保险管理小组,定期对住院参保者的诊疗情况进行检查,杜绝滥开大处方、滥用抗生素、乱检查行为。医院医疗保险管理部门不定期进行检查,发现问题及时反馈给医疗保险管理委员会。

2. 在保证救治的前提下,用药范围应尽量遵循医疗保险基本药物目录。

3. 严格遵守医疗保险不予支付和支付部分费用的诊疗项目与医疗设施范围,对大型或特殊检查、高档药品、高值耗材、新特医疗技术,须经科室行政主任签字,医务处审批后方可使用。

4. 抗菌药物要严格按照《医院在用抗菌药物三级分类表》分级管理使用。

5. 检查、治疗应有医嘱;不得外出购药,尤其是基本药物目录中的药品;出院带药应在临时医嘱和出院小结中有记录,与出院诊断无关的药品、限住院或急诊抢救时使用的药品不得带出院。出院带药原则上限急诊3天量,慢诊7天量。

6. 遵守社会服务承诺,不得发生降低住院标准、伪造医疗文书、串换项目、虚传数据等违规行为。一经核实,对当事人给予相应惩罚,并承担法律责任。

第四条 严格执行病历、处方书写与管理规定,必要时须经科室行政主任、医务处同意后,向医疗保险经办机构提供医疗文书及相关资料。

第五条 各种收费项目须执行物价部门统一规定,不得分解项目、超标准、重复收费,无依据多收或漏收,参保者出院时向其提供出院小结、费用清单和结算发票。

第六条 医疗保险医疗服务实行公示告知制度。对参保者的就诊流程、收费项目及价格、报销范围及补偿比例进行公示,在就诊、结算窗口公布投诉电话号码,对投诉问题及时了解情况,按规定进行处理。

第七条 医疗保险服务工作纳入科室综合目标分类管理责任制。

第八条 对违反以上规定的工作人员,按《中华人民共和国社会保险法》《执业医师法》《处方管理办法》等法律法规进行严肃处理。

以上规定自下发之日起执行。本规定执行过程中如遇问题,及时向医院医疗保险管理部门反馈。

××医院

××××年×月×日

附 ××医院医疗保险管理委员会名单

主 任: ××

副主任: ××　××

成 员: ××　××　××……

秘 书: ××

示例10-9 ××医院医疗保险药品目录、诊疗项目管理制度

(一)为保障参保者基本的医疗需求,根据政府部门制定的药品目录、诊疗项目与医疗服务设施范围,特制定本制度。

（二）参保者来医院就医补偿的药品目录、诊疗项目与医疗服务设施范围严格按照政府部门制定的相应的目录执行。

（三）上级主管部门对药品目录、诊疗项目与医疗服务设施范围更新后，医院须在规定时间内同步。

（四）药品目录、诊疗项目与医疗服务设施范围在 HIS 系统中的对应和维护实行专科、专人负责，其他科室或人员不得擅自修改。

（五）HIS 系统对药品目录、诊疗项目与医疗服务设施范围自动提示或有特定标识。

（六）严格依照临床诊疗技术规范、医疗服务价格等，合理检查，合理治疗，合理收费。

（七）严格控制使用目录外药品，目录外用药费用占药费的比例不得超过医疗保险经办机构的相关规定。

（八）保障参保者的知情权和选择权，必须使用医疗保险范围外药品、诊疗项目时，须征得参保者或其家属同意并签字。

1. 医疗保险诊疗项目：是指符合以下条件的各种医疗技术劳务项目和采用医疗仪器、设备与医用材料进行的诊断、治疗项目：

（1）临床诊疗必需、安全有效、费用适宜的诊疗项目；

（2）由物价部门制定了收费标准的诊疗项目；

（3）由定点医疗机构为参保者提供的医疗服务范围内的诊疗项目。

2. 医疗保险基金不予支付的服务项目类

（1）挂号费、院外会诊费、远程诊疗费、家庭病床费等；

（2）自请特别护理费、优质优先等特需医疗服务费以及点名手术附加费等；

（3）病历工本费、疾病证明书费、微机查询与管理费、各种账单工本费、磁卡费等。

3. 医疗保险基金不予支付的非疾病治疗项目

（1）各种美容项目，如雀斑、粉刺、疣、痤疮、祛斑、色素沉着与脱发（含斑秃）、白发、脱痣、穿耳、鞍鼻、按摩美容等项目；

（2）各种非功能型整容、矫形手术和生理缺陷治疗等，如重睑术、隆乳术、割狐臭、矫治口吃、矫斜眼、屈光不正、视力矫正等手术项目；

（3）糖尿病决策支持系统、睡眠呼吸监测系统、微量元素检测、骨密度测定、人体信息诊断、电脑选择最佳妊娠期、胎儿性别与胎儿发育检查等诊疗项目；

（4）各种减肥、增胖、增高、健美、戒烟的诊疗项目；

（5）各种预防、保健性的诊疗（除住院分娩）等项目，如各种疫苗、预防接种、疾病普查普治、婚前体检、旅游体检、职业体检、出境体检等；

（6）各种医疗咨询（包括心理咨询、健康咨询、饮食咨询、疾病咨询）、各种预测（包括中风预测、健康预测、疾病预测）、各种鉴定（司法鉴定、工伤鉴定、医疗鉴定、亲子鉴定）、健康指导等项目。

4. 医疗保险基金不予支付的诊疗设备及医用材料

（1）应用正电子发射断层装置 PET、电子束 CT、眼科准分子激光治疗仪等大型医疗设备进行的检查治疗项目；

（2）眼镜、义眼、义齿、义肢、助听器、健脑器、皮（钢）背心、钢围腰、钢头颈、胃托、肾托、阴囊托、子宫托、拐杖、轮椅(残疾车)、畸形鞋垫、药枕、药垫、热敷袋、压脉带、输液网、提睾带、疝气带、护膝带、人工肛袋等器具;

(3)各种检查检测仪(器)、治疗仪(器)、理疗仪(器)、按摩器和磁疗用品等治疗器械;

(4)物价部门规定不可单独收费的一次性医用材料。

5. 医疗保险基金不予支付的治疗项目

(1)各种器官或组织移植的人类器官源或组织源以及获取器官源、组织源的相关手术等;

(2)除肝脏、肾脏、角膜、皮肤、血管、骨、造血干细胞(骨髓、脐血)移植外的其他器官或组织移植;

(3)前列腺增生微波(射频)治疗、氦氖激光血管内照射(血疗)、麻醉手术后镇痛新技术(止痛床)、内镜逆行阑尾造影术等诊疗项目;

(4)镶牙、种植牙、洁牙、牙列下整矫治、黄黑牙、牙缺损、色斑牙、烤瓷牙等诊疗项目;

(5)气功疗法、音乐疗法、催眠疗法、磁疗法、水吧疗法、氧吧疗法、体位疗法、心理治疗法与暗示疗法(精神病人除外)、食疗法、保健性营养疗法等辅助治疗项目;

(6)各种不育(孕)症、性功能障碍的诊疗项目;

(7)各种科研、教学、临床验证性的诊疗项目。

6. 其他医疗保险基金不予支付的情况

(1)应当从工伤保险基金中支付的;

(2)应当由第三人负担的;

(3)应当由公共卫生负担的;

(4)在境外就医的。

7. 医疗保险基金支付部分费用的诊疗设备及医用材料

(1)应用 r-刀、X-刀、X-射线计算机体层摄影装置(CT)、心脏及血管造影 X 机(含数字减影设备)、核磁共振成像装置(MRI)、单光子发射电子计算机扫描装置(SPECT)、彩色多普勒仪、医疗直线加速器、彩色 B 超、脑地形图等大型医疗仪器进行检查治疗项目;

(2)体外震波碎石与高压氧治疗项目;

(3)省物价部门规定的可单独收费的一次性医用材料。

8. 医疗保险基金支付部分费用的治疗项目

(1)血液透析、腹膜透析治疗项目;

(2)心脏起搏器、人工瓣膜、人工关节、人工晶体、各种支架、各种吻合器、长中导管、埋植式给药装置等体内置换的人工器官、体内置放材料及安装或放置手术项目;

(3)心脏搭桥、心导管球囊扩张、心脏射频消融等手术项目;

(4)冠状动脉造影、心脏激光打孔术、肿瘤生物治疗中的 T 淋巴细胞回输法、肿瘤热疗法等诊疗项目;

(5)各种微波、频谱、远红外线等辅助治疗项目。

9. 医疗保险基金不予支付的医疗服务设施范围:

(1)就(转)诊交通费;

（2）空调费、取暖费、电视费、电话费、电炉费、电冰箱费、食品保温费和损坏公物赔偿以及水、电、气等费；

（3）陪护费、护工费、洗澡费、药浴费、理发费、洗涤费等；

（4）门诊煎药费、中药加工费；

（5）文娱活动费、报纸杂志费、健身活动费；

（6）非治疗性膳食费等；

（7）鲜花与插花费；

（8）卫生餐具、脸盆、口杯、卫生纸、床单、枕套、扫床巾、尿布等一次性物品的费用；

（9）肥皂水、垃圾袋、灭蚊药器等生活用品的费用；

（10）医疗机构自行提高医疗服务设施收费标准的费用或自定的收费项目。

（九）严格执行公示制度，接受上级和参保者的监督，取信于民。

（十）各种收费项目须执行物价部门统一规定，不得分解项目、超标准、重复收费、无依据多收或漏收。

（十一）临床各科室定期自查，发现问题及时反馈，及时解决。

××医院

××××年×月×日

示例 10－10　　××医院医疗保险收费管理制度

为进一步规范收费行为，结合医院管理实际，制定本制度。

（一）医院各科室必须严格执行价格管理部门制定的医疗服务价格政策，按规定的收费标准收费。

（二）医院对参保者的诊疗要做到合理施医，合理检查，合理收费，严禁分解项目收费、擅自提高收费标准、自立项目收费和擅自超范围收费。

（三）医院新增医疗服务项目，或需要对现有医疗服务项目增加新的内容，统一由计财处（经管科）会同有关科室按规定组织论证，拟定建议价格标准，并按规定程序报上级物价部门和卫生部门审批后方可收费。

（四）医院的所有收费，必须由财务科开具合法的正式收据，严禁任何科室和个人出具非正式收据（或不出具收据）向参保者或参保者家属收取各种费用；禁止任何职工以任何名义向参保者索要药物或借参保者名义开药或检查。

（五）严格执行处方管理制度，处方上的收费项目名称应当规范，字迹清楚，收费标准与收费项目相一致，划价员要签字，以示负责。

（六）医院配备显示屏或电子触摸屏，公示所有医疗服务价格，以方便参保者随时查询。

（七）本制度自公布之日起执行。

××医院

××××年×月×日

示例 10-11   ××医院医疗保险公示制度

为确保医院医疗保险制度的平稳运行,加强民主监督,保证参保者参与知情的权利,特制定本制度。

(一)社会公示

1. 公示内容

(1)医疗保险药品目录;

(2)医疗保险诊疗项目与服务设施范围及收费标准;

(3)参保者就诊、住院流程;

(4)医疗保险服务承诺书;

(5)咨询监督举报电话。

2. 公示方式

(1)公示栏或公示屏(电子屏)、互联网;

(2)其他可行的公示方式。

3. 公示办法

定期公示与实时公示相结合。

(二)院内公示

1. 公示内容

(1)医疗保险新政策;

(2)各类医疗保险费用通报;

(3)医疗保险拒付情况通报。

2. 公示方式

(1)内网;

(2)医疗保险简报与各类反馈通知书;

(3)其他可行的公示方式。

3. 公示办法

(1)定期公示与实时公示相结合;

(2)内部宣传培训(行政例会、住院总例会等)。

以上制度,接受社会和卫生行政机构、人力资源和社会保障部门监督、检查。

××医院
××××年×月×日

示例 10-12   ××医院医疗保险投诉处理制度

为做好参保者的投诉处理工作,根据有关法律法规和医院相关制度,特制定本制度。

(一)医院员工对参保者所反映的问题,能够解释的,及时给予沟通答复。

(二)对于参保者反映较为复杂的问题,且一时不能解决的涉及有关政策的问题,请参保者提供书面陈述材料。

（三）接到参保者书面材料后，医院医疗保险管理部门应对反映问题进行归类。应由医院医疗保险管理部门负责解释、解决的，应在三个工作日内给予参保者答复。反映问题涉及临床科室的，医院医疗保险管理部门须及时将书面材料转至当事科室，要求当事科室及时组织讨论，提出书面反馈意见。

（四）参保者反映较为复杂的有关医疗质量方面的问题，医院医疗保险管理部门将问题转至医务处医患沟通办公室协调解决。

（五）参保者对医疗保险法律、法规、政策规定的事项存在异议时，应予耐心解释，视情况汇报政府及医疗保险经办机构，请其派出代表与定点医疗机构协同解决纠纷，答复参保者。

（六）医院医疗保险管理部门工作人员负责对参保者宣传解释《中华人民共和国社会保险法》及其他与医疗保险相关的法律、法规、部门规章。

××医院

××××年×月×日

示例 10-13　　××医院医疗保险培训制度

为确保医疗保险工作有序、平稳、高效地开展，提高医疗服务和管理水平，更好地执行和落实医疗保险政策并为参保者服务，医院在全院范围内持续开展医疗保险制度的培训，为保证培训质量，提高学习效果，特制定本制度。

（一）培训目的

　　1. 落实国家医疗保险政策法规；

　　2. 维护参保者切身利益；

　　3. 提高医务工作者医疗保险服务意识和管理水平；

　　4. 规范服务行为，控制医疗费用。

（二）培训内容

　　1. 医疗保险相关法律法规、医疗保险经办机构下达的相关文件以及医院制定的关于医疗保险的管理制度；

　　2. 医疗保险药品目录、诊疗项目目录和医疗服务设施范围；

　　3. 参保者就诊流程；

　　4. 物价政策及医疗保险付费方式；

　　5. 医疗保险及医疗行业发展新动态。

（三）培训方式

　　院内培训分阶段、分层次、自上而下进行。利用讲座、网络宣传、多媒体技术、平面宣传、案例研讨、自学等方式和手段开展培训。

（四）培训对象

　　1. 医院医疗保险从业人员；

　　2. 医院全体医务人员；

　　3. 新员工培训；

4. 参保者宣传培训。

（五）培训质量保障

医院医疗保险管理部门与教育培训部门要确保医疗保险培训的质量。培训实施之前必须制订培训计划，培训计划包含培训开展的具体途径、步骤、方法。培训的内容应具备前瞻性与实用性。

现场培训实行签到制，确保医院每位职工接受培训；各部门、各科室在保证工作正常进行的前提下，及时安排人员参加培训。

（六）培训效果评价

要从培训对象的满意度、掌握度、应用度来评价宣传培训效果。培训结束，可对培训对象采取书面考试、问卷调查、现场提问、访谈讨论等方式评估培训效果。要建立持续改进机制，及时发现宣传培训存在的问题并改进创新培训方式，不断提高医院医疗保险宣传培训效果及医疗保险服务、管理水平。

××医院

××××年×月×日

示例 10-14　　××医院医疗保险费用审核制度

为规范医院医疗保险管理和服务行为，提升医疗保险服务质量、保障医院医疗保险基金安全，结合医院医疗保险管理实际，制定本制度。

（一）审核主体

1. 临床科室审核主体

临床科室行政主任为本科室医疗保险质量第一责任人，床位医生与主班护士或质控护士负责参保者医疗保险费用与病历质量的具体审核工作。

2. 医院医疗保险管理部门

医院医疗保险管理部门审核员对每位参保者进行出院结算前费用审核。审核员由医学及医学相关专业、有临床实践背景人员担任。

（二）医疗保险费用审核内容

1. 基本情况

审核参保者基本信息填写是否有误；医疗保险身份是否正确；是否符合入院标准；出、入院日期是否相符；病程记录内容是否完整。

2. 医疗保险合规情况

医嘱、各种检查报告单、限制性用药是否具备应用指征；出院诊断完整性；费用清单内容是否对应；出院带药有无超量及违反规定；床位费与住院天数是否相符；费用清单内容是否与"三个目录"匹配；是否按医疗保险政策要求填写自费项目告知书等。

（三）医疗保险费用审核规程

1. 临床科室审核规程

床位医生、主班护士或质控护士须在参保者出院结算前检查住院诊疗全过程及相应病历记录，保证诊疗行为符合医疗保险政策规定，并应用信息系统自动审核程序预审核参保者住院治疗费用,发现错误及缺陷立即纠正。

2. 医院医疗保险管理部门审核规程

审核员应用医疗保险专用自查软件对参保者医疗保险费用及病历记录进行筛查,初步筛查后可重点检查医嘱与费用清单的对应性、限制性用药指征、入院及出院诊断的完整性及正确性、出院带药品种及药量、抗生素药敏试验结果;联合用药病程记录理由,意外伤害病历记录等。

3. 异常情况处理

发现异常情况审核员要与门诊接诊医师、住院经治医师、主班护士、信息中心沟通,问明原因,对出现的问题及时更改,更改后方可实施即时结算,保证参保者结算时信息准确。

(四)考核与奖惩

临床科室医务人员要加强医疗保险政策的学习培训,自觉规范医疗保险服务行为。对审核异常的费用记录要及时更正并定期总结。由于临床科室诊疗行为不符合医疗保险管理规定又未更正,最终被医疗保险经办机构拒付的费用,由经治人员承担。科室审核工作完成情况纳入科室行政主任月度考核。

审核员要加强医疗保险政策及医疗专业知识的学习,对审核工作认真负责。审核员绩效考核与医疗保险经办机构拒付比例与医疗保险考核结果挂钩。

××医院

××××年×月×日

示例 10 - 15　　××医院医疗保险应急处理制度

为了切实做好医疗保险服务工作,积极应对并妥善处理可能发生的突发性事件,避免和减轻因突发事件造成的损失和影响,维持医疗秩序,确保医疗安全,特制定本制度。

(一)突发事件界定

1. 医疗保险业务处理系统故障

医疗保险业务处理系统故障是指:因火灾、停电、网络故障等外界不可预见因素,以及设备损坏、系统故障等原因所造成的医疗保险业务处理系统无法正常运行。

2. 医患冲突

医患冲突在这里特指参保者因对医疗保险政策缺乏全面了解,对医疗保险报销的高期望与"保基本"的报销政策冲突,或对就医流程及医疗行为等不满引起的冲突。

(二)管理组织架构及责任人

1. 突发事件应急处理由医院应急处理领导小组统一领导,医疗保险管理部门负责人为第一负责人,当相关人员外出时,应当事先指定临时责任人,代其履行相应职责。

2. 当突发事件发生时,当场接触人员向部门负责人报告,部门负责人向医院应急处理办公室报告,同时妥善维护现场情况,应急处理办公室负责报告领导小组成员。

3. 应急处理办公室接到报告后,应当立即到事件现场进行统一指挥,根据突发事件的性质与现场状况,摸清情况与缘由,维持现场秩序,做好对服务对象的解释工作,组织设备设施的抢修,维护人身和财产安全,向110或119报警,做好各项善后处理并向有关部门及时报告。

（三）应急事件处置流程

1. 处置医疗保险业务系统故障的应急预案

（1）判明情况。应急处理小组首先应立即判断系统故障范围与故障原因，区分是本院系统故障还是与本院联网单位系统故障。

（2）及时报告。如属于与本院联网单位的系统故障，应当及时向相关领导、医疗保险经办机构等相关部门口头报告故障情况。如属于本院的系统故障，应当及时向信息中心反映并及时告知门诊、出入院管理科等有关部门。

（3）维护秩序。医院医疗保险管理部门及时组织人员做好解释和疏导工作，维护就医秩序，并根据情况加强一线工作人员力量。

（4）抓紧修复。如属本院系统故障，应快速查找系统故障的原因，并及时修复，争取尽快恢复系统的正常运行。如属与本院联网单位故障，应积极配合对方共同排除故障，尽快恢复系统正常运行。同时，应当判断排除系统故障的大概时间，为窗口服务提供依据，如不能在短时间内排除解决，应当及时通报有关部门。

（5）做好善后。预计在短时间内难以恢复系统运行的，应当区别情况，分别作如下服务处理工作：属于一般情况的，可以先手工办理的，视情况增加人员力量予以快速手工办理；不能手工办理的，应当尽可能做好解释工作，请参保人员在系统恢复正常后再前来优先办理。确实属于特殊困难，难以再次前来办理的并能够代为办理的，采用可能的方式，留下有关办理信息和联系方式，在系统恢复正常后代为办理，并及时告知参保者。确实属于疾病诊疗急需办理的，可与相关医疗保险经办机构联系，先保证其正常就医或购药，然后补办手续。

2. 处理医患冲突的应急预案

（1）当发生医患冲突时，应沉着耐心，尽力避免与参保者或家属争吵，避免激烈言辞和过激行为，尽量稳定患方情绪。如患方有过激行为应立即通知保卫科。

（2）向参保者或家属了解情况，同时向床位医生或护士证实有关信息。

（3）在 HIS 系统或向信息中心查询参保者诊疗信息，及时查明原因。

（4）对无任何问题，均严格按相关医疗保险政策规定执行的，应对患方做好耐心、细致的解释，取得相互理解，消除意见分歧，化解纠纷；不能达成一致意见的，应及时向患方解释清楚，明确医疗保险政策责任部门。

（5）对由系统原因或人为错误引起的，应及时更正错误，重新结算，并做好解释工作。

（6）当由医疗保险跨年、跨月引起的，本院单方面无法处理的，应及时联系医疗保险经办机构协商解决。

（四）其他

1. 应急处理办公室负责将有关突发事件向应急处理领导小组报告，并根据情况进行院内通报。

2. 本制度自发文之日起施行。

　　　　　　　　　　　　　　　　　　　　　　　　　××医院

　　　　　　　　　　　　　　　　　　　　　　××××年×月×日

第十一章　医院医疗保险目录管理

第一节　医疗保险目录管理概述

一、医疗保险目录管理概念

为保障参保者的基本医疗需求,合理控制医疗费用支出,规范基本医疗保险用药、诊疗、材料、服务设施等方面的管理,保证基本医疗保险制度的健康运行,国家制定了《基本医疗保险药品目录》《城镇职工基本医疗保险诊疗项目目录》和《城镇职工基本医疗保险医疗服务设施项目范围》,简称"三个目录"。定点医疗机构通过执行"三个目录",对医疗保险政策进行落实,对医院医疗保险行为进行管理。

二、医疗保险目录管理原则

日常维护和对应医疗保险"三个目录"中所有的药品、诊疗项目及服务设施的模式基本一致,要遵守以下二个原则:

（一）规范性

必须根据医疗保险法律法规及相关政策规定,维护定点医疗机构医疗信息系统中所需的所有费用信息,确保医院能够正常使用。其次,医疗保险目录准入的原则是,临床必需、安全有效、价格适宜。定点医疗机构在进行新增项目维护时,需要严格遵守。

（二）科学性

定点医疗机构新增的医疗技术或诊断方式,需确定该医疗技术或诊断方式经省、市批复,并在卫生主管部门备案,并报医疗保险经办机构,获得医疗保险代码后,方可进行对应。

（三）安全性

定点医疗机构的医疗保险"三个目录"日常维护、对应工作,需由专人负责,动态维护,加强安全设置和权限管理,避免工作中的道德风险。

第二节　医疗保险目录

人力资源和社会保障部门对医疗服务提供方的管理,主要体现在"两个定点"和"三个目录"上。"两个定点"是指对定点医疗机构和定点零售药店的管理;"三个目录"则指对基本医疗保险用药范围、基本医疗保险诊疗项目和基本医疗保险服务设施进行管理。

一、基本医疗保险药品目录

为了保障参保（合）者基本医疗用药，合理控制药品费用，规范基本医疗保险用药范围管理，根据《城镇职工基本医疗保险用药范围管理暂行办法》（劳社部发〔1999〕15号），由国家及省（自治区、直辖市）人力资源和社会保障部门负责组织制定基本医疗保险的用药范围，即可由城镇基本医疗保险基金支付的药品范畴；新型农村合作医疗根据《卫生部关于调整和制订新型农村合作医疗报销药物目录的意见》（卫农卫发〔2009〕94号）文件精神，各统筹地区根据原则自行制定药品目录。纳入《药品目录》的药品，应是临床必需、安全有效、价格合理、使用方便、市场能够保证供应的药品，确定《药品目录》中药品种时考虑临床治疗的基本需要，也要考虑地区间的经济差异和用药习惯，中西药并重。

（一）城镇基本医疗保险药品目录

《国家基本医疗保险、工伤保险和生育保险药品目录（2010年版）》适用于基本医疗保险、工伤保险和生育保险，是基本医疗保险、工伤保险和生育保险基金支付参保者药品费用和强化医疗保险医疗服务管理的政策依据及标准。

根据《城镇职工基本医疗保险用药范围管理暂行办法》（劳社部发〔1999〕15号）文件精神，国家医疗保险目录原则上两年调整一次。我国于1999年建立城镇职工医疗保险制度，2000年制定了第一版医疗保险目录。该医疗保险目录执行4年后，于2004年进行了修订。2009年11月30日人力资源和社会保障部正式发布《国家基本医疗保险、工伤保险和生育保险药品目录（2010年版）》，对药品目录进行第二次调整。目前，该版目录实施已有五年时间。

（二）新型农村合作医疗制度药品目录

新型农村合作医疗制度的药品目录，由各统筹地区分别制定。一般包括以下原则：

（1）要与农村经济社会发展、新型农村合作医疗筹资水平、农民健康需求相适应，有利于巩固和发展新型农村合作医疗制度。

（2）要以国家基本药物目录为基础，结合实际，确定适宜的目录范围。

（3）要按照临床必需、安全有效、价格合理、使用方便的原则遴选药品。

（4）要兼顾西药、中药（民族药），并适当考虑医疗机构制剂，有效覆盖农村常见病、多发病。

以安徽省为例，依据省卫生厅（现为省卫生和计划生育委员会）、省人社厅、省物价局制订的《安徽省基本药物和补充药品招标目录（2010年版）》（皖卫通〔2010〕4号），制定了《安徽省新型农村合作医疗报销药品目录（2010年版）》。

（三）药品目录构成

1. 城镇基本医疗保险药品目录构成

《国家基本医疗保险、工伤保险和生育保险药品目录（2010年版）》由西药、中成药和中药饮片三部分组成。由于西药和中成药的药用成分和治疗适应症相对明确，产品的剂型、剂量、规格及其价格都有明确的规定，所以采用"准入法"，制定准予支付的药品目录，药品名称使用通用名，并标明剂型。由于中药饮片的药源广泛，药材品种繁多，使用剂量和规格差别大,对中药饮片采用"排除法",制定不予支付的药品目录。

药品目录中的药品按照药物学和临床学科用药相结合的办法进行分类,其中,西药和中成药的药品名称采用通用名,并标明剂型;中药饮片采用药典名。

根据《国家基本医疗保险、工伤保险和生育保险药品目录(2010年版)》,基本医疗保险、工伤保险基金准予支付费用的西药品种分别为1027个和1031个,中成药品种823个,民族药品种47个。医疗保险、工伤保险基金不予支付费用的中药饮片有127种及1个类别,其中,单方不予支付的有99种,单、复方均不予支付的有28种和1个类别。

2. 新型农村合作医疗药品目录构成

目前,新型农村合作医疗没有全国统一的药品目录,各统筹地区根据情况分别制定。根据《安徽省新型农村合作医疗报销药品目录(2010年版)》(皖卫农〔2010〕31号)在保证参合者用药政策相对稳定、连续的基础上,依据国家基本药物政策,增补及标注了国家基本药物307个品种,安徽省补充药物277个品种,总品种数为1194个。其中西药771个,中成药374个,民族药49个。国家基本药物品种,其药品名称及剂型,注释按照《国家基本药物目录》(2009年版·基层部分)说明执行;非国家基本药物品种,按照《安徽省新型农村合作医疗药品目录(2010年版)》凡例执行。

(四)药品目录分类

《药品目录》中的西药和中成药在《国家基本药物目录》的基础上遴选,并分"甲类目录"和"乙类目录"。西药部分甲类品种315个,乙类品种712个;中成药部分的甲类品种有135个,乙类品种688个。工伤保险药品不分甲、乙类。

1. 甲类目录

"甲类目录"由国家统一制定,各地不得调整。"甲类目录"的药品是临床治疗必需、使用广泛、疗效好、同类药品中价格低的药品。

2. 乙类目录

"乙类目录"的药品是可供临床治疗选择使用、疗效好、同类药品中比"甲类目录"药品价格略高的药品。各省、自治区、直辖市可以根据经济水平和用药习惯进行适当调整,增加和减少的品种数之和不得超过国家制定的"乙类目录"药品总数的15%,医疗保险基金支付比例由各统筹地区根据当地医疗保险基金的承受能力确定。同时鼓励医师按照先甲类后乙类、先口服制剂后注射制剂、先常释剂型后缓(控)释剂型等原则选择药品,鼓励药师在调配药品时首先选择相同品种剂型中价格低廉的药品。

以合肥市为例,根据《关于规范城镇职工基本医疗保险乙类药品自付比例的通知》(合政办〔2008〕18号)文件规定,使用"乙类目录"的药品所发生的费用,先由参保者自付一定比例,再按"甲类目录"药品的规定支付。目录外的药品由个人自费。目前,合肥市1918种乙类药品分别设定了0%~50%的个人先付的自付比例。其中:个人自付比为0%的有261种(西药248种,中成药13种);10%的有899种(西药460种,中成药439种);20%的有581种(西药240种,中成药341种);30%的有141种(西药84种,中成药57种);40%的有22种(西药17,中成药5种);50%的有14种(西药9种,中成药5种)。根据《合肥市基本医疗保险定点医疗机构医疗服务协议》,临床医生在为病人使用基本医疗保险基金自费和自付30%(含)以上的乙类药品,须事先向参保者或其家属说明理由及价格,并征得参保者或其家属签字同意(急诊、抢救等特殊情况除外)。

示例 11-1　　　　　参保者医疗费用计算

某统筹地区起付线标准为600元,年度封顶线30万,统筹基金支付范围内个人自付比10%,乙类药品参保者个人自付比10%、20%、30%、40%、50%。假定某职工住院发生医疗费用20000元,其中药品费用6000元,甲类药品4000元,乙类药品1500元(30%自付比),目录外药品500元,该病人医疗费用支付如下:

个人自付乙类药品费:1500×30%=450(元)

完全自费药品500元。

甲类药品4000元,扣除自付比后乙类药品1050元,与其他医疗费用共计19050元,纳入统筹基金支付范围。按基本医疗保险规定的支付起付线标准600元以上18450元,统筹基金支付:

18450×90%=16605(元)

个人自付:18450×10%=1845(元)

综上所述,该职工发生的20000元住院医疗费用中,个人支付1845+600+450+500=3395元,统筹基金支付16605元。

(五)限制性用药

按照医疗保险有无支付限制,医疗保险药品目录又分为限适应症、限病种、限科室使用。标注了限制条件的药品,应有相应的临床体征、实验室和辅助检查证据,以及相应的临床诊断依据。限制使用的药品,并不是对该药品法定说明书的修改,临床医师仍应根据病情需要,按药品法定说明书用药。

1.限制性用药的常用概念

由于从事医院医疗保险工作的人员来自于不同专业,特将限制性用药中常用的概念解释如下:

1)重度感染

引起感染没有明显的症状为轻度感染;有一定的症状如红肿热痛但神志清楚为中度感染;感染后伴神志不清、昏迷为重度感染。

2)重度真菌感染

由于长期应用广谱抗生素、糖皮质激素、免疫抑制剂、化疗或放疗后以及AIDS参保者均是真菌感染好发者。

3)限二线

"一线用药"是指根据参保者病情可以首先选择或者标准选择的药物,只有一线用药无效后使用"二线用药",医疗保险方可支付。标注为"限二线"用药的药品,应有使用《药品目录》一线药品无效或不耐受的依据。

以抗菌药物为例,根据抗菌药物特点、临床疗效、细菌耐药、不良反应以及当地社会经济状况、药品价格等因素,将抗菌药物分为非限制使用(一线用药)、限制使用(二线用药)与特殊使用(三线用药)三类进行分级管理。

(1)非限制使用(一线用药)

经临床长期应用证明安全、有效,对细菌耐药性影响较小,价格相对较低的抗菌药物。

(2)限制使用(二线用药)

与非限制使用抗菌药物相比较,这类药物在疗效、安全性、对细菌耐药性影响、药品价格等某方面存在局限性,不宜作为非限制药物使用。限二线用药主要选用对一线药物产生耐药性的复治病例。

严重疾病二线用药是指该药可能具有较大副作用、不良反应或价格昂贵,不作为对某种疾病的常规用药,一般仅用于一线用药无效、过敏、副作用太大时。但特殊情况,如需要联合用药亦可使用二线药物。

(3)特殊使用(三线用药)

不良反应明显,不宜随意使用或临床需要加倍保护以免细菌过快产生耐药而导致严重后果的抗菌药物;新上市的抗菌药物;其疗效或安全性任何一方面的临床资料尚较少,或并不优于现用药物者;药品价格昂贵。

4)序贯治疗

序贯治疗是指抗菌药物治疗中重度感染性疾病时,初期采用胃肠外给药(静脉内),当病情一旦得到改善(用药后 3~7 天),迅速转换为口服抗菌药物的一种给药方法。一般是同一种药物不同剂型间的转换,也可以从高一级转为低一级的抗菌药物或同一级抗菌药物之间的转换,也称转换疗法。

5)重症患者

病情严重、多变并影响到生命体征的平稳,及有多器官功能衰竭的参保者。

6)配合肠外营养

肠外营养(PN)是经静脉途径供应病人所需要的营养要素,包括热量(碳水化合物、脂肪乳剂)、必需和非必需氨基酸、维生素、电解质及微量元素。肠外营养分为完全肠外营养和部分补充肠外营养。目的是使病人在无法正常进食的状况下仍可以维持营养状况、体重增加和创伤愈合,幼儿可以继续生长、发育。肠外营养的基本适应症是胃肠道功能障碍或衰竭者,也包括需家庭肠外营养支持者。临床选择使用时,需根据参保者个体情况,选择使用肠外营养治疗。

配合肠外营养疗效显著的适应症包括:

(1)胃肠道梗阻;

(2)胃肠道吸收功能障碍:①短肠综合征:广泛小肠切除>70%;②小肠疾病:免疫系统疾病、肠缺血、多发肠瘘;③放射性肠炎;④严重腹泻、顽固性呕吐>7 天;

(3)重症胰腺炎:先输液抢救休克或 MODS,待生命体征平稳后,若肠麻痹未消除、无法完全耐受肠内营养,则属肠外营养适应症;

(4)高分解代谢状态:大面积烧伤、严重复合伤、感染等;

(5)严重营养不良:蛋白质－热量缺乏型营养不良常伴胃肠功能障碍,无法耐受肠内营养。

配合肠外营养支持有效的适应症包括：

（1）大手术、创伤的围手术期：营养支持对营养状态良好者无显著作用，相反可能使感染并发症增加，但对于严重营养不良病人可减少术后并发症。严重营养不良者需在术前进行营养支持7～10天；预计大手术后5～7天胃肠功能不能恢复者，应于术后48小时内开始肠外营养支持，直至病人能有充足的肠内营养或进食量。妊娠剧吐，持续5～7天的呕吐者。

（2）肠外瘘：在控制感染、充分和恰当的引流情况下，营养支持已能使过半数的肠外瘘自愈，确定性手术成为最后一种治疗手段。肠外营养支持可减少胃肠液分泌及瘘的流量，有利于控制感染，改善营养状况，提高治愈率，降低手术并发症和死亡率。

（3）炎性肠道疾病：Crohn氏病、溃疡性结肠炎、肠结核等病人处于病变活动期，或并发腹腔脓肿、肠瘘、肠道梗阻及出血等，肠外营养是重要的治疗手段，可缓解症状、改善营养，使肠道休息，利于肠黏膜修复。

（4）严重营养不良的肿瘤病人：对于体重丢失≥10%（平时体重）的病人，应于术前7～10天进行肠外或肠内营养支持，直至术后改用肠内营养或恢复进食为止。

（5）重要脏器功能不全：①肝功能不全：肝硬化病人因进食量不足致营养负平衡，肝硬化或肝肿瘤围手术期、肝性脑病、肝移植后1～2周，不能进食或接受肠内营养者应给予肠外营养支持。②肾功能不全：急性分解代谢性疾病（感染、创伤或多器官功能衰竭）合并急性肾衰竭、慢性肾衰透析病人合并营养不良，因不能进食或接受肠内营养而需肠外营养支持。慢性肾衰透析期间可由静脉回输血时输注肠外营养混合液。③心、肺功能不全：常合并蛋白质－能量混合型营养不良。肠内营养能改善慢性阻塞性肺病（COPD）临床状况和胃肠功能，可能有利于心衰病人（尚缺乏证据）。COPD病人理想的葡萄糖与脂肪比例尚未定论，但应提高脂肪比例，控制葡萄糖总量及输注速率，提供蛋白质或氨基酸（至少 lg/kg.d），对于危重肺病病人应用足量谷氨酰胺，有利于保护肺泡内皮及肠道相关淋巴组织，减少肺部并发症。④炎性粘连性肠梗阻：围手术期肠外营养支持4～6周，有利于肠道功能恢复，缓解梗阻。

以下情况不可使用肠外营养治疗：

（1）胃肠功能正常、适应肠内营养或5天内可恢复胃肠功能者；

（2）不可治愈、无存活希望、临终或不可逆昏迷病人；

（3）需急诊手术、术前不可能实施营养支持者；

（4）心血管功能或严重代谢紊乱需要控制者。

禁忌证状使用肠外营养支持，不符合政策规定，将被医疗保险经办机构拒付。

7）重度骨质疏松

骨质疏松是以骨量减少、骨的微观结构退化为特征的致使骨的脆性增加以及致易于发生骨折的一种全身性骨骼疾病。程度分级为：骨质减少是较正常骨密度测定降低1～2.5标准差；骨质疏松是较正常骨密度测定降低2.5标准差以上；严重骨质疏松是较正常骨密度测定降低2.5标准差以上并伴有脆性骨折。骨密度测定正常值为正常成人±1标准差。

8）几种特殊药品的限用范围说明

（1）果糖、转化糖都是限因胰岛素抵抗无法使用葡萄糖时使用，不能作为一般糖盐

(GNS)、葡萄糖(GS)来使用,必须是有胰岛细胞功能障碍由此影响到正常进食并有可能带来营养状况改变时使用。

(2)限抢救药品是根据病人的病情、生命体征的平稳性、神志状态、手术情况及疾病诊断综合考虑。

(3)限重度感染的一些抗生素:如,头孢吡肟、美洛西林舒巴坦、哌拉西林舒巴坦等,按重度感染的定义是要达到神志的改变,但可以综合考虑病人的年龄、血象、细菌培养结果、护理级别以及有无吸氧等。

2. 限制性用药的分类

医疗保险限制性药品分为限科室、限地点、限指征、限适应症、限险种使用。临床学科一定要把握好各药品限制的条件,没有使用指征或不符合政策规定使用,会被医疗保险经办机构拒付。限制性用药分类如下:

(1)限科室和限地点

限科室使用的药品主要为限麻醉科使用的特殊药品,种类不多。限地点使用的药品主要为限住院和急诊、抢救使用,一般门诊不能使用,也不能作为出院带药,特殊情况一定要用时,参保者需要自费。如,辅酶 A(注射剂)限急救使用;参附注射液限二级以上医院急救或抢救;参麦注射液限二级以上医院急重症抢救。

(2)限指征和限病种

该药品在医疗保险限定指征或病种使用时,医疗保险支付该药品费用,在医疗保险限定指征或病种以外使用时医疗保险不支付该药品的费用。医疗保险限定支付指征不等于该药品的使用适应症。一般医疗保险限定的支付指征比该药品的使用适应症面窄,因此,治疗过程中参保者需要使用某种药品但又无医疗保险支付指征时,医生需要先向参保者告知自费,征得同意后方可使用,否则会引发纠纷。如,碳酸钙 D3 限佝偻病使用;拉米夫定限活动性肝炎使用。

(3)限二线

"一线用药"是指根据参保者病情可以首先选择或者标准选择的药物,这些一线用药耐药以后再选择二线的药物。一线用药代表治疗"首选药物",首选治疗产生耐药性或者过敏或者失败,可考虑二线药物。如,莫西沙星氯化钠注射液限二线使用。

(4)限险种

该药品在医疗保险限定险种使用时,医疗保险支付该药品费用,在医疗保险限定险种以外使用时医疗保险不支付该药品的费用。医疗保险限定险种不等于该药品的使用适应症。因此,治疗过程中参保者需要使用某种药品但又非医疗保险支付的险种时,医生需要先向参保者告知自费,征得同意后方可使用。如,长春西汀限工伤保险。

(六)医疗保险参保者出院带药规定

为保证基金安全,严格处方药管理规范以及参保者出院带药规定。卫生部(现为卫生和计划生育委员会)《处方管理办法》(卫生部第 53 号令)规定,急诊处方量 3 天;门诊处方量 7 天;慢性病处方量最长 1 个月。各地医疗保险经办机构根据现有卫生政策分别进行细化规定。以安徽省为例,规定各定点医疗机构不得将《基本医疗保险药品目录》以外的药品串换为目录内的药品,药品价格不得高于物价部门的定价标准,并应按照急性疾病3天量,慢性疾病七天量的标准,严格控制参保者员出院带药量。详见表11－1。

表11－1　合肥地区各类医疗保险出院带药规定

医疗保险种类	出院带药量规定	备　注
安徽省直职工医疗保险	1. 医院只能提供与疾病治疗有关的药品(限口服药); 2. 急性病不得超过7天量,慢性病不得超过15天量,品种数不得超过4个; 3. 不得带检查和治疗项目出院; 4. 出院带药的品种和数量必须在出院记录和出院医嘱中详细记录	1. 享受门诊慢特病待遇的,出院时不得开具特殊病相关药品; 2. 门诊慢特病处方不超过30天给药剂量; 3. 门诊或住院在同一时期同类型药品使用不超过2种
合肥市职工医疗保险		
合肥市城镇居民医疗保险	一般按急性疾病3天量、慢性疾病7天量执行	严格控制参保者出院带药量,不得配备与住院治疗的病种无关的药品
安徽省生育保险	严格控制职工出院带药量,原则上按照急性疾病3天用量、慢性疾病7天用量的标准执行	——
合肥市生育保险		参保者不得携带治疗非本病种的药品
新型农村合作医疗	参照《处方管理办法》(卫生部第53号令)执行	——

(七)基本医疗保险不予支付的用药范围

根据《关于印发城镇职工基本医疗保险用药范围管理暂行办法的通知》(劳社部发〔1999〕第15号)第四条规定,不能纳入基本医疗保险用药范围的包括:主要起营养滋补作用的药品;部分可以入药的动物及动物脏器、干(水)果类;用中药材和中药饮片炮制的各类酒制剂;各类药品中的果味制剂、口服泡制剂;血液制品、蛋白类制品(特殊适应症与急救、抢救除外);人力资源和社会保障部规定基本医疗保险基金不予支付的其他药品。

二、基本医疗保险诊疗项目目录

随着医疗诊断技术的不断发展,临床各种诊断、治疗手段日新月异,新的诊疗设备不断涌现。如在影像诊断学领域,随着计算机技术的应用,出现了MRI、PET－CT、DSA等新型放射诊断技术;在临床治疗领域,器官移植技术的逐步成熟、基因工程技术的应用,使许多疾病可以通过置换器官、改变人体细胞的基因等技术得到有效治疗。

我国处在社会主义初级阶段,生产力还不发达,根据财政和企业实际承受能力建立的基本医疗保险,所能筹集到的基本医疗保险基金更是非常有限,不可能将各种诊疗手段都纳入基金的支付范围,必须根据基本医疗保险基金的支付能力,确定一个可以支付费用的诊疗项目范围。此外,由于我国没有实行诊疗技术的准入制度,项目确定的随意性较大,一些疗效不确切的项目也大量用于临床;部分医疗机构存在片面追求经济利益、重复检查等不良行为。这些管理制度方面的缺陷和不正当行为,造成了医疗资源的大量浪费。因此,必须要通过制定诊疗项目目录等办法,从基本医疗保险的角度加强对诊疗项目的管理。

目前除部分大型设备的管理外,对诊疗项目的管理还没有全国统一的规范,对诊疗项目的临床准入缺乏统一的评审标准和评审制度。一般是由开展诊疗项目的医疗机构提出申请,经当地卫生行政部门审核,报省物价部门确定收费标准后,就可应用于临床。因此,现行的诊疗项目管理办法存在四个方面问题:一是缺乏统一的诊疗项目疗效评价标准;二是诊疗项目收费的成本内涵不统一;三是诊疗项目名称不规范;四是诊疗项目的使用缺乏统一规范。

（一）基本医疗保险诊疗项目的概念

诊疗项目一是指医疗技术劳务项目,如体现医疗劳务的诊疗费、手术费、麻醉费、化验费、检查费等,体现护理人员劳务价值的护理费、注射费等,但不包括一般非医疗技术劳务,如护工、餐饮等生活服务;二是指采用医疗仪器、设备和医用材料进行的诊断、治疗项目,如与检验有关的化验仪器、B超、CT等诊断设备,各种输液器、导管等医用材料,但一些非诊断、治疗用途的仪器设备和材料不属于诊疗项目的范围,如用于医院管理的仪器设备、改善生活环境的服务设施等。

基本医疗保险诊疗项目是指符合下列条件的各种医疗技术劳务项目和采用医疗仪器、设备与医用材料进行的诊断、治疗项目:

（1）临床必需、安全有效、费用适宜的诊疗项目;

（2）由物价部门制定了收费标准的诊疗项目;

（3）由定点医疗机构为参保者提供的医疗服务范围内的诊疗项目。

（二）基本医疗保险诊疗项目的确定

目前,国家确定基本医疗保险诊疗项目的范围,采用的是排除法。这是根据我国诊疗项目管理的现状而确定的。由于诊疗项目的管理缺乏全国统一的办法和临床准入标准,各地主要依据省（区、市）物价部门的收费标准执行,项目数量、名称、内涵以及价格标准各地不一,因此,在国家层次,难以在对诊疗项目进行统一规范的基础上,按照准入法制定诊疗项目目录。今后随着有关部门对诊疗项目管理的逐步规范,在适当的时候国家的基本医疗保险诊疗项目的管理也可能逐步向准入法过度。

国家基本医疗保险诊疗项目范围分为两部分:一是基本医疗保险不支付费用的诊疗项目范围;二是基本医疗保险支付部分费用的诊疗项目范围。一般来说,对于一些非临床必需、效果不确定的诊疗项目,属于特需医疗服务的诊疗项目,基本医疗保险基金不予支付;对于一些临床必需、效果确定,但容易滥用或费用昂贵的诊疗项目,基本医疗保险基金支付部分费用。

在确定基本医疗保险诊疗项目时,规定未列入区域规划的大型医疗设备不得纳入基本医疗保险基金支付范围,这主要是考虑大型医疗设备的配置和使用所产生的费用,需要消耗大量的社会卫生资源,在我国现阶段卫生资源极度缺乏的情况下,如果不通过规划的手段对大型设备的配置进行管理,势必造成卫生资源的浪费。卫生部于1995年发布《大型医用设备配置与应用管理暂行办法》(卫生部令第 43 号),对大型设备的购置、质量检测标准进行了政策规定。大型医疗设备的区域规划,有利于节约卫生资源,其目的与基本医疗保险费用控制一致。因此,对未列入区域规划的大型医疗设备不得纳入基本医疗保险基金支付范围。

示例 11-2　大型医用设备配置与使用管理办法
(卫生部令第 43 号)

第一章　总　则

第一条　为合理配置和有效使用大型医用设备,控制卫生费用过快增长,维护患者权益,促进卫生事业的健康发展,根据《中共中央、国务院关于卫生改革与发展的决定》、国务院转发的国务院体改办等八部门《关于城镇医药卫生体制改革的指导意见》及《国务院办公厅关于保留部分非行政许可审批项目的通知》制定本办法。

第二条　本办法所称大型医用设备是指列入国务院卫生行政部门管理品目的医用设备,以及尚未列入管理品目、省级区域内首次配置的整套单价在 500 万元人民币以上的医用设备。

第三条　大型医用设备管理品目由国务院卫生行政部门商有关部门确定、调整和公布。

第四条　大型医用设备管理品目分为甲、乙两类。资金投入量大、运行成本高、使用技术复杂、对卫生费用增长影响大的为甲类大型医用设备(以下简称甲类),由国务院卫生行政部门管理。管理品目中的其他大型医用设备为乙类大型医用设备(以下简称乙类),由省级卫生行政部门管理。有关分类情况见附件。

第五条　配置大型医用设备必须适合我国国情、符合区域卫生规划原则,充分兼顾技术的先进性、适宜性和可及性,实现区域卫生资源共享,不断提高设备使用率。

第六条　大型医用设备的管理实行配置规划和配置证制度。甲类大型医用设备的配置许可证由国务院卫生行政部门颁发;乙类大型医用设备的配置许可证由省级卫生行政部门颁发。

第七条　医疗机构要加强大型医用设备使用管理,严格操作规范,保证设备使用安全、有效。

第八条　本办法适用于中华人民共和国境内各级各类性质的医疗机构。

第二章　配置规划

第九条　国务院卫生行政部门会同国家发展和改革委员会,依据我国国民经济的发展、医学科学技术的进步,以及社会多层次医疗服务需求,编制甲类大型医用设备的配置规划和提出乙类大型医用设备配置规划指导意见。

第十条　省级卫生行政部门会同省级有关部门根据国务院卫生行政部门下发的乙类大型医用设备配置规划指导意见,结合本地区卫生资源配置标准制定乙类大型医用设备配置规划,报国务院卫生行政部门核准后实施。

第十一条　国务院卫生行政部门委托中介组织对大型医用设备的先进性、经济性和适宜性进行专业技术论证,定期发布阶梯配置入选机型,指导配置工作。

第十二条 国务院卫生行政部门根据大型医用设备临床使用情况,结合技术发展和我国国情适时公布淘汰机型。

第三章 配置审批

第十三条 大型医用设备的配置审批必须遵循科学、合理、公正、透明的原则,严格依据配置规划,经过专家论证,按管理权限分级审批。

第十四条 配置大型医用设备的程序是:一、甲类大型医用设备的配置,由医疗机构按属地化原则向所在地卫生行政部门提出申请,逐级上报,经省级卫生行政部门审核后报国务院卫生行政部门审批;二、乙类大型医用设备的配置,由医疗机构按属地化原则向所在地卫生行政部门提出申请,逐级上报至省级卫生行政部门审批;三、医疗机构获得《大型医用设备配置许可证》后,方可购置大型医用设备。

第十五条 卫生行政部门按管理权限,从大型医用设备配置申请受理之日起60个工作日内,做出是否同意的批复。

第十六条 申请材料及主要内容:一、新增大型医用设备。1. 申请报告。主要内容包括:申请机构基本情况;拟申请设备名称、规格和主要配件;相关辅助配套设备名称、数量和使用人员取得岗位培训证书情况;2. 可行性论证报告、需求分析。主要内容包括:申请配置的主要理由;所申请设备的技术发展前景;在临床、科研中的作用;预期使用率;人员取得岗位资质情况;购置经费来源以及经济分析等。二、更新大型医用设备。1. 设备的更新理由、购置时间;2. 申请更新设备的《大型医用设备配置许可证》复印件;3. 使用情况:包括每年的检查治疗人次、开机天数、故障停机天数;4. 对更新设备的处理意见和拟装备设备的档次。

第十七条 购置的大型医用设备必须具有国家颁发的生产或进口注册证;必须按国家规定的采购方式进行采购,政府拨款资助的设备采购必须按规定实行政府采购。

第十八条 对未经批准配置的大型医用设备,发展改革、财政部门不得安排资金。

第十九条 国务院卫生行政部门、省级卫生行政部门向社会公布大型医用设备配置年度审批情况。

第二十条 省级卫生行政部门应向国务院卫生行政部门报告大型医用设备年度审批情况。

第四章 使用管理

第二十一条 大型医用设备上岗人员(包括医生、操作人员、工程技术人员等)要接受岗位培训,取得相应的上岗资质。

第二十二条 大型医用设备必须达到计(剂)量准确,安全防护、性能指标合格后方可使用。

第二十三条 甲、乙类大型医用设备检查治疗收费项目,由国务院价格主管部门会同卫生行政部门制定,并列入《全国医疗服务价格项目规范》。国务院价格主管部门会同国务院卫生行政部门制定大型医用设备检查治疗收费的作价办法,指导地方的作价行为。具体定价办法由国务院价格主管部门会同国务院卫生行政部门另行制定。营利性医疗机构的收费实行市场调节。

第二十四条　严禁医疗机构购置进口二手大型医用设备。购置其他医疗机构更新替换下来的大型医用设备,必须按本办法规定的程序办理配置审批。

第二十五条　严禁使用国家已公布的淘汰机型。

第五章　监督管理

第二十六条　按照分级管理的原则,甲类大型医用设备配置和使用由国务院卫生行政部门及同级相关部门监管;乙类大型医用设备由省级卫生行政部门及同级相关部门监管。

第二十七条　卫生行政部门按管理权限,对大型医用设备配置和使用情况进行监督检查;对大型医用设备使用和操作规范情况以及应用质量的安全、有效、防护进行监督和评审;对大型医用设备上岗人员取得资质情况进行监督检查。

第二十八条　县以上各级价格主管部门负责对大型医用设备检查治疗时的收费价格进行监督检查。

第二十九条　发展改革、财政部门负责对政府拨款资助的大型医用设备购置的资金、投资情况进行监督检查。

第三十条　医疗机构要及时向国家有关管理部门和大型医用设备的批准部门报告大型医用设备使用过程中发生的不良应用事件。

第三十一条　对违反本办法规定,超规划、越权审批大型医用设备配置的卫生行政部门,国务院卫生行政部门应对其主要负责人、经办人通报批评,并有权撤销其批准决定。

第三十二条　对违反本办法规定,擅自购置大型医用设备的医疗机构,卫生行政部门要责令其停止使用、封存设备。处理情况应通过媒体公布。所在地价格主管部门有权没收其所获取的相应检查治疗收入,并处以相应收入5倍以下的罚款。

第三十三条　对违反本办法规定,使用淘汰机型和不合格的大型医用设备的医疗机构,卫生行政部门要及时封存该设备,吊销其《大型医用设备配置许可证》。情节严重,造成恶劣影响的,可以责令其停业整顿;所在地价格主管部门有权没收其获取的相应检查治疗收入,并处以5倍以下的罚款。

第三十四条　对违反本办法规定,聘用不具备资质人员操作、使用大型医用设备的医疗机构,卫生行政部门应及时封存其大型医用设备,并吊销《大型医用设备配置许可证》。

第六章　附　则

第三十五条　本办法颁布后,医疗机构需重新办理《大型医用设备配置许可证》。卫生行政部门依据本办法规定,按管理权限办理配置许可证。在本办法生效以前购置的大型医用设备,但因本地区配置总量限制仍不能取得《大型医用设备配置许可证》的医疗机构,发给《大型医用设备临时配置许可证》。具有《大型医用设备临时配置许可证》的医疗机构,其相应设备的诊疗收入按营利性机构纳税,该设备到期报废不得更新。

第三十六条　中国人民解放军医疗机构大型医用设备的配置和使用,由中国人民解放军卫生行政部门参照本办法实施归口管理,其配置规划和年度审批情况报国务院卫生行政部门备案。

第三十七条　《大型医用设备配置许可证》由国务院卫生行政部门印制。

第三十八条　本办法由国务院卫生行政部门负责解释。

第三十九条　省级卫生行政部门会同有关部门根据本办法制定相应的实施细则。

第四十条　本办法自 2005 年 3 月 1 日起施行,1995 年卫生部令第 43 号发布的《大型医用设备配置与应用管理暂行办法》同时废止。

示例 11-3　　大型医用设备管理品目(第一批)

甲类(国务院卫生行政部门管理):

1. X 线——正电子发射型电子计算机断层扫描仪(PET-CT,包括正电子发射型断层仪即 PET);

2. 伽马射线立体定位治疗系统(γ 刀);

3. 医用电子回旋加速治疗系统(MM50);

4. 质子治疗系统;

5. 其他未列入管理品目、区域内首次配置的单价在 500 万元以上的医用设备。

乙类(省级卫生行政部门管理):

1. X 线电子计算机断层扫描装置(CT);

2. 医用磁共振成像设备(MRI);

3. 800 毫安以上数字减影血管造影 X 线机(DSA);

4. 单光子发射型电子计算机断层扫描仪(SPECT);

5. 医用电子直线加速器(LA)。

人力资源和社会保障部负责组织制定国家基本医疗保险诊疗项目范围,并根据基本医疗保险基金的支付能力和医学技术的发展适时调整。在范围中规定基本医疗保险基金不予支付费用和支付部分费用的诊疗项目的主要类别,除列举部分项目名称以表明项目类别的含义外,对具体的项目不作规定。各省(区、市)人力资源和社会保障部门可依据本省(区、市)物价部门医疗服务收费标准所列的具体项目,按照国家基本医疗保险诊疗项目目录范围,制定本地区具体的项目目录。

定点医疗机构在进行诊疗项目维护前,首先要确认该项目是否有物价部门的收费标准,有收费标准的要判断该项目是否属于医疗保险支付范围;属于医疗保险支付范围的,要确认是否分类支付、是否定额支付等。同时也要考虑不同医疗保险类型的不同支付政策。

(三)基本医疗保险诊疗项目中的医用材料管理

诊疗项目中的医用材料,同样采用的是排除法。如,合肥市医疗保险政策规定,参保者使用符合《合肥市城镇职工基本医疗保险诊疗项目、医疗服务设施范围和支付标准以及用药范围管理暂行办法》(合医改字〔2000〕2 号)范围内,并经物价部门批准的可单独收费的医用材料按照乙类项目结算,其个人自付比例按材料产地分别规定,其中:国产的[产品注册证为"械(准)字"]个人自付比例 20%,进口[产品注册证为"械(进)字"]个人自付比例 50%。

表 11-2　合肥地区各类医疗保险医用耗材报销情况一览表

医疗保险类型	报销依据	报销范围		报销比例及方法
省直职工医疗保险	根据《合肥市城镇职工基本医疗保险诊疗项目、医疗服务设施范围和支付标准以及用药范围管理暂行办法》(合医改字〔2000〕2号)规定执行	报销材料	报销封顶线	可报销材料九大类,不分"国产/进口",按材料价格90%予以报销,并设封顶线
		冠状动脉支架	20000/个	
		起搏器(带除颤10万/个)	30000/个	
		导管(介入)	15000/个	
		髋关节(股骨头)	30000/个	
		膝关节	30000/个	
		钢板	10000/个	
		心脏瓣膜	15000/个	
		人工肝	17000/个	
		晶体	2000/个	
市直职工、市居民医疗保险	符合《合肥市城镇职工基本医疗保险诊疗项目、医疗服务设施范围和支付标准以及用药范围管理暂行办法》(合医改字〔2000〕2号)范围内的,并经物价部门批准的可单独收费的医用材料按照乙类项目结算,其个人先付比例按材料产地分别规定	物价部门批准的可单独收费的医用材料按"国产""进口"材料比例进行报销		国产的[产品注册证为"械(准)字"]个人自付比例20%,进口[产品注册证为"械(进)字"]个人自付比例50%;余下部分按市直医疗保险比例报销
新型农村合作医疗	物价部门规定可单独收费的所有医用材料以及新型农村合作医疗基金可支付的医用材料	除明确规定不可收费的外,按政策报销:1.最小使用计价单位以50元为界,≤50元的医用材料一律匹配至"50元以下医用材料";2.含物价部门规定可单独收费的所有医用材料以及新型农村合作医疗基金可支付的医用材料,最小使用计价单位>50元,国产(注册证为国食药监械"准"字)的医用材料一律匹配至"50元以上国产医用材料";3.含物价部门规定可单独收费的所有医用材料以及新型农村合作医疗基金可支付的医用材料,最小使用计价单位>50元,进口(注册证为国食药监械"进"字)的医用材料一律匹配至"50元以上进口医用材料"		国产材料个人自付比30%,进口材料个人自付比50%;余下部分按农合政策报销

（四）基本医疗保险不予支付的服务项目

根据劳动和社会保障部（现为人力资源和社会保障部）《关于印发城镇职工基本医疗保险诊疗项目管理、医疗服务设施范围和支付标准意见的通知》（劳社部发〔1999〕22 号）文件规定，基本医疗保险不予支付费用的服务项目类诊疗项目包括：

1. 服务项目类

（1）挂号费、院外会诊费、病例工本费等；

（2）出诊费、检查治疗加急费、点名手术附加费、优质优价费、自请特别护士等特需医疗服务费。

2. 非疾病治疗项目类

（1）各种美容、健美项目以及非功能性整容、矫形手术等；

（2）各种减肥、增胖、增高项目；

（3）各种健康体检；

（4）各种预防、保健性的诊疗项目；

（5）各种医疗咨询、医疗鉴定。

3. 诊疗设备及医用材料类

（1）应用正电子发射断层扫描装置（PET）、电子束 CT、眼科准分子激光治疗仪等大型医疗设备进行的检查、治疗项目；

（2）眼镜、义齿、义眼、义肢、助听器等康复性器具；

（3）各种自用的保健、按摩、检查和治疗器械；

（4）省物价部门规定不可单独收费的一次性医用材料。

4. 治疗项目类

（1）各类器官或组织移植的器官源或组织源；

（2）除肾脏、心脏瓣膜、角膜、皮肤、血管、骨、骨髓移植外的其他器官或组织移植；

（3）近视眼矫形术；

（4）气功疗法、音乐疗法、保健性的营养疗法、磁疗等辅助性治疗项目。

5. 其他

（1）各种不育（孕）症、性功能障碍的诊疗项目；

（2）各种科研性、临床验证性的诊疗项目。

（五）基本医疗保险支付部分费用的诊疗设备及医用材料类

根据劳动和社会保障部（现为人力资源和社会保障部）《关于印发城镇职工基本医疗保险诊疗项目管理、医疗服务设施范围和支付标准意见的通知》（劳社部发〔1999〕22 号）文件规定，基本医疗保险支付部分费用的诊疗设备及医用材料类诊疗项目包括：

1. 基本医疗保险支付部分费用的诊疗、设备及医用材料类

（1）应用 X-射线计算机体层摄影装置（CT）、立体定向放射装置（γ-刀、X-刀）、心脏及血管造影 X 线机（含数字减影设备）、核磁共振成像装置（MRI）、单光子发射电子计算机扫描装置（SPECT）、彩色多普勒仪、医疗直线加速器等大型医疗设备进行的检查、治疗项目；

(2)体外震波碎石与高压氧治疗；

(3)心脏起搏器、人工关节、人工晶体、血管支架等体内置换的人工器官、体内置放材料；

(4)省物价部门规定的可单独收费的一次性医用材料。

2. 基本医疗保险支付部分费用的治疗项目类

(1)血液透析、腹膜透析；

(2)肾脏、心脏瓣膜、角膜、皮肤、血管、骨、骨髓移植；

(3)心脏激光打孔、抗肿瘤细胞免疫疗法和快中子治疗项目。

示例 11－4　安徽省新型农村合作医疗不予支付的诊疗项目和医用材料

(1)应用正电子发射断层装置 PET、电子束 CT、眼科准分子激光治疗仪等大型医疗设备进行检查治疗项目使用的所有材料。

(2)健脑器、皮(钢)背心、钢围腰、阴囊托、子宫托、轮椅(残疾车)、人工肛袋等器具。

(3)卫生餐具、脸盆、口杯、卫生纸、床单、枕套、扫床巾、尿布、大便杯等一次性物品。

(4)肥皂水、垃圾袋、灭蚊药器、电风扇等生活用品。

(5)一次性(消毒乳胶)手套、一次性中单、一次性标本袋、一次性注射器、一次性皮条、一次性化疗防护垫(衣)、一次性输液贴、一次性头皮针、一次性注射针头、一次性湿扫刷套等一次性材料。

(6)医用胶布、透气胶布、胃镜润滑胶浆、液状石蜡、备皮包(非一次性)、纱布垫、纱布块、钠石灰、换药盒、防护口罩、手术巾、手术手套、纱布、毛毛巾等医用材料。

(7)大中单、编制丝线、创伤贴、储液袋、电极、负极板、肝素冒、输氧管、碘(伏)棉签、真空管、采血针、引流袋、负压采血管等材料。

(8)病历、诊断书、收费清单、腕带等。

(9)造影剂、光敏剂。

(10)过滤器、注射器、胃管、肛管、输液器、输液网、引流管、采血管、试管、体架、各种工作站、数据存储介质、各种功能矫治器、固定矫治器、扩张用模具、放射治疗用模具。

(11)眼镜(包括验光)、义齿、义眼(包括义眼台)等康复性器具费用,各种自用的保健、按摩、检查和治疗器械,如按摩器、各种家用检测和治疗仪器、听诊器、血压器、叩诊锤、各种磁疗用品费、各种牵引带、拐杖、皮(钢)背甲、腰围、钢头颈、肾托、胃托、护膝带、疝气带、提睾带、人造肛门带、畸形鞋垫、药枕、药垫、冰袋、冷热敷袋等费用。

(12)各类器官或组织移植的器官源或组织源。

(13)心电生理和心功能检查类所含材料(电极、电池、磁带)。

(14)手术中所需的常规器械和低值医用消耗品,如一次性无菌巾、消毒药品、冲洗盐水、一般缝线、敷料等。

(15)各种营养泵与输液泵,各类医疗设备。

(16)各类雾化吸入气体。

(17)核医学类所有医用一次性用品,核素内照射治疗所有材料,口腔科类所有医用材料,整形美容类所有材料。

(18)绷带、石膏、一次性湿化瓶、腹带、一次性产包、一次性手术包、医用耦合剂等。

三、基本医疗保险服务设施目录

参保者在门(急)诊和住院治疗期间,不仅需要使用药品、诊疗等医疗技术服务,也需要一些与诊断、治疗和护理密切相关的生活服务设施,如住院期间使用的病床等。随着生活质量的提高以及病人需求的增加,医疗机构为改善参保者就诊期间的生活条件,逐步增设了许多与医疗技术活动非直接相关的生活服务设施,如,空调、电视等。这些生活服务设施,一方面改善了参保者的就诊环境,有利于参保者的康复;另一方面也增加了医疗费用。在我国社会主义初级阶段的特定历史时期,生产力还不发达,医疗卫生资源还很有限,只能支付住院和门(急)诊诊疗过程中必要的生活服务设施。因此,从我国实际情况出发,为保证有限的基本医疗保险基金发挥最大的效用,必须加强对医疗服务的管理,明确基本医疗保险服务设施的范围和标准,基本医疗保险基金职能支付那些与诊断、治疗和护理密切相关的必需的生活服务设施。

(一)基本医疗保险服务设施的概念

基本医疗保险医疗服务设施是指由定点医疗机构提供的,参保者在接受诊断、治疗和护理过程中非直接相关的辅助性服务设施。

(二)基本医疗保险服务设施支付的范围及标准

主要包括住院床位及门(急)诊留观床位。对已包含在住院床位费及门(急)诊留观床位费中的日常生活用品,如院内运输用品和水、电等费用,基本医疗保险基金不另行支付。

基本医疗保险住院床位费和门(急)诊留观床位费支付标准,分别按物价部门规定标准执行。参保者的实际床位费低于基本医疗保险住院床位费支付标准的,以实际床位费按基本医疗保险的规定支付;高于基本医疗保险住院床位费支付标准的,在支付标准以内的费用,按基本医疗保险的规定支付,超出部分由参保者自付。如,安徽省床位费采取限价管理,根据《关于调整省直职工基本医疗保险住院床位费支付标准的通知》(皖人社秘〔2015〕24 号)规定,对包括普通床位费、三人间床位费、双人间床位费、单人间床位费在内的全部床位费进行限价管理。三级定点医疗机构床位费限价调整为 35 元/床·日;二级定点医疗机构床位费限价调整为 32 元/床·日;一级及以下定点医疗机构床位费限价调整为 26 元/床·日。假定某三级甲等医院三人间普通床位费 42 元/床·日,医疗保险承担 35 元/床·日,则参保者个人应承担 7 元/床·日。

特需服务设施不纳入医疗保险范围。根据相关规定,公立医院可以开展部分特需医疗服务,核定床位中也可以开设不超过 10% 的特需床位。特需床位费价格自定,其中会诊费、治疗费可以按 150% 标准收费。通常情况下,特需病房的参保者不按医疗保险结算。

另外一些特殊治疗床位,如监护病房床位(ICU、CCU)、烧伤病房床位费、层流病房床位费、传染病房床位费等物价部门另行定价。医疗保险对这些特殊床位按物价核定标准支付。

示例 11 - 5 关于调整省直职工基本医疗保险住院床位费
支付标准的通知

皖人社秘〔2015〕24 号

省医疗保险中心、省直各定点医疗机构：

为进一步规范省直职工基本医疗保险住院床位费管理，决定将纳入省直职工基本医疗保险基金支付范围的定点医疗机构床位费（包括普通床位费、三人间床位费、双人间床位费、单人间床位费）限额支付标准作以下调整：

三级定点医疗机构调整为 35 元/床·日；二级定点医疗机构调整为 32 元/床·日；一级及以下定点医疗机构调整为 26 元/床·日。床位费属医保乙类服务设施项目，按医疗机构级别、床位类别由医保基金和个人按比例分担，并实行医保基金支付最高限额政策。经批准转外就医床位费按此标准执行。

省医保中心、省直各定点医疗机构要做好调标后的系统维护和待遇支付工作。

本通知自 2015 年 3 月 1 日起执行。

安徽省人力资源和社会保障厅　安徽省财政厅

2015 年 1 月 15 日

（三）基本医疗保险基金不予支付的生活服务项目和服务设施

根据劳动和社会保障部（现为人力资源和社会保障部）《关于印发城镇职工基本医疗保险诊疗项目管理、医疗服务设施范围和支付标准意见的通知》（劳社部发〔1999〕22 号）文件规定，基本医疗保险基金不予支付的生活服务项目和服务设施包括就（转）诊交通费、急救车费；空调费、电视费、电话费、婴儿保温箱费、食品保温箱费、电炉费、电冰箱费及损坏公物赔偿费；陪护费、护工费、洗理费、门诊煎药费；膳食费；宣传教育费；文娱活动费以及其他特需生活服务费用。

医疗保险规定生活服务项目和服务设施费用不予支付，主要考虑这些项目有的不是诊断、治疗和护理过程中必需的，如空调、电视、电话等；有的虽必须，但属于个人或单位责任，如就诊交通费、急救车费、膳食费等。

定点医疗机构新增的诊疗项目和服务设施项目需报人力资源和社会保障部门审核，药品目录的调整修改由人力资源和社会保障部门负责。

四、基本医疗保险疾病诊断目录

疾病诊断编码 ICD-10 和手术操作编码 ICD9-CM-3 是制定 DRGs 诊断相关组的基础，也是决定 DRGs 支付参保者医疗保险费用组别的重要依据。编码正确与否直接影响数据的价值和医疗费用的支付，所以准确分类每一个疾病诊断才能更好地发挥疾病分类编码在医院管理、医疗保险费用支付中的作用。

第三节　医院医疗保险目录的维护

一、医疗保险基础数据维护

"三个目录"是集成在计算机中的医疗保险结算系统中的一部分,是定点医疗机构由专人进行管理、控制和规范化使用药品、诊疗项目及医疗服务设施的数字化字典库。主要分为医院药品目录维护、诊疗项目目录维护、医用材料维护、医疗服务设施维护。

"三个目录"在定点医疗机构日常医疗保险结算工作中起到关键性作用。"三个目录"是参保者在定点医疗机构进行医疗保险费用结算的标准,是维护医疗保险基金安全、保障参保者充分享有医疗保险待遇的保证。

定点医疗机构要进行医疗保险"三个目录"的维护工作,首先,必须由医院的信息部门利用计算机系统做好与医疗保险经办机构的接口,使医院 HIS 系统与医疗保险经办机构系统联通;其次,医院信息部门必须根据医院医疗保险管理部门的要求,在医院 HIS 系统中做好基础数据的准备,即向医院医疗保险管理部门提供医院全部的医疗收费项目,作为医疗保险的基础数据字典;第三,医院医疗保险部门根据医疗保险政策,在医院信息部门的协助下,在 HIS 系统中维护各类医疗保险的规则。

(一)"三个目录"维护

1. 医院医疗保险目录的基础数据维护

对于"三个目录"中存在的项目,定点医疗机构首先需要将其维护到医院 HIS 系统中。图 11－1 是医院医疗保险目录(医疗保险项目代码)维护界面。维护成功后,如果日常工作中需要反查医疗保险代码或对医疗保险代码信息进行修改,也是在这个界面进行查询。

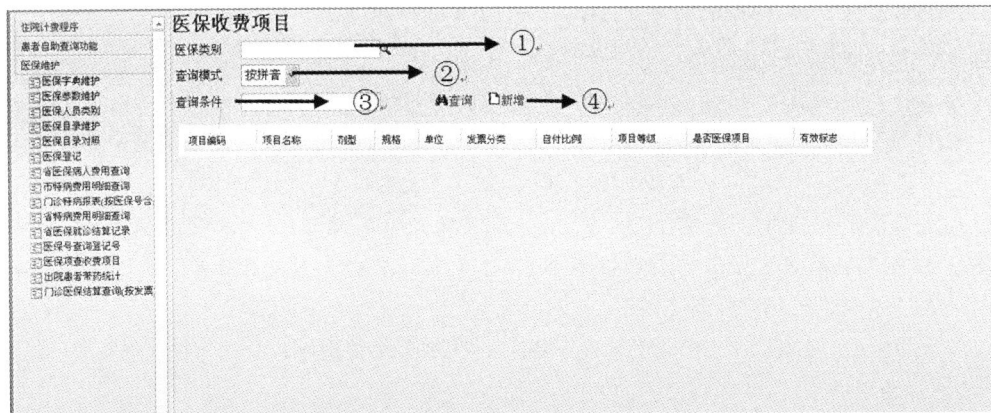

图 11－1　医院医疗保险目录维护界面

注:
① 医疗保险类别:通过该选项框选择医疗保险的类型。不同医疗保险类型,医疗保险代码不同。

② 查询模式:医院信息系统提供三种查询方式,按拼音、按代码、按名称。

③ 查询条件:通过查询模式确定的方式。如,按拼音,则在此框中填入需要查询医疗保险项目的拼音简码,点击"查询"即可。

④ 新增项目:通过新增项目,可以将医疗保险经办机构新增的医疗保险诊疗项目、服务设施以及药品编码维护到医院 HIS 中去,以便医院医疗保险管理部门工作人员对项目进行维护。

2. 医院医疗保险目录内容的新增

在图 11-1 中,点击④"新增"可向系统中增加新的医疗保险项目代码,新医疗保险项目代码信息的维护如图 11-2。

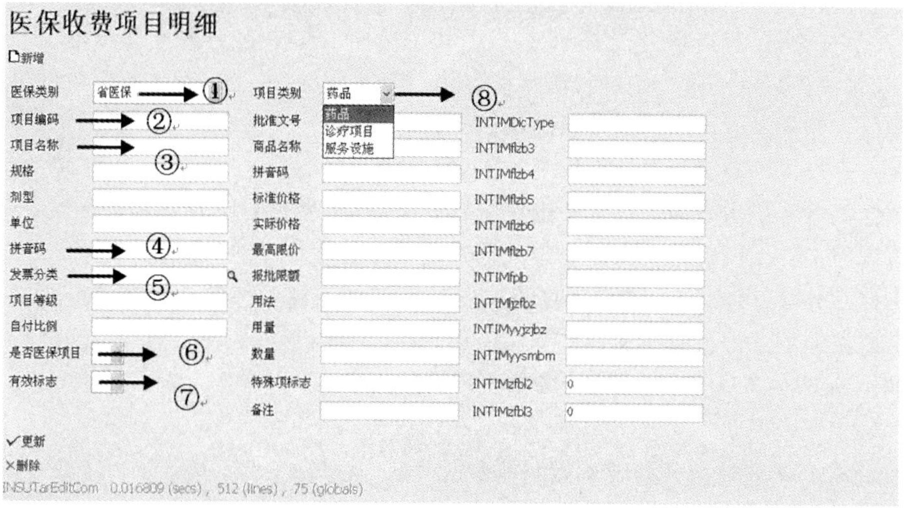

图 11-2 医疗保险新增项目维护界面

注:

① 医疗保险类型:选择医疗保险类型,不同医疗保险类型,医疗保险代码不同。

② 项目编码:需新增的医疗保险项目代码。如,合肥市医疗保险 2015 年新增"血栓弹力图试验",代码为"05250202080002547"。

③ 项目名称:需新增的医疗保险项目名称,如,合肥市医疗保险 2015 年新增"血栓弹力图试验"。

④ 拼音码:拼音码是医疗保险项目名称的拼音简码,一般为首字母拼音,以便日常维护中进行录入操作。如,合肥市医疗保险 2015 年新增"血栓弹力图试验",拼音码为"XSTLTSY"。

⑤ 发票分类:包括西药、中成药、中草药、检查费、特殊检查费、输氧费、手术费、化验费、输血费、诊查费、治疗费、特殊治疗费、护理费、床位费、手术费、材料费等,维护时,要注意对应。如,二甲双胍分类到"西药",血常规要分类到"检查费"。

⑥ 是否医疗保险项目:此项作为该医疗保险目录代码的重要识别标识,"是"为医疗保险项目,"否"为非医疗保险项目。

⑦ 有效标志:此项作为在医院信息系统中是否有效的标志,"是"为有效,"否"为无效。

⑧ 项目类别:判断该条信息属于医疗保险"三个目录"类别的重要标志,选择"药品",该条目属于基本医疗保险药品目录;选择"诊疗项目",该条目属于基本医疗保险诊疗项目目录;选择"服务设施",该条目则属于基本医疗保险服务设施目录。

"规格""剂型"和"单位"视具体维护条目信息的情况而定。需要注意的是,"项目类别""项目编码"需要选择正确,否则将无法与医疗保险中心进行匹配。整个维护的过程需要细心谨慎,因为项目类别、项目编码是参保者进行报销的唯一凭证。

(二)医院医疗保险目录的日常维护

医院医疗保险基础数据维护完成以后,即可将医院 HIS 中的收费项目与医疗保险目录进行对应。医院全部收费项目均可根据医疗保险政策,与医疗保险经办机构的医疗保险目录进行对应。其中,由于药品已有明确目录,对应遵照目录执行即可;诊疗项目维护前,首先要确认该项目是否有收费标准,有收费标准的要判断该项目是否属于医疗保险支付范围;属于医疗保险支付范围的,要确认是否分类支付、是否定额支付等。同时也要考虑不同参保者的不同支付政策。

图 11-3 所示是医院医疗保险项目对照的界面。

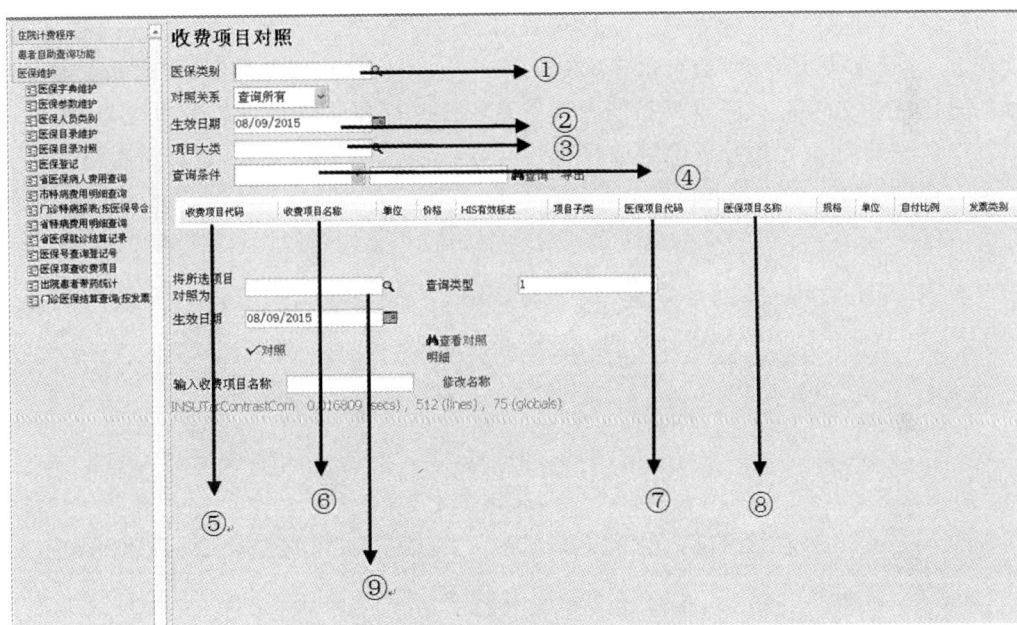

图 11-3 医疗保险项目对照界面

注:

① 医疗保险类别:各地区不同,分别有省职工医疗保险、市职工医疗保险、居民医疗保险、大学生医疗保险、异地职工医疗保险、离休干部、新型农村合作医疗等。新型农村合作医疗还细分为即时结报、重大疾病、常见病/多发病。

② 生效日期:进行对照的医疗保险项目生效的时间。如新的报销政策 2015 年 9 月 8 日生效,则 9 月 8 日之前使用该项目的参保者为自费,9 月 8 日以后使用该项目的参保者可进行医疗保险报销。

③ 项目大类:即进行医疗保险对照的项目所属类型。包括西药、中成药、中草药、检查费、特殊检查费、输氧费、手术费、化验费、输血费、诊查费、治疗费、特殊治疗费、护理费、床位费、手术费、材料费等。一方面,此项目维护时将方便新增项目的归类;另一方面,在进行项目查询时也利于筛选有效信息。

④ 查询条件:医疗保险对照系统提供三种查询方式,按拼音、按代码、按名称。方便操作人员进行信息检索及筛选。

⑤ 收费项目代码:定点医疗机构收费项目的代码。

⑥ 收费项目名称:定点医疗机构收费项目的名称。

⑦ 医疗保险项目代码:上传至医疗保险中心的重要代码,医疗保险中心通过医疗保险代码识别定点医疗机构的收费项目,并判断该收费项目是否可以进行医疗保险报销。

⑧ 医疗保险项目名称:医疗保险目录中该医院收费项目的名称。

⑨ "将所选项目对照为":即将所选定点医疗机构收费项目对照为医疗保险目录的具体条目。

一次性医用材料和诊疗项目的对照药遵循对应项目信息真实、准确的原则,确保一次性医用材料有物价依据,并不违反医疗保险的有关规定,方可进行对照。

以一次性医用材料"钛金属接骨板"为例。首先,按"医疗保险类别"在系统中搜索到新增项目"钛金属接骨板",选中条目后,在"将所选项目对照为"对话框中录入医疗保险类别控制下,对应的医疗保险项目名称拼音简码,本条根据安徽省省职工医疗保险的管理规定,对应为"医用钢板"进行报销(如图11-4)。不同医疗保险类别,医疗保险项目名称不同,医疗保险项目代码也不相同。如省直职工医疗保险项目名称可对应为"医用钢板";市直职工、市居民医疗保险则按材料的产地,分为"国产材料"和"进口材料";异地职工为"固定板(国产)""固定板(进口)"和"固定板(合资)";新型农村合作医疗则根据一次性医用材料的价格,分为"50元以下医用材料""50元以上国产医用材料"和"50元以上进口医用材料"。

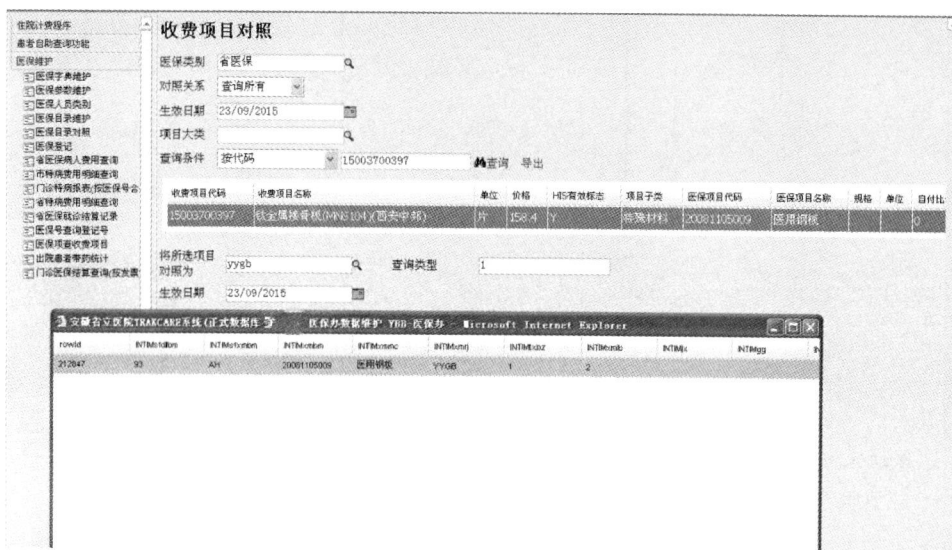

图11-4　医疗保险项目对照举例

新型农村合作医疗的对照操作,在医院信息系统中完成进行上述操作后,还要将对应好的项目上传到安徽省新型农村合作医疗平台进行审核。审核通过后下载至本地,方可使用。

　　药品和诊疗项目的对应和一次性材料的对应过程是一样的。其中,药品进行对应时要注意药品的剂量、规格、单位都需要与医疗保险目录中的项目进行详细的对应,否则将影响参保者的报销结果。

二、限制性用药的操作

　　目前,医院信息化程度越来越高,很多医院都使用门诊、住院医生工作站,医生开医嘱、处方都通过计算机操作完成,通过对药品字典库中不同药品的控制,在医生医嘱录入时进行限制提示,可强化医生对医疗保险限制性用药的概念,并随时提醒医生正确使用。

　　医生在计算机上操作时,点击限指征使用的药品时,系统能同时弹出所限指征对话框,告知医生限制的指征或病种,将更加直观。

　　例如,氟比洛芬酯注射剂限"术后镇痛和工伤保险"使用,当医生在电脑中录入氟比洛芬酯注射剂时,首先提示该药品为乙类药品,以及该药品的自付比例(如图 11-5)。

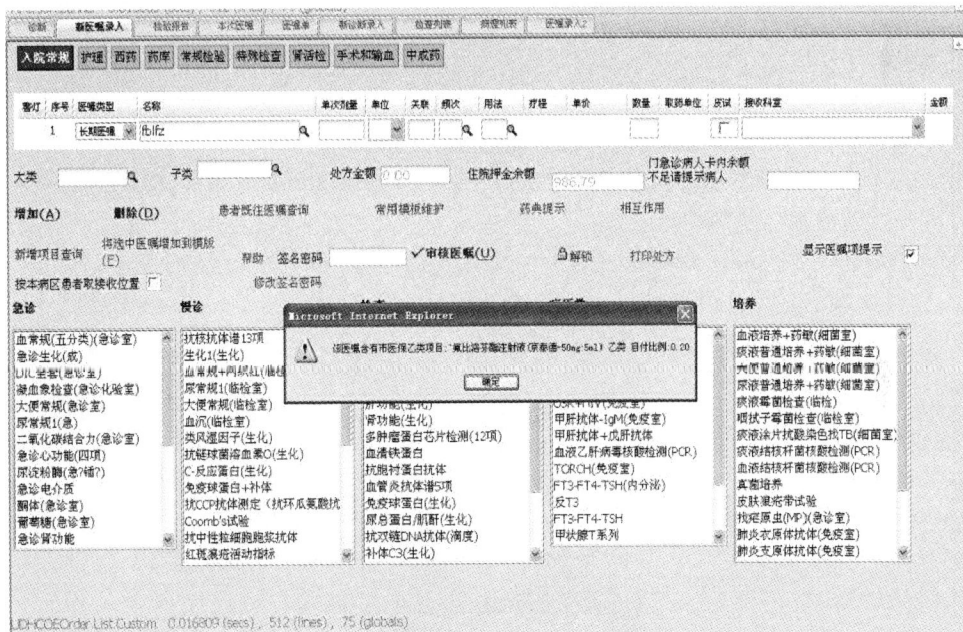

图 11-5　限制性用药提示界面 1

　　点击"确定"后,提示氟比洛芬酯注射剂同时为限制性用药,市职工医疗保险限"术后镇痛和工伤保险"使用(如图 11-6)。

　　如果参保者使用该药品符合医疗保险限制性用药支付范围,医生可直接在计算机上点击"确定",系统再次提醒"此药为限制性用药:限术后镇痛和工伤保险",如果参保者符合限制性用药的指征或限制范围,点击"确定"将作为医疗保险用药;如果参保者使用该药品并非作为术后镇痛使用,或参保者并非工伤保险病人,则点击"取消"作为自费用药(如图 11-7)。

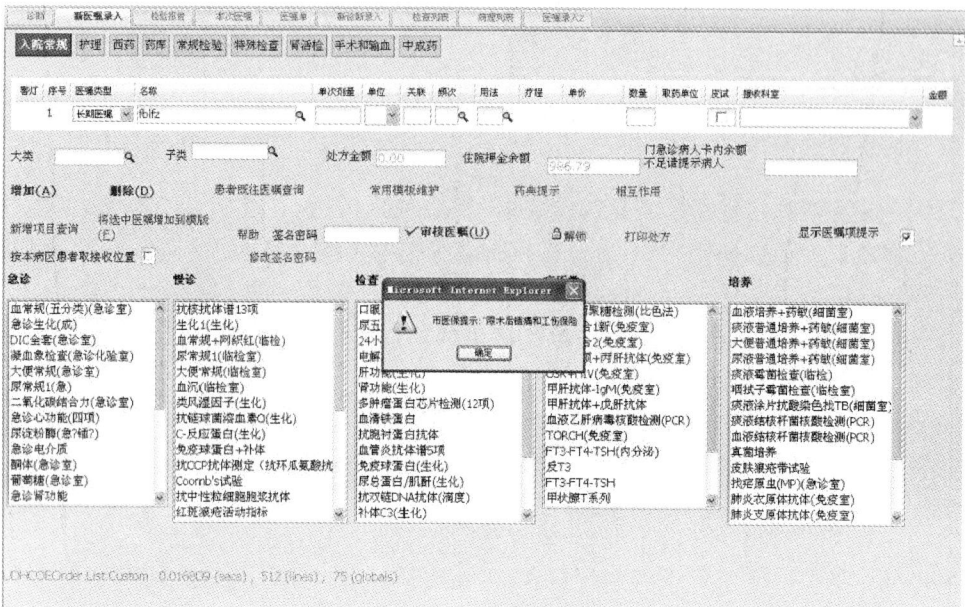

图 11-6 限制性用药提示界面 2

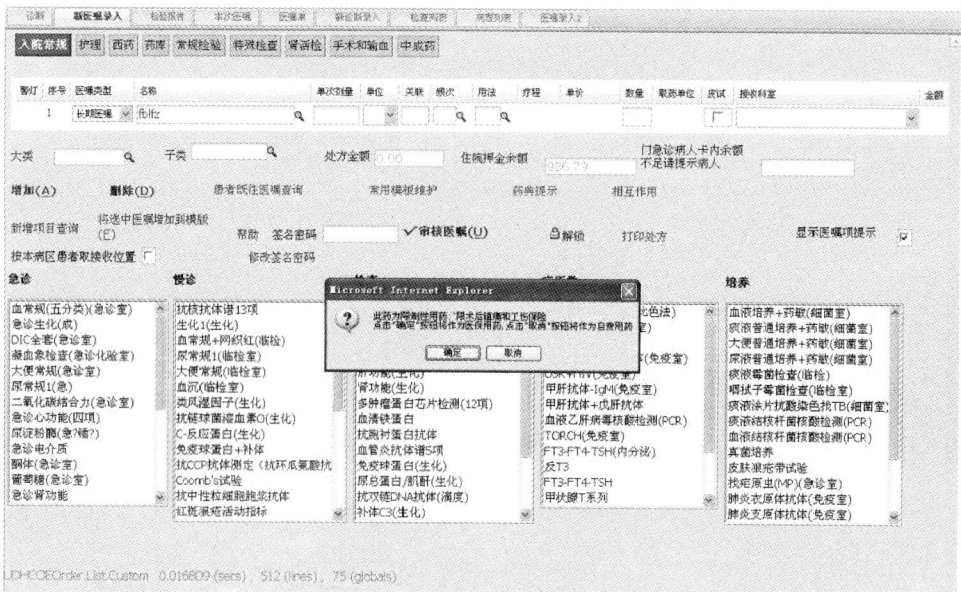

图 11-7 限制性用药提示界面 3

当选择氟比洛芬酯注射剂为医疗保险用药时,系统将再次进行提示,引起操作医生注意(如图 11-8)。

如果医生在此处发现限制性药品判断错误,该药品是医疗保险限制使用的范围以外

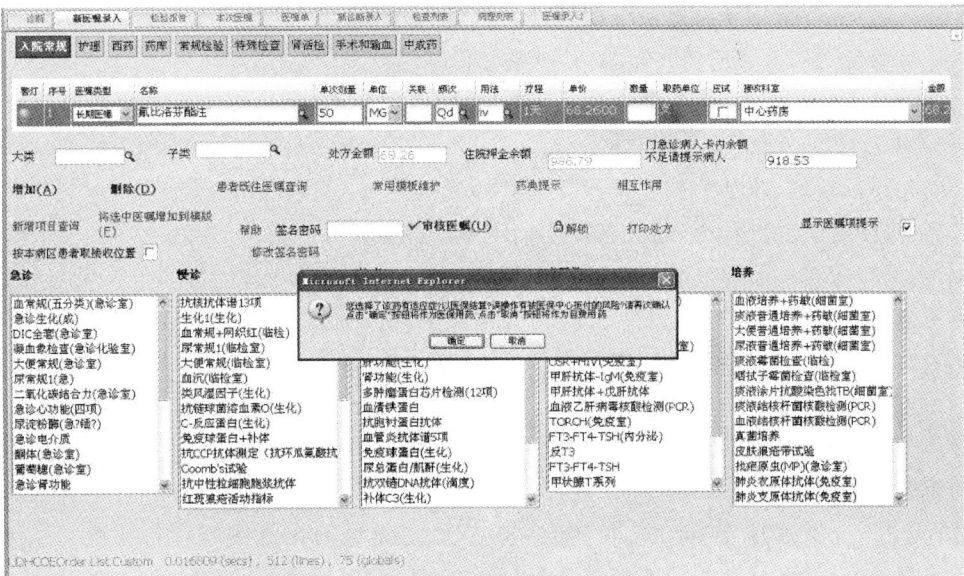

图 11-8　限制性用药提示界面 4

使用,选择"取消",则该药品作为自费处理(如图 11-9)。

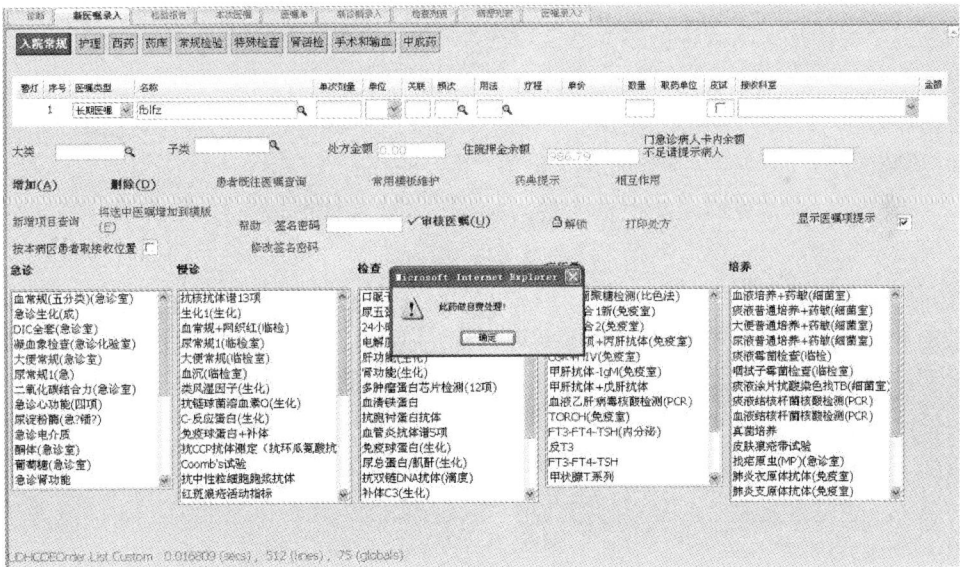

图 11-9　限制性用药提示界面 5

通过医院 HIS 系统进行控制,避免了人工审核的漏洞,加强了管理,使临床的工作流程更加准确、简便、快捷。

三、目录动态增补机制

(一)增补机制建立的原因

为了不断完善医疗保险门诊和住院政策,保障参保者的用药需求,建立完善长效机制,医疗保险经办机构允许对医疗保险药品目录、诊疗项目进行增补。

1. 政策更新

医疗保险政策更新或物价部门对收费价格及内涵进行调整,"三个目录"也应同步更新。

2. 技术发展

随着诊治技术、药品的开发和投入使用速度的不断加快,每年有大量新的国产和进口药品、医用材料、医用设备投入市场,新的诊治手段应用于临床。在这些新技术、新药品中,不乏有一些疾病治疗必需的诊治技术、药品、医用材料、医疗设备,在治疗效果、价格和质量上优于医疗保险目录中已有的同类产品,有的可能是全新的药品或者技术手段。这些新药、新技术经过论证可能会新增入目录中。

3. 需求变化

临床诊治技术发展和参保者医疗需求的变化,也对医疗保险药品、诊疗目录提出了新的要求。

现阶段,国家《药品目录》规定两年调整一次,新药增补工作每年进行一次。诊疗项目执行除外原则,增补工作需先经统筹地区卫生主管部门和物价部门批准,经医疗保险经办机构审核通过后方可纳入报销范围。建立动态增补机制就是为了使医疗保险目录与临床技术的发展、参保者的需求接轨,切实维护各方利益。

定点医院在日常医疗服务中,应当以政府公布的目录为依据,保障参保者就医待遇。如果遇到享受医疗保险待遇的参保者确因病情需要,使用不在统筹地区医疗保险目录范围内的药品、诊疗、治疗措施,可由定点医院相关医师申报,经医院医疗保险部门汇总组织讨论后,统一上报医疗保险经办机构。医疗保险经办机构将根据情况,组织专家进行评估后,统一增补。

门诊特慢病是常见的动态增补类型。根据各统筹地区的情况,门诊特慢病规定的病种分别规定了纳入报销范围的药品、诊疗项目,随着市场的变动,有些药品可能退出流通领域,有些药品可能因为价格的调整,超出了门诊统筹的费用额度;而诊疗项目类,由于临床技术的发展以及疾病诊治指南的更新,会产生新的诊疗手段,这些都对目录的使用提出了新的要求。同时,应当考虑目录调整的复杂性,调整的周期不能太短。医疗保险药品目录一般两年调整一次,各地对有权调整部分进行动态增补;诊疗项目由于执行除外原则,各统筹地区根据具体情况进行调整。

表11-3是常见的门诊特慢病用药增补申报表,临床医师填报时需描述申报药品所适用的病种名称、药品商品名、化学通用名、剂型、价格、增补理由,并签章。申请增补的药品应是治疗必需的项目,且疗效、价格和质量上均有代表性。

表11-3   门诊特殊病用药目录增补申报表

病种名称	建议增加药品名称 (商品名)	药品化学 通用名	剂型	价格	增补理由	医师签名 (盖章)

（二）动态增补流程

　　1. 由定点医疗机构提出的增补

　　由于医疗技术的发展或药品更新换代,目前医疗保险目录中的药品或诊疗项目已不能满足临床的使用需要,需要由学科填写《医疗保险目录修改申请表》并加盖公章,汇同药品说明书、最新诊疗指南、物价标准、招标信息等,交至医院医疗保险管理部门汇总,医院医疗保险部门汇总全部信息后,加盖医院公章,将申请材料一并提交医疗保险经办机构。医疗保险经办机构组织调研,确定需要增补的,以文件的形式通知定点医疗机构。定点医疗机构接到通知文件起,即对医疗保险目录进行增补。

　　2. 由参保者提出的增补

　　由于参保者健康意识的增强或医疗需求的增加,其向医疗保险经办机构提出增补需求。医疗保险经办机构进行调研后,认为确实需要增补的,以文件形式通知定点医疗机构进行增补。

　　3. 医疗保险政策调整导致的增补

　　医疗保险政策调整是目录增补的刚性原因,定点医疗机构应根据医疗保险政策调整情况对目录进行相应的维护。

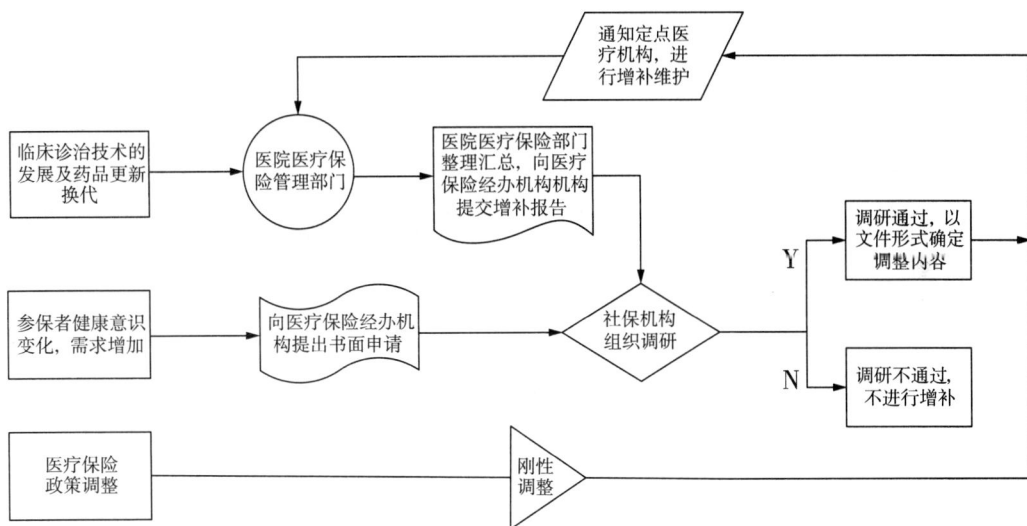

图 11-10　医疗保险药品目录动态增补流程

第四节　医疗保险目录管理的问题及发展趋势

一、医疗保险目录管理存在的问题

（一）城乡医疗保险目录尚未统一

　　我国的医疗保险体系自建立开始,便处于分割状态,三大医疗保险中的城镇职工和居民医疗保险由人力资源和社会保障部门管理,而新型农村合作医疗的管理权则由卫生和计划生育部门掌握,形成了城乡分割的现象。由于分属两个部门管理,新型农村合作医疗和城镇医疗保险在大多数地方并行,两套经办机构、两套人马、两套信息系统、两套目录,且两个经办机构的信息系统互不兼容,导致参保者待遇不统一。

药品目录方面,城镇基本医疗保险发布了《国家基本医疗保险、工伤保险和生育保险药品目录(2010年版)》,各地根据具体情况对乙类药品拥有不多于15%的调整权限。新型农村合作医疗的药品目录各省均不相同,但85%以上都是在省级统筹的前提下制定药品目录。

诊疗目录上,由于我国没有实行诊疗技术的准入制度,缺乏统一的评审标准和评审制度,城镇基本医疗保险和新型农村合作医疗均采用除外原则。城镇基本医疗保险有的还实行县级统筹,各统筹地区的政策各不相同,极易造成管理上的混乱。

(二)医院目录管理碎片化

目前,定点医疗机构均设置了医疗保险管理的职能部门,但医院医疗保险管理的职能分散在不同的科室,有的将医疗保险药品目录的管理设置在药剂科,有的将诊疗项目的管理设置在经管科,有的将医用材料的管理设置在物资采购部门,有的医院医疗保险管理部门分管其中的部分职能。

由于职能分散,在政策执行上往往显得力道不足。如一项医疗保险政策下达后,医院医疗保险管理部门先进行院内上报,批复后,药品类的调整,转发药剂科维护,物价类的调整转发经管科维护,医用材料类的调整转发物资采购部门维护,医院医疗保险部门负责医疗保险业务的处理。而由于各科室有自己本身的业务处理需求,处理业务难免有先后次序。如果各部门系统的维护与医疗保险业务处理不同步,将极大影响参保者及医院的利益,造成损失。

(三)疾病目录尚未应用于医疗保险支付

现阶段,大多数定点医疗机构的疾病诊断编码已很好的应用于临床工作,但与医疗保险支付方式还未进行有效结合。在医疗保险支付方式由按项目支付转向总额预付、单病种支付、DRGs趋势下,及时引入疾病诊断目录,根据参保者的诊断、病症、手术、疾病严重程度,合并症与并发症及转归等因素进行诊断相关分组的探索,是十分必要的。同时,由于医疗保险智能审核系统的应用,定点医疗机构传至医疗保险信息平台的疾病数据越标准越完善,与疾病诊断相关的药品库、耗材库的关联越精确,智能审核的结果就越精准。这就要求疾病诊断编码必须在医疗保险层面上统一目录编码。

二、医疗保险目录管理的发展趋势

(一)各类医疗保险"三个目录"合并

城镇职工基本医疗保险、城镇居民基本医疗保险、新型农村合作医疗制度(下文简称"三保")的整合一直是医疗保险改革的一个重要话题。2007年,国务院在《关于开展城镇居民基本医疗保险试点的指导意见》中提出,"鼓励有条件的地区结合城镇职工基本医疗保险和新型农村合作医疗管理的实际,进一步整合基本医疗保障管理资源"。"三保"并行缺乏公平性,在筹资标准、"三个目录"、支付水平等具体政策上差异明显。如,城镇职工医疗保险的筹资和保障水平远远高于新型农村合作医疗和城镇居民医疗保险;而药品报销方面,新型农村合作医疗可报销药品目录与城镇居民差别较大。

"三保"并轨将推动医疗保险"三个目录"归口于一个部门管理。整合城镇基本医疗保险的药品目录和新型农村合作医疗制度的药品目录统一管理,实现参保者用药公平;其次,制定统一的诊疗项目、服务设施目录,采取准入法,从基本医疗保险的角度明确诊疗项目的管理。根据基本医疗保险基金的支付能力,确定一个可以支付费用的诊疗项目范围。

在国家推进三保并轨、异地就医结算的背景下,促进城镇基本医疗保险和新型农村合作医疗"三个目录"统一,无论是实现参保者就医公平性,还是促进医疗保险管理规范化,都有着十分重要的意义。

(二)医院内部"三个目录"管理职能统一

"三个目录"字典库的维护需要统一管理,安排专人管理并进行动态维护,包括因医疗保险政策改变、价格调整以及药品中标、落标调整等造成的目录变化。"三个目录"是医疗保险方加强医疗服务管理的主要抓手,医院医疗保险管理中必不可少的组成部分。要加强"三个目录"管理,加强对"三个目录"维护人员的医疗保险政策培训、指导,并建立进入"三个目录"字典库的药品、诊疗项目、材料管理审批制度和违规设置惩治制度,以保证字典库的准确、权威。因此,"三个目录"的统一、专业、精细化管理将是未来医院医疗保险管理的趋势。

(三)基于 ICD－10 的疾病目录管理

我国定点医疗机构现行疾病诊断编码普遍为 ICD－10,手术编码为 ICD－9－CM3。随着医疗保险支付方式改革的不断推进,以单病种支付、DRGs 支付为代表的按病种支付方式将逐步取代按项目付费。按病种支付涉及疾病诊断和手术编码,要求高度准确。参保者的临床诊断、病症、手术、疾病严重程度,合并症与并发症及转归等因素,都需要经过医疗保险经办机构认可的疾病编码与手术编码进行标记,并将数据传至医疗保险信息平台为参保者进行报销。医院医疗保险管理者需要关注这一工作,要求医生正确填写病案首页的疾病与手术信息,病案编码录入人员正确编码与准确录入,同时要对医疗保险疾病编码库进行维护,保证一致,这也关系到医院医疗保险基金的安全。

第十二章 医院医疗保险质量管理

全民医疗保险事业的推进,给医院的发展带来了机遇和挑战。为使医院的发展与医疗保险事业发展相适应,医疗保险定点医疗机构必须强化内部管理水平,控制医疗成本与医疗费用,提升参保者满意度。医疗保险质量管理是医院医疗保险管理的核心,已经成为医院整体质量管理的重要组成部分。

第一节 医院医疗保险质量管理目标

维护医疗保险基金安全是医院医疗保险质量管理的核心目标。在医疗保险基金安全的前提下,才能为参保者在定点医疗机构得到医疗保险服务提供保障。加强医院医疗保险质量管理,也是依靠医疗保险制度所带来的机遇,持续推进医院的可持续发展。

一、维护医院医疗保险基金安全

加强医院医疗保险质量管理是维护医院医疗保险基金安全的最根本途径。定点医疗机构作为医疗保险制度改革的载体,应加强医疗保险质量管理,降低医疗成本,节约医疗保险基金,使有限的医疗保险基金得到有效利用。加强医疗保险质量管理,同时也是从源头上管控医院医疗保险基金超支的风险。

二、保障参保者权益

参保者接受医疗保险服务的过程涉及医疗保险登记、临床治疗、医疗保险结算等环节。医院医疗保险质量管理保障了上述每个环节畅通并具备相应管控措施,确保参保者得到应有的医疗保险服务数量及质量。医院医疗保险质量管理与医院医疗质量管理密不可分,相互促进,从这个意义上来说,加强医疗保险质量管理,也是降低参保者负担、提升医疗质量与安全的措施。

三、规范医疗行为,减少医疗保险拒付

加强医院医疗保险质量管理的过程,即是根据国家医疗保险法律法规与医疗保险服务协议加强医院内部管理控制的过程。医疗保险经办机构利用行政与经济相结合的手段,使定点医疗机构医务人员自觉规范临床诊疗行为,使其合法合规,从而减少医疗保险拒付。

第二节　医院医疗保险质量管理内容

医院医疗保险质量管理应包含构建组织机构、制定管理标准、建立评价体系并持续监测反馈以及落实奖惩绩效等内容。这些内容并非孤立存在,而是协调运转,相互促进的,它们共同构建了医院医疗保险质量管理体系。

一、成立医疗保险质量三级管理组织

(一)医疗保险质量一级管理组织

医疗保险分管院长及医疗保险管理委员会可作为医疗保险质量一级管理组织。医院医疗保险分管院长负责医院医疗保险质量管理的总体协调工作。医疗保险管理委员会是集院领导、职能管理部门、临床专家为一体的组织形式,集合了医院各方智慧和利益诉求,在医疗保险质量管理中具有较强的专业权威性。涉及医院医疗保险质量管理的政策规定,一般由医疗保险质量二级管理组织草拟呈报分管院领导初审,再召集医院医疗保险管理委员会讨论通过后发布执行。

示例 12-1　××医院关于成立医疗保险管理委员会的通知

院医保发〔20××〕××号

各处、科室、所、中心、分院:

医疗保险是国家构建和谐社会的一项重大民生工程,为更好贯彻落实国家医疗保险管理政策,加强医院医疗保险管理,有效监督、指导医院医疗保险工作,特成立医院医疗保险管理委员会。委员会主要职责为制定院内医疗保险管理政策,指导全院医疗保险工作;指导督查临床医疗保险工作,确保"三合理";审核医疗保险费用,决定奖惩措施;参与药品、高值耗材的审定;复审拒付病历,对医疗保险经办机构拒付提出合理化建议;参与省、市医疗保险门诊特慢病的鉴定工作等。

××医院医疗保险管理委员会名单如下:

主　　任:×××

副主任:×××　×××…

委　　员:×××　×××…

秘　　书:×××

特此通知。

20××年××月××日

抄报:×××　×××…

(二)医疗保险质量二级管理组织

医院医疗保险管理部门与相关合作职能处室作为医疗保险质量二级管理组织,负责医院医疗保险质量的日常管理。根据医疗保险法律法规、服务协议与疾病诊疗规范,建立院内医疗保险质量管理体系,对院内医疗保险运行环节进行质量控制和反馈调节。改进工作流程和管理制度,制定医疗保险质量评价体系和奖惩细则,同时对临床医务人员进行医疗保险业务指导与协助。

(三)医疗保险质量三级管理组织

医院各临床医技科室作为医疗保险质量三级管理组织,部分地区定点医疗机构已能实现按科室内部的治疗组为单位进行医疗保险质量管理和控制。从医疗保险科学化、精细化管理的要求和发展趋势来看,越精准的管理单位越有利于医疗保险质量的精细化管理。因此,治疗组甚至治疗组内部的每一位医务人员均可视条件作为医疗保险质量三级管理组织进行管理与考核。

二、制定医疗保险质量管理标准

国内外医疗保险质量管理的实践经验表明,医疗保险质量管理并非单纯的医疗保险管理,其包括医疗保险质量、医疗、医药质量等综合性的管理,多方协调方能达成医疗保险质量管理标准。

(一)质量标准制定原则

医疗保险质量管理标准的制定应符合所在统筹地区医疗保险政策以及定点医疗机构的实际情况,在管理中才能发挥作用。一组好的医疗保险质量管理标准的制定要遵循"黄金准则",即"SMART"原则。

1. S(specific)——明确性

用具体的语言文字清楚表明要达到的标准。

2. M(measurable)——可衡量性

应该可以用数据指标来评价目标是否达成。

3. A(acceptable)——可被接受

目标应该在最大限度上被执行者接受。

4. R(realistic)——符合实际性

在现有的条件下是可以执行和操作的。

5. T(timed)——时限性

指目标的完成是有时间段的限制的。

(二)医疗保险质量管理标准

定点医疗机构根据国家医疗卫生及医疗保险法律法规,以及所在统筹地区政府、医疗保险经办机构的医疗保险政策来制定医院医疗保险质量管理标准。重点参考医疗保险服务协议、定点医疗机构考核办法、"三个目录"、物价部门管理规定、病历书写基本规范等。由于全国各地实际情况存在差异,此处以某省某综合性三甲医院医疗保险质量管理标准为例说明:

示例 12－2　××医院医疗保险质量管理考核标准

归属部门	标准归类	序号	质量管理标准
医院医疗保险管理部门	组织健全	1	成立医院医疗保险管理委员会,建立健全医院、医疗保险管理部门、临床科室三级管理网络
	章程完善	2	具备完整的、可操作的年度医疗保险工作计划、定期工作总结
		3	制定完备的医院医疗保险管理制度、办法;制定科学合理的参保者就医流程
		4	医疗保险各类文件归类并妥善保存
	宣传培训	5	在定点医疗机构显要位置公示医疗保险定点资格标牌、医疗保险服务承诺书、参保者就医结算流程
		6	定期对医院员工进行医疗保险政策、知识、流程等培训
		7	定期或不定期深入病房检查参保者与医疗保险证明一致性、在床在院情况
	信息化管理	8	设计完善医疗保险信息管理系统
	关系协调	9	支持与配合各级政府、医疗保险经办机构各种形式的督查与调研
		10	协调好与医疗保险经办机构、医院临床科室与参保者之间的关系,建立参保者投诉登记台账
	合理性督查	11	定期组织医疗保险管理委员会专家检查医疗保险病历,评判合理性
	财务管理	12	掌握医院医疗保险基金运行情况,定期分析总结
		13	设计完善医疗保险报表
		14	医疗保险报表呈送、归档及时,做到数据全面、准确
		15	形成多方对账机制,及时向医疗保险经办机构催要医院垫付基金
	拒付管理	16	拒付反馈及时,对临床科室的反馈说明材料审核到位
	目录管理	17	医疗保险目录对应专人管理,做到安全、准确
	目标达成	18	医疗保险基金安全、可控
		19	完成政府、医疗保险经办机构各项考核指标
	业务学习	20	定期组织部门工作人员业务学习,学习培训有记录

（续表）

归属部门	标准归类	序号	质量管理标准
临床科室	组织管理	21	成立临床科室医疗保险管理小组,小组成员原则上由科室行政主任、护士长、支部书记、住院总等人员组成,科室行政主任为第一负责人
	门诊管理	22	积极配合、支持医疗保险经办机构门诊慢特病鉴定工作
		23	做到合理检查、合理用药、合理治疗,不开大处方或与疾病无关的处方
		24	慢特病病历记录规范、完整
	住院管理	25	认真核对参保者本人与医疗保险证件的对应性;准确区分参保者身份类型并在住院通知单上勾选
		26	严格把握住院指征,不降低住院标准,不分解住院人次,禁止推诿或拒收参保者
		27	规范书写病历文书
		28	准确选择使用限制性用药
		29	合理检查、合理用药、合理治疗
		30	大型或特殊检查、高档药品、高值耗材、新特医疗技术,须经科室行政主任签字,医务处审批后方可使用
		31	抗菌药物要严格按照《医院在用抗菌药物三级分类表》分级管理使用
		32	规范收费,所有收费项目与医嘱对应。各种收费项目须执行物价部门统一规定,不得分解项目、超标准、重复收费,无依据多收或漏收
		33	自费项目实行告知并有参保者或其家属签字同意
		34	及时反馈拟拒付费用,定期总结拒付原因,并加以改进
		35	参保者出院结算之前实行费用复核,避免漏收费、多收费
		36	掌握基本医疗保险"保基本"原则,尽量使用医疗保险目录内的药品、诊疗项目等,努力降低参保者负担,控制医疗费用增长
		37	出院带药量不超过医疗保险政策规定的品种与天数
		38	参加医院组织的医疗保险病历检查,做到负责、公平、公正、客观
		39	配合医疗保险经办机构或医院医疗保险管理部门的检查工作
		40	参加医院组织的医疗保险培训学习
		41	完成医院下达的医疗保险考核指标

三、建立医院医疗保险质量管理评价机制

在进行医疗保险管理的工作中,需要实时和定期对医疗保险运行质量进行评价。评价的内容不局限于医疗保险本身的运行数据,还包含医疗保险实施过程中反映出来的各种定性、定量的信息内容。结合医院医疗保险选择的评价内容来制定医院医疗保险质量管理办法,从而形成医疗保险质量管理机制。

（一）医院医疗保险质量管理评价内容与方法

1. 医院医疗保险质量管理评价内容

（1）基础质量评价

由于医疗保险与医院医疗、医药存在密不可分的关系,医疗保险基础质量评价主要包括但不局限于对医疗保险本身基础质量的评价,还包含了对医院医疗护理安全与质量、医院环境与就医流程、医患关系与参保者满意度等方面的评价。在实际的管理工作中,出于管理效率的考虑,不可能把医疗保险有关方面的运行质量全部纳入评价,因此可以选择一些代表性与可操作性强的内容进行评价。也可以从医院医疗保险质量管理标准(示例12－2)中筛选条目作为基础质量评价内容。

（2）重点质量评价

医疗保险是政策性极强的工作,定点医疗机构在做好基础质量管理的前提下,应根据统筹地区政府、医疗保险经办机构的管理要求,结合医院发展的战略选择一批重点指标进行针对性管理。如政府与医疗保险经办机构对医院的医疗费用增长率进行重点管理,定点医疗机构必须根据其管理目标和要求将均次住院费用上涨率作为重点评价内容,其他的重点内容还包含参保者个人自付比例、药品耗材比等。

2. 医院医疗保险质量管理评价方法

医院医疗保险质量管理体系要保持高效运行,必须要重视对选择的评价内容进行分析与评价。分析评价的方法包含数学、计算机技术、统计学等,从实际工作中来讲,比较常用的方法是进行比较。

（1）标准比较

医院医疗保险管理部门事先选定一个目标值作为参照标准,从医院实际运行的结果中提取出与目标值同类的值进行比对,从而得出结论。如某市医疗保险经办机构年初规定定点医疗机构均次费用上涨率不得超过8％,定点医疗机构将8％作为均次费用上涨率的参照标准,利用医院年度、季度、月度的实际运行结果与之比较,从而判断医院是否达到医疗保险经办机构的管理要求。

（2）横向比较

横向比较常用来对不同统筹地区、不同参保人群医疗保险状况的比较。由于其强调的是比较对象的广度,因而能够反映某区域医疗保险的基本特征。如华东某省通过比较本省胃癌根治术平均住院日与华东地区其他省份的住院日长短,可以判断本省所处的位置,从而深入剖析本地区医疗机构在技术水平、就医流程、医院感染控制等方面是否存在差异与改进的潜力。

（3）纵向比较

纵向比较是指对某个选定值在不同时期的表现水平进行对比，一般提取相同的时间区间段进行比较。其通常可以反映特定地区医疗保险的变化趋势与规律。如分析某定点医疗机构5年来出院参保者人次占总出院人次的比例，通过逐年递增的数据，可以反映出随着全民医保事业推进的进程，公民参保率逐年提高，定点医疗机构的服务量越来越依靠参保者带动。

（4）宏观比较

宏观比较是用医疗保险相关指标与社会经济发展的宏观指标对比，从而发现医疗保险运行状态是否正常。如将医疗费用的增长速度与居民平均工资增长速度比较，来判断医疗费用的增长是否偏离正常轨道。

（二）医院医疗保险质量管理办法

定点医疗机构要达到医疗保险管理的目标，需要对该总体目标进行分解至每个临床科室，并经过医院正式文件下达至全院临床科室，提供医院医疗保险管理的有力依据。

1. 管理办法的制定

（1）策划阶段

定点医疗机构医疗保险质量管理办法应根据政府、医疗保险经办机构出台的政策要求来制定，结合医院的发展战略、医疗保险质量管理的现状与问题、医院医务人员的意见及期望进行策划。要明确提出管理的组织、管理目标、具体要求、评价的内容及方法、评价结果的奖惩方案等重点内容，同时要考虑出现特殊情况时的机动调整机制，形成管理办法草案。

（2）征求意见阶段

将草案呈交分管医疗保险的院领导阅示，同时发送至全院各临床科室，征求意见及建议。发送时要说明反馈意见的截止时间。将收集的意见整理分类，组织召开医院医疗保险管理委员会会议进行集中讨论。

（3）正式定稿阶段

结合临床科室反馈意见与医院医疗保险管理委员会讨论结果，确定最终的管理办法并按照医院公文流程发布实施。

2. 管理办法的宣传培训

对于适用于全院各部门、各科室的医疗保险管理办法，要分批次、分层次、自上而下进行集中培训。同时利用医院各种会议场合及门户网站、OA（办公自动化系统）、手机短信、院报、医疗保险手册、医疗保险简报等媒介进行覆盖式宣传，做到全院医务人员人人知晓。对于涉及部分部门、科室的管理办法，可采取现场培训的方式，保证培训的效率及效果。

四、监测运行过程

通过监测医疗保险质量管理工作中有价值的数据、资料并加以分析利用，客观评价医院医疗保险质量管理的水平、临床科室和医务人员个人医疗保险质量管理工作优劣、医疗保险质量管理体系和运行机制的完善程度等。

（一）监测方式

采取环节动态监控与终末静态分析相结合的方式，并将监测重点放在临床诊疗过程上,实现医疗保险质量全程控制。医疗保险质量随着临床医疗行为的发生、发展而不断变动,是一个动态连续的过程。医院应将医疗保险质量管理方式从终末质量控制向环节质量监控转变,把医疗保险管理前移,才能早发现、早解决医疗保险质量管理中存在的问题。

(二)监测途径

根据监测人希望得到的结果来选择监测方法或技术,如希望获取的是参保者满意度结果,可采取现场访谈、问卷调查等方法;如希望了解定点医疗机构医疗保险质量管理规章制度建立健全情况,可到实地翻阅纸质资料;当然,日常管理工作中最常用的是医院医疗保险管理信息系统中的质量监测模块以及报表系统。

1. 医疗保险管理信息系统

医疗保险管理信息系统中可开发专门的质量监测模块,该模块具备自动统计功能,通过预先录入某警戒值,医院实际运行值超过警戒值时信息系统自动进行预警提示。

2. 报表系统

定点医疗机构要根据自身工作需求设计,完善医疗保险报表系统,保持统计报表的规范性和准确性。医院医疗保险从业人员应该熟悉各类统计报表的各项指标和内涵,保证在业务上能够及时发现医疗保险异动情况。

3. 问卷调查

用于获取参保者满意度、参保者对医疗保险政策的了解程度、医务人员对医院医疗保险管理部门的满意度、医疗保险宣传培训效果等结果。

4. 现场督查

现场检查参保者在床情况、人证合一情况、临床科室自费项目告知情况等。

示例 12 - 3　　××医院临床科室现场督察表

序号	科室	医疗保险类型	住院号	在床情况	人证合一情况	收费医嘱对应情况	自费项目告知情况
1							
2							
3							
4							
5							
6							
7							
8							
9							
10							
11							
12							

督查人员:　　　　　　　　　　　　　　　　　　　　　　　　　年　月　日

5. 出院病历检查

依靠医院医疗保险管理委员会专家,对抽取的医疗保险出院病历进行"三合理"督查,有助于对临床科室医疗保险质量管理结果做出评价。

示例 12-4 ××医院医疗保险出院病历督查评价表

科　室		床　号		住院号		姓　名	
性　别	男　女	年　龄		入院日期		出院日期	
诊断	1.		2.		3.		
基础疾病	□糖尿病　□肝功能障碍　□肾功能障碍　□其他；　并发症：						
床位医生		治疗组长			分管主任		
收　治情　况	□未降低入院标准　□降低入院标准：						
检　查情　况	□合理检查　□过度检查(注明项目)：						

抗生素使用情况 治疗用□ √ 预防用☆√		通用名	用法用量	起止时间 (年月日)	结论 (注明超的量及疗程)
		□☆			
		□☆			
		□☆			
		□☆			
		□☆			
	累计使用抗生素_____种_____天				

其他药品使用情况	
合理用药总体评价 合理□ √ 不合理☆√	□☆适应症　□☆药物选择　□☆用法　□☆用量 □☆用药途径　□☆疗程 围手术期用药时间(□☆术前□☆术中□☆术后) □☆联合用药(品种多/有拮抗/无指征/增加毒性/理论上无协同作用) □☆发生 ADR 处治　□☆频繁换药□☆禁忌证 详情：

（续表）

出院带药	□合理　□超量：		
出　院 过　程	□痊愈　□好转　□死亡　□自动出院　□转外院治疗		
总　体 结　论	诊疗符合"三合理"□　诊疗不符合"三合理"□ 备注：_____ _____		

专家签名：　　　　　　　　　　　　　　　　时间：　年　月　日

示例 12－5　××医院医疗保险门诊病历督查评价表

科　室		医保号		登记号	
姓　名		年　龄		性别 男□　女□	
病　种	1.　　　　　2.　　　　　3.　　　　　4.				
适应症 药物选择	合　理□　不合理□ 说明：				
药物用量	合　理□　超　量□ 说明：				
药物疗程	合　理□　过　长□ 说明：				
联合用药	品种多　□ 有拮抗　□ 无指征　□ 增加毒性　□ 理论上无协同作用□ 说明：				

(续表)

总体结论	诊疗符合三合理　□　　诊疗不符合三合理　□
	备注：

填表说明：在□里打"√"，需要备注的在"说明"里注明

专家签名：　　　　　　　　　　　　　　　时间：　年　月　日

6.医疗保险经办机构反馈

医疗保险经办机构定期向定点医疗机构反馈的医疗保险费用及服务质量信息、医疗保险经办机构满意度同样可作为监测定点医疗机构医疗保险质量管理水平的重要参考。

(三)信息反馈

医疗保险质量管理运行状况的监测数据，尤其是异动数据要及时、客观地反馈至相关部门、科室，为其调整管理措施提供重要参考。

1.反馈内容

反馈内容包含医疗保险新的政策动向、与医院医疗保险质量管理标准有关的条目、医院医疗保险质量管理办法涉及的评价内容，以及医院医疗保险管理部门实时发现的异常情况等。对于医院医疗保险质量管理而言，医院是一个管理的整体，这个整体是由不同的部分组成的，要使各个部分发挥自身的功能，信息反馈的通道必须是保持畅通的，反馈的信息量必须是充足的、有意义的。

2.反馈途径

(1)信息系统自动化反馈

定点医疗机构可开发医疗保险管理信息系统质量监测模块，其具备自动统计与预警提示功能，医院可以根据实际工作需要将该信息模块授权给相关的部门、科室使用，以提高监测信息反馈的时效性。

(2)会议

利用医院医疗保险管理委员会会议、医院行政例会、住院总例会、护士长例会等会议场合通报反馈监测结果。利用会议场合反馈的好处是获取信息的途径较为直接；另外被通报部门、科室可以进行横向比较，营造争先创优氛围。

(3)各种媒介

通过医院门户网站、QQ群、OA(办公自动化系统)、手机短信、院报、医疗保险手册、医疗保险简报等媒介动态反馈监测信息，确保医疗保险质量监测信息反馈的覆盖面。

五、执行医疗保险质量管理考核奖惩

定点医疗机构相关部门、科室作为医院医疗保险质量管理的组成单位，在贯彻执行医疗保险政策、响应医院医疗保险管理要求、实施本部门、本科室医疗保险质量管理的过程中存在积极性、管理方式、管理方法等方面诸多差异，直接导致医疗保险质量管理的结果存在差异性。为营造争先创优的管理氛围，努力达成医院医疗保险质量管理目标，应根据相关部门、科室医疗保险质量管理的过程与结果实施奖惩措施。

（一）执行依据

1. 医疗保险法律、法规

2011 年 7 月 1 日实施的《中华人民共和国社会保险法》将社会保险纳入法制化管理的轨道，医院加强医疗保险质量的管理，与《中华人民共和国社会保险法》中"规范医疗服务行为。医疗机构应当为参保人员提供合理、必要的医疗服务"（第三章第三十一条）的精神是相契合的。

2. 医院医疗保险管理制度与办法

定点医疗机构根据政府、医疗保险经办机构的要求，结合医院发展战略制定一系列医疗保险管理制度与管理办法来保障医院医疗保险质量常态化管理。医院医疗保险质量管理办法是定点医疗机构为加强医疗保险质量管理制定的专门文件，文件规定了医疗保险质量考核办法及奖惩细则，是执行奖惩的重要依据。

3. 医疗保险"三个目录"与物价规定

医疗保险药品目录、诊疗项目目录以及医疗服务设施范围由人力资源和社会保障部门制定，医疗保险经办机构与定点医疗机构均必须遵循执行。各级物价管理部门出台的物价政策与收费规定已成为医疗保险经办机构实施拒付的重要依据，任何医务人员不得违背。

4. 医疗保险服务协议

医疗保险经办机构与定点医疗机构签订的服务协议约定了各自的权责，因此要在全院范围内加强医疗保险服务协议详细条款的解读宣传，使各部门、临床医务人员自觉将其作为医疗保险服务行为的约束与规范。

（二）执行重点

1. 奖惩并重

目前无论是医疗保险经办机构或是定点医疗机构，对于管理对象未达医疗保险质量管理要求或出现违规行为的惩罚条款比较完备，而奖励方案明显缺乏。这与医疗保险工作政策性极强，甚至带有强制性有关。惩罚是不可或缺的管理手段，但是激励手段应该得到足够重视。经济学与管理学研究成果证实惩罚的目的在于纠正人的行动方向，而激励促使人提升自信，不断向更高的目标行进。医疗行业是救死扶伤的高尚事业，医疗保险事业是民生工程，二者在根源上非但不冲突，反而是相辅相成的。在医院医疗保险质量管理中，应更多在物质和精神上考虑激励制度，提升医务人员的工作积极性，变被动管理为主动管理，促进医、保、患和谐，提高医疗保险满意度。

2. 充分告知

奖惩落实前，要将奖惩原因、奖惩依据、下一步努力方向等信息反馈至考核对象。执行医疗保险质量管理奖惩作为阶段性的总结，总是滞后于医疗保险服务发生的过程。为尽量避免上述时间差致使考核对象不能及时修正自身行为，甚至导致矛盾与冲突，医院医疗保险管理部门在进行医疗保险质量管理的过程中，要通过各种途径、媒介将监测信息实时动态地反馈至相关部门与科室。

3. 区间选择

（1）阶段性

一般采取月度或者季度作为一个医疗保险质量管理考核周期，在某单一时间阶段结束时根据医疗保险质量管理结果执行奖惩。此种方式使用广泛,统计方便,易于理解;缺点是不能兼顾整体,缺乏缓冲与统筹空间。

示例 12 - 6   某定点医疗机构阶段性考核方式

某学科自付比例考核指标为 35%,按月考核并落实绩效奖惩。该科在某年度 1~5 月份均将自付比例控制于 35% 以下,6 月份由于一位参保者病情危重复杂,使用了大量的全自费或高自付比例药品与耗材才抢救成功。一个出院参保者就将本月全科自付比例拔高至 47.5%,根据医院医疗保险质量管理办法,该科室 6 月份绩效将被扣除 8000 元,与此同时,该科 1~6 月份整体自付比例并未超过 35%。科室因为不可控的因素导致单个月份自付比例超出考核指标,在整体自付比例达标的情况下被惩罚,极大打击了管理的积极性。

(2)累积性

与阶段性考核不同,累积性考核不按照单月医疗保险质量管理结果来执行奖惩,而是随着时间的推移将每个阶段的管理结果累计,根据累计结果决定奖惩的执行与否。此种方式允许考核对象在特定的时间段内波动,只要整体符合考核要求,就不会触发奖惩发生,该方式平摊了被考核单位的风险,具有较强的公正、公平性。如示例 12 - 6 中该科室 6 月份当月自付比例考核超标,但 1~6 月份达标,因此无须承担惩罚的风险。如 7 月份的单月数据导致 1~7 月份自付比例超标,则按照 1~7 月份整体管理结果执行落实奖惩。

4. 与医疗保险经办机构考核结果挂钩

医疗保险经办机构对定点医疗机构的考核,目的是促使定点医疗机构朝着预定的管理目标行进。定点医疗机构要将医疗保险经办机构的考核目标传达至全院医务人员。将医疗保险经办机构的考核目标作为医院医疗保险质量管理的指挥棒,也应将医疗保险经办机构对医院的考核结果与医院内部的考核相关联。

六、持续改进

奖惩的执行落实并不意味着医疗保险质量管理的终结。奖惩只能作为一种管理的手段执行,并非医疗保险质量管理的最终目的。医院医疗保险管理部门要定期分析奖惩结果反映的异动情况。对于明显异动的环节,要深入分析异动原因,针对原因与该部门、科室沟通,协助其查找与纠正管理中存在的问题。同时应予正向激励,如采取累积性考核方式,鼓励被考核对象提高剩余时间的管理积极性,最终达到医院的管理要求。

七、总额预付制质量管理案例

医院医疗保险质量管理涉及医疗保险本身的质量管理,以及医疗、护理、药剂、流程保障等方方面面的质量管理。尽管管理的具体对象不一,但医疗保险质量管理的方法和过程总体上有相似之处,此处以某省某三甲综合性医院总额预付制的管理举例说明。有关总额预付制医院管理组织及质量管理标准的内容本章节已有详细说明,不再赘述。

(一)总额预付额度和管理指标申请

示例 12 - 7　××医院总额预付额度和管理指标申请

医院向医疗保险经办机构申请新一年度的预算方案时,本年度的预算年度往往尚未结束。为便于理解,目前正在执行的预算称为本年度预算,新一年度的预算称为下一年度预算。

部门\内容	院长	分管院长	医院医疗保险管理部门	医疗保险经办机构
总额预付额度和管理指标申请			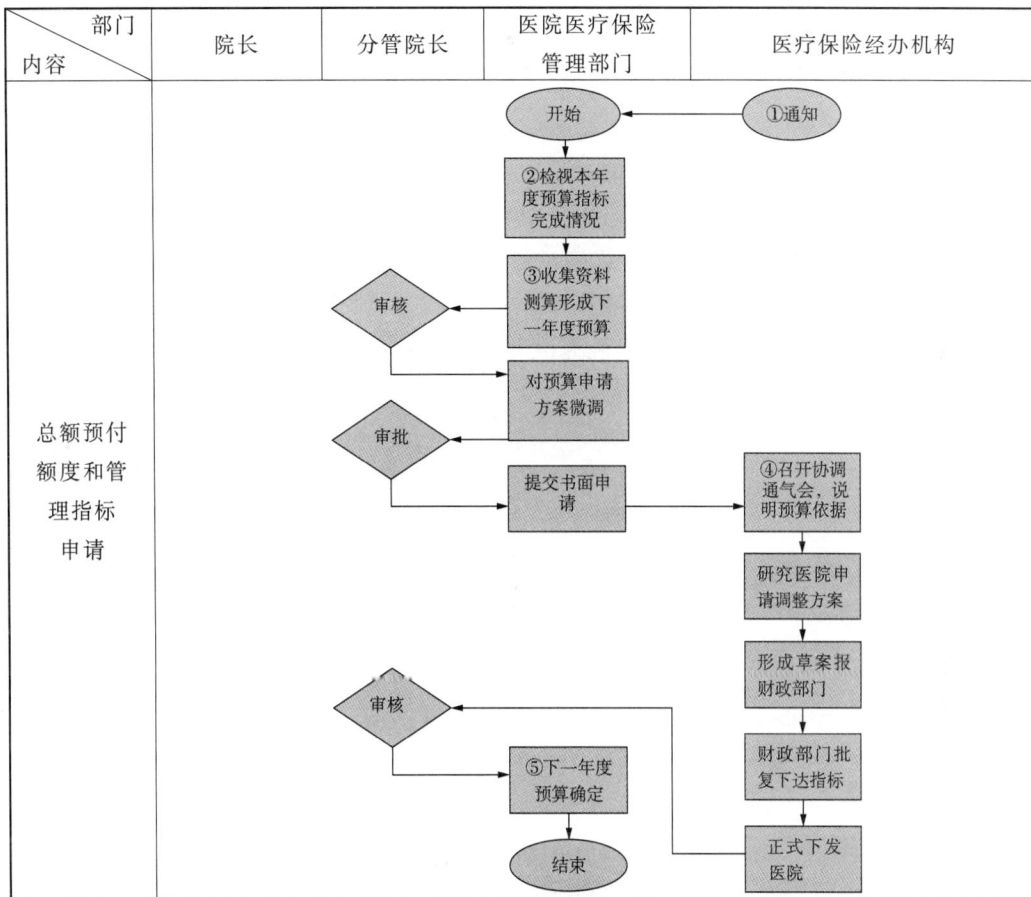	

关键节点	总额预付额度和管理指标申请关键节点说明
①	(1)学习文件细节,对于各类管理控制类指标加以分解和推演。 (2)注意与上一年度的预算要求作对比,查找不同点。
②	(1)由本年度的增长表现推测下一年度的增长期望。 (2)总结出医院在执行本年度预算的成绩,为协调通气会做好数据准备。
③	(1)最重要,为核心节点。 (2)需要考虑医院下一年度工作目标和计划,由此推算医院在床位、学科、技术、设备等硬件方面的变化,并估计由此带来的收治人次和住院总费用的增长规模。 (3)需与其他职能部门的密切配合,遵循收集基础数据资料—统计分析—预测估计—形成初步方案的步骤。 (4)建立副本,包含详细测算过程和测算依据,为协调通气会做好数据准备。

(续表)

关键节点	总额预付额度和管理指标申请关键节点说明
④	(1)协调通气会就是谈判的过程。 (2)医院提出的预算方案以及支撑依据都应该遵循科学、客观的原则,增强说服力。 (3)努力将医院在执行本年度预算取得的成绩作为促进谈判双方达成一致的正向力。
⑤	(1)方案一旦下达,无法更改。 (2)立即着手准备院内预算额度分配和管理指标制定。

(二)医院总额预付制质量管理办法的制定

医院总额预付制质量管理办法的制定由医院医疗保险管理部门牵头组织进行,应根据统筹地区医疗保险经办机构对定点医疗机构的考核要求,结合医院现状和发展战略进行草案策划、征求临床科室意见、讨论定稿。管理办法要包含医院的管理目标、具体要求、评价的内容及方法、评价结果的奖惩方案等内容。管理办法下发后,医院医疗保险管理部门要开展全院范围的宣传培训,确保医务人员人人知晓,加强执行力。

示例 12 - 8　总额预付制质量管理办法的制定流程

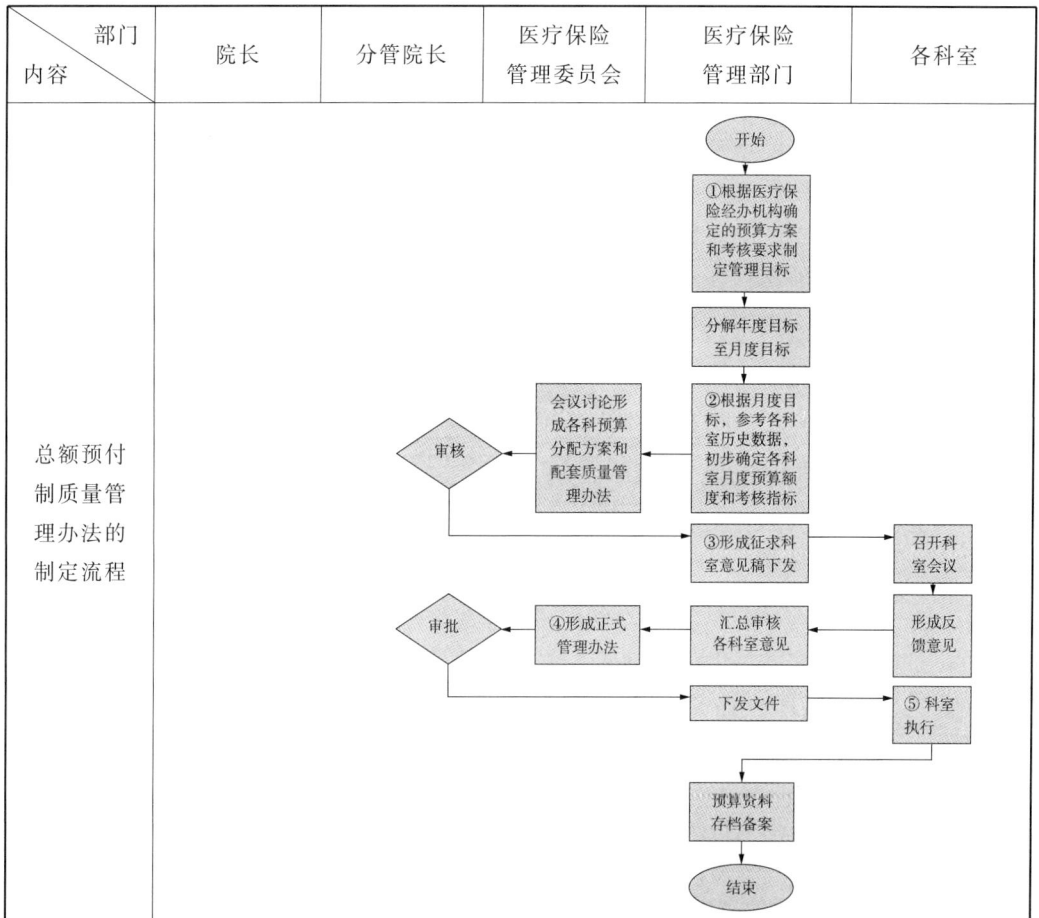

关键节点	总额预付制质量管理办法的制定流程
①	严格按照医疗保险经办机构下达的年度预算额度和管理指标,确定院内目标。
②	(1)可将各科室前三年尤其是本年度基础数据作为重要参考。 (2)用评判的眼光分析各科室基础数据,对于医疗保险拒付率高、次均住院费用上涨过快的科室,要对其数据合理性提出质疑。 (3)综合考虑各学科的床位、技术、设备等硬件方面的变化,并估计由此带来的收治人次和住院总费用的增长规模。 (4)兼顾科室开展的其他医疗保险类型。如开展新农合按病种付费的科室,床位使用率已经高居不下,总额预算额度增长幅度可能低于全院平均水平。 (5)应预留一定比例的风险调剂金。
③	(1)将历年参考数据与下一年度总额预算额度和管理指标一并下发,便于科室决策。 (2)配套奖惩办法一并下达。
④	(1)重点查找制定预算额度和管理指标时未能考虑到的因素,如科室要求合理有据,可对之前方案进行修正。 (2)对于科室的反馈要求,无论最终是否给予满足,均要与科室保持沟通,取得理解。
⑤	(1)密切关注各科室执行过程中的运行数据。 (2)医院职能部门保持与科室的沟通渠道畅通。

示例 12－9　　××医院总额预付制管理暂行办法

院医保发〔20××〕××号

各处、(科)室、中心、所、分院:

为提高医疗保险基金使用效率,维护基金安全,保障参保者基本医疗保险待遇,根据《中华人民共和国社会保险法》《××市城镇职工基本医疗保险住院基金结算办法》等文件精神,经20××年××月××日医院医疗保险管理委员会会议研究讨论同意,制定本办法,请认真贯彻执行。

一、按学科进行统筹基金分配

医院根据各学科特点和历史数据,分配临床学科各项考核指标如统筹基金预算额、均次住院费用上涨率和自付比例控制指标等(附后),如遇医疗保险政策调整而相应调整。科室统筹费用超标严格控制在分配额的10%以内。

二、质量管理指标

1. 首诊负责:不拒收、推诿参保者,实施参保者预约等床,确因医疗设备和医疗技术所限不能诊治的可建议参保者转外院、外地(北京、上海)诊治。推诿或拒收参保者造成投诉经查属实的,科室配合协调解决,最终被医疗保险经办机构扣除的预算额从科室分配额中扣除。

2. 人次人头比：严格把握住院标准，杜绝住院检查、虚假住院，减少参保者反复住院。对享有门诊特慢病的参保者一般在门诊治疗。需要转科治疗的不能办理出院手续，由科室提出申请，医院医疗保险管理部门按住院前后科室分别统计费用。

3. 个人自付比例：全院总自付比例控制在 35% 以下，临床须参照控制指标严格控制参保人员自费药品、自费检查项目，病情确需使用的自费项目和有自付比例的药品、材料等需告知患者同意并签字。如未经患者知情同意造成的患者投诉、拒付费用由经治人员承担。

4. 均次住院费用上涨率：不得超过医疗保险经办机构制定的上限 7%。

5. 严格出入院标准：缩短无效住院日，降低医疗保险费用。

6. 严格出院带药：出院带药不得超过 5 种药物，且急性疾病不超过 7 天用量，慢性疾病不超过 1 个月用量，不得带注射剂。

三、督查与奖惩

1. 医疗保险统筹费用按月统计，逐月累计，按照累计后的结果落实奖惩。在分配额的 110%内（含 110%）视为合格，超过部分按 100%扣除科室计奖收入。年终汇总考核如在分配额 110%内（含 110%），则返还所扣计奖收入。

2. 如因降低住院标准、分解住院、不合理用药、不合理检查、串换药品等明显违反医疗保险政策和相关规定最终被医疗保险经办机构拒付的费用，按拒付金额 100%扣减治疗组当月奖金。

3. 医疗保险管理委员会定期对各科医疗保险病历进行抽查，对不合理的费用按 50%扣除治疗组当月奖金。

4. 对于恶意套保、串通骗保的按《中华人民共和国社会保险法》的相关条款处理。

5. 年终以下 5 项指标考核合格的，医院给予两千至一万元的奖励：

(1)年度均次费用上涨不超过上年度的 10%。

(2)统筹分配额控制在 110%内（含 110%），自付比例、人次人头比等控制指标完成良好。

(3)未被医疗保险经办机构拒付。

(4)未出现参保者投诉，或投诉经查实非科室责任。

(5)医疗保险管理委员会督查未出现不合理行为。

四、科室管理组织

科室医疗保险管理实行科主任负责制，并成立由科室行政主任、行政副主任、支部书记、护士长等人员组成的医疗保险管理小组，开展医疗保险政策学习、落实医疗保险制度、监督和自查本科室医疗保险执行情况。

五、医院医疗保险管理部门每月统计各科室统筹支出，反馈科室并报经管科，经管科根据规定落实奖惩。

六、本规定从二○一一年六月起试行，试行期间，各科室及时向医院医疗保险管理部门反馈出现的问题和建议。

　　附:临床学科考核指标

20××年××月××日

(三)总额预付制运行质量的监测

　　医院医疗保险管理部门借助医院医疗保险信息系统质量监测模块与报表系统,对总额预付制运行质量进行动态监控。将监测重点放在临床诊疗过程的异动上。

　　1. 监测方式

　　(1)实时监测

　　预先将各科预算额、均次费用及自付比例管理考核指标维护进医疗保险管理信息系统质量监测模块,计算机系统进行自动、实时统计监测,当某科实际运行值超过设定值时信息系统进行预警提示。

　　(2)定期报表

　　定期查询总额预付出院参保者费用月报表,分析异动值。

　　(3)病历督查

　　定期或不定期组织医疗保险管理委员会抽查总额预付出院病历,进行"三合理"评估。也可以采取针对性更强的,根据实时监控或报销系统的异动情况选择出院病历督查。

　　(4)医疗保险经办机构反馈

　　定期获取医疗保险经办机构反馈的关于总额预付基金使用进度、考核指标完成情况等信息,作为定点医疗机构决策下一步管理重点的参考。

　　2. 信息反馈

　　(1)反馈内容

　　医院医疗保险管理部门应将总额预付运行状况及时、详细、客观地反馈至相关科室,使医务人员掌握本科室总额预付管理质量情况。反馈内容包括但不限于总额预算额度使用情况,均次费用、自付比例等考核指标完成情况,医疗保险管理委员会督查病历结论,以及医疗保险基础性质量管理结果。

　　(2)反馈途径

　　利用各种会议场合以及医院网站、OA(办公自动化系统)、短信、院报、医疗保险手册、医疗保险简报等媒介进行覆盖式反馈。

(四)总额预付制质量管理考核奖惩

　　对于统筹基金额度及均次住院费用、自付比例等考核指标完成情况进行按月统计、逐月累计,按累计后的结果执行、落实相应奖惩措施。要重视加强与科室的沟通,对于受到惩罚的科室,要对科室说明在科室加强管理,考核指标达标后,将取消之前惩罚,增强其执行预算方案的信心和积极性。

　　要耐心听取科室的意见及建议,如科室因不可控的正当因素导致考核不达标,建议科室提出书面申请,医院医疗保险管理部门经过认真查实分析后请示分管院长,必要时召开医疗保险管理委员会讨论是否采纳。

第十三章　医院医疗保险资金的管理

第一节　医院医疗保险资金的意义

一、医疗保险资金是医院收入的重要来源

　　1998 年 12 月国务院颁发了《关于建立城镇职工基本医疗保险制度的决定》(国发〔1998〕44 号),我国医疗保险制度改革由此展开,医疗保险制度逐步替代了原来工厂企业的公费医疗制度;2002 年 10 月,《中共中央、国务院关于进一步加强农村卫生工作的决定》(中发〔2002〕13 号)明确指出,要逐步建立以大病统筹为主的新型农村合作医疗制度;2007 年 7 月,国务院印发《关于开展城镇居民基本医疗保险试点的指导意见》(国发〔2007〕20 号),解决城镇非从业居民的医疗保障问题。三种基本医疗保障制度的推进,使我国社会医疗保险基本做到了全民覆盖,截至 2014 年底,城镇职工基本医疗保险参保人数 28296 万人,城镇(城乡)居民基本医疗保险参保人数达 31451 万人,新型农村合作医疗参保人数 73600 万人,全民医疗保险覆盖面超过 95%。社会医疗保险基金筹措和使用方面,2014 年,城镇职工基本医疗保险基金收支总规模达到 14735 亿元,城镇(城乡)居民基本医疗保险基金收入 1649 亿元,基金支出 1437 亿元,新型农村合作医疗基金收入 3025.3 亿元,基金支出 2890.4 亿元。根据国家卫计委卫生年报统计,2014 年,公立医院当年收入 18025 亿元,其中医疗收入 16138 亿元,医疗收入中,医保结算资金为 7389 亿元,占医疗收入的比例为 45.8%,医疗保险资金已经成为医院收入的重要来源。随着基本医疗保障制度的进一步整合完善,医疗保险资金占医院收入的比例还会继续扩大。

二、医疗保险资金是医院现金流的重要保证

　　现金是一个单位流动性最强的资产,其不断流入、流出形成现金流量,从单位经营的角度看,现金流量是单位生存与发展的基础,起到单位机体的"血液"作用,流转的顺畅与否,直接影响单位组织功能的实现,对组织的生存与发展有着重大的影响。

　　公立医院是公益性事业单位,是兼具公益性与经营性的社会卫生组织。随着医药卫生体制改革的不断深化,作为差额事业单位管理的医院原有的现金流量格局发生了显著

变化,来自于卫生主管部门和财政部门的经常性拨款占收入比例逐渐下降,医疗保险保障面的扩大及实时结算的实施,参保者全现金付款医疗消费的比例亦呈逐年下降趋势,医院上游供货商如药品、耗材供货单位均系市场化运作,而且药品、医用材料等医疗物资用量大,价值高,还事关参保者生命安全,不允许缺货,占用了医院大量的现金流,还有,医院的水、电、气等能源消耗支出,人员的薪酬支出等现金流出量均没有明显变化,均需要医院实行市场化运营支付,任何环节的现金流不畅或阻滞,都会给医院运转带来不利影响,甚至造成严重的后果,使医院经营活动陷入困境。

一方面是医院现金流入结构变化明显,现金流出结构变化不大;另一方面,现金流入与现金流出不匹配的时间也在逐步扩大,特别是实行医疗保险制度使医院由先前的预收款运营,变更为医疗保险基金审核后拨付,要求医院必须垫付运营资金进行医疗活动,各医疗保险经办机构审核时间的长短,直接影响医院运营资金占用的多少。同时,多种医疗保险管理体制对医疗保险基金的结算规定多种多样,且经常处于不断改革完善中,多数医疗保险政策初始实施时,均实行项目结算付款政策,对医院现金流入量影响,除时间性差异即资金时间占用长外,与未实行医疗保险时参保者全自费就医无本质差别。随着医疗保险制度的推进,各医疗保险经办机构从医保基金收支平衡,安全有效的原则出发,推出各种基金结算管理制度,如城镇职工医疗保险,各地主要实行的结算是按"总额控制、定额付费(床日定额或病种定额)、节余留用、超支自理、定期考核、适当补偿"等政策,城镇居民医疗保险实行总额控制下的项目付费与定额付费相结合等政策,新型农村合作医疗实行的重大疾病病种结算,常见病打包结算或项目付费结算等政策,这些结算方式与医院原来按项目付费比较,对医院的收入与实际现金流入会产生金额差异,同时,各种医疗保险结算基本按月度结算、年度清算办法,日常月度结算后还要留取一定比例的预留金,待年度考核清算后一并支付,这些时间性不匹配差异,对医院现金流入影响也越来越大。

在医疗保险基本全民覆盖的情况下,医疗保险收入已经成为医院收入的重要来源,与医疗保险收入相对应的医疗保险结算资金亦成为医院现金流的重要保证。各种结算考核政策的实施,拒付费用的增加,使医院对医疗保障体制结算差额形成的欠费呈扩大趋势,而且,医疗保险资金基本上是滞后支付,造成了医院资金时间价值的浪费,对医院现金流入量及时间均产生了显著影响。医疗保险资金足额、按时流入医院成为医院正常运营的重要保证。

三、医疗保险资金是满足参保者就医需求的保障

由复旦大学牵头的健康风险预警治理协同创新中心公布数据显示,从 1991 年到 2013 年,我国人均医疗费用的年均增长率为 17.49%,明显高于同期我国人均 GDP 的增长率。随着医疗费用的增长,医疗支出已成为公众一种重要的不可预期的消费支出,容易形成因病致贫、因病返贫现象,对于重大疾病,更会成为家庭灾难性支出,若没有医疗保障制度的不断完善实施,没有医疗保险资金的报销付费,因疾病医疗费用风险成为较突出的社会不稳定因素。以"卫生总费用中个人卫生支出比例"作为老百姓医疗费用负担的相关指标,该指标从 1991 年的 37.5%,曾飙升到 2001 年的近 60%;2014 年该指标

下降为 33.2%,略超过 30% 的世界公认水平。2009 年至 2014 年卫生总费用及其构成见表 13-1 所列:

表 13-1 2009—2014 年卫生总费用及其构成部分

年份	卫生总费用构成(%)				卫生总费用占 GDP%
	合计	政府卫生支出	社会卫生支出	个人卫生支出	
2009	17541.92	27.5	35.1	37.5	5.15
2010	19980.39	28.7	36.0	35.3	4.98
2011	17541.92	30.7	34.6	34.8	5.15
2012	17541.92	30.0	35.6	34.4	5.36
2013	31868.95	30.1	36.0	33.9	5.57
2014	35378.90	29.9	36.9	33.2	5.56

预计到 2020 年,卫生总费用中个人卫生支出比例指标将接近 30% 水平。这也从一个侧面说明了医疗保险资金保障了参保者的就医需求。医疗保险资金作为全体社会成员的"保命钱"和"救命钱",关系到社会全体成员的生命健康、生存底线,基本医疗保险制度通过向全体参保者提供基本医疗保障,利用医疗费用第三方补偿机制,使参保人员医疗支出的不可预期性大为减少,能够有效地控制疾病风险,维护社会稳定。

医疗保障制度是社会保障体系的重要组成部分,是广大人民群众健康的安全网,是社会的稳定器,通过筹集和管理医疗保险资金,依据保险的大数法则原理,满足参保参保者就医的费用支付需求。中国医学科学院发布《中国医改发展报告(2009—2014)》显示,2013 年,城镇职工参保者实际报销比达到 73.2%,新农合住院费用实际报销比达到 56.6%,城镇(城乡)居民参保者实际报销比达到 56.7%。正是医疗保障制度的发展完善,医疗保险基金的收支平衡,使城乡居民抵御疾病风险的能力有所增强,2013 年与 2008 年相比,应就医未就医的比例由 37.6% 下降为 15.5%,年住院率由 6.8% 提高到 9.0%。

第二节 医疗保险资金管理岗位与职责

全民医疗保险的覆盖,医疗保险资金越来越成为医疗机构现金流的重要来源。医疗保险资金管理的好坏,资金运用的效率如何,对医院的运营影响越来越大。为加强医院医疗保险资金管理,加强医疗保险资金的回收和流转,有必要设置医院医疗保险资金管理岗位,其岗位说明书主要内容见表 13-2 所列:

表 13-2　公立医疗机构医保处医疗保险资金管理岗位说明书

岗位工作基本信息	岗位名称	医疗保险资金管理	所在部门	医保处	岗位编号	
	直接上级	主任	岗位定员		所辖人数	
	直接下级	无				

岗位使命工作概述	在主任的领导下,负责医院医疗保险资金的结算和管理,保证医疗保险资金依政策按时足额回款

岗位工作主要职责与任务	1. 负责各医疗保险经办机构由医院产生的费用统计,资料归集,资金拨付申请和票据开具,并上报相关管理部门。2. 检查已上报各统筹地区经办机构的医疗保险资金拨付是否到位,对拨付的医疗保险资金,分经办机构与类别和医院产生的费用进行比对,有差异的及时查找原因。对应拨付未拨付的医疗保险资金,及时沟通催收。3. 做好各统筹地区经办机构医疗保险资金拨付台账登记并对拨付资金及时通知账务入账。4. 对各统筹地区经办机构未拨付的医疗保险资金,分析差异原因,非医院原因的差异及时沟通处理,医院政策差异,依据医院考核制度,提请主任审核处理。5. 对有预付款或预留金的分中心做好登记核算。6. 及时完成上级交付的其他临时性工作

岗位工作主要绩效考核要点	1. 各医疗保险经办机构医疗保险资金核算的准确性。2. 医疗保险资金回款的及时性。3. 服务工作满意度

岗位工作关系	院内联系部门	院内各科室
	院外联系部门	各统筹地区经办机构、人力资源和社会保障局、卫生和计划生育委员会

岗位工作权限	1. 工作事务处置权。2. 本部门管理工作建议权。3. 主任授予的其他权限

岗位工作环境	1. 大部分时间在医院内工作,温度、湿度适宜。2. 计算机、网络、电话、传真机、打印机、文件柜等必需办公设备。3. 工作场所照明条件良好,一般无相关职业病发生

学历培训经历经验	1. 本科学历以上。2. 会计、财务管理、卫生管理专业。3. 两年以上院内其他岗位工作经验

岗位工作技能要求	1. 掌握 Word、Excel 等办公软件的使用,通过计算机等级考试一级以上。2. 较好的人际沟通协调能力。3. 良好的语言和文字表达能力

岗位工作其他要求	年龄要求	男:25～60 岁, 女:25～55 岁	性别要求	无	婚姻	不限
	政治要求	政治觉悟高, 组织观念强	身体要求	身体健康	业务要求	岗位独立工作

（续表）

备注	

第三节　医疗保险资金日常财务管理

一、医疗保险资金年度预算编制与申报

所有险种的医疗保险资金,年度都应该进行预算编制。一个完整的医院全面预算管理体系包括预算的编制、预算的执行与监督、预算的分析、预算的评价与考核等环节,医院结合内外部环境的变化,根据战略目标和未来经营规划确定医院预算的总体目标。具体到医院医疗保险资金年度预算的编制,要求各科室根据以前年度业务收支情况及预算年度自身业务发展需要,确定科室业务收入预算,组织科室收入,在科室组织收入构成中,既要按门诊、住院类别及会计核算科目收费项目维度确定收入构成,亦要按参保者付费类别维度确定收入构成,对参保者,确定医疗保险资金预算金额。医疗保险资金预算的编制主要依据历史工作量,结合各种医疗保险年度参保者增减、费用报销及费用支付控制政策变化等,计算确定科室年度各种医疗保险预算资金额。

具体到医院各医疗保险险种的资金预算,需要结合医疗保险服务协议和结算管理政策,考虑参保者诊疗人次、人次费用水平、报销比例、基金结算办法等进行计算,如对于城镇职工医疗保险住院参保者,现大多数医疗保险经办机构均实行总额控制下的多种结算方式管理,原则上,医院城镇职工医疗保险资金预算总额不应大于基金经办机构确定的年度总控额,在总控额下,根据其分项结算政策,如定额结算时,按人次与定额标准乘积确定,如床日结算,则按床日数与床日结算标准定额乘积确定。对医院所有的医疗保险险种,均需要按年度分明细进行预算编制。

医院运营已经离不开医疗保险的付费,若预算年度医院运营有重大变化的事项,导致医院医疗服务能力显著提升事项,在制定医院医疗保险资金预算时,还需要与各医疗保险管理经办机构进行申报与沟通,如预算年度内,医院有新病房楼投入使用,将使医院住院收治能力显著提升,需将医院新病房启用后,年度内可增加收治的服务能力进行预算编制,并向基金支付显著变化的医保经办机构进行申报,特别是对年度基金总额控制的经办机构,要向其申报并沟通扩大医院总额控制额度。其他重要事项如医院通过引进人才及设备,某专项诊疗业力能力会显著提升等等,均需要按重要性原则向影响较大的

医疗保险经办机构进行预算申报。

二、医疗保险资金的分类管理

医院医疗保险资金是国家实行基本医疗保险制度而建立的专项基金,主要是各类参保者门诊或住院治疗时,支付的符合基本医疗保险政策规定的医疗费用。合理的费用支付是保证基本医疗保险制度持续和正常运行的重要经济基础,也是医院经济正常运转的保证,在当前多种医疗保险制度及结算方式并存的运行情况下,如何让医疗保险资金的使用合法合规,使资金管理更加科学、规范和高效,达到既降低医疗保险资金的超支风险,又能为参保者提供合理可及的医疗服务,成为医院医疗保险管理中的一道难题。如何破解此难题,需要对不同来源的医疗保险资金实行分类管理,可分别按各基本医疗保险类别参保者和其结算方式来分类,主要类别如下:

(一)按项目付费结算的医疗保险资金管理

按项目付费结算的医疗保险资金,日常管理的要求是临床服务医护人员在诊治参保者的过程中杜绝盲目检查,不合理用药,医务人员要严格执行各项医疗核心制度,规范治疗。医院要利用医疗安全检查、质量控制检查和药事委员会合理用药管理等职能,重点检查医师的医嘱中检查项目是否合理,诊断是否及时准确,用药是否安全、经济、有效和合理,对不合理的检查、不合理的用药、不因病施治的要在过程中进行干预纠正,这样才能提高医疗服务质量,保证项目的合理规范,在合规的医疗服务项目基础上,严格执行物价政策和医疗费用清单制度,做到项目不多收、不重收、不漏收,并向参保者做好全自费项目的告知,为参保者提供满意的、费用可接受的医疗服务。参保者诊疗结束结算时,付清自己应缴付费用,其他应有医疗保险资金付费的,按月进行归集,做好申报、回款、回款的差异分析及考核的管理。

(二)按病种付费结算的医疗保险资金管理

对按病种付费结算的医疗保险资金,医院管理要转变观念,明确按病种付费结算实际上是平常收入与成本的角色已经互换,是医疗保险基金经办机构为促进卫生资源的合理利用手段。作为预付制结算方法的一种,医院在和项目付费结算一样做好日常诊疗服务的同时,要更加主动地规范自己的服务行为,降低医院在预期性成分中承担的经济风险,即医院要积极寻求科学合理的治疗方案,积极规范形成病种治疗路径标准,力求尽可能降低参保者治疗成本耗费,从而遏制不合理检查、大处方用药的现象,达到节约成本、降低医疗费用的目的。

按病种付费参保者的结算与医疗保险资金款项回收与项目结算管理类似,对于按病种付费结算,病种付费标准的合理制定是按病种付费长久有效实施的保证,付费标准的制定要以医院近几年相同病种的平均费用作为依据,结合病种成本核算资料,合理确定,因医院面对的上游药品、耗材供应商均是市场经济主体,在经济环境变化后,病种付费标准还要有合理的调整机制,同时,也要考虑各医疗保险基金的支付能力和基金的可持续性,使医、患、保三方均能从中受益。

(三)按床日付费结算的医疗保险资金管理

按床日付费结算与按病种付费结算均是医疗保险资金预付制结算的一种方法,床日付费结算与病种付费结算相比,具有覆盖范围更广,标准确定对医疗机构影响更大的特点,在与按病种结算一样进行日常管理外,特别要做好床日成本费用核算,作为实际结算医疗保险资金床日费用支付标准定期调整的依据。

(四)按定额包干结算超支参保者自理的医疗保险资金管理

对定额包干结算超支参保者自理的医疗保险资金的管理(如生育保险),主要参照医疗保险资金项目结算管理,并根据包干结算类别做好告知,在费用变化较大情况下,为参保者利益考虑,沟通与各医疗保险经办机构包干标准的调整。

(五)按总额预付年终考核结算的医疗保险资金管理

总额预付制是各医疗保险基金经办机构同医疗服务供给方医院进行协商,考虑以往实际发生医疗费用情况、统筹地区人口情况、疾病谱发展变化情况等,提前测算定点医疗机构服务费用的总额,由医疗保险基金经办机构核定最高额度给予支付的一种付费方式。该方式计划性较强,分进度支付时均留有一定的预留金,预留金待年终考核达标后一并支付,对基金管理方来说,可以有效降低管理成本,调动医疗机构合理配置资源、控制诊疗费用的目的,医疗机构管理的重点亦是在规范服务的基础上,节约医疗消耗。对总额预付的年度金额,根据医院各科室历史服务人次费用数据及医院发展战略,在不同的临床服务科室间进行额度分配管理,对额度资金执行情况定期考核并对不均衡状况进行必要调剂管理,促进医疗保险资金在医院内的合理有效使用。

三、医疗保险资金预算指标的分解与考核

医疗保险资金预算指标的目标分解是与各临床指标执行科室的一个讨价还价的过程,医院根据年度发展重点,各临床科室医疗业务计划,确定各科室的服务量、单价和科室的年度收入目标。收入目标资金来源构成中,需确定各种类别医疗保险资金预算金额和其他资金的现金流入额。

四、医疗保险资金的年终决算

医疗保险资金年度预算执行情况,年度内各医疗保险经办机构的医疗服务量及医疗保险资金回收核算情况,医疗保险业务活动的经济效果如何,哪些医疗保险管理指标还有待改进,哪些环节或哪个险种服务还有潜力可挖,哪些临床科室年度内很好地执行了医疗保险政策,哪些医疗保险结算标准或方法还有待沟通协调,这都需要进行一年一度的医疗保险资金的年终决算,以全面地反映医院医疗保险资金年度预算完成情况。全年医疗保险资金收到多少钱,还有多少该收回尚未收回的,医疗保险资金在医院各临床科室的分布情况,均要与各医疗保险经办机构和院内核算科室之间核对清楚,在完成决算后,要对全年医疗保险资金的运营情况进行分析,找出差异产生的原因,为改善医院医疗保险管理提供数据支撑,不断提升医院医疗保险资金管理水平。

五、医疗保险资金对账与催欠

应收医疗保险资金款是医院流动资产的重要组成部分,也是医院重要的资金流入来源。由于医疗保险种类多,政策差异大,实施时间及服务对象均有不同等多种因素影响,

医疗保险资金对账和欠款的回收一直是各医疗机构医保管理面临的一个主要问题。各医疗保险经办机构对医疗机构要求不同,政策把握尺度不一,为了医疗保险基金安全,探索各种基金支付手段,导致对医疗机构多种结算方式并存,形成方式多样的医疗费用拒付额及政策结算亏损额,这部分金额随着时间的推移,款项难以收回一直是医疗机构面临的一个问题,相当于各医疗保险基金经办机构按结算政策欠款不还,导致医院医疗保险应收账款居高不下,大量呆账、坏账不断产生,导致部分医院流动资金紧张,经营效益低下,甚至陷入无以为继的困境,有的还不得不从银行进行流动资金贷款。因此,对医疗保险资金的对账、欠款催收及坏账及时处理尤为重要。

针对医疗保险资金的全过程对账和欠款催收,加强日常控制,应分别从事先、事中、事后三个角度出发。事先控制方面,在与各医疗保险经办机构签订医疗服务协议时,须明确医院与各经办机构的权利与义务,医院核算部门依据服务协议合理设置医疗保险资金往来核算会计科目,按资金往来的主体及项目进行明细核算设置,既要考虑各医疗保险经办机构的管理地域不同,亦要分不同类型的医疗保险类型划分明细,通过事先细化及设置医院信息管理系统字典,使不同类型的参保者在医院报销发生应收医疗保险费时,可以按对应明细科目及时入账。事中控制方面,主要是控制医疗保险资金形成符合政策,符合与各经办机构签订的医疗服务协议,也是医疗保险资金形成的最重要的阶段,只有符合政策制度的资金,才能成为向各医疗保险经办机构收回的依据,为此,医院医疗保险管理部门需要根据各种医疗保险管理政策规定,在医院内部对医疗保险管理建章立制,积极宣传和培训,加强参保者看病期间发生费用及报销的日常管理和检查,做到规范检查、合理用药、合理治疗,降低后期各经办机构审核拒付风险,减少医疗保险结算产生欠费金额。对参保者看病期间形成的费用按政策收取应出参保者个人支付部分,做好报销金额的资料管理,进行明细分类核算及汇总核算工作,定期形成医疗保险资金回收核算统计及档案资料。事后控制方面,这个阶段主要是按医疗服务协议,依据形成的医疗保险资金报账报表、附件及电子数据等,与各医疗保险经办机构结算医保报销款,对各医疗保险经办机构的回款及时核对并入账,对不能按时回收到账的医疗保险资金,要根据具体情况分析,采取信函通知、电话或传真催收、医疗保险资金工作人员面谈催收等办法,做好医疗保险资金催收的沟通协调。已回收的医疗保险资金若与医院核算有差异,要积极沟通,查明原因,落实考核措施,必要时进行账务调整处理。对于特殊事项,须做好记录,定期清理。年度须对医疗保险资金账目分户进行核对,及时回收各医疗保险经办机构日常预留金,并进行必要分析,清晰反映医院医疗保险资金的发生及回收情况。

第四节　医院医疗保险资金会计核算的规定

按医院会计制度的规定,医院应当设置"应收医疗款"科目,核算医院因提供医疗服务而应向参保者或各医疗保险机构等收取的医疗款,对于应收的医疗保险资金,须按各医疗保险经办机构设置明细账,进行明细核算。应收医疗款属于资产类科目,借方登记应收医疗款的增加,贷方登记应收医疗款的减少,期末借方余额反映医疗尚未收回的应收医疗款。对医疗保险资金,医院财务部门依据医院管理信息系统(HIS)报表和业务驱动一体化数据,对参保者结算应由各医疗保险经办机构支付的款项,分各医疗保险经办机构明细进行核算,同各医疗保险经办机构实际结算应收款时,按实际收到的金额,冲减应收医疗保险款,对因医院违规治疗、违规收费等管理不善原因被各医疗保险经办机构拒付的金额,作为医院坏账准备处理,对因结算政策如病种结算、床日结算等实际收款额,与应收款额之间的差额,借记或贷记"医疗收入—门诊收入、住院收入(结算差额)"处理。

第五节　医院医疗保险资金财务管理常用表单

医疗保险联网结算需要由医院先期垫付参保者在院期间发生的统筹基金,参保者出院后由医院与各医疗保险经办机构进行结算。医疗保险财务人员应在规定的日期内,根据与医院联网结算的不同医疗保险经办机构,不同医疗保险经办机构的结算类别(例如职工医疗保险、居民医疗保险、生育工伤医疗保险)、不同费用分类(例如住院费用、医疗保险统筹、门诊大病、个人账户等类别)以及不同的结算方式(例如按项目付费、按病种付费、按定额付费),按月打印结算报表,再对各类结算报表进行分析并与各医疗保险经办机构进行对账。

一、住院表单及相关备注

(一)住院月报表

1. 报表项目

住院报表的基本项目有:患者姓名、医疗保险号、科室、入院日期、出院日期、住院天数、出院诊断、统筹支付、救助支付、医疗保险合计支付、账户支付、现金支付、总计、自费、各项目费用、门槛费、个人支付、政策自付等。

2. 某三甲医院住院月报表举例(见表13-3)

3. 报表项目的逻辑关系

医疗保险财务人员首先要根据医院系统中的患者住院明细来核对以下主要逻辑关系:

(1)医疗保险合计=统筹支付+救助支付

(2)总计=医疗保险合计支付+账户支付+现金支付

(3)个人支付=总计-统筹支付-救助支付

(二)住院汇总表

住院汇总表是将各种医疗保险月报表汇总,是医院医疗保险财务管理的重要依据(见表13-4)。

表 13 – 3　某三甲医院住院月报表

省直城镇职工基本医疗保险参保人员住院医疗费用月报表（××××年×月）

定点住院结算医院名称：　　　　　　统计时间：　　　　　　填报日期：

制表人：　　　审核人：　　　医保处负责人：　　　单位：元

序号	姓名	医疗保险号	科室	入院日期	出院日期	住院天数	出院诊断	统筹支付	救助支付	医保合计支付	账户支付	现金支付	总计	自费项目	门槛费	个人支付	政策自付
1	王某	10…121	眼科	2015/11/25	2015/12/1	6	眶内占位性病变	4580.15	0	4580.15	0	2597.2	7177.35	1409.63	2395.25	0	1187.57
2	张某	10…208	消化内科	2015/11/18	2015/12/1	11	十二指肠憩室炎	4368.91	0	4368.91	0	1084.98	5453.89	798.3	1912.45	0	286.68
3	李某	10…527	肾脏科	2015/11/20	2015/12/1	25	慢性肾功能不全	0	19935.84	19935.84	0	3101.19	23037.03	2051.94	10036.92	0	1049.25

表 13-4　某三甲医院某年职工医疗保险住院汇总表

名称	项目	1月	2月	……	12月	汇总
医保人次	医保出院总人次	975	760	……	……	……
	其中,医保统筹人次	974	748	……	……	……
	大病救助人次	1	12	……	……	……
医保总费用	医保病人出院总费用(元)	15880827.53	13460200.33	……	……	……
	医保人均住院费用(元)	16288.03	17710.79	……	……	……
医保统筹费用	医院统筹基金支付金额(元)	9352336.26	8100732.98	……	……	……
	占住院总费用的比例(%)	58.89	60.18	……	……	……
	医保人均统筹支付(元)	9592.14	10658.86	……	……	……
医保个人费用	个人支付金额(元)	5881925.05	5067714.05	……	……	……
	占住院总费用的比例(%)	37.04	37.65	……	……	……
	其中,个人按比例支付金额(元)	3743991.93	3177467.81	……	……	……
	占住院总费用的比例(%)	0.24	23.61	……	……	……
	个人全自费金额(元)	2137933.12	1890246.24	……	……	……
	占住院总费用的比例(%)	13.46	14.04	……	……	……
医保救助费用	医院救助基金支付金额(元)	646566.22	291753.3	……	……	……
	占住院总费用的比例(%)	4.07	2.17	……	……	……
	医保人均救助支付(元)	663.14	383.89	……	……	……

二、门诊表单及相关备注

(一)门诊月报表

1. 报表项目

门诊月报表基本项目有:登记号、医疗保险号、患者姓名、特病编号、特病病种、特病结算日期、总计、小计、自费项目费用、统筹定额支付、统筹项目支付、救助基金支付、个人支付费用、段付、门槛费等项目。

2. 某三甲医院门诊月报表举例(见表 13-5)

3. 报表项目的逻辑关系

医疗保险财务人员首先要根据医院系统中的患者收费明细来核对以下主要逻辑关系:

(1)总计=基本医疗保险医疗项目费用小计+自费费用

(2)个人支付费用=段付+门槛费

表 13-5　某三甲医院门诊月报表

省直城镇职工基本医疗保险参保人员门诊医疗费用月报表（××××年×月）

填报日期：

定点住院结算医院名称：

制表人：　　审核人：　　医保处负责人：　　统计时间：

单位：元

序号	登记号	医疗保险号	姓名	特殊病种	结算开始时间	结算结束时间	总计	小计	自费项目费用	统筹定额支付	统筹项目支付	救助基金支付	个人支付费用	段付	门槛费
1	00…148	10…028	陆某	冠心病	2015/1/12	2015/12/31	537.13	527.13	10	500.77	0	0	26.36	26.36	0
2	00…715	10…080	王某	糖尿病	2015/1/12	2015/12/31	180.64	170.64	10	162.11	0	0	8.53	8.53	0
3	05…007	10…092	张某	高血压	2015/1/12	2015/12/31	1481.37	1481.37	0	1407.3	0	0	74.07	74.07	0

（二）门诊汇总表

医疗保险财务人员对门诊月报表各项目数据核对无误后将对应的项目登记到门诊汇总表中,由医疗保险财务人员与相关医疗保险部门核对统筹金额(见表 13－6)。

表 13－6 某三甲医院省医疗保险门诊汇总表

××××医院20××年(1～12月)省医保病人门诊费用汇总表											
月份	就诊人次	总费用(万元)	人均费用(元)	统筹费用(万元)	人均统筹(元)	占比例(%)	项目支付金额(万元)	占比例(%)	大病救助金额(元)	占比例(%)	个人支付(万元)	占比例(%)
1 月	1827	134	731.50	50	271.99	37.18	0	0.00	691.74	0.05	84	62.77
2 月	1755	132	754.17	101	577.54	76.58	1	0.84	852.99	0.06	29	22.20
……	…	…	…	…	…	…	…	…	…	…	…	…
12 月	2014	140	695.67	92	454.59	65.35	19	13.33	196059.03	13.99	8	5.83
合计	17152	1558	908.60	1102	642.43	70.70	57	3.68	591439.70	3.80	210	13.45

三、综合类表单及相关备注

（一）各类医疗保险数据汇总同比表

为直接体现医疗保险各项主要指标的同比变化,制定各类医疗保险数据汇总同比表(见表 13－7)。

（二）各类医疗保险支出拨付汇总表

为了全面直观地了解医院各类医疗保险统筹基金的收支情况,制定各类医疗保险支出拨付汇总表(见表 13－8)。

表 13－7　某三甲医院某月各类医疗保险数据汇总表

××××医院××××年（×月）各类医疗保险住院病人数据汇总表

医保种类	出院人次（单位:个）			总费用（单位:万元）			人均费用（单位:元）			个人自付（单位:万元）			医保统筹（单位:万元）			人均统筹（单位:元）			统筹比		
	今年	去年	同期比较	今年	去年	同期比较	今年	去年	同期比较	今年	去年	同期比较	今年	去年	同期比较	今年	去年	同期比较	今年	去年	同期比较
市职工	1417	1060	33.68%	2368	1707	38.76%	16713.94	16102.36	3.80%	868	601	44.45%	1214	902	34.62%	8567.13	8507.26	0.70%	51.26%	52.83%	-2.98%
省职工	469	286	63.99%	877	536	63.64%	18706.22	18745.75	-0.21%	328	165	98.50%	458	297	54.36%	9768.22	10377.39	-5.87%	52.22%	55.36%	-5.67%

××××医院××××年（×月）各类医保病人门诊数据汇总表

医保种类	就诊人次（单位:个）			总费用（单位:万元）			人均费用（单位:元）			个人自付（单位:万元）			医保统筹（单位:万元）			人均统筹（单位:元）			统筹比		
	今年	去年	同期比较	今年	去年	同期比较	今年	去年	同期比较	今年	去年	同期比较	今年	去年	同期比较	今年	去年	同期比较	今年	去年	同期比较
市职工	5449	5133	6.16%	377	350	7.81%	692.43	681.79	1.55%	81	59	38.16%	198	207	-4.34%	362.61	402.41	-9.89%	52.37%	59.02%	-11.27%
省职工	2014	2044	-1.47%	140	145	-3.28%	695.67	708.68	-1.33%	8.1	8.2	-0.84%	92	98	-6.10%	454.59	477.02	-4.70%	65.35%	67.31%	-2.92%

表 13-8 某三甲医院某年各类医疗保险收支汇总表

类型	统筹基金	1月	2月	……	12月	合计
××××医院××××年各类医保收支汇总表						
						单位:元
省职工	住院支出	2562125.81	2326289.46	……	……	……
	住院收入	2330000	2330000	……	……	……
	差额	-232125.81	3710.54	……	……	……
	门诊支出	496925.37	1013579.3	……	……	……
	门诊收入	648906	1063898	……	……	……
	差额	151980.63	50318.7	……	……	……
市职工	住院支出	9352336.26	8100732.98	……	……	……
	住院收入	16233539.88	16215192.23	……	……	……
	差额	6881203.62	8114459.25	……	……	……
	门诊支出	2796495.65	2584765.39	……	……	……
	门诊收入	8417104.03	7641472.01	……	……	……
	差额	5620608.38	5056706.62	……	……	……
……	……	……	……	……	……	……

第十四章　医院医疗保险拒付的管理

为保障医疗保险基金安全,控制医疗保险费用的不合理增长,防止套取医疗保险基金行为发生,医疗保险经办机构对定点医疗机构发生的医疗费用进行审核,并拒绝支付其认为不符合医疗保险基金支付条件的费用,此为医疗保险拒付。拒付包括广义上的拒付和狭义上的拒付。广义上的拒付包括一切医疗保险经办机构拒绝支付给定点医疗机构的医疗费用,含医疗保险基金超标、年度考核指标未达标以及日常监管中拒绝支付的费用等。狭义上的拒付仅指医疗保险经办机构根据医疗保险政策和服务协议,在日常的稽核过程中,拒绝支付部分医疗费用。本章主要讨论狭义上的拒付。随着新一轮医药卫生体制改革对医疗保险控制费用作用的角色定位,以及医疗保险经办机构监管的科学化和精细化,医疗保险拒付日益成为定点医疗机构医疗保险管理中的重点和难点。

第一节　医疗保险拒付的目的与依据

一、拒付的目的

医疗保险经办机构作为医疗保险基金的筹集与管理部门,其拒付的最终目的是维护医疗保险基金安全,控制医疗费用增长,监管定点医疗机构医疗行为,防止套取、浪费医疗保险基金,在"保基本"的原则下提升医疗保险基金的利用效率。

二、拒付的依据

维护医疗保险基金安全是医疗保险经办机构最基本也是最重要的职责。医疗保险经办机构进行拒付的行为依据主要有以下几点:

(一)法律法规依据

2011 年 7 月 1 日起施行的《中华人民共和国社会保险法》明确规定"国家对社会保险基金实行严格监管"(第一章第六条)、"规范医疗服务行为。医疗机构应当为参保人员提供合理、必要的医疗服务"(第三章第三十一条)等,加强对定点医疗机构的诊疗及收费管理;1998 年 12 月国务院颁布的《关于建立城镇职工基本医疗保险制度的决定》也强调"要加强医疗机构和药店的内部管理,规范医药服务行为"。加强对不合理费用的审核是法律赋予医疗保险经办机构的权利。

(二)医疗保险基金审计

近年来国家对医疗保险基金加大了审计力度,要求杜绝医疗保险基金浪费,确保医疗保险基金得到有效利用。

（三）医疗保险服务协议

医疗保险经办机构与定点医疗机构签订的服务协议也规定了双方的权责，对于违反协议约定的行为产生的医疗费用，定点医疗机构有权进行拒付。

（四）医疗保险支付目录等

我国目前的基本医疗保险制度体系的重要原则是"广覆盖、保基本"，因此"保基本"同样作为医疗保险经办机构拒付的依据。1998 年发布的《国务院关于建立城镇职工基本医疗保险制度的决定》（国发〔1998〕44 号）明确建立医疗保险药品目录、诊疗项目目录及医疗服务设施标准，简称"三个目录"。"三个目录"以及统筹地区物价部门制定的物价政策与收费标准也是医疗保险经办机构进行拒付的重要参考。

第二节　医疗保险拒付的管理流程

医疗保险拒付的发生至终结阶段遵循一定的流程，具体阶段与流程在不同地域可能存在差别，但基本的流程是一定的，即拟拒付阶段—自查反馈阶段—最终拒付阶段。此流程的运转在有条件的部分地区已经实现电子化，有的地区仍采取传统的书面形式，或二者结合管理。无论哪种运转形式，简化程序、提高效率是医疗保险拒付管理的趋势和要求。

一、拟拒付阶段

不同的医疗保险险种及不同的统筹地区拒付的方式有所不同，通常医疗保险经办机构按月份进行审核，也有统筹地区按季度审核或者按年度集中抽取一定比例的参保者病历进行审核，确定拟拒付清单。目前医疗保险经办机构与定点医疗机构大多实行联网实时结算，按月度审核的做法是，每月初医疗保险经办机构结合上个月对定点医疗机构所上传的医疗费用的日常审核结果，以及集中稽核结果初步拟定拒付明细，并在规定时间内提供给定点医疗机构医疗保险管理部门，规定定点医疗机构反馈的时间期限。

二、自查反馈阶段

（一）通知临床科室

医院医疗保险管理部门接收到拟拒付清单后对清单进行详细分析和归类，以科室为单位进行汇总后提供给相应科室，并通知科室反馈时间期限。具备办公自动化条件的定点医疗机构可通过院内网络实现电子化通知，提高办公效率。

示例 14-1 ××××年××月医疗保险拟拒付通知书

××科室：

××市医疗保险管理中心经过审核你科××××年××月出院参保者费用信息，拟对下列出院参保者的诊疗费用拒付。请你科在 3 个工作日内针对拒付项目和原因认真进行自查,并于××××年××月××日前填写《××医院医疗保险拒付反馈说明表》（示例14-2),附病历文书复印件提交至医院医疗保险管理部门以便集中反馈。医院医疗保险管理部门联系电话×××××。

序号	参保者姓名	住院登记号	拟拒付金额(元)	拟拒付项目名称	拟拒付原因	办理进程
1	×××	260157	4051.31	统筹人次费用	降低住院标准	等待反馈阶段
2	×××	239142	126.4	参麦注射液	违规使用限制性用药	等待反馈阶段
3	×××	254011	291.35	静脉置管护理	重复收费	等待反馈阶段
4	×××	254070	444.79	前列地尔注射液	违规使用限制性用药	等待反馈阶段
5	×××	235782	803.52	肾康注射液	药品使用依据不足	等待反馈阶段
6	×××	239136	331.63	静脉输液	重复收费	等待反馈阶段
7	×××	236521	2087.67	血必净注射液	辅助性用药品种过多	等待反馈阶段
8	×××	239745	141.49	股骨干骨折切开复位内固定术	高于物价部门制定标准	等待反馈阶段
9	×××	194768	52.56	重组人粒细胞刺激因子注射液	违规使用限制性用药	等待反馈阶段
10	×××	253590	548.88	注射用鼠神经生长因子	违规使用限制性用药	等待反馈阶段

××医院医疗保险管理部门(章)

××××年××月××日

(二)临床科室反馈

临床科室接到医院医疗保险管理部门下发的拟拒付通知书后,经治医师(责任护士)对照拟拒付清单进行自查、撰写反馈材料(示例14-2),并附能够证明、支持反馈材料观点的病历文书复印件等,汇总交至医院医疗保险管理部门。医院医疗保险管理部门对临床科室提交的反馈材料进行初审,确保其撰写材料的规范性后统一转送至医疗保险经办机构。

示例 14-2　　××医院医疗保险拒付反馈说明表

科室:××科　　　　　　　　　　　　　　　　　　　　　　填表人:×××

拒付信息	参保者姓名:×××　年龄:56岁　诊断:直肠阴道瘘行横结肠造瘘术　脑梗死
	身份类型:市职工医保
	拒付项目:前列地尔注射液
	拒付原因:不合理使用限制性用药

(续表)

反 馈 说 明	参保者系"直肠阴道瘘行横结肠造瘘术"术后第一日,突发神志淡漠、对答不能切题,请神经内科会诊后完善头颅 CT 示颅脑腔隙性梗死灶。会诊意见:诊断为脑梗死、横结肠造瘘术后,予前列地尔 10ug＋NS20 静推,后患者病情好转。 　　特此说明,请市医疗保险管理中心查实! <div style="text-align:right">签名:×××</div><div style="text-align:right">日期:××××年××月××日</div>
行 政 主 任 意 见	 <div style="text-align:right">科室行政主任签名:×××</div><div style="text-align:right">科室盖章:</div><div style="text-align:right">日期:××××年××月××日</div>

　　示例说明:医院医疗保险管理部门要指导临床科室医师书写反馈说明,重点要针对拒付的原因进行反馈。限制性用药目录是国家人力资源和社会保障部制定,为医疗保险经办机构拒付的重要参考依据。前列地尔注射液限"难治性心脑血管缺血性疾病、慢性动脉闭塞症";因"不合理使用限制性用药"拟被拒付,反馈时应着重说明该参保者是否具有该限制性用药的诊断及适应证。

三、最终拒付阶段

　　医疗保险经办机构通过审核医院提交的反馈材料后确定最终拒付清单,并提供给定点医疗机构医疗保险管理部门。医院医疗保险管理部门再次通知相应临床科室最终拒付清单(含拟拒付最终未拒付清单,示例 14-3),敦促其进行典型拒付案例分析,避免再次出现类似情况。医院医疗保险管理部门对上月拟拒付清单与最终拒付清单做好统计归档,并根据医院内部管理规定报绩效考核部门落实奖惩(示例 14-4)。

示例 14-3　××××年××月医疗保险最终拒付通知书

××科室:

　　你科对××市医疗保险管理中心拟拒付清单进行了反馈说明,经过××市医疗保险管理中心再次审核,最终确定拒付结果见下表。请科室针对最终拒付的病例进行讨论学习,总结拒付发生的原因,努力避免再次发生。此次最终拒付金额将于××月份绩效考核中落实,请知悉。医院医疗保险管理部门联系电话×××××××。

序号	参保者姓名	住院登记号	拒付金额(元)	拒付项目名称	拒付原因	办理进程
1	×××	260157	4051.31	统筹人次费用	降低住院标准	最终拒付
2	×××	239142	126.4	参麦注射液	违规使用限制性用药	最终拒付

（续表）

序号	参保者姓名	住院登记号	拒付金额(元)	拒付项目名称	拒付原因	办理进程
3	×××	254011	291.35	静脉置管护理	重复收费	最终拒付
4	×××	254070	444.79	前列地尔注射液	违规使用限制性用药	经反馈最终未拒付
5	×××	235782	803.52	肾康注射液	药品使用依据不足	经反馈最终未拒付
6	×××	239136	331.63	静脉输液	重复收费	经反馈最终未拒付
7	×××	236521	2087.67	血必净注射液	辅助性用药品种过多	经反馈最终未拒付
8	×××	239745	141.49	股骨干骨折切开复位内固定术	高于物价部门制定标准	经反馈最终未拒付
9	×××	194768	52.56	重组人粒细胞刺激因子注射液	违规使用限制性用药	经反馈最终未拒付
10	×××	253590	548.88	注射用鼠神经生长因子	违规使用限制性用药	经反馈最终未拒付

××医院医疗保险管理部门(章)

××××年××月××日

示例 14－4　××医院兑现医疗保险拒付奖惩通知书

经济管理科：

　　××市医疗保险管理中心最终认定××××年××月以下科室医疗保险费用不符合医疗保险基金拨付标准,予以拒付,根据院××号文件精神,请在××月绩效考核中兑现科室奖惩。

序号	科室	参保者姓名	拒付项目	拒付金额(元)	××月绩效考核应兑现金额(元)
1	×××	×××	×××	×××	×××
2	×××	×××	×××	×××	×××
3	×××	×××	×××	×××	×××
4	×××	×××	×××	×××	×××
5	×××	×××	×××	×××	×××
6	×××	×××	×××	×××	×××
7	×××	×××	×××	×××	×××
8	×××	×××	×××	×××	×××
9	×××	×××	×××	×××	×××
10	×××	×××	×××	×××	×××

四、第三方仲裁

对于医疗保险经办机构来说,最终拒付清单的确定,往往意味着一个拒付流程的终结。但作为定点医疗机构及其当事医务人员来说并非如此,因医、保双方对诊疗过程的关注重点不完全一致,对于拒付结果的认可程度也不尽相同。部分最终拒付的费用,临床科室及医务人员始终认为其不存在过错,而此时最终拒付清单已经确定。此时应引入第三方仲裁机制。参照国内部分地区做法,可成立一个中立性医疗保险委员会,该委员会由本统筹地区的政府主管医疗保险官员代表、医疗保险经办机构代表、定点医疗机构临床医学专家代表以及参保者代表组成;或其成员全部由本地区抽取的各定点医疗机构医学专家组成,对于最终拒付的、定点医疗机构医务人员有异议的病例由医、保双方共同提交该委员会讨论决议,以保证审核评判的客观性和公平性。

第三节　常见医疗保险拒付原因

医疗保险拒付的发生原因是多方的,既有定点医疗机构的原因,也有医疗保险审核主体及参保者的原因。只有清楚分析医、保、患三方各自导致拒付的原因,医院医疗保险管理部门才能有针对性地加强管理。

一、定点医疗机构原因

(一)医疗过程原因

参保者的个体差异性及医学的复杂性共同造成临床医疗过程和结果的不可预测性。救死扶伤是医生的天职,当病患出现病情变化时,医生采取的第一行动是为挽救参保者的生命而采取的用药方案和治疗措施,而非医疗保险限定支付范围。

(二)医学技术原因

我国的医学技术多年来保持快速发展态势,临床医学的研究成果不断更新,导致过去遵循的一些诊疗指南和常规跟不上发展变化。而这些诊疗指南和常规仍然作为医疗保险经办机构审核定点医疗机构医疗行为的原则和依据,医、保双方的矛盾由此产生。另外一批批新技术、新项目的不断开展和普及带动了配套药品、医用耗材的使用,导致医疗费用较快上涨,也容易招致医疗保险经办机构的拒付。

(三)宣传培训原因

医疗保险政策性强,涉及面广,且变化频繁,这就要求医院医疗保险管理部门宣传培训工作做到及时、深入。如果宣传培训工作存在死角,部分医务人员对于医疗保险政策把握不牢,就不能保证其诊疗行为和方案符合医疗保险要求,导致拒付的发生。

(四)病案记录原因

病案是医务工作者为参保者诊疗过程进行全面记录的重要医疗档案。对医疗保险来说,病案不仅具有原始凭证作用,也是医疗保险机构支付医疗费用的主要依据。医疗保险经办机构在审核医院费用时,临床医生提交拒付反馈材料时,需大量真实可靠的病案资料作为证据支撑。但作为重要依据的病案如果存在缺陷,则会直接影响费用审核及拒付反馈的结果。

(五)信息传输原因

联网即时结报是当前医疗保险经办机构与定点医疗机构通行的结算方式。由于信息系统录入、提取或传送等环节出现差错或缺陷,会导致医疗保险经办机构接收到不完整、不准确的参保者病情或诊疗行为及医疗费用信息,导致拒付的发生。

(六)医疗行为原因

目前我国医患矛盾比较突出,部分医务人员担心出现医疗纠纷而过度依赖大型设备检查和高精尖设备治疗,防止一旦出现医疗纠纷不能举证倒置。也有部分医务人员为了追求经济利益,未树立费用意识,出现不合理用药、超说明书用药和非适应证用药行为,甚至违反医疗保险政策规定如降低住院标准、挂床住院、分解住院等违规行为。上述行为在招致拒付的结果之外,还会严重影响所在医院的信用和声誉,可能会导致医疗保险经办机构加大对该定点医疗机构的审核力度和范围。

(七)其他原因

部分医院内部未出台明确的拒付费用奖惩机制,影响拒付管理的效果;部分定点医疗机构对医疗保险拒付的管理流程拖沓烦冗,影响拒付反馈的时效性;如医、保双方对医疗保险政策及临床诊疗行为的理解上存在偏差,却缺乏沟通和交流,也是导致拒付时有发生的原因。

二、医疗保险审核主体原因

(一)信息不对称

虽然目前定点医疗机构与医疗保险经办机构实行联网结算,但医疗保险经办机构从医院获取的信息仍然比较有限。由于参保者个体差异性以及疾病变化的不可预测性,临床诊疗过程存在复杂性,医疗保险经办机构对参保者的个体差异性以及在医院的诊疗过程难以全面了解和掌握,因此在审核的过程中难免存在一些盲区与误解,其往往直接导致拒付的发生。

(二)政策滞后性

现代医学科学发展日新月异,许多新的技术和治疗方法临床验证是明显有效的,但由于现行医疗保险目录调整不及时,新技术、新项目未纳入医疗保险基金支付范围,导致医疗保险支付政策与临床诊疗规范、物价收费政策不一致。如临床医生对医疗保险限定支付范围掌握不熟练,按普通收费项目上传就会导致医疗保险拒付。医院对此只能按照自费项目上传,加重了参保者的负担。

(三)审核人员的非专业化

部分医疗保险经办机构负责审核的人员并非医学专业毕业,或医学专业毕业但临床实践经验不足,部分审核人员脱离临床实践多年,由于医学发展的快速性,对最新的医学技术进展没有深入了解甚至不了解,因此在实际的审核操作过程中可能会影响其对定点医疗机构诊疗行为过程合理性的判断。

三、参保者原因

（一）保基本与高需求的矛盾

我国多年来经济高速发展，居民的健康意识随着生活水平的提高有很大增强。参保者追求高品质的医疗服务与目前我国医疗保险"保基本"的保障水平存在矛盾。参保者在接受定点医疗机构诊疗服务时，倾向选择高端的优质项目，而部分医务人员由于担心医疗纠纷和服务投诉，加上一些其他的影响因素，一旦把关控制不严，满足参保者的需求，往往容易导致拒付。

（二）参保者道德风险

部分参保者利用医疗保险经办机构或定点医疗机构就医、报销流程的薄弱环节采取欺骗手段套取医疗保险基金，或者在医生诊疗过程中刻意向医生施压，达到多检查、多开药的目的。虽然《中华人民共和国社会保险法》明令禁止上述行为，但是在实际施行过程中，对参保者的限制和惩罚措施还十分有限。据齐鲁晚报报道，2015 年 8 月份山东省济宁市韩某借其哥哥的社保卡到济宁市第一人民医院住院治疗，医院工作人员发现后向济宁市医疗保险管理中心反映，后查实系妹妹冒名住院，此时韩某住院费已经接近 6 万元。最后处理结果也仅是"调查人员对韩某某进行了批评教育，并用本人真实姓名重新自费登记住院"。虽然该事例未造成医疗保险基金损失，但假如韩某借用的不是其哥哥而是与其相貌相近的同性的社保卡，医院工作人员很难发现。一旦发生上述行为，定点医疗机构无论有无主观过错，均定性为与参保者串通骗保，招致医疗保险拒付甚至行政处罚。

第四节　医疗保险拒付的防范

一、严格遵守法律法规和协议规定

《中华人民共和国社会保险法》的出台，让医疗保险行业步入法制化管理的轨道。对于定点医疗机构来说，减少医疗保险拒付的最根本途径是加强医院内部的规范化管理，使医疗行为符合法律法规的规定以及医疗保险服务协议中约定的条款。医院作为医疗保险制度改革的载体，应加强医疗质量的管理，降低医疗成本，完善医疗管理体制，以从源头上减少医疗保险拒付费用的产生。

二、建章立制

医院应专门出台关于医疗保险拒付管理的文件。对于发生的拒付费用，应根据拒付发生的原因进行分类，并制定相应的奖惩落实措施。对于确实由于医护人员疏忽或蓄意产生的不合理用药、过度检查、乱收费被拒付，应如实或加大惩戒力度，以加大威慑力度。对于一些非主观故意、不可预测、情况复杂的拒付费用则应减轻落实力度，或视专家委员会裁定结果执行。医院医疗保险管理部门应及时协助临床医务人员分析、总结医疗保险拒付原因，并督促其进行针对性整改，以达到持续改进。

示例 14 - 5　　　××医院医疗保险拒付管理规定

为进一步健全医疗保险管理制度,规范医疗行为,强化过程监督,保障参保者权益,避免医院损失,根据等级医院复审和医疗保险基金审计要求,现对医疗保险拒付管理工作作如下规定:

一、医疗保险拒付反馈

1. 医疗保险管理处接到各级医疗保险经办机构拒付通知后,及时整理汇总,书面通知相关临床科室;

2. 临床科室在接到医疗保险管理处通知后三个工作日内以书面形式(需科主任签字审核)反馈至医疗保险管理处;

3. 医疗保险管理处负责对科室反馈材料进行审核(反馈材料不符合要求者退回科室重新反馈)、汇总后送至医疗保险经办机构,必要时邀请临床专家与医疗保险经办机构当面沟通;

4. 医疗保险经办机构对医院上报的材料审核后确定最终拒付金额,医疗保险管理处将实际拒付结果书面反馈至临床科室;

5. 针对拒付中发现的问题医疗保险管理处将反馈给相关职能部门,以督促其整改。

二、奖惩办法

1. 被医疗保险经办机构最终拒付的金额不计入科室总收入与计奖收入;

2. 因"降低住院标准、分解住院、不合理用药、不合理检查、串换药品"等明显违反医疗保险政策和相关规定被医疗保险经办机构拒付的费用,按拒付金额100%扣减治疗组当月奖金;

3. 违反收费规定多收的费用被拒付的部分按20%扣除该科(或相关责任科室)当月奖金;

4. 因医院HIS系统原因造成多收的费用,不纳入奖金核算,医疗保险管理处会在拒付明细表中注明。

三、医疗保险拒付上报

医疗保险管理处在实际拒付结束后制作拒付明细表,经院领导签字后报计财处,由计财处按上述规定扣减科室该月奖金。

四、定期分析总结

医疗保险管理处成立医疗保险拒付管理小组,通过信息监控、督查等方式避免拒付情况发生,配合病历抽查强化过程监控力度。定期对被各级医疗保险经办机构拒付的项目、金额、原因等情况进行讨论、分析、总结、归类,提出整改建议,定期给相关科室和部门书面反馈,进行持续改进。

对拒付金额或频次连续三月排名前三位、一年内合计拒付金额或频次排名前三位的限制性药物,由医疗保险管理处书面报院纪委,按相关规定给予处罚。

××医院

××××年××月××日

三、加强宣传培训

在医院内部做好医疗保险政策的宣传。要将医疗保险的政策法规、协议规定等文件精神传达至临床科室;医院医疗保险管理部门应定期举办医疗保险集中培训,重点提醒医师在临床工作中如何避免医疗保险拒付情况的发生。对于医院医疗保险拒付情况较为严重的科室,医院医疗保险管理部门可以进行重点科室的专门培训。要充分利用医院各种会议、网站、OA(办公自动化系统)、宣传栏、医疗保险管理手册等媒介向医务人员和参保者进行针对性的宣传,提高全员参与医疗保险管理的意识,逐渐形成学习医疗保险、掌握医疗保险的医院文化,从而减少因政策理解方面的缺陷导致的医疗保险拒付。

四、完善信息系统

医院要及时更新医疗保险信息系统,加强其实时监控与预警功能的建设,充分发挥信息系统自动化管理的优势。医院可视实际条件改造系统或引入应用预防拒付系统。临床医师开具处方时,信息系统可以自行进行基础性的识别判断,并预警提示该药品或诊疗项目的适应证,防止医师因疏忽将医疗保险支付范围之外的项目纳入医疗保险支付;医院信息系统可以根据药品目录及药品说明书规定的用法、用量设置每个药品的开药剂量限值,超过此范围时,利用信息系统启动预警提示甚至拦截功能等。

五、规范病案质量管理

加强病案书写客观真实性、完整性、准确性,提高医务人员自身法律观念,增强法律意识,充分认识到病案书写的重要性。为加强病案客观真实性,在有条件的地区和医院可考虑收集参保者身份资料,如在病案中附带社保卡(带照片)复印件,强化病人身份识别的监控,防止冒名顶替,骗取医疗保险费用;为加强病案的完整性,报告及相关辅助检查报告单要及时归档。涉及医疗保险注意事项的告知书、医患沟通记录等均需落实到书面记录并归档备查;为加强病案准确性,需及时准确记录医嘱起始时间和详细的病程记录。规范三级医师查房制度,充分发挥上级医师和科主任的作用,经常检查在院病人病历,让医务人员从被动重视病案质量变为自觉控制。积极调动临床科室质控人员的积极性,定期提出医疗保险拒付动态及病案中普遍存在的缺陷并成为拒付的重点,及时整改。

六、加强沟通协调

畅通与医疗保险经办机构的沟通渠道。本着相互理解与相互尊重的原则开展医疗保险拒付管理工作。对于医院正确执行医疗保险政策但由于参保者的个体差异、病情原因等造成的拒付费用,医院医疗保险管理部门应尽可能向医疗保险经办机构说明诊疗过程,争取理解。对于临床科室意见及矛盾较为集中的拒付费用,除了向医疗保险经办机构核实咨询外,还应组织医院专家与医疗保险经办机构进行现场沟通。另外定点医疗机构可向政府医疗保险主管部门及医疗保险经办机构提出合理化建议,建议其结合医学技术进展适当调整医疗保险政策,使政策尽可能符合当前甚至未来一段时间的医学发展实际与需求;建议其完善医疗保险相关政策制度,增加政策透明度,出台易于操作的拒付管理具体实施办法。

第五节　医疗保险拒付管理的发展趋势

随着我国医疗保险体系的不断完善,为使医疗保险基金得到安全有效利用,医疗保险政府主管部门、医疗保险经办机构对定点医疗机构的诊疗行为与收费行为的监管将逐步实现精细化。结合国内一些地区试行或正式实施的拒付管理新方式、新办法,对医疗保险拒付管理的发展趋势可窥一二。

一、智能审核

伴随着基本医疗保险制度改革在我国的不断深入,对医疗保险审核的要求越来越严格。同时,我国目前的医疗保险体系正处于完善的过程,医疗保险业务的需求也随之不断发展和完善。现阶段,医疗保险经办机构审核人员主要靠经验选择那些经常出现的普遍性问题作为切入点,对定点医疗机构上传的费用信息进行抽查式重点审核。随着实时结算数据量的不断攀升,人工审核方式的弊端开始突显出来。一方面,人工重点审核的病例量占比减少,意味着更多的医疗费用未经过抽查审核即进行结算支付;另一方面,确定抽查重点以经验为主,难以发现新问题,同时无法回避主观因素。因此,智能审核系统应运而生。2015 年 4 月,国家人力资源和社会保障部办公厅出台人社厅发〔2015〕56 号文件《关于全面推进基本医疗保险医疗服务智能监控的通知》(附 14-1),文件要求"2015年,全国 50％的统筹地区开展智能监控工作","2016 年,全国所有统筹地区开展智能监控工作",表明智能审核是大势所趋且已迫在眉睫。

智能审核系统利用计算机软件将医疗保险审核规则预存入系统,对定点医疗机构上传的每项费用均进行预判,形成初步审核结果。医疗保险经办机构审核人员仅需对计算机预审结果进行把关过滤,大大减轻了审核人员工作量同时,提升了审核效率。同时在一定程度上改变了以往审核人员的主观影响,增进了审核标准的一致性及公平性。

智能审核系统的上线初期通常意味着所在统筹地区的定点医疗机构拒付例数及金额呈爆炸性增长。为避免管理方式突变带来的冲击,定点医疗机构可与医疗保险经办机构约定一个"缓冲期","缓冲期"内系统审核结果仅通知定点医疗机构而不落实实际拒付,此举可促使医院加强自查,以适应医疗保险经办机构设定的规则;另一方面医院可购入或开发医院智能审核软件,将医疗保险拒付规则前提至诊疗发生环节,采用提醒、拦截、纠正等手段,减轻临床医务人员工作压力,降低拒付风险。

二、引入第三方(商业保险)机构

商业保险企业通过开展健康保险,为构建我国多层次医疗保障体系,满足国民多样化医疗需求,发挥着不可替代的作用。国务院办公厅《关于加快发展商业健康保险的若干意见》(国办发〔2014〕50号)文件明确指出要"稳步推进商业保险机构参与各类医疗保险经办服务"。以河南新乡、江苏江阴、广东湛江等地为代表的统筹地区结合国家人社、卫生、财政等部门的管理要求,借助商业保险公司的管理体制和多年经办健康险业务的长处,尝试与保险公司合作,探索监管与经办分开、基金使用与管理分离、主要业务部门间互不隶属、层层监督制约和同类业务延伸、互为补充等宝贵经验。安徽省人民政府办公厅也于2015年4月份发布了《关于推进商业保险机构经办城乡居民基本医疗保险业务试点的指导意见》,启动商业保险机构经办城乡居民基本医疗保险试点,承办城乡居民大病保险和参与经办城乡居民基本医疗保险业务。尽管各地做法及经验尚不统一,但作为定点医疗机构来说,商业保险公司的引入势必对以往的拒付管理模式形成不同程度的冲击,需要针对新的要求与形式更新管理思维与模式,实现医疗保险拒付的科学化、精细化管理。

三、实施医保医师制度

中共中央国务院于2009年3月17日下发《关于深化医药卫生体制改革的意见》,文件明确提出要"发挥医疗保障对医疗服务和药品费用的制约作用","强化医疗保障对医疗服务的监控作用"。建立和推行医疗保险定岗医师制度是发挥医疗保障对医疗服务的制约和监控作用的措施之一。部分省份如山东省医疗保险定岗医师管理制度(附14-2)已涵盖90%以上的定点医疗机构和医师,尽管此项制度仍处于不断完善过程中,但医保医师制度已成为深化医疗保险管理的重要抓手。医保医师制度通过明确医保医师准入、退出机制,建立考核奖惩机制,促进医疗保险诚信体系建设。此举有效维护了基本医疗保险运行秩序和基金安全,规范医疗保险就医诊疗行为。

定点医疗机构要加大对本院医务人员的教育培训力度,珍惜医师诚信记录,规范自身医疗行为,自觉落实好医保医师制度。应该认识到该项制度的有效落实,不仅有利于医疗保险经办机构维护医疗保险基金安全,也有利于定点医疗机构内部规范性管理,促进医院的可持续发展。

四、拒付管理的国际现状

从一些医疗保障事业起步较早的发达国家所积累的经验来看,尽管各国医疗保险的拒付主体和方式、内容存在一定差异,但医疗保险拒付的目的、依据、对象、过程等有其共同点。

(一)拒付主体不一

从拒付主体来看,日本偏向集权式,医疗保险的监管拒付权主要集中在政府部门——厚生劳动省;荷兰、英国、加拿大、美国、新加坡属分权式,如荷兰、英国、美国、新加坡等国家的医疗保险监管拒付工作主要由健康福利与运动部委托给第三方专业组织来具体实施。

（二）重视立法

发达国家大都出台了如《社会保险法》或《健康保障法》等法案为医疗保险监管拒付提供法律依据。英国出台了《社会保障管理（欺诈）法案》《公共利益披露法案》《社会保障反欺诈法案》；美国出台了《医疗保险转移和责任办法》和《负担得起的保健法》；加拿大出台了《医务人员职业管理法》，新加坡出台《新加坡医生注册法》、"医学伦理、职业主义和卫生法"系列法规等。健全的法律法规和惩处机制是发达国家有效规范医疗行为的重要保障。一旦医务人员出现违规行为，当事者将付出沉重的代价。情节严重的医师将吊销行医执照，终身不得行医；医疗机构将被取消定点资格，不准再接收医疗保险参保者。

（三）重在事前监管

按拒付流程来看，发达国家均侧重以事前监管为主、事后拒付为辅的工作原则。如此可以在最大程度上实现医疗保险的精细化管理，帮助促进医、保、患关系的和谐。

（四）信息化管理

信息系统的建立和完善是拒付管理的有效手段。美国75％的管控型医疗组织机构在实施医疗反欺诈行动中都通过运用专业的反欺诈信息系统，来帮助稽核人员分析大量的数据和进行前瞻性欺诈调查，以检测和识别不一致的数据或形态。医疗保险经办机构利用专业的软件系统来提高对医疗保险不规范行为的识别率，掌握医疗机构行为动态。医疗保险监管信息系统的技术水平直接关系到医疗保险监管的效果，医疗保险稽核人员高度依赖自动化审核软件来提高效率和准确性。

附14-1　人力资源社会保障部办公厅关于全面推进基本医疗保险医疗服务智能监控的通知

人社厅发〔2015〕56号

各省、自治区、直辖市人力资源社会保障厅（局），新疆生产建设兵团人力资源社会保障局：

为贯彻落实《关于进一步加强基本医疗保险医疗服务监管的意见》（人社部发〔2014〕54号）精神，在总结医疗保险医疗服务监控重点联系城市做法经验的基础上，决定全面推进基本医疗保险医疗服务智能监控（以下简称智能监控）工作，更好维护参保人员利益，保障基金安全，实现医疗保险可持续发展。现将有关事项通知如下：

一、目标任务

以业务需求为导向、信息系统建设为基础，用两年左右时间，在全国所有统筹地区普遍开展智能监控工作，逐步实现对门诊、住院、购药等各类医疗服务行为的全面、及时、高效监控。

2015年，全国50％的统筹地区开展智能监控工作，已开展智能监控工作的地区进一步完善监控规则、扩大监控范围、提高监控质量与效率，完善相关知识库建设。未启动该项工作的地区开始进行前期准备。

2016年，全国所有统筹地区开展智能监控工作。同时，完善相关知识库，建成一支专业化的智能监控人员队伍,不断提高监控质量与效率。

二、以业务需求为导向,优化监控体系

(一)全方位监控

执行《关于印发基本医疗保险定点医疗机构医疗服务协议范本(试行)的通知》(人社险中心函〔2014〕112号),将智能监控纳入协议管理。监控对象应包括定点医疗机构、定点零售药店、为参保人员提供医疗服务的医务人员(简称医保医生)和参保人员,并实现对门诊、住院、药店购药等全方位监控,综合运用监控规则,密切跟踪监控指标,发现疑似违规行为,进而查实和处理违规行为。

(二)务实选择监控规则和指标

各地要根据本统筹地区医疗服务特点,结合本地医疗保险制度运行和付费方式的特点,深入研究医疗服务监控需求,对潜在的欺诈违规问题进行分类判断,确定适合本地的监控规则和指标。监控工作初期可以选择单项监控规则和指标开展工作;积累一定经验后,将单项指标组合为复合式监控规则和指标进行监控。

(三)合理确定指标阈值

各地要根据本统筹地区医疗保险管理服务能力,按选定的监控规则和指标,结合智能监控系统建设和医疗机构的级别、专科特色等情况,根据疑似违规行为数量、查实违规数量与监督检查能力相匹配的原则确定指标阈值。针对不同的监控对象,合理确定监控周期、指标和阈值。

(四)优化监控流程

医疗服务监控以事后监控为重点,对有明确特征的违规行为,在费用结算过程中给予事中控制;对医保政策、用药诊疗合理性等提示性信息,通过向定点医疗机构和零售药店前端传递,实现事前违规提醒。医疗服务监控以发现疑似违规信息为起点,对违规信息进行分析,对有重大违规嫌疑的信息,经办机构应向监控对象了解情况或到现场检查核实,检查结果应向对方反馈确认,并接受定点医疗机构对检查结果的申诉,根据反馈确认情况对违规行为依据协议进行处理。

(五)促进医疗机构建立医生工作站

通过协议管理,引导定点医疗机构建立医生工作站,将一些成熟的监控规则和指标嵌入医疗机构信息系统,第一时间发现疑似违规信息,阻止违规行为的发生和蔓延。

(六)发挥医学知识库的作用

起步阶段可重点利用医保监控指标实现监控,逐步扩充监控内容。在此基础上,有条件的统筹地区,可结合本地实际,引入医学知识库(包含诊疗知识和药学知识),帮助发现疑似违规和确定违规诊疗及就医行为。

三、以信息化建设为基础,提高监控效率

(一)做好基础数据管理

各地要按照统一监控基础指标(包括药品、医疗机构、医务人员、疾病、就诊结算等指标及其代码)的规范要求,以社会保险管理信息系统(以下简称业务系统)为源头建设规

范标准的监控基础信息库。首先完成业务系统现有数据的指标对照、代码转换、数据采集等工作，支持智能监控系统的起步应用。然后进一步规范就诊结算源头数据，明确细化与定点医疗机构和零售药店的接口信息规范，利用业务系统接口上传原始数据，并提高数据的完整性和规范性，为监控规则的实现及医疗保险精细化管理打下坚实的数据基础。

（二）规范监控系统建设

部里组织制定监控基础指标、监控规则和国家（行业）标准，研发并升级智能监控系统，作为各地开展医疗服务监控工作的基础条件。尚未建设智能监控系统的地区，原则上应在部里组织研发的统一软件基础上开展建设；已基于部智能监控系统或原自行开展建设的地区，应结合部里监控基础指标、监控规则以及部智能监控系统升级版进一步完善。随着智能监控系统建设，同步推进《社会保险药品分类与代码》（LD/T90—2012）等行业标准的贯彻执行。

（三）全面完成系统部署实施

各地要制定本地智能监控系统的部署实施方案，明确数据交换关系、监控规则要求、监督检查流程、系统集成方案、医学知识库接入方案。完成智能监控系统配置调整、业务系统的功能改造和接口开发、就诊结算数据的衔接导入、监控规则阈值和权值参数设定等工作。遇有重要监控规则所需基础数据缺失时，还需同步调整与定点医疗机构和零售药店的系统接口。

四、组织实施和保障

（一）加强组织领导

各地要按照人社部发〔2014〕54号文件和本通知要求，将智能监控列为重点工作，制定具体实施方案，明确工作任务、责任、时限和要求。省级人力资源和社会保障部门要指导、督促地方开展工作，并加强对落实情况的监督检查。社会保险经办机构要抓紧制定相关业务规程以及业务标准规范，做好智能监控的业务指导和系统应用推广，确定和维护监控规则和监控指标体系，加强日常监控的调度和数据分析研判，强化重点信息监控，深入现场监督检查；信息化综合管理机构做好系统组织建设及部署实施工作，为经办机构应用数据提供支持和保证，明确社会保障卡规范使用要求，落实与定点医疗机构和零售药店的联网和数据交换。

（二）确保数据安全

各地要切实树立数据安全意识，高度重视数据管理工作。医疗保险数据是经办机构在工作中形成的包含有定点医疗机构和零售药店商业机密、参保人员个人权益的信息，要按规定集中、统一管理，确保数据的安全、完整和一致。各级社保经办机构要严格履行法定职责，规范数据管理和应用，严禁任何组织和个人非法提供、复制、公布、出售或者变相交易社会保险数据。信息化综合管理机构做好数据库的安全规范管理。对引入社会力量参与信息系统建设与运行维护，要开展最严格的安全检查，切断数据泄漏渠道，消除数据安全隐患。

（三）保障人力物力

各地要加强智能监控队伍建设，提高智能监控管理和技术保障水平。积极与财政等部门沟通，落实包括业务系统功能完善、定点医疗机构和零售药店系统接口改造、智能监控系统建设等项目经费，形成维护系统运行的经费保障机制。

人力资源和社会保障部办公厅

2015 年 4 月 17 日

附 14 - 2　　山东省医疗保险定岗医师管理意见
（经鲁社保发〔2006〕20 号文件发布）

为进一步完善基本医疗保险定点医疗机构的管理，根据劳动和社会保障部、卫生部、国家中医药管理局《关于印发城镇职工基本医疗保险定点医疗机构管理暂行办法的通知》（劳社部发〔1999〕14 号）和山东省人民政府《关于印发山东省建立城镇职工基本医疗保险制度实施方案的通知》（鲁政发〔1999〕94 号）文件精神，制定本意见。

一、指导思想

医疗保险定岗医师是指定点医疗机构中，为参保人员提供医疗服务的、具有执业医师资格的医师。通过实施医疗保险定岗医师管理制度，进一步规范定点医疗机构执业医师医疗行为，切实维护参保人员的合法权益，建立起和谐的医、保、患关系，达到合理检查、合理用药、合理治疗，实现用比较低廉的费用提供比较优质的医疗服务的目的。

二、实行医疗保险定岗医师登记备案制度

医疗保险经办机构结合当地情况，可把定点医疗机构聘任的全部或部分执业医师，确定为参保患者提供医疗服务的医疗保险定岗医师，并由医疗保险经办机构确认、登记、备案。各市应结合本地不同级别、不同性质医院的特点，制定具体、可行的登记备案办法。医疗保险定岗医师确定后，应制定具体可行的培训方案，定期对医疗保险定岗医师进行培训。

三、医疗保险定岗医师的职责

1. 熟悉基本医疗保险政策规定，熟练掌握基本医疗保险用药、诊疗项目、服务设施范围，自觉履行定点医疗机构服务协议的各项规定。

2. 认真核对参保人员《医疗保险证》《医疗保险病历》等相关资料，防止冒名就医、住院等现象。

3. 病历记录及时、准确、完整、清楚。各项检查、化验、治疗、用药及出院带药等项目都要在医嘱中进行真实、详细、完整的记录，各项检查化验报告单收载齐全。

4. 坚持因病施治的原则，合理检查、合理治疗、合理用药。不开大处方，不滥检查，不诱导过度消费，不降低服务质量。

5. 坚持首诊负责制，执行逐级转诊制度，不得诊断升级，不得推诿拒收危、重病人，不得以各种借口使参保人员提前或延迟出院。

6. 严格遵守目录外用药、诊疗项目等政策规定,严格执行病人(或家属)告知制度、签字同意制度和门诊统筹病种用药及住院病人出院带药的规定。

四、对违规医疗保险定岗医师的处理

医疗保险经办机构应通过协议,加强对医疗保险定岗医师的管理,要求定点医疗机构制定相应的管理办法,对医疗保险定岗医师有下列行为,经查证属实的,视情节轻重,分别给予劝诫或警告、暂停三个月至半年医疗保险定岗医师资格、取消医疗保险定岗医师资格等处罚。造成医疗保险基金损失的,应由定点医疗机构、医疗保险经办机构追回经济损失,并按照有关规定予以处理。

1. 未按规定主动审核参保人员人证是否相符,出现冒名、挂床住院的;
2. 将非医疗保险基金支付范围的医疗费用,以及由个人自付的医疗费用纳入医疗保险基金支付的;
3. 不执行药品价格和医疗服务收费标准,以及违反价格管理有关规定收费而造成医疗保险基金损失的;
4. 采取弄虚作假或其他手段骗取医疗保险基金的;
5. 不坚持因病施治,开大处方、乱检查,加重参保人员个人负担的;
6. 不执行目录外用药、检查、治疗告知签字制度的;
7. 拒收或推诿本医疗机构收治范围内参保病人的;
8. 服务态度恶劣被参保病人投诉的;
9. 其他违规情况的。

五、建立医疗保险定岗医师管理考核机制

医疗保险经办机构和定点医疗机构负责对医疗保险定岗医师的医疗行为进行监督管理。一是要把医疗保险定岗医师管理纳入到定点医疗机构协议管理和医疗机构信用等级管理中,将考核结果与考核金和信用等级挂钩,明确定点医疗机构在管理医疗保险定岗医师中的责任。定点医疗机构被取消资格的医疗保险定岗医师达到核定医师总数的5%(定点医疗机构核定医师不足10人的,每出现1人违规)由医疗保险经办机构解除与定点医疗机构的医疗保险服务协议。二是逐步建立医疗保险定岗医师信用档案,对定岗医师信用情况进行记录,建立准入、激励、约束、退出机制。引导定点医疗机构的医师恪守诚信、规范操作,不断提高医疗服务水平和服务质量。三是发挥社会监督作用。医疗保险经办机构通过设立意见箱、监督投诉电话或网站、发放调查问卷等监督措施,及时掌握医疗保险定岗医师为参保人员的服务情况;定点医疗机构应将医疗保险定岗医师的个人信息和服务规范在门诊、住院等显要位置上墙公布,向社会公开监督电话,接受参保人员和社会各界的监督。四是定点医疗机构应根据医疗保险定岗医师执行政策等情况制定奖惩措施,与年度考核、工资待遇、职称等挂钩;对严格遵守医疗保险规定,表现突出的医疗保险定岗医师,医疗保险经办机构可进行通报表彰,并在新闻媒体予以宣传,违规情节严重的要予以曝光。

第十五章 医院医疗保险风险及危机管理

医院医疗保险工作是社会保障体系的重要环节,具有险种多、政策复杂、牵涉面广、社会关注度高等特点。加强对医院医疗保险风险及危机管理的研究,建立科学有效的管理机制和处置预案,可有效降低风险及危机的发生频次,减少损失,对实现"医保患"三方和谐有重要的意义。

第一节 医院医疗保险风险管理

医院医疗保险风险管理,是风险管理的分支,符合风险管理的一般性特点,具备前瞻性、公开性、综合性、连续性、协同性的特征,以风险回避、损失控制、风险转移、风险保留为基本方法。根据风险形成原因分类,可分为自然风险、基金风险、道德风险、政策风险;按管理内容分类,可分为门诊风险管理、住院风险管理、流程风险管理。

一、风险管理的概述

(一)风险管理概念及特征

1. 风险管理的概念

风险(Risk)是"实际结果和预期结果的相对差异"。其概念不仅仅强调损失,也包含着不确定性带来的收益。

风险管理(Risk management)是指医院等风险单位通过识别、估测、评价,对风险实施有效的控制和妥善处理,以最小的成本将风险导致的各种不利结果减少到最低程度的科学管理方法,是降低风险的负面影响的决策过程。

2. 风险管理的特征

管理者都期望通过有效的风险管理实现控制内外部风险的目的。追求有效的风险管理,虽不能消除一切风险,但能有效地减少风险所致损失。一般而言,有效的风险管理具有以下几部分特征。

(1)前瞻性

前瞻性是有效的风险管理相对于传统管理模式的最大特征。传统的管理模式是只有当风险事件爆发、风险单位已经陷入危机状态的时候,管理者才采取应对措施;而风险管理的重点是预防,在风险状态形成之前做好应对准备。

（2）公开性

有效的风险管理过程是公开、透明的过程。风险管理者应强调风险沟通（Risk communication），通过相关信息交流，有助于群策群力，产生正确的风险决策。

（3）综合性

有效的风险管理是一种全面的、综合性管理，贯穿于日常管理体系的始终。

（4）连续性

风险管理是管理的一种模式，适用于管理学 PDCA 循环的基本方法。管理者必须注重对风险管理原则、制度、行为的不断调整与更新。连续性意味着风险管理是一个没有终点的循环。

（5）协同性

风险管理的综合性决定了其必然是风险单位各部门相互协调合作的结果，是各部门都必须关注和配合的工作。

（二）风险管理的流程

风险管理的基本流程包含风险确定、风险评估、风险决策、风险处置、反馈与调整五个步骤。

1. 风险确定

风险的分类是复杂而多样化的，细分可分为多种类型。风险确定是风险管理过程的基点和首要环节，管理者必须首先区分即将承担的风险属于何种类型，再制定相应的政策与应对策略。

2. 风险评估

风险评估指的是管理者对风险发生的可能性与预期危害程度进行分析与预测，并据此按照一定的标准将此风险纳入某一既定的风险等级。

3. 风险决策

风险决策是管理者以降低风险为目的做出的决策。风险管理很多情况下并不能消除风险，只能在一定程度上降低风险。只有通过周密的计划决策，制定相应管理目标，才能为下一步实施做好铺垫。

4. 风险处置

风险处置指的是消除和降低风险的一系列具体行动，是风险管理流程各环节的核心。

5. 反馈与调整

风险管理是一个连续性的管理循环。风险管理者须随时关注各方面反馈信息，及时调整具体措施，保证风险管理活动持续有效开展。

（三）风险管理的基本方法

风险管理的基本方法，包含风险回避、风险控制、风险转移、风险保留。对于医院医疗保险工作而言，主要使用的方法是风险控制和风险保留。

1. 风险回避

风险回避是指在完成风险评估后，如果发现风险发生的概率很高，造成的损失很大，又没有其他有效的对策来降低风险时，应采取放弃的方法，使风险不发生或不再发展，从而避免损失。

2. 风险控制

风险控制是指对不愿放弃也不愿转移的风险,通过降低风险发生的概率,减少损失来达到控制目的的各种技术或方法。风险控制的目的在于积极减弱风险的破坏性,使其能被医院等风险单位接受。

3. 风险转移

风险转移是指通过契约将风险转移给受让人承担的行为。通过风险转移可大大降低风险单位的风险程度。风险转移的主要形式是合同和保险。

4. 风险保留

风险保留也称为风险承担,是指医院等风险单位主动承担风险,以其内部的资源来弥补损失的管理方法。风险保留主要针对预期发生概率较低、损失较小的风险类型,通常包含无计划的风险保留和有计划的风险保留。

二、医院医疗保险风险管理

(一)医院医疗保险风险分类

医院医疗保险风险,是指各类风险因素在医院医疗保险管理工作中的体现。根据风险形成的原因,主要分为自然风险、道德风险、基金风险和政策风险。

1. 自然风险

自然风险是指,由于停电、网络中断等与医疗保险本身无关的客观原因导致医院医疗保险工作无法正常开展的风险因素。

2. 道德风险

医院医疗保险运行过程中,各参与方或团体为了各自利益,主观故意地做出违反医疗保险政策的行为,称之为道德风险。它主要是指以欺诈、伪造证明材料或者其他手段骗取医疗保险基金支出。

3. 基金风险

由于各种原因导致医院医疗保险基金不足,不能够正常承担参保者报销费用,称之为基金风险。基金风险分为三个方面:第一方面如总额预付基金、按病种付费基金,其数据获取往往是依据以往经验数据,对未来发展没有充分的预期,由于技术进步、耗材更新等原因,医疗费用客观增长,而造成基金不足的风险;第二方面如医疗服务提供方过度医疗、小病大治、提高用药、耗材、检查档次,也会导致基金风险;第三方面是指因审核延误、转账延误等导致医院医疗保险基金不能按时到账,进而影响医院正常资金运转的情况。

4. 政策风险

政策风险是指医疗保险相关各方由于非主观故意的误读政策或政策理解偏差所导致的风险。作为医疗服务提供方,主要是指药品、诊疗项目、按病种付费准入错误,把不属于医疗保险基金支付的药品、诊疗项目等纳入基金支付范围。

(二)医院医疗保险易发风险及防范

医院医疗保险风险管理,一般可分为门诊风险管理、住院风险管理、流程风险管理。

1. 医院医疗保险门诊风险管理

医院门诊医疗保险分为普通门诊统筹与门诊慢特病统筹。

下面以某三甲医院为例说明医院门诊医疗保险管理易发风险点及防范办法。

(1)门诊就医流程图

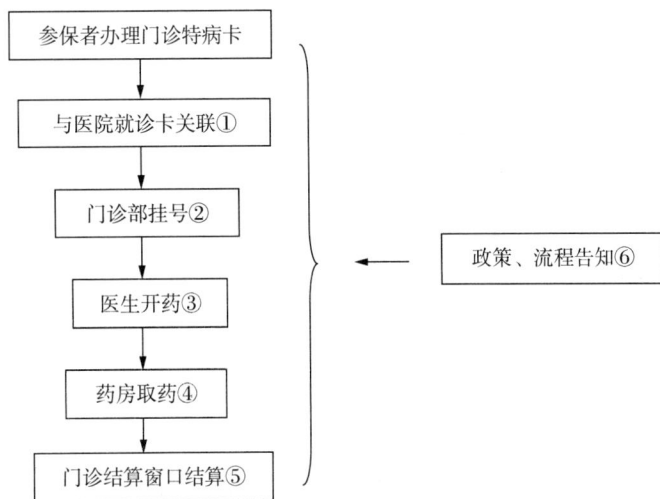

图 15-1　某三甲医院医疗保险门诊就医流程图

(2)医院医疗保险门诊就医流程风险点及防范

图 15-1 是某三甲医院参保者门诊就医流程图。医院医疗保险门诊风险主要存在于与医院就诊卡关联、门诊部挂号、医生开药、药房取药、窗口结算、政策流程告知等环节。下面是易发风险点及防范的具体描述,详见表 15-1。

表 15-1　某三甲医院医疗保险门诊易发风险点及防范表

流程节点	易发风险点	风险防范方法
①	无法办理	证件完备,具体包括:医院就诊卡、社会保障卡、门诊特慢病卡
②	错误方式挂号导致后续无法报销	1. 挂号时出示门诊特慢病卡及已关联的就诊卡 2. 对于特殊要求不能以方便门诊进入门诊特慢病报销流程,需挂专科号
③	使用目录外药品,降低实际报销比例	对于目录外费用,应告知参保者
④	药房库存不足	对于医生开具的药品,药房缺货的,及时通知参保者并办理退费
⑤	未进入报销流程	当月结账并打印医疗保险结算单,跨月结账无法正常报销
⑥	参保者政策知晓度低	以张贴宣传页、电子字幕、手持彩页、口头告知等形式进行宣传告知

2. 医院医疗保险住院风险管理

医院医疗保险住院统筹按结算方式可分为实时结报与非实时结报。其中对于非实时结报参保者,定点医疗机构医疗保险管理部门主要工作是提供各项住院证明等。此处住院风险管理主要针对实时结报。

下面以某三甲医院为例说明医院医疗保险住院风险管理易发风险点及防范办法。

(1)住院就诊流程图

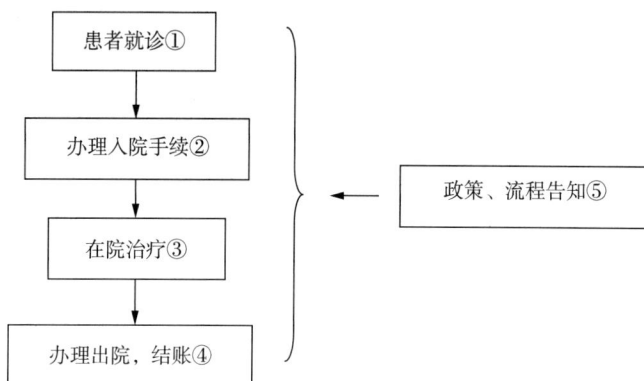

图 15-2　某三甲医院医疗保险住院就医流程图

(2)医院医疗保险住院就医流程风险点及防范

图 15-2 是某三甲医院参保者住院就医流程图。医院医疗保险住院风险主要存在于就医流程的参保者就诊、办理住院手续、在院治疗、办理出院、政策流程告知等环节。下面是医疗保险住院就医易发风险点及防范的具体描述,详见表 15-2。

表 15-2　某三甲医院医疗保险住院风险点及防范表

流程节点	易发风险点	风险防范方法
①	医疗保险类型未选择或错误选择	1. 参保者主动告知医务人员医疗保险类型 2. 医务人员在入院通知单上准确勾选参保者医疗保险类型 3. 核对参保者与证件一致性,杜绝主观串换参保者姓名、疾病病种行为
②	医疗保险类型登记错误或无法登记	1. 参保者主动出示医疗保险相关证件 2. 医务人员正确登记参保者医疗保险信息 3. 异地医疗保险参保者入院前须在参保地医疗保险经办机构备案 4. 新型农村合作医疗参合者参合地经办机构有特殊要求的入院前须在参合地经办机构备案
③	发生医疗保险诊疗、药品目录范围外费用特殊政策参保者无法理解其他特殊情况	1. 医务人员根据医疗保险政策合理用药、合理检查、合理治疗 2. 发生的自费费用医务人员主动告知参保者并签署知情同意书 3. 符合单病种政策的医务人员及时告知并签署知情同意书 4. 特殊情况可能与医疗保险政策有冲突的医务人员及时与医院医疗保险管理部门联系备案

(续表)

流程节点	易发风险点	风险防范方法
④	因报销系统问题无法正常报销或报销异常参保者期望值过高	1. 信息系统(院方、经办机构)确保稳定 2. 对于报销金额明显有问题的及时告知医院医疗保险管理部门确认 3. 对于参保者报销疑问做好解释工作
⑤	参保者不理解报销政策	以张贴宣传页、电子字幕、手持彩页、口头告知等形式进行宣传告知

3. 医院医疗保险流程风险管理

完善的运行流程,是医院医疗保险工作顺利开展的前提与核心。所以,医院医疗保险流程风险管理应是医院医疗保险管理者风险管理工作的重点。

下面以某三甲医院为例说明医院医疗保险管理易发风险点及防范办法。

(1)医疗保险管理流程图

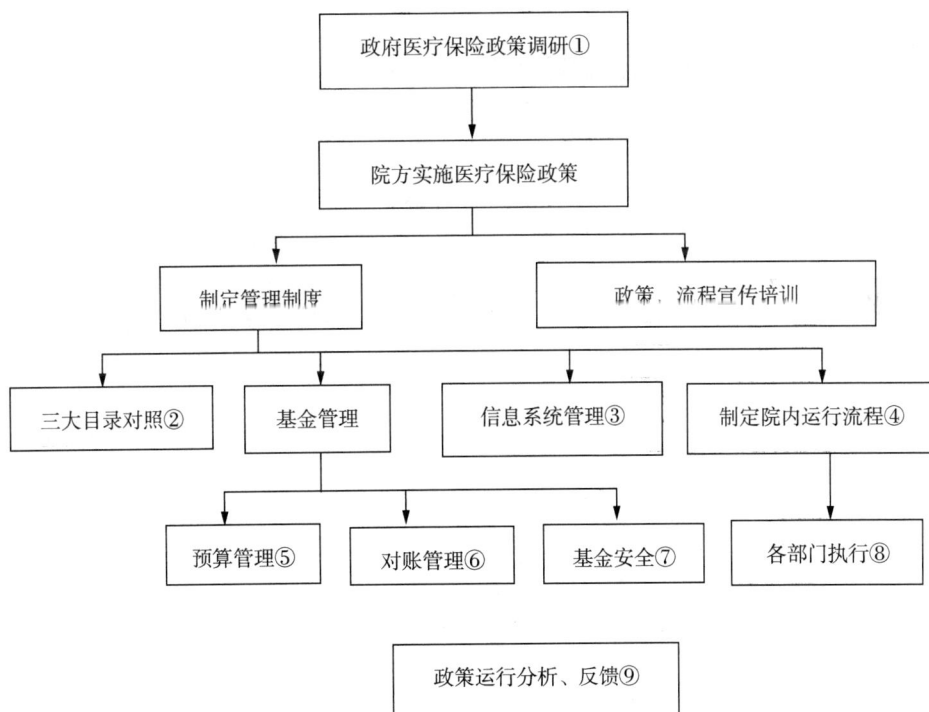

图 15-3 某三甲医院医疗保险管理流程图

(2)医院医疗保险管理流程易发风险点及防范

图 15-3 是某三甲医院医疗保险管理流程图。医院医疗保险管理流程中有九个环节存在易发风险点,下面是易发风险点及防范措施的具体描述,详见表 15-3。

表 15-3　某三甲医院医疗保险管理流程易发风险点及防范表

流程节点	易发风险点	风险防范方法
①	政策与医院预期有较大差异	1. 提供医院既往数据，做合理化建议 2. 就软硬件环境做出说明，争取政策倾向
②	医疗保险诊疗项目及药品准入错误	1. 医疗保险目录专人维护，信息系统有权限限制，并留有维护日志 2. 专人定期进行目录审核，加强内部控制 3. 新增目录及时维护更新
③	信息系统滞后信息系统故障	1. 信息接口及时改造，政策开展后能立即投入使用 2. 确保信息系统稳定运行 3. 新增政策及时维护、更新
④	流程运行不畅	1. 充分考虑以方便参保者为原则 2. 多部门共同参与，有效运行
⑤	基金分配不合理	1. 在以往临床学科基金使用情况基础上，考虑学科技术发展 2. 留有合理数量的风险基金
⑥	账目不清	1. 确保院内报表的准确性 2. 确保医院报表和经办机构报表一致，如不一致，及时查明原因
⑦	医疗保险经办机构拒付总额预付基金不足	1. 加强拒付管理，减少经办机构拒付 2. 定期分析数据，结果反馈临床学科，规范化、合理化治疗，加强费用控制
⑧	串换参保身份不合理治疗发生目录外费用	1. 定期"人证合一"检查，确保参保者证件相符 2. 定期对病历进行抽查，针对有问题的临床学科反馈并要求整改 3. 定期对临床学科各项告知（自费告知、单病种告知等）情况进行检查，确保参保者知情权
⑨	现有政策、流程不符合实际需求	1. 根据医院医疗保险运行实际情况，对政府医疗保险经办机构提出合理化建议 2. 院内医疗保险管理工作进行优化调整

第二节　医院医疗保险危机及其管理

医院医疗保险危机常见有业务系统故障、医患冲突、媒体危机，其应急处置方案的制定符合危机管理的一般性原则及特征。通过科学有效的危机应急处置及危机后管理，可有效降低医院医疗保险危机所带来的损失，减少危机后不良状态，尽快恢复正常工作。

一、危机管理概述

(一)危机管理的概念与特征

危机管理,是为了应对各种危机情景所进行的规划决策、动态调整、化解处理、员工训练等活动过程,目的是消除或降低危机所带来的威胁。危机管理是一种系统的、动态的、有组织、有计划、非程序化决策的管理过程,有以下特点。

1. 时效性

危机具有突发性、紧急性的特征,这就使得危机管理必须讲究时效性。一方面,危机发生初期是处置危机的关键期,时间拖得越久,处置难度越大;另一方面,危机发生后可能产生扩散,出现次生或衍生危机,使危机的损失和负面影响加大。因此,有效地危机管理必须在尽可能短的时间内将危机处置得当。

2. 阶段性

阶段性是指危机管理是一个系统的过程和循环,包括疏缓(mitigation)、准备(preparedness)、回应(response)、回复(recovery)四个阶段。疏缓,是在危机发生前避免危机或减少危机损失所进行的活动;准备,是指做出计划,以确定危机出现的时候如何有效的应对危机,包括物质与精神上的准备;回应,是指危机出现以后,通过各种反危机措施,控制和降低危机的损害;回复,是指通过各种措施,恢复正常的社会运作和秩序。

3. 专业性

专业性是指随着越来越多技术性危机发生,危机管理对专业技术的要求也不断增大。针对不同类型的危机事件,危机管理需要各型专业人才甚至复合型人才,对于专业领域色彩很强的危机类型,更是需要听从相关领域权威专家的处置意见。专业性代表着危机管理的发展方向。

4. 整体性

危机管理的整体性是强调统一领导、分工协作、利益共享、责任共担的管理机制。危机的扩散性决定了其需要危机管理者调动各部门资源,整体面对。

(二)危机管理的作用

1. 预警作用

相较于传统意义上的事后管理,危机预警将事后管理向前延伸,通过问题管理、风险管理、逆境管理等手段,利用监测与预防对可能引起危机的因素进行严密的跟踪,对可能引发危机的要素进行有效控制,尽可能将危机消灭在萌芽状态。及早发现危机并迅速做出反应,是最大程度降低损失的最有效的方法。

2. 评估与决策作用

评估是决策的基础,决策是管理活动的核心,只有对危机事件事前、事中、事后,以及对危机管理的主体、危机的利益相关者进行科学的评估,才能得出正确的判断。

3. 组织与领导作用

危机中必须有一个坚强的领导核心,才能统一协调各方资源,及时、有效、果断地处理危机事件。成立危机领导小组,建立合理的危机管理组织模式,对危机处理有重要意义。

4．控制作用

危机控制作用表现在三方面：一是使发生危机的各部门迅速回到正常工作状态；二是使各方冷静下来，客观面对现实问题；三是客观冷静地向媒体提供危机真相。危机控制是医院危机管理顺利进行的重要保障。

二、医院医疗保险危机管理

（一）医院医疗保险危机分类

1．业务系统故障

医疗保险业务系统故障是指，因自然灾害、火灾、停电、网络故障、设备损坏等不可预见因素造成的医疗保险业务处理系统无法正常运行。

2．冲突

冲突在这里是指，医疗保险有限的保障范围与参保者较高的报销预期之间的差距，或是烦琐的就医及审核报销流程，导致参保者对医疗机构不满，进而产生言语或肢体上的冲撞。

通过定义我们可以看出，冲突原因一般分两类：一是部分参保者因对基本医疗保险政策缺乏了解，对报销期望值较高，与医疗保险政策仅保障基本的现实产生较大心理落差；二是对就医流程及报销流程等不满。

3．媒体危机

媒体危机是指由于医院医疗保险内部管理疏漏、重大事故、法律纠纷等被媒体曝光，或是由于媒体报道失实，使医院形象及声誉受到严重损害而发生的危机。

（二）医院医疗保险危机处置

危机处置是医院医疗保险危机管理的核心。通过真诚沟通、速度第一、整体应对等原则积极应对并妥善处理可能发生的危机事件，目的是避免和减轻因危机事件造成的损失和影响，维持正常工作秩序，确保医疗保险政策顺利稳定实施。

1．业务系统故障的应急预案

医院医疗保险业务系统故障的应急预案一般包括判明情况、及时报告、维护秩序、抓紧修复、做好善后五个步骤。

（1）判明情况

首先应判断系统故障范围与原因，区分是医院系统故障还是医疗保险经办机构系统故障。

（2）及时报告

如属于医院的系统故障，应向信息中心反映（重大故障立即向分管领导汇报）并告知相关部门，如门急诊、出入院管理科等。如属于医疗保险经办机构的系统故障，应及时与对方联系，报告故障情况。

（3）维护秩序

医院医疗保险管理部门组织人员做好解释和疏导工作，维护就医秩序，并根据情况增加工作人员。

（4）抓紧修复

属医院系统故障的,应迅速查找故障原因并及时修复。属医疗保险经办机构系统故障的,应积极配合对方共同排除,尽快恢复系统正常运行。同时,应判断排除系统故障的大概时间,不能在短时间内排除解决的,应及时通报有关部门和参保者。

（5）做好善后

预计在短时间内难以恢复系统运行的,应当区别情况,分别作以下处理:

① 属于一般情况可以先手工办理的,视情况予以手工办理;不能手工办理的,做好解释工作,请参保者在系统恢复正常后前来办理。

② 属于特殊困难,难以再次前来并能够代办的,留下有关办理信息和联系方式,在系统恢复正常后代为办理,并通知参保者。

③ 属于疾病诊疗急需办理的,可与相关医疗保险经办机构联系,先保证其正常就医或购药,然后补办手续。

2. 冲突应急预案

医院医疗保险冲突事件的应急预案一般包括控制情绪、了解情况、查明原因、分类处理四个步骤。

（1）控制情绪

当发生冲突时,应沉着耐心,避免激烈言辞和过激行为,稳定参保者情绪。如有过激行为场面无法控制的应通知安保部门。

（2）了解情况

向参保者或家属了解情况,同时向床位医生或护士证实相关信息。

（3）查明原因

利用 HIS 系统或向信息中心查询参保者诊疗信息,及时查明原因。

（4）分类处理

针对导致冲突的不同原因,分以下三类予以处理:

① 对于严格按相关医疗保险政策规定执行的,院方无过错的,应做耐心、细致的解释,取得相互理解,消除意见分歧,化解矛盾;不能达成一致意见的,应明确医院医疗保险管理部门职责范围。

② 对于由系统原因或人为原因引起的错误,应及时更正,重新结算,并做好解释工作。

③ 对于由医疗保险政策变更、跨年度、跨月份结算引起的,院方单方面无法处理的,应及时联系医疗保险经办机构协商解决。

3. 媒体危机应急预案

医院医疗保险媒体危机的应急预案一般包括公布真相、权威发布信息、持续公开事件进展、特殊情况处理四个步骤。

（1）公布真相

第一时间公布危机事件真相,表明态度,掌握报道的主动权,控制事态发展。

（2）权威发布信息

在经过周密策划准备的前提下,指定新闻发言人,在适当时机就媒体和公众关心的问题召开新闻发布会,防止谣言的传播,树立权威性。

（3）持续公开事件进展

建立专门的媒体管理机构,统一协调各方媒体,及时、连续地向媒体通报危机进展情况。危机处理期间,保持与媒体的联系与沟通,全方位配合媒体的采访。不回避记者,但坚持由新闻发布机构向外提供信息,接受采访时应积极主动地提供相关资料,避免被动。

（4）特殊情况处理

如发生曝光或失实报道,应冷静对待,避免与媒体发生直接冲突,通过合理渠道指出报道不实之处,提出更正要求,尽量避免采用过激手段引起对立情绪。

（三）医院医疗保险危机后管理

医院医疗保险危机后管理,是医院医疗保险危机管理的重要组成部分。危机后管理,是指在通过运用各种科学处置方法,将危机的损失和影响降低到较小程度上后,一方面恢复正常工作,另一方面完善机制,进一步减少危机损失,预防危机再度发生的管理方法。

1. 医院医疗保险危机后管理的内容

（1）恢复正常工作

恢复医院医疗保险工作正常运行,确定人员分工,减少医院损失。

（2）相关文件记录与保存

所有危机相关事件都必须清楚记录并妥善保存,以备调用。

（3）危机调查

清楚列明调查危机的程序和有关负责人员的职责。危机调查有助于找出危机的根本原因,并制定有效改进措施,以防范同类危机再次发生。

（4）损失清算

制定程序清算资源和设备损失,并指派专业人员负责损失清算工作。

（5）稳定人心

鼓舞士气,减轻压力,认清危机状态的危害,减少心理震荡,增强对危机的免疫能力。

2. 医院医疗保险危机后管理的方法

医院医疗保险危机发生后,不良状态可能会持续较长的时期,影响正常秩序。因此必须采取必要的方法,妥善处理,确保危机事件得以根本解决。善后处理的方法主要有争取支持、转变、调整、反馈等。

（1）争取支持

争取社会支持包括两个方面。第一,安抚受害人及其家属。在医院医疗保险危机中,受害人可以是参保者,也可能是医务人员。第二,恰当处理危机责任人,对医院医疗保险危机责任人的积极恰当处理并适时公布于众,能及时有效地平息不满情绪,减少矛盾。

（2）危机后转变

无论发生的是何种类型的医院医疗保险危机事件,医院都应当在危机发生后及时利用这些案例培养危机意识,提高危机应对技能,增进医院医疗保险整体抗危机水平。为此不应当以单纯的某一项危机事件的终结为目标,而应该结合此次危机事件处理阶段的各种契机,变危险为机遇,顺利进行观念更新、组织变革,重新塑造在公众心目中的良好形象,充分发挥危机可能成为促进发展的一种积极力量的功能,以维持医院医疗保险事业的活力和生命力。

(3)危机后调整

危机后的调整应从两方面开展:一是心态方面的调整,危机发生后,应积极有效缓解相关工作人员的紧张焦虑状态;二是危机后医院医疗保险相关部门的结构和功能不同程度地失调。所以在危机事态得以被完全控制,或将要获得圆满解决的时候,为尽快恢复结构和功能的正常运转,危机管理者应当根据特定的危机情势的发展,尽快结束危机紧急状态,取消非常态的控制方式与措施,对人、财、物进行合理调整。

(4)危机后反馈

医院医疗保险危机后的反馈是指通过总结和评估,找出危机发生的原因,降低未来再度发生危机的概率,强化危机处理能力。通过危机的反馈,更新管理理念,完善管理制度,健全管理机构,改进管理政策。

第十六章　参保者就医管理

定点医疗机构是医疗服务提供方,是为参保者提供医疗保险服务的主要场所,也是落实医疗保险政策的载体。由于参保者在定点医疗机构就医涉及的部门与环节较多,能否加强各部门协调运转、整合简化就医环节,为参保者提供便捷高效的诊疗服务直接影响到参保者的就医体验及医疗保险满意度。

第一节　就医流程制定原则

长期以来,定点医疗机构根据自身业务需求设计的就医流程实行"以医疗为中心"的原则。不同程度地使参保者围绕临床医生、医疗保险、收费结算、检查设备等环节"团团转"。为了提升医疗保险服务质量及满意度,设计及改造医院参保者就诊流程时,需遵循以下原则:

一、以参保者为中心

定点医疗机构就医流程必须由"以医疗为中心"向"以参保者为中心"进行制定,最大限度地方便参保者。在保障参保者得到安全有效的治疗同时享有方便、快捷、温馨及被尊重的满足感,以超越参保者期望作为流程制定与优化的导向。以参保者为中心包含了参保者与医务人员两方面的设计,就医流程设计首先应方便参保者,同时应便于医务人员有效地开展工作,才能为方便参保者提供有力保障,因此非常考验设计者的智慧,需要对医疗服务的各个环节做出科学合理的安排。

二、以效能为目标

就医流程制定应紧紧围绕着提高服务效能的目标进行设计,并在实施中加以完善。要分析参保者来院到离院的整个服务环节,梳理影响效率与质量的瓶颈。以减少参保者在各节点的排队时间、院内往返时间和流程中间环节为突破口,排除层次重叠、人浮于事、信息延缓、效率低下的环节,构建方便、快捷、优质、高效、低耗的就医流程,形成重质量、求效益的良好氛围。

三、以网络为依托

互联网医疗是以互联网为技术手段在医疗行业的新应用。其已经被广泛使用于预约挂号、导医导诊、网上查询检查治疗结果、网上支付等服务;以疾病咨询、健康指导、健康评估为特色的健康管理服务,如好大夫在线、春雨等;还有远程会诊、网络医院、电子处方等实践。互联网医疗具有非常大的发展潜力,将成为一种新业态。

医院管理信息系统(简称 HIS)的应用以及自助挂号取号机、自助缴费机、自助打印机等自助设备的运行,能够帮助参保者及时获得所需信息及帮助,在挂号、收费、取药等环节减少等候时间。就医流程的设计必须依托信息网络的支持,依托管理软件的技术运行,并保证信息通畅和资源共享。尽可能通过信息技术实现参保者少往返、少排队、少等待。

四、整体联动

医院不同岗位的人员是保障流程运转的主体,每一位医务人员都是链条中的主角。就医流程是诸多环节的有机有序的关联,缺少其中的任何环节都会导致不良后果。因此必须强调全院上下的同步联动,协调合作,从不同的层次设计流程问题,实现管理层和执行层实施就医流程的和谐统一。

五、适应资源

要体现以参保者为中心的就医流程制定原则,就要最大限度地调动和发挥现有的资源优势,合理地配置医疗保险服务场所、收费结算场所、医疗设备的地理场所;同时要充分发挥医院人文关怀精神,加强告知和导引,尽可能达成参保者的理解与配合。

第二节　门诊就医管理

医疗保险定点医疗机构对门诊就医的管理一方面要注意优化就医流程,减少各个环节的往返及等候时间,确保便捷高效;另一方面也要加强对参保者医疗保险身份的查验,在挂号、导诊、接诊等环节注意甄别,确保人、证相符。

一、门、急诊就医管理

(一)挂号、取号

随着医药卫生体制改革的不断推进,为方便参保者挂号就诊,定点医疗机构开展了各种形式的预约挂号。目前电话预约、网络预约、手机短信、微信预约等已经在一些地区较为普及,一些条件具备的地区的定点医疗机构,通过诊间预约(示例 16-1)或设立自助挂号缴费机来减少参保者的排队挂号、取号时间。还有的统筹地区的定点医疗机构通过与各大银行合作,推出"银医卡"(示例 16-2)、"金融社保卡"等,实现资源共享,在银行各网点、自助服务终端也能实现挂号。由于目前医疗保险种类较多,政策尚未统一,对于收费窗口来说,除了履行正常的收费挂号职能外,还须认真辨识参保者的医疗保险身份,以实现挂号信息与医疗保险身份相符合,方能顺利进行医疗保险结算。

示例 16-1　××省××综合性三甲医院诊间预约模式

诊间预约挂号预约处设在医生诊间,主要针对需要复诊,而号源又特别紧张的学科设置,采用实名制预约。首次就诊的参保者,成功挂专科号后至相应学科就诊,医生接诊后确定复诊时间,医生即在电脑系统提出预约申请。申请成功后自动打印预约登记单,预约登记单的内容包括参保者姓名、所选择的专家、下次复诊的时间、联系方式等。参保者预约就诊日在规定的时间内持预约单到挂号窗口取号,过时未取号者作废。

诊间预约实际上是医生工作站或导诊护士站预约,避免了参保者挂复诊号困难甚至挂不到复诊号的风险,是方便参保者就诊的有效方法。随着诊间预约模式的逐步发展,有些地区医院已经开始推行 CT、MRI 等检查实行诊间预约。

示例 16-2　××省××综合性三甲医院"银医卡"预约挂号模式

1. 银行卡签约

参保者持本人实名的农、工、中、建四家银行的银行借记卡,在医院自助设备或银行网点的自助终端上办理签约后,该卡即成为"银医卡"。

2. 预约挂号

"银医卡"具有医院"就诊卡""一卡通"的功能,参保者可持该卡预约挂号。

3. 就诊扣费

挂号后,参保者持"银医卡"到相应学科就诊。该卡可完成包括缴费、检查扣费、取药扣费、自助打印检验报告单等全部就诊过程。

"银医卡"不仅可以保障参保者的资金安全,不用携带大量现金前来就诊,减少反复排队充值时间,最方便的是可以通过银行网点的自助终端、网上银行等渠道办理预约挂号,将医院的预约服务延伸到参保者身边,切实方便了参保者。

(二)诊室就诊

定点医疗机构结合本地区的实际情况以及医院本身的战略和运营目标,将门诊划分为普通门诊、急诊、专家门诊、特需门诊等类型,无论是哪种门诊类型,导诊护士与接诊医师均需认真核对参保者医疗保险身份信息,确保"人证合一"。除了要做到门诊病历记录清晰、完整之外,对于按月享受的门诊特慢病(或称门诊慢性病、门诊大病)参保者,还需查验就诊记录,避免重复就诊,反复享受医疗保险待遇。接诊医师要在"保基本"的原则上制订诊疗计划,以符合当地医疗保险政策规定以及医疗保险服务协议约定条款。

(三)医技检查

检查、化验等医技部门的地理位置的设定应该经过科学规划再落实部署,以减少参保者往返路程。有条件的地区应当采用诊间预约方式,在医生工作站即将检查、化验号序预约完毕,并完成扣费流程,尽量缩短参保者在检查、化验区的等待时间。采用电子屏幕提醒结合自动语音排号、喊号系统,以便于参保者计算等待时间。在门诊大厅设立检查、化验报告单自助打印机,或直接回传至接诊医师工作台,便于医师及时查阅,同时减少参保者窗口排队时间。

(四)取药、治疗

门诊药房与门诊治疗室、输液室的设置也应遵循"以病人为中心"的原则为参保者提供方便快捷的服务。由于部分参保者不习惯往门诊就诊卡(一卡通、银医卡、金融社保卡)里预充足额的金额,取药或接受治疗前通常面临余额不足的情况。此时在门诊药房或门诊治疗室旁设置自助缴费机或收费窗口变得十分必要。

二、门诊统筹就医管理

为了避免参保者"小病大治"造成医疗保险基金的低效使用甚至浪费,各地统筹地区往往会出台门诊统筹政策,将参保者符合政策规定的部分门诊费用由医疗保险统筹基金与参保者个人共同承担。门诊统筹的实现方式主要分为两种:普通门诊统筹及门诊特慢病统筹,另外由财政或企事业单位筹资的公费医疗(干部保健)、离休干部门诊费用在先经过基本医疗保险统筹支付后,通常由专门的管理机构进行二次统筹支付及管理。

(一)普通门诊统筹管理

1. 普通门诊统筹的意义

开展普通门诊统筹,不仅有利于减轻参保者门诊医疗费用负担,使更多群众感受到医疗保障带来的实惠,也有利于完善基本医疗保险制度,统筹安排门诊和住院保障资源。我国不同统筹地区的城镇居民基本医疗保险及新型农村合作医疗,不同程度地开展了普通门诊统筹工作,普通门诊统筹通常采取按人头付费、年度限额的方式进行支付。

示例 16-3　安徽省合肥市城镇居民基本医疗保险普通门诊统筹待遇

安徽省合肥市城镇居民基本医疗保险从 2010 年开始启动普通门诊统筹工作,根据合人社秘〔2011〕200 号文件精神,参保居民在社区卫生服务中心门诊发生的政策范围内的医疗费,统筹基金支付 50%(在其他定点医院发生的普通门诊不享受此待遇)。单次就医费最高报销限额为 40 元。一个年度内最高报销限额为 160 元,其中:男性满 60 周岁和女性满 55 周岁以上的参保居民最高报销限额为 240 元。普通门诊的报销不设病种限制,医疗费用直接在社区卫生服务中心结算。

2. 普通门诊统筹的管理

普通门诊统筹定点医疗机构一般在基层社区医疗机构。门诊统筹工作已被广泛纳入基层医疗机构绩效考核体系,与医务人员的收入挂钩。定点医疗机构要坚持基本保障的原则,经治医师尽量使用基本药品目录中的药品、甲类的诊疗费和其他基层医疗服务必需的医疗费用。严格内部管理,禁止分解就诊、重复收费等违规行为的发生。

(二)门诊慢特病统筹管理

1. 门诊慢特病的申请

参保者患有医疗保险经办机构规定的门诊慢特病病种,可填写申请表(示例 16-4),附相应的疾病证明材料申请鉴定。参保者提供的疾病证明材料必须确保真实、可靠。

2. 门诊慢特病的鉴定

参保者门诊慢特病享受资格必须经过规定等级的定点医疗机构的专家鉴定后方可获得医疗保险经办机构的认可,发放门诊慢特病种卡。承担鉴定病种任务的定点医疗机构的医师必须遵守医疗保险政策规定,做到客观、公正,严格把握准入标准。

示例 16-4 ××市基本医疗保险门诊特慢病种申请表

姓名		性别		是否异地 安置退休人员	是　否
家庭地址				联系电话	
公民身份证号码				社会保障卡号	
申请慢特病种名称： 选择慢特病种定点医院： 　　　　　　　　　　　　　　　　　　　　　　　　申请人签名： 　　　　　　　　　　　　　　　　　　　　　　　　　年　月　日					
医疗保险专家咨询委员会诊断结论： 　　　　　　　　　　　　　　　　　　　　　　　　专家签名： 　　　　　　　　　　　　　　　　　　（专家咨询委员会　章） 　　　　　　　　　　　　　　　　　　　　　　　　年　月　日					

3. 门诊慢特病目录范围

门诊慢特病的目录范围、待遇高低等管理政策因统筹地区与医疗保险身份类型不同而存在差异性。此处以某省某综合性三级甲等医院承担的市级职工基本医疗保险门诊慢特病为例说明。该市实行病种限额下实时结算的付费方式,按月享受。由于病种较多,篇幅所限,此处仅举例高血压三期、冠心病、糖尿病、恶性肿瘤、肾透析、肝硬化六个常见病种。

示例 16-5　某市门诊慢特病病种限额、准入标准与目录范围

高血压病三期

【限额标准】退休 250 元/月,在职 200 元/月,每增加一个病种在最高病种限额基础上增加 60% 限额。

【准入标准】

临床确诊的高血压病参保者符合下列标准之一者为高血压"特病"：

1. 脑部并发症(脑出血、缺血性脑卒中)

2. 心肌梗死

3. 充血性心力衰竭

4. 严重肾功能损害(血肌酐$>177\mu mol/L$)

5. 严重视网膜病变(出血或渗出或视盘水肿)

关于执行以上标准的说明：

1. 高血压病诊断须二级甲等以上医院出具的住院资料。

2. 脑出血或缺血性脑卒中须同时具备以下两项条件：(1)有二级甲等以上医院提供

的脑出血或缺血性脑卒中住院资料(包括头颅 CT 或 MRI 原始资料);(2)目前有神经系统损害的定位体征。

3. 心肌梗死须同时具备以下两项条件:(1)二级甲等以上医院出具的住院资料;(2)相关的原始资料(包括心电图、血清心肌酶化验单或冠状动脉造影资料)。

4. 充血性心力衰竭须同时具备以下两项条件:(1)提供二级甲等以上医院出具的住院资料;(2)X 线或超声心动图检查证实有左心室增大的原始资料。

5. 严重肾功能损害血肌酐增高指标须提供二级甲等以上医院出具的住院资料。

6. 严重视网膜病变(出血或渗出或视盘水肿)须同时具备以下两项条件:(1)提供二级甲等以上医院出具的病史资料;(2)眼底检查的客观原始资料(照片或荧光素造影原始资料)。

【诊疗项目】

1. 血糖、血脂、肾功能、尿常规;

2. 心血管 X 光摄片(每年两次以下);

3. 心电图检查(每年四次以下)。

【用药目录】

阿司匹林　双嘧达莫　普萘洛尔　美托洛尔　卡维地洛　卡托普利　依那普利培哚普利　贝那普利　福辛普利　雷米普利　厄贝沙坦　缬沙坦　厄贝沙坦氢氯噻嗪氯沙坦钾　替米沙坦　尼群地平　硝苯地平　维拉帕米　地尔硫卓　左旋氨氯地平非洛地平　氨氯地平　西尼地平　氢氯噻嗪　呋噻咪　吲达帕胺　螺内酯　哌唑嗪可乐定　复方硫酸双肼屈嗪　复方利舍平氨苯蝶啶　辛伐他汀　阿托伐他汀　非诺贝特　硝酸甘油　单硝酸异山梨酯　利舍平　脂必妥　血栓心脉宁胶囊(片)　银杏叶滴丸(片、胶囊)　脑心通丸(胶囊、片)　地奥心血康胶囊　珍菊降压片　尼莫地平　氯吡格雷　缬沙坦氨氯地平　瑞舒伐他汀　稳心颗粒(胶囊、片)　地奥心血康软胶囊　氨苯蝶啶　氨氯地平贝那普利片(Ⅱ)　脂必泰　复方丹参颗粒(胶囊、片、滴丸)　速效心痛滴丸　通心络胶囊(片)　养血清脑丸(颗粒)　血脂康胶囊　拉西地平　氟伐他汀华法林　参松养心胶囊　麝香保心丸　心达康胶囊(片、滴丸)　中草药

冠心病

【限额标准】退休 250 元/月,在职 200 元/月,每增加一个病种在最高病种限额基础上增加 60%限额

【准入标准】

诊断冠心病,可根据其临床表现和各项实验室检查或冠状动脉造影确定。冠心病的临床分型:稳定型心绞痛、不稳定型心绞痛、心肌梗死(非 ST 段抬高或 ST 段抬高)。

1. 凡是二甲以上医院心内科,通过心电图、24 小时动态心电图或心脏负荷试验检查(如活动平板运动试验等),发现心肌缺血,且符合心绞痛诊断标准者。

2. 典型临床表现,结合心电图和心肌酶谱检查,符合急性心肌梗死者;通过心电图检查,符合陈旧性心肌梗死者。

3. 冠状动脉造影显示,冠状动脉存在严重狭窄或闭塞者;冠状动脉内存在不稳定斑块、血栓者。

【诊疗项目】

1. 心电图检查;

2.24 小时动态心电图;

3. 血糖、血脂检查。

【用药目录】

阿司匹林　肝素　低分子肝素　美托洛尔　卡维地洛　卡托普利　依那普利　贝那普利　赖诺普利　培哚普利　福辛普利　雷米普利　西拉普利　氯沙坦钾　厄贝沙坦　厄贝沙坦氢氯噻嗪　缬沙坦　氯沙坦钾氢氯噻嗪　替米沙坦　脂必泰　辛伐他汀　阿托伐他汀　氟伐他汀　洛伐他汀　普伐他汀　瑞舒伐他汀　非诺贝特　苯扎贝特　硝酸甘油　硝酸异山梨酯　单硝酸异山梨酯　地尔硫卓　非洛地平　硝苯地平　左旋氨氯地平　氨氯地平　西尼地平　复方丹参颗粒(胶囊、片、滴丸)　速效救心丸　脂必妥　心宝丸　通心络胶囊(片)　血脂康　地奥心血康胶囊　稳心颗粒(胶囊、片)　氯吡格雷　曲美他嗪　银杏叶滴丸(片、胶囊)　麝香保心丸　地奥心血康软胶囊　华法林　参松养心胶囊　索他洛尔　氨氯地平贝那普利片(Ⅱ)　缬沙坦氨氯地平　速效心痛滴丸　冠心丹参颗粒(胶囊、片、滴丸)　芪参益气滴丸　补心气口服液　养心氏片　心达康胶囊(片、滴丸)　中草药

糖尿病

【限额标准】退休 300 元/月,在职 250 元/月,每增加一个病种在最高病种限额基础上增加 60%限额

【准入标准】

一、糖尿病诊断

根据 1999 年世界卫生组织建议,中华医学会糖尿病学分会推荐,合肥市职工基本医疗保险糖尿病慢特病诊断标准为:

空腹血糖≥7.0mmol/L;或随机血糖或口服 75g 葡萄糖后 2 小时糖≥11.1mmol/L。

如无急性代谢紊乱(糖尿病酮症酸中毒、糖尿病非酮高渗性昏迷等),需非同一天重复一次上述指标。

注:

1. 血糖检测以静脉血糖结果为准,指血糖不作为诊断依据。

2. 血糖检测结果应以二级以上医院电脑打印化验单为准。

3. 因其他急性疾病(如急性心肌梗死、脑中风等)住院时发现的高血糖,需在病情稳定 2 周后重新检查确定。

4. 非急性疾病非内分泌专科住院时发现的高血糖,需提交相关化验单,不能仅提供出院小结。

5. 住院时发现高血糖是指在二级以上医院住院。二级以上医院内分泌专科出院小结可作为诊断依据。

二、伴有以下情况之一者

1. 视网膜病变(有微血管瘤、出血、渗出);

2. 高血压病(极高危);

3. 冠心病;

4. 脑卒中;

5. 糖尿病肾病(尿蛋白增高或微量白蛋白高于正常)或伴有肾功能不全;

6. 糖尿病肢端病;

7. 需使用胰岛素治疗。

以上第3~6项需三级医院相关科室证明。

【诊疗项目】

1. 尿常规;

2. 尿微量蛋白;

3. 糖化血红蛋白检查,三个月支付一次;

4. 尿素氮(BUN)、肌酐(CREA)、尿酸(UA)、肝功能;

5. 血脂[甘油三酯(TG)、胆固醇(CHOL)、高密度脂蛋白(HDL)、低密度脂蛋白(LDL)];

6. 血糖检查;

7. 血管超声。

【用药目录】

动物源胰岛素　重组人胰岛素　甘精胰岛素　门冬胰岛素　赖脯胰岛素

格列本脲　格列吡嗪　格列喹酮　格列苯脲　格列齐特　瑞格列奈

二甲双胍　阿卡波糖　吡格列酮　罗格列酮　消渴丸　依帕司他

甲钴胺　胰激肽原酶　西洛他唑　艾塞那肽　那格列奈

硫辛酸(α-硫辛酸)

以上药物的复方制剂(不含中药复方制剂)

中草药

恶性肿瘤

【限额标准】375元/月,每增加一个病种在最高病种限额基础上增加60%限额

【准入标准】

1. 有三级医院以上医疗机构发具的恶性肿瘤的病理组织学或病理细胞学的诊断报告。

2. 因特殊情况无法取病理进行诊断者,根据临床症状和影像学检查结果,请三个专家讨论做出临床诊断。

【诊疗项目】

1. 胸部X线片(正位片)每六个月支付一次。胸透。

2. 黑白/彩B超。限定两个部位,每四个月支付一次。

3. 小肝功能,肾功能,血常规,尿常规,大便常规及隐血。

4. 肿瘤标志物测定:AFP,CEA,LDH,T3,T4,TSH,每月支付一次。

5. 数字化摄影(DR)。

6. X线计算机体层(CT)扫描。

【用药目录】

吗啡 氨酚待因[I号,II号] 利可君(利血生) 他莫昔芬

甲氧氯普胺 地塞米松 护肝颗粒(胶囊、片) 替加氟 环磷酰胺 司莫司汀 氟尿嘧啶 甲氨蝶呤 羟基脲 己烯雌酚 吲哚美辛 别嘌醇 泼尼松 巯嘌呤 白消安 氟他胺 羟考酮 阿那曲唑 来曲唑 依西美坦 苯丁酸氮芥 曲马朵 依托泊苷 氮甲 洛莫司汀 脱氧氟尿苷 甲地孕酮 格雷司琼 沙利度胺 肿节风颗粒(胶囊、片)(血康胶囊) 新癀片 复方皂矾丸 复方斑蝥胶囊 甲状腺片 芬太尼(贴剂)

重组人粒细胞集落刺激因子 多烯磷脂酰胆碱 甘草酸二铵 地榆升白片 α-干扰素 回生口服液 参芪十一味颗粒 贞芪扶正颗粒(胶囊、片)、螺旋藻胶囊(片)(限其中一种)中草药

肾透析

【限额标准】5000元/月,每增加一个病种在最高病种限额基础上增加60%限额

【准入标准】

一、慢性肾功能衰竭诊断

慢性肾衰竭是各种肾脏疾病持续发展的共同转归,主要表现为代谢产物潴留,水、电解质和酸碱平衡失调及全身各系统症状,慢性肾衰竭发展到终末期时,称为尿毒症。

二、透析指征

1. 非糖尿病慢性肾衰竭参保者开始进行规律透析的指征是 GFR≤10ml/min 或血肌酐>707mol/L,同时出现生活质量下降表现如疲乏、失眠、软弱无力、皮肤瘙痒和进行性营养不良(包括厌食、体重减轻或血清白蛋白降低)。若已出现尿毒症脑病、浆膜炎、神经病变如感觉与运动异常、难治性高血容量、心力衰竭、反复发生高钾血症(血钾≥6.5mmol/L)或严重代谢性酸中毒($HCO_3^- ≤13mmol/L$)时则应立即开始透析治疗。

2. 糖尿病慢性肾衰竭参保者开始进行规律透析的指征是 GFR10～15ml/min,若尿毒症症状、营养不良明显或难治性水肿药物治疗无效则 GFR15～20ml/min 就应开始透析。

【诊疗项目】

1. 血常规;

2. 出凝血时间;

3. PT系列;

4. 大便常规及潜血;

5. 肝肾功能、血糖、血脂测定;

6. 血电解质、CO_2-CP测定;

7. 病毒性型肝炎检测;

8. 心电图；

9. 腹部 B 超；

10. 胸片；

11. 超声心动图；

12. 腹透液常规、培养＋药敏；

13. iPTH。

【一体化治疗】

一、血液净化项目

1. 血液透析；

2. 腹膜透析；

3. 常规治疗（静脉、肌注、皮下注射、吸氧、换药）；

4. 长期透析通路手术及导管、碘伏帽、肝素帽。

二、药物

重组人红细胞生成素（重组人促红素）　叶酸　骨化三醇　左卡尼汀　肝素钠　低分子肝素　生理盐水　葡萄糖　腹膜透析液　碳酸钙　尿激酶　氯化钠　生血宁片　葡萄糖酸钙　蔗糖铁　右旋糖苷铁　硫酸亚铁　多糖铁复合物　阿司匹林　双嘧达莫　普萘洛尔　美托洛尔　卡维地洛　卡托普利　依那普利　培哚普利　贝那普利　福辛普利　雷米普利　厄贝沙坦　缬沙坦　厄贝沙坦氢氯噻嗪　氯沙坦钾　替米沙坦　尼群地平　硝苯地平　维拉帕米　地尔硫卓　左旋氨氯地平　非洛地平　氨氯地平　西尼地平　氢氯噻嗪　呋噻咪　吲达帕胺　螺内酯　哌唑嗪　可乐定　复方硫酸双肼屈嗪　复方利舍平氨苯蝶啶　辛伐他汀　阿托伐他汀　非诺贝特　硝酸甘油　单硝酸异山梨酯　利舍平　脂必妥　血栓心脉宁胶囊（片）　银杏叶滴丸（片、胶囊）　脑心通丸（胶囊、片）　地奥心血康胶囊　珍菊降压片　尼莫地平　氯吡格雷　缬沙坦氨氯地平　瑞舒伐他汀　稳心颗粒（胶囊、片）　地奥心血康软胶囊　氨苯蝶啶　氨氯地平贝那普利片（Ⅱ）　脂必泰　复方丹参颗粒（胶囊、片、滴）　速效心痛滴丸　通心络胶囊（片）　养血清脑丸（颗粒）　血脂康胶囊　拉西地平　氟伐他汀　华法林　参松养心胶囊　麝香保心丸　心达康胶囊（片、滴丸）　中草药

肝硬化

【限额标准】200 元/月，每增加一个病种在最高病种限额基础上增加 60％限额

【准入标准】

1. 有病毒性肝炎、长期酗酒、血吸虫病或其他肝硬化的病因。

2. 有肝功能减退的临床表现，如食欲减退，营养不良，牙龈、鼻出血，女性月经过多，慢性肝病面容，蜘蛛痣，肝掌等。

3. 早期肝大、质地硬。

4. 有门脉高压症的临床表现：腹壁静脉曲张、脾大、腹水。

5. 肝功能检查有异常发现：白蛋白减低、球蛋白增高、白/球比值减低或倒置。

6.B超或CT检查符合肝硬化:早期肝大,晚期肝缩小,肝裂增宽,左右叶比例失调,肝表面凹凸不平,脾大,腹水。

7.肝穿刺活组织检查:有假小叶形成。

注释:符合1~5项中2项加第6项或第7项可诊断。

【诊疗项目】

大肝功能、肝胆脾黑白/彩B超、AFP。(每三个月一次)

【用药目录】

联苯双酯　熊去氧胆酸　甘草酸二铵　氢氯噻嗪　螺内酯　呋塞米　水飞蓟宾　护肝颗粒(胶囊、片)　普萘洛尔　消炎利胆片　中草药

4.门诊慢特病的费用管理

参保者领取慢特病种卡后即可开始享受门诊慢特病统筹待遇。接诊医师接诊时应严格核对慢特病种卡信息,与就诊人比对,确保相符。规范书写慢特病病历。所有医嘱应符合医疗保险经办机构规定的检查、化验、药品、治疗范围,不得出现大处方等违规行为。医院医疗保险管理部门应指定专人管理门诊慢特病,建立监督管理制度。利用信息系统监控模块和报表系统对门诊慢特病经治医生诊疗行为及费用情况进行动态监控。对于异动情况,可组织医疗保险管理委员会专家检查门诊慢特病病历,进行"三合理"评价,并按规定落实奖惩。

(三)门诊慢特病就医流程图

示例 16－6　某省综合性三甲医院门诊慢特病鉴定及就医管理流程

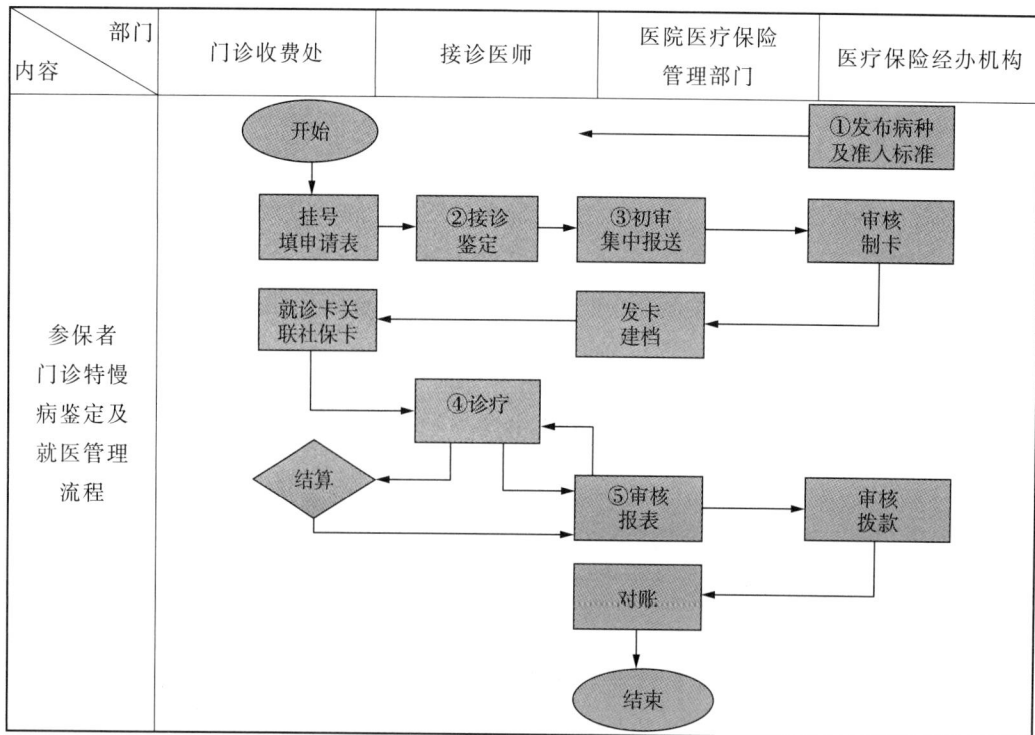

（续表）

内容 部门	门诊收费处	接诊医师	医院医疗保险管理部门	医疗保险经办机构
关键节点	门诊慢特病鉴定及就医关键节点说明			
①	（1）确定病种之前，医疗保险经办机构通常会集中调研，咨询医学专家意见。定点医疗机构要提供真实可靠的数据资料，为其决策提供依据。 （2）门诊特慢病配套的管理办法、支付方式等须做详细、深入学习。			
②	（1）注意核实参保者真实身份及其提供疾病证明资料的完整性、真实性。 （2）严格按照医疗保险经办机构发布的准入条件进行鉴定。			
③	（1）审核资料的完整性。 （2）审核医师的签字、盖章真实性。 （3）与参保者说明制卡完成的大致时间周期，并提供方式供其查询。			
④	（1）最重要，为核心节点。 （2）核对参保者身份信息，防止冒名等骗保行为发生。 （3）禁止大处方。在医疗保险经办机构发布的诊疗目录、药品目录范围内开具处方。如开具自费处方，须向参保者说明，并签字同意。 （4）有条件地区实行诊间预约检查、化验，诊间扣费。			
⑤	（1）利用医疗保险信息系统监管模块对诊疗行为进行严格监控，发现问题反馈接诊医师，督促改进。 （2）建立定期抽查机制，防止出现大处方等现象。 （3）统计分析，及时发现数据异动，确保信息安全。			

第三节　住院就医管理

对于医疗保险经办机构与定点医疗机构来说，对住院就医的管理力度往往大于门诊就医管理，原因在于参保者病情的严重性、住院诊疗的复杂性及长期性、住院费用的大额性。对住院就医的管理，要着重把控入院时的身份审核，确保在院期间医疗行为的合理性。

一、入院管理

（一）身份审核

定点医疗机构应根据参保者就医流程设定医疗保险身份审核环节。

1. 经治医师审核

经治医师在确定参保者病情符合住院标准后为参保者开具住院通知单（示例 16 - 7），在开具住院通知单时应要求参保者出示身份证、社保卡等医疗保险身份证明供医师比对。核实无误后勾选相应的医疗保险身份类型（职工身份、新农合身份、单病种身份等）对于外伤参保者，除了要如实记录受伤的时间、部位、原因等信息外，还要视情况决定是否享受医疗保险待遇（下见特殊情况及其处理）。

2. 入院登记处审核

为简化参保者就医环节,参保者持住院通知单直接在入院登记处办理入院手续及医疗保险登记已经成为定点医疗机构的普遍做法。收费员须经过医疗保险集中培训方能上岗。入院登记处工作人员须核对参保者身份证、社保卡等证件,并根据医师开具的住院通知单注明的医学诊断及医疗保险身份类型登记电脑。

3. 病区接诊护士(经治医师)审核

参保者抵达病区时,接诊护士在开始护理评估工作之前须再次核对相关身份证明。

(二)特殊情况及其处理

1. 医疗保险身份信息补录

参保者由于急诊等特殊情况在办理入院手续时未携带医疗保险身份证明,出于以人为本的考虑,应先予入院治疗,并向参保者或其家属说明医疗保险身份信息补录的时间期限及所需要的证件。从医疗保险经办机构和定点医疗机构来说,医疗保险补登记的手续办理越及时越好,确保参保者及时享受医疗保险待遇,满足医疗保险经办机构实时上传的要求。此外,定点医疗机构 HIS 系统针对不同身份参保者在院诊疗过程的管理,存在不同的系统设定,因此应尽量缩短医疗保险补登记的时间,以实现信息系统监控及管理,确保诊疗行为符合既定规范要求。

2. 参保者骗保、套保行为

接诊医师或入院登记处工作人员、医院医疗保险管理部门工作人员发现患者冒名住院、提供虚假疾病证明时,应按照医疗保险相关政策进行处理,拒绝为其办理相关的医疗保险登记手续,视情节通知医疗保险经办机构甚至向公安机关举报。

3. 医疗费用应由第三方承担的情况

2011 年 7 月 1 日施行的《中华人民共和国社会保险法》对医疗保险特殊情况做了规定,"医疗费用依法应当由第三人负担,第三人不支付或者无法确定第三人的,由基本医疗保险基金先行支付。基本医疗保险基金先行支付后,有权向第三人追偿"。鉴于此类情况一般较为复杂,定点医疗机构无法完全验证参保者主诉的真实性,一般来说,定点医疗机构遇到这种情况应当事先与医疗保险经办机构协商备案。

4. 入院时不能明确诊断、病种者

由于当前基本医疗保险、生育保险、工伤保险、按病种付费等医疗保险类型对病种存在不同的界定,对于入院时不能确定诊断或病种者,可先视为自费患者,入院明确诊断后尽快更改其医疗保险身份(示例 16-8)。

示例 16-7　　　××医院住院通知单样式

费用类别:	省职工医保□　市居民医保□　省生育保险□　异地职工医保即时结报□			
	市职工医保□　大学生居保□　市生育保险□　市工伤保险□			
	普通新农合□　新农合按病种付费□　自费□			
姓名:		男□　女□	出生日期:　年　月　日	
科别:	病区:	床号:	急诊□　慢诊□	预交住院费　　元

（续表）

详细地址：		
身份证号码：		
简明病情：	主要理学检查：	
门诊拟诊：	医生：	年 月 日

特别告知：

1. 请各类医保、新型农村合作医疗患者在办理住院手续时,主动出示社保卡、参合卡等医保身份证件,否则所发生费用按自费处理。

2. 居民医保、大学生居保患者,凭社保卡/身份证办理住院手续(16 岁以下居民医保凭户口簿办理住院)。

3. 市工伤保险患者须递交《工伤职工继续住院治疗申请表》。

4. 急诊患者如病情紧急未带社保卡,可先办理住院手续,但 24 小时内须到入院处或医保办补交社保卡。逾期不能办理。

5. 请患者以真实姓名、性别、出生日期办理住院手续。经过住院确认后不能修改。

6. 住院期间,因病情需要可能会使用自费药品、材料以及诊疗项目等。

7. 请保存好住院预交金收据,出院时凭预交金收据结账。

以上内容已阅知无异议,请患者或患者家属签字：_____

示例 16-8　　参保者入院诊断未能明确的情况处理

某医院夜间急诊收治一名女性参保者,参保者面色苍白、大汗淋漓,血压下降;主诉腹部疼痛。接诊医师立即收治其住院检查治疗。参保者拟诊异位妊娠待查,但暂不能完全排除阑尾炎等诊断可能。对于参保者来说,如其诊断明确为异位妊娠,享受的是生育保险待遇;如诊断为阑尾炎,则享受基本医疗保险。急诊入院登记处工作人员在为其办理入院手续时,暂不为其录入医疗保险身份信息。等明确诊断为异位妊娠后,床位医师提供书面证明,参保者携证明材料到入院登记处补录生育保险身份信息。

二、在院管理

（一）严控入、出院标准

定点医疗机构应严格执行入出院标准。一方面要根据首诊负责制与医疗保险服务协议规定,不得以任何理由拒绝、推诿符合入院指征的参保者住院治疗;也不得降低入院标准、诱导住院和挂床住院。另一方面定点医疗机构不得无故延长符合出院标准的参保者住院时间。

（二）规范诊疗行为

2011 年 7 月 1 日实施的《中华人民共和国社会保险法》第三章第三十一条明确指出,"社会保险经办机构根据管理服务的需要,可以与医疗机构、药品经营单位签订服务协议,规范医疗服务行为。医疗机构应当为参保人员提供合理、必要的医疗服务"。据此,医疗保险经办机构开始逐步采用智能稽核软件,对定点医疗机构诊疗服务行为进行全方位监控。定点医疗机构要按照医疗保险政策规定、服务协议约定条款为参保者提供服务。医院必须制定一系列核心制度来保障医疗质量,确保参保者医疗安全。加强抗生素等药品,以及高值耗材的专项管理。根据医疗保险服务协议规定,合理控制参保者的出院带药量。对于按病种付费方式的病种,要严格按照规定的诊疗方案或临床路径规范诊疗行为。通过规范化的管理,才能实现医院的社会效益;达到医疗保险经办机构的考核要求、降低拒付率,保障医院医疗保险基金的安全。

（三）身份及在院情况督查

医院医疗保险管理部门定期组织人力深入病区检查在院参保者的医疗保险证明,与在床参保者比对,防止蓄意假冒或串换身份住院。平时要加强医疗保险政策的宣传,住院参保者不能随意外出甚至夜不归宿,违规"挂床住院",参保者外出检查或因特殊情况不在床位者,须向床位医师请假并留字据备查。

（四）自费告知

医疗保险事业作为一项民生工程,政府与医疗保险经办机构通过出台各项政策降低参保者自付比例。为保障参保者合法权益,各统筹地区医疗保险经办机构普遍做法是规定定点医疗机构使用医疗保险目录外的药品和诊疗项目应履行告知义务,征得参保者或其家属同意并签字确认方可使用并收费。未经过告知同意的自费费用,参保者有权拒付。定点医疗机构要充分履行告知义务,切实保障参保者的知情同意权。

（五）规范收费

各级物价部门制定的收费标准和依据已经成为定点医疗机构执行拒付手段的重要依据和参考,定点医疗机构应严格按照物价部门规定的项目、标准收费,不能超标准或分解项目收费。

（六）预缴金管理

为减轻参保者经济负担,减少参保者垫付资金,定点医疗机构通常在收费系统中设定参保者住院预缴金比例,应由医疗保险基金承担的部分不需参保者预缴。在部分统筹地区,已经开始施行"先治病、后交钱"的模式,该工作如能顺利推开并保持可持续发展,将进一步惠及广大参保者,更有利于社会诚信体系的建设。

（七）费用审核

临床科室经治医师和主班护士在参保者出院结算之前审核参保者收费清单,并请参保者确认核实;医院医疗保险管理部门审核人员也须审核参保者费用,确保临床诊疗及收费行为符合医疗保险政策法规及医疗保险服务协议,发现问题立即通知所在科室自查纠正,整改完成后才能给予结算。

示例 16－9　××省级三甲医院关于加强出院患者费用复核工作的通知

院发〔20××〕××号

各处（科）室、所、中心、分院：

为加强医院医药价格管理,落实院务公开及价格公示工作,根据××文件要求,实行出院患者费用复核管理。

一、管理流程

(一)患者出院前,由所在病区主班护士对患者住院总费用进行复核,对未执行的医嘱要及时清退,确保收费准确无误。

(二)确认患者住院费用无误后,病区打印"住院费用总清单",出具"出院通知单"并加盖"××医院住院患者费用复核专用章",主班护士及患者(家属)确认后签字。

(三)患者持上述"两单"、全部预交金收据及医保证(卡)到住院收费处办理出院结账手续。

二、管理责任与考核

各病区应认真履行管理责任,切实落实管理工作。医院将不定期组织督查工作,对未履行费用复核职责,造成患者不满或收费投诉的,一经查实,将追究责任人的责任,纳入责任人所在科室绩效考核,并与奖金分配挂钩。年终考核优秀的部门和责任人将予以表彰和奖励。

特此通知。

××医院

××××年××月××日

(八)提供发票等票据

参保者出院结算后,除了经治医师提供的出院小结外,定点医疗机构应该提供发票、医疗费用清单、医疗保险结算单(示例16-10)等票据。

示例16-10　　××省××市城镇职工基本医疗保险出院结算单

定点医疗机构名称:　　　　生成时间:　年　月　日　　　　　　单位:元

姓名		性别		年龄		职工状态	
医疗保险号			单位名称				
住院号		入院时间		出院时间		住院天数	
出院诊断			本年度第　次住院				
统筹基金已支付费用总额			医疗救助已支付				
本次医疗费用总额　元　其中统筹共付段费用　元						进入医疗救助费用 　元	
住院个人预付金			自费项目费用　元				

	费用段	分段计算	个人支付金额		统筹支付金额	
		金额（元）	比例（%）	金额（元）	比例（%）	金额（元）
进入统筹支付范围费用总额分段支付情况	0～起付标准					
	0～27328					
	27328～82000					
	医保限额					
	特殊材料					
	合计					
医疗救助基金支付段	0～10万					
	医保限额					
	10万～21.8万					
	医保限额					
	特殊材料					
	合计					
本次统筹基金支付总额	万　千　佰　拾　元　角　分（小写：　　　元）					
医疗救助基金支付金额	万　千　佰　拾　元　角　分（小写：　　　元）					
个人支付总额	万　千　佰　拾　元　角　分（小写：　　　元）					

参保者签名：　　　　　　　　　　　　　　　　　　　　　　定点医疗机构（盖章）

三、就医流程示例

示例 16－11　某省综合性三级甲等医院参保者住院就医管理流程

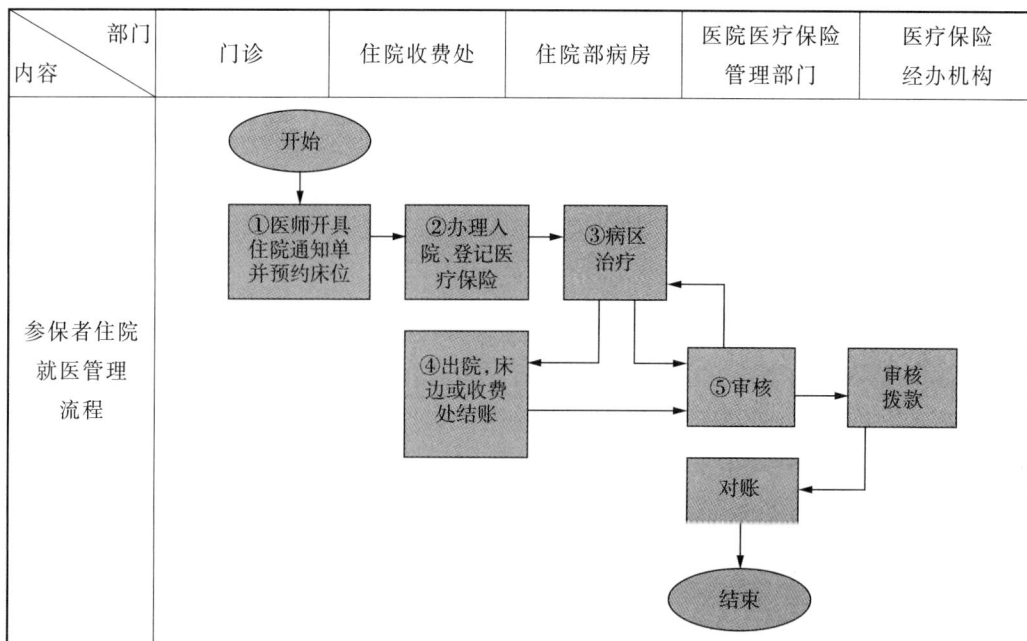

（续表）

内容＼部门	门诊	住院收费处	住院部病房	医院医疗保险管理部门	医疗保险经办机构
关键节点	参保者住院就医管理关键节点说明				
①	（1）开具住院通知单之前,接诊医师应要求参保者出示身份证明。此环节的核对非常重要,原因在于此环节能确保身份证明与参保者本人比对,此后环节可能由参保者家属代办。 （2）接诊医师根据参保者医疗保险身份证明及疾病诊断勾选相应医疗保险证明。证件不全者暂按自费身份勾选。				
②	（1）核实参保者住院通知单勾选身份类型与提供证件比对。 （2）生育保险、工伤保险、异地医疗保险等医疗保险类型可能需要住院之前履行备案。 （3）证件不全者,工作人员一次性说明补办的时限及所需资料。				
③	（1）为重要核心节点。 （2）接诊护士（经治医师）——须再次核对参保者医疗保险身份。 （3）规范诊疗行为。做到基本用药、基本技术、基本服务;因病施治、合理检查、合理治疗、合理用药。 （4）病区即预约好检查、化验项目,方便参保者就医。 （5）自费项目需告知参保者征得同意签字后方可使用。				
④	（1）属于医疗保险支付范围内的费用按相应医疗保险政策即时结算。 （2）部分统筹地区需要收取参保者住院发票等资料供统筹地区核对。 （3）有条件的地区试点床边结账。				
⑤	（1）严格审核临床诊疗行为是否符合医疗保险政策规定。 （2）统计分析,及时发现数据异动。防止计算机公式出错。 （3）注意加强对临床科室医疗保险质量管理状况的反馈,督促改进。				

第四节　转诊、转院管理

由于经济社会发展的地区差异性、人口自然或临时流动、医疗资源分布尚不均衡以及参保者就诊习惯等原因,部分参保者并不局限于参保地就诊及享受医疗保险待遇,实现跨属地就医。医疗保险经办机构针对此群体制定了相应的管理办法。

一、异地安置

（一）异地安置定义

医疗保险异地安置指的是在医疗保险体系尚未实现全国统筹的情况下,参保者在外地居住或工作一定时间长度以上,对此类人员需要通过特殊的异地安置手续来解决异地就医问题。需要易地安置的参保者可向用人单位提出办理异地安置申请,从医疗保险属地经办机构领取申请表,选取居住地符合指定条件的定点医疗机构,并向属地医疗保险经办机构备案。在选取的定点医疗机构就医后,按规定享受属地医疗保险待遇。

(二)异地安置的管理

被选取为异地安置定点医疗机构后,定点医疗机构医院医疗保险管理部门须在参保者异地安置申请表(示例16-12)上盖章,并注明医院等级和联系人、联系方式,方便属地医疗保险经办机构查对。

二、异地转诊

(一)异地转诊定义

医疗保险异地转诊是由于定点医疗机构技术和设备条件限制,参保者患有在本统筹地区不能诊治的疾病,须按规定流程转到其他统筹地区就医,诊疗结束后回统筹地区享受医疗保险待遇。随着国家大力推行分层诊疗政策,对于参保者的转诊管理将进一步加强。

(二)异地转诊的管理

参保者提交异地转诊申请表(示例16-13)后,定点医疗机构临床科室须经过讨论,床位医师填写病情介绍及转外诊疗建议,并通过科室主任签字同意后到医院医疗保险管理部门、医疗保险经办机构备案。异地就医结束后,参保者凭住院发票、医疗费用清单等票据回参保地医疗保险经办机构报销医疗费用。

示例 16-12　××市城镇职工基本医疗保险异地安置申请表

填表时间：　年　月　日

社会保障卡号		姓名		性别	
单位或居住地 居委会意见		签字(章)		退休时间	
申请安置地区		报销联系人		联系电话(手机)	
居住地详细地址					
特殊病门诊定点 医院名称					
居住地医院名称			医院级别	盖章	
居住地医保经办机构意见	以上医院是当地医保定点医院 签字(章) 年　月　日				

（续表）

××市医保中心意见	
	签字（章） 年　月　日

示例 16－13　××市城镇职工基本医疗保险异地转诊申请表

姓名		性别		年龄	
社会保障卡号				入院日期	
科别		床号		住院号	

病情摘要及转院理由：
    经治医师签名： 年　月　日

拟转入医院（科）：	患者或委托人签字：

科室意见：
   科主任签名： 年　月　日

医院医保办意见： （章） 年　月　日	医保中心审批意见： （章） 年　月　日
所在单位或户口所在居委会意见： （章） 年　月　日	

三、异地急诊

参保者在参保地以外的地区突发急、危、重疾病,需要立即在当地接受诊疗,此时来不及履行异地转诊手续,必须及时向统筹地区医疗保险经办机构履行口头备案,诊疗结束规定时间(如30天)内向统筹地区医疗保险经办机构申请享受医疗保险待遇。

第十七章 生育保险及工伤保险管理

第一节 生育保险概述

妇女生育是人类社会实现自我繁衍与持续生存繁荣的自然生理行为。妇女的生育行为存在身体损害甚至生命损害的自然风险,以及中断劳动,失去劳动收入的社会风险。国家和社会通过建立生育保险制度,对妇女在生育期间给予必要的保障作为一项基本的社会保障政策,充分体现了文明国家和社会对妇女的人性关怀。

一、生育保险定义及发展历程

(一)生育保险定义

生育保险是国家通过立法,对怀孕和分娩的妇女劳动者暂时中断劳动时,由国家和社会提供医疗保健服务、生育津贴和产假,以保障母婴基本生活,促进生育妇女体质和工作能力恢复的一种社会保险制度。

生育保险包含了医疗保健、生育津贴、产假等保障待遇,因此新型农村合作医疗对参合产妇住院分娩实行定额补助的政策(示例 17-1),并不属于本章节讲述的生育保险范畴。

示例 17-1 安徽省新型农村合作医疗住院分娩补贴政策

根据安徽省新型农村合作医疗统筹补偿方案,参合产妇住院分娩(含剖宫产)定额补助 500 元。分娩合并症、并发症,其可补偿费用的 1 万元以下的部分按 40% 的比例给予补偿,1 万元以上的部分按同级医院疾病住院补偿政策执行,但不再享受定额补助。

(二)生育保险发展历程

新中国成立以来,生育保险一直是我国社会保险体系中的重要组成部分。1951 年 2 月原中华人民共和国政务院(现为国务院)颁布的《中华人民共和国劳动保险条例》(政秘字 134 号命令,1953 年修订)第十六条对企业女职工生育待遇作了规定。1994 年颁布的《中华人民共和国劳动法》明确要建立生育保险制度。原劳动和社会保障部于 1994 年 12 月颁布了《企业职工生育保险试行办法》(劳部发〔1994〕504 号),对企业职工生育保险的基本原则、实施范围、待遇标准、基金管理、监督机制等作出了明确规定。

2011 年 7 月 1 日施行的《中华人民共和国社会保险法》明确规定:"国家建立基本养

老保险、基本医疗保险、工伤保险、失业保险、生育保险等社会保险制度,保障公民在年老、疾病、工伤、失业、生育等情况下依法从国家和社会获得物质帮助的权利",并在第六章详细规定了生育保险的覆盖范围、筹资和待遇项目,将生育保险正式纳入法制化管理的轨道。

二、生育保险基本政策

(一)参保对象及筹资渠道

1. 参保对象

生育保险的参保对象包括国家机关、企事业单位、社会团体、民办非企业单位、有雇工的个体工商户等职工,包括女职工与男职工。

2. 筹资渠道

生育保险基金由用人单位缴费筹集,职工个人不缴纳生育保险费。

(二)待遇保障

1. 生育医疗费用统筹

生育保险基金对参保职工生育或计划生育医疗费用进行统筹支付时,需要遵循特定的药品目录、诊疗项目目录及医疗服务设施范围,简称"三个目录"。目录内的医疗费用由生育保险基金按规定承担(示例17-2),目录以外的费用由参保职工自付。从各地实践经验来看,生育保险的"三个目录"大多在基本医疗保险目录的基础上,对产前检查、生育、计划生育的费用进行特殊规定后实施。

(1)产前检查费用

产前检查费是指参保女职工在围产期保健过程中,为了优生优育,定期到定点医疗机构进行身体检查,监测母体与胎儿健康情况所产生的相关医疗费用。

(2)生育费用

住院生育医疗费用主要包括接生费、手术费、住院费等。接生费主要指医生或助产人员在参保女职工分娩时,为产妇娩出新生儿提供协助与服务的费用。手术费主要指分娩过程中的手术费用,如会阴切开术、剖宫产术。住院费是指产妇在分娩期间住院的床位费、诊查费、检查化验费等。涉及特需服务、高端服务所产生的费用,不属于生育保险基金支付范围。

示例17-2　××省××市生育保险生育医疗费用统筹范围

序号	项目	备注
1	产前检查	含测血压、体重、尿常规、血常规、生化全套、免疫三项、B超等
2	顺产	
3	助娩产	
4	剖宫产	
5	生育并发症	三个目录内根据目录据实结算
6	生育当期合并症	

（3）计划生育手术费用

计划生育手术费即参保职工响应国家计划生育政策号召而实行避孕、节育的手术费用，主要包括实行计划生育放置（取出）宫内节育器、人工流产术、引产术、绝育术和复通术所发生的医疗费用（示例 17-3）。

示例 17-3　××省××市生育保险计划生育医疗费用统筹范围

序号	项　目	备　注
1	3 个月以下流产	
2	放置和取出宫内节育器	宫内节育器取出伴有嵌顿、断裂、变形、异位或绝经期 1 年以上者住院费用根据目录据实结算
3	10 周以下住院流产	
4	10～28 周住院流产	
5	结扎术	
6	复通术	
7	计划生育手术当期并发症	三个目录内根据项目据实结算

2. 生育津贴

生育津贴是参保女职工因生育或计划生育手术离开工作岗位期间，生育保险基金给予发放的现金补助。我国生育津贴的支付标准按本企业上年度职工月平均工资水平支付，发放期限根据生育或计划生育类型而定。原本国家大部分地区对晚婚、晚育、领取独生子女证的参保妇女实行适当延长生育津贴支付期限的鼓励政策。2015 年 10 月 29 日中国共产党第十八届中央委员会第五次全体会议通过会议公报，提出"全面实施一对夫妇可生育两个孩子政策"。该项鼓励措施可能随着新的生育政策出台而调整。

（三）结算及付费方式

1. 结算方式

定点医疗机构与生育保险经办机构联网即时结算已经成为主流结算方式。为方便参保职工，因家庭原因或本地医疗条件限制需要到统筹地区以外的医疗机构生育的，由参保职工提出申请，经生育保险经办机构备案，可在生育结束后凭所在医院的有效票据、出院小结等材料回统筹地生育保险经办机构申请统筹待遇。

2. 付费方式

（1）限额下按项目付费

按项目付费目前仍然是最主要的付费方式之一。在生育保险中，按项目付费方式并非特指单纯的按项目付费。生育保险经办机构往往在按项目付费的基础上加上最高限额的限制（示例 17-4）。生育保险目录范围内的医疗费用据实结算，超过最高限额部分的费用以及目录以外的医疗费用由参保职工自行承担。生育并发症、合并症等特殊情况不受限额的限制。

（2）按病种付费

生育保险实行按病种付费是将每种生育或计划生育方式视为一个病种,生育保险经办机构与定点医疗机构约定每个病种的定额,按照定点医疗机构的服务量支付相应数量的定额,参保职工只需承担该定额很小比例的费用。此种付费方式不受生育保险目录限制,由定点医疗机构发挥主观能动性统筹把握,鼓励定点医疗机构主动控制生育医疗费用。部分省市已经推广"生孩子不花钱"模式,生育保险经办机构只支付定额给定点医疗机构,参保者不需承担生育医疗费用(特需服务除外),该保障方式充分体现了生育保险制度的公益性。

示例 17－4　　××省××市生育保险付费标准

分类	项　目	付费标准（单位:元）	备注
	产前检查	800	包括:测血压、体重、尿常规、血常规、生化全套、免疫三项、B超等
	3个月以下流产	300	
	放置和取出宫内节育器	120	宫内节育器取出伴有嵌顿、断裂、变形、异位或绝经期1年以上者住院费用按项目据实结算
住院	10周以下住院流产	500	
	10～28周住院流产	1000	
	顺产	3000	
	助娩产	3500	
	剖宫产	5000	
	结扎术	1500	
	复通术	3500	
	生育并发症		三个目录内根据项目据实结算
	计划生育手术当期并发症		
	生育当期合并症		

第二节　生育保险定点医疗机构的管理

生育保险政策必须在定点医疗机构得到贯彻落实,定点医疗机构对生育保险的管理主要集中在就医流程的控制与生育保险基金的管理上。在日常的管理工作中,定点医疗机构要自觉核对参保者身份类型,规范诊疗行为,努力完成生育保险经办机构的考核指标,维护医院生育保险基金安全。

一、生育保险备案

(一)备案地点

参保职工享受生育保险待遇之前,必须按照生育保险经办机构规定履行备案手续。经办备案手续的地点因统筹地区不同而存在差异,有的统筹地区为方便参保职工,直接将备案地点前置于定点医疗机构;也有统筹地区的生育保险经办机构承担此项工作。

示例 17－5　××市生育保险参保职工生育备案表

参保单位名称:　　　　　　　　　　　　　　　　填表日期:　年　月　日

职工姓名		社会保障卡号		结婚证字号	
身份证号		生殖保健服务证(或生育证号)			
末次月经时间	年　月	预产期时间		年　月	
产前检查定点医院		生育定点医院			
备案人签名		联系电话			

备注:

1. 本地生育到定点医院备案。备案材料:社会保障卡、生殖保健服务证或生育证、结婚证、孕产妇保健手册;二孩生育备案另提供生育证复印件、结婚证复印件、孕产妇保健手册初诊记录复印件。

2. 异地生育到××市人力资源和社会保障局办事大厅备案。

备案材料:社会保障卡、生殖保健服务证或生育证、结婚证、孕产妇保健手册、单位证明(异地生育原因)。

(二)备案材料

一般来说,备案时需要的材料为参保者结婚证、准生证、孕产妇保健手册、社会保障卡等。查验结婚证、准生证的目的是确保生育或计划生育手术合法合规;而孕产妇保健手册则说明了参保职工确切的怀孕时间以及预产期;备案经办人员须认真核对社会保障卡与参保职工的对应性,确保人、证合一。

二、参保者就医管理

参保者就医的管理在本书第十六章有详细介绍,此处就生育保险参保职工若干重点的管理作简要介绍。

(一)确保身份类型正确

参保者在门诊挂号时或办理入院手续时,收费员须甄别参保者医疗保险身份类型。目前医疗保险身份类型较多,各类医疗保险的管理要求不尽相同,医疗保险类型的管理和信息监控基本上是根据参保者身份类型进行对应进行的,一旦身份类型出错,此后的目录控制、就医监控、费用结算、信息上传等环节均会出错。

示例 17－6　特殊情况下参保孕妇身份类型的更改

××省直生育保险参保职工陈××在怀孕三个月时及时履行备案手续,自此在所选择的定点医疗机构开始产前检查并实时统筹报销每次产前检查费用。胎儿四个月时，产前检查表明胎儿停止发育，医生建议施行人工引产术。因此前该参保职工备案信息为正常的生育信息，目前面临计划生育手术，需要将备案信息更改为计划生育类型，否则将无法联网结算。在医院医疗保险管理部门的指导下，参保职工的丈夫携带相关的证明资料到生育保险经办机构将生育备案信息更改成计划生育备案信息后，医院医疗保险管理部门将其住院身份登记类型由"省直生育保险产前检查"更改为"省直生育保险计划生育"，参保职工顺利享受计划生育手术医疗费用统筹待遇以及津贴申领。

(二)规范诊疗行为

生育保险产前检查、计划生育手术或生育均需遵循生育保险"三个目录"，按照妇产科的医学指南或临床路径为参保职工提供诊疗服务。尤其是要规范抗生素的使用，预防和控制产褥感染，确保参保职工的母婴安全。医师不得开具大处方，出院带药的天数和品种不得超过生育保险经办机构的政策规定。

(三)控制剖宫产率等管理指标

自然分娩是人类自我繁衍生息过程中的一个正常生理过程，是人类的一种自然的、本能的行为。顺产具有并发症少、产后恢复快、刺激母乳分泌、促进婴儿健康、节省生育医疗费用等益处。由于现代社会文化各种因素影响，我国的剖宫产率自20世纪70年代以来增加了9倍。1985年世界卫生组织设定的剖宫产率警戒线为15%。2007年到2008年，世界卫生组织在全球范围进行了调查，在拉美、非洲、亚洲总共选了25个国家作为样本。结果显示，中国总剖宫产率为46.5%，为世界第一。根据英国著名医学杂志《柳叶刀》2010年的数据，中国25%的剖宫产并非出自医疗需要，是可以避免的。

鼓励自然生产、控制剖宫产率是国家卫生主管部门的政策导向，生育保险经办机构也对定点医疗机构提出管理要求，在协议年度内剖宫产率不能超过规定比例，否则将面临拒付风险。并发症率也是生育保险经办机构管理的重点，定点医疗机构要严格把握剖宫产指征，不得降低标准实施剖宫产手术，更不得伪造医学文书等证据，为不符合剖宫产的参保职工实施剖宫产手术。

(四)费用审核

医院医疗保险管理部门要借助信息系统管理软件或现场督察方式对生育保险参保职工在院接受诊疗过程进行监控及审核。审核的重点在于身份类型是否正确，剖宫产指征是否明确，限制性用药应用指征是否符合，出院带药是否超量等信息。发现问题与经治医师或责任护士联系，督促及时纠正。通过医院内部的审核流程，确保定点医疗机构的诊疗行为合规，最大限度地降低生育保险经办机构拒付的风险。

(五)就医流程

住院参保者通用就医流程在本书第十六章详细介绍，此处简要介绍门诊产前检查及门诊计划生育手术参保者的就医流程。

示例 17-7　××省综合性三甲医院生育保险参保者门诊产前检查流程

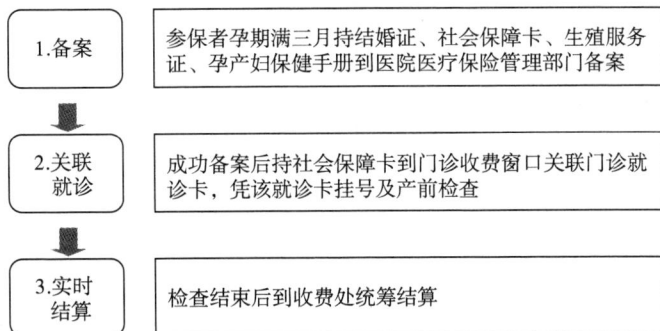

1.备案	参保者孕期满三月持结婚证、社会保障卡、生殖服务证、孕产妇保健手册到医院医疗保险管理部门备案
2.关联就诊	成功备案后持社会保障卡到门诊收费窗口关联门诊就诊卡，凭该就诊卡挂号及产前检查
3.实时结算	检查结束后到收费处统筹结算

示例 17-8　××省综合性三甲医院生育保险参保者门诊计划生育手术流程

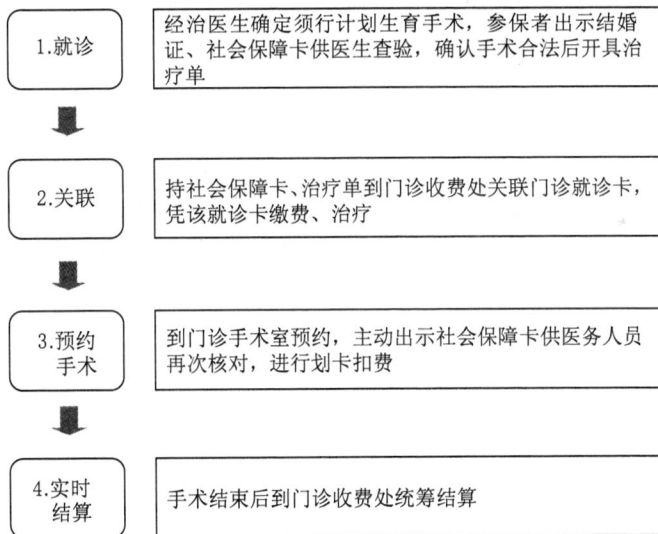

1.就诊	经治医生确定须行计划生育手术，参保者出示结婚证、社会保障卡供医生查验，确认手术合法后开具治疗单
2.关联	持社会保障卡、治疗单到门诊收费处关联门诊就诊卡，凭该就诊卡缴费、治疗
3.预约手术	到门诊手术室预约，主动出示社会保障卡供医务人员再次核对，进行划卡扣费
4.实时结算	手术结束后到门诊收费处统筹结算

三、生育保险基金管理

（一）加强宣传培训

1. 对产妇及其家属的宣传

由于生育保险由用人单位全额缴费，不需参保者个人承担保费，加上生育保险参保率不及基本医疗保险，生育保险经办机构以及用人单位宣传力度不够等原因，许多参保者虽参加了生育保险，但对生育保险政策内容了解甚少，甚至不清楚自己是否参保。因此往往在就医过程中出现一些不必要的疏忽和误解，如就医时未及时出示社会保障卡并说明医疗保险身份类型，导致自费身份就医，影响了生育保险待遇的及时享受。这就要求医院医疗保险管理部门以及医护人员必须准确理解、掌握生育保险政策,并对参保者及其家属宣传。

生育保险定点医疗机构应在医院显要位置悬挂生育保险定点资格标牌,在妇产科诊区、门诊手术室、妇产科病房等地方张贴生育保险参保者就医流程及目录范围、统筹待遇标准。经治医师、责任护士对自费身份的患者要进一步核实其是否参加生育保险,确保医疗保险身份类型无误。

另外,要加强对参保孕妇及其家属关于顺产、母乳喂养的好处宣传,鼓励自然生育,降低剖宫产率及手术并发症的发生,既有利于母婴健康,也有利于提高生育保险基金的使用效率。

2. 对医务人员的宣传培训

医院医疗保险管理部门要将生育保险政策及管理要求及时传达至妇产科医务人员。利用临床科室早会时间,深入病区宣传生育保险知识,反复向医护人员介绍医疗过程中需要注意的问题,如剖宫产的指征、各种生育方式的定额标准、剖宫产率考核指标、并发症控制指标、出院诊断录入格式及顺序等。只有提高医务人员对生育保险政策的熟悉程度,才能保证生育保险的政策执行力,确保临床诊疗行为符合生育保险经办机构的要求,避免生育保险基金超额,降低生育保险基金拒付率,维护医院基金安全。

(二)及时报送报表

医院医疗保险管理部门财务人员要在月初将上月生育保险报表导出打印,核对无误后在生育保险经办机构规定日期之前报送,以保证生育保险经办机构审核、拨款进度。

(三)基金运行分析

医院医疗保险管理部门要加强生育保险门诊、住院费用的监控,定期分析剖宫产率、并发症率、均次费用、自付比例以及基金超支额度。将分析结果汇报分管院长并通过医保简报、OA、短信平台、行政例会、住院总例会、护士长例会及时通报给临床科室,为临床科室完善管理提供客观依据。

(四)落实奖惩

1. 积极反馈拒付费用

对于生育保险经办机构日常审核或现场督察发现的涉嫌违规的拟拒付费用,医院医疗保险管理部门要及时联系临床科室经治医师,请其认真自查,及时将临床科室递交的反馈说明材料转交至生育保险经办机构,供其参考。对于临床诊疗行为缺陷导致的拒付费用,除了落实奖惩外,要协助科室分析拒付原因,努力避免再次发生。

2. 落实基金考核结果

对于临床科室因剖宫产率、并发症率超标被生育保险拒付费用,或者统筹基金超出生育保险定额导致基金超支的情况,医院医疗保险管理部门要组织医疗保险管理委员会专家检查病历,评价指标不达标或基金超支的合理性。如确因临床科室管理力度欠缺导致的结果,应严格执行奖惩措施;如因急危重症孕妇激增等不可抗因素导致不达标,则应减轻惩罚力度,并向生育保险经办机构反映,争取政策。

(五)畅通与生育保险经办机构沟通渠道

本着相互理解与尊重的原则与生育保险经办机构协作,共同为参保职工提供优质的服务。定点医疗机构应积极配合生育保险经办机构的调研和督查工作。对于医院医疗保险管理部门或临床科室发现的问题,要及时反馈生育保险经办机构。提供科学、客观的数据、资料,为其调整管理政策提供参考。

示例 17-9 安徽省职工生育保险暂行规定(2007年1月1日起施行)

安徽省人民政府令第 195 号

第一章 总则

第一条 为了维护职工的合法权益,保障女职工生育期间的基本生活和基本医疗保健需要,根据《中华人民共和国劳动法》《中华人民共和国妇女权益保障法》等有关法律、法规,结合本省实际,制定本规定。

第二条 本规定适用于本省行政区域内的国家机关、社会团体、企业事业单位、民办非企业单位、有雇工的个体工商户(以下统称用人单位)及其职(雇)工。

第三条 县级以上劳动保障行政部门主管本行政区域内的生育保险工作。

县级以上劳动保障行政部门所属社会保险经办机构(以下统称经办机构)具体承办生育保险业务。经办机构所需经费纳入同级财政预算。

财政、地税、人口计生、卫生、食品药品监督、物价等有关部门应当在各自职责范围内,协助做好生育保险有关工作。

第四条 生育保险基金的统筹层次与基本医疗保险基金的统筹层次保持一致,实行生育保险基金的统一筹集、使用和管理。

第五条 用人单位应当按照本规定参加生育保险,依法缴纳生育保险费。职工个人不缴纳生育保险费。

生育保险费的征缴按照国务院《社会保险费征缴暂行条例》《安徽省社会保险费征缴暂行规定》和国家及省有关规定执行。

第二章 生育保险基金

第六条 生育保险基金根据以支定收、收支平衡的原则筹集,纳入财政专户,实行收支两条线管理。

第七条 生育保险基金由下列各项构成:

(一)用人单位缴纳的生育保险费;

(二)生育保险基金的利息;

(三)延迟交纳生育保险费的滞纳金;

(四)依法纳入生育保险基金的其他资金。

第八条 生育保险基金用于下列支出:

(一)生育津贴;

(二)生育医疗费用;

(三)计划生育手术医疗费用;

(四)产假期间生育并发症和计划生育手术当期并发症的医疗费用;

(五)法律、法规、规章规定应当由生育保险基金支出的有关费用。

第九条　用人单位应当按月足额缴纳生育保险费。用人单位缴纳生育保险费的数额为本单位上一年度职工月平均工资总额乘以本单位生育保险费费率之积。

国家机关、全额拨款事业单位的费率在 0.4%；企业的费率在 0.8%～1% 之间，企业具体费率由各统筹地区人民政府确定；其他用人单位可选择上述某一种费率。

第三章　生育保险待遇

第十条　用人单位按照本规定参加生育保险，连续履行缴费义务，其职工本人生育或实施计划生育手术符合法律、法规规定的，享受本规定的生育保险待遇。

第十一条　按企业生育保险费费率缴费的用人单位，其女职工在产假期间，享受 3 个月的生育津贴；有下列情形之一的，增发生育津贴：

（一）分娩时符合医学指征实施剖宫产手术的，增加半个月的生育津贴；

（二）符合计划生育晚育条件的初产妇，增加 1 个月的生育津贴；

（三）多胞胎生育的，每多生育一个婴儿，增加半个月的生育津贴；

（四）在产假期间申请领取独生子女父母光荣证的，增加 1 个月的生育津贴。

按企业生育保险费费率缴费的用人单位，其女职工妊娠 3 个月以上 7 个月以下流产、引产的，享受 1.5 个月的生育津贴；3 个月以下流产或患子宫外孕的，享受 1 个月的生育津贴。

第十二条　月生育津贴标准为女职工生育或者流产、引产前 12 个月的平均缴费工资额。缴费不足 12 个月的，按实际缴费月的平均缴费工资额计算。

第十三条　按国家机关、全额拨款事业单位生育保险费费率缴费的用人单位，其女职工在产假期间不享受生育津贴，工资福利仍由用人单位发放。

第十四条　除依法由施行手术的单位承担的费用外，下列医疗费用从生育保险基金中支出：

（一）妊娠和分娩期间所必需的检查费、接生费、手术费、住院费和药费；

（二）施行计划生育手术的医疗费用；

（三）用人单位职工产假期间生育并发症的医疗费用和计划生育手术当期并发症的医疗费用。

但产假期满后需继续治疗的费用和产假期间治疗其他疾病的医疗费用，按照基本医疗保险办法办理。

第十五条　生育保险医疗费用支付范围按照《安徽省城镇职工基本医疗保险和工伤保险药品目录》《安徽省城镇职工基本医疗保险诊疗项目》《安徽省城镇职工基本医疗保险医疗服务设施范围和支付标准》的范围确定；超出规定范围的医疗费用，生育保险基金不予支付。

职工使用前款目录中的乙类药品及职工个人支付部分费用的诊疗项目所发生的费用，从生育保险基金中支付。

第四章　生育保险管理

第十六条　生育保险实行定点医疗机构和定点计划生育服务机构（以下统称定点服务机构）管理。定点服务机构由统筹地区劳动保障行政部门按照省劳动保障行政部门规定的条件和标准确定,经办机构与其签订定点服务协议。

第十七条　劳动保障行政部门应当会同卫生、人口计生、物价等有关部门,采取日常督查、定期检查以及对参保单位或者职工举报进行专查相结合的办法,对定点服务机构进行监督检查。

第十八条　用人单位职工在进行生育、计划生育手术时,应当到定点服务机构施行。因特殊情况需在非定点服务机构或转外地生育的,用人单位、职工或其亲属应当及时到经办机构办理有关手续。

第十九条　用人单位被依法宣告撤销、解散和破产以及因其他原因宣布终止的,未缴或欠缴生育保险费的,应当在资产清算时,按照统筹地区上一年度人均生育保险基金支付的生育保险待遇水平,清偿所欠职工的生育费用。

第二十条　用人单位、职工本人或者其委托人应当在职工生育、终止妊娠和施行计划生育手术后,及时向经办机构申请领取生育津贴和有关医疗费用。申领时需提交下列材料:

(一)职工本人身份证;

(二)计划生育有关证明;

(三)生育或施行计划生育手术医学证明;

(四)统筹地区劳动保障行政部门规定的其他材料。

受委托代为申领的被委托人,需提供申领人出具的委托书和被委托人的身份证。

第二十一条　经办机构应当自受理申请之日起 15 个工作日内,对申请材料进行审核,对符合条件的,核定其享受期限和标准,并支付有关费用;对不符合条件的,应当书面告知申请人。

第二十二条　经办机构审核申请人提交的材料时,需要定点服务机构出具有关证明和病情证明的,定点服务机构应当予以配合。

第五章　法律责任

第二十三条　用人单位违反本规定不参加生育保险,或者未按照规定申报应缴纳的生育保险费数额的,由劳动保障行政部门责令限期改正;情节严重的,对直接负责的主管人员和其他直接责任人员可处以 1000 元以上 5000 元以下的罚款;情节特别严重的,对直接负责的主管人员和其他直接责任人员可处以 5000 元以上 10000 元以下的罚款。

第二十四条　用人单位向经办机构申报应缴纳的生育保险费数额时,瞒报工资总额或者职工人数的,由劳动保障行政部门责令改正,并处以瞒报工资数额 1 倍以上 3 倍以下罚款。

第二十五条　参保单位或者职工骗取生育保险待遇或者骗取生育保险基金支出的,由劳动保障行政部门责令退还,并处以骗取金额 1 倍以上 3 倍以下的罚款;构成犯罪的,依法追究刑事责任。

第二十六条　定点服务机构有下列行为之一,由劳动保障行政部门责令退还,并处以骗取金额 1 倍以上 3 倍以下的罚款;情节严重的,取消其定点服务机构资格;构成犯罪的,依法追究刑事责任。

（一）将未参加生育保险人员医疗费用列入生育保险基金支付的；

（二）将不属于生育保险支付的费用列入生育保险基金支付的；

（三）出具虚假证明或虚假收费凭证的；

（四）违反医疗、药品、价格等管理规定的。

第二十七条　劳动保障行政部门和经办机构的工作人员滥用职权、徇私舞弊、玩忽职守，造成生育保险基金损失的，由劳动保障行政部门负责追回损失的生育保险基金，对负有直接责任的主管人员和其他直接责任人员由任免机关或监察机关依法给予行政处分；构成犯罪的，依法追究刑事责任。

劳动保障行政部门或其他有关部门不履行对定点服务机构监督职责的，由本级人民政府责令改正；情节严重的，依法对直接负责的主管人员和其他直接责任人员给予行政处分。

第六章　附则

第二十八条　按照本规定应当参加生育保险的职工，由于用人单位原因未能参保的，其职工生育和实施计划生育手术的有关待遇，由用人单位按照本规定的标准予以解决。本规定实施前所发生的有关费用按原渠道解决。

第二十九条　有雇工的个体工商户参加生育保险的具体步骤，由各统筹地区人民政府规定。

第三十条　本规定自 2007 年 1 月 1 日起施行。

第三节　工伤保险及其管理

新中国成立以来，工伤保险一直是我国社会保障体系重要组成部分。经过修订，工伤保险已经成为比较完善的社会保障制度，为我国广大的参保职工提供较为全面的保障。定点医疗机构为参保职工提供服务时，要认真核对工伤保险参保者身份类型，重点区分工伤与非工伤疾病，准确为参保者选择待遇类型。

一、工伤保险定义及发展历程

（一）工伤保险定义

工伤保险是通过社会统筹的办法，集中用人单位缴纳的工伤保险费，建立工伤保险基金，对劳动者在生产经营活动中遭受意外伤害或职业病，并由此造成死亡、暂时或永久丧失劳动能力时，给予劳动者及其亲属医疗救治以及必要的经济补偿的一种社会保障制度。

（二）工伤保险发展历程

1951 年 2 月 26 日原劳动和社会保障部（现为人力资源和社会保障部）颁布了《劳动保险条例》，确立了新中国的工伤保险制度。1996 年原劳动和社会保障部根据劳动法的有关规定发布了《企业职工工伤保险试行办法》（劳部发〔1996〕266 号）。2003 年 4 月 27

日国务院颁布第 375 号令《工伤保险条例》,自 2004 年 1 月 1 日起施行。这标志着国家将工伤保险制度以法律的形式固定下来,是我国社会保险立法工作的重大突破,具有十分重要的意义。《工伤保险条例》共分 8 章 64 条,对工伤保险基金、工伤认定、劳动能力鉴定、工伤保险待遇、监督管理、法律责任等作了详细规定。《工伤保险条例》自施行以来,对于及时救治和补偿受伤职工,保障工伤职工的合法权益,分散用人单位的工伤风险,发挥了重要作用。

2010 年 12 月 8 日,国务院第 136 次常务会议通过了《国务院关于修改〈工伤保险条例〉的决定》,自 2011 年 1 月 1 日起施行。《决定》对 2004 年 1 月 1 日起施行的《工伤保险条例》作出了修改,扩大了上下班途中的工伤认定范围,同时还规定了除现行规定的机动车事故以外,职工在上下班途中受到非本人主要责任的非机动车交通事故或者城市轨道交通、客运轮渡、火车事故伤害,也应当认定为工伤。

2015 年 7 月底,人力资源和社会保障部和财政部联合印发《关于调整工伤保险费率的通知》。经国务院批准,自 2015 年 10 月 1 日起,调整现行工伤保险费率政策。《关于调整工伤保险费率的通知》明确了单位费率确定与浮动办法。各统筹地区社保经办机构根据用人单位工伤保险费使用、工伤发生率、职业病危害程度等因素,确定其工伤保险费率,并可依据上述因素变化情况,每 1～3 年确定其在所属行业不同费率档次间是否浮动。

二、工伤保险基本政策

(一)参保对象及筹资渠道

1. 参保对象

工伤保险的参保对象包括中华人民共和国境内的企业、事业单位、社会团体、民办非企业单位、基金会、律师事务所、会计师事务所、个体工商户的员工。

2. 筹资渠道

工伤保险基金由用人单位缴费筹集,职工个人不缴纳工伤保险费。

(二)待遇保障

工伤保险参保职工享受的待遇充分体现了救治、经济补偿和职业康复相结合,以及分散用人单位工伤风险的特点及要求。经过规定等级医疗机构鉴定以及备案手续后,参保职工待遇主要有医疗康复待遇、停工留薪待遇、伤残待遇以及工亡待遇等类型。根据 2010 年修订的《工伤保险条例》(中华人民共和国国务院令第 586 号),工伤保险基金支付的具体项目如下:

1. 工伤医疗、康复费

工伤医疗、康复费是指参保者治疗工伤、职业病及康复治疗所发生的符合国家规定的相关目录或标准的费用,可依照政策规定由工伤保险基金进行统筹支付。

2. 辅助器具配置费

安装假肢、矫形器、假眼、假牙和配置轮椅等辅助器具,所需费用按照国家规定的标准从工伤保险基金支付。

3. 一次性伤残、一次性工亡补助金

一次性伤残补助金是对因工伤致残的劳动者给予的一次性职业伤害补偿,给付标准依据劳动鉴定机构评定的伤残等级而定,最高为伤残职工本人 27 个月的工资。

一次性工亡补助金是指职工因工死亡,按照规定的标准,从工伤保险基金中对其直系亲属支付的一次性赔偿。一次性工亡补助金标准为上一年度全国城镇居民人均可支配收入的 20 倍。

4. 劳动能力鉴定费

劳动能力鉴定是指劳动者因工或非因工负伤以及患病后,劳动鉴定机构根据国家鉴定标准,运用有关政策和医学科学技术的方法、手段确定劳动者伤残程度和丧失劳动能力程度的一种综合评定。它是给予受伤害职工保险待遇的基础和前提条件。劳动能力鉴定费是指劳动者接受劳动能力鉴定而花费的必要费用。

5. 伤残津贴

伤残津贴由工伤保险基金按月支付,标准为:一级伤残为本人工资的 90%;二级伤残为本人工资的 85%;三级伤残为本人工资的 80%;四级伤残为本人工资的 75%。伤残津贴实际金额低于当地最低工资标准的,由工伤保险基金补足差额。工伤职工达到退休年龄并办理退休手续后,停发伤残津贴,享受基本养老保险待遇。

6. 评残后的生活护理费

生活护理费按照生活完全不能自理、生活大部分不能自理或者生活部分不能自理 3 个不同等级支付,其标准分别为统筹地区上年度职工月平均工资的 50%、40% 或者 30%。

7. 丧葬补助金

丧葬补助金为 6 个月的统筹地区上年度职工月平均工资。

8. 供养亲属抚恤金

供养亲属抚恤金是按照职工本人工资的一定比例发给由因工死亡职工生前提供主要生活来源、无劳动能力的亲属。

9. 住院伙食费、交通费

职工住院治疗工伤的伙食补助费,以及经医疗机构出具证明,报经办机构同意,工伤职工到统筹地区以外就医所需的交通、食宿费用从工伤保险基金支付。

10. 工伤医疗补助金

伤残等级为五至十级且与用人单位解除了劳动关系的工伤职工,由工伤保险基金以解除劳动关系时统筹地区上年度职工月平均工资为基数,支付一次性工伤医疗补助金。

(三)结算及付费方式

1. 结算方式

定点医疗机构与工伤保险经办机构联网即时结算,未联网结算的地区仍采取定点医疗机构治疗后凭住院票据至工伤保险经办机构手工结算方式,按照规定目录据实结算。因病情需要到统筹地区以外的医疗机构治疗的,由参保职工提出申请,经工伤保险经办机构备案,可在治疗结束后凭所在医院的有效票据、出院小结等材料回统筹地工伤保险经办机构申请统筹待遇。

示例 17-10 ××市工伤保险参保者工伤认定申请表

申请人：　　　　　　　　　　　　　　　　　　　受伤害职工：

申请人与受伤害职工关系：　　　　　　　　　　　填表日期：　年　月　日

职工姓名		性别		出生日期	年　月　日
身份证号码				联系电话	
家庭地址				邮政编码	
工作单位				联系电话	
单位地址				邮政编码	
职业、工种或工作岗位				参加工作时间	
事故时间、地点及主要原因				诊断时间	
受伤害部位				职业病名称	
接触职业病危害岗位				接触职业病危害时间	
受伤害经过简述（可附页）					

申请事项：   申请人签字： 年　月　日
用人单位意见：   经办人签字：　（公章） 年　月　日
社会保险行政部门审查资料和受理意见：   经办人签字： 年　月　日 负责人签字： （公章） 年　月　日

2. 付费方式

工伤保险经办机构与定点医疗机构联网结算的,一般采取按服务项目后付制方式付费;如未联网结算,就医费用由参保职工先行垫付给定点医疗机构,参保职工治疗结束后到工伤保险经办机构申请统筹报销。

三、工伤保险定点医疗机构的管理

(一)鉴定专家的管理

工伤保险参保职工需要经过鉴定程序后方能享受规定待遇。一般由统筹地区人力资源和社会保障部门、工伤保险经办机构组织当地医院相关学科的权威医学专家,组成工伤与劳动能力鉴定委员会来承担鉴定工作。定点医疗机构要积极配合政府、工伤保险经办机构此项工作,提供在院医师名册及医生履历,按照要求上报鉴定医师名单。鉴定医师承担鉴定工作之前,政府、工伤保险经办机构会进行相关的政策培训,定点医疗机构应督促本院医师积极参加培训,并要求其在鉴定时做到公正、客观、严格按照医学知识、指南进行鉴定分级。

(二)就医管理

1. 验证身份类型

工伤保险在制度设计上决定了其带有一定的福利待遇,为避免冒名骗保行为的发生,定点医疗机构必须做好工伤保险参保者入院的相关审核工作。审核参保者身份类型时,不仅要核对参保者本人相貌与社会保障卡、身份证是否一致,还应核对工伤保险经办机构认可盖章的《工伤职工继续住院治疗申请表》(示例 17 – 11)。

示例 17 – 11　××市工伤职工继续住院治疗申请表

单位名称:　　　　　　　　　　　　　　　　　　　　　　　　　单位编码:

姓名		性别		出生年月		治疗类型	
工伤时间		伤残等级		受伤部位			
医院诊断				上次医疗时间		单位电话	
申请继续治疗理由						申请人: 年　月　日	

主治医生意见		医师： 年　月　日	医疗机构意见	医疗机构盖章 年　月　日
单位意见		单位盖章 经办人：　　　　　　　　　　　　　　　　　　　　　年　月　日		
社保经办机构意见		经办机构盖章 经办人：　　　复核人：　　　审核人：　　　　　年　月　日		

2. 注意区分"伤"与"病"

2010年12月20日修订出台的《工伤保险条例》第五章第三十条规定，"工伤职工治疗非工伤引发的疾病，不享受工伤医疗待遇，按照基本医疗保险办法处理"。定点医疗机构在诊疗过程中要注意区分参保者"工伤"与"非工伤"疾患，把握主次关系，正确勾选参保者身份类型。

3. 规范诊疗行为

定点医疗机构要根据工伤保险政策规定与服务协议约定条款为参保者提供诊疗服务。运用医学常规与指南为参保者提供安全优质的服务。保证合理检查、合理用药、合理治疗。禁止违规开具大处方，出院带药量不超过工伤保险经办机构规定的天数与品种。

4. 费用审核

医院医疗保险管理部门与临床科室应对工伤保险参保职工在院诊疗、收费过程进行监控及审核。临床科室经治医师或责任护士在参保者出院结算之前运用信息系统费用审核模块对医疗费用进行复核；医院医疗保险管理部门重点审核参保者身份类型是否正确，限制性用药应用指征是否符合，出院带药是否超量等信息。发现问题与经治医师或责任护士联系，督促及时纠正后方能办理出院结算。

5. 就医流程

参照本书第十六章内容。

（三）工伤保险基金管理

参照本章第二节"生育保险基金管理"内容。

附　　　　　　　　　　　　工伤保险条例

2003年4月27日中华人民共和国国务院令第375号公布,并根据2010年12月20日《国务院关于修改〈工伤保险条例〉的决定》修订。

第一章　总　则

第一条　为了保障因工作遭受事故伤害或者患职业病的职工获得医疗救治和经济补偿,促进工伤预防和职业康复,分散用人单位的工伤风险,制定本条例。

第二条　中华人民共和国境内的企业、事业单位、社会团体、民办非企业单位、基金会、律师事务所、会计师事务所等组织和有雇工的个体工商户(以下称用人单位)应当依照本条例规定参加工伤保险,为本单位全部职工或者雇工(以下称职工)缴纳工伤保险费。

中华人民共和国境内的企业、事业单位、社会团体、民办非企业单位、基金会、律师事务所、会计师事务所等组织的职工和个体工商户的雇工,均有依照本条例的规定享受工伤保险待遇的权利。

第三条　工伤保险费的征缴按照《社会保险费征缴暂行条例》关于基本养老保险费、基本医疗保险费、失业保险费的征缴规定执行。

第四条　用人单位应当将参加工伤保险的有关情况在本单位内公示。

用人单位和职工应当遵守有关安全生产和职业病防治的法律法规,执行安全卫生规程和标准,预防工伤事故发生,避免和减少职业病危害。

职工发生工伤时,用人单位应当采取措施使工伤职工得到及时救治。

第五条　国务院社会保险行政部门负责全国的工伤保险工作。

县级以上地方各级人民政府社会保险行政部门负责本行政区域内的工伤保险工作。

社会保险行政部门按照国务院有关规定设立的社会保险经办机构(以下称经办机构)具体承办工伤保险事务。

第六条　社会保险行政部门等部门制定工伤保险的政策、标准,应当征求工会组织、用人单位代表的意见。

第二章　工伤保险基金

第七条　工伤保险基金由用人单位缴纳的工伤保险费、工伤保险基金的利息和依法纳入工伤保险基金的其他资金构成。

第八条　工伤保险费根据以支定收、收支平衡的原则,确定费率。

国家根据不同行业的工伤风险程度确定行业的差别费率,并根据工伤保险费使用、工伤发生率等情况在每个行业内确定若干费率档次。行业差别费率及行业内费率档次由国务院社会保险行政部门制定,报国务院批准后公布施行。

统筹地区经办机构根据用人单位工伤保险费使用、工伤发生率等情况,适用所属行业内相应的费率档次确定单位缴费费率。

第九条　国务院社会保险行政部门应当定期了解全国各统筹地区工伤保险基金收支情况,及时提出调整行业差别费率及行业内费率档次的方案,报国务院批准后公布施行。

第十条　用人单位应当按时缴纳工伤保险费。职工个人不缴纳工伤保险费。

用人单位缴纳工伤保险费的数额为本单位职工工资总额乘以单位缴费费率之积。

对难以按照工资总额缴纳工伤保险费的行业,其缴纳工伤保险费的具体方式,由国务院社会保险行政部门规定。

第十一条　工伤保险基金逐步实行省级统筹。

跨地区、生产流动性较大的行业,可以采取相对集中的方式异地参加统筹地区的工伤保险。具体办法由国务院社会保险行政部门会同有关行业的主管部门制定。

第十二条　工伤保险基金存入社会保障基金财政专户,用于本条例规定的工伤保险待遇,劳动能力鉴定,工伤预防的宣传、培训等费用,以及法律、法规规定的用于工伤保险的其他费用的支付。

工伤预防费用的提取比例、使用和管理的具体办法,由国务院社会保险行政部门会同国务院财政、卫生行政、安全生产监督管理等部门规定。

任何单位或者个人不得将工伤保险基金用于投资运营、兴建或者改建办公场所、发放奖金,或者挪作其他用途。

第十三条　工伤保险基金应当留有一定比例的储备金,用于统筹地区重大事故的工伤保险待遇支付;储备金不足支付的,由统筹地区的人民政府垫付。储备金占基金总额的具体比例和储备金的使用办法,由省、自治区、直辖市人民政府规定。

第三章　工伤认定

第十四条　职工有下列情形之一的,应当认定为工伤:

(一)在工作时间和工作场所内,因工作原因受到事故伤害的;

(二)工作时间前后在工作场所内,从事与工作有关的预备性或者收尾性工作受到事故伤害的;

(三)在工作时间和工作场所内,因履行工作职责受到暴力等意外伤害的;

(四)患职业病的;

(五)因工外出期间,由于工作原因受到伤害或者发生事故下落不明的;

(六)在上下班途中,受到非本人主要责任的交通事故或者城市轨道交通、客运轮渡、火车事故伤害的;

(七)法律、行政法规规定应当认定为工伤的其他情形。

第十五条　职工有下列情形之一的,视同工伤:

(一)在工作时间和工作岗位,突发疾病死亡或者在48小时之内经抢救无效死亡的;

(二)在抢险救灾等维护国家利益、公共利益活动中受到伤害的;

(三)职工原在军队服役,因战、因公负伤致残,已取得革命伤残军人证,到用人单位后旧伤复发的。

职工有前款第(一)项、第(二)项情形的,按照本条例的有关规定享受工伤保险待遇;职工有前款第(三)项情形的,按照本条例的有关规定享受除一次性伤残补助金以外的工伤保险待遇。

第十六条 职工符合本条例第十四条、第十五条的规定,但是有下列情形之一的,不得认定为工伤或者视同工伤:

(一)故意犯罪的;

(二)醉酒或者吸毒的;

(三)自残或者自杀的。

第十七条 职工发生事故伤害或者按照职业病防治法规定被诊断、鉴定为职业病,所在单位应当自事故伤害发生之日或者被诊断、鉴定为职业病之日起 30 日内,向统筹地区社会保险行政部门提出工伤认定申请。遇有特殊情况,经报社会保险行政部门同意,申请时限可以适当延长。

用人单位未按前款规定提出工伤认定申请的,工伤职工或者其近亲属、工会组织在事故伤害发生之日或者被诊断、鉴定为职业病之日起 1 年内,可以直接向用人单位所在地统筹地区社会保险行政部门提出工伤认定申请。

按照本条第一款规定应当由省级社会保险行政部门进行工伤认定的事项,根据属地原则由用人单位所在地的设区的市级社会保险行政部门办理。

用人单位未在本条第一款规定的时限内提交工伤认定申请,在此期间发生符合本条例规定的工伤待遇等有关费用由该用人单位负担。

第十八条 提出工伤认定申请应当提交下列材料:

(一)工伤认定申请表;

(二)与用人单位存在劳动关系(包括事实劳动关系)的证明材料;

(三)医疗诊断证明或者职业病诊断证明书(或者职业病诊断鉴定书)。

工伤认定申请表应当包括事故发生的时间、地点、原因以及职工伤害程度等基本情况。

工伤认定申请人提供材料不完整的,社会保险行政部门应当一次性书面告知工伤认定申请人需要补正的全部材料。申请人按照书面告知要求补正材料后,社会保险行政部门应当受理。

第十九条 社会保险行政部门受理工伤认定申请后,根据审核需要可以对事故伤害进行调查核实,用人单位、职工、工会组织、医疗机构以及有关部门应当予以协助。职业病诊断和诊断争议的鉴定,依照职业病防治法的有关规定执行。对依法取得职业病诊断证明书或者职业病诊断鉴定书的,社会保险行政部门不再进行调查核实。

职工或者其近亲属认为是工伤,用人单位不认为是工伤的,由用人单位承担举证责任。

第二十条 社会保险行政部门应当自受理工伤认定申请之日起 60 日内作出工伤认定的决定,并书面通知申请工伤认定的职工或者其近亲属和该职工所在单位。

社会保险行政部门对受理的事实清楚、权利义务明确的工伤认定申请,应当在 15 日内作出工伤认定的决定。

作出工伤认定决定需要以司法机关或者有关行政主管部门的结论为依据的,在司法机关或者有关行政主管部门尚未作出结论期间,作出工伤认定决定的时限中止。

社会保险行政部门工作人员与工伤认定申请人有利害关系的,应当回避。

第四章　劳动能力鉴定

第二十一条　职工发生工伤,经治疗伤情相对稳定后存在残疾、影响劳动能力的,应当进行劳动能力鉴定。

第二十二条　劳动能力鉴定是指劳动功能障碍程度和生活自理障碍程度的等级鉴定。

劳动功能障碍分为十个伤残等级,最重的为一级,最轻的为十级。

生活自理障碍分为三个等级:生活完全不能自理、生活大部分不能自理和生活部分不能自理。

劳动能力鉴定标准由国务院社会保险行政部门会同国务院卫生行政部门等部门制定。

第二十三条　劳动能力鉴定由用人单位、工伤职工或者其近亲属向设区的市级劳动能力鉴定委员会提出申请,并提供工伤认定决定和职工工伤医疗的有关资料。

第二十四条　省、自治区、直辖市劳动能力鉴定委员会和设区的市级劳动能力鉴定委员会分别由省、自治区、直辖市和设区的市级社会保险行政部门、卫生行政部门、工会组织、经办机构代表以及用人单位代表组成。

劳动能力鉴定委员会建立医疗卫生专家库。列入专家库的医疗卫生专业技术人员应当具备下列条件:

(一)具有医疗卫生高级专业技术职务任职资格;

(二)掌握劳动能力鉴定的相关知识;

(三)具有良好的职业品德。

第二十五条　设区的市级劳动能力鉴定委员会收到劳动能力鉴定申请后,应当从其建立的医疗卫生专家库中随机抽取 3 名或者 5 名相关专家组成专家组,由专家组提出鉴定意见。设区的市级劳动能力鉴定委员会根据专家组的鉴定意见作出工伤职工劳动能力鉴定结论;必要时,可以委托具备资格的医疗机构协助进行有关的诊断。

设区的市级劳动能力鉴定委员会应当自收到劳动能力鉴定申请之日起 60 日内作出劳动能力鉴定结论,必要时,作出劳动能力鉴定结论的期限可以延长 30 日。劳动能力鉴定结论应当及时送达申请鉴定的单位和个人。

第二十六条　申请鉴定的单位或者个人对设区的市级劳动能力鉴定委员会作出的鉴定结论不服的,可以在收到该鉴定结论之日起 15 日内向省、自治区、直辖市劳动能力鉴定委员会提出再次鉴定申请。省、自治区、直辖市劳动能力鉴定委员会作出的劳动能力鉴定结论为最终结论。

第二十七条　劳动能力鉴定工作应当客观、公正。劳动能力鉴定委员会组成人员或者参加鉴定的专家与当事人有利害关系的,应当回避。

第二十八条　自劳动能力鉴定结论作出之日起 1 年后,工伤职工或者其近亲属、所在单位或者经办机构认为伤残情况发生变化的,可以申请劳动能力复查鉴定。

第二十九条　劳动能力鉴定委员会依照本条例第二十六条和第二十八条的规定进行再次鉴定和复查鉴定的期限,依照本条例第二十五条第二款的规定执行。

第五章　工伤保险待遇

第三十条　职工因工作遭受事故伤害或者患职业病进行治疗,享受工伤医疗待遇。

职工治疗工伤应当在签订服务协议的医疗机构就医,情况紧急时可以先到就近的医疗机构急救。

治疗工伤所需费用符合工伤保险诊疗项目目录、工伤保险药品目录、工伤保险住院服务标准的,从工伤保险基金支付。工伤保险诊疗项目目录、工伤保险药品目录、工伤保险住院服务标准,由国务院社会保险行政部门会同国务院卫生行政部门、食品药品监督管理部门等部门规定。

职工住院治疗工伤的伙食补助费,以及经医疗机构出具证明,报经办机构同意,工伤职工到统筹地区以外就医所需的交通、食宿费用从工伤保险基金支付,基金支付的具体标准由统筹地区人民政府规定。

工伤职工治疗非工伤引发的疾病,不享受工伤医疗待遇,按照基本医疗保险办法处理。

工伤职工到签订服务协议的医疗机构进行工伤康复的费用,符合规定的,从工伤保险基金支付。

第三十一条　社会保险行政部门作出认定为工伤的决定后发生行政复议、行政诉讼的,行政复议和行政诉讼期间不停止支付工伤职工治疗工伤的医疗费用。

第三十二条　工伤职工因日常生活或者就业需要,经劳动能力鉴定委员会确认,可以安装假肢、矫形器、假眼、假牙和配置轮椅等辅助器具,所需费用按照国家规定的标准从工伤保险基金支付。

第三十三条　职工因工作遭受事故伤害或者患职业病需要暂停工作接受工伤医疗的,在停工留薪期内,原工资福利待遇不变,由所在单位按月支付。

停工留薪期一般不超过 12 个月。伤情严重或者情况特殊,经设区的市级劳动能力鉴定委员会确认,可以适当延长,但延长不得超过 12 个月。工伤职工评定伤残等级后,停发原待遇,按照本章的有关规定享受伤残待遇。工伤职工在停工留薪期满后仍需治疗的,继续享受工伤医疗待遇。

生活不能自理的工伤职工在停工留薪期需要护理的,由所在单位负责。

第三十四条　工伤职工已经评定伤残等级并经劳动能力鉴定委员会确认需要生活护理的,从工伤保险基金按月支付生活护理费。

生活护理费按照生活完全不能自理、生活大部分不能自理或者生活部分不能自理 3 个不同等级支付,其标准分别为统筹地区上年度职工月平均工资的 50%、40% 或者 30%。

第三十五条　职工因工致残被鉴定为一级至四级伤残的,保留劳动关系,退出工作岗位,享受以下待遇:

（一）从工伤保险基金按伤残等级支付一次性伤残补助金,标准为:一级伤残为 27 个月的本人工资,二级伤残为 25 个月的本人工资,三级伤残为 23 个月的本人工资,四级伤残为 21 个月的本人工资;

（二）从工伤保险基金按月支付伤残津贴,标准为:一级伤残为本人工资的 90％,二级伤残为本人工资的 85％,三级伤残为本人工资的 80％,四级伤残为本人工资的 75％。伤残津贴实际金额低于当地最低工资标准的,由工伤保险基金补足差额;

（三）工伤职工达到退休年龄并办理退休手续后,停发伤残津贴,按照国家有关规定享受基本养老保险待遇。基本养老保险待遇低于伤残津贴的,由工伤保险基金补足差额。

职工因工致残被鉴定为一级至四级伤残的,由用人单位和职工个人以伤残津贴为基数,缴纳基本医疗保险费。

第三十六条　职工因工致残被鉴定为五级、六级伤残的,享受以下待遇:

（一）从工伤保险基金按伤残等级支付一次性伤残补助金,标准为:五级伤残为 18 个月的本人工资,六级伤残为 16 个月的本人工资;

（二）保留与用人单位的劳动关系,由用人单位安排适当工作。难以安排工作的,由用人单位按月发给伤残津贴,标准为:五级伤残为本人工资的 70％,六级伤残为本人工资的 60％,并由用人单位按照规定为其缴纳应缴纳的各项社会保险费。伤残津贴实际金额低于当地最低工资标准的,由用人单位补足差额。

经工伤职工本人提出,该职工可以与用人单位解除或者终止劳动关系,由工伤保险基金支付一次性工伤医疗补助金,由用人单位支付一次性伤残就业补助金。一次性工伤医疗补助金和一次性伤残就业补助金的具体标准由省、自治区、直辖市人民政府规定。

第三十七条　职工因工致残被鉴定为七级至十级伤残的,享受以下待遇:

（一）从工伤保险基金按伤残等级支付一次性伤残补助金,标准为:七级伤残为 13 个月的本人工资,八级伤残为 11 个月的本人工资,九级伤残为 9 个月的本人工资,十级伤残为 7 个月的本人工资;

（二）劳动、聘用合同期满终止,或者职工本人提出解除劳动、聘用合同的,由工伤保险基金支付一次性工伤医疗补助金,由用人单位支付一次性伤残就业补助金。一次性工伤医疗补助金和一次性伤残就业补助金的具体标准由省、自治区、直辖市人民政府规定。

第三十八条　工伤职工工伤复发,确认需要治疗的,享受本条例第三十条、第三十二条和第三十三条规定的工伤待遇。

第三十九条　职工因工死亡,其近亲属按照下列规定从工伤保险基金领取丧葬补助金、供养亲属抚恤金和一次性工亡补助金:

（一）丧葬补助金为 6 个月的统筹地区上年度职工月平均工资;

（二）供养亲属抚恤金按照职工本人工资的一定比例发给由因工死亡职工生前提供主要生活来源、无劳动能力的亲属。标准为:配偶每月 40％,其他亲属每人每月 30％,孤寡老人或者孤儿每人每月在上述标准的基础上增加 10％。核定的各供养亲属的抚恤金之和不应高于因工死亡职工生前的工资。供养亲属的具体范围由国务院社会保险行政部门规定;

（三）一次性工亡补助金标准为上一年度全国城镇居民人均可支配收入的 20 倍。

伤残职工在停工留薪期内因工伤导致死亡的，其近亲属享受本条第一款规定的待遇。

一级至四级伤残职工在停工留薪期满后死亡的，其近亲属可以享受本条第一款第（一）项、第（二）项规定的待遇。

第四十条　伤残津贴、供养亲属抚恤金、生活护理费由统筹地区社会保险行政部门根据职工平均工资和生活费用变化等情况适时调整。调整办法由省、自治区、直辖市人民政府规定。

第四十一条　职工因工外出期间发生事故或者在抢险救灾中下落不明的，从事故发生当月起 3 个月内照发工资，从第 4 个月起停发工资，由工伤保险基金向其供养亲属按月支付供养亲属抚恤金。生活有困难的，可以预支一次性工亡补助金的 50%。职工被人民法院宣告死亡的，按照本条例第三十九条职工因工死亡的规定处理。

第四十二条　工伤职工有下列情形之一的，停止享受工伤保险待遇：

（一）丧失享受待遇条件的；

（二）拒不接受劳动能力鉴定的；

（三）拒绝治疗的。

第四十三条　用人单位分立、合并、转让的，承继单位应当承担原用人单位的工伤保险责任；原用人单位已经参加工伤保险的，承继单位应当到当地经办机构办理工伤保险变更登记。

用人单位实行承包经营的，工伤保险责任由职工劳动关系所在单位承担。

职工被借调期间受到工伤事故伤害的，由原用人单位承担工伤保险责任，但原用人单位与借调单位可以约定补偿办法。

企业破产的，在破产清算时依法拨付应当由单位支付的工伤保险待遇费用。

第四十四条　职工被派遣出境工作，依据前往国家或者地区的法律应当参加当地工伤保险的，参加当地工伤保险，其国内工伤保险关系中止；不能参加当地工伤保险的，其国内工伤保险关系不中止。

第四十五条　职工再次发生工伤，根据规定应当享受伤残津贴的，按照新认定的伤残等级享受伤残津贴待遇。

第六章　监督管理

第四十六条　经办机构具体承办工伤保险事务，履行下列职责：

（一）根据省、自治区、直辖市人民政府规定，征收工伤保险费；

（二）核查用人单位的工资总额和职工人数，办理工伤保险登记，并负责保存用人单位缴费和职工享受工伤保险待遇情况的记录；

（三）进行工伤保险的调查、统计；

（四）按照规定管理工伤保险基金的支出；

（五）按照规定核定工伤保险待遇；

（六）为工伤职工或者其近亲属免费提供咨询服务。

第四十七条 经办机构与医疗机构、辅助器具配置机构在平等协商的基础上签订服务协议，并公布签订服务协议的医疗机构、辅助器具配置机构的名单。具体办法由国务院社会保险行政部门分别会同国务院卫生行政部门、民政部门等部门制定。

第四十八条 经办机构按照协议和国家有关目录、标准对工伤职工医疗费用、康复费用、辅助器具费用的使用情况进行核查，并按时足额结算费用。

第四十九条 经办机构应当定期公布工伤保险基金的收支情况，及时向社会保险行政部门提出调整费率的建议。

第五十条 社会保险行政部门、经办机构应当定期听取工伤职工、医疗机构、辅助器具配置机构以及社会各界对改进工伤保险工作的意见。

第五十一条 社会保险行政部门依法对工伤保险费的征缴和工伤保险基金的支付情况进行监督检查。

财政部门和审计机关依法对工伤保险基金的收支、管理情况进行监督。

第五十二条 任何组织和个人对有关工伤保险的违法行为，有权举报。社会保险行政部门对举报应当及时调查，按照规定处理，并为举报人保密。

第五十三条 工会组织依法维护工伤职工的合法权益，对用人单位的工伤保险工作实行监督。

第五十四条 职工与用人单位发生工伤待遇方面的争议，按照处理劳动争议的有关规定处理。

第五十五条 有下列情形之一的，有关单位或者个人可以依法申请行政复议，也可以依法向人民法院提起行政诉讼：

（一）申请工伤认定的职工或者其近亲属、该职工所在单位对工伤认定申请不予受理的决定不服的；

（二）申请工伤认定的职工或者其近亲属、该职工所在单位对工伤认定结论不服的；

（三）用人单位对经办机构确定的单位缴费费率不服的；

（四）签订服务协议的医疗机构、辅助器具配置机构认为经办机构未履行有关协议或者规定的；

（五）工伤职工或者其近亲属对经办机构核定的工伤保险待遇有异议的。

第七章 法律责任

第五十六条 单位或者个人违反本条例第十二条规定挪用工伤保险基金，构成犯罪的，依法追究刑事责任；尚不构成犯罪的，依法给予处分或者纪律处分。被挪用的基金由社会保险行政部门追回，并入工伤保险基金；没收的违法所得依法上缴国库。

第五十七条 社会保险行政部门工作人员有下列情形之一的，依法给予处分；情节严重，构成犯罪的，依法追究刑事责任：

（一）无正当理由不受理工伤认定申请，或者弄虚作假将不符合工伤条件的人员认定为工伤职工的；

（二）未妥善保管申请工伤认定的证据材料，致使有关证据灭失的；

（三）收受当事人财物的。

第五十八条 经办机构有下列行为之一的,由社会保险行政部门责令改正,对直接负责的主管人员和其他责任人员依法给予纪律处分;情节严重,构成犯罪的,依法追究刑事责任;造成当事人经济损失的,由经办机构依法承担赔偿责任:

(一)未按规定保存用人单位缴费和职工享受工伤保险待遇情况记录的;

(二)不按规定核定工伤保险待遇的;

(三)收受当事人财物的。

第五十九条 医疗机构、辅助器具配置机构不按服务协议提供服务的,经办机构可以解除服务协议。

经办机构不按时足额结算费用的,由社会保险行政部门责令改正;医疗机构、辅助器具配置机构可以解除服务协议。

第六十条 用人单位、工伤职工或者其近亲属骗取工伤保险待遇,医疗机构、辅助器具配置机构骗取工伤保险基金支出的,由社会保险行政部门责令退还,处骗取金额 2 倍以上 5 倍以下的罚款;情节严重,构成犯罪的,依法追究刑事责任。

第六十一条 从事劳动能力鉴定的组织或者个人有下列情形之一的,由社会保险行政部门责令改正,处 2000 元以上 1 万元以下的罚款;情节严重,构成犯罪的,依法追究刑事责任:

(一)提供虚假鉴定意见的;

(二)提供虚假诊断证明的;

(三)收受当事人财物的。

第六十二条 用人单位依照本条例规定应当参加工伤保险而未参加的,由社会保险行政部门责令限期参加,补缴应当缴纳的工伤保险费,并自欠缴之日起,按日加收万分之五的滞纳金;逾期仍不缴纳的,处欠缴数额 1 倍以上 3 倍以下的罚款。

依照本条例规定应当参加工伤保险而未参加工伤保险的用人单位职工发生工伤的,由该用人单位按照本条例规定的工伤保险待遇项目和标准支付费用。

用人单位参加工伤保险并补缴应当缴纳的工伤保险费、滞纳金后,由工伤保险基金和用人单位依照本条例的规定支付新发生的费用。

第六十三条 用人单位违反本条例第十九条的规定,拒不协助社会保险行政部门对事故进行调查核实的,由社会保险行政部门责令改正,处 2000 元以上 2 万元以下的罚款。

第八章 附 则

第六十四条 本条例所称工资总额,是指用人单位直接支付给本单位全部职工的劳动报酬总额。

本条例所称本人工资,是指工伤职工因工作遭受事故伤害或者患职业病前 12 个月平均月缴费工资。本人工资高于统筹地区职工平均工资 300% 的,按照统筹地区职工平均工资的 300% 计算;本人工资低于统筹地区职工平均工资 60% 的,按照统筹地区职工平均工资的 60% 计算。

第六十五条 公务员和参照公务员法管理的事业单位、社会团体的工作人员因工作遭受事故伤害或者患职业病的,由所在单位支付费用。具体办法由国务院社会保险行政部门会同国务院财政部门规定。

第六十六条　无营业执照或者未经依法登记、备案的单位以及被依法吊销营业执照或者撤销登记、备案的单位的职工受到事故伤害或者患职业病的,由该单位向伤残职工或者死亡职工的近亲属给予一次性赔偿,赔偿标准不得低于本条例规定的工伤保险待遇;用人单位不得使用童工,用人单位使用童工造成童工伤残、死亡的,由该单位向童工或者童工的近亲属给予一次性赔偿,赔偿标准不得低于本条例规定的工伤保险待遇。具体办法由国务院社会保险行政部门规定。

前款规定的伤残职工或者死亡职工的近亲属就赔偿数额与单位发生争议的,以及前款规定的童工或者童工的近亲属就赔偿数额与单位发生争议的,按照处理劳动争议的有关规定处理。

第六十七条　本条例自 2004 年 1 月 1 日起施行。本条例施行前已受到事故伤害或者患职业病的职工尚未完成工伤认定的,按照本条例的规定执行。

第十八章　医疗保险宣传培训

第一节　宣传培训意义

宣传是运用各种符号传播一定的观念以影响人们的思想和行动的社会行为。医疗保险宣传是指在定点医疗机构医疗保险管理过程中,通过传播教育、咨询、协调、沟通等方式落实医疗保险政策,保障参保者利益的行为。明确宣传培训的意义是指导宣传培训工作的基础,也是衡量宣传培训效果的标准,因此,定点医疗机构需要长期的对医务人员和参保者进行医疗保险政策的宣传。

一、落实国家医疗保险政策法规

定点医疗机构作为落实医疗保险政策的场所,也是医疗保险政策宣传的载体。定点医疗机构必须重视医疗保险政策法规的宣传培训,将医疗保险政策落到实处。

二、保障参保者切身利益

参保者作为医疗保险的最终获益者,既有获取基本医疗服务的需求,也有了解各类医疗保险政策的需求,如支付范围、报销比例和门槛费等。

三、提高定点医疗机构医疗保险管理水平

定点医疗机构通过宣传培训可以促进其医疗保险管理系统化、制度化,进一步规范医疗行为,合理控制医疗费用,提供优质高效的医疗服务。

第二节　宣传培训方式

定点医疗机构医疗保险宣传培训的方式有很多种,都有各自的优缺点,定点医疗机构应该根据宣传培训的对象和内容的特点选择最合适的宣传培训方式。以下是定点医疗机构一些常用的宣传培训方式:

一、讲座讲授法

讲座讲授法是最基本、最常见的宣传培训方法,在这种方法下,培训者讲课,培训对

象被动地接受,培训者能有效地控制培训时间和培训内容。缺点是培训者与培训对象之间缺乏沟通,无法及时评价宣传培训效果。

讲座讲授法一般用在定点医疗机构全员培训、住院总医师培训和新员工岗前培训等,此方式能最快地将医疗保险政策和定点医疗机构管理规定传达给培训对象。

二、多媒体教学

定点医疗机构可以利用各类现代化多媒体设备,如投影仪以及各类视频播放器等将医疗保险政策制成宣传片进行宣传,这种宣传方式可以吸引学员或宣传对象的注意力,提高学员的记忆和理解力,促进学员对培训课程进行思考。

三、平面宣传

平面宣传通常指报纸、杂志等书面的媒体形式。定点医疗机构将医疗保险政策装订成册,印制发放到临床科室,方便医务人员随时查询和学习,如《医疗保险政策制度汇编》《临床医疗保险限制用药手册》等;针对各类参保者印刷各种医疗保险就医和报销流程宣传单,放于医疗保险窗口和出入院窗口等;在门诊、住院部等地点的醒目位置设立医疗保险宣传栏,方便参保者阅读,并根据医疗保险政策的变化及时更新内容。也可以通过在院内刊物上设立医疗保险版面专刊(如医疗保险简报),使定点医疗机构职工及时了解定点医疗机构医疗保险管理现状,促进规范化管理。

四、网络宣传

相对于平面宣传而言,网络宣传是指定点医疗机构在院内外网站上进行医疗保险相关宣传的媒体形式。如定点医疗机构在院内网上(如 OA 等)设立医疗保险管理专栏,将医疗保险相关政策、监督检查、考核结果等各种信息及时发布,方便医务人员在线查询和学习;同时在定点医疗机构官方网站上设立医疗保险政策专栏,发布医疗保险政策制度、就医就诊流程等各种信息,方便参保者就医就诊。

五、案例研讨和情景模拟

案例研讨是指全体或部分培训对象围绕某个医疗保险相关的主题展开讨论分析和研究案例,并提出解决问题的建议和方案,可以促进医务人员之间的学习,并且可以训练医务人员良好的决策能力和处理问题能力。如通过对典型的医疗保险骗保套保案例进行讨论和分析,并让医务人员进行角色扮演,提出防范措施。

情景模拟是指将所有医务人员分成若干小组,扮演不同角色,每组都承担不同任务,这种方式能够让医务人员参与到培训中,还能锻炼医务人员的团队协作能力。如让医务人员通过模拟参保者和医务人员的沟通过程来宣传医疗保险政策和就医流程等。

六、现场互动

这种互动方式经常与讲座讲授法结合使用,培训者事先就培训内容安排好题目,在培训的过程中及时提问,能够及时地反映出培训对象是否接受和理解了培训内容,并及时改变培训方法。

定点医疗机构在实际工作中可根据需要定期举行专题性的医疗保险知识竞赛,加强医疗保险政策的宣传。

七、自学进修

定点医疗机构医疗保险从业人员,应不断地加强自我学习,加强业界同行之间的交流沟通,了解医疗卫生和医疗保险管理的发展趋势,以促进医疗保险管理和定点医疗机构管理的有机结合,更好地为参保者和医务人员服务。

第三节　宣传培训内容

一、基本内容

定点医疗机构医疗保险管理是医疗管理的重要环节,是落实医疗保险政策的前沿窗口,涉及定点医疗机构管理的各个方面,与管理学、医学、经济学、信息技术、卫生统计、社会科学等多个领域有关。定点医疗机构医疗保险管理者只有掌握医疗保险政策法规、定点医疗机构制度、医疗管理等方方面面的知识,才能更好地做好宣传培训工作,因此定点医疗机构医疗保险宣传内容应涉及以下内容:

(一)医疗保险相关政策法规

医疗保险相关政策法规作为医疗保险宣传培训内容的重点,无论是定点医疗机构医疗保险从业人员还是医务人员或是参保者,都应该最先了解和掌握,主要包括医疗保险政策法规、医疗法律法规等。

(二)支付方式

医疗保险政策实施后,控制医疗费用增长过快、规范医疗服务行为成为定点医疗机构医疗保险业务管理的重点。因此医疗服务价格和医疗保险支付方式管理成了定点医疗机构医疗保险管理的重点。

支付方式(Payment Method)又称为结算方式、支付方法、结算方法等,是现代医疗保障制度的核心设计,是医疗服务购买者(支付者)与医疗服务提供者之间的重要经济纽带,更是政府和支付者以经济激励方式调控医疗服务提供者行为,间接影响医疗服务质量、数量、成本、反应性等指标的核心工具,是推动公立医院和初级卫生保健等方面改革的重要方式。医疗保险支付方式的改革是医药卫生体制改革的核心内容之一,它关系着医疗保险的平稳运行,是医疗保险过程中涉及各方经济利益最直接、最敏感的环节。

医疗保险费用支付首先是一种经济补偿制度,即被保险人向保险机构缴纳保险费,形成医疗保险基金,当被保险人因病获得保险范围规定的医疗服务时,保险机构按照保险合同或法规条款给予被保险人全部或部分经济补偿;其次,医疗保险费用支付又是一种法律契约关系,即保险机构、被保险人,医疗服务供方都必须签订保险费用支付合同,各方在合同和保险规则的约束下履行自己的权利与义务。

目前常用的对定点医疗机构支付方式有按服务项目付费、按人头付费、按服务单元付费、按单病种付费、按疾病诊断相关分组付费以及按总额预付等。

（三）医疗保险支付目录

医疗保险支付目录主要包括：药品目录、诊疗项目目录、服务设施目录。

为保障参保者的基本医疗用药需求，合理控制医疗费用支出，规范基本医疗保险用药、诊疗方面的管理，保证基本医疗保险制度的健康运行，国家制定了《基本医疗保险药品目录》《城镇职工基本医疗保险诊疗项目目录》《城镇职工基本医疗保险医疗服务设施项目范围》，简称"三大目录"。

（四）医疗保险管理制度

在我国当前的社会医疗保险管理模式下，人力资源和社会保障部门通过定点医疗机构准入和签订医疗服务协议等方式对医疗机构实施管理。定点医疗机构需要依据医疗保险相关政策，制定相对应的管理制度，保障参保者的就医需求，有效控制医疗费用，促进基本医疗保险服务健康发展。

因此，建立定点医疗机构医疗保险基础管理、药品和诊疗项目管理、公示管理、宣传培训管理、就医管理、结算管理、信息管理、质量管理等方面的管理制度是适应医疗保险政策的需要，也是加强定点医疗机构管理的必然需求。

（五）就医流程和就医模式

对于各类医疗保险参保者来说，到定点医疗机构就诊最先了解的就是就医流程和结算方式，定点医疗机构应用简单明了的流程图、通俗易懂的文字描述等进行医疗保险的宣传，以方便参保者和医务人员。

随着医疗技术水平的不断发展，新的就医模式应运而生。预约诊疗服务是以参保者为中心开展医疗服务的重要改革措施，对于方便参保者就医、提高医疗服务水平具有重大意义。为了规范和推动预约诊疗服务，前国家卫生部发布了《关于在公立医院施行预约诊疗服务工作的意见》（卫医管发〔2009〕95号），要求在推动定点医疗机构开展预约诊疗工作的同时，提高对预约诊疗服务工作的认识、加强对预约诊疗服务工作的管理、并认真做好相关组织工作。定点医疗机构施行诊间预约服务，有利于参保者进行就医咨询，提前安排就医计划，减少候诊时间，也有利于定点医疗机构提升管理水平、提高工作效率和医疗质量，降低医疗安全风险。随着"互联网＋"在各个领域的融合，移动互联网也正在深刻渗透改变现有的传统就医模式。

（六）沟通技巧

沟通是指人与人之间传达思想或交换信息的过程，这个过程由发信者、接受者、信息、渠道、反馈、噪音和环境七大要素组成。沟通的作用主要是提高管理者决策能力、解决冲突和协调组织行动、促进组织效率提高和组织变革及创新。定点医疗机构医疗保险管理工作纷繁复杂，需要在医、保、患三者之间进行沟通、协调。面对医院职工政策培训、参保者咨询解答，向医疗保险经办机构进行政策建议等，都需要很好的沟通技巧。

医疗保险管理中的语言的技巧与艺术体现在说与写之中，蕴含于沟通与协调之内，语言艺术运用的如何，对医疗保险管理效果有着举足轻重的作用。定点医疗机构医疗保险管理者的语言，主要是管理语言、服务语言、沟通语言和协调语言。

对定点医疗机构医疗保险运行中出现的问题,要协调解决;对参保者有关医疗保险政策的询问,必须耐心;对医疗保险政策及管理制度不尽合理之处,应该建议、探讨。生动的宣传、恰当的解释、准确的回答、合理的建议能够收到事半功倍的显著效果,掌握医疗保险的语言艺术对医疗保险工作是有很大益处的。

二、培训对象

定点医疗机构在制定宣传培训内容时应按照对象的不同需求进行分类:按适用对象的范围可以分为内部对象和外部对象。

（一）内部对象

定点医疗机构医疗保险宣传培训内部对象有医疗保险从业人员和医务人员。

1. 医疗保险从业人员

医疗保险从业人员作为联系医、保、患三方的重要纽带,对医疗保险知识和技能的掌握程度关系到医疗保险政策的落实,以及医务人员对医疗保险政策的执行情况。因此,加强医疗保险从业人员专业知识的宣传培训,是不断适应医疗保险发展、提高医疗保险管理水平的重要途径。

对定点医疗机构医疗保险从业人员需要培训的内容包括:医疗保险相关政策法规、医疗保险支付方式、医疗保险支付目录、定点医疗机构医疗保险管理制度、就医流程、沟通技巧和应急处理办法等。

2. 医务人员

定点医疗机构不同部门的医务人员所需的宣传培训内容也不尽相同,财务、信息、临床、医技等各科室应重点掌握与本科室工作内容相关的医疗保险知识,如入院收费窗口需进行收费和出入院操作流程培训;对临床医务人员进行医疗保险政策和医疗保险基金拒付规定培训;对财务人员进行物价管理培训;对临床科室医疗保险联络员进行医疗保险政策培训等。

同时定点医疗机构因医务人员或个别科室的特殊需求提供个性化培训,如对妇产科开展生育保险政策的培训。

（二）外部对象

定点医疗机构医疗保险宣传外部对象有参保者和社会大众。

1. 参保者

参保者作为医疗保险直接受益者,宣传的内容是各类医疗保险的缴费标准和报销比例、门槛费、各类医疗保险的出入院流程、门诊就医流程和结算流程、医疗保险不予支付范围等。

2. 社会公众

社会公众作为医疗保险宣传的参与者,要了解的是各类医疗保险的政策、医疗机构就医模式、就诊流程和结算方式等。

第四节　宣传培训过程

一、制定目标

定点医疗机构在医疗保险宣传培训前应该明确目标和原则,根据事先确定好的目标原则制订计划。定点医疗机构应遵循前瞻性、长期性、系统性、实用性、效益性等原则结合自身的发展战略及医疗保险行业发展的趋势制订宣传培训计划。

确定目标的意义在于明确宣传培训要达到的效果,以及为宣传培训效果的评价提供切实可行的标准。

二、加强组织

良好的宣传培训组织是提高宣传培训效果的关键,也是其实施宣传培训工作的保证。医疗保险管理部门应加强医疗保险宣传培训的组织协调工作,并有专人具体负责宣传培训的实施,将医疗保险宣传培训纳入全院培训、员工岗前培训等常规培训中。

三、确定时间和场所

定点医疗机构一般在新员工入职前、医疗保险新政策实行前、新规定实施前对医务人员或参保者进行宣传和培训。在具体时间确定上一般按照医疗保险经办机构要求提前安排,或不影响定点医疗机构正常运行为前提。

对于场所的选择,宣传类海报和彩页应张贴放置在醒目位置,使于参保者和员工阅读和掌握。对于院内的培训场所选择应遵循培训实施过程不受任何干扰的原则。

四、准备内容

针对不同的宣传培训对象和方式,定点医疗机构医疗保险宣传培训的内容应各不相同,根据实际情况及宣传培训对象的需求设计宣传培训内容是十分重要的。一般而言,定点医疗机构决策层需要宣传培训的内容是定点医疗机构医疗保险发展战略和经营理念、医疗保险管理发展的趋势、领导控制能力等;定点医疗机构医疗保险管理者需要宣传培训的内容有医疗保险基本理论、定点医疗机构和科室的医疗保险管理制度、本专业医疗保险管理知识和沟通协调能力等;其他工作人员需要宣传培训的内容为相关的医疗保险政策制度、各种操作流程规范、交流沟通能力、应急防范预案等。

五、选择方法

首先,要根据培训的目的选择培训方法。例如,要给全院员工解读新的医疗保险政策,可以选择全院讲座法,并配合平面和网络宣传等方式加强宣传力度。

其次,要考虑宣传培训的内容,参保者的接受能力等诸多因素。如要宣传参保者的就诊流程,可以宣传彩页和报销流程宣传单的形式进行宣传或者在醒目处张贴就诊流程图等。

六、组织实施

宣传培训的计划和内容制订完成后即是宣传培训的组织实施阶段。根据宣传培训的内容和对象的特点以及宣传培训预计的费用等选择合适的宣传方式,通过时间确定、人员通知、资料和器材的准备、场所的选择等分阶段,分层次完成既定的宣传培训任务。

第五节　宣传培训评价

一、评价内容

宣传培训效果评估是指收集定点医疗机构宣传培训对象从宣传培训当中获得的受益情况,以衡量宣传培训是否有效的过程。其主要从以下四点来得以实现:

1. 对宣传培训对象的学习成果进行评价

具体评价项目包括两个:一是宣传培训后的测试;二是宣传培训后培训对象工作态度、工作方法和工作业绩的改善程度。

2. 对宣传培训组织管理进行评价

具体评价项目有宣传培训时间安排、场地环境、设备器材等。

3. 对宣传培训内容进行评价

具体评价项目有宣传培训内容、宣传方式等。

4. 对宣传培训效果进行评价

具体评价项目有宣传培训预算执行情况、社会效益等。

二、评价维度

定点医疗机构一般从满意度、掌握度和应用度三个维度来评价宣传培训效果。

1. 满意度

通过比较宣传培训对象在宣传培训前后的满意度情况来衡量宣传培训效果。这里主要指定点医疗机构内部宣传培训对象和外部的参保者及社会公众对于定点医疗机构医疗保险宣传培训前后医疗服务的满意度情况。

2. 掌握度

通过比较宣传培训对象在宣传培训前后对宣传培训的内容掌握度情况来衡量宣传培训效果。如通过定点医疗机构医疗保险的政策的培训,定点医疗机构医务人员是否进一步掌握医疗保险政策和定点医疗机构相关规定。

3. 应用度

通过比较宣传培训对象在宣传培训前后的医疗保险政策或定点医疗机构管理规定应用度情况来衡量宣传培训效果。如定点医疗机构通过培训各种医疗保险的报销比例,收费人员能否正确地完成该类参保者入院登记及出院结算等流程。

三、评价方法

在宣传培训效果评估过程中,我们常用的评估模型是柯氏四级评估模型,它可以简单、全面、系统地反映评估结果。

用来评估的方法有很多种,总的来说,有定性分析和定量分析两种。而按具体形式不同,用于定性分析的方法又可分为问卷调查法、访谈法和讨论法等;用于定量分析的方法又可分为考核考试法和加权分析法等。定点医疗机构医疗保险宣传培训效果评估主要介绍三种比较常见的方法:

1. 问卷调查法

问卷调查法是借助预先设计好的问卷,在宣传培训课程结束时向调查对象了解各方面信息的方法。此方法的关键在于设计一份有效的问卷,按照调查对象和调查目的的不同设计以下两种问卷:①培训对象填写,反映宣传培训内容或培训讲师、宣传培训情况的调查问卷;②需要培训者填写的,反映培训对象表现的调查表。如在实际操作中,要了解参保者对自费告知和知情同意等方面的满意度,可设计一份调查问卷,在参保者出院之后填写。

2. 考核考试

设计一份考试试卷,对培训对象进行考核,通过考试成绩来衡量宣传培训效果。如定点医疗机构以医疗保险相关知识做成试卷,用以考核临床医务人员对医疗保险知识真正掌握情况。

3. 访谈法和讨论法

通过一对一的访谈,培训对象可以直接地反映宣传培训的效果是否达到其预期的目标;另外将所有培训对象集中到一起讨论,在会议上每一个对象都要陈述通过宣传培训学会了什么,以及如何把这些知识运用到工作中去,这种方法一般可以在宣传培训结束后采用,有的时候可以通过书写培训总结或培训感想的形式来替代。

四、反馈评价结果和持续改进

宣传培训的评价结果一般需要反馈给相关工作人员,通过反馈有助于培训者对宣传培训的目的、内容和方法进行改进,精益求精,提高宣传培训水平;通过反馈有助于培训对象取长补短,继续努力,不断提高自己的工作效率。定点医疗机构医疗保险管理者通过反馈评价的结果促使其对下一次医疗保险宣传培训的内容和方法加以改进和创新,进一步完善培训水平和宣传力度,提升定点医疗机构管理水平,形成定点医疗机构特有的医疗保险管理文化。

附　录

一、全国人民代表大会颁布的法律

中华人民共和国保险法

(1995 年 6 月 30 日第八届全国人民代表大会常务委员会第十四次会议通过 根据 2002 年 10 月 28 日第九届全国人民代表大会常务委员会第三十次会议《关于修改〈中华人民共和国保险法〉的决定》修正)

目　录

第一章　总　则

第一条　为了规范保险活动,保护保险活动当事人的合法权益,加强对保险业的监督管理,维护社会经济秩序和社会公共利益,促进保险事业的健康发展,制定本法。

第二条　本法所称保险,是指投保人根据合同约定,向保险人支付保险费,保险人对于合同约定的可能发生的事故因其发生所造成的财产损失承担赔偿保险金责任,或者当被保险人死亡、伤残、疾病或者达到合同约定的年龄、期限等条件时承担给付保险金责任的商业保险行为。

第三条　在中华人民共和国境内从事保险活动,适用本法。

第四条　从事保险活动必须遵守法律、行政法规,尊重社会公德,不得损害社会公共利益。

第五条　保险活动当事人行使权利、履行义务应当遵循诚实信用原则。

第六条　保险业务由依照本法设立的保险公司以及法律、行政法规规定的其他保险组织经营,其他单位和个人不得经营保险业务。

第七条　在中华人民共和国境内的法人和其他组织需要办理境内保险的,应当向中华人民共和国境内的保险公司投保。

第八条　保险业和银行业、证券业、信托业实行分业经营、分业管理,保险公司与银行、证券、信托业务机构分别设立。国家另有规定的除外。

第九条　国务院保险监督管理机构依法对保险业实施监督管理。

国务院保险监督管理机构根据履行职责的需要设立派出机构。派出机构按照国务院保险监督管理机构的授权履行监督管理职责。

第二章　保险合同

第一节　一般规定

第十条　保险合同是投保人与保险人约定保险权利义务关系的协议。

投保人是指与保险人订立保险合同,并按照合同约定负有支付保险费义务的人。

保险人是指与投保人订立保险合同,并按照合同约定承担赔偿或者给付保险金责任的保险公司。

第十一条　订立保险合同,应当协商一致,遵循公平原则确定各方的权利和义务。

除法律、行政法规规定必须保险的外,保险合同自愿订立。

第十二条　人身保险的投保人在保险合同订立时,对被保险人应当具有保险利益。

财产保险的被保险人在保险事故发生时,对保险标的应当具有保险利益。

人身保险是以人的寿命和身体为保险标的的保险。

财产保险是以财产及其有关利益为保险标的的保险。

被保险人是指其财产或者人身受保险合同保障,享有保险金请求权的人。投保人可以为被保险人。

保险利益是指投保人或者被保险人对保险标的具有的法律上承认的利益。

第十三条　投保人提出保险要求,经保险人同意承保,保险合同成立。保险人应当及时向投保人签发保险单或者其他保险凭证。

保险单或者其他保险凭证应当载明当事人双方约定的合同内容。当事人也可以约定采用其他书面形式载明合同内容。

依法成立的保险合同,自成立时生效。投保人和保险人可以对合同的效力约定附条件或者附期限。

第十四条　保险合同成立后,投保人按照约定交付保险费,保险人按照约定的时间开始承担保险责任。

第十五条　除本法另有规定或者保险合同另有约定外,保险合同成立后,投保人可以解除合同,保险人不得解除合同。

第十六条　订立保险合同,保险人就保险标的或者被保险人的有关情况提出询问的,投保人应当如实告知。

投保人故意或者因重大过失未履行前款规定的如实告知义务,足以影响保险人决定是否同意承保或者提高保险费率的,保险人有权解除合同。

前款规定的合同解除权,自保险人知道有解除事由之日起,超过三十日不行使而消灭。自合同成立之日起超过二年的,保险人不得解除合同;发生保险事故的,保险人应当承担赔偿或者给付保险金的责任。

投保人故意不履行如实告知义务的,保险人对于合同解除前发生的保险事故,不承担赔偿或者给付保险金的责任,并不退还保险费。

投保人因重大过失未履行如实告知义务,对保险事故的发生有严重影响的,保险人对于合同解除前发生的保险事故,不承担赔偿或者给付保险金的责任,但应当退还保险费。

保险人在合同订立时已经知道投保人未如实告知的情况的,保险人不得解除合同;发生保险事故的,保险人应当承担赔偿或者给付保险金的责任。

保险事故是指保险合同约定的保险责任范围内的事故。

第十七条　订立保险合同,采用保险人提供的格式条款的,保险人向投保人提供的投保单应当附格式条款,保险人应当向投保人说明合同的内容。

对保险合同中免除保险人责任的条款,保险人在订立合同时应当在投保单、保险单或者其他保险凭证上作出足以引起投保人注意的提示,并对该条款的内容以书面或者口头形式向投保人作出明确说明;未作提示或者明确说明的,该条款不产生效力。

第十八条　保险合同应当包括下列事项:

(一)保险人的名称和住所;

(二)投保人、被保险人的姓名或者名称、住所,以及人身保险的受益人的姓名或者名称、住所;

(三)保险标的;

(四)保险责任和责任免除;

(五)保险期间和保险责任开始时间;

(六)保险金额;

(七)保险费以及支付办法;

(八)保险金赔偿或者给付办法;

(九)违约责任和争议处理;

(十)订立合同的年、月、日。

投保人和保险人可以约定与保险有关的其他事项。

受益人是指人身保险合同中由被保险人或者投保人指定的享有保险金请求权的人。投保人、被保险人可以为受益人。

保险金额是指保险人承担赔偿或者给付保险金责任的最高限额。

第十九条　采用保险人提供的格式条款订立的保险合同中的下列条款无效:

(一)免除保险人依法应承担的义务或者加重投保人、被保险人责任的;

(二)排除投保人、被保险人或者受益人依法享有的权利的。

第二十条　投保人和保险人可以协商变更合同内容。

变更保险合同的,应当由保险人在保险单或者其他保险凭证上批注或者附贴批单,或者由投保人和保险人订立变更的书面协议。

第二十一条　投保人、被保险人或者受益人知道保险事故发生后,应当及时通知保险人。故意或者因重大过失未及时通知,致使保险事故的性质、原因、损失程度等难以确定的,保险人对无法确定的部分,不承担赔偿或者给付保险金的责任,但保险人通过其他途径已经及时知道或者应当及时知道保险事故发生的除外。

第二十二条　保险事故发生后,按照保险合同请求保险人赔偿或者给付保险金时,投保人、被保险人或者受益人应当向保险人提供其所能提供的与确认保险事故的性质、原因、损失程度等有关的证明和资料。

保险人按照合同的约定,认为有关的证明和资料不完整的,应当及时一次性通知投保人、被保险人或者受益人补充提供。

第二十三条　保险人收到被保险人或者受益人的赔偿或者给付保险金的请求后,应当及时作出核定;情形复杂的,应当在三十日内作出核定,但合同另有约定的除外。保险人应当将核定结果通知被保险人或者受益人;对属于保险责任的,在与被保险人或者受益人达成赔偿或者给付保险金的协议后十日内,履行赔偿或者给付保险金义务。保险合同对赔偿或者给付保险金的期限有约定的,保险人应当按照约定履行赔偿或者给付保险金义务。

保险人未及时履行前款规定义务的,除支付保险金外,应当赔偿被保险人或者受益人因此受到的损失。

任何单位和个人不得非法干预保险人履行赔偿或者给付保险金的义务,也不得限制被保险人或者受益人取得保险金的权利。

第二十四条　保险人依照本法第二十三条的规定作出核定后,对不属于保险责任的,应当自作出核定之日起三日内向被保险人或者受益人发出拒绝赔偿或者拒绝给付保险金通知书,并说明理由。

第二十五条　保险人自收到赔偿或者给付保险金的请求和有关证明、资料之日起六十日内,对其赔偿或者给付保险金的数额不能确定的,应当根据已有证明和资料可以确定的数额先予支付;保险人最终确定赔偿或者给付保险金的数额后,应当支付相应的差额。

第二十六条　人寿保险以外的其他保险的被保险人或者受益人,向保险人请求赔偿或者给付保险金的诉讼时效期间为二年,自其知道或者应当知道保险事故发生之日起计算。

人寿保险的被保险人或者受益人向保险人请求给付保险金的诉讼时效期间为五年,自其知道或者应当知道保险事故发生之日起计算。

第二十七条　未发生保险事故,被保险人或者受益人谎称发生了保险事故,向保险人提出赔偿或者给付保险金请求的,保险人有权解除合同,并不退还保险费。

投保人、被保险人故意制造保险事故的,保险人有权解除合同,不承担赔偿或者给付保险金的责任;除本法第四十三条规定外,不退还保险费。

保险事故发生后,投保人、被保险人或者受益人以伪造、变造的有关证明、资料或者其他证据,编造虚假的事故原因或者夸大损失程度的,保险人对其虚报的部分不承担赔偿或者给付保险金的责任。

投保人、被保险人或者受益人有前三款规定行为之一，致使保险人支付保险金或者支出费用的，应当退回或者赔偿。

第二十八条　保险人将其承担的保险业务，以分保形式部分转移给其他保险人的，为再保险。

应再保险接受人的要求，再保险分出人应当将其自负责任及原保险的有关情况书面告知再保险接受人。

第二十九条　再保险接受人不得向原保险的投保人要求支付保险费。

原保险的被保险人或者受益人不得向再保险接受人提出赔偿或者给付保险金的请求。

再保险分出人不得以再保险接受人未履行再保险责任为由，拒绝履行或者迟延履行其原保险责任。

第三十条　采用保险人提供的格式条款订立的保险合同，保险人与投保人、被保险人或者受益人对合同条款有争议的，应当按照通常理解予以解释。对合同条款有两种以上解释的，人民法院或者仲裁机构应当作出有利于被保险人和受益人的解释。

第二节　人身保险合同

第三十一条　投保人对下列人员具有保险利益：

（一）本人；

（二）配偶、子女、父母；

（三）前项以外与投保人有抚养、赡养或者扶养关系的家庭其他成员、近亲属；

（四）与投保人有劳动关系的劳动者。

除前款规定外，被保险人同意投保人为其订立合同的，视为投保人对被保险人具有保险利益。

订立合同时，投保人对被保险人不具有保险利益的，合同无效。

第三十二条　投保人申报的被保险人年龄不真实，并且其真实年龄不符合合同约定的年龄限制的，保险人可以解除合同，并按照合同约定退还保险单的现金价值。保险人行使合同解除权，适用本法第十六条第三款、第六款的规定。

投保人申报的被保险人年龄不真实，致使投保人支付的保险费少于应付保险费的，保险人有权更正并要求投保人补交保险费，或者在给付保险金时按照实付保险费与应付保险费的比例支付。

投保人申报的被保险人年龄不真实，致使投保人支付的保险费多于应付保险费的，保险人应当将多收的保险费退还投保人。

第三十三条　投保人不得为无民事行为能力人投保以死亡为给付保险金条件的人身保险，保险人也不得承保。

父母为其未成年子女投保的人身保险，不受前款规定限制。但是，因被保险人死亡给付的保险金总和不得超过国务院保险监督管理机构规定的限额。

第三十四条　以死亡为给付保险金条件的合同，未经被保险人同意并认可保险金额的，合同无效。

按照以死亡为给付保险金条件的合同所签发的保险单,未经被保险人书面同意,不得转让或者质押。

父母为其未成年子女投保的人身保险,不受本条第一款规定限制。

第三十五条　投保人可以按照合同约定向保险人一次支付全部保险费或者分期支付保险费。

第三十六条　合同约定分期支付保险费,投保人支付首期保险费后,除合同另有约定外,投保人自保险人催告之日起超过三十日未支付当期保险费,或者超过约定的期限六十日未支付当期保险费的,合同效力中止,或者由保险人按照合同约定的条件减少保险金额。

被保险人在前款规定期限内发生保险事故的,保险人应当按照合同约定给付保险金,但可以扣减欠交的保险费。

第三十七条　合同效力依照本法第三十六条规定中止的,经保险人与投保人协商并达成协议,在投保人补交保险费后,合同效力恢复。但是,自合同效力中止之日起满二年双方未达成协议的,保险人有权解除合同。

保险人依照前款规定解除合同的,应当按照合同约定退还保险单的现金价值。

第三十八条　保险人对人寿保险的保险费,不得用诉讼方式要求投保人支付。

第三十九条　人身保险的受益人由被保险人或者投保人指定。

投保人指定受益人时须经被保险人同意。投保人为与其有劳动关系的劳动者投保人身保险,不得指定被保险人及其近亲属以外的人为受益人。

被保险人为无民事行为能力人或者限制民事行为能力人的,可以由其监护人指定受益人。

第四十条　被保险人或者投保人可以指定一人或者数人为受益人。

受益人为数人的,被保险人或者投保人可以确定受益顺序和受益份额;未确定受益份额的,受益人按照相等份额享有受益权。

第四十一条　被保险人或者投保人可以变更受益人并书面通知保险人。保险人收到变更受益人的书面通知后,应当在保险单或者其他保险凭证上批注或者附贴批单。

投保人变更受益人时须经被保险人同意。

第四十二条　被保险人死亡后,有下列情形之一的,保险金作为被保险人的遗产,由保险人依照《中华人民共和国继承法》的规定履行给付保险金的义务:

(一)没有指定受益人,或者受益人指定不明无法确定的;

(二)受益人先于被保险人死亡,没有其他受益人的;

(三)受益人依法丧失受益权或者放弃受益权,没有其他受益人的。

受益人与被保险人在同一事件中死亡,且不能确定死亡先后顺序的,推定受益人死亡在先。

第四十二条　投保人故意造成被保险人死亡、伤残或者疾病的,保险人不承担给付保险金的责任。投保人已交足二年以上保险费的,保险人应当按照合同约定向其他权利人退还保险单的现金价值。

受益人故意造成被保险人死亡、伤残、疾病的,或者故意杀害被保险人未遂的,该受益人丧失受益权。

第四十四条　以被保险人死亡为给付保险金条件的合同,自合同成立或者合同效力恢复之日起二年内,被保险人自杀的,保险人不承担给付保险金的责任,但被保险人自杀时为无民事行为能力人的除外。

保险人依照前款规定不承担给付保险金责任的,应当按照合同约定退还保险单的现金价值。

第四十五条　因被保险人故意犯罪或者抗拒依法采取的刑事强制措施导致其伤残或者死亡的,保险人不承担给付保险金的责任。投保人已交足二年以上保险费的,保险人应当按照合同约定退还保险单的现金价值。

第四十六条　被保险人因第三者的行为而发生死亡、伤残或者疾病等保险事故的,保险人向被保险人或者受益人给付保险金后,不享有向第三者追偿的权利,但被保险人或者受益人仍有权向第三者请求赔偿。

第四十七条　投保人解除合同的,保险人应当自收到解除合同通知之日起三十日内,按照合同约定退还保险单的现金价值。

第三节　财产保险合同

第四十八条　保险事故发生时,被保险人对保险标的不具有保险利益的,不得向保险人请求赔偿保险金。

第四十九条　保险标的转让的,保险标的的受让人承继被保险人的权利和义务。

保险标的转让的,被保险人或者受让人应当及时通知保险人,但货物运输保险合同和另有约定的合同除外。

因保险标的的转让导致危险程度显著增加的,保险人自收到前款规定的通知之日起三十日内,可以按照合同约定增加保险费或者解除合同。保险人解除合同的,应当将已收取的保险费,按照合同约定扣除自保险责任开始之日起至合同解除之日止应收的部分后,退还投保人。

被保险人、受让人未履行本条第二款规定的通知义务的,因转让导致保险标的的危险程度显著增加而发生的保险事故,保险人不承担赔偿保险金的责任。

第五十条　货物运输保险合同和运输工具航程保险合同,保险责任开始后,合同当事人不得解除合同。

第五十一条　被保险人应当遵守国家有关消防、安全、生产操作、劳动保护等方面的规定,维护保险标的的安全。

保险人可以按照合同约定对保险标的的安全状况进行检查,及时向投保人、被保险人提出消除不安全因素和隐患的书面建议。

投保人、被保险人未按照约定履行其对保险标的的安全应尽责任的,保险人有权要求增加保险费或者解除合同。

保险人为维护保险标的的安全,经被保险人同意,可以采取安全预防措施。

第五十二条　在合同有效期内,保险标的的危险程度显著增加的,被保险人应当按照合同约定及时通知保险人,保险人可以按照合同约定增加保险费或者解除合同。保险人解除合同的,应当将已收取的保险费,按照合同约定扣除自保险责任开始之日起至合同解除之日止应收的部分后,退还投保人。

被保险人未履行前款规定的通知义务的,因保险标的的危险程度显著增加而发生的保险事故,保险人不承担赔偿保险金的责任。

第五十三条 有下列情形之一的,除合同另有约定外,保险人应当降低保险费,并按日计算退还相应的保险费:

(一)据以确定保险费率的有关情况发生变化,保险标的的危险程度明显减少的;

(二)保险标的的保险价值明显减少的。

第五十四条 保险责任开始前,投保人要求解除合同的,应当按照合同约定向保险人支付手续费,保险人应当退还保险费。保险责任开始后,投保人要求解除合同的,保险人应当将已收取的保险费,按照合同约定扣除自保险责任开始之日起至合同解除之日止应收的部分后,退还投保人。

第五十五条 投保人和保险人约定保险标的的保险价值并在合同中载明的,保险标的发生损失时,以约定的保险价值为赔偿计算标准。

投保人和保险人未约定保险标的的保险价值的,保险标的发生损失时,以保险事故发生时保险标的的实际价值为赔偿计算标准。

保险金额不得超过保险价值。超过保险价值的,超过部分无效,保险人应当退还相应的保险费。

保险金额低于保险价值的,除合同另有约定外,保险人按照保险金额与保险价值的比例承担赔偿保险金的责任。

第五十六条 重复保险的投保人应当将重复保险的有关情况通知各保险人。

重复保险的各保险人赔偿保险金的总和不得超过保险价值。除合同另有约定外,各保险人按照其保险金额与保险金额总和的比例承担赔偿保险金的责任。

重复保险的投保人可以就保险金额总和超过保险价值的部分,请求各保险人按比例返还保险费。

重复保险是指投保人对同一保险标的、同一保险利益、同一保险事故分别与两个以上保险人订立保险合同,且保险金额总和超过保险价值的保险。

第五十七条 保险事故发生时,被保险人应当尽力采取必要的措施,防止或者减少损失。

保险事故发生后,被保险人为防止或者减少保险标的的损失所支付的必要的、合理的费用,由保险人承担;保险人所承担的费用数额在保险标的的损失赔偿金额以外另行计算,最高不超过保险金额的数额。

第五十八条 保险标的发生部分损失的,自保险人赔偿之日起三十日内,投保人可以解除合同;除合同另有约定外,保险人也可以解除合同,但应当提前十五日通知投保人。

合同解除的,保险人应当将保险标的未受损失部分的保险费,按照合同约定扣除自保险责任开始之日起至合同解除之日止应收的部分后,退还投保人。

第五十九条 保险事故发生后,保险人已支付了全部保险金额,并且保险金额等于保险价值的,受损保险标的的全部权利归于保险人;保险金额低于保险价值的,保险人按照保险金额与保险价值的比例取得受损保险标的的部分权利。

第六十条　因第三者对保险标的的损害而造成保险事故的,保险人自向被保险人赔偿保险金之日起,在赔偿金额范围内代位行使被保险人对第三者请求赔偿的权利。

前款规定的保险事故发生后,被保险人已经从第三者取得损害赔偿的,保险人赔偿保险金时,可以相应扣减被保险人从第三者已取得的赔偿金额。

保险人依照本条第一款规定行使代位请求赔偿的权利,不影响被保险人就未取得赔偿的部分向第三者请求赔偿的权利。

第六十一条　保险事故发生后,保险人未赔偿保险金之前,被保险人放弃对第三者请求赔偿的权利的,保险人不承担赔偿保险金的责任。

保险人向被保险人赔偿保险金后,被保险人未经保险人同意放弃对第三者请求赔偿的权利的,该行为无效。

被保险人故意或者因重大过失致使保险人不能行使代位请求赔偿的权利的,保险人可以扣减或者要求返还相应的保险金。

第六十二条　除被保险人的家庭成员或者其组成人员故意造成本法第六十条第一款规定的保险事故外,保险人不得对被保险人的家庭成员或者其组成人员行使代位请求赔偿的权利。

第六十三条　保险人向第三者行使代位请求赔偿的权利时,被保险人应当向保险人提供必要的文件和所知道的有关情况。

第六十四条　保险人、被保险人为查明和确定保险事故的性质、原因和保险标的的损失程度所支付的必要的、合理的费用,由保险人承担。

第六十五条　保险人对责任保险的被保险人给第三者造成的损害,可以依照法律的规定或者合同的约定,直接向该第三者赔偿保险金。

责任保险的被保险人给第三者造成损害,被保险人对第三者应负的赔偿责任确定的,根据被保险人的请求,保险人应当直接向该第三者赔偿保险金。被保险人怠于请求的,第三者有权就其应获赔偿部分直接向保险人请求赔偿保险金。

责任保险的被保险人给第三者造成损害,被保险人未向该第三者赔偿的,保险人不得向被保险人赔偿保险金。

责任保险是指以被保险人对第三者依法应负的赔偿责任为保险标的的保险。

第六十六条　责任保险的被保险人因给第三者造成损害的保险事故而被提起仲裁或者诉讼的,被保险人支付的仲裁或者诉讼费用以及其他必要的、合理的费用,除合同另有约定外,由保险人承担。

第三章　保险公司

第六十七条　设立保险公司应当经国务院保险监督管理机构批准。

国务院保险监督管理机构审查保险公司的设立申请时,应当考虑保险业的发展和公平竞争的需要。

第六十八条　设立保险公司应当具备下列条件:

(一)主要股东具有持续盈利能力,信誉良好,最近三年内无重大违法违规记录,净资产不低于人民币二亿元；

（二）有符合本法和《中华人民共和国公司法》规定的章程；

（三）有符合本法规定的注册资本；

（四）有具备任职专业知识和业务工作经验的董事、监事和高级管理人员；

（五）有健全的组织机构和管理制度；

（六）有符合要求的营业场所和与经营业务有关的其他设施；

（七）法律、行政法规和国务院保险监督管理机构规定的其他条件。

第六十九条　设立保险公司，其注册资本的最低限额为人民币二亿元。

国务院保险监督管理机构根据保险公司的业务范围、经营规模，可以调整其注册资本的最低限额，但不得低于本条第一款规定的限额。

保险公司的注册资本必须为实缴货币资本。

第七十条　申请设立保险公司，应当向国务院保险监督管理机构提出书面申请，并提交下列材料：

（一）设立申请书，申请书应当载明拟设立的保险公司的名称、注册资本、业务范围等；

（二）可行性研究报告；

（三）筹建方案；

（四）投资人的营业执照或者其他背景资料，经会计师事务所审计的上一年度财务会计报告；

（五）投资人认可的筹备组负责人和拟任董事长、经理名单及本人认可证明；

（六）国务院保险监督管理机构规定的其他材料。

第七十一条　国务院保险监督管理机构应当对设立保险公司的申请进行审查，自受理之日起六个月内作出批准或者不批准筹建的决定，并书面通知申请人。决定不批准的，应当书面说明理由。

第七十二条　申请人应当自收到批准筹建通知之日起一年内完成筹建工作；筹建期间不得从事保险经营活动。

第七十三条　筹建工作完成后，申请人具备本法第六十八条规定的设立条件的，可以向国务院保险监督管理机构提出开业申请。

国务院保险监督管理机构应当自受理开业申请之日起六十日内，作出批准或者不批准开业的决定。决定批准的，颁发经营保险业务许可证；决定不批准的，应当书面通知申请人并说明理由。

第七十四条　保险公司在中华人民共和国境内设立分支机构，应当经保险监督管理机构批准。

保险公司分支机构不具有法人资格，其民事责任由保险公司承担。

第七十五条　保险公司申请设立分支机构，应当向保险监督管理机构提出书面申请，并提交下列材料：

（一）设立申请书；

（二）拟设机构三年业务发展规划和市场分析材料；

（三）拟任高级管理人员的简历及相关证明材料；

（四）国务院保险监督管理机构规定的其他材料。

第七十六条　保险监督管理机构应当对保险公司设立分支机构的申请进行审查，自受理之日起六十日内作出批准或者不批准的决定。决定批准的，颁发分支机构经营保险业务许可证；决定不批准的，应当书面通知申请人并说明理由。

第七十七条　经批准设立的保险公司及其分支机构，凭经营保险业务许可证向工商行政管理机关办理登记，领取营业执照。

第七十八条　保险公司及其分支机构自取得经营保险业务许可证之日起六个月内，无正当理由未向工商行政管理机关办理登记的，其经营保险业务许可证失效。

第七十九条　保险公司在中华人民共和国境外设立子公司、分支机构、代表机构，应当经国务院保险监督管理机构批准。

第八十条　外国保险机构在中华人民共和国境内设立代表机构，应当经国务院保险监督管理机构批准。代表机构不得从事保险经营活动。

第八十一条　保险公司的董事、监事和高级管理人员，应当品行良好，熟悉与保险相关的法律、行政法规，具有履行职责所需的经营管理能力，并在任职前取得保险监督管理机构核准的任职资格。

保险公司高级管理人员的范围由国务院保险监督管理机构规定。

第八十二条　有《中华人民共和国公司法》第一百四十七条规定的情形或者下列情形之一的，不得担任保险公司的董事、监事、高级管理人员：

（一）因违法行为或者违纪行为被金融监督管理机构取消任职资格的金融机构的董事、监事、高级管理人员，自被取消任职资格之日起未逾五年的；

（二）因违法行为或者违纪行为被吊销执业资格的律师、注册会计师或者资产评估机构、验证机构等机构的专业人员，自被吊销执业资格之日起未逾五年的。

第八十三条　保险公司的董事、监事、高级管理人员执行公司职务时违反法律、行政法规或者公司章程的规定，给公司造成损失的，应当承担赔偿责任。

第八十四条　保险公司有下列情形之一的，应当经保险监督管理机构批准：

（一）变更名称；

（二）变更注册资本；

（三）变更公司或者分支机构的营业场所；

（四）撤销分支机构；

（五）公司分立或者合并；

（六）修改公司章程；

（七）变更出资额占有限责任公司资本总额百分之五以上的股东，或者变更持有股份有限公司股份百分之五以上的股东；

（八）国务院保险监督管理机构规定的其他情形。

第八十五条　保险公司应当聘用经国务院保险监督管理机构认可的精算专业人员，建立精算报告制度。

保险公司应当聘用专业人员，建立合规报告制度。

第八十六条　保险公司应当按照保险监督管理机构的规定,报送有关报告、报表、文件和资料。

保险公司的偿付能力报告、财务会计报告、精算报告、合规报告及其他有关报告、报表、文件和资料必须如实记录保险业务事项,不得有虚假记载、误导性陈述和重大遗漏。

第八十七条　保险公司应当按照国务院保险监督管理机构的规定妥善保管业务经营活动的完整账簿、原始凭证和有关资料。

前款规定的账簿、原始凭证和有关资料的保管期限,自保险合同终止之日起计算,保险期间在一年以下的不得少于五年,保险期间超过一年的不得少于十年。

第八十八条　保险公司聘请或者解聘会计师事务所、资产评估机构、资信评级机构等中介服务机构,应当向保险监督管理机构报告;解聘会计师事务所、资产评估机构、资信评级机构等中介服务机构,应当说明理由。

第八十九条　保险公司因分立、合并需要解散,或者股东会、股东大会决议解散,或者公司章程规定的解散事由出现,经国务院保险监督管理机构批准后解散。

经营有人寿保险业务的保险公司,除因分立、合并或者被依法撤销外,不得解散。

保险公司解散,应当依法成立清算组进行清算。

第九十条　保险公司有《中华人民共和国企业破产法》第二条规定情形的,经国务院保险监督管理机构同意,保险公司或者其债权人可以依法向人民法院申请重整、和解或者破产清算;国务院保险监督管理机构也可以依法向人民法院申请对该保险公司进行重整或者破产清算。

第九十一条　破产财产在优先清偿破产费用和共益债务后,按照下列顺序清偿:

(一)所欠职工工资和医疗、伤残补助、抚恤费用,所欠应当划入职工个人账户的基本养老保险、基本医疗保险费用,以及法律、行政法规规定应当支付给职工的补偿金;

(二)赔偿或者给付保险金;

(三)保险公司欠缴的除第(一)项规定以外的社会保险费用和所欠税款;

(四)普通破产债权。

破产财产不足以清偿同一顺序的清偿要求的,按照比例分配。

破产保险公司的董事、监事和高级管理人员的工资,按照该公司职工的平均工资计算。

第九十二条　经营有人寿保险业务的保险公司被依法撤销或者被依法宣告破产的,其持有的人寿保险合同及责任准备金,必须转让给其他经营有人寿保险业务的保险公司;不能同其他保险公司达成转让协议的,由国务院保险监督管理机构指定经营有人寿保险业务的保险公司接受转让。

转让或者由国务院保险监督管理机构指定接受转让前款规定的人寿保险合同及责任准备金的,应当维护被保险人、受益人的合法权益。

第九十三条　保险公司依法终止其业务活动,应当注销其经营保险业务许可证。

第九十四条　保险公司,除本法另有规定外,适用《中华人民共和国公司法》的规定。

第四章　保险经营规则

第九十五条　保险公司的业务范围:

（一）人身保险业务，包括人寿保险、健康保险、意外伤害保险等保险业务；

（二）财产保险业务，包括财产损失保险、责任保险、信用保险、保证保险等保险业务；

（三）国务院保险监督管理机构批准的与保险有关的其他业务。

保险人不得兼营人身保险业务和财产保险业务。但是，经营财产保险业务的保险公司经国务院保险监督管理机构批准，可以经营短期健康保险业务和意外伤害保险业务。

保险公司应当在国务院保险监督管理机构依法批准的业务范围内从事保险经营活动。

第九十六条　经国务院保险监督管理机构批准，保险公司可以经营本法第九十五条规定的保险业务的下列再保险业务：

（一）分出保险；

（二）分入保险。

第九十七条　保险公司应当按照其注册资本总额的百分之二十提取保证金，存入国务院保险监督管理机构指定的银行，除公司清算时用于清偿债务外，不得动用。

第九十八条　保险公司应当根据保障被保险人利益、保证偿付能力的原则，提取各项责任准备金。

保险公司提取和结转责任准备金的具体办法，由国务院保险监督管理机构制定。

第九十九条　保险公司应当依法提取公积金。

第一百条　保险公司应当缴纳保险保障基金。

保险保障基金应当集中管理，并在下列情形下统筹使用：

（一）在保险公司被撤销或者被宣告破产时，向投保人、被保险人或者受益人提供救济；

（二）在保险公司被撤销或者被宣告破产时，向依法接受其人寿保险合同的保险公司提供救济；

（三）国务院规定的其他情形。

保险保障基金筹集、管理和使用的具体办法，由国务院制定。

第一百零一条　保险公司应当具有与其业务规模和风险程度相适应的最低偿付能力。保险公司的认可资产减去认可负债的差额不得低于国务院保险监督管理机构规定的数额；低于规定数额的，应当按照国务院保险监督管理机构的要求采取相应措施达到规定的数额。

第一百零二条　经营财产保险业务的保险公司当年自留保险费，不得超过其实有资本金加公积金总和的四倍。

第一百零三条　保险公司对每一危险单位，即对一次保险事故可能造成的最大损失范围所承担的责任，不得超过其实有资本金加公积金总和的百分之十；超过的部分应当办理再保险。

保险公司对危险单位的划分应当符合国务院保险监督管理机构的规定。

第一百零四条　保险公司对危险单位的划分方法和巨灾风险安排方案，应当报国务院保险监督管理机构备案。

第一百零五条　保险公司应当按照国务院保险监督管理机构的规定办理再保险，并审慎选择再保险接受人。

第一百零六条　保险公司的资金运用必须稳健,遵循安全性原则。

保险公司的资金运用限于下列形式:

(一)银行存款;

(二)买卖债券、股票、证券投资基金份额等有价证券;

(三)投资不动产;

(四)国务院规定的其他资金运用形式。

保险公司资金运用的具体管理办法,由国务院保险监督管理机构依照前两款的规定制定。

第一百零七条　经国务院保险监督管理机构会同国务院证券监督管理机构批准,保险公司可以设立保险资产管理公司。

保险资产管理公司从事证券投资活动,应当遵守《中华人民共和国证券法》等法律、行政法规的规定。

保险资产管理公司的管理办法,由国务院保险监督管理机构会同国务院有关部门制定。

第一百零八条　保险公司应当按照国务院保险监督管理机构的规定,建立对关联交易的管理和信息披露制度。

第一百零九条　保险公司的控股股东、实际控制人、董事、监事、高级管理人员不得利用关联交易损害公司的利益。

第一百一十条　保险公司应当按照国务院保险监督管理机构的规定,真实、准确、完整地披露财务会计报告、风险管理状况、保险产品经营情况等重大事项。

第一百一十一条　保险公司从事保险销售的人员应当符合国务院保险监督管理机构规定的资格条件,取得保险监督管理机构颁发的资格证书。

前款规定的保险销售人员的范围和管理办法,由国务院保险监督管理机构规定。

第一百一十二条　保险公司应当建立保险代理人登记管理制度,加强对保险代理人的培训和管理,不得唆使、诱导保险代理人进行违背诚信义务的活动。

第一百一十三条　保险公司及其分支机构应当依法使用经营保险业务许可证,不得转让、出租、出借经营保险业务许可证。

第一百一十四条　保险公司应当按照国务院保险监督管理机构的规定,公平、合理拟订保险条款和保险费率,不得损害投保人、被保险人和受益人的合法权益。

保险公司应当按照合同约定和本法规定,及时履行赔偿或者给付保险金义务。

第一百一十五条　保险公司开展业务,应当遵循公平竞争的原则,不得从事不正当竞争。

第一百一十六条　保险公司及其工作人员在保险业务活动中不得有下列行为:

(一)欺骗投保人、被保险人或者受益人;

(二)对投保人隐瞒与保险合同有关的重要情况;

(三)阻碍投保人履行本法规定的如实告知义务,或者诱导其不履行本法规定的如实告知义务;

（四）给予或者承诺给予投保人、被保险人、受益人保险合同约定以外的保险费回扣或者其他利益；

（五）拒不依法履行保险合同约定的赔偿或者给付保险金义务；

（六）故意编造未曾发生的保险事故、虚构保险合同或者故意夸大已经发生的保险事故的损失程度进行虚假理赔，骗取保险金或者牟取其他不正当利益；

（七）挪用、截留、侵占保险费；

（八）委托未取得合法资格的机构或者个人从事保险销售活动；

（九）利用开展保险业务为其他机构或者个人牟取不正当利益；

（十）利用保险代理人、保险经纪人或者保险评估机构，从事以虚构保险中介业务或者编造退保等方式套取费用等违法活动；

（十一）以捏造、散布虚假事实等方式损害竞争对手的商业信誉，或者以其他不正当竞争行为扰乱保险市场秩序；

（十二）泄露在业务活动中知悉的投保人、被保险人的商业秘密；

（十三）违反法律、行政法规和国务院保险监督管理机构规定的其他行为。

第五章　保险代理人和保险经纪人

第一百一十七条　保险代理人是根据保险人的委托，向保险人收取佣金，并在保险人授权的范围内代为办理保险业务的机构或者个人。

保险代理机构包括专门从事保险代理业务的保险专业代理机构和兼营保险代理业务的保险兼业代理机构。

第一百一十八条　保险经纪人是基于投保人的利益，为投保人与保险人订立保险合同提供中介服务，并依法收取佣金的机构。

第一百一十九条　保险代理机构、保险经纪人应当具备国务院保险监督管理机构规定的条件，取得保险监督管理机构颁发的经营保险代理业务许可证、保险经纪业务许可证。

保险专业代理机构、保险经纪人凭保险监督管理机构颁发的许可证向工商行政管理机关办理登记，领取营业执照。

保险兼业代理机构凭保险监督管理机构颁发的许可证，向工商行政管理机关办理变更登记。

第一百二十条　以公司形式设立保险专业代理机构、保险经纪人，其注册资本最低限额适用《中华人民共和国公司法》的规定。

国务院保险监督管理机构根据保险专业代理机构、保险经纪人的业务范围和经营规模，可以调整其注册资本的最低限额，但不得低于《中华人民共和国公司法》规定的限额。

保险专业代理机构、保险经纪人的注册资本或者出资额必须为实缴货币资本。

第一百二十一条　保险专业代理机构、保险经纪人的高级管理人员，应当品行良好，熟悉保险法律、行政法规，具有履行职责所需的经营管理能力，并在任职前取得保险监督管理机构核准的任职资格。

第一百二十二条　个人保险代理人、保险代理机构的代理从业人员，保险经纪人的经纪从业人员,应当具备国务院保险监督管理机构规定的资格条件,取得保险监督管理机构颁发的资格证书。

第一百二十三条   保险代理机构、保险经纪人应当有自己的经营场所,设立专门账簿记载保险代理业务、经纪业务的收支情况。

第一百二十四条   保险代理机构、保险经纪人应当按照国务院保险监督管理机构的规定缴存保证金或者投保职业责任保险。未经保险监督管理机构批准,保险代理机构、保险经纪人不得动用保证金。

第一百二十五条   个人保险代理人在代为办理人寿保险业务时,不得同时接受两个以上保险人的委托。

第一百二十六条   保险人委托保险代理人代为办理保险业务,应当与保险代理人签订委托代理协议,依法约定双方的权利和义务。

第一百二十七条   保险代理人根据保险人的授权代为办理保险业务的行为,由保险人承担责任。

保险代理人没有代理权、超越代理权或者代理权终止后以保险人名义订立合同,使投保人有理由相信其有代理权的,该代理行为有效。保险人可以依法追究越权的保险代理人的责任。

第一百二十八条   保险经纪人因过错给投保人、被保险人造成损失的,依法承担赔偿责任。

第一百二十九条   保险活动当事人可以委托保险公估机构等依法设立的独立评估机构或者具有相关专业知识的人员,对保险事故进行评估和鉴定。

接受委托对保险事故进行评估和鉴定的机构和人员,应当依法、独立、客观、公正地进行评估和鉴定,任何单位和个人不得干涉。

前款规定的机构和人员,因故意或者过失给保险人或者被保险人造成损失的,依法承担赔偿责任。

第一百三十条   保险佣金只限于向具有合法资格的保险代理人、保险经纪人支付,不得向其他人支付。

第一百三十一条   保险代理人、保险经纪人及其从业人员在办理保险业务活动中不得有下列行为:

(一)欺骗保险人、投保人、被保险人或者受益人;

(二)隐瞒与保险合同有关的重要情况;

(三)阻碍投保人履行本法规定的如实告知义务,或者诱导其不履行本法规定的如实告知义务;

(四)给予或者承诺给予投保人、被保险人或者受益人保险合同约定以外的利益;

(五)利用行政权力、职务或者职业便利以及其他不正当手段强迫、引诱或者限制投保人订立保险合同;

(六)伪造、擅自变更保险合同,或者为保险合同当事人提供虚假证明材料;

(七)挪用、截留、侵占保险费或者保险金;

(八)利用业务便利为其他机构或者个人牟取不正当利益;

（九）串通投保人、被保险人或者受益人，骗取保险金；

（十）泄露在业务活动中知悉的保险人、投保人、被保险人的商业秘密。

第一百三十二条　保险专业代理机构、保险经纪人分立、合并、变更组织形式、设立分支机构或者解散的，应当经保险监督管理机构批准。

第一百三十三条　本法第八十六条第一款、第一百一十三条的规定，适用于保险代理机构和保险经纪人。

第六章　保险业监督管理

第一百三十四条　保险监督管理机构依照本法和国务院规定的职责，遵循依法、公开、公正的原则，对保险业实施监督管理，维护保险市场秩序，保护投保人、被保险人和受益人的合法权益。

第一百三十五条　国务院保险监督管理机构依照法律、行政法规制定并发布有关保险业监督管理的规章。

第一百三十六条　关系社会公众利益的保险险种、依法实行强制保险的险种和新开发的人寿保险险种等的保险条款和保险费率，应当报国务院保险监督管理机构批准。国务院保险监督管理机构审批时，应当遵循保护社会公众利益和防止不正当竞争的原则。其他保险险种的保险条款和保险费率，应当报保险监督管理机构备案。

保险条款和保险费率审批、备案的具体办法，由国务院保险监督管理机构依照前款规定制定。

第一百三十七条　保险公司使用的保险条款和保险费率违反法律、行政法规或者国务院保险监督管理机构的有关规定的，由保险监督管理机构责令停止使用，限期修改；情节严重的，可以在一定期限内禁止申报新的保险条款和保险费率。

第一百三十八条　国务院保险监督管理机构应当建立健全保险公司偿付能力监管体系，对保险公司的偿付能力实施监控。

第一百三十九条　对偿付能力不足的保险公司，国务院保险监督管理机构应当将其列为重点监管对象，并可以根据具体情况采取下列措施：

（一）责令增加资本金、办理再保险；

（二）限制业务范围；

（三）限制向股东分红；

（四）限制固定资产购置或者经营费用规模；

（五）限制资金运用的形式、比例；

（六）限制增设分支机构；

（七）责令拍卖不良资产、转让保险业务；

（八）限制董事、监事、高级管理人员的薪酬水平；

（九）限制商业性广告；

（十）责令停止接受新业务。

第一百四十条　保险公司未依照本法规定提取或者结转各项责任准备金，或者未依照本法规定办理再保险，或者严重违反本法关于资金运用的规定的，由保险监督管理机构责令限期改正,并可以责令调整负责人及有关管理人员。

第一百四十一条　保险监督管理机构依照本法第一百四十条的规定作出限期改正的决定后,保险公司逾期未改正的,国务院保险监督管理机构可以决定选派保险专业人员和指定该保险公司的有关人员组成整顿组,对公司进行整顿。

整顿决定应当载明被整顿公司的名称、整顿理由、整顿组成员和整顿期限,并予以公告。

第一百四十二条　整顿组有权监督被整顿保险公司的日常业务。被整顿公司的负责人及有关管理人员应当在整顿组的监督下行使职权。

第一百四十三条　整顿过程中,被整顿保险公司的原有业务继续进行。但是,国务院保险监督管理机构可以责令被整顿公司停止部分原有业务、停止接受新业务,调整资金运用。

第一百四十四条　被整顿保险公司经整顿已纠正其违反本法规定的行为,恢复正常经营状况的,由整顿组提出报告,经国务院保险监督管理机构批准,结束整顿,并由国务院保险监督管理机构予以公告。

第一百四十五条　保险公司有下列情形之一的,国务院保险监督管理机构可以对其实行接管:

（一）公司的偿付能力严重不足的;

（二）违反本法规定,损害社会公共利益,可能严重危及或者已经严重危及公司的偿付能力的。

被接管的保险公司的债权债务关系不因接管而变化。

第一百四十六条　接管组的组成和接管的实施办法,由国务院保险监督管理机构决定,并予以公告。

第一百四十七条　接管期限届满,国务院保险监督管理机构可以决定延长接管期限,但接管期限最长不得超过二年。

第一百四十八条　接管期限届满,被接管的保险公司已恢复正常经营能力的,由国务院保险监督管理机构决定终止接管,并予以公告。

第一百四十九条　被整顿、被接管的保险公司有《中华人民共和国企业破产法》第二条规定情形的,国务院保险监督管理机构可以依法向人民法院申请对该保险公司进行重整或者破产清算。

第一百五十条　保险公司因违法经营被依法吊销经营保险业务许可证的,或者偿付能力低于国务院保险监督管理机构规定标准,不予撤销将严重危害保险市场秩序、损害公共利益的,由国务院保险监督管理机构予以撤销并公告,依法及时组织清算组进行清算。

第一百五十一条　国务院保险监督管理机构有权要求保险公司股东、实际控制人在指定的期限内提供有关信息和资料。

第一百五十二条　保险公司的股东利用关联交易严重损害公司利益,危及公司偿付能力的,由国务院保险监督管理机构责令改正。在按照要求改正前,国务院保险监督管理机构可以限制其股东权利;拒不改正的,可以责令其转让所持的保险公司股权。

第一百五十三条　保险监督管理机构根据履行监督管理职责的需要,可以与保险公司董事、监事和高级管理人员进行监督管理谈话,要求其就公司的业务活动和风险管理的重大事项作出说明。

第一百五十四条　保险公司在整顿、接管、撤销清算期间,或者出现重大风险时,国务院保险监督管理机构可以对该公司直接负责的董事、监事、高级管理人员和其他直接责任人员采取以下措施:

(一)通知出境管理机关依法阻止其出境;

(二)申请司法机关禁止其转移、转让或者以其他方式处分财产,或者在财产上设定其他权利。

第一百五十五条　保险监督管理机构依法履行职责,可以采取下列措施:

(一)对保险公司、保险代理人、保险经纪人、保险资产管理公司、外国保险机构的代表机构进行现场检查;

(二)进入涉嫌违法行为发生场所调查取证;

(三)询问当事人及与被调查事件有关的单位和个人,要求其对与被调查事件有关的事项作出说明;

(四)查阅、复制与被调查事件有关的财产权登记等资料;

(五)查阅、复制保险公司、保险代理人、保险经纪人、保险资产管理公司、外国保险机构的代表机构以及与被调查事件有关的单位和个人的财务会计资料及其他相关文件和资料;对可能被转移、隐匿或者毁损的文件和资料予以封存;

(六)查询涉嫌违法经营的保险公司、保险代理人、保险经纪人、保险资产管理公司、外国保险机构的代表机构以及与涉嫌违法事项有关的单位和个人的银行账户;

(七)对有证据证明已经或者可能转移、隐匿违法资金等涉案财产或者隐匿、伪造、毁损重要证据的,经保险监督管理机构主要负责人批准,申请人民法院予以冻结或者查封。

保险监督管理机构采取前款第(一)项、第(二)项、第(五)项措施的,应当经保险监督管理机构负责人批准;采取第(六)项措施的,应当经国务院保险监督管理机构负责人批准。

保险监督管理机构依法进行监督检查或者调查,其监督检查、调查的人员不得少于二人,并应当出示合法证件和监督检查、调查通知书;监督检查、调查的人员少于二人或者未出示合法证件和监督检查、调查通知书的,被检查、调查的单位和个人有权拒绝。

第一百五十六条　保险监督管理机构依法履行职责,被检查、调查的单位和个人应当配合。

第一百五十七条　保险监督管理机构工作人员应当忠于职守,依法办事,公正廉洁,不得利用职务便利牟取不正当利益,不得泄露所知悉的有关单位和个人的商业秘密。

第一百五十八条　国务院保险监督管理机构应当与中国人民银行、国务院其他金融监督管理机构建立监督管理信息共享机制。

保险监督管理机构依法履行职责,进行监督检查、调查时,有关部门应当予以配合。

第七章　法律责任

第一百五十九条　违反本法规定,擅自设立保险公司、保险资产管理公司或者非法经营商业保险业务的,由保险监督管理机构予以取缔,没收违法所得,并处违法所得一倍以上五倍以下的罚款;没有违法所得或者违法所得不足二十万元的,处二十万元以上一百万元以下的罚款。

第一百六十条　违反本法规定,擅自设立保险专业代理机构、保险经纪人,或者未取得经营保险代理业务许可证、保险经纪业务许可证从事保险代理业务、保险经纪业务的,由保险监督管理机构予以取缔,没收违法所得,并处违法所得一倍以上五倍以下的罚款;没有违法所得或者违法所得不足五万元的,处五万元以上三十万元以下的罚款。

第一百六十一条　保险公司违反本法规定,超出批准的业务范围经营的,由保险监督管理机构责令限期改正,没收违法所得,并处违法所得一倍以上五倍以下的罚款;没有违法所得或者违法所得不足十万元的,处十万元以上五十万元以下的罚款。逾期不改正或者造成严重后果的,责令停业整顿或者吊销业务许可证。

第一百六十二条　保险公司有本法第一百一十六条规定行为之一的,由保险监督管理机构责令改正,处五万元以上三十万元以下的罚款;情节严重的,限制其业务范围、责令停止接受新业务或者吊销业务许可证。

第一百六十三条　保险公司违反本法第八十四条规定的,由保险监督管理机构责令改正,处一万元以上十万元以下的罚款。

第一百六十四条　保险公司违反本法规定,有下列行为之一的,由保险监督管理机构责令改正,处五万元以上三十万元以下的罚款:

(一)超额承保,情节严重的;

(二)为无民事行为能力人承保以死亡为给付保险金条件的保险的。

第一百六十五条　违反本法规定,有下列行为之一的,由保险监督管理机构责令改正,处五万元以上三十万元以下的罚款;情节严重的,可以限制其业务范围、责令停止接受新业务或者吊销业务许可证:

(一)未按照规定提存保证金或者违反规定动用保证金的;

(二)未按照规定提取或者结转各项责任准备金的;

(三)未按照规定缴纳保险保障基金或者提取公积金的;

(四)未按照规定办理再保险的;

(五)未按照规定运用保险公司资金的;

(六)未经批准设立分支机构或者代表机构的;

(七)未按照规定申请批准保险条款、保险费率的。

第一百六十六条　保险代理机构、保险经纪人有本法第一百三十一条规定行为之一的,由保险监督管理机构责令改正,处五万元以上三十万元以下的罚款;情节严重的,吊销业务许可证。

第一百六十七条　保险代理机构、保险经纪人违反本法规定,有下列行为之一的,由保险监督管理机构责令改正,处二万元以上十万元以下的罚款;情节严重的,责令停业整顿或者吊销业务许可证:

(一)未按照规定缴存保证金或者投保职业责任保险的;

(二)未按照规定设立专门账簿记载业务收支情况的。

第一百六十八条　保险专业代理机构、保险经纪人违反本法规定，未经批准设立分支机构或者变更组织形式的，由保险监督管理机构责令改正，处一万元以上五万元以下的罚款。

第一百六十九条　违反本法规定，聘任不具有任职资格、从业资格的人员的，由保险监督管理机构责令改正，处二万元以上十万元以下的罚款。

第一百七十条　违反本法规定，转让、出租、出借业务许可证的，由保险监督管理机构处一万元以上十万元以下的罚款；情节严重的，责令停业整顿或者吊销业务许可证。

第一百七十一条　违反本法规定，有下列行为之一的，由保险监督管理机构责令限期改正；逾期不改正的，处一万元以上十万元以下的罚款：

（一）未按照规定报送或者保管报告、报表、文件、资料的，或者未按照规定提供有关信息、资料的；

（二）未按照规定报送保险条款、保险费率备案的；

（三）未按照规定披露信息的。

第一百七十二条　违反本法规定，有下列行为之一的，由保险监督管理机构责令改正，处十万元以上五十万元以下的罚款；情节严重的，可以限制其业务范围、责令停止接受新业务或者吊销业务许可证：

（一）编制或者提供虚假的报告、报表、文件、资料的；

（二）拒绝或者妨碍依法监督检查的；

（三）未按照规定使用经批准或者备案的保险条款、保险费率的。

第一百七十三条　保险公司、保险资产管理公司、保险专业代理机构、保险经纪人违反本法规定的，保险监督管理机构除分别依照本法第一百六十一条至第一百七十二条的规定对该单位给予处罚外，对其直接负责的主管人员和其他直接责任人员给予警告，并处一万元以上十万元以下的罚款；情节严重的，撤销任职资格或者从业资格。

第一百七十四条　个人保险代理人违反本法规定的，由保险监督管理机构给予警告，可以并处二万元以下的罚款；情节严重的，处二万元以上十万元以下的罚款，并可以吊销其资格证书。

未取得合法资格的人员从事个人保险代理活动的，由保险监督管理机构给予警告，可以并处二万元以下的罚款；情节严重的，处二万元以上十万元以下的罚款。

第一百七十五条　外国保险机构未经国务院保险监督管理机构批准，擅自在中华人民共和国境内设立代表机构的，由国务院保险监督管理机构予以取缔，处五万元以上三十万元以下的罚款。

外国保险机构在中华人民共和国境内设立的代表机构从事保险经营活动的，由保险监督管理机构责令改正，没收违法所得，并处违法所得一倍以上五倍以下的罚款；没有违法所得或者违法所得不足二十万元的，处二十万元以上一百万元以下的罚款；对其首席代表可以责令撤换；情节严重的，撤销其代表机构。

第一百七十六条　投保人、被保险人或者受益人有下列行为之一，进行保险诈骗活动，尚不构成犯罪的，依法给予行政处罚：

（一）投保人故意虚构保险标的，骗取保险金的；

（二）编造未曾发生的保险事故，或者编造虚假的事故原因或者夸大损失程度，骗取保险金的；

（三）故意造成保险事故，骗取保险金的。

保险事故的鉴定人、评估人、证明人故意提供虚假的证明文件，为投保人、被保险人或者受益人进行保险诈骗提供条件的，依照前款规定给予处罚。

第一百七十七条　违反本法规定，给他人造成损害的，依法承担民事责任。

第一百七十八条　拒绝、阻碍保险监督管理机构及其工作人员依法行使监督检查、调查职权，未使用暴力、威胁方法的，依法给予治安管理处罚。

第一百七十九条　违反法律、行政法规的规定，情节严重的，国务院保险监督管理机构可以禁止有关责任人员一定期限直至终身进入保险业。

第一百八十条　保险监督管理机构从事监督管理工作的人员有下列情形之一的，依法给予处分：

（一）违反规定批准机构的设立的；

（二）违反规定进行保险条款、保险费率审批的；

（三）违反规定进行现场检查的；

（四）违反规定查询账户或者冻结资金的；

（五）泄露其知悉的有关单位和个人的商业秘密的；

（六）违反规定实施行政处罚的；

（七）滥用职权、玩忽职守的其他行为。

第一百八十一条　违反本法规定，构成犯罪的，依法追究刑事责任。

第八章　附　则

第一百八十二条　保险公司应当加入保险行业协会。保险代理人、保险经纪人、保险公估机构可以加入保险行业协会。

保险行业协会是保险业的自律性组织，是社会团体法人。

第一百八十三条　保险公司以外的其他依法设立的保险组织经营的商业保险业务，适用本法。

第一百八十四条　海上保险适用《中华人民共和国海商法》的有关规定；《中华人民共和国海商法》未规定的，适用本法的有关规定。

第一百八十五条　中外合资保险公司、外资独资保险公司、外国保险公司分公司适用本法规定；法律、行政法规另有规定的，适用其规定。

第一百八十六条　国家支持发展为农业生产服务的保险事业。农业保险由法律、行政法规另行规定。

强制保险，法律、行政法规另有规定的，适用其规定。

第一百八十七条　本法自 2009 年 10 月 1 日起施行。

中华人民共和国社会保险法

（2010 年 10 月 28 日第十一届全国人民代表大学常务委员会第十七次会议通过　10 月 28 日中华人民共和国主席令第 35 号公布　自 2011 年 7 月 1 日实施）

第一章　总　则

第一条　为了规范社会保险关系，维护公民参加社会保险和享受社会保险待遇的合法权益，使公民共享发展成果，促进社会和谐稳定，根据宪法，制定本法。

第二条　国家建立基本养老保险、基本医疗保险、工伤保险、失业保险、生育保险等社会保险制度，保障公民在年老、疾病、工伤、失业、生育等情况下依法从国家和社会获得物质帮助的权利。

第三条　社会保险制度坚持广覆盖、保基本、多层次、可持续的方针，社会保险水平应当与经济社会发展水平相适应。

第四条　中华人民共和国境内的用人单位和个人依法缴纳社会保险费，有权查询缴费记录、个人权益记录，要求社会保险经办机构提供社会保险咨询等相关服务。

个人依法享受社会保险待遇，有权监督本单位为其缴费情况。

第五条　县级以上人民政府将社会保险事业纳入国民经济和社会发展规划。

国家多渠道筹集社会保险资金。县级以上人民政府对社会保险事业给予必要的经费支持。

国家通过税收优惠政策支持社会保险事业。

第六条　国家对社会保险基金实行严格监管。

国务院和省、自治区、直辖市人民政府建立健全社会保险基金监督管理制度，保障社会保险基金安全、有效运行。

县级以上人民政府采取措施，鼓励和支持社会各方面参与社会保险基金的监督。

第七条　国务院社会保险行政部门负责全国的社会保险管理工作，国务院其他有关部门在各自的职责范围内负责有关的社会保险工作。

县级以上地方人民政府社会保险行政部门负责本行政区域的社会保险管理工作，县级以上地方人民政府其他有关部门在各自的职责范围内负责有关的社会保险工作。

第八条　社会保险经办机构提供社会保险服务，负责社会保险登记、个人权益记录、社会保险待遇支付等工作。

第九条　工会依法维护职工的合法权益，有权参与社会保险重大事项的研究，参加社会保险监督委员会，对与职工社会保险权益有关的事项进行监督。

第二章　基本养老保险

第十条　职工应当参加基本养老保险，由用人单位和职工共同缴纳基本养老保险费。

无雇工的个体工商户、未在用人单位参加基本养老保险的非全日制从业人员以及其他灵活就业人员可以参加基本养老保险,由个人缴纳基本养老保险费。

公务员和参照公务员法管理的工作人员养老保险的办法由国务院规定。

第十一条 基本养老保险实行社会统筹与个人账户相结合。

基本养老保险基金由用人单位和个人缴费以及政府补贴等组成。

第十二条 用人单位应当按照国家规定的本单位职工工资总额的比例缴纳基本养老保险费,记入基本养老保险统筹基金。

职工应当按照国家规定的本人工资的比例缴纳基本养老保险费,记入个人账户。

无雇工的个体工商户、未在用人单位参加基本养老保险的非全日制从业人员以及其他灵活就业人员参加基本养老保险的,应当按照国家规定缴纳基本养老保险费,分别记入基本养老保险统筹基金和个人账户。

第十三条 国有企业、事业单位职工参加基本养老保险前,视同缴费年限期间应当缴纳的基本养老保险费由政府承担。

基本养老保险基金出现支付不足时,政府给予补贴。

第十四条 个人账户不得提前支取,记账利率不得低于银行定期存款利率,免征利息税。个人死亡的,个人账户余额可以继承。

第十五条 基本养老金由统筹养老金和个人账户养老金组成。

基本养老金根据个人累计缴费年限、缴费工资、当地职工平均工资、个人账户金额、城镇人口平均预期寿命等因素确定。

第十六条 参加基本养老保险的个人,达到法定退休年龄时累计缴费满十五年的,按月领取基本养老金。

参加基本养老保险的个人,达到法定退休年龄时累计缴费不足十五年的,可以缴费至满十五年,按月领取基本养老金;也可以转入新型农村社会养老保险或者城镇居民社会养老保险,按照国务院规定享受相应的养老保险待遇。

第十七条 参加基本养老保险的个人,因病或者非因工死亡的,其遗属可以领取丧葬补助金和抚恤金;在未达到法定退休年龄时因病或者非因工致残完全丧失劳动能力的,可以领取病残津贴。所需资金从基本养老保险基金中支付。

第十八条 国家建立基本养老金正常调整机制。根据职工平均工资增长、物价上涨情况,适时提高基本养老保险待遇水平。

第十九条 个人跨统筹地区就业的,其基本养老保险关系随本人转移,缴费年限累计计算。个人达到法定退休年龄时,基本养老金分段计算、统一支付。具体办法由国务院规定。

第二十条 国家建立和完善新型农村社会养老保险制度。

新型农村社会养老保险实行个人缴费、集体补助和政府补贴相结合。

第二十一条 新型农村社会养老保险待遇由基础养老金和个人账户养老金组成。

参加新型农村社会养老保险的农村居民,符合国家规定条件的,按月领取新型农村社会养老保险待遇。

第二十二条 国家建立和完善城镇居民社会养老保险制度。

省、自治区、直辖市人民政府根据实际情况,可以将城镇居民社会养老保险和新型农村社会养老保险合并实施。

第三章　基本医疗保险

第二十三条　职工应当参加职工基本医疗保险，由用人单位和职工按照国家规定共同缴纳基本医疗保险费。

无雇工的个体工商户、未在用人单位参加职工基本医疗保险的非全日制从业人员以及其他灵活就业人员可以参加职工基本医疗保险，由个人按照国家规定缴纳基本医疗保险费。

第二十四条　国家建立和完善新型农村合作医疗制度。

新型农村合作医疗的管理办法，由国务院规定。

第二十五条　国家建立和完善城镇居民基本医疗保险制度。

城镇居民基本医疗保险实行个人缴费和政府补贴相结合。

享受最低生活保障的人、丧失劳动能力的残疾人、低收入家庭六十周岁以上的老年人和未成年人等所需个人缴费部分，由政府给予补贴。

第二十六条　职工基本医疗保险、新型农村合作医疗和城镇居民基本医疗保险的待遇标准按照国家规定执行。

第二十七条　参加职工基本医疗保险的个人，达到法定退休年龄时累计缴费达到国家规定年限的，退休后不再缴纳基本医疗保险费，按照国家规定享受基本医疗保险待遇；未达到国家规定年限的，可以缴费至国家规定年限。

第二十八条　符合基本医疗保险药品目录、诊疗项目、医疗服务设施标准以及急诊、抢救的医疗费用，按照国家规定从基本医疗保险基金中支付。

第二十九条　参保人员医疗费用中应当由基本医疗保险基金支付的部分，由社会保险经办机构与医疗机构、药品经营单位直接结算。

社会保险行政部门和卫生行政部门应当建立异地就医医疗费用结算制度，方便参保人员享受基本医疗保险待遇。

第三十条　下列医疗费用不纳入基本医疗保险基金支付范围：

（一）应当从工伤保险基金中支付的；

（二）应当由第三人负担的；

（三）应当由公共卫生负担的；

（四）在境外就医的。

医疗费用依法应当由第三人负担，第三人不支付或者无法确定第三人的，由基本医疗保险基金先行支付。基本医疗保险基金先行支付后，有权向第三人追偿。

第三十一条　社会保险经办机构根据管理服务的需要，可以与医疗机构、药品经营单位签订服务协议，规范医疗服务行为。

医疗机构应当为参保人员提供合理、必要的医疗服务。

第三十二条　个人跨统筹地区就业的，其基本医疗保险关系随本人转移，缴费年限累计计算。

第四章　工伤保险

第三十三条　职工应当参加工伤保险，由用人单位缴纳工伤保险费，职工不缴纳工伤保险费。

第三十四条　国家根据不同行业的工伤风险程度确定行业的差别费率,并根据使用工伤保险基金、工伤发生率等情况在每个行业内确定费率档次。行业差别费率和行业内费率档次由国务院社会保险行政部门制定,报国务院批准后公布施行。

社会保险经办机构根据用人单位使用工伤保险基金、工伤发生率和所属行业费率档次等情况,确定用人单位缴费费率。

第三十五条　用人单位应当按照本单位职工工资总额,根据社会保险经办机构确定的费率缴纳工伤保险费。

第三十六条　职工因工作原因受到事故伤害或者患职业病,且经工伤认定的,享受工伤保险待遇;其中,经劳动能力鉴定丧失劳动能力的,享受伤残待遇。

工伤认定和劳动能力鉴定应当简捷、方便。

第三十七条　职工因下列情形之一导致本人在工作中伤亡的,不认定为工伤:

(一)故意犯罪;

(二)醉酒或者吸毒;

(三)自残或者自杀;

(四)法律、行政法规规定的其他情形。

第三十八条　因工伤发生的下列费用,按照国家规定从工伤保险基金中支付:

(一)治疗工伤的医疗费用和康复费用;

(二)住院伙食补助费;

(三)到统筹地区以外就医的交通食宿费;

(四)安装配置伤残辅助器具所需费用;

(五)生活不能自理的,经劳动能力鉴定委员会确认的生活护理费;

(六)一次性伤残补助金和一至四级伤残职工按月领取的伤残津贴;

(七)终止或者解除劳动合同时,应当享受的一次性医疗补助金;

(八)因工死亡的,其遗属领取的丧葬补助金、供养亲属抚恤金和因工死亡补助金;

(九)劳动能力鉴定费。

第三十九条　因工伤发生的下列费用,按照国家规定由用人单位支付:

(一)治疗工伤期间的工资福利;

(二)五级、六级伤残职工按月领取的伤残津贴;

(三)终止或者解除劳动合同时,应当享受的一次性伤残就业补助金。

第四十条　工伤职工符合领取基本养老金条件的,停发伤残津贴,享受基本养老保险待遇。基本养老保险待遇低于伤残津贴的,从工伤保险基金中补足差额。

第四十一条　职工所在用人单位未依法缴纳工伤保险费,发生工伤事故的,由用人单位支付工伤保险待遇。用人单位不支付的,从工伤保险基金中先行支付。

从工伤保险基金中先行支付的工伤保险待遇应当由用人单位偿还。用人单位不偿还的,社会保险经办机构可以依照本法第六十三条的规定追偿。

第四十二条　由于第三人的原因造成工伤,第三人不支付工伤医疗费用或者无法确定第三人的,由工伤保险基金先行支付。工伤保险基金先行支付后,有权向第三人追偿。

第四十三条　工伤职工有下列情形之一的,停止享受工伤保险待遇:

(一)丧失享受待遇条件的;

(二)拒不接受劳动能力鉴定的;

(三)拒绝治疗的。

第五章　失业保险

第四十四条　职工应当参加失业保险,由用人单位和职工按照国家规定共同缴纳失业保险费。

第四十五条　失业人员符合下列条件的,从失业保险基金中领取失业保险金:

(一)失业前用人单位和本人已经缴纳失业保险费满一年的;

(二)非因本人意愿中断就业的;

(三)已经进行失业登记,并有求职要求的。

第四十六条　失业人员失业前用人单位和本人累计缴费满一年不足五年的,领取失业保险金的期限最长为十二个月;累计缴费满五年不足十年的,领取失业保险金的期限最长为十八个月;累计缴费十年以上的,领取失业保险金的期限最长为二十四个月。重新就业后,再次失业的,缴费时间重新计算,领取失业保险金的期限与前次失业应当领取而尚未领取的失业保险金的期限合并计算,最长不超过二十四个月。

第四十七条　失业保险金的标准,由省、自治区、直辖市人民政府确定,不得低于城市居民最低生活保障标准。

第四十八条　失业人员在领取失业保险金期间,参加职工基本医疗保险,享受基本医疗保险待遇。

失业人员应当缴纳的基本医疗保险费从失业保险基金中支付,个人不缴纳基本医疗保险费。

第四十九条　失业人员在领取失业保险金期间死亡的,参照当地对在职职工死亡的规定,向其遗属发给一次性丧葬补助金和抚恤金。所需资金从失业保险基金中支付。

个人死亡同时符合领取基本养老保险丧葬补助金、工伤保险丧葬补助金和失业保险丧葬补助金条件的,其遗属只能选择领取其中的一项。

第五十条　用人单位应当及时为失业人员出具终止或者解除劳动关系的证明,并将失业人员的名单自终止或者解除劳动关系之日起十五日内告知社会保险经办机构。

失业人员应当持本单位为其出具的终止或者解除劳动关系的证明,及时到指定的公共就业服务机构办理失业登记。

失业人员凭失业登记证明和个人身份证明,到社会保险经办机构办理领取失业保险金的手续。失业保险金领取期限自办理失业登记之日起计算。

第五十一条　失业人员在领取失业保险金期间有下列情形之一的,停止领取失业保险金,并同时停止享受其他失业保险待遇:

(一)重新就业的;

(二)应征服兵役的;

(三)移居境外的;

(四)享受基本养老保险待遇的;

(五)无正当理由,拒不接受当地人民政府指定部门或者机构介绍的适当工作或者提供的培训的。

第五十二条　职工跨统筹地区就业的,其失业保险关系随本人转移,缴费年限累计计算。

第六章　生育保险

第五十三条　职工应当参加生育保险,由用人单位按照国家规定缴纳生育保险费,职工不缴纳生育保险费。

第五十四条　用人单位已经缴纳生育保险费的,其职工享受生育保险待遇;职工未就业配偶按照国家规定享受生育医疗费用待遇。所需资金从生育保险基金中支付。

生育保险待遇包括生育医疗费用和生育津贴。

第五十五条　生育医疗费用包括下列各项:

(一)生育的医疗费用;

(二)计划生育的医疗费用;

(三)法律、法规规定的其他项目费用。

第五十六条　职工有下列情形之一的,可以按照国家规定享受生育津贴:

(一)女职工生育享受产假;

(二)享受计划生育手术休假;

(三)法律、法规规定的其他情形。

生育津贴按照职工所在用人单位上年度职工月平均工资计发。

第七章　社会保险费征缴

第五十七条　用人单位应当自成立之日起三十日内凭营业执照、登记证书或者单位印章,向当地社会保险经办机构申请办理社会保险登记。社会保险经办机构应当自收到申请之日起十五日内予以审核,发给社会保险登记证件。

用人单位的社会保险登记事项发生变更或者用人单位依法终止的,应当自变更或者终止之日起三十日内,到社会保险经办机构办理变更或者注销社会保险登记。

工商行政管理部门、民政部门和机构编制管理机关应当及时向社会保险经办机构通报用人单位的成立、终止情况,公安机关应当及时向社会保险经办机构通报个人的出生、死亡以及户口登记、迁移、注销等情况。

第五十八条　用人单位应当自用工之日起三十日内为其职工向社会保险经办机构申请办理社会保险登记。未办理社会保险登记的,由社会保险经办机构核定其应当缴纳的社会保险费。

自愿参加社会保险的无雇工的个体工商户、未在用人单位参加社会保险的非全日制从业人员以及其他灵活就业人员,应当向社会保险经办机构申请办理社会保险登记。

国家建立全国统一的个人社会保障号码。个人社会保障号码为公民身份号码。

第五十九条　县级以上人民政府加强社会保险费的征收工作。

社会保险费实行统一征收,实施步骤和具体办法由国务院规定。

第六十条　用人单位应当自行申报、按时足额缴纳社会保险费,非因不可抗力等法定事由不得缓缴、减免。职工应当缴纳的社会保险费由用人单位代扣代缴,用人单位应当按月将缴纳社会保险费的明细情况告知本人。

无雇工的个体工商户、未在用人单位参加社会保险的非全日制从业人员以及其他灵活就业人员,可以直接向社会保险费征收机构缴纳社会保险费。

第六十一条　社会保险费征收机构应当依法按时足额征收社会保险费,并将缴费情况定期告知用人单位和个人。

第六十二条　用人单位未按规定申报应当缴纳的社会保险费数额的,按照该单位上月缴费额的百分之一百一十确定应当缴纳数额;缴费单位补办申报手续后,由社会保险费征收机构按照规定结算。

第六十三条　用人单位未按时足额缴纳社会保险费的,由社会保险费征收机构责令其限期缴纳或者补足。

用人单位逾期仍未缴纳或者补足社会保险费的,社会保险费征收机构可以向银行和其他金融机构查询其存款账户;并可以申请县级以上有关行政部门作出划拨社会保险费的决定,书面通知其开户银行或者其他金融机构划拨社会保险费。用人单位账户余额少于应当缴纳的社会保险费的,社会保险费征收机构可以要求该用人单位提供担保,签订延期缴费协议。

用人单位未足额缴纳社会保险费且未提供担保的,社会保险费征收机构可以申请人民法院扣押、查封、拍卖其价值相当于应当缴纳社会保险费的财产,以拍卖所得抵缴社会保险费。

第八章　社会保险基金

第六十四条　社会保险基金包括基本养老保险基金、基本医疗保险基金、工伤保险基金、失业保险基金和生育保险基金。各项社会保险基金按照社会保险险种分别建账,分账核算,执行国家统一的会计制度。

社会保险基金专款专用,任何组织和个人不得侵占或者挪用。

基本养老保险基金逐步实行全国统筹,其他社会保险基金逐步实行省级统筹,具体时间、步骤由国务院规定。

第六十五条　社会保险基金通过预算实现收支平衡。

县级以上人民政府在社会保险基金出现支付不足时,给予补贴。

第六十六条　社会保险基金按照统筹层次设立预算。社会保险基金预算按照社会保险项目分别编制。

第六十七条　社会保险基金预算、决算草案的编制、审核和批准,依照法律和国务院规定执行。

第六十八条　社会保险基金存入财政专户,具体管理办法由国务院规定。

第六十九条　社会保险基金在保证安全的前提下,按照国务院规定投资运营实现保值增值。

社会保险基金不得违规投资运营,不得用于平衡其他政府预算,不得用于兴建、改建办公场所和支付人员经费、运行费用、管理费用,或者违反法律、行政法规规定挪作其他用途。

第七十条　社会保险经办机构应当定期向社会公布参加社会保险情况以及社会保险基金的收入、支出、结余和收益情况。

第七十一条　国家设立全国社会保障基金,由中央财政预算拨款以及国务院批准的其他方式筹集的资金构成,用于社会保障支出的补充、调剂。全国社会保障基金由全国社会保障基金管理运营机构负责管理运营,在保证安全的前提下实现保值增值。

全国社会保障基金应当定期向社会公布收支、管理和投资运营的情况。国务院财政部门、社会保险行政部门、审计机关对全国社会保障基金的收支、管理和投资运营情况实施监督。

第九章　社会保险经办

第七十二条　统筹地区设立社会保险经办机构。社会保险经办机构根据工作需要,经所在地的社会保险行政部门和机构编制管理机关批准,可以在本统筹地区设立分支机构和服务网点。

社会保险经办机构的人员经费和经办社会保险发生的基本运行费用、管理费用,由同级财政按照国家规定予以保障。

第七十三条　社会保险经办机构应当建立健全业务、财务、安全和风险管理制度。

社会保险经办机构应当按时足额支付社会保险待遇。

第七十四条　社会保险经办机构通过业务经办、统计、调查获取社会保险工作所需的数据,有关单位和个人应当及时、如实提供。

社会保险经办机构应当及时为用人单位建立档案,完整、准确地记录参加社会保险的人员、缴费等社会保险数据,妥善保管登记、申报的原始凭证和支付结算的会计凭证。

社会保险经办机构应当及时、完整、准确地记录参加社会保险的个人缴费和用人单位为其缴费,以及享受社会保险待遇等个人权益记录,定期将个人权益记录单免费寄送本人。

用人单位和个人可以免费向社会保险经办机构查询、核对其缴费和享受社会保险待遇记录,要求社会保险经办机构提供社会保险咨询等相关服务。

第七十五条　全国社会保险信息系统按照国家统一规划,由县级以上人民政府按照分级负责的原则共同建设。

第十章　社会保险监督

第七十六条　各级人民代表大会常务委员会听取和审议本级人民政府对社会保险基金的收支、管理、投资运营以及监督检查情况的专项工作报告,组织对本法实施情况的执法检查等,依法行使监督职权。

第七十七条　县级以上人民政府社会保险行政部门应当加强对用人单位和个人遵守社会保险法律、法规情况的监督检查。

社会保险行政部门实施监督检查时,被检查的用人单位和个人应当如实提供与社会保险有关的资料,不得拒绝检查或者谎报、瞒报。

第七十八条　财政部门、审计机关按照各自职责,对社会保险基金的收支、管理和投资运营情况实施监督。

第七十九条　社会保险行政部门对社会保险基金的收支、管理和投资运营情况进行监督检查,发现存在问题的,应当提出整改建议,依法作出处理决定或者向有关行政部门提出处理建议。社会保险基金检查结果应当定期向社会公布。

社会保险行政部门对社会保险基金实施监督检查,有权采取下列措施:

(一)查阅、记录、复制与社会保险基金收支、管理和投资运营相关的资料,对可能被转移、隐匿或者灭失的资料予以封存;

(二)询问与调查事项有关的单位和个人,要求其对与调查事项有关的问题作出说明、提供有关证明材料;

(三)对隐匿、转移、侵占、挪用社会保险基金的行为予以制止并责令改正。

第八十条　统筹地区人民政府成立由用人单位代表、参保人员代表,以及工会代表、专家等组成的社会保险监督委员会,掌握、分析社会保险基金的收支、管理和投资运营情况,对社会保险工作提出咨询意见和建议,实施社会监督。

社会保险经办机构应当定期向社会保险监督委员会汇报社会保险基金的收支、管理和投资运营情况。社会保险监督委员会可以聘请会计师事务所对社会保险基金的收支、管理和投资运营情况进行年度审计和专项审计。审计结果应当向社会公开。

社会保险监督委员会发现社会保险基金收支、管理和投资运营中存在问题的,有权提出改正建议;对社会保险经办机构及其工作人员的违法行为,有权向有关部门提出依法处理建议。

第八十一条　社会保险行政部门和其他有关行政部门、社会保险经办机构、社会保险费征收机构及其工作人员,应当依法为用人单位和个人的信息保密,不得以任何形式泄露。

第八十二条　任何组织或者个人有权对违反社会保险法律、法规的行为进行举报、投诉。

社会保险行政部门、卫生行政部门、社会保险经办机构、社会保险费征收机构和财政部门、审计机关对属于本部门、本机构职责范围的举报、投诉,应当依法处理;对不属于本部门、本机构职责范围的,应当书面通知并移交有权处理的部门、机构处理。有权处理的部门、机构应当及时处理,不得推诿。

第八十三条　用人单位或者个人认为社会保险费征收机构的行为侵害自己合法权益的,可以依法申请行政复议或者提起行政诉讼。

用人单位或者个人对社会保险经办机构不依法办理社会保险登记、核定社会保险费、支付社会保险待遇、办理社会保险转移接续手续或者侵害其他社会保险权益的行为,可以依法申请行政复议或者提起行政诉讼。

个人与所在用人单位发生社会保险争议的,可以依法申请调解、仲裁,提起诉讼。用人单位侵害个人社会保险权益的,个人也可以要求社会保险行政部门或者社会保险费征收机构依法处理。

第十一章　法律责任

第八十四条　用人单位不办理社会保险登记的,由社会保险行政部门责令限期改正;逾期不改正的,对用人单位处应缴社会保险费数额一倍以上三倍以下的罚款,对其直接负责的主管人员和其他直接责任人员处五百元以上三千元以下的罚款。

第八十五条　用人单位拒不出具终止或者解除劳动关系证明的,依照《中华人民共和国劳动合同法》的规定处理。

第八十六条　用人单位未按时足额缴纳社会保险费的,由社会保险费征收机构责令限期缴纳或者补足,并自欠缴之日起,按日加收万分之五的滞纳金;逾期仍不缴纳的,由有关行政部门处欠缴数额一倍以上三倍以下的罚款。

第八十七条　社会保险经办机构以及医疗机构、药品经营单位等社会保险服务机构以欺诈、伪造证明材料或者其他手段骗取社会保险基金支出的,由社会保险行政部门责令退回骗取的社会保险金,处骗取金额二倍以上五倍以下的罚款;属于社会保险服务机构的,解除服务协议;直接负责的主管人员和其他直接责任人员有执业资格的,依法吊销其执业资格。

第八十八条　以欺诈、伪造证明材料或者其他手段骗取社会保险待遇的,由社会保险行政部门责令退回骗取的社会保险金,处骗取金额二倍以上五倍以下的罚款。

第八十九条　社会保险经办机构及其工作人员有下列行为之一的,由社会保险行政部门责令改正;给社会保险基金、用人单位或者个人造成损失的,依法承担赔偿责任;对直接负责的主管人员和其他直接责任人员依法给予处分:

(一)未履行社会保险法定职责的;

(二)未将社会保险基金存入财政专户的;

(三)克扣或者拒不按时支付社会保险待遇的;

(四)丢失或者篡改缴费记录、享受社会保险待遇记录等社会保险数据、个人权益记录的;

(五)有违反社会保险法律、法规的其他行为的。

第九十条　社会保险费征收机构擅自更改社会保险费缴费基数、费率,导致少收或者多收社会保险费的,由有关行政部门责令其追缴应当缴纳的社会保险费或者退还不应当缴纳的社会保险费;对直接负责的主管人员和其他直接责任人员依法给予处分。

第九十一条　违反本法规定,隐匿、转移、侵占、挪用社会保险基金或者违规投资运营的,由社会保险行政部门、财政部门、审计机关责令追回;有违法所得的,没收违法所得;对直接负责的主管人员和其他直接责任人员依法给予处分。

第九十二条　社会保险行政部门和其他有关行政部门、社会保险经办机构、社会保险费征收机构及其工作人员泄露用人单位和个人信息的,对直接负责的主管人员和其他直接责任人员依法给予处分;给用人单位或者个人造成损失的,应当承担赔偿责任。

第九十三条　国家工作人员在社会保险管理、监督工作中滥用职权、玩忽职守、徇私舞弊的,依法给予处分。

第九十四条　违反本法规定,构成犯罪的,依法追究刑事责任。

第十二章　附　则

第九十五条　进城务工的农村居民依照本法规定参加社会保险。

第九十六条　征收农村集体所有的土地，应当足额安排被征地农民的社会保险费，按照国务院规定将被征地农民纳入相应的社会保险制度。

第九十七条　外国人在中国境内就业的，参照本法规定参加社会保险。

第九十八条　本法自 2011 年 7 月 1 日起施行。

二、国务院颁布的法规

关于建立城镇职工基本医疗保险制度的决定

国发〔1998〕44 号

各省、自治区、直辖市人民政府,国务院各部委、各直属机构:

加快医疗保险制度改革,保障职工基本医疗,是建立社会主义市场经济体制的客观要求和重要保障。在认真总结近年来各地医疗保险制度改革试点经验的基础上,国务院决定,在全国范围内进行城镇职工医疗保险制度改革。

一、改革的任务和原则

医疗保险制度改革的主要任务是建立城镇职工基本医疗保险制度,即适应社会主义市场经济体制,根据财政、企业和个人的承受能力,建立保障职工基本医疗需求的社会医疗保险制度。

建立城镇职工基本医疗保险制度的原则是:基本医疗保险的水平要与社会主义初级阶段生产力发展水平相适应;城镇所有用人单位及其职工都要参加基本医疗保险,实行属地管理;基本医疗保险费由用人单位和职工双方共同负担;基本医疗保险基金实行社会统筹和个人账户相结合。

二、覆盖范围和缴费办法

城镇所有用人单位,包括企业(国有企业、集体企业、外商投资企业、私营企业等)、机关、事业单位、社会团体、民办非企业单位及其职工,都要参加基本医疗保险。乡镇企业及其职工、城镇个体经济组织业主及其从业人员是否参加基本医疗保险,由各省、自治区、直辖市人民政府决定。

基本医疗保险原则上以地级以上行政区(包括地、市、州、盟)为统筹单位,也可以县(市)为统筹单位,北京、天津、上海 3 个直辖市原则上在全市范围内实行统筹(以下简称统筹地区)。所有用人单位及其职工都要按照属地管理原则参加所在统筹地区的基本医疗保险,执行统一政策,实行基本医疗保险基金的统一筹集、使用和管理。铁路、电力、远洋运输等跨地区、生产流动性较大的企业及其职工,可以相对集中的方式异地参加统筹地区的基本医疗保险。

基本医疗保险费由用人单位和职工共同缴纳。用人单位缴费率应控制在职工工资总额的 6% 左右,职工缴费率一般为本人工资收入的 2%。随着经济发展,用人单位和职工缴费率可作相应调整。

三、建立基本医疗保险统筹基金和个人账户

要建立基本医疗保险统筹基金和个人账户。基本医疗保险基金由统筹基金和个人账户构成。职工个人缴纳的基本医疗保险费,全部计入个人账户。用人单位缴纳的基本医疗保险费分为两部分,一部分用于建立统筹基金,一部分划入个人账户。划入个人账户的比例一般为用人单位缴费的 30% 左右,具体比例由统筹地区根据个人账户的支付范围和职工年龄等因素确定。

统筹基金和个人账户要划定各自的支付范围,分别核算,不得互相挤占。要确定统筹基金的起付标准和最高支付限额,起付标准原则上控制在当地职工年平均工资的 10% 左右,最高支付限额原则上控制在当地职工年平均工资的 4 倍左右。起付标准以下的医疗费用,从个人账户中支付或由个人自付。起付标准以上、最高支付限额以下的医疗费用,主要从统筹基金中支付,个人也要负担一定比例。超过最高支付限额的医疗费用,可以通过商业医疗保险等途径解决。统筹基金的具体起付标准、最高支付限额以及在起付标准以上和最高支付限额以下医疗费用的个人负担比例,由统筹地区根据以收定支、收支平衡的原则确定。

四、健全基本医疗保险基金的管理和监督机制

基本医疗保险基金纳入财政专户管理,专款专用,不得挤占挪用。

社会保险经办机构负责基本医疗保险基金的筹集、管理和支付,并要建立健全预决算制度、财务会计制度和内部审计制度。社会保险经办机构的事业经费不得从基金中提取,由各级财政预算解决。

基本医疗保险基金的银行计息办法:当年筹集的部分,按活期存款利率计息;上年结转的基金本息,按 3 个月期整存整取银行存款利率计息;存入社会保障财政专户的沉淀资金,比照 3 年期零存整取储蓄存款利率计息,并不低于该档次利率水平。个人账户的本金和利息归个人所有,可以结转使用和继承。

各级劳动保障和财政部门,要加强对基本医疗保险基金的监督管理。审计部门要定期对社会保险经办机构的基金收支情况和管理情况进行审计。统筹地区应设立由政府有关部门代表、用人单位代表、医疗机构代表、工会代表和有关专家参加的医疗保险基金监督组织,加强对基本医疗保险基金的社会监督。

五、加强医疗服务管理

要确定基本医疗保险的服务范围和标准。劳动保障部会同卫生部、财政部等有关部门制定基本医疗服务的范围、标准和医药费用结算办法,制定国家基本医疗保险药品目录、诊疗项目、医疗服务设施标准及相应的管理办法。各省、自治区、直辖市劳动保障行政管理部门根据国家规定,会同有关部门制定本地区相应的实施标准和办法。

基本医疗保险实行定点医疗机构(包括中医医院)和定点药店管理。劳动保障部会

同卫生部、财政部等有关部门制定定点医疗机构和定点药店的资格审定办法。社会保险经办机构要根据中西医并举、基层、专科和综合医疗机构兼顾,方便职工就医的原则,负责确定定点医疗机构和定点药店,并同定点医疗机构和定点药店签订合同,明确各自的责任、权利和义务。在确定定点医疗机构和定点药店时,要引进竞争机制,职工可选择若干定点医疗机构就医、购药,也可持处方在若干定点药店购药。国家药品监督管理局会同有关部门制定定点药店购药药事事故处理办法。

各地要认真贯彻《中共中央、国务院关于卫生改革与发展的决定》(中发〔1997〕3 号)精神,积极推进医药卫生体制改革,以较少的经费投入,使人民群众得到良好的医疗服务,促进医药卫生事业的健康发展。要建立医药分开核算、分别管理的制度,形成医疗服务和药品流通的竞争机制,合理控制医药费用水平;要加强医疗机构和药店的内部管理,规范医药服务行为,减员增效,降低医药成本;要理顺医疗服务价格,在实行医药分开核算、分别管理,降低药品收入占医疗总收入比重的基础上,合理提高医疗技术劳务价格;要加强业务技术培训和职业道德教育,提高医药服务人员的素质和服务质量;要合理调整医疗机构布局,优化医疗卫生资源配置,积极发展社区卫生服务,将社区卫生服务中的基本医疗服务项目纳入基本医疗保险范围。卫生部会同有关部门制定医疗机构改革方案和发展社区卫生服务的有关政策。国家经贸委等部门要认真配合做好药品流通体制改革工作。

六、妥善解决有关人员的医疗待遇

离休人员、老红军的医疗待遇不变,医疗费用按原资金渠道解决,支付确有困难的,由同级人民政府帮助解决。离休人员、老红军的医疗管理办法由省、自治区、直辖市人民政府制定。

二等乙级以上革命伤残军人的医疗待遇不变,医疗费用按原资金渠道解决,由社会保险经办机构单独列账管理。医疗费支付不足部分,由当地人民政府帮助解决。

退休人员参加基本医疗保险,个人不缴纳基本医疗保险费。对退休人员个人账户的计入金额和个人负担医疗费的比例给予适当照顾。

国家公务员在参加基本医疗保险的基础上,享受医疗补助政策。具体办法另行制定。

为了不降低一些特定行业职工现有的医疗消费水平,在参加基本医疗保险的基础上,作为过渡措施,允许建立企业补充医疗保险。企业补充医疗保险费在工资总额 4% 以内的部分,从职工福利费中列支,福利费不足列支的部分,经同级财政部门核准后列入成本。

国有企业下岗职工的基本医疗保险费,包括单位缴费和个人缴费,均由再就业服务中心按照当地上年度职工平均工资的 60% 为基数缴纳。

七、加强组织领导

医疗保险制度改革政策性强,涉及广大职工的切身利益,关系到国民经济发展和社会稳定。各级人民政府要切实加强领导,统一思想,提高认识,做好宣传工作和政治思想工作,使广大职工和社会各方面都积极支持和参与这项改革。各地要按照建立城镇职工基本医疗保险制度的任务、原则和要求,结合本地实际,精心组织实施,保证新旧制度的平稳过渡。

建立城镇职工基本医疗保险制度工作从 1999 年初开始启动,1999 年底基本完成。各省、自治区、直辖市人民政府要按照本决定的要求,制定医疗保险制度改革的总体规划,报劳动保障部备案。统筹地区要根据规划要求,制定基本医疗保险实施方案,报省、自治区、直辖市人民政府审批后执行。

劳动保障部要加强对建立城镇职工基本医疗保险制度工作的指导和检查,及时研究解决工作中出现的问题。财政、卫生、药品监督管理等有关部门要积极参与,密切配合,共同努力,确保城镇职工基本医疗保险制度改革工作的顺利进行。

一九九八年十二月十四

关于开展城镇居民基本医疗保险试点的指导意见

国发〔2007〕20 号

各省、自治区、直辖市人民政府，国务院各部委、各直属机构：

党中央、国务院高度重视解决广大人民群众的医疗保障问题，不断完善医疗保障制度。1998 年我国开始建立城镇职工基本医疗保险制度，之后又启动了新型农村合作医疗制度试点，建立了城乡医疗救助制度。目前没有医疗保障制度安排的主要是城镇非从业居民。为实现基本建立覆盖城乡全体居民的医疗保障体系的目标，国务院决定，从今年起开展城镇居民基本医疗保险试点（以下简称试点）。各地区各部门要充分认识这项工作的重要性，将其作为落实科学发展观、构建社会主义和谐社会的一项重要任务，高度重视，统筹规划，规范引导，稳步推进。

一、目标和原则

（一）试点目标。2007 年在有条件的省份选择 2 至 3 个城市启动试点，2008 年扩大试点，争取 2009 年试点城市达到 80％以上，2010 年在全国全面推开，逐步覆盖全体城镇非从业居民。要通过试点，探索和完善城镇居民基本医疗保险的政策体系，形成合理的筹资机制、健全的管理体制和规范的运行机制，逐步建立以大病统筹为主的城镇居民基本医疗保险制度。

（二）试点原则。试点工作要坚持低水平起步，根据经济发展水平和各方面承受能力，合理确定筹资水平和保障标准，重点保障城镇非从业居民的大病医疗需求，逐步提高保障水平；坚持自愿原则，充分尊重群众意愿；明确中央和地方政府的责任，中央确定基本原则和主要政策，地方制订具体办法，对参保居民实行属地管理；坚持统筹协调，做好各类医疗保障制度之间基本政策、标准和管理措施等的衔接。

二、参保范围和筹资水平

（三）参保范围。不属于城镇职工基本医疗保险制度覆盖范围的中小学阶段的学生（包括职业高中、中专、技校学生）、少年儿童和其他非从业城镇居民都可自愿参加城镇居民基本医疗保险。

（四）筹资水平。试点城市应根据当地的经济发展水平以及成年人和未成年人等不同人群的基本医疗消费需求，并考虑当地居民家庭和财政的负担能力，恰当确定筹资水平；探索建立筹资水平、缴费年限和待遇水平相挂钩的机制。

（五）缴费和补助。城镇居民基本医疗保险以家庭缴费为主，政府给予适当补助。参保居民按规定缴纳基本医疗保险费，享受相应的医疗保险待遇，有条件的用人单位可以对职工家属参保缴费给予补助。国家对个人缴费和单位补助资金制定税收鼓励政策。

对试点城市的参保居民，政府每年按不低于人均 40 元给予补助，其中，中央财政从 2007 年起每年通过专项转移支付，对中西部地区按人均 20 元给予补助。在此基础上，对属于低保对象的或重度残疾的学生和儿童参保所需的家庭缴费部分,政府原则上每年再按不低于人均 10 元给予补助,其中,中央财政对中西部地区按人均 5 元给予补助;对其他低保对象、丧失劳动能力的重度残疾人、低收入家庭 60 周岁以上的老年人等困难居民参保所需家庭缴费部分,政府每年再按不低于人均 60 元给予补助,其中,中央财政对中西部地区按人均 30 元给予补助。中央财政对东部地区参照新型农村合作医疗的补助办法给予适当补助。财政补助的具体方案由财政部门商劳动保障、民政等部门研究确定,补助经费要纳入各级政府的财政预算。

（六）费用支付。城镇居民基本医疗保险基金重点用于参保居民的住院和门诊大病医疗支出,有条件的地区可以逐步试行门诊医疗费用统筹。

城镇居民基本医疗保险基金的使用要坚持以收定支、收支平衡、略有结余的原则。要合理制定城镇居民基本医疗保险基金起付标准、支付比例和最高支付限额,完善支付办法,合理控制医疗费用。探索适合困难城镇非从业居民经济承受能力的医疗服务和费用支付办法,减轻他们的医疗费用负担。城镇居民基本医疗保险基金用于支付规定范围内的医疗费用,其他费用可以通过补充医疗保险、商业健康保险、医疗救助和社会慈善捐助等方式解决。

三、加强管理和服务

（七）组织管理。对城镇居民基本医疗保险的管理,原则上参照城镇职工基本医疗保险的有关规定执行。各地要充分利用现有管理服务体系,改进管理方式,提高管理效率。鼓励有条件的地区结合城镇职工基本医疗保险和新型农村合作医疗管理的实际,进一步整合基本医疗保障管理资源。要探索建立健全由政府机构、参保居民、社会团体、医药服务机构等方面代表参加的医疗保险社会监督组织,加强对城镇居民基本医疗保险管理、服务、运行的监督。建立医疗保险专业技术标准组织和专家咨询组织,完善医疗保险服务管理专业技术标准和业务规范。根据医疗保险事业发展的需要,切实加强医疗保险管理服务机构和队伍建设。建立健全管理制度,完善运行机制,加强医疗保险信息系统建设。

（八）基金管理。要将城镇居民基本医疗保险基金纳入社会保障基金财政专户统一管理,单独列账。试点城市要按照社会保险基金管理等有关规定,严格执行财务制度,加强对基本医疗保险基金的管理和监督,探索建立健全基金的风险防范和调剂机制,确保基金安全。

（九）服务管理。对城镇居民基本医疗保险的医疗服务管理,原则上参照城镇职工基本医疗保险的有关规定执行,具体办法由试点城市劳动保障部门会同发展改革、财政、卫生等部门制定。要综合考虑参保居民的基本医疗需求和基本医疗保险基金的承受能力等因素,合理确定医疗服务的范围。通过订立和履行定点服务协议,规范对定点医疗机构和定点零售药店的管理,明确医疗保险经办机构和定点的医疗机构、零售药店的权利和义务。医疗保险经办机构要简化审批手续,方便居民参保和报销医疗费用;明确医疗费用结算办法,按规定与医疗机构及时结算。加强对医疗费用支出的管理,探索建立医疗保险管理服务的奖惩机制。积极推行医疗费用按病种付费、按总额预付等结算方式,探索协议确定医疗费用标准的办法。

（十）充分发挥城市社区服务组织等的作用。整合、提升、拓宽城市社区服务组织的功能，加强社区服务平台建设，做好基本医疗保险管理服务工作。大力发展社区卫生服务，将符合条件的社区卫生服务机构纳入医疗保险定点范围；对参保居民到社区卫生服务机构就医发生的医疗费用，要适当提高医疗保险基金的支付比例。

四、深化相关改革

（十一）继续完善各项医疗保障制度。进一步完善城镇职工基本医疗保险制度，采取有效措施将混合所有制、非公有制经济组织从业人员以及灵活就业人员纳入城镇职工基本医疗保险；大力推进进城务工的农民工参加城镇职工基本医疗保险，重点解决大病统筹问题；继续着力解决国有困难企业、关闭破产企业等职工和退休人员的医疗保障问题；鼓励劳动年龄内有劳动能力的城镇居民，以多种方式就业并参加城镇职工基本医疗保险；进一步规范现行城镇职工基本医疗保险的支付政策，强化医疗服务管理。加快实施新型农村合作医疗制度。进一步完善城市和农村医疗救助制度。完善多层次医疗保障体系，搞好各项医疗保障制度的衔接。

（十二）协同推进医疗卫生体制和药品生产流通体制改革。根据深化医药卫生体制改革的总体要求，统筹协调医疗卫生、药品生产流通和医疗保障体系的改革和制度衔接，充分发挥医疗保障体系在筹集医疗资金、提高医疗质量和控制医疗费用等方面的作用。进一步转变政府职能，加强区域卫生规划，健全医疗服务体系。建立健全卫生行业标准体系，加强对医疗服务和药品市场的监管。规范医疗服务行为，逐步建立和完善临床操作规范、临床诊疗指南、临床用药规范和出入院标准等技术标准。加快城市社区卫生服务体系建设，充分发挥社区卫生服务和中医药服务在医疗服务中的作用，有条件的地区可探索实行参保居民分级医疗的办法。

五、加强组织领导

（十三）建立国务院城镇居民基本医疗保险部际联席会议制度。在国务院领导下，国务院城镇居民基本医疗保险部际联席会议（以下简称部际联席会议）负责组织协调和宏观指导试点工作，研究制定相关政策并督促检查政策的落实情况，总结评估试点工作，协调解决试点工作中出现的问题，并就重大问题向国务院提出报告和建议。

（十四）选择确定试点城市。省级人民政府可根据本地条件选择2至3个试点城市，报部际联席会议审定。试点城市的试点实施方案报部际联席会议办公室备案，由省（区、市）人民政府批准实施。

（十五）制定配套政策和措施。劳动保障部门要会同发展改革、财政、卫生、民政、教育、药品监督和中医药管理等有关部门制定相关配套政策和措施。各部门要根据各自的职责，协同配合，加快推进各项配套改革。动员社会各方面力量，为推进医疗保险制度改革创造良好的环境、提供有力的支持，确保试点工作的顺利进行。

（十六）精心组织实施。地方各级人民政府要充分认识试点工作的重大意义，切实加强组织领导。省级人民政府要根据本指导意见规定的试点目标和任务、基本政策和工作步骤,统筹规划,积极稳妥地推进本行政区域的试点工作。试点城市要在充分调研、周密测算、多方论证的基础上,制订试点实施方案并精心组织实施。已经先行开展基本医疗保险工作的城市,要及时总结经验,完善制度,进一步探索更加符合实际的基本医疗保险的体制和机制。

(十七)做好舆论宣传工作。建立城镇居民基本医疗保险制度直接关系广大群众的切身利益,是一项重大的民生工程,政策性很强。各地要坚持正确的舆论导向,加强对试点工作重要意义、基本原则和方针政策的宣传,加强对试点中好的做法和经验的总结推广,使这项惠民政策深入人心,真正得到广大群众和社会各界的理解和支持,使试点工作成为广大群众积极参与的实践。

各地要注意研究试点过程中出现的新情况、新问题,积极探索解决的办法,妥善处理改革、发展与稳定的关系。遇有重要情况及时向部际联席会议报告。

国务院

二○○七年七月十日

关于将大学生纳入城镇居民基本医疗保险
试点范围的指导意见

国办发〔2008〕119 号

各省、自治区、直辖市人民政府,国务院各部委、各直属机构:

根据《国务院关于开展城镇居民基本医疗保险试点的指导意见》(国发〔2007〕20 号)有关精神,为进一步做好大学生医疗保障工作,国务院决定将大学生纳入城镇居民基本医疗保险试点范围。经国务院同意,现将有关工作提出以下指导意见:

一、基本原则

按照党中央、国务院关于加快建立覆盖城乡居民的社会保障体系和开展城镇居民基本医疗保险试点工作的总体要求,坚持自愿原则,将大学生纳入城镇居民基本医疗保险试点范围,并继续做好日常医疗工作;中央确定基本原则和主要政策,试点地区制订具体办法,对参保大学生实行属地管理;完善医疗保险资金筹集机制和费用分担机制,重点保障基本医疗需求,逐步提高保障水平。

二、主要政策

(一)参保范围。各类全日制普通高等学校(包括民办高校)、科研院所(以下统称高校)中接受普通高等学历教育的全日制本专科生、全日制研究生。

(二)保障方式。大学生住院和门诊大病医疗,按照属地原则通过参加学校所在地城镇居民基本医疗保险解决,大学生按照当地规定缴费并享受相应待遇,待遇水平不低于当地城镇居民。同时按照现有规定继续做好大学生日常医疗工作,方便其及时就医。

鼓励大学生在参加基本医疗保险的基础上,按自愿原则,通过参加商业医疗保险等多种途径,提高医疗保障水平。

(三)资金筹措。大学生参加城镇居民基本医疗保险的个人缴费标准和政府补助标准,按照当地中小学生参加城镇居民基本医疗保险相应标准执行。个人缴费原则上由大学生本人和家庭负担,有条件的高校可对其缴费给予补助。大学生参保所需政府补助资金,按照高校隶属关系,由同级财政负责安排。中央财政对地方所属高校学生按照城镇居民基本医疗保险补助办法给予补助。大学生日常医疗所需资金,继续按照高校隶属关系,由同级财政予以补助。

各地要采取措施,对家庭经济困难大学生个人应缴纳的基本医疗保险费及按规定应由其个人承担的医疗费用,通过医疗救助制度、家庭经济困难学生资助体系和社会慈善捐助等多种途径给予资助,切实减轻家庭经济困难学生的医疗费用负担。

三、精心组织实施

已开展城镇居民基本医疗保险试点的地区,按本指导意见将大学生纳入城镇居民基本医疗保险体系后,要切实保障参保大学生住院和门诊大病需求,同时继续做好大学生日常医疗工作;未开展试点的地区,要完善现有办法,加强和改进大学生医疗保障工作,随着试点扩大,逐步将大学生纳入城镇居民基本医疗保险范围。各地人力资源社会保障部门要把符合条件的大学医疗机构纳入城镇居民基本医疗保险定点医疗机构范围。

各地区、各有关部门要充分认识做好大学生医疗保障工作对建立健全覆盖城乡居民社会保障体系,保障大学生就医权益、提高大学生健康水平,促进社会和谐稳定的重大意义,切实加强组织领导和宣传解释工作。省级人民政府要根据本指导意见,统筹规划,积极稳妥地推进这项工作。试点城市要因地制宜制订具体实施办法和推进步骤,确定合理的保障水平,精心组织实施,确保新旧制度平稳过渡,维护社会稳定。教育、财政、人力资源社会保障、卫生和民政部门要通力协作,制订周密工作计划,确保缴费和财政资金及时足额到位,不断完善大学生医疗经费和就医管理措施。高校要切实抓好大学生就医工作,深化改革,加强管理,提高工作效率和水平。

关于机关事业单位工作人员养老保险制度改革的决定

国发〔2015〕2 号

各省、自治区、直辖市人民政府，国务院各部委、各直属机构：

按照党的十八大和十八届三中、四中全会精神，根据《中华人民共和国社会保险法》等相关规定，为统筹城乡社会保障体系建设，建立更加公平、可持续的养老保险制度，国务院决定改革机关事业单位工作人员养老保险制度。

一、改革的目标和基本原则

以邓小平理论、"三个代表"重要思想、科学发展观为指导，深入贯彻党的十八大、十八届三中、四中全会精神和党中央、国务院决策部署，坚持全覆盖、保基本、多层次、可持续方针，以增强公平性、适应流动性、保证可持续性为重点，改革现行机关事业单位工作人员退休保障制度，逐步建立独立于机关事业单位之外、资金来源多渠道、保障方式多层次、管理服务社会化的养老保险体系。改革应遵循以下基本原则：

（一）公平与效率相结合。既体现国民收入再分配更加注重公平的要求，又体现工作人员之间贡献大小差别，建立待遇与缴费挂钩机制，多缴多得、长缴多得，提高单位和职工参保缴费的积极性。

（二）权利与义务相对应。机关事业单位工作人员要按照国家规定切实履行缴费义务，享受相应的养老保险待遇，形成责任共担、统筹互济的养老保险筹资和分配机制。

（三）保障水平与经济发展水平相适应。立足社会主义初级阶段基本国情，合理确定基本养老保险筹资和待遇水平，切实保障退休人员基本生活，促进基本养老保险制度可持续发展。

（四）改革前与改革后待遇水平相衔接。立足增量改革，实现平稳过渡。对改革前已退休人员，保持现有待遇并参加今后的待遇调整；对改革后参加工作的人员，通过建立新机制，实现待遇的合理衔接；对改革前参加工作、改革后退休的人员，通过实行过渡性措施，保持待遇水平不降低。

（五）解决突出矛盾与保证可持续发展相促进。统筹规划、合理安排、量力而行，准确把握改革的节奏和力度，先行解决目前城镇职工基本养老保险制度不统一的突出矛盾，再结合养老保险顶层设计，坚持精算平衡，逐步完善相关制度和政策。

二、改革的范围

本决定适用于按照公务员法管理的单位、参照公务员法管理的机关（单位）、事业单位及其编制内的工作人员。

三、实行社会统筹与个人账户相结合的基本养老保险制度

基本养老保险费由单位和个人共同负担。单位缴纳基本养老保险费（以下简称单位缴费)的比例为本单位工资总额的 20％，个人缴纳基本养老保险费(以下简称个人缴费)的比例为本人缴费工资的 8％，由单位代扣。按本人缴费工资 8％的数额建立基本养老保险个人账户，全部由个人缴费形成。个人工资超过当地上年度在岗职工平均工资300％以上的部分，不计入个人缴费工资基数；低于当地上年度在岗职工平均工资 60％的，按当地在岗职工平均工资的 60％计算个人缴费工资基数。

个人账户储存额只用于工作人员养老，不得提前支取，每年按照国家统一公布的记账利率计算利息，免征利息税。参保人员死亡的，个人账户余额可以依法继承。

四、改革基本养老金计发办法

本决定实施后参加工作、个人缴费年限累计满 15 年的人员，退休后按月发给基本养老金。基本养老金由基础养老金和个人账户养老金组成。退休时的基础养老金月标准以当地上年度在岗职工月平均工资和本人指数化月平均缴费工资的平均值为基数，缴费每满 1 年发给 1％。个人账户养老金月标准为个人账户储存额除以计发月数，计发月数根据本人退休时城镇人口平均预期寿命、本人退休年龄、利息等因素确定(详见附件)。

本决定实施前参加工作、实施后退休且缴费年限(含视同缴费年限，下同)累计满 15 年的人员，按照合理衔接、平稳过渡的原则，在发给基础养老金和个人账户养老金的基础上，再依据视同缴费年限长短发给过渡性养老金。具体办法由人力资源社会保障部会同有关部门制定并指导实施。

本决定实施后达到退休年龄但个人缴费年限累计不满 15 年的人员，其基本养老保险关系处理和基本养老金计发比照《实施〈中华人民共和国社会保险法〉若干规定》(人力资源社会保障部令第 13 号)执行。

本决定实施前已经退休的人员，继续按照国家规定的原待遇标准发放基本养老金，同时执行基本养老金调整办法。

机关事业单位离休人员仍按照国家统一规定发给离休费，并调整相关待遇。

五、建立基本养老金正常调整机制

根据职工工资增长和物价变动等情况，统筹安排机关事业单位和企业退休人员的基本养老金调整，逐步建立兼顾各类人员的养老保险待遇正常调整机制，分享经济社会发展成果，保障退休人员基本生活。

六、加强基金管理和监督

建立健全基本养老保险基金省级统筹；暂不具备条件的，可先实行省级基金调剂制度，明确各级人民政府征收、管理和支付的责任。机关事业单位基本养老保险基金单独建账，与企业职工基本养老保险基金分别管理使用。基金实行严格的预算管理，纳入社会保障基金财政专户，实行收支两条线管理，专款专用。依法加强基金监管，确保基金安全。

七、做好养老保险关系转移接续工作

参保人员在同一统筹范围内的机关事业单位之间流动,只转移养老保险关系,不转移基金。参保人员跨统筹范围流动或在机关事业单位与企业之间流动,在转移养老保险关系的同时,基本养老保险个人账户储存额随同转移,并以本人改革后各年度实际缴费工资为基数,按12％的总和转移基金,参保缴费不足1年的,按实际缴费月数计算转移基金。转移后基本养老保险缴费年限(含视同缴费年限)、个人账户储存额累计计算。

八、建立职业年金制度

机关事业单位在参加基本养老保险的基础上,应当为其工作人员建立职业年金。单位按本单位工资总额的8％缴费,个人按本人缴费工资的4％缴费。工作人员退休后,按月领取职业年金待遇。职业年金的具体办法由人力资源社会保障部、财政部制定。

九、建立健全确保养老金发放的筹资机制

机关事业单位及其工作人员应按规定及时足额缴纳养老保险费。各级社会保险征缴机构应切实加强基金征缴,做到应收尽收。各级政府应积极调整和优化财政支出结构,加大社会保障资金投入,确保基本养老金按时足额发放,同时为建立职业年金制度提供相应的经费保障,确保机关事业单位养老保险制度改革平稳推进。

十、逐步实行社会化管理服务

提高机关事业单位社会保险社会化管理服务水平,普遍发放全国统一的社会保障卡,实行基本养老金社会化发放。加强街道、社区人力资源社会保障工作平台建设,加快老年服务设施和服务网络建设,为退休人员提供方便快捷的服务。

十一、提高社会保险经办管理水平

各地要根据机关事业单位工作人员养老保险制度改革的实际需要,加强社会保险经办机构能力建设,适当充实工作人员,提供必要的经费和服务设施。人力资源社会保障部负责在京中央国家机关及所属事业单位基本养老保险的管理工作,同时集中受托管理其职业年金基金。中央国家机关所属京外单位的基本养老保险实行属地化管理。社会保险经办机构应做好机关事业单位养老保险参保登记、缴费申报、关系转移、待遇核定和支付等工作。要按照国家统一制定的业务经办流程和信息管理系统建设要求,建立健全管理制度,由省级统一集中管理数据资源,实现规范化、信息化和专业化管理,不断提高工作效率和服务质量。

十二、加强组织领导

改革机关事业单位工作人员养老保险制度,直接关系广大机关事业单位工作人员的切身利益,是一项涉及面广、政策性强的工作。各地区、各部门要充分认识改革工作的重大意义,切实加强领导,精心组织实施,向机关事业单位工作人员和社会各界准确解读改

革的目标和政策,正确引导舆论,确保此项改革顺利进行。各地区、各部门要按照本决定制定具体的实施意见和办法,报人力资源社会保障部、财政部备案后实施。人力资源社会保障部要会同有关部门制定贯彻本决定的实施意见,加强对改革工作的协调和指导,及时研究解决改革中遇到的问题,确保本决定的贯彻实施。

本决定自 2014 年 10 月 1 日起实施,已有规定与本决定不一致的,按照本决定执行。

国务院

2015 年 1 月 3 日

附

个人账户养老金计发月数表

退休年龄	计发月数	退休年龄	计发月数
40	233	56	164
41	230	57	158
42	226	58	152
43	223	59	145
44	220	60	139
45	216	61	132
46	212	62	125
47	207	63	117
48	204	64	109
49	199	65	101
50	195	66	93
51	190	67	84
52	185	68	75
53	180	69	65
54	175	70	56
55	170		

关于全面实施城乡居民大病保险的意见

国办发〔2015〕57 号

各省、自治区、直辖市人民政府,国务院各部委、各直属机构:

城乡居民大病保险(以下简称大病保险)是基本医疗保障制度的拓展和延伸,是对大病患者发生的高额医疗费用给予进一步保障的一项新的制度性安排。大病保险试点以来,推动了医保、医疗、医药联动改革,促进了政府主导与发挥市场机制作用相结合,提高了基本医疗保障管理水平和运行效率,有力缓解了因病致贫、因病返贫问题。为加快推进大病保险制度建设,筑牢全民基本医疗保障网底,让更多的人民群众受益,经国务院同意,现提出以下意见。

一、基本原则和目标

(一)基本原则

1. 坚持以人为本、保障大病。建立完善大病保险制度,不断提高大病保障水平和服务可及性,着力维护人民群众健康权益,切实避免人民群众因病致贫、因病返贫。

2. 坚持统筹协调、政策联动。加强基本医保、大病保险、医疗救助、疾病应急救助、商业健康保险和慈善救助等制度的衔接,发挥协同互补作用,输出充沛的保障动能,形成保障合力。

3. 坚持政府主导、专业承办。强化政府在制定政策、组织协调、监督管理等方面职责的同时,采取商业保险机构承办大病保险的方式,发挥市场机制作用和商业保险机构专业优势,提高大病保险运行效率、服务水平和质量。

4. 坚持稳步推进、持续实施。大病保险保障水平要与经济社会发展、医疗消费水平和社会负担能力等相适应。强化社会互助共济,形成政府、个人和保险机构共同分担大病风险的机制。坚持因地制宜、规范运作,实现大病保险稳健运行和可持续发展。

(二)主要目标

2015 年底前,大病保险覆盖所有城镇居民基本医疗保险、新型农村合作医疗(以下统称城乡居民基本医保)参保人群,大病患者看病就医负担有效减轻。到 2017 年,建立起比较完善的大病保险制度,与医疗救助等制度紧密衔接,共同发挥托底保障功能,有效防止发生家庭灾难性医疗支出,城乡居民医疗保障的公平性得到显著提升。

二、完善大病保险筹资机制

(一)科学测算筹资标准

各地结合当地经济社会发展水平、患大病发生的高额医疗费用情况、基本医保筹资能力和支付水平,以及大病保险保障水平等因素,科学细致做好资金测算,合理确定大病保险的筹资标准。

（二）稳定资金来源

从城乡居民基本医保基金中划出一定比例或额度作为大病保险资金。城乡居民基本医保基金有结余的地区,利用结余筹集大病保险资金;结余不足或没有结余的地区,在年度筹集的基金中予以安排。完善城乡居民基本医保的多渠道筹资机制,保证制度的可持续发展。

（三）提高统筹层次

大病保险原则上实行市（地）级统筹,鼓励省级统筹或全省（区、市）统一政策、统一组织实施,提高抗风险能力。

三、提高大病保险保障水平

（一）全面覆盖城乡居民

大病保险的保障对象为城乡居民基本医保参保人,保障范围与城乡居民基本医保相衔接。参保人患大病发生高额医疗费用,由大病保险对经城乡居民基本医保按规定支付后个人负担的合规医疗费用给予保障。

高额医疗费用,可以个人年度累计负担的合规医疗费用超过当地统计部门公布的上一年度城镇居民、农村居民年人均可支配收入作为主要测算依据。根据城乡居民收入变化情况,建立动态调整机制,研究细化大病的科学界定标准,具体由地方政府根据实际情况确定。合规医疗费用的具体范围由各省（区、市）和新疆生产建设兵团结合实际分别确定。

（二）逐步提高支付比例

2015 年大病保险支付比例应达到 50％以上,随着大病保险筹资能力、管理水平不断提高,进一步提高支付比例,更有效地减轻个人医疗费用负担。按照医疗费用高低分段制定大病保险支付比例,医疗费用越高支付比例越高。鼓励地方探索向困难群体适当倾斜的具体办法,努力提高大病保险制度托底保障的精准性。

四、加强医疗保障各项制度的衔接

强化基本医保、大病保险、医疗救助、疾病应急救助、商业健康保险及慈善救助等制度间的互补联动,明确分工,细化措施,在政策制定、待遇支付、管理服务等方面做好衔接,努力实现大病患者应保尽保。鼓励有条件的地方探索建立覆盖职工、城镇居民和农村居民的有机衔接、政策统一的大病保险制度。推动实现新型农村合作医疗重大疾病保障向大病保险平稳过渡。

建立大病信息通报制度,支持商业健康保险信息系统与基本医保、医疗机构信息系统进行必要的信息共享。大病保险承办机构要及时掌握大病患者医疗费用和基本医保支付情况,加强与城乡居民基本医保经办服务的衔接,提供"一站式"即时结算服务,确保群众方便、及时享受大病保险待遇。对经大病保险支付后自付费用仍有困难的患者,民政等部门要及时落实相关救助政策。

五、规范大病保险承办服务

（一）支持商业保险机构承办大病保险

地方政府人力资源社会保障、卫生计生、财政、保险监管部门共同制定大病保险的筹资、支付范围、最低支付比例以及就医、结算管理等基本政策，并通过适当方式征求意见。原则上通过政府招标选定商业保险机构承办大病保险业务，在正常招投标不能确定承办机构的情况下，由地方政府明确承办机构的产生办法。对商业保险机构承办大病保险的保费收入，按现行规定免征营业税，免征保险业务监管费；2015 年至 2018 年，试行免征保险保障金。

（二）规范大病保险招标投标与合同管理

坚持公开、公平、公正和诚实信用的原则，建立健全招投标机制，规范招投标程序。招标主要包括具体支付比例、盈亏率、配备的承办和管理力量等内容。符合保险监管部门基本准入条件的商业保险机构自愿参加投标。招标人应当与中标的商业保险机构签署保险合同，明确双方责任、权利和义务，合同期限原则上不低于 3 年。因违反合同约定，或发生其他严重损害参保人权益的情况，可按照约定提前终止或解除合同，并依法追究责任。各地要不断完善合同内容，探索制定全省（区、市）统一的合同范本。

（三）建立大病保险收支结余和政策性亏损的动态调整机制

遵循收支平衡、保本微利的原则，合理控制商业保险机构盈利率。商业保险机构因承办大病保险出现超过合同约定的结余，需向城乡居民基本医保基金返还资金；因城乡居民基本医保政策调整等政策性原因给商业保险机构带来亏损时，由城乡居民基本医保基金和商业保险机构分摊，具体分摊比例应在保险合同中载明。

（四）不断提升大病保险管理服务的能力和水平

规范资金管理，商业保险机构承办大病保险获得的保费实行单独核算，确保资金安全和偿付能力。商业保险机构要建立专业队伍，加强专业能力建设，提高管理服务效率，优化服务流程，为参保人提供更加高效便捷的服务。发挥商业保险机构全国网络优势，简化报销手续，推动异地医保即时结算。鼓励商业保险机构在承办好大病保险业务的基础上，提供多样化的健康保险产品．

六、严格监督管理

（一）加强大病保险运行的监管

相关部门要各负其责，协同配合，强化服务意识，切实保障参保人权益。人力资源社会保障、卫生计生等部门要建立以保障水平和参保人满意度为核心的考核评价指标体系，加强监督检查和考核评估，督促商业保险机构按合同要求提高服务质量和水平。保险监管部门要加强商业保险机构从业资格审查以及偿付能力、服务质量和市场行为监管，依法查处违法违规行为。财政部门要会同相关部门落实利用城乡居民基本医保基金向商业保险机构购买大病保险的财务列支和会计核算办法，强化基金管理。审计部门要按规定进行严格审计。政府相关部门和商业保险机构要切实加强参保人员个人信息安全保障，防止信息外泄和滥用。

（二）规范医疗服务行为

卫生计生部门要加强对医疗机构、医疗服务行为和质量的监管。商业保险机构要与人力资源社会保障、卫生计生部门密切配合，协同推进按病种付费等支付方式改革。抓紧制定相关临床路径，强化诊疗规范，规范医疗行为，控制医疗费用。

（三）主动接受社会监督

商业保险机构要将签订合同情况以及筹资标准、待遇水平、支付流程、结算效率和大病保险年度收支等情况向社会公开。城乡居民基本医保经办机构承办大病保险的，在基金管理、经办服务、信息披露、社会监督等方面执行城乡居民基本医保现行规定。

七、强化组织实施

各省（区、市）人民政府和新疆生产建设兵团、各市（地）人民政府要将全面实施大病保险工作列入重要议事日程，进一步健全政府领导、部门协调、社会参与的工作机制，抓紧制定实施方案，细化工作任务和责任部门，明确时间节点和工作要求，确保2015年底前全面推开。

人力资源社会保障、卫生计生部门要加强对各地实施大病保险的指导，密切跟踪工作进展，及时研究解决新情况新问题，总结推广经验做法，不断完善大病保险制度。加强宣传解读，使群众广泛了解大病保险政策、科学理性对待疾病，增强全社会的保险责任意识，为大病保险实施营造良好社会氛围。

国务院办公厅

2015 年 7 月 28 日

国务院办公厅关于推进分级诊疗制度建设的指导意见

国办发〔2015〕70号

各省、自治区、直辖市人民政府，国务院各部委、各直属机构：

建立分级诊疗制度，是合理配置医疗资源、促进基本医疗卫生服务均等化的重要举措，是深化医药卫生体制改革、建立中国特色基本医疗卫生制度的重要内容，对于促进医药卫生事业长远健康发展、提高人民健康水平、保障和改善民生具有重要意义。为贯彻落实《中共中央关于全面深化改革若干重大问题的决定》和《中共中央国务院关于深化医药卫生体制改革的意见》精神，指导各地推进分级诊疗制度建设，经国务院同意，现提出如下意见。

一、总体要求

（一）指导思想

全面贯彻党的十八大和十八届二中、三中、四中全会精神，认真落实党中央、国务院决策部署，立足我国经济社会和医药卫生事业发展实际，遵循医学科学规律，按照以人为本、群众自愿、统筹城乡、创新机制的原则，以提高基层医疗服务能力为重点，以常见病、多发病、慢性病分级诊疗为突破口，完善服务网络、运行机制和激励机制，引导优质医疗资源下沉，形成科学合理就医秩序，逐步建立符合国情的分级诊疗制度，切实促进基本医疗卫生服务的公平可及。

（二）目标任务

到2017年，分级诊疗政策体系逐步完善，医疗卫生机构分工协作机制基本形成，优质医疗资源有序有效下沉，以全科医生为重点的基层医疗卫生人才队伍建设得到加强，医疗资源利用效率和整体效益进一步提高，基层医疗卫生机构诊疗量占总诊疗量比例明显提升，就医秩序更加合理规范。

到2020年，分级诊疗服务能力全面提升，保障机制逐步健全，布局合理、规模适当、层级优化、职责明晰、功能完善、富有效率的医疗服务体系基本构建，基层首诊、双向转诊、急慢分治、上下联动的分级诊疗模式逐步形成，基本建立符合国情的分级诊疗制度。

——基层首诊。坚持群众自愿、政策引导，鼓励并逐步规范常见病、多发病患者首先到基层医疗卫生机构就诊，对于超出基层医疗卫生机构功能定位和服务能力的疾病，由基层医疗卫生机构为患者提供转诊服务。

——双向转诊。坚持科学就医、方便群众、提高效率，完善双向转诊程序，建立健全转诊指导目录，重点畅通慢性期、恢复期患者向下转诊渠道，逐步实现不同级别、不同类别医疗机构之间的有序转诊。

——急慢分治。明确和落实各级各类医疗机构急慢病诊疗服务功能，完善治疗—康复—长期护理服务链，为患者提供科学、适宜、连续性的诊疗服务。急危重症患者可以直接到二级以上医院就诊。

——上下联动。引导不同级别、不同类别医疗机构建立目标明确、权责清晰的分工协作机制,以促进优质医疗资源下沉为重点,推动医疗资源合理配置和纵向流动。

二、以强基层为重点完善分级诊疗服务体系

(一)明确各级各类医疗机构诊疗服务功能定位

城市三级医院主要提供急危重症和疑难复杂疾病的诊疗服务。城市三级中医医院充分利用中医药(含民族医药,下同)技术方法和现代科学技术,提供急危重症和疑难复杂疾病的中医诊疗服务和中医优势病种的中医门诊诊疗服务。城市二级医院主要接收三级医院转诊的急性病恢复期患者、术后恢复期患者及危重症稳定期患者。县级医院主要提供县域内常见病、多发病诊疗,以及急危重症患者抢救和疑难复杂疾病向上转诊服务。基层医疗卫生机构和康复医院、护理院等(以下统称慢性病医疗机构)为诊断明确、病情稳定的慢性病患者、康复期患者、老年病患者、晚期肿瘤患者等提供治疗、康复、护理服务。

(二)加强基层医疗卫生人才队伍建设

通过基层在岗医师转岗培训、全科医生定向培养、提升基层在岗医师学历层次等方式,多渠道培养全科医生,逐步向全科医生规范化培养过渡,实现城乡每万名居民有2—3名合格的全科医生。加强全科医生规范化培养基地建设和管理,规范培养内容和方法,提高全科医生的基本医疗和公共卫生服务能力,发挥全科医生的居民健康"守门人"作用。建立全科医生激励机制,在绩效工资分配、岗位设置、教育培训等方面向全科医生倾斜。加强康复治疗师、护理人员等专业人员培养,满足人民群众多层次、多样化健康服务需求。

(三)大力提高基层医疗卫生服务能力

通过政府举办或购买服务等方式,科学布局基层医疗卫生机构,合理划分服务区域,加强标准化建设,实现城乡居民全覆盖。通过组建医疗联合体、对口支援、医师多点执业等方式,鼓励城市二级以上医院医师到基层医疗卫生机构多点执业,或者定期出诊、巡诊,提高基层服务能力。合理确定基层医疗卫生机构配备使用药品品种和数量,加强二级以上医院与基层医疗卫生机构用药衔接,满足患者需求。强化乡镇卫生院基本医疗服务功能,提升急诊抢救、二级以下常规手术、正常分娩、高危孕产妇筛查、儿科等医疗服务能力。大力推进社会办医,简化个体行医准入审批程序,鼓励符合条件的医师开办个体诊所,就地就近为基层群众服务。提升基层医疗卫生机构中医药服务能力和医疗康复服务能力,加强中医药特色诊疗区建设,推广中医药综合服务模式,充分发挥中医药在常见病、多发病和慢性病防治中的作用。在民族地区要充分发挥少数民族医药在服务各族群众中的特殊作用。

(四)全面提升县级公立医院综合能力

根据服务人口、疾病谱、诊疗需求等因素,合理确定县级公立医院数量和规模。按照"填平补齐"原则,加强县级公立医院临床专科建设,重点加强县域内常见病、多发病相关专业,以及传染病、精神病、急诊急救、重症医学、肾脏内科(血液透析)、妇产科、儿科、中医、康复等临床专科建设,提升县级公立医院综合服务能力。在具备能力和保障安全的

前提下,适当放开县级公立医院医疗技术临床应用限制。县级中医医院同时重点加强内科、外科、妇科、儿科、针灸、推拿、骨伤、肿瘤等中医特色专科和临床薄弱专科、医技科室建设,提高中医优势病种诊疗能力和综合服务能力。通过上述措施,将县域内就诊率提高到90%左右,基本实现大病不出县。

(五)整合推进区域医疗资源共享

整合二级以上医院现有的检查检验、消毒供应中心等资源,向基层医疗卫生机构和慢性病医疗机构开放。探索设置独立的区域医学检验机构、病理诊断机构、医学影像检查机构、消毒供应机构和血液净化机构,实现区域资源共享。加强医疗质量控制,推进同级医疗机构间以及医疗机构与独立检查检验机构间检查检验结果互认。

(六)加快推进医疗卫生信息化建设

加快全民健康保障信息化工程建设,建立区域性医疗卫生信息平台,实现电子健康档案和电子病历的连续记录以及不同级别、不同类别医疗机构之间的信息共享,确保转诊信息畅通。提升远程医疗服务能力,利用信息化手段促进医疗资源纵向流动,提高优质医疗资源可及性和医疗服务整体效率,鼓励二、三级医院向基层医疗卫生机构提供远程会诊、远程病理诊断、远程影像诊断、远程心电图诊断、远程培训等服务,鼓励有条件的地方探索"基层检查、上级诊断"的有效模式。促进跨地域、跨机构就诊信息共享。发展基于互联网的医疗卫生服务,充分发挥互联网、大数据等信息技术手段在分级诊疗中的作用。

三、建立健全分级诊疗保障机制

(一)完善医疗资源合理配置机制

强化区域卫生规划和医疗机构设置规划在医疗资源配置方面的引导和约束作用。制定不同级别、不同类别医疗机构服务能力标准,通过行政管理、财政投入、绩效考核、医保支付等激励约束措施,引导各级各类医疗机构落实功能定位。重点控制三级综合医院数量和规模,建立以病种结构、服务辐射范围、功能任务完成情况、人才培养、工作效率为核心的公立医院床位调控机制,严控医院床位规模不合理扩张。三级医院重点发挥在医学科学、技术创新和人才培养等方面的引领作用,逐步减少常见病、多发病复诊和诊断明确、病情稳定的慢性病等普通门诊,分流慢性病患者,缩短平均住院日,提高运行效率。对基层中医药服务能力不足及薄弱地区的中医医院应区别对待。支持慢性病医疗机构发展,鼓励医疗资源丰富地区的部分二级医院转型为慢性病医疗机构。

(二)建立基层签约服务制度

通过政策引导,推进居民或家庭自愿与签约医生团队签订服务协议。签约医生团队由二级以上医院医师与基层医疗卫生机构的医务人员组成,探索个体诊所开展签约服务。签约服务以老年人、慢性病和严重精神障碍患者、孕产妇、儿童、残疾人等为重点人群,逐步扩展到普通人群。明确签约服务内容和签约条件,确定双方责任、权利、义务及其他有关事项。根据服务半径和服务人口,合理划分签约医生团队责任区域,实行网格化管理。签约医生团队负责提供约定的基本医疗、公共卫生和健康管理服务。规范签约服务收费,完善签约服务激励约束机制。签约服务费用主要由医保基金、签约居民付费和基本公共卫生服务经费等渠道解决。签约医生或签约医生团队向签约居民提供约定的基本医疗卫生服务,除按规定收取签约服务费外,不得另行收取其他费用。探索提供差异性服务、分类签约、有偿签约等多种签约服务形式,满足居民多层次服务需求。慢性病患者可以由签约医生开具慢性病长期药品处方,探索多种形式满足患者用药需求。

(三)推进医保支付制度改革

按照分级诊疗工作要求,及时调整完善医保政策。发挥各类医疗保险对医疗服务供需双方的引导作用和对医疗费用的控制作用。推进医保支付方式改革,强化医保基金收支预算,建立以按病种付费为主,按人头付费、按服务单元付费等复合型付费方式,探索基层医疗卫生机构慢性病患者按人头打包付费。继续完善居民医保门诊统筹等相关政策。完善不同级别医疗机构的医保差异化支付政策,适当提高基层医疗卫生机构医保支付比例,对符合规定的转诊住院患者可以连续计算起付线,促进患者有序流动。将符合条件的基层医疗卫生机构和慢性病医疗机构按规定纳入基本医疗保险定点范围。

(四)健全医疗服务价格形成机制

合理制定和调整医疗服务价格,对医疗机构落实功能定位、患者合理选择就医机构形成有效的激励引导。根据价格总体水平调控情况,按照总量控制、结构调整、有升有降、逐步到位的原则,在降低药品和医用耗材费用、大型医用设备检查治疗价格的基础上,提高体现医务人员技术劳务价值的项目价格。理顺医疗服务比价关系,建立医疗服务价格动态调整机制。

(五)建立完善利益分配机制

通过改革医保支付方式、加强费用控制等手段,引导二级以上医院向下转诊诊断明确、病情稳定的慢性病患者,主动承担疑难复杂疾病患者诊疗服务。完善基层医疗卫生机构绩效工资分配机制,向签约服务的医务人员倾斜。

(六)构建医疗卫生机构分工协作机制

以提升基层医疗卫生服务能力为导向,以业务、技术、管理、资产等为纽带,探索建立包括医疗联合体、对口支援在内的多种分工协作模式,完善管理运行机制。上级医院对转诊患者提供优先接诊、优先检查、优先住院等服务。鼓励上级医院出具药物治疗方案,在下级医院或者基层医疗卫生机构实施治疗。对需要住院治疗的急危重症患者、手术患者,通过制定和落实入、出院标准和双向转诊原则,实现各级医疗机构之间的顺畅转诊。基层医疗卫生机构可以与二级以上医院、慢性病医疗机构等协同,为慢性病、老年病等患者提供老年护理、家庭护理、社区护理、互助护理、家庭病床、医疗康复等服务。充分发挥不同举办主体医疗机构在分工协作机制中的作用。

四、组织实施

(一)加强组织领导

分级诊疗工作涉及面广、政策性强,具有长期性和复杂性,地方各级政府和相关部门要本着坚持不懈、持之以恒的原则,切实加强组织领导,将其作为核心任务纳入深化医药卫生体制改革工作的总体安排,建立相关协调机制,明确任务分工,结合本地实际,研究制定切实可行的实施方案。

（二）明确部门职责

卫生计生行政部门（含中医药管理部门）要加强对医疗机构规划、设置、审批和医疗服务行为的监管，明确双向转诊制度，优化转诊流程，牵头制定常见疾病入、出院和双向转诊标准，完善新型农村合作医疗制度支付政策，指导相关学（协）会制定完善相关疾病诊疗指南和临床路径。发展改革（价格）部门要完善医药价格政策，落实分级定价措施。人力资源社会保障部门要加强监管，完善医保支付政策，推进医保支付方式改革，完善绩效工资分配机制。财政部门要落实财政补助政策。其他有关部门要按照职责分工，及时出台配套政策，抓好贯彻落实。

（三）稳妥推进试点

地方各级政府要坚持从实际出发，因地制宜，以多种形式推进分级诊疗试点工作。2015 年，所有公立医院改革试点城市和综合医改试点省份都要开展分级诊疗试点，鼓励有条件的省（区、市）增加分级诊疗试点地区。以高血压、糖尿病、肿瘤、心脑血管疾病等慢性病为突破口，开展分级诊疗试点工作，2015 年重点做好高血压、糖尿病分级诊疗试点工作。探索结核病等慢性传染病分级诊疗和患者综合管理服务模式。国家卫生计生委要会同有关部门对分级诊疗试点工作进行指导，及时总结经验并通报进展情况。

（四）强化宣传引导

开展针对行政管理人员和医务人员的政策培训，把建立分级诊疗制度作为履行社会责任、促进事业发展的必然要求，进一步统一思想、凝聚共识，增强主动性，提高积极性。充分发挥公共媒体作用，广泛宣传疾病防治知识，促进患者树立科学就医理念，提高科学就医能力，合理选择就诊医疗机构。加强对基层医疗卫生机构服务能力提升和分级诊疗工作的宣传，引导群众提高对基层医疗卫生机构和分级诊疗的认知度和认可度，改变就医观念和习惯，就近、优先选择基层医疗卫生机构就诊。

国务院办公厅
2015 年 9 月 8 日

附

分级诊疗试点工作考核评价标准

到 2017 年，分级诊疗试点工作应当达到以下标准：

一、基层医疗卫生机构建设达标率≥95％，基层医疗卫生机构诊疗量占总诊疗量比例≥65％；

二、试点地区 30 万以上人口的县至少拥有一所二级甲等综合医院和一所二级甲等中医医院，县域内就诊率提高到 90％左右，基本实现大病不出县；

三、每万名城市居民拥有 2 名以上全科医生，每个乡镇卫生院拥有 1 名以上全科医生，城市全科医生签约服务覆盖率≥30％；

四、居民 2 周患病首选基层医疗卫生机构的比例≥70％；

五、远程医疗服务覆盖试点地区 50％以上的县（市、区）；

六、整合现有医疗卫生信息系统,完善分级诊疗信息管理功能,基本覆盖全部二、三级医院和80％以上的乡镇卫生院和社区卫生服务中心;

七、由二、三级医院向基层医疗卫生机构、慢性病医疗机构转诊的人数年增长率在10％以上;

八、全部社区卫生服务中心、乡镇卫生院与二、三级医院建立稳定的技术帮扶和分工协作关系;

九、试点地区城市高血压、糖尿病患者规范化诊疗和管理率达到40％以上;

十、提供中医药服务的社区卫生服务中心、乡镇卫生院、社区卫生服务站、村卫生室占同类机构之比分别达到100％、100％、85％、70％,基层医疗卫生机构中医诊疗量占同类机构诊疗总量比例≥30％。

国务院关于整合城乡居民基本医疗保险制度的意见

国发〔2016〕3 号

各省、自治区、直辖市人民政府,国务院各部委、各直属机构:

整合城镇居民基本医疗保险(以下简称城镇居民医保)和新型农村合作医疗(以下简称新农合)两项制度,建立统一的城乡居民基本医疗保险(以下简称城乡居民医保)制度,是推进医药卫生体制改革、实现城乡居民公平享有基本医疗保险权益、促进社会公平正义、增进人民福祉的重大举措,对促进城乡经济社会协调发展、全面建成小康社会具有重要意义。在总结城镇居民医保和新农合运行情况以及地方探索实践经验的基础上,现就整合建立城乡居民医保制度提出如下意见。

一、总体要求与基本原则

(一)总体要求

以邓小平理论、"三个代表"重要思想、科学发展观为指导,认真贯彻党的十八大、十八届二中、三中、四中、五中全会和习近平总书记系列重要讲话精神,落实党中央、国务院关于深化医药卫生体制改革的要求,按照全覆盖、保基本、多层次、可持续的方针,加强统筹协调与顶层设计,遵循先易后难、循序渐进的原则,从完善政策入手,推进城镇居民医保和新农合制度整合,逐步在全国范围内建立起统一的城乡居民医保制度,推动保障更加公平、管理服务更加规范、医疗资源利用更加有效,促进全民医保体系持续健康发展。

(二)基本原则

1. 统筹规划、协调发展。要把城乡居民医保制度整合纳入全民医保体系发展和深化医改全局,统筹安排,合理规划,突出医保、医疗、医药三医联动,加强基本医保、大病保险、医疗救助、疾病应急救助、商业健康保险等衔接,强化制度的系统性、整体性、协同性。

2. 立足基本、保障公平。要准确定位,科学设计,立足经济社会发展水平、城乡居民负担和基金承受能力,充分考虑并逐步缩小城乡差距、地区差异,保障城乡居民公平享有基本医保待遇,实现城乡居民医保制度可持续发展。

3. 因地制宜、有序推进。要结合实际,全面分析研判,周密制订实施方案,加强整合前后的衔接,确保工作顺畅接续、有序过渡,确保群众基本医保待遇不受影响,确保医保基金安全和制度运行平稳。

4. 创新机制、提升效能。要坚持管办分开,落实政府责任,完善管理运行机制,深入推进支付方式改革,提升医保资金使用效率和经办管理服务效能。充分发挥市场机制作用,调动社会力量参与基本医保经办服务。

二、整合基本制度政策

(一)统一覆盖范围

城乡居民医保制度覆盖范围包括现有城镇居民医保和新农合所有应参保(合)人员,

即覆盖除职工基本医疗保险应参保人员以外的其他所有城乡居民。农民工和灵活就业人员依法参加职工基本医疗保险,有困难的可按照当地规定参加城乡居民医保。各地要完善参保方式,促进应保尽保,避免重复参保。

(二)统一筹资政策

坚持多渠道筹资,继续实行个人缴费与政府补助相结合为主的筹资方式,鼓励集体、单位或其他社会经济组织给予扶持或资助。各地要统筹考虑城乡居民医保与大病保险保障需求,按照基金收支平衡的原则,合理确定城乡统一的筹资标准。现有城镇居民医保和新农合个人缴费标准差距较大的地区,可采取差别缴费的办法,利用2—3年时间逐步过渡。整合后的实际人均筹资和个人缴费不得低于现有水平。

完善筹资动态调整机制。在精算平衡的基础上,逐步建立与经济社会发展水平、各方承受能力相适应的稳定筹资机制。逐步建立个人缴费标准与城乡居民人均可支配收入相衔接的机制。合理划分政府与个人的筹资责任,在提高政府补助标准的同时,适当提高个人缴费比重。

(三)统一保障待遇

遵循保障适度、收支平衡的原则,均衡城乡保障待遇,逐步统一保障范围和支付标准,为参保人员提供公平的基本医疗保障。妥善处理整合前的特殊保障政策,做好过渡与衔接。

城乡居民医保基金主要用于支付参保人员发生的住院和门诊医药费用。稳定住院保障水平,政策范围内住院费用支付比例保持在75％左右。进一步完善门诊统筹,逐步提高门诊保障水平。逐步缩小政策范围内支付比例与实际支付比例间的差距。

(四)统一医保目录

统一城乡居民医保药品目录和医疗服务项目目录,明确药品和医疗服务支付范围。各省(区、市)要按照国家基本医保用药管理和基本药物制度有关规定,遵循临床必需、安全有效、价格合理、技术适宜、基金可承受的原则,在现有城镇居民医保和新农合目录的基础上,适当考虑参保人员需求变化进行调整,有增有减、有控有扩,做到种类基本齐全、结构总体合理。完善医保目录管理办法,实行分级管理、动态调整。

(五)统一定点管理

统一城乡居民医保定点机构管理办法,强化定点服务协议管理,建立健全考核评价机制和动态的准入退出机制。对非公立医疗机构与公立医疗机构实行同等的定点管理政策。原则上由统筹地区管理机构负责定点机构的准入、退出和监管,省级管理机构负责制订定点机构的准入原则和管理办法,并重点加强对统筹区域外的省、市级定点医疗机构的指导与监督。

(六)统一基金管理

城乡居民医保执行国家统一的基金财务制度、会计制度和基金预决算管理制度。城乡居民医保基金纳入财政专户,实行"收支两条线"管理。基金独立核算、专户管理,任何单位和个人不得挤占挪用。

结合基金预算管理全面推进付费总额控制。基金使用遵循以收定支、收支平衡、略有结余的原则,确保应支付费用及时足额拨付,合理控制基金当年结余率和累计结余率。

建立健全基金运行风险预警机制,防范基金风险,提高使用效率。

强化基金内部审计和外部监督,坚持基金收支运行情况信息公开和参保人员就医结算信息公示制度,加强社会监督、民主监督和舆论监督。

三、理顺管理体制

(一)整合经办机构

鼓励有条件的地区理顺医保管理体制,统一基本医保行政管理职能。充分利用现有城镇居民医保、新农合经办资源,整合城乡居民医保经办机构、人员和信息系统,规范经办流程,提供一体化的经办服务。完善经办机构内外部监督制约机制,加强培训和绩效考核。

(二)创新经办管理

完善管理运行机制,改进服务手段和管理办法,优化经办流程,提高管理效率和服务水平。鼓励有条件的地区创新经办服务模式,推进管办分开,引入竞争机制,在确保基金安全和有效监管的前提下,以政府购买服务的方式委托具有资质的商业保险机构等社会力量参与基本医保的经办服务,激发经办活力。

四、提升服务效能

(一)提高统筹层次

城乡居民医保制度原则上实行市(地)级统筹,各地要围绕统一待遇政策、基金管理、信息系统和就医结算等重点,稳步推进市(地)级统筹。做好医保关系转移接续和异地就医结算服务。根据统筹地区内各县(市、区)的经济发展和医疗服务水平,加强基金的分级管理,充分调动县级政府、经办管理机构基金管理的积极性和主动性。鼓励有条件的地区实行省级统筹。

(二)完善信息系统

整合现有信息系统,支撑城乡居民医保制度运行和功能拓展。推动城乡居民医保信息系统与定点机构信息系统、医疗救助信息系统的业务协同和信息共享,做好城乡居民医保信息系统与参与经办服务的商业保险机构信息系统必要的信息交换和数据共享。强化信息安全和患者信息隐私保护。

(三)完善支付方式

系统推进按人头付费、按病种付费、按床日付费、总额预付等多种付费方式相结合的复合支付方式改革,建立健全医保经办机构与医疗机构及药品供应商的谈判协商机制和风险分担机制,推动形成合理的医保支付标准,引导定点医疗机构规范服务行为,控制医疗费用不合理增长。

通过支持参保居民与基层医疗机构及全科医师开展签约服务、制定差别化的支付政策等措施,推进分级诊疗制度建设,逐步形成基层首诊、双向转诊、急慢分治、上下联动的就医新秩序。

(四)加强医疗服务监管

完善城乡居民医保服务监管办法,充分运用协议管理,强化对医疗服务的监控作用。

各级医保经办机构要利用信息化手段,推进医保智能审核和实时监控,促进合理诊疗、合理用药。卫生计生行政部门要加强医疗服务监管,规范医疗服务行为。

五、精心组织实施,确保整合工作平稳推进

(一)加强组织领导

整合城乡居民医保制度是深化医改的一项重点任务,关系城乡居民切身利益,涉及面广、政策性强。各地各有关部门要按照全面深化改革的战略布局要求,充分认识这项工作的重要意义,加强领导,精心组织,确保整合工作平稳有序推进。各省级医改领导小组要加强统筹协调,及时研究解决整合过程中的问题。

(二)明确工作进度和责任分工

各省(区、市)要于 2016 年 6 月底前对整合城乡居民医保工作作出规划和部署,明确时间表、路线图,健全工作推进和考核评价机制,严格落实责任制,确保各项政策措施落实到位。各统筹地区要于 2016 年 12 月底前出台具体实施方案。综合医改试点省要将整合城乡居民医保作为重点改革内容,加强与医改其他工作的统筹协调,加快推进。

各地人力资源社会保障、卫生计生部门要完善相关政策措施,加强城乡居民医保制度整合前后的衔接;财政部门要完善基金财务会计制度,会同相关部门做好基金监管工作;保险监管部门要加强对参与经办服务的商业保险机构的从业资格审查、服务质量和市场行为监管;发展改革部门要将城乡居民医保制度整合纳入国民经济和社会发展规划;编制管理部门要在经办资源和管理体制整合工作中发挥职能作用;医改办要协调相关部门做好跟踪评价、经验总结和推广工作。

(三)做好宣传工作

要加强正面宣传和舆论引导,及时准确解读政策,宣传各地经验亮点,妥善回应公众关切,合理引导社会预期,努力营造城乡居民医保制度整合的良好氛围。

国务院

2016 年 1 月 3 日

三、部门发布的规章、规范性文件

国家工作人员公费医疗预防实施办法

第一条 本办法根据中央人民政府政务院《关于全国各级人民政府、党派、团体及所属事业单位的国家工作人员实行公费医疗预防的指示》制定之。

第二条 享受公费医疗预防待遇人员的范围如下：

(一)全国各级人民政府、党派、团体在编制的人员；

(二)全国各级文化、教育、卫生、经济建设事业单位工作人员；

(三)经中央人民政府政务院核定之各工作队人员；

(四)受长期抚恤的在乡革命残废军人和住荣军院、校的革命残废军人。

本条第(一)项所称在编制的人员，以1952年5月3日政务院政财字第五十三号《关于调整机构、紧缩编制的决定》所规定之员额为限；乡(村)一级工作人员的公费医疗预防须待县财政建立之后再行办理。

本条第(二)项所列人员，系指在国家预算内开支工资者而言，其不在国家预算内开支工资者，由其主管事业单位另行处理；其已享受劳动保险条例所规定之医疗预防待遇者，仍按该条例之规定处理。

本条第(一)(二)(三)各项人员包括调动或编余而尚未分配或尚待分配工作之人员。

第三条 各级人民政府(专署以下除外)，均须组织公费医疗预防实施管理委员会，其任务如下：

(一)关于各该级享受公费医疗预防待遇人员数额、等级的核定；

(二)关于各该级公费医疗各项预算决算的提出和审查；

(三)督导各该级各项公费医疗预防费用的统筹统支和管理运用；

(四)督导、组织各该级公私医疗预防机构开展公费医疗预防工作；

(五)关于各该级医疗预防机构之扩充、设置计划之审议；

(六)其他有关各该级公费医疗实施各项原则之决定与问题的解决。

第四条 各级公费医疗预防实施管理委员会由各级人民政府卫生、人事、劳动、财政、教育、建筑等部门各指派负责人员一人组织之；以卫生部门的代表为主任委员，人事及财政部门的代表为副主任委员。

第五条 凡中央、大行政区(注解：各大行政区已于一九五四年撤销。)省(市、行署)所在地之城市目前应指定一个或一个以上之医院，专门负责公费医疗预防工作；并应设法组织疗养院收容恢复期的病人,以加速医院病床的周转。

上述城市的卫生行政机关均应设置公费医疗预防处(科),以统一管理全市享受公费医疗预防待遇人员的公费医疗预防事宜。

各机关原设之卫生所或卫生科,在公费医疗预防实施后,应逐渐减缩或撤销,撤销后,由各该地公费医疗预防处(科)另行设置保健员或保健医师,以指导机关人员保护健康、预防疾病。各机关原设卫生所(科)未撤销前,应由各该地公费医疗预防处(科)统一领导。

第六条　专署、县(旗、市)、区所在地(小城市或乡镇),目前除应先就原有县卫生院内增设病床外,并可与当地联合诊疗机构或私营医院、诊所协商合作,以解决当前公费医疗预防之需要。

第七条　无论大、中、小城市,对公费医疗预防事宜均采区域负责制。其具体组织工作由各地卫生行政机关负责办理。同一城市之公立医院均有协助完成公费医疗预防任务的责任;其医师,对公费医疗中之疑难重病,均有应邀会诊之义务。

第八条　各级人民政府应将公费医疗预防经费列入财政预算,由各该级卫生行政机关掌握使用(专区、县须经人民政府负责人批准支付,区由县人民政府统一掌握)。此项款项应专款专用,由各该级卫生行政机关掌握使用,不得平均分发。

凡中央各机关之直属单位设在地方者,其人员所需公费医疗预防的医药费由中央拨给地方卫生行政机关统筹统支。

第九条　各地卫生行政机关公费医疗方预防处(科),对当地应享受公费医疗预防待遇之人员须发给公费诊疗证,俾得凭证至指定之医院或门诊部诊疗。

凡享受公费医疗预防待遇之人员,因公赴另一地区工作,得凭原发诊疗证及出差证明文件经当地主管公费医疗预防之机关介绍至指定的医院或门诊部诊疗,照章缴纳医药费用,凭所发单据向原地区主管公费医疗预防之机关报领。

第十条　各地卫生行政机关对公费医疗预防医药费应按下列比例分配:

(一)以百分之三十供门诊医药器材、健康检查之用;

(二)以百分之七十作住院医疗之医药器材及修理器材之用。

上项费用不包括机关环境卫生及防疫设备费在内。

第十一条　各地卫生行政机关对公费医疗预防费用收支情况,除按财政预算制度向财政部门报核外,并应呈报中央卫生部备查。

第十二条　凡不属本办法规定范围内之机关,在当地医疗机构力能胜任的条件之下,可于商得当地卫生行政机关同意后,交付一定的医药费用,由该主管机关按本办法之规定发给机关工作人员以医疗预防证,视同享受公费医疗预防待遇人员处理。

第十三条　本办法由中央人民政府卫生部制定经政务院批准后试行。

关于发布《农村合作医疗章程(试行草案)》的通知

总　则

第一条　农村合作医疗是人民公社员依靠集体力量,在自愿互助的基础上建立起来的一种社会主义性质的医疗制度,是社员群众的集体福利事业。

第二条　根据宪法的规定,国家积极支持、发展合作医疗事业,使医疗卫生工作更好地为保护人民公社社员身体健康,发展农业生产服务。对于经济困难的社队,国家给予必要的扶植。

任　务

第三条　实行合作医疗的生产大队,要建立合作医疗站(卫生所),其任务是:

1. 宣传和执行国家制订的各项卫生工作方针、政策。

2. 发动群众开展以除害灭病为中心的爱国卫生运动,搞好"两管五改"(管水、管粪,改水井、厕所、畜圈、炉灶、环境)的技术指导,做好预防接种、传染病管理和疫情报告。

3. 认真做好医疗工作,努力提高医疗质量,全心全意为广大社员服务。

4. 积极开展采、种、制、用中草药工作,充分利用当地药源防病治病。

5. 对生产队卫生员和接生员进行业务培训和技术指导。

6. 宣传晚婚和计划生育,落实节育措施。

7. 指导妇女"四期"(经、孕、产、哺乳)劳动保护、新法育儿和托幼组织的卫生保健业务,做好新法接生。

8. 宣传卫生科学知识,破除迷信,防止农药中毒、食物中毒、触电和外伤事故;开展战伤救护和"三防"(防原子、防化学、防细菌)的训练。

举办形式和管理机构

第四条　举办合作医疗的形式要根据当地的实际情况和条件,经社员群众充分讨论确定。目前应以大队办为主,确有条件的地区也可以实行社、队联办或社办,无论采取哪种形式,都要努力办好。

第五条　实行合作医疗的社队要建立健全由干部、社员代表、卫生人员组成的合作医疗管理委员会或管理小组,加强对合作医疗的领导和管理;抓好赤脚医生的政治思想工作;负责筹集基金,审核经费开支,确定社员看病医药费减免标准;经常检查工作,不断总结经验,并定期向社员报告工作情况。

基金和管理制度

第六条　合作医疗基金由参加合作医疗的个人和集体(公益金)筹集,各筹多少,应根据需要和可能,经社员群众讨论决定。随着集体经济的不断发展逐步扩大集体负担部分。个人和集体可以用采、种的药材折价交付合作医疗基金。

第七条　合作医疗基金,主要用于社员的医疗费。确定参加合作医疗的社员看病医疗费的报销范围、减免比例,要从实际出发,量入为出,暂时无力减免药费的,可先实行按批发价收取药费,免收挂号、注射、针灸、出诊等各项劳务费,以保证合作医疗站有一定的药品存量和周转资金。随着集体经济的发展和合作医疗的巩固,再逐步扩大医药费的报销范围和减免比例。

对未参加合作医疗的病人,应按省、市、自治区的有关规定收费,不得随意提高收费标准。

第八条　合作医疗站要坚持勤俭办事业的方针,节约开支,杜绝贪污浪费。药品、器械要严格管理制度,合理使用,妥善保管,防止损坏、差错、霉烂和过期失效。

赤脚医生要以身作则坚持原则,对社、队干部和本人家属,无论是治病还是用药应同社员一样,不得特殊化。

第九条　合作医疗的经费收支,可以由大队管理,也可以由公社卫生院代为管理,无论采取哪种形式,都要坚持专款专用,严禁挪作它用。要建立健全财务管理制度,做到收支有账,看病有登记,取药有处方,收费有手续。账目日清月结,定期公布。

第十条　合作医疗站是集体福利事业单位,不应办成企业或副业,也不应要他们上缴利润。

第十一条　合作医疗站要建立健全疫情报告、转诊、巡诊以及孕、产妇检查等必要的业务工作制度和学习制度。做好诊疗、预防接种、计划生育等的登记、统计工作,注意积累资料。

赤脚医生和卫生员、接生员

第十二条　赤脚医生人选要经社员群众讨论,选拔热心为群众服务、劳动好、有一定文化程度的社员,经过培训后担任。受群众欢迎的中草医也可以担任赤脚医生。县(市)卫生行政部门,应对赤脚医生进行考核,经考试合格的发给证书。

赤脚医生要保持相对稳定。选拔、调动、撤换赤脚医生要经过合作医疗管理委员会或管理小组讨论通过,征得公社卫生院的同意,经公社审查,报县卫生局批准。

第十三条　赤脚医生的人数,应根据实际需要进行配备,一般可按每五百人左右设一名赤脚医生,居住分散、合作医疗种药多的大队,可酌情略高于此标准。一个大队的赤脚医生人数,最少不得少于二人,其中要有女赤脚医生。

第十四条　赤脚医生要实行亦农亦医,坚持参加一定的农业集体生产劳动(包括采种中草药),参加集体分配。参加劳动的形式和天数应在保证赤脚医生进行正常防病治病工作的情况下,由各地确定。赤脚医生的报酬要体现按劳分配多劳多得的原则,可以采取工分或工分加现金补贴等方式,一般应相当于同等劳动力,技术水平高、服务态度好的也可以高于同等劳动力。男女要同工同酬。对于表现突出、完成任务好的,应比照社员的奖励办法,给予适当奖励。

第十五条　赤脚医生要努力学习马列主义、毛泽东思想,认真改造世界观,发扬实事求是的精神,密切联系群众;要刻苦钻研业务技术,积极参加县、社医院组织的各种培训、进修学习和定期的业务学习,注意收集群众中行之有效的单方验方,总结防治疾病和采种制用中草药的经验,提高为人民服务的本领。

第十六条　县卫生行政部门应加强对赤脚医生的培训提高工作,制定培训规划,落实培训措施。有条件的县要建立培训基地,暂时没有条件的县也要指定医疗卫生机构负责赤脚医生培训工作。通过有计划的复训,使赤脚医生逐步达到中专水平。

赤脚医生脱产集中学习期间,有关培训费用按当地规定,由国家支付。工分由大队负责。

第十七条　生产队卫生员应配备必要的药品和器材,在赤脚医生的指导下,开展卫生防疫、小伤小病的治疗和宣传计划生育等工作。卫生员不脱离农业生产劳动,实行误工记工,为群众看病不应收费。居住分散、交通不便的山区要充分发挥卫生员的作用。

接生员要配备接生箱(产包),开展新法接生和产前检查、产后访视等工作。

中　草　药

第十八条　搞好采种制用中草药是巩固合作医疗的重要措施之一。县、社、大队、生产队要把合作医疗种药纳入农业生产规划,统筹安排药地、肥料以及必要的物资。土地较少的地区要提倡利用闲散土地和实行林药、果药、粮药间作等办法,种植需用的中草药。鼓励社员群众利用房前屋后种植一些药材。采挖野生药材,要注意保护药源。

社员个人采种的中草药,交给合作医疗站时,要按质论价,给予报酬或抵交合作医疗基金。

第十九条　合作医疗站要搞好中草药的加工、炮制和药品保管工作,保证药品的质量,逐步扩大自己采种的中草药的使用率,减轻群众的医药费负担。自制的药品不得流入市场销售。

第二十条　药材部门要帮助合作医疗站解决种药的种子、药苗和栽培技术,根据国家需要和可能有计划地做好中草药材的收购、供应和调剂余缺等工作。县医院、公社卫生院要对大队合作医疗站加工、炮制中草药给予帮助和技术指导,或者组织社、队联合加工。药检部门要加强对合作医疗站自制药品的检验和技术指导,以保证质量。

加强领导

第二十一条　各地党政领导要切实加强对合作医疗的领导,把它列入重要议事日程,纳入本地区的农业发展规划,有人分管,定期研究检查,及时解决存在的问题。

第二十二条　各级卫生行政部门,要把巩固发展合作医疗,提高赤脚医生水平,当作重要任务来抓,深入基层调查研究,总结推广典型经验。农业、财政、商业、供销、医药等有关部门要给予积极支持和热情帮助,使合作医疗不断巩固发展。

各省、市、自治区可根据各地的实际情况,参照本章程,制定具体的实施办法。

关于确定城镇职工基本医疗保险服务设施
范围和支付标准的意见

劳社部发〔1999〕22号

为了指导各地确定基本医疗保险医疗服务设施范围和支付标准,根据《国务院关于建立城镇职工基本医疗保险制度的决定》(国发〔1998〕44号),现提出以下意见。

一、基本医疗保险医疗服务设施是指由定点医疗机构提供的,参保人员在接受诊断、治疗和护理过程中必需的生活服务设施。

二、基本医疗保险医疗服务设施费用主要包括住院床位费及门(急)诊留观床位费。对已包含在住院床位费或门(急)诊留观床位费中的日常生活用品、院内运输用品和水、电等费用,基本医疗保险基金不另行支付,定点医疗机构也不得再向参保人员单独收费。

三、基本医疗保险基金不予支付的生活服务项目和服务设施费用,主要包括:

(一)就(转)诊交通费、急救车费;

(二)空调费、电视费、电话费、婴儿保温箱费、食品保温箱费、电炉费、电冰箱费及损坏公物赔偿费;(三)陪护费、护工费、洗理费、门诊煎药费;(四)膳食费;

(五)文娱活动费以及其他特需生活服务费用。

其他医疗服务设施项目是否纳入基本医疗保险基金支付范围,由各省(自治区、直辖市,下同)劳动保障行政部门规定。

四、基本医疗保险住院床位费支付标准,由各统筹地区劳动保障行政部门按照本省物价部门规定的普通住院病房床位费标准确定。需隔离以及危重病人的住院床位费支付标准,由各统筹地区根据实际情况确定。基本医疗保险门(急)诊留观床位费支付标准按本省物价部门规定的收费标准确定,但不得超过基本医疗保险住院床位费支付标准。

五、定点医疗机构要公开床位收费标准和基本医疗保险床位费支付标准,在安排病房或门(急)诊留观床位时,应将所安排的床位收费标准告知参保人员或家属。参保人员可以根据定点医疗机构的建议,自主选择不同档次的病房或门(急)诊留观床位。由于床位紧张或其他原因,定点医疗机构必须把参保人员安排在超标准病房时,应首先征得参保人员或家属的同意。

六、参保人员的实际床位费低于基本医疗保险住院床位费支付标准的,以实际床位费按基本医疗保险的规定支付;高于基本医疗保险住院床位费支付标准的,在支付标准以内的费用,按基本医疗保险的规定支付,超出部分由参保人员自付。

七、各省劳动保障行政部门要按照本意见的要求,组织制定基本医疗保险医疗服务设施项目范围。各统筹地区劳动保障行政部门要根据本省规定的基本医疗保险医疗服务设施项目,确定基本医疗保险基金的支付标准。统筹地区社会保险经办机构要加强对医疗服务设施费用的审核工作,严格按照基本医疗保险医疗服务设施项目范围和支付标准支付费用。

　　八、劳动保障部门在组织制定基本医疗保险医疗服务设施范围和支付标准时,要充分征求财政、卫生、物价、中医药管理部门和有关专家的意见。物价部门在组织制定有关基本医疗保险的医疗服务设施项目收费标准时,要充分征求劳动保障、财政、卫生部门的意见。各有关部门要加强联系,密切协作,共同做好基本医疗保险医疗服务设施项目的管理工作。

国务院办公厅转发卫生部等部门关于建立新型农村合作医疗制度意见的通知

国办发〔2003〕3号

各省、自治区、直辖市人民政府,国务院各部委、各直属机构:

卫生部、财政部、农业部《关于建立新型农村合作医疗制度的意见》已经国务院同意,现转发给你们,请认真贯彻执行。

国务院办公厅
二〇〇三年一月十六日

关于建立新型农村合作医疗制度的意见
卫生部　　财政部　　农业部
（二〇〇三年一月十日）

建立新型农村合作医疗制度是新时期农村卫生工作的重要内容,是实践"三个代表"重要思想的具体体现,对提高农民健康水平,促进农村经济发展,维护社会稳定具有重大意义。根据《中共中央、国务院关于进一步加强农村卫生工作的决定》(中发〔2002〕13号),提出以下意见。

一、目标和原则

新型农村合作医疗制度是由政府组织、引导、支持,农民自愿参加,个人、集体和政府多方筹资,以大病统筹为主的农民医疗互助共济制度。从2003年起,各省、自治区、直辖市至少要选择2—3个县(市)先行试点,取得经验后逐步推开。到2010年,实现在全国建立基本覆盖农村居民的新型农村合作医疗制度的目标,减轻农民因疾病带来的经济负担,提高农民健康水平。

建立新型农村合作医疗制度要遵循以下原则:

(一)自愿参加,多方筹资。农民以家庭为单位自愿参加新型农村合作医疗,遵守有关规章制度,按时足额缴纳合作医疗经费;乡(镇)、村集体要给予资金扶持;中央和地方各级财政每年要安排一定专项资金予以支持。

(二)以收定支,保障适度。新型农村合作医疗制度要坚持以收定支,收支平衡的原则,既保证这项制度持续有效运行,又使农民能够享有最基本的医疗服务。

(三)先行试点,逐步推广。建立新型农村合作医疗制度必须从实际出发,通过试点总结经验,不断完善,稳步发展。要随着农村社会经济的发展和农民收入的增加,逐步提高新型农村合作医疗制度的社会化程度和抗风险能力。

二、组织管理

（一）新型农村合作医疗制度一般采取以县（市）为单位进行统筹。条件不具备的地方，在起步阶段也可采取以乡（镇）为单位进行统筹，逐步向县（市）统筹过渡。

（二）要按照精简、效能的原则，建立新型农村合作医疗制度管理体制。省、地级人民政府成立由卫生、财政、农业、民政、审计、扶贫等部门组成的农村合作医疗协调小组。各级卫生行政部门内部应设立专门的农村合作医疗管理机构，原则上不增加编制。

县级人民政府成立由有关部门和参加合作医疗的农民代表组成的农村合作医疗管理委员会，负责有关组织、协调、管理和指导工作。委员会下设经办机构，负责具体业务工作，人员由县级人民政府调剂解决。根据需要在乡（镇）可设立派出机构（人员）或委托有关机构管理。经办机构的人员和工作经费列入同级财政预算，不得从农村合作医疗基金中提取。

三、筹资标准

新型农村合作医疗制度实行个人缴费、集体扶持和政府资助相结合的筹资机制。

（一）农民个人每年的缴费标准不应低于 10 元，经济条件好的地区可相应提高缴费标准。乡镇企业职工（不含以农民家庭为单位参加新型农村合作医疗的人员）是否参加新型农村合作医疗由县级人民政府确定。

（二）有条件的乡村集体经济组织应对本地新型农村合作医疗制度给予适当扶持。扶持新型农村合作医疗的乡村集体经济组织类型、出资标准由县级人民政府确定，但集体出资部分不得向农民摊派。鼓励社会团体和个人资助新型农村合作医疗制度。

（三）地方财政每年对参加新型农村合作医疗农民的资助不低于人均 10 元，具体补助标准和分级负担比例由省级人民政府确定。经济较发达的东部地区，地方各级财政可适当增加投入。从 2003 年起，中央财政每年通过专项转移支付对中西部地区除市区以外的参加新型农村合作医疗的农民按人均 10 元安排补助资金。

四、资金管理

农村合作医疗基金是由农民自愿缴纳、集体扶持、政府资助的民办公助社会性资金，要按照以收定支、收支平衡和公开、公平、公正的原则进行管理，必须专款专用，专户储存，不得挤占挪用。

（一）农村合作医疗基金由农村合作医疗管理委员会及其经办机构进行管理。农村合作医疗经办机构应在管理委员会认定的国有商业银行设立农村合作医疗基金专用账户，确保基金的安全和完整，并建立健全农村合作医疗基金管理的规章制度，按照规定合理筹集、及时审核支付农村合作医疗基金。

（二）农村合作医疗基金中农民个人缴费及乡村集体经济组织的扶持资金，原则上按年由农村合作医疗经办机构在乡（镇）设立的派出机构（人员）或委托有关机构收缴，存入农村合作医疗基金专用账户；地方财政支持资金，由地方各级财政部门根据参加新型农村合作医疗的实际人数，划拨到农村合作医疗基金专用账户；中央财政补助中西部地区新型农村合作医疗的专项资金,由财政部根据各地区参加新型农村合作医疗的实际人数和资金到位等情况核定,向省级财政划拨。中央和地方各级财政要确保补助资金及时、全额拨付到农村合作医疗基金专用账户,并通过新型农村合作医疗试点逐步完善补助资金的划拨办法,尽可能简化程序,易于操作。要结合财政国库管理制度改革和完善情况,逐步实现财政直接支付。关于新型农村合作医疗资金具体补助办法,由财政部商有关部门研究制定。

(三)农村合作医疗基金主要补助参加新型农村合作医疗农民的大额医疗费用或住院医疗费用。有条件的地方,可实行大额医疗费用补助与小额医疗费用补助结合的办法,既提高抗风险能力又兼顾农民受益面。对参加新型农村合作医疗的农民,年内没有动用农村合作医疗基金的,要安排进行一次常规性体检。各省、自治区、直辖市要制订农村合作医疗报销基本药物目录。各县(市)要根据筹资总额,结合当地实际,科学合理地确定农村合作医疗基金的支付范围、支付标准和额度,确定常规性体检的具体检查项目和方式,防止农村合作医疗基金超支或过多结余。

(四)加强对农村合作医疗基金的监管。农村合作医疗经办机构要定期向农村合作医疗管理委员会汇报农村合作医疗基金的收支、使用情况;要采取张榜公布等措施,定期向社会公布农村合作医疗基金的具体收支、使用情况,保证参加合作医疗农民的参与、知情和监督的权利。县级人民政府可根据本地实际,成立由相关政府部门和参加合作医疗的农民代表共同组成的农村合作医疗监督委员会,定期检查、监督农村合作医疗基金使用和管理情况。农村合作医疗管理委员会要定期向监督委员会和同级人民代表大会汇报工作,主动接受监督。审计部门要定期对农村合作医疗基金收支和管理情况进行审计。

五、医疗服务管理

加强农村卫生服务网络建设,强化对农村医疗卫生机构的行业管理,积极推进农村医疗卫生体制改革,不断提高医疗卫生服务能力和水平,使农民得到较好的医疗服务。各地区要根据情况,在农村卫生机构中择优选择农村合作医疗的服务机构,并加强监管力度,实行动态管理。要完善并落实各种诊疗规范和管理制度,保证服务质量,提高服务效率,控制医疗费用。

六、组织实施

(一)省级人民政府要制订新型农村合作医疗制度的管理办法,本着农民参保积极性较高,财政承受能力较强,管理基础较好的原则选择试点县(市),积极、稳妥地开展新型农村合作医疗试点工作。试点工作的重点是探索新型农村合作医疗管理体制、筹资机制和运行机制。县级人民政府要制定具体方案,各级相关部门在同级人民政府统一领导下组织实施。

(二)要切实加强对新型农村合作医疗的宣传教育,采取多种形式向农民宣传新型农村合作医疗的重要意义和当地的具体做法,引导农民不断增强自我保健和互助共济意识,动员广大农民自愿、积极参加新型农村合作医疗。农民参加合作医疗所履行的缴费义务,不能视为增加农民负担。

　　建立新型农村合作医疗制度是帮助农民抵御重大疾病风险的有效途径,是推进农村卫生改革与发展的重要举措,政策性强,任务艰巨。各地区、各有关部门要高度重视,加强领导,落实政策措施,抓好试点,总结经验,积极稳妥地做好这项工作。

卫生部关于在省级和设区市级新型农村合作医疗定点医疗机构开展即时结报工作的指导意见

卫农卫发〔2009〕62号

各省、自治区、直辖市卫生厅局：

在省级和设区市级（以下简称省市级）新型农村合作医疗（以下简称新农合）定点医疗机构开展即时结报工作，是指参合农民在省市级新农合定点医疗机构住院治疗，出院时由定点医疗机构按规定初审并垫付应给农民的新农合补偿费用，再由定点医疗机构与统筹地区新农合经办机构定期结算的过程。在省市级新农合定点医疗机构开展即时结报工作，有利于方便参合农民报销医药费用，有利于加强对省市级新农合定点医疗机构监管，也有利于防范不法分子利用虚假发票报销等弄虚作假骗取新农合基金行为的发生，对巩固和完善新农合制度有着重要的作用。为逐步推行和切实做好这项工作，提出以下指导意见：

一、工作目标

2009年底以前，各省（区、市）要制定出省市级新农合定点医疗机构即时结报实施办法。从2010年起，分别选择1—2家省级和设区市级新农合定点医疗机构开展试点工作，积极探索，创造条件，争取3年内以省为单位实现参合农民在大部分省市级新农合定点医疗机构住院都能即时结报新农合补偿费用的目标，切实方便广大参合农民。已经在省市级新农合定点医疗机构开展即时结报工作或其他有条件的地区，可以适当加快工作进度。

二、基本原则

（一）先行试点，稳步推进

开展省市级新农合定点医疗机构即时结报工作必须结合本省（区、市）的新农合管理、医疗机构监管和农民意愿等实际情况制定实施办法，要通过试点取得经验，循序渐进，不断完善。

（二）统一方案，规范操作

各省（区、市）应制定全省（区、市）相对统一的统筹补偿方案，原则上在省级和市级定点医疗机构应实行同级医疗机构相同起付线、补偿比，并统一新农合补偿封顶线。要制定能满足省市级新农合定点医疗机构诊治疑难重症需要和适应当地经济社会发展水平的新农合报销药物目录和诊疗项目补偿范围，明确目录外用药费用比例等，统一工作流程和结算方法。

（三）健全机制，完善服务

各省（区、市）要进一步加强和完善新农合信息化建设，逐步实现省市级新农合定点医疗机构与统筹地区新农合经办机构信息系统的互联互通。省级市级新农合定点医疗机构要积极参与和配合,改进和完善医疗机构内部管理运行机制,提高服务质量,规范服务行为,方便参合农民看病就医和结算报销,保证新农合基金合理使用。

三、合理确定省市级即时结报定点医疗机构

原则上由同级卫生行政部门确定省市级新农合定点医疗机构,并建立严格的准入与退出机制,进行动态监管,对年度考核不合格的,应及时取消其定点资格。统筹地区新农合经办机构应结合病人就医流向、疾病分布等因素,在省市级新农合定点医疗机构中确定开展即时结报的医疗机构,签订即时结报工作服务协议,明确双方的权利、义务和责任等,并向社会公布名单。即时结报工作服务协议可由上级卫生行政部门统一组织本辖区内新农合经办机构与省市级新农合定点医疗机构分别签订,有条件的地区也可由上级卫生行政部门代表本辖区内新农合经办机构与省市级新农合定点医疗机构统一签订,在辖区内通行。

四、定点医疗机构要做好即时结报服务工作

省市级新农合定点医疗机构应建立健全即时结报相关工作制度,规范相应工作程序,指定科室或专人管理、经办具体业务,应安排不少于2名专职工作人员(财务和医务人员),并配备计算机、复印机等办公设施。定点医疗机构在办理出院手续窗口附近应设立有明显标识的即时结报窗口,内部局域网应设置省级统一的新农合基本用药目录、诊疗项目等标识,工作人员要严格核实参合患者身份,主动提醒参合患者带齐即时结报所需材料,免费提供住院费用清单等材料。定点医疗机构要对职工进行新农合政策培训,并利用宣传栏、电子屏、宣传单、院报等宣传新农合即时结报政策、补偿程序和所需材料等。要实行服务承诺、医疗收费、药品价格"三公开",并适当降低参合患者预交金的数额,严格入出院标准,做到合理检查、合理用药、合理治疗、合理收费。专职工作人员要加强与各统筹地区新农合经办机构的信息沟通,要设置举报投诉电话和信箱,主动接受监督。

五、建立及时结算拨付机制

统筹地区新农合经办机构与新农合定点医疗机构签订的服务协议中应明确定点医疗机构垫付款的结算拨付程序和时间规定,保证垫付款及时结算拨付。一般应在一个月内结付新农合定点医疗机构垫付款,定点医疗机构可定期将上月住院参合农民补偿材料直接寄送新农合经办机构,经办机构实行先结付后审核的办法。经办机构在后期审核中,发现不符合新农合政策的补偿内容,应主动与定点医疗机构沟通,按服务协议在下期回付款中予以扣除。定点医疗机构与新农合经办机构在即时结报工作中发生争议,双方协商难以达成一致意见时,由负责确定定点医疗机构资格的卫生行政部门根据核实的情况或专家会审意见裁定。

六、建立简便、规范的转诊制度

参合农民因病情需要转到省市级新农合定点医疗机构住院治疗,应在统筹地区新农

合经办机构进行转诊备案,经办机构要主动告知相关注意事项和域外所有可开展即时结报新农合定点医疗机构名称,由参合农民自主选择。急诊或外出务工参合农民可先就诊,一周内或出院前通过电话告知统筹地区新农合经办机构。有条件的地区,可以进一步简化转诊制度,通过合理调整新农合统筹补偿方案中不同级别医疗机构的起付线和补偿比例,或者对于经转诊备案和未经转诊备案的采用不同的补偿比例来引导参合农民的合理就医流向,方便参合农民就医。

七、加强组织领导

各级卫生行政部门要充分认识在新农合定点医疗机构开展即时结报工作的重要意义,精心组织,密切配合,抓好试点,扎实推进。要利用多种形式大力宣传,让广大参合农民了解即时结报的主要政策和具体做法。要组织专家进行定期或不定期的抽查,加强新农合定点医疗机构服务行为和即时结报工作的监管,确保把这项切实方便农民的工作做细做实做好,促进新农合制度健康深入发展。

二〇〇九年六月二十四日

关于调整和制订新型农村合作医疗保险药物目录的意见

卫农卫发〔2009〕94 号

各省、自治区、直辖市卫生厅局：

为贯彻《中共中央国务院关于深化医药卫生体制改革的意见》精神，落实国务院《医药卫生体制改革近期重点实施方案(2009—2011 年)》，加快农村基本医疗保障体系建设，推动国家基本药物制度的实施，根据国务院办公厅转发的《关于建立新型农村合作医疗制度意见的通知》(国办发〔2003〕3 号)，现就调整和制订新型农村合作医疗(以下简称新农合)报销药物目录，规范新农合报销药物目录使用工作提出如下意见。

一、指导思想

调整和制订新农合报销药物目录必须从保障农民基本医疗需求出发，充分考虑国家基本药物政策，结合当地实际，保证农民基本医疗用药需求。通过严格执行新农合目录内用药，控制目录外用药比例，促进合理用药，有效控制药品费用。

二、基本原则

调整和制订新农合报销药物目录应遵循以下原则：

(一)要与农村经济社会发展、新农合筹资水平、农民健康需求相适应，有利于巩固和发展新农合制度。

(二)要以国家基本药物目录为基础，结合实际，确定适宜的目录范围。

(三)要按照临床必需、安全有效、价格合理、使用方便的原则遴选药品。

(四)要兼顾西药、中药(民族药)，并适当考虑医疗机构制剂，有效覆盖农村常见病、多发病。

三、实行分级药物目录

由于我国区域经济发展不平衡，各地新农合筹资水平、医疗服务能力、农民经济承受能力差异较大，各省(区、市)应结合实际，调整和制订全省(区、市)统一的新农合报销药物目录，不宜简单套用城镇职工医疗保险报销药品目录。新农合报销药物目录分为县(及以上)、乡、村三级，分别供县(及以上)、乡、村级新农合定点医疗机构参照使用。

县级(及以上)新农合报销药物目录要包含全部国家基本药物目录，并能基本满足诊治疑难重症的需要；乡级新农合报销药物目录要以国家基本药物目录(基层部分)为主体，可根据当地突出健康需求和新农合基金支付能力适当增加，增加的药品从本省(区、市)县级(及以上)新农合报销药物目录内选择。农村基层医疗卫生机构的药品配备使用，按《关于建立国家基本药物制度的实施意见》执行。村级新农合报销药物目录使用国家基本药物目录(基层部分)，如地方根据实际确需增加民族药或地方特殊疾病用药，经省级卫生行政部门批准，可适当增加相应药物品种。

四、确定适宜的药物品种结构和数量

新农合报销药物目录应注意纳入品种的合理性,对可替代性强、品种丰富的同类药物要经相关专业学科专家论证后,合理选择纳入目录。要兼顾儿科等专科及罕见、少见疾病用药,做到基本种类齐全、结构合理。要根据不同级别目录确定合理的品种数量,县级新农合报销药物目录以 800～1200 种药物(含中药和民族药)为宜,乡级新农合报销药物目录原则上应控制在 300～500 种(含中药和民族药)。

五、规范目录格式

各省(区、市)应按照统一、规范的目录格式印发新农合报销药物目录。新农合报销药物目录包括目录、正文和附录三大部分。

目录部分是对新农合报销药物的详细分类及所在页码。

正文部分是对基本用药目录相关内容的具体反映,是目录的核心,分为西药部分、中成药部分(民族药)、饮片部分,介绍具体的西药和中成药(民族药)品种、剂型及对品种使用的限定等内容。中药饮片是介绍新农合可使用的饮片,可通过列举法或排除法进行明确。

附录部分为索引,便于检索查找药品,也可包括针对目录未尽事宜的一些补充意见。

新农合报销药物目录的化学药品和生物制品名称采用中文通用名称和英文国际非专利药名称(International Nonproprietary Names,INN)中表达的化学成分的部分,剂型单列;中成药采用药品通用名称;中药饮片有国家药品标准的,采用国家药品标准名称;没有国家药品标准的,采用地方中药饮片炮制规范收载的品种名称。

六、合理使用新农合报销药物目录

各省(区、市)应结合新农合筹资水平和报销药物目录,调整完善新农合统筹补偿方案。为保证国家基本药物制度的落实,新农合对国家基本药物目录内的药品报销比例要明显高于国家基本药物目录外药品,各省(区、市)应根据实际情况将报销比例差距保持在 5%～10%。不同级别定点医疗机构应采用不同的报销比例,引导参合农民更多到基层定点医疗机构就医。

各省(区、市)应严格要求定点医疗机构执行相应的新农合报销药物目录,对目录内限制使用范围的药品,要细化支付审核标准。对新农合目录外用药,也要加强限制,确定使用比例。使用目录外药品应坚持患者签字认可制度。

七、适时调整新农合报销药物目录

新农合报销药物目录应根据当地经济发展、新农合筹资水平、医疗服务能力、地方疾病谱变化和国家基本药物目录的变化等实际情况适时调整,调整时间间隔不宜过短。严格按照新农合报销药物目录的调整制订原则调入新的药物品种;对循证医学证明无效或有严重不良反应、不符合药物经济学评价(或有性价比更高且安全适用的替代药品时)或市场不再能保证供应的药品应及时调出新农合报销药物目录。

八、新农合报销药物目录调整和制订工作职责

各省级卫生行政部门负责新农合报销药物目录的调整和制订工作。在调整和制订过程中,要充分听取相关专家意见,由省级卫生行政部门从省、市(地)级医疗机构、医学科研机构选取作风正、业务精的专家,覆盖药学和临床等不同专业学科,负责论证药品调入、调出的筛选方案和备选药品范围意见。各省(区、市)应选取部分县级医疗机构的不同专业学科的专家参与论证工作,并听取新农合管理经办机构负责人员关于基层用药实际的意见。

各地要充分认识新农合报销药物目录调整和制订工作的重要性、紧迫性和时限性,按照本意见的原则要求,力争在 2009 年 11 月底前完成新农合报销药物目录的调整和制订工作,并报卫生部农卫司备案。同时,各地应精心组织,做好宣传和相应的管理软件修改等实施准备工作,保证在 2010 年度新农合工作中使用新的报销药物目录,落实国家基本药物制度,促进新农合制度的巩固和发展。

二〇〇九年九月二十九日

人力资源和社会保障部关于印发国家基本医疗保险、工伤保险和生育保险药品目录的通知

人社部发〔2009〕159 号

各省、自治区、直辖市人力资源社会保障（劳动保障）厅（局），新疆生产建设兵团劳动保障局：

为贯彻落实《中共中央国务院关于深化医药卫生体制改革的意见》（中发〔2009〕6号）、《国务院关于印发医药卫生体制改革近期重点实施方案（2009—2011 年）的通知》（国发〔2009〕12 号）精神，重点做好与加快医疗保障体系建设、初步建立国家基本药物制度、加强医疗服务监管和探索建立医疗保险谈判机制 4 方面政策的衔接，我部按照《医药卫生体制五项重点改革 2009 年工作安排》（国办函〔2009〕75 号）的要求，以及《城镇职工基本医疗保险用药范围管理暂行办法》（劳社部发〔1999〕15 号）和《工伤保险条例》的规定，经过组织专家进行药品遴选，制定了《国家基本医疗保险、工伤保险和生育保险药品目录（2009 年版）》（以下简称《药品目录》），现印发各地，请遵照执行。

一、调整制定 2009 年版《药品目录》，是贯彻落实党中央、国务院深化医药卫生体制改革文件的重要举措，对于完善医疗、工伤、生育保险制度，提高群众的保障水平，逐步实现人人享有基本医疗保障的目标，具有重要的意义。各省（自治区、直辖市）人力资源社会保障部门要统一思想，提高认识，认真做好《药品目录》的组织实施工作。

二、2009 年版《药品目录》在保持参保人员用药政策相对稳定连续的基础上，根据临床医药科技进步与参保人员用药需求变化，适当扩大了用药范围和提高了用药水平。本版《药品目录》适用于基本医疗保险、工伤保险和生育保险，是基本医疗保险、工伤保险和生育保险基金支付参保人员药品费用和强化医疗保险医疗服务管理的政策依据及标准。

三、《药品目录》分西药、中成药和中药饮片 3 部分。其中，西药部分和中成药部分用准入法，规定基金准予支付费用的药品，基本医疗保险支付时区分甲、乙类，工伤保险和生育保险支付时不分甲、乙类；中药饮片部分用排除法，规定基金不予支付费用的药品。参保人员使用目录内西药、中成药和目录外中药饮片所发生的费用，具体给付标准按基本医疗保险、工伤保险和生育保险的有关规定执行。

四、《国家基本药物目录》内的治疗性药品已全部列入《药品目录》甲类药品。统筹地区对于甲类药品，要按照基本医疗保险的规定全额给付，不得再另行设定个人自付比例。对于乙类药品可根据基金承受能力，先设定一定的个人自付比例，再按基本医疗保险的规定给付。对于国家免费提供的抗艾滋病病毒药物和国家基本公共卫生项目涉及的抗结核病药物、抗疟药物和抗血吸虫病药物，参保人员使用且符合公共卫生支付范围的，基本医疗保险、工伤保险和生育保险基金不予支付；不符合公共卫生支付范围的，基本医疗保险、工伤保险和生育保险基金按规定支付。

五、各地要分步做好《药品目录》的组织实施工作。甲类药品，各省（自治区、直辖市）不再进行调整，各统筹地区应于今年 12 月份开始执行使用。乙类药品，各省（自治区、直

辖市)可按规定进行调整后,再由所辖统筹地区执行使用。民族药和中药饮片部分,各地按现有政策继续执行。各省(自治区、直辖市)应于 2010 年 3 月 31 日前发布本地基本医疗保险、工伤保险和生育保险药品目录,各统筹地区要在 2010 年 6 月 30 日前完成计算机信息管理系统药品数据库的更新工作。

六、各省(自治区、直辖市)调整乙类药品时,不得要求企业申报,不得以任何名目向企业收取费用。对国家基本药物和仅限工伤保险的品种,不得将其从目录中调出。对《药品目录》规定的药品限定支付范围,可以进行调整但不得取消。对药品名称不得使用或标注商品名。各省(自治区、直辖市)乙类药品调整品种应按规定报我部备案,调整品种总数(含调入、调出和调整限定支付范围的药品品种)不得超过 243 个。

七、各统筹地区要严格执行本省(自治区、直辖市)基本医疗保险、工伤保险和生育保险药品目录,并按照有关规定更新定点医疗机构纳入基金支付范围的医院制剂清单,但不得以任何名义调整《药品目录》或另行制订药品目录。要根据辖区内医疗机构和零售药店药品使用情况,做好《药品目录》内药品名称的对应工作,及时更新信息管理系统的药品数据库,有条件的省(自治区、直辖市)可统一更新药品数据库。要按照药品通用名称支付参保人员药品费用,不得按商品名进行限定,不能以药品数据库没有更新为由拒付参保人员费用。

八、各地要加强《药品目录》使用情况的监测与分析。通过统一药品代码,完善分析指标,逐步建立药品使用情况的监测分析体系。要充分利用药品使用情况基础数据,对参保人员各类药品用量和各项保险费用支出情况进行分析,加强对用量大、费用支出多药品的重点监测,有重点、有针对性地采取监管措施,以加强对医疗过程中药品滥用等不良行为的控制。

九、各地要加强定点医疗机构和零售药店使用《药品目录》的管理。医师开具西药处方须符合西医疾病诊治原则,开具中成药处方须遵循中医辨证施治原则和理法方药,对于每一最小分类下的同类药品原则上不宜叠加使用。对按西医诊断开具中成药、按中医诊断开具西药等不合理用药、重复用药和药物滥用等,要明确相应的处罚措施并纳入定点协议管理。要采取措施鼓励医师按照先甲类后乙类、先口服制剂后注射制剂、先常释剂型后缓(控)释剂型等原则选择药品,鼓励药师在调配药品时首先选择相同品种剂型中价格低廉的药品。

十、各地要参照卫生等有关部门制定的处方管理办法、临床技术操作规范、临床诊疗指南和药物临床应用指导原则等,加强对临床用药合理性的监督检查,进一步明确药品限定支付范围,完善药品费用审核办法,严格药品费用支付管理。要将定点医疗机构和定点零售药店执行使用《药品目录》的情况,纳入定点服务协议管理和定点服务考核范围,并进一步完善管理考核指标,加大监督检查力度。

十一、各地要进一步完善医疗保险用药分类支付管理办法。对于《药品目录》内同一品种剂型规格的药品,可探索设定最高支付限额标准。对乙类药品中主要起辅助治疗作用的药品,可适当加大个人自付比例,拉开与其他乙类药品的支付比例档次。对临床紧急抢救与特殊疾病治疗所必需的目录外药品,要建立定点医疗机构申报制度并明确相应的审核管理办法。对于《药品目录》内可用于自我药疗的药品,原则上规定为,参保人员住院使用时由基本医疗保险统筹基金支付;门诊使用时限个人账户支付。对于未列入《药品目录》但由目录内西药品种组成的复合药(包括含药大输液),如果其价格不高于其所组成药品价格之和的,可视同乙类药品按规定予以支付,具体管理办法由各地制订。

十二、做好药品目录管理与医疗服务项目管理和费用结算管理的衔接。本版《药品目录》未列入的放射性同位素类药物,将纳入医疗服务项目范围进行管理,各地在具体办法出台前仍可按原有政策执行。对于《药品目录》内的影像诊断用药,要结合医疗服务项目管理,加强费用的审核支付。对实行按总额、按病种、按定额等结算办法的地区,要从保障参保人员获得必需药品的角度出发,探索完善相应的考核管理措施,以确保在控制费用、强化管理和建立风险共担机制的同时,保障参保人员的基本权益。

十三、本次发布的《药品目录》中未包括谈判准入的药品。我部将会同有关部门研究制订药品谈判机制的有关规则,建立相应的工作组织体系,确定谈判准入的药品类别,组织社会保险经办机构与药品供应商,对临床疗效确切有重大创新价值但价格昂贵可能对基金产生风险的部分药品品种及其费用支付方式和标准进行谈判。具体办法另行发布。

十四、各地在《药品目录》调整工作和组织实施过程中,如有重大问题,要及时报告。

人力资源和社会保障部

二○○九年十一月二十七日

关于基本医疗保险异地就医结算服务工作的意见

人社部发〔2009〕190 号

各省、自治区、直辖市人力资源社会保障（劳动保障）厅（局）、财政厅（局），新疆生产建设兵团劳动保障局、财务局：

为贯彻落实《中共中央国务院关于深化医药卫生体制改革的意见》（中发〔2009〕6号）、《国务院关于印发医药卫生体制改革近期重点实施方案(2009—2011年)的通知》（国发〔2009〕12号）精神，切实加强和改进以异地安置退休人员为重点的基本医疗保险异地就医（以下简称异地就医）结算服务，现提出以下意见：

一、加强和改进异地就医结算服务的基本原则和指导思想是，以人为本、突出重点、循序渐进、多措并举，以异地安置退休人员为重点，提高参保地的异地就医结算服务水平和效率，加强就医地的医疗服务监控，大力推进区域统筹和建立异地协作机制，方便必需异地就医参保人员的医疗费用结算，减少个人垫付医疗费，并逐步实现参保人员就地就医、持卡结算。

二、按国务院医改近期重点实施方案的要求提高统筹层次，有条件的地区实行市（地）级统筹，在同一统筹地区范围内统一基本医疗保险的政策、标准和管理、结算方式，实行统一结算，减少异地就医结算。

三、参保人员短期出差、学习培训或度假等期间，在异地发生疾病并就地紧急诊治发生的医疗费用，一般由参保地按参保地规定报销。

四、参保人员因当地医疗条件所限需异地转诊的，医疗费用结算按照参保地有关规定执行。参保地负责审核、报销医疗费用。有条件的地区可经地区间协商，订立协议，委托就医地审核。

五、异地长期居住的退休人员在居住地就医，常驻异地工作的人员在工作地就医，原则上执行参保地政策。参保地经办机构可采用邮寄报销、在参保人员较集中的地区设立代办点、委托就医地基本医疗保险经办机构（以下简称经办机构）代管报销等方式，改进服务，方便参保人员。

六、加快基本医疗保险信息系统建设，鼓励有条件的地区实行城市间或区域间的信息、资源共享和联网结算。各地可积极探索利用各种社会服务资源参与异地就医结算服务。

七、对经国家组织动员支援边疆等地建设，按国家有关规定办理退休手续后，已按户籍管理规定异地安置的参保退休人员，要探索与当地医疗保障体系相衔接的办法。具体办法由参保地与安置地协商确定、稳妥实施。

八、统筹地区经办机构认真履行本地参保人员就医管理和医疗费用审核结算的职责，同时要为在本地就医的异地参保人员和其参保地经办机构提供相应服务，对医疗服务进行监控。市（地）级统筹地区经办机构要加强对县（区）级经办机构的指导，做好医疗保险政策、信息系统建设、经办管理、医疗服务管理和技术标准等方面的衔接，保证异地就医结算服务工作顺利开展。

　　九、省级人力资源社会保障等部门及经办机构在国家政策指导下,负责统一组织协调并实施省内参保人员异地就医结算服务工作,规范异地就医结算的业务流程、基金划转及基础管理等工作。加大金保工程建设投入,加强医疗保险信息系统建设,推行社会保障"一卡通",逐步扩大联网范围,实现持卡结算。确有需要且有条件的省(自治区、直辖市)可建立异地就医结算平台。省级人力资源社会保障部门要根据本意见的要求,会同财政部门制定实施办法,并报人力资源社会保障部。

　　十、建立异地就医协作机制的地区,相关协作服务费标准由协作双方协商确定,所需经费列入同级财政预算。跨省(自治区、直辖市)异地就医结算协作方案及联网结算方案,报人力资源社会保障部备案。

人力资源和社会保障部

财政部

二〇〇九年十二月三十一日

关于进一步推进医疗保险付费方式改革的意见

人社部发〔2011〕63 号

各省、自治区、直辖市、人力资源社会保障厅（局），新疆生产建设兵团劳动保障局：

基本医疗保险制度建立以来，各地积极探索有效的医疗保险付费方式，在保障参保人员权益、规范医疗服务行为、控制医疗费用增长和促进医疗机构发展等方面发挥了重要作用。随着医药卫生体制改革的深化，对完善医疗保险付费体系提出了更新更高的要求。按照党中央、国务院关于深化医药卫生体制改革的总体部署，为进一步推进医疗保险付费方式改革，现提出如下意见：

一、推进付费方式改革的任务目标与基本原则

当前推进付费方式改革的任务目标是：结合基金收支预算管理加强总额控制，探索总额预付。在此基础上，结合门诊统筹的开展探索按人头付费，结合住院门诊大病的保障探索按病种付费。建立和完善医疗保险经办机构与医疗机构的谈判协商机制与风险分担机制，逐步形成与基本医疗保险制度发展相适应，激励与约束并重的支付制度。

推进付费方式改革必须把握以下基本原则：一是保障基本。要根据医疗保险基金规模，以收定支，科学合理确定支付标准，保障参保人员的基本医疗待遇。二是建立机制。要建立医疗保险经办机构和医疗机构之间的谈判协商机制和风险分担机制。三是加强管理。要针对不同付费方式特点，完善监督考核办法，在费用控制的基础上加强对医疗服务的质量控制。四是因地制宜。要从实际出发，积极探索，勇于创新，不断总结经验，完善医疗保险基金支付办法。

二、结合基金预算管理加强付费总额控制

付费方式改革要以建立和完善基金预算管理为基础。各统筹地区要按照《国务院关于试行社会保险基金预算的意见》（国发〔2010〕2 号）文件要求，认真编制基本医疗保险基金收支预算。对基金支出预算要进行细化，将支出预算与支付方式相结合，进行支出预算分解。

要根据基金收支预算实行总额控制，探索总额预付办法。各地要按照基金支出总额，确定对每一种付费方式的总额控制指标，根据不同定点医疗机构级别、类别、特点以及承担的服务量等因素，落实到每一个定点医疗机构，以及每一结算周期，并体现在医保经办机构和定点医疗机构的协议中。医保经办机构要根据协议的规定，按时足额向定点医疗机构支付费用。同时，根据基金能力和结算周期，明确预拨定点医疗机构周转金的条件和金额。

要将定点医疗机构总额控制指标与其定点服务考评结果挂钩，在按周期进行医疗费用结算的基础上，按照"结余奖励、超支分担"的原则实行弹性结算，作为季度或年度最终结算的依据。

三、结合医保制度改革探索相应的付费办法

门诊医疗费用的支付,要结合居民医保门诊统筹的普遍开展,适应基层医疗机构或全科医生首诊制的建立,探索实行以按人头付费为主的付费方式。实行按人头付费必须明确门诊统筹基本医疗服务包,首先保障参保人员基本医疗保险甲类药品、一般诊疗费和其他必需的基层医疗服务费用的支付。要通过签订定点服务协议,将门诊统筹基本医疗服务包列入定点服务协议内容,落实签约定点基层医疗机构或全科医生的保障责任。

住院及门诊大病医疗费用的支付,要结合医疗保险统筹基金支付水平的提高,探索实行以按病种付费为主的付费方式。按病种付费可从单一病种起步,优先选择临床路径明确、并发症与合并症少、诊疗技术成熟、质量可控且费用稳定的常见病、多发病。同时,兼顾儿童白血病、先天性心脏病等当前有重大社会影响的疾病。具体病种由各地根据实际组织专家论证后确定。有条件的地区可逐步探索按病种分组(DRGs)付费的办法。生育保险住院分娩(包括顺产、器械产、剖宫产)医疗费用,原则上要按病种付费的方式,由经办机构与医疗机构直接结算。暂不具备实行按人头或按病种付费的地方,作为过渡方式,可以结合基金预算管理,将现行的按项目付费方式改为总额控制下的按平均定额付费方式。

各地在改革中要按照不增加参保人员个人负担的原则,根据不同的医疗保险付费方式,适当调整政策,合理确定个人费用分担比例。

四、结合谈判机制科学合理确定付费标准

付费标准应在调查测算的基础上确定。可以对改革前3年定点医疗机构的费用数据进行测算,了解掌握不同医疗机构参保人员就医分布以及费用支出水平。在此基础上,根据医保基金总体支付能力和现行医保支付政策,确定医保基础付费标准。要以基础付费标准为参照,通过经办机构与定点医疗机构的谈判协商,根据定点医疗机构服务内容、服务能力以及所承担医疗保险服务量,确定不同类型、不同级别医疗机构的具体的付费标准。同时,综合考虑经济社会发展、医疗服务提供能力、适宜技术服务利用、消费价格指数和医药价格变动等因素,建立付费标准动态调整机制。

统筹地区要遵循公开透明的原则,制定医保经办机构与定点医疗机构进行谈判的程序和办法,在实践中对谈判的组织、管理、方式、纠纷处理办法等方面进行积极探索。

五、建立完善医疗保险费用质量监控标准体系

要建立健全医疗保险服务监控标准体系。要在基本医疗保险药品目录、诊疗项目范围、医疗服务设施标准基础上,针对不同付费方式特点分类确定监控指标。应明确要求定点医疗机构执行相应的出入院标准,确定住院率、转诊转院率、次均费用、参保人自费项目费用比例以及医疗服务质量、临床路径管理、合理用药情况等方面的技术控制标准,并将此纳入协议,加强对医疗机构费用的控制和质量的监管,切实保障参保人权益。

要针对不同付费方式明确监管重点环节。采取按人头付费的,重点防范减少服务内容、降低服务标准等行为;采取按病种付费的,重点防范诊断升级、分解住院等行为;采取

总额预付的,重点防范服务提供不足、推诿重症患者等行为。

要加强对定点医疗机构的监督检查。通过引入参保人满意度调查、同行评议等评价方式,完善考核评价办法。要充分利用信息管理系统,通过完善数据采集和加强数据分析,查找不同付费方式的风险点并设置阈值,强化对医疗行为和医疗费用的监控,并总结风险规律,建立诚信档案。要将监测、考评和监督检查的结果与医保实际付费挂钩。

六、统筹规划,精心组织,以点带面推动实施

推动医疗保险付费方式改革是一个长期的、不断完善的过程,各地要统一思想,提高认识,加强领导,落实责任,抓好组织工作。在推进医疗保险付费方式改革中,要按照有利于提高医疗保险基金使用效率,有利于调动医疗机构及其医务人员的积极性,有利于提高医保管理服务水平,有利于维护参保人员的基本医疗保障权益的指导思想,主动改革,敢于创新,针对改革中遇到的新情况、新问题,不断调整完善付费政策和办法。

各省级人力资源社会保障部门要按照本意见要求,在认真调研的基础上制定本省(区、市)推进付费方式改革总体规划。要通过建立重点联系城市制度,发现、培育、树立典型,通过搭建交流工作平台,充分发挥典型城市的示范带头作用,以点带面加强对所辖统筹地区的指导。

各统筹地区人力资源社会保障部门要按照省(区、市)的统一部署,制定本地区推动付费方式改革的工作方案,明确改革目标、改革思路以及推进步骤。统筹地区工作方案应报送省级人力资源社会保障部门备案。

付费方式改革涉及各方利益的调整,在改革中要注意维护政策的连续性和稳定性,妥善处理改革与稳定的关系。要加强与其他部门的沟通协调,充分听取社会各方意见建议,形成改革的合力。遇有重大事项要及时报告。

二○一一年五月三十一日

关于商业保险机构参与新型农村合作医疗经办服务的指导意见

卫农卫发〔2012〕27号

各省、自治区、直辖市卫生厅局,各保监局、各保险公司,各省、自治区、直辖市财政厅局,各省、自治区、直辖市深化医药卫生体制改革领导小组办公室:

为贯彻落实《中共中央国务院关于深化医药卫生体制改革的意见》(中发〔2009〕6号)提出的在确保基金安全和有效监管的前提下,积极提倡以政府购买医疗保障服务的方式,探索委托具有资质的商业保险机构经办各类医疗保障管理服务的有关要求,深入推进医药卫生体制改革,加快建设适应我国社会主义市场经济要求的基本医疗保障管理运行机制,促进新型农村合作医疗(以下简称新农合)制度平稳高效运行,现就商业保险机构受政府委托参与新农合经办服务提出以下指导意见:

一、充分认识商业保险机构参与新农合经办服务的重要意义

商业保险机构参与新农合经办服务是保险业服务医药卫生体制改革和医疗保障体系建设的重要方式和途径;是引入竞争机制,改革政府公共服务提供方式、创新社会事业管理的有益探索。有利于强化新农合经办服务意识,改进经办服务质量,提升经办服务水平;有利于提高商业保险机构开发非基本医疗保险产品的能力,满足农村居民差异化医疗保障需求,促进多层次医疗保障体系建设。

二、商业保险机构参与新农合经办服务的基本原则

(一)政府主导、分工合作

各地要发挥政府的主导作用,在综合考虑监督管理能力、商业保险机构服务能力的基础上,合理确定各方职责,分工协作,保障新农合制度顺畅运转。

(二)规范运作、持续发展

商业保险机构参与新农合经办服务,要严格执行各项新农合规章制度和政策要求,加强信息安全管理。要不断探索完善商业保险机构参与新农合经办服务的长效机制。

(三)强化监管、改进服务

政府有关部门要进一步建立健全监管机构、队伍,加强对商业保险机构的监督管理,引导商业保险机构不断提高经办服务能力,改善经办服务质量。

三、严格商业保险机构参与新农合经办服务的准入

商业保险机构参与新农合经办服务应当具备以下条件:

(一)当地政府和商业保险机构均有合作意愿,并明确各自权利、义务和责任;

(二)商业保险机构应当取得健康保险业务资质;

(三)商业保险机构应当在统筹地区设有分支机构,具备完善的服务网络,能够组建

具有医学等专业背景的专管员队伍,并在定点医疗机构设立即时结报点,具备远程即时结报条件的医疗机构可以不设立结报点;

(四)商业保险机构总部同意分支机构参与当地新农合业务经办服务工作,并承诺提供相关支持。

四、规范经办服务管理,不断提高质量和效率

商业保险机构参与新农合经办服务,应当严格执行新农合相关政策要求,采取政府委托的方式,由政府相关部门与商业保险机构签订经办服务协议,明确权利义务关系,并报省级卫生行政部门和所在地保监局备案。委托经办服务周期原则上不得少于3年。在经办服务过程中,要不断完善商业保险机构参与新农合经办服务的管理机制。

(一)合理确定职责

各级卫生、财政部门要在政府的领导下,切实做好新农合的组织实施、政策制定、基金筹集和管理、信息管理系统建设等工作,加强对新农合基金和商业保险机构从事经办服务的监督管理,会同保险监管等部门做好商业保险机构的遴选工作,并合理确定委托经办费用。各级卫生部门要做好新农合统筹补偿方案制定和综合管理,加强对定点医疗机构的监督管理。委托经办地区财政部门要将委托经办费用列入年度预算,予以保证。保险监管部门要加强监督与指导,督促商业保险机构严格履行委托经办协议,强化财务管理,不断提升经办管理水平。商业保险机构要健全经办体系,根据委托经办协议,主要承担参合信息录入、参合人员就诊信息和医药费用审核、报销、结算、支付等工作,并协助卫生部门做好定点医疗机构监管,自觉接受政府有关部门的监督指导。商业保险机构要发挥自身优势,做好新农合基金使用情况的监测和分析,积极协助有关部门完善新农合统筹补偿方案和新农合运行管理机制。

(二)切实加强新农合基金管理

各地要认真执行《财政部卫生部关于印发新型农村合作医疗基金财务制度的通知》(财社〔2008〕8号)和《财政部关于印发新型农村合作医疗基金会计制度的通知》(财会〔2008〕1号),新农合基金全部纳入财政专户,实行收支两条线管理,做到专款专用、封闭运行,确保基金安全。新农合基金和利息收入全部用于参合人员的医疗保障,不得挪作他用。商业保险机构可在财政、卫生部门认定的国有或国有控股商业银行设立新农合基金支出户,但一个统筹地区至多开设一个新农合基金支出户,新农合基金支出户除用于向定点医疗机构结算医药费用、向参合人员支付补偿费用和向财政专户划拨该账户资金利息外,不得发生其他支出业务。商业保险机构要建立健全内控制度,加强参合人员医药费用审核,因商业保险机构违规操作、审核不严造成新农合基金损失的,商业保险机构要承担相应的经济责任。

(三)提高经办服务质量和效率

卫生部门和商业保险机构应当做好新农合政策宣传工作,通过印发服务手册、张贴宣传画等形式,让参合人员了解新农合政策、结报程序和步骤。要针对新农合业务特点,不断完善经办业务管理和服务流程,加强新农合信息共享,规范服务标准,提高服务水平,缩短结报时限。要做好医疗费用报销的调查、审核,并自觉接受参合人员和社会各界

的监督。经办过程中发现定点医疗机构存在不当医疗行为时,商业保险机构要及时向卫生部门报告,并按有关规定进行处理。要积极探索利用商业保险机构统一的信息系统平台和垂直管理体系,为参合人员异地就医结算、费用审核提供便利,为统筹区域外定点医疗机构开展集中审核、支付,减轻定点医疗机构工作压力。在委托商业保险机构经办的基础上,鼓励各地进一步积极探索多种合作方式,形成商业保险机构共担风险的机制,发挥新农合与商业保险的协同作用。保险公司可在参合人员自愿的基础上,提供商业补充医疗保险,提高农村居民医疗保障水平,满足农村居民多层次医疗保障需求,但新农合专管员不得从事商业补充医疗保险产品的营销工作,不得利用新农合报销补偿推销或者变相推销商业补充医疗保险产品。对违规从事商业补充医疗保险营销的新农合专管员,要按有关规定严肃处理。

(四)加强监督管理

政府有关部门要健全新农合监管队伍,强化对商业保险机构的监督管理。要定期对商业保险机构经办服务质量开展考核,可以通过建立经办服务质量保证金等措施,约束商业保险机构经办服务行为。统筹地区卫生部门要对商业保险机构审核医药费用进行随机抽查,住院患者的抽查比例不低于10%,门诊患者的抽查比例不低于3%。商业保险机构要主动接受当地卫生、财政、审计等部门对新农合经办工作的指导和监督;要按要求定期向卫生、财政等部门提供有关报表和报告,并及时移交相关档案材料;要做好参合人员个人信息安全保障,防止信息外泄和滥用。商业保险机构总公司要把分支机构经办新农合的情况和经办服务质量纳入年度考核。

(五)合理确定新农合经办服务费用

要根据当地经济社会发展水平,坚持"保本微利"的原则,综合考虑委托经办商业保险机构的服务成本、内容、质量等因素,合理确定委托经办服务费用标准,并建立经办服务费用形成和常规调整机制。在商业保险市场发育较为充分的地区,应当按照政府采购法的有关规定,公开招标确定经办机构和服务费用。公开招标应当遵循"公开、公平、公正"的原则,在综合考虑商业保险机构经办服务能力、承诺、价格等因素的基础上确定商业保险机构。在其他地区,应当采用邀请招标、竞争性谈判等方式遴选商业保险机构,并合理确定经办服务费用。经办服务费用应当按时、足额支付。

五、完善运行机制,保障可持续发展

要积极探索并不断完善商业保险机构经办新农合服务的退出机制。政府相关部门或商业保险机构要终止或解除经办服务协议的,应当提前一年告知对方,商业保险机构应当积极配合,并认真做好委托经办服务档案等所有新农合相关信息数据的交接和新农合基金的结算、划转等善后工作。保险监管部门要加强对商业保险机构退出新农合经办服务的监督管理,保障顺利交接。在经办服务过程中,要积极探索建立商业保险机构强化医疗费用审核责任的机制,完善委托经办费用支付机制和服务质量考核办法,激励商业保险机构健全服务网络、提高服务能力、改善服务质量。鼓励商业保险机构积极开展农村居民商业补充医疗保险业务。

商业保险机构参与新农合经办服务的地区,要继续坚持完善新农合公示、信息公开等制度,健全投诉受理渠道,自觉接受社会监督和舆论监督。政府有关部门要鼓励、引导参合人员参与管理,并积极为参合人员民主参与新农合管理创造便利条件,使参合人员的民主监督与行政监督、社会监督、舆论监督形成合力。

各级卫生、保险监管、财政部门要充分认识商业保险机构参与新农合经办服务的重要意义和积极作用,因地制宜,加强领导,精心组织,积极稳妥推进商业保险机构参与新农合经办服务工作,确保新农合各项政策的落实和参合人员的合法权益。各地医改办公室要积极配合有关部门推进此项工作,做好必要的协调沟通,并及时监测分析进展情况和效果。

卫生部　保监会　财政部

国务院深化医药卫生体制改革领导小组办公室

二〇一二年四月十一日

关于推进新型农村合作医疗支付方式改革工作的指导意见

卫农卫发〔2012〕28 号

各省、自治区、直辖市卫生厅局、发展改革委、物价局、财政厅局：

为贯彻落实中共中央、国务院关于深化医药卫生体制改革精神，指导各地积极探索实行按病种付费、按床日付费、按人头付费、总额预付等付费方式，进一步完善新型农村合作医疗(以下简称新农合)支付制度，根据《中共中央、国务院关于深化医药卫生体制改革的意见》(中发〔2009〕6 号)和《"十二五"期间深化医药卫生体制改革规划暨实施方案》(国发〔2012〕11 号)，现就积极、稳妥推进新农合支付方式改革提出以下意见：

一、充分认识推进支付方式改革的重要意义

新农合支付方式改革，是通过推行按病种付费、按床日付费、按人头付费、总额预付等支付方式，将新农合的支付方式由单纯的按项目付费向混合支付方式转变，其核心是由后付制转向预付制，充分发挥基本医保的基础性作用，实现医疗机构补偿机制和激励机制的转换。实行支付方式改革，有利于巩固完善新农合制度，增进新农合基金使用效益，提高参合人员的受益水平；有利于合理利用卫生资源，规范医疗机构服务行为，控制医药费用不合理上涨，对于新农合制度持续、健康、稳定发展，让农村居民切实享受医改成果，保障参合农民权益具有重要意义。

二、指导思想和基本原则

(一)推进新农合支付方式改革的指导思想

以科学发展观为指导，将新农合支付方式改革作为当前新农合制度建设的重要抓手，充分调动多方面的积极性，逐步建立有利于合理控制医疗费用、提高参合人员受益水平、确保基金安全高效运行的新农合费用支付制度。同时将支付方式改革作为推动基层医疗卫生机构综合改革和县级公立医院改革、破除以药补医机制的重要手段，实现管理创新和激励机制转换。

(二)推进新农合支付方式改革的基本原则

——统筹区域内机构、病种全覆盖。逐步对统筹区域内所有定点医疗机构及其所有病种全面实行支付方式改革，防范医疗机构规避新的支付方式的行为，有效发挥支付方式改革的综合作用。

——结合实际，动态调整支付标准。要根据基线调查数据、临床路径或标准化诊疗方案，充分考虑前三年病种费用平均水平和医疗服务收费标准等，科学测算、确定支付标准，对不同级别医疗机构确定的支付标准应当有利于引导参合人员常见疾病在基层就医和推进医疗机构实行分级医疗。要根据经济社会发展、补偿方案调整、医疗服务成本变化、高新医疗技术应用以及居民卫生服务需求增长等因素对支付标准进行动态调整。

——兼顾多方利益，确保持续发展。要以收定支，根据基金承受能力合理确定基金

支付水平。科学确定参合人员的费用分担比例,不增加参合人员个人负担。要坚持激励与约束并重,通过建立新农合经办机构与定点医疗机构的谈判协商机制确定合理的费用支付标准,充分调动医务人员的积极性,使医疗机构获得合理的补偿,保证医疗机构正常运转和持续发展。同时,控制医药费用不合理增长。

——强化质量监管,保证服务水平。要发挥卫生等多部门对医疗服务的协同监管作用,运用行政、经济、管理等多手段,建立健全监管体系,实行组织、行业监管和社会监督并举,强化服务质量监管,确保实施支付方式改革后医疗机构服务内容不减少,服务水平不降低,实现保证服务质量和控制费用不合理上涨的双重目标,切实维护参合人员利益。

三、支付方式改革的主要内容

(一)门诊费用支付改革

在乡(镇)、村两级医疗卫生机构要积极推行以门诊费用总额预付为主的支付方式改革。门诊总额预付是新农合经办机构与定点医疗机构在科学测算的基础上协商确定年度门诊费用预算总额的一种付费方式。预算总额用于购买乡(镇)、村级医疗卫生机构提供的一般性疾病门诊服务。门诊预算总额的确定,要根据每一个乡(镇)、村级医疗卫生机构近2至3年区域服务人口、就诊率、次均门诊费用、服务能力等分别测算确定,同时考虑经济增长、物价变动以及地理环境、人口增长、流动等因素,对预算总额原则上每年协商调整一次。门诊预算总额的支付必须结合新农合经办机构对服务机构年度约定服务数量和质量的考核情况,避免乡(镇)、村级医疗卫生机构实行门诊总额预付后病人不合理转诊分流。

在实施门诊费用支付方式改革中,也可探索实行按人头付费向乡村(全科)医生购买服务的方式。对于特殊病种大额门诊费用,可探索实行定额包干的支付方式。在开展县、乡、村纵向技术合作或一体化管理的地方,可探索在协作体系内对门诊服务按人头付费,要根据服务人口患病率、门诊分级诊疗、前三年门诊次均费用等情况,综合确定人头付费标准。

(二)住院费用支付改革

积极推进按病种付费、按床日付费等住院费用支付方式改革。按病种付费是指根据住院病人所患病种确定相应付费标准的费用支付方式。新农合经办机构和医疗机构通过谈判协商,根据前三年病种费用平均水平和现行病种收费标准等,合理确定付费标准,并可根据疾病诊疗过程中病情的异常变化给予一定的费用浮动空间。按病种收费标准应包括患者从诊断入院到按出院标准出院期间所发生的各项费用支出,原则上不得另行收费。要积极做好按病种付费方式和收费方式改革的衔接。按病种收付费,原则上费用超出部分由医疗机构承担,结余部分归医疗机构所有。按病种收付费病种的选择,应当本着诊疗规范、费用测算相对简单的原则,可优先在卫生部已经确定实施临床路径的病种中选择。也可按照在不同级别医疗机构住院参合人员的疾病谱排序,对拟纳入按病种付费的病种进行筛选和调整,逐步扩大按病种付费的病种数量和住院患者按病种付费的覆盖面。要合理控制按病种收付费疾病的例外病例的比例。

按床日付费是将所有住院疾病分为若干类,合理确定平均住院日,经过测算确定各类住院疾病不同床日段的床日付费标准,体现疾病诊疗每日临床活动及资源消耗情况,并按住院床日累计计算每例住院病人的付费额。实行按床日付费要制定严格的质量控制和评价指标,避免违规缩短或延长住院时间、推诿病人的行为。

鼓励各地参照疾病诊断相关组(DRGs)付费,探索完善现行按病种付费的模式,控制诊疗过程中规避按病种付费的行为。

四、建立并完善支付方式的评价和监管措施

要根据不同的新农合支付方式特点,针对重点环节,完善细化评价指标、考核办法以及监督管理措施,建立支付方式评价体系。可结合实际配套制定相应的约束和激励措施,落实绩效考核办法。

在实施门诊总额预付中,新农合经办机构要对定点医疗机构门诊服务数量、质量、转诊率以及患者满意度定期进行考核,完善公示制度,注意防范医疗机构分解处方、推诿病人、不合理减少医疗服务、降低服务质量的行为。

对住院费用的支付,新农合经办机构要加强对定点医疗机构诊疗过程的监管,促进合理诊疗,提高服务质量和效率。定点医疗机构应严格执行相应的入出院标准,由新农合经办机构对患者出院状态进行监测和抽查回访,避免发生向门诊转嫁费用、诊断升级、分解住院、无故缩短患者住院时间、降低服务质量等现象。实行分级医疗,严格执行首诊负责制,完善逐级转诊制度,避免医疗机构推诿重症患者。应当将医疗服务监测评价结果作为新农合最终支付费用的重要依据。

五、认真做好支付方式改革的组织实施工作

各省(区、市)卫生部门要加强同发展改革、财政等相关部门的配合协调,切实加强对推进新农合支付方式改革工作的指导,在认真总结各地工作经验的基础上,根据本意见的相关原则结合实际抓紧出台或完善本省(区、市)推进新农合支付方式改革的意见或办法。各地要按照要求从2012年开始积极推进统筹区域内定点医疗机构和病种全覆盖的支付方式改革试点工作,并逐步扩大实施范围,争取到2015年实现在所有的统筹地区全面实施的目标。

在推进新农合支付方式改革中,要注意完善相关配套政策措施。要加快新农合信息化建设,完善医院、基层医疗卫生机构财务会计制度实施细则,体现按病种、按床日等收支情况,为推行新的支付方式提供必要的基础条件。要做好支付方式改革与公立医院改革的衔接,按照总额控制、结构调整的工作思路,充分发挥支付方式改革调整医药费用结构的重要作用,合理减少药品、耗材使用,提高医疗技术劳务收入,把支付方式改革与推行临床路径管理、标准化诊疗密切结合,实现控制费用、规范诊疗的预期目标;要做好与基本药物制度实施工作的衔接,协同推动基层医疗卫生机构运行机制转变;要做好与促进基本公共卫生服务均等化工作的衔接,协同发挥基本公共卫生服务经费与医疗保障基金对基层医疗卫生机构综合改革的支撑作用。要加强宣传,提高相关部门对推进支付方式改革重要性的认识,做好相关政策培训,保证支付方式改革工作的顺利推进。

卫生部　国家发展改革委　财政部
二〇一二年四月十二日

关于开展基本医疗保险付费总额控制的意见

人社部发〔2012〕70 号

各省、自治区、直辖市及新疆生产建设兵团人力资源社会保障厅(局)、财政厅(局)、卫生厅(局):

当前,我国覆盖城乡居民的基本医疗保障制度初步建立,参保人数不断增加,保障水平逐步提高,按照国务院《"十二五"期间深化医药卫生体制改革规划暨实施方案》(国发〔2012〕11 号)关于充分发挥全民基本医保基础性作用、重点由扩大范围转向提升质量的要求,应进一步深化医疗保险付费方式改革,结合基本医疗保险基金预算管理的全面施行,开展基本医疗保险付费总额控制(以下简称"总额控制")。为指导各地做好此项工作,现提出以下意见:

一、任务目标

以党中央、国务院深化医药卫生体制改革文件精神为指导,按照"结合基金收支预算管理加强总额控制,并以此为基础,结合门诊统筹的开展探索按人头付费,结合住院、门诊大病的保障探索按病种付费"的改革方向,用两年左右的时间,在所有统筹地区范围内开展总额控制工作。结合医疗保险基金收支预算管理,合理确定统筹地区总额控制目标,并根据分级医疗服务体系功能划分及基层医疗卫生机构与医院双向转诊要求,将总额控制目标细化分解到各级各类定点医疗机构。逐步建立以保证质量、控制成本、规范诊疗为核心的医疗服务评价与监管体系,控制医疗费用过快增长,提升基本医疗保险保障绩效,更好地保障人民群众基本医疗权益,充分发挥基本医疗保险对公立医院改革等工作的支持和促进作用。

二、基本原则

一是保障基本。坚持以收定支、收支平衡、略有结余,保障参保人员基本医疗需求,促进医疗卫生资源合理利用,控制医疗费用过快增长。

二是科学合理。总额控制目标要以定点医疗机构历史费用数据和医疗保险基金预算为基础,考虑医疗成本上涨以及基金和医疗服务变动等情况,科学测算,合理确定。

三是公开透明。总额控制管理程序要公开透明,总额控制管理情况要定期向社会通报。建立医疗保险经办机构与定点医疗机构的协商机制,发挥医务人员以及行业学(协)会等参与管理的作用。

四是激励约束。建立合理适度的"结余留用、超支分担"的激励约束机制,提高定点医疗机构加强管理、控制成本和提高质量的积极性和主动性。

五是强化管理。加强部门配合,运用综合手段,发挥医疗保险监控作用,确保总额控制实施前后医疗服务水平不降低、质量有保障。

三、主要内容

(一)加强和完善基金预算管理

完善基本医疗保险基金收支预算管理制度,在认真编制基本医疗保险收入预算的基础上进一步强化支出预算,并将基金预算管理和费用结算管理相结合,加强预算的执行力度。各统筹地区要根据近年本地区医疗保险基金实际支付情况,结合参保人数、年龄结构和疾病谱变化以及政策调整和待遇水平等因素,科学编制年度基金支出预算。实现市级统筹的地区还要在建立市级基金预算管理制度基础上,根据市、区(县)两级医疗保险经办机构分级管理权限,对基金预算进行细化和分解。

(二)合理确定统筹地区总额控制目标

统筹地区要按照以收定支、收支平衡、略有结余的原则,以基本医疗保险年度基金预算为基础,在扣除参保单位和个人一次性预缴保费、统筹区域外就医、离休人员就医和定点零售药店支出等费用,并综合考虑各类支出风险的情况下,统筹考虑物价水平、参保人员医疗消费水平等因素,确定医疗保险基金向统筹区域内定点医疗机构支付的年度总额控制目标。在开展总额控制的同时,要保障参保人员基本权益,控制参保人员个人负担。

(三)细化分解总额控制指标

以近三年各定点医疗机构服务提供情况和实际医疗费用发生情况为基础,将统筹地区年度总额控制目标按照定点医疗机构不同级别、类别、定点服务范围、有效服务量以及承担的首诊、转诊任务等因素,并区分门诊、住院等费用进一步细化落实到各定点医疗机构。要按照基本医疗保险对不同类别与级别定点医疗机构的差别支付政策,注重向基层倾斜,使定点基层医疗卫生机构的指标占有合理比重,以适应分级医疗服务体系建设和基层医疗卫生机构与医院双向转诊制度的建立,支持合理有序就医格局的形成。

(四)注重沟通与协商

统筹地区要遵循公开透明的原则,制定实施总额控制的程序和方法,并向社会公开。要建立医疗保险经办机构和定点医疗机构之间有效协商的机制,在分解地区总额控制目标时,应广泛征求定点医疗机构、相关行业协会和参保人员代表的意见。有条件的地区可按级别、类别将定点医疗机构分为若干组,通过定点医疗机构推举代表或发挥行业学(协)会作用等方式,进行组间和组内协商,确定各定点医疗机构具体总额控制指标,促进定点医疗机构之间公平竞争。

(五)建立激励约束机制

按照"结余留用、超支分担"的原则,合理确定基本医疗保险基金和定点医疗机构对结余资金与超支费用的分担办法,充分调动定点医疗机构控制医疗费用的积极性。在保证医疗数量、质量和安全并加强考核的基础上,逐步形成费用超支由定点医疗机构合理分担,结余资金由定点医疗机构合理留用的机制。超过总额指标的医疗机构,应分析原因,改进管理,有针对性地提出整改意见。医疗保险经办机构可根据基金预算执行情况,对定点医疗机构因参保人员就医数量大幅增加等形成的合理超支给予补偿。医疗保险经办机构应与定点医疗机构协商相关具体情况,并在定点服务协议中明确。

（六）纳入定点服务协议

要将总额控制管理内容纳入定点服务协议，并根据总额控制管理要求调整完善协议内容。要针对总额控制后可能出现的情况，逐步将次均费用、复诊率、住院率、人次人头比、参保人员负担水平、转诊转院率、手术率、择期手术率、重症病人比例等，纳入定点服务协议考核指标体系，并加强管理。

（七）完善费用结算管理

统筹地区医疗保险经办机构要将总额控制指标与具体付费方式和标准相结合，合理预留一定比例的质量保证金和年终清算资金后，将总额控制指标分解到各结算周期（原则上以月为周期），按照定点服务协议的约定按时足额结算，确保定点医疗机构医疗服务正常运行。对于定点医疗机构结算周期内未超过总额控制指标的医疗费用，医疗保险经办机构应根据协议按时足额拨付；超过总额控制指标部分的医疗费用，可暂缓拨付，到年终清算时再予审核。对于医疗保险经办机构未按照协议按时足额结算医疗费用的，统筹地区政府行政部门要加强监督、责令整改，对违法、违纪的要依法处理。

医疗保险经办机构可以按总额控制指标一定比例设立周转金，按协议约定向定点医疗机构拨付，以缓解其资金运行压力。医疗保险经办机构与定点医疗机构之间应建立定期信息沟通机制，并向社会公布医疗费用动态情况。对在改革过程中医疗机构有效工作量或费用构成等发生较大变动的，统筹地区医疗保险经办机构可根据实际，在年度中期对定点医疗机构总额控制指标进行调整。

（八）强化医疗服务监管

统筹地区卫生、人力资源社会保障等部门要针对实行总额控制后可能出现的推诿拒收病人、降低服务标准、虚报服务量等行为，加强对定点医疗机构医疗行为的监管。对于医疗服务数量或质量不符合要求的定点医疗机构，应按照协议约定适当扣减质量保证金。要完善医疗保险信息系统，畅通举报投诉渠道，明确监测指标，加强重点风险防范。要建立部门联动工作机制，加强对违约、违规医疗行为的查处力度。

（九）推进付费方式改革

要在开展总额控制的同时，积极推进按人头、按病种等付费方式改革。要因地制宜选择与当地医疗保险和卫生管理现状相匹配的付费方式，不断提高医疗保险付费方式的科学性，提高基金绩效和管理效率。

四、组织实施

（一）加强组织领导

总额控制是深化医疗保险制度改革的一项重要任务，同时对深入推进公立医院改革有重要促进作用，各地要高度重视，加强组织领导，将此项工作作为医疗保险的一项重点工作抓紧、抓实、抓好。各省（区、市）要加强调研和指导，进行总体部署；统筹地区要研究制定具体工作方案，认真做好组织实施。

（二）做好协调配合

加强部门协调，明确部门职责，形成工作合力。财政部门要会同人力资源社会保障部门做好全面实行基本医疗保险基金预算管理有关工作，共同完善医疗保险基金预算管理的制度和办法,加强对医疗保险经办机构执行预算、费用结算的监督。卫生部门要加强对医疗机构和医务人员行为的监管,以医疗保险付费方式改革为契机,探索公立医院改革的有效途径。要根据区域卫生规划和医疗机构设置规划,严格控制医院数量和规模,严禁公立医院举债建设。要顺应形势加强医疗服务的精细化管理,推进医院全成本核算和规范化诊疗工作。要采取多种措施控制医疗成本,引导医务人员增强成本控制意识,规范诊疗服务行为。各地区要建立由人力资源社会保障、财政和卫生等部门共同参与的协调工作机制,及时研究解决总额控制工作中的有关重大问题。

(三)注重廉政风险防控

各统筹地区医疗保险经办机构在总额控制管理过程中,要坚持"公开、公平、公正"的原则,加强与定点医疗机构的协商,实现程序的公开透明。医疗保险经办机构与定点医疗机构协商原则上不搞"一院一谈",坚决杜绝暗箱操作,协商确定的总额控制指标要及时向社会公开。总额控制管理全程要主动接受纪检、监察等部门以及社会各方的监督。医疗保险经办机构与定点医疗机构在总额控制管理过程中出现的纠纷,按服务协议及相关法律法规处理。

(四)做好政策宣传

高度重视宣传舆论工作的重要性,切实做好政策宣传和解读,使广大医务人员和参保人员了解总额控制的重要意义,理解配合支持改革。总额控制工作中遇有重大事项或问题,要及时报告,妥善处理。

本意见适用于人力资源社会保障部门负责的基本医疗保险。

人力资源社会保障部　财政部　卫生部

2012 年 11 月 14 日

关于进一步做好基本医疗保险异地就医医疗费用结算工作的指导意见

人社部发〔2014〕93 号

各省、自治区、直辖市及新疆生产建设兵团人力资源社会保障厅（局）、财政（财务）厅（局）、卫生计生委：

2009 年《关于基本医疗保险异地就医结算服务工作的意见》（人社部发〔2009〕190号）印发以来，各地积极探索推进异地就医结算工作，为参保群众提供便捷服务。目前，在全国范围内，基本医疗保险市级统筹基本实现，大多数省份建立了省内异地就医结算平台并开展了直接结算，一些地区还进行了"点对点"跨省结算的尝试。但此项工作与群众期盼还存在差距，异地就医结算手续依然比较复杂，异地医疗服务监管尚不到位。根据党的十八届三中全会决定精神，现就进一步做好基本医疗保险异地就医医疗费用结算（以下简称异地就医结算）工作，提升基本医疗保险管理服务水平，提出以下意见：

一、进一步明确推进异地就医结算工作的目标任务

（一）总体思路

完善市（地）级（以下简称市级）统筹，规范省（自治区、直辖市，以下简称省）内异地就医结算，推进跨省异地就医结算，着眼城乡统筹，以异地安置退休人员和异地住院费用为重点，依托社会保险信息系统，分层次推进异地就医结算服务。要根据分级诊疗的要求，做好异地转诊病人的医疗费用结算管理。要不断提高医疗保险管理服务水平，完善医疗服务监控机制，在方便参保人员异地就医结算的同时，严防欺诈骗保行为，维护广大参保人合法权益。

（二）近期目标

2014 年，在现有工作基础上，完善基本医疗保险市级统筹，基本实现市级统筹区内就医直接结算，规范和建立省级异地就医结算平台；2015 年，基本实现省内异地住院费用直接结算，建立国家级异地就医结算平台；2016 年，全面实现跨省异地安置退休人员住院医疗费用直接结算。有条件的地区可以加快工作节奏，积极推进。

二、完善市级统筹，实现市域范围内就医直接结算

以全面实现市域范围内医疗费用直接结算为目标，推进和完善基本医疗保险市级统筹。首先做到基本医疗保险基金预算和筹资待遇政策、就医管理的统一和信息系统的一体化衔接，逐步提升基本医疗保险服务便利性。实现城乡基本医疗保险制度整合的地区，要同步推动城乡居民医保实现市级统筹。

已经实行市级统筹的地区要进一步提高市级统筹质量。采取统收统支模式的，要明确地市和区县级社会保险经办机构（以下简称经办机构）职责，落实分级管理责任；采取调剂金模式的，要规范调剂金的收取和调剂管理办法，以逐步实现制度政策、基金管理、就医结算、经办服务、信息系统方面的统一。有条件的地方要加快推进省级统筹。

三、规范省内异地就医直接结算

各省要按照国家统一规范,建立完善省级异地就医结算平台,支持省内统筹地区之间就医人员信息、医疗服务数据以及费用结算数据等信息的交换,并通过平台开展省内异地就医直接结算工作。

各省人力资源社会保障部门要加强对各统筹地区医疗保险政策的指导,按照国家要求建立统一的药品目录、诊疗项目和医疗服务设施信息标准库,完善与异地就医相关的结算办法和经办流程。要完善定点医疗机构管理,建立并维护支持异地就医直接结算的定点医疗机构数据库。定点医疗机构名单应向社会公布。

异地就医人员的医疗保险待遇执行参保地政策。各统筹地区要建立规范的异地就医报送办法。符合条件的参保人员经同意异地就医后,参保地经办机构应将人员信息通过省级平台传送给就医地经办机构。就医地经办机构负责为异地就医人员提供经办服务,对相关医疗服务行为进行监管,并将相关信息及时如实传送给参保地经办机构。

四、完善跨省异地就医人员政策

加强跨省异地就医的顶层设计,统筹考虑各类跨省异地就医人员需求,逐步推进跨省异地就医直接结算。当前重点解决跨省异地安置退休人员的住院费用,有条件的地方可以在总结经验的基础上,结合本地户籍和居住证制度改革,探索将其他长期跨省异地居住人员纳入住院医疗费用直接结算范围。

跨省异地安置退休人员是指离开参保统筹地区长期跨省异地居住,并根据户籍管理规定已取得居住地户籍的参保退休人员。这部分人员可自愿向参保地经办机构提出异地医疗费用直接结算申请,经审核同意并出居住地经办机构登记备案后,其住院医疗费用可以在居住地实行直接结算。

跨省异地安置退休人员在居住地发生的住院医疗费用,原则上执行居住地规定的支付范围(包括药品目录、诊疗项目和医疗服务设施标准)。医疗保险统筹基金的起付标准、支付比例和支付限额原则上执行参保地规定的本地就医时的标准,不按照转外就医支付比例执行。经本人申请,可以将个人账户资金划转给个人,供门诊就医、购药时使用。

五、做好异地就医人员管理服务

各统筹地区经办机构应当根据跨省异地安置退休人员、异地转诊人员、异地急诊人员等不同人群的特点,落实管理责任,加强医疗服务监管,做好服务。

对经登记备案的跨省异地安置退休人员,居住地的经办机构应一视同仁地将其纳入管理,在定点医疗机构和零售药店确定、医疗信息记录、医疗行为监控等方面提供与本地参保人相同的服务和管理。跨省异地安置退休人员发生的应由统筹基金支付的住院医疗费用,通过各省级异地就医结算平台实行跨省直接结算。

对于异地转诊的参保人员,经办机构要适应分级诊疗模式和转诊转院制度,建立参保地与就医地之间的协作机制,引导形成合理的就医秩序。就医地经办机构应协助参保地经办机构进行医疗票据核查等工作,保证费用的真实性,防范和打击伪造医疗票据和文书等欺诈行为。

对于异地急诊的参保人员,原则上在参保地按规定进行报销;需要通过医疗机构对费用真实性进行核查的,就医地经办机构应予以协助。

参保人员异地就医费用按规定实行直接结算的,应由医疗保险基金支付的部分,原则上先由就医地医疗保险基金垫付,再由参保地经办机构与就医地经办机构按月结算。

对异地就医造成的就医地经办机构增加的必要工作经费,由就医地经办机构同级财政统筹安排。鼓励各地探索委托商业保险机构经办等购买服务的方式,提高异地就医结算管理和服务水平。

六、大力提升异地就医信息化管理水平

按照国家电子政务建设和信息惠民工程建设的要求,着力推进社会保险业务信息管理系统省级集中,建立完善中央和省级异地就医费用结算平台,统一信息系统接口、操作流程、数据库标准和信息传输规则,推进《社会保险药品分类与代码》等技术标准的应用。通过省级异地就医结算平台或省级集中社会保险业务管理系统,支持省内统筹地区之间的异地就医结算数据传输和问题协调。国家级异地就医结算平台与各省级异地就医平台对接,逐步通过平台实现跨省异地就医数据交换等功能。

七、加强组织落实

各级人力资源社会保障部门负责异地就医结算的统筹协调工作。各省人力资源社会保障部门要按照国家统一要求,协调省内有关部门制定本省份推进异地就医结算的工作计划,要加强与其他省份的沟通,积极推进跨省异地就医结算工作。统筹地区人力资源社会保障部门要树立全局观念,积极为来本地就医的参保人员提供医疗保险管理服务。有条件的省要统筹考虑生育保险、工伤保险等其他涉及医疗服务的社会保险,制定统一的社会保险异地就医管理办法。

财政部门要结合异地就医结算工作的开展,完善有关会计核算办法,会同有关部门完善社会保险基金财务制度。根据经办机构用款计划,及时足额划拨异地就医结算资金。加大资金支持力度,确保异地就医工作经费的落实。

卫生计生部门要会同有关部门,研究制定分级诊疗办法,建立健全转诊转院制度,引导形成合理的就医流向。要加大监管力度,规范医疗行为,促进合理规范诊疗。

医疗保险异地就医费用结算工作是健全全民医保体系的重要任务之一,事关人民群众切身利益。各有关部门要高度重视,加强配合,密切协作,确保工作落到实处,同时注意全面准确地做好宣传工作,合理引导社会预期。各地在工作中遇有重要情况要及时报告,有关部门要加强专项督查,推动工作进展。

本意见适用于人力资源社会保障部门负责的基本医疗保险。

人力资源和社会保障部

财政部

国家卫生和计划生育委员会

2014 年 11 月 18 日

关于落实完善公立医院药品集中采购工作指导意见的通知

国卫药政发〔2015〕70 号

各省、自治区、直辖市卫生计生委,新疆生产建设兵团卫生局:

　　为贯彻落实《国务院办公厅关于完善公立医院药品集中采购工作的指导意见》（国办发〔2015〕7 号,以下简称《意见》）,现就有关要求通知如下:

一、全面构建药品集中采购新机制

　　要坚持药品集中采购方向,实行一个平台、上下联动、公开透明、分类采购。充分发挥省级药品集中采购工作领导小组作用,结合地方实际,抓紧制订具体实施办法,落实部门责任分工,明确时间进度表和技术路线图,并及时上报国务院医改办,确保 2015 年内启动新一轮药品集中采购工作。

　　省级卫生计生行政部门要主动与发展改革、财政、人力资源社会保障、商务、食品药品监管等部门加强沟通协调,努力做好药品采购中质量安全、价格监测、配送使用、医保支付等政策措施的有效衔接,增强和扩大药品集中采购的惠民实效。

二、合理确定药品采购范围

　　医院要按照不低于上年度药品实际使用量的 80％制定采购计划,具体到通用名、剂型和规格,每种药品采购的剂型原则上不超过 3 种,每种剂型对应的规格原则上不超过 2 种。药品采购预算一般不高于医院业务支出的 25％～30％。省级药品采购机构应及时汇总分析医院药品采购计划和采购预算,合理确定药品采购范围,落实带量采购,优先选择符合临床路径、纳入重大疾病保障、重大新药创制专项、重大公共卫生项目的药品,兼顾妇女、老年和儿童等特殊人群的用药需要,并与医保、新农合报销政策做好衔接。

　　充分吸收国家基本药物遴选中规范剂型、规格等有效方法,依据国家基本药物目录、医疗保险药品报销目录、基本药物临床应用指南和处方集等,遵循临床常用必需、剂型规格适宜、包装使用方便的原则,推进药品剂型、规格、包装标准化,努力提高药品采购和使用集中度。

三、细化药品分类采购措施

　　要以省（区、市）为单位,结合确定的药品采购范围,进一步细化各类采购药品。医院使用的所有药品（不含中药饮片）都应在网上采购。

（一）招标采购药品

　　可根据上一年度药品采购总金额中各类药品的品规采购金额百分比排序,将占比排序累计不低于 80％,且有 3 家及以上企业生产的基本药物和非专利药品纳入招标采购范围。

（二）谈判采购药品

要坚持政府主导、多方参与、公开透明、试点起步，实行国家和省级谈判联动。2015年，国家将启动部分专利药品、独家生产药品谈判试点，方案另行制订。对于一时不能纳入谈判试点的药品，继续探索以省（区、市）为单位的量价挂钩、价格合理的集中采购实现路径和方式，并实行零差率销售。鼓励省际跨区域联合谈判，结合国家区域经济发展战略，探索形成适应医保支付政策的区域采购价格。

（三）直接挂网采购药品

包括妇儿专科非专利药品、急（抢）救药品、基础输液、常用低价药品以及暂不列入招标采购的药品。各地可参照国家卫生计生委委托行业协会、学术团体公布的妇儿专科非专利药品、急（抢）救药品遴选原则和示范药品，合理确定本地区相关药品的范围和具体剂型、规格，满足防治需求。

（四）国家定点生产药品

要按照全国统一采购价格直接网上采购，不再议价。

（五）麻醉药品和第一类精神药品

仍暂时实行最高出厂价格和最高零售价格管理。

四、坚持双信封招标制度

药品招标采购必须面向生产企业，由药品生产企业直接投标，同时提交经济技术标书和商务标书。要强化药品质量安全、风险评估意识，合理控制通过经济技术标书评审的企业数量。对于通过经济技术标书评审的企业不再排序，按照商务标书报价由低到高选择中标企业和候选中标企业。

要落实招采合一、带量采购、量价挂钩。从有利竞争、满足需求、确保供应出发，区别药品不同情况，结合公立医院用药特点和质量要求，根据仿制药质量一致性评价技术要求，科学设定竞价分组，每组中标企业数量不超过 2 家。要通过剂型、规格标准化，将适应证和功能疗效类似药品优化组合和归并，减少议价品规数量，促进公平竞争。

对中标价格明显偏低的，要加强综合评估，全程监测药品质量和实际供应保障情况。对于只有 1 家或 2 家企业投标的品规，可组织专门议价。要公开议价规则，同品种议价品规的价格要参照竞价品规中标价格，尽量避免和减少人为因素影响，做到公开透明、公平公正。

为维护公平竞争环境，形成全国统一市场，各地招标采购药品的开标时间统一集中在每年 11 月中下旬。实现招标采购政策联动，方便生产企业理性投标、提前组织安排生产，避免药品价格因开标不同步产生波动。要优化流程，简化申报程序，提升服务质量和效率。

五、改进医院药款结算管理

医院从药品交货验收合格到付款的时间不得超过 30 天。加强政策引导，鼓励医院公开招标选择开户银行，通过互惠互利、集中开设银行账户，由银行提供相应药品周转金服务，加快医院付款时间，降低企业融资成本和药品生产流通成本。纠正和防止医院以承兑汇票等形式变相拖延付款时间的现象和行为。要将药品支出纳入预算管理和年度考核,定期向社会公布。逐步实现药占比(不含中药饮片)总体降到30%以下。

六、完善药品供应配送管理

公立医院药品配送要兼顾基层供应,特别是向广大农村地区倾斜。鼓励县乡村一体化配送,重点保障偏远、交通不便地区药品供应。要落实药品生产企业是供应配送责任主体的要求,加强考核督导和纠偏整改,建立和完善药品配送约谈、退出、处罚制约机制。对配送率低、拒绝承担基层药品配送、屡犯不改的企业取消中标、挂网资格,取消供货资格。要研究细化医院被迫使用其他企业替代药品,超支费用由原中标企业承担的配套措施。

进一步强化短缺药品监测和预警,按区域选择若干医院和基层医疗卫生机构作为短缺药品监测点,及时掌握分析短缺原因,理顺供需衔接,探索多种方式,保障患者基层用药需求。

七、加快推进采购平台规范化建设

药品集中采购平台要坚持政府主导,维护非营利性的公益性质。要保障平台规范化建设所需的人力、财力、物力,确保2015年底前与国家药品供应保障综合管理信息平台对接联通、数据信息安全传输。

省级药品采购机构要增强服务意识,全面推进信息公开,定期公布医院药品采购价格、数量、付款时间及药品生产经营企业配送到位率、不良记录等情况,并及时做好网上交易数据汇总和监测分析工作,合理运用差比价规则,测算各类药品市场平均价格,采集不同阶段药品采购价格以及周边国家和地区药品价格等信息,为各类药品采购提供支持。

要借助互联网、大数据等现代信息技术,不断扩展升级采购平台服务和监管功能,提高平台智能化水平,适应签订电子合同、在线支付结算、网上电子交易等新特点、新要求,为推进医院与药品生产企业直接结算药款,生产企业与配送企业结算配送费用创造条件。

八、规范医院药品使用管理

各省(区、市)药政管理部门要落实责任,继续推动公立医院优先配备使用基本药物,并达到一定使用比例。建立处方点评和医师约谈制度,重点跟踪监控辅助用药、医院超常使用的药品,明确医师处方权限,处方涉及贵重药品时,应主动与患者沟通,规范用量,努力减轻急性、长期用药患者药品费用负担。全面提升药师的总体数量和业务素质,充分发挥药师的用药指导作用,鼓励零售药店药师定期到二级以上医疗机构培训,积极探索药师网上药事服务。

加快推进以基本药物为重点的临床用药(耗材)综合评价体系建设。以省为单位选择部分医疗、教学、科研等综合实力较强的三级、二级医院和基层医疗卫生机构,对药品(耗材)的安全性、有效性、合理性、依从性、经济性等进行成本效益评估,为规范药品采购和配备使用,推进药品剂型、规格、包装标准化提供临床技术支持。

九、加强公立医院改革试点城市药品采购指导

要坚持三医联动,突出综合改革,结合地方实际研究制订公立医院改革试点城市以市为单位自行采购的具体办法,与综合改革相配套,互相促进,并将具体办法及时上报国务院医改办备案。试点城市医院要在省级药品集中采购平台采购药品、在线交易。对于打包批量采购的药品,要合理消化成本,零差率销售。试点城市成交价格明显低于省级中标价格的,省级中标价格应按试点城市成交价格进行调整。大力发展现代医药物流,探索由社会零售药店、医保定点药店承担医院门诊药事服务的实现形式和路径。要加强药物政策研究,将药品集中采购与其他改革政策协同推进,实现药品采购效益最大化。

十、加强综合监管

要加强药品采购全过程的综合监管。严肃查处药品生产经营企业弄虚作假、围标串标、哄抬价格等行为,严格执行诚信记录和市场清退制度。禁止各种形式的地方保护。严肃查处医院违反采购合同、违规网下采购等行为。对通过招标、谈判、定点生产等方式形成的采购价格,医院不得另行组织议价;对医院直接挂网采购药品的价格,要加强市场监测和跟踪,维护公平竞争的市场环境和秩序。规范和净化药品在医院内部的流通渠道,定期向社会公布在医院设立结算户头的药品经营企业名单,接受社会监督。坚决遏制药品购销领域腐败行为、抵制商业贿赂。加强省级药品采购机构廉政制度建设,增强廉洁自律意识,防范和杜绝各种廉政风险。

十一、加大宣传培训

完善公立医院药品集中采购工作,必须有利于破除以药补医机制,加快公立医院特别是县级公立医院改革;有利于降低药品虚高价格,减轻人民群众用药负担;有利于预防和遏制药品购销领域腐败行为,抵制商业贿赂;有利于推动药品生产流通企业整合重组、公平竞争,促进医药产业健康发展。

要充分运用广播、报刊、电视等传统媒介和微信、微博等新媒体方式,让社会各界了解破除以药补医、扭转公立医院趋利行为的必要性、艰巨性、复杂性,用"四个有利于"来检验公立医院药品集中采购工作的成效。要广泛宣传《意见》的方向、意义、措施和成效,进一步统一思想、凝聚共识,并发挥医务人员医改主力军作用,调动一切积极因素,坚定信心,攻坚破难,构建药品采购新机制。

完善公立医院药品集中采购工作是对现有利益格局的重大调整,专业性和政策性强,社会关注度高。各级卫生计生行政部门要增强责任感和紧迫感,把思想认识统一到《意见》上来,全面领会《意见》精神实质,推进三医联动,开创深化医改新局面。

国家卫生计生委
2015 年 6 月 11 日

关于印发控制公立医院医疗费用不合理增长的
若干意见的通知

国卫体改发〔2015〕89 号

各省、自治区、直辖市、新疆生产建设兵团卫生计生委（卫生局），发展改革委，财政（务）厅（局），人力资源社会保障厅（局），中医药管理局：

国家卫生计生委、国家发展改革委、财政部、人力资源社会保障部和国家中医药管理局制定的《关于控制公立医院医疗费用不合理增长的若干意见》已经国务院同意，现印发你们，请各地认真贯彻落实。

国家卫生计生委

国家发展改革委

财政部

人力资源社会保障部

国家中医药管理局

2015 年 10 月 27 日

关于控制公立医院医疗费用不合理增长的若干意见

新一轮医药卫生体制改革实施以来，随着基本医疗保障制度实现全覆盖，基层医疗卫生机构综合改革整体推进，公立医院改革逐步拓展，医院次均费用上涨幅度得到一定控制。但总体上看，医疗费用不合理增长问题仍然存在，突出表现在部分城市公立医院医疗费用总量增幅较大，药品收入占比较大，大型医用设备检查治疗和医用耗材的收入占比增加较快，不合理就医等导致的医疗服务总量增加较快等。为有效控制公立医院医疗费用不合理增长，切实减轻群众医药费用负担，进一步增强改革综合成效，现提出如下意见。

一、总体要求

将控制公立医院医疗费用不合理增长作为深化医改的重要目标和任务，统筹谋划，综合施策，强化规范医疗、完善医保、改革医药等政策联动，推动实现医疗费用增长与经济社会发展、医保基金运行和群众承受能力相协调，切实维护人民群众健康权益，促进医药卫生事业健康发展。坚持总量控制、结构调整，控制医疗费用总量增长速度，合理调整医疗服务价格，降低药品和耗材费用占比，优化公立医院收支结构，实现良性运行。坚持内外兼治、强化监管，加强公立医院内部管理和外部监督，建立健全医疗费用监控和公开机制，改革医保支付方式，规范和引导医疗服务行为。坚持系统治理、防治结合，优化医疗资源配置,逐步建立完善分级诊疗制度,加强疾病防控和健康管理,提高医疗服务体系整体运行效率。坚持立足实际、分层分类,从区域和医疗机构两个层面强化费用调控,根据不同地区医疗费用水平和增长幅度以及医院的功能定位,分类确定控费要求并进行动态调整。

到2016年6月底,各地结合实际合理确定并量化区域医疗费用增长幅度,定期公示主要监测指标,初步建立公立医院医疗费用监测体系,医疗费用不合理增长的势头得到初步遏制,城市公立医院医疗费用总量增幅和门诊病人次均医药费用、住院病人人均医药费用增幅有所下降。到2017年底,公立医院医疗费用控制监测和考核机制逐步建立健全,参保患者医疗费用中个人支出占比逐步降低,居民看病就医负担进一步减轻。

二、采取医疗费用控制综合措施

(一)规范医务人员诊疗行为

推行临床路径管理,采取处方负面清单管理,落实处方点评、抗生素使用、辅助用药、耗材使用管理等制度。加强中药饮片合理应用监管,建立中药饮片处方专项点评制度,促进合理用药。建立对辅助用药、医院超常使用的药品和高值医用耗材等的跟踪监控制度,明确需要重点监控的药品品规数,建立健全以基本药物为重点的临床用药综合评价体系。严格执行医疗机构明码标价和医药费用明晰清单制度。建立符合医疗卫生行业特点的人事薪酬制度。严禁给医务人员设定创收指标,医务人员个人薪酬不得与医院的药品、耗材、大型医用设备检查治疗等业务收入挂钩。

(二)强化医疗机构内控制度

加强预算约束,卫生计生行政部门和中医药管理部门或政府办医机构要根据行业发展规划和医疗费用控制目标,对医院预算进行审核。强化公立医院成本核算,探索建立医疗机构成本信息库。加强信息技术手段的运用,提高公立医院病案、临床路径、药品、耗材、费用审核、财务和预算等方面的精细化管理水平,控制不必要的费用支出。力争到2017年试点城市公立医院百元医疗收入(不含药品收入)中消耗的卫生材料降到20元以下。

(三)严格控制公立医院规模

按照《国务院办公厅关于印发全国医疗卫生服务体系规划纲要(2015—2020年)的通知》(国办发〔2015〕14号)要求以及省级卫生资源配置标准和医疗机构设置规划,合理把控公立医院床位规模,严禁擅自增设床位。严格实施大型医用设备配置规划,加强使用评价和监督管理。严禁公立医院举债建设,严格控制建设标准。

(四)降低药品耗材虚高价格

贯彻落实《国务院办公厅关于完善公立医院药品集中采购工作的指导意见》(国办发〔2015〕7号),实行药品分类采购。对临床用量大、采购金额高、多家企业生产的基本药物和非专利药品,发挥省级集中批量采购优势,由省级药品采购机构采取双信封制公开招标采购。对部分专利药品、独家生产药品,建立公开透明、多方参与的价格谈判机制。加强对药品价格执行情况的监督检查。实施高值医用耗材阳光采购,在保证质量的前提下鼓励采购国产高值医用耗材。严厉查处药品耗材购销领域商业贿赂行为。

（五）推进医保支付方式改革

逐步对统筹区域内所有定点医疗机构及其所有病种全面实行支付方式改革。强化医保基金收支预算，建立以按病种付费为主，按人头、按服务单元等复合型付费方式，逐步减少按项目付费。鼓励推行按疾病诊断相关组（DRGs）付费方式。完善并落实医保经办机构与医疗机构的谈判机制，动态调整支付标准，强化质量监管。充分发挥各类医疗保险对医疗服务行为和费用的调控引导与监督制约作用。在规范日间手术和中医非药物诊疗技术的基础上，逐步扩大纳入医保支付的日间手术和医疗机构中药制剂、针灸、治疗性推拿等中医非药物诊疗技术范围。对高额药品和耗材进入医保目录库进行严格的经济学评价及审查。综合考虑医疗服务质量安全、基本医疗需求等因素制定临床路径，加快推进临床路径管理。到 2015 年底，城市公立医院综合改革试点地区医保支付方式改革要覆盖区域内所有公立医院，实施临床路径管理的病例数达到公立医院出院病例数的 30%，实行按病种付费的病种不少于 100 个。

（六）转变公立医院补偿机制

破除以药补医机制，理顺医疗服务价格，降低大型医用设备检查治疗价格，合理调整提升体现医务人员技术劳务价值的医疗服务价格。建立以成本和收入结构变化为基础的价格动态调整机制。坚持"总量控制、结构调整、有升有降、逐步到位"的原则，通过降低药品耗材费用和加强成本控制，留出空间用于调整医疗服务价格。切实落实政府对公立医疗机构各项投入政策，保证医保基金按规定及时足额结算，促进医疗费用结构合理化。公立医院药品收入占医疗收入比重逐年下降，力争到 2017 年试点城市公立医院药占比（不含中药饮片）总体下降到 30% 左右。

（七）构建分级诊疗体系

优化医疗资源结构和布局，促进优质医疗资源下沉，提高基层服务能力，合理确定各级各类医疗机构功能定位，完善分工协作机制。以患者为中心制定分级诊疗规范，综合运用行政、医保、价格等多种措施，推动建立基层首诊、双向转诊、急慢分治、上下联动的分级诊疗模式，引导患者合理就医，提高医疗资源利用效率和整体效益。在统一质量标准前提下，实行同级医疗机构医学检查检验结果互认。三级公立医院要逐步减少和下沉普通门诊服务，实现普通门诊占比逐年降低。基层中医药服务能力不足及薄弱地区的中医医院应区别对待。

（八）实施全民健康促进和健康管理

加强慢性疾病的预防控制工作，提高基本公共卫生服务和重大公共卫生服务项目绩效，实施全民健康促进战略，从源头上控制患病率和医疗费用增长。

三、建立医疗费用控制考核问责机制

（一）加强医疗费用监测

各级卫生计生行政部门和中医药管理部门要以区域和机构医疗费用增长情况、医疗资源利用效率、医疗收入结构、医疗服务效率等为核心，以本意见明确的主要监测指标为基础，建立医疗费用监测体系。各地要综合考虑医疗费用的历史情况、医疗服务需求、各级各类医疗机构功能定位及诊疗特点、物价变化、经济社会发展水平等因素，科学测算，合理确定各级各类公立医院医疗费用控制的年度和阶段性目标。各地医疗费用监测体系要以信息化为基础,建立本地区信息化监管平台,确保信息真实、准确、全面。

(二)加强医疗费用排序和公开

各级卫生计生行政部门和中医药管理部门根据费用指标监测情况,按地区、按医疗机构进行排序,每年定期按规定公示排序结果,加强信息公开和社会监督。国家卫生计生委定期公布主要监测指标各省(区、市)排序情况。国家卫生计生委预算管理公立医院和国家中医药局直属管公立中医医院按照属地化原则,纳入当地医疗费用控制监测和公开范围。公立医疗机构要落实医疗服务价格、药品价格和费用公示制度。

(三)严格实施考核问责

将控费目标实现情况与公立医院基建投入、设备购置投入、重点学(专)科建设投入、财政拨款预算安排等挂钩。对于控费目标排名靠前的医院予以优先考虑,对于达不到控费目标的医院,各级卫生计生行政部门会同发展改革、财政等部门根据情况核减或取消资金补助。

将医疗费用控制作为公立医院等级评审准入、新增床位审批和大型医用设备配置等的重要依据。对未达到控费目标要求的公立医院,暂停上述资格,经整改符合要求后再予启动评审及审批新增床位、大型医用设备配置等。

将医疗费用控制工作纳入对所属公立医院目标管理、院长年度绩效考核和院长任期考核范围,提高控费指标所占的考核权重,对未按照目标完成费用控制要求的院长,追究其相应的管理责任。

公立医疗机构要将合理诊疗行为作为对医务人员绩效考核评价的重要内容。探索建立医疗服务信息化监管体系,把合理检查、合理用药的执行情况与医务人员的评优、评先、晋升、聘用、绩效工资分配等挂钩,并纳入医疗服务信息化监管体系统一监管。

四、强化组织实施

(一)加强统筹协调

各级政府相关部门要进一步提高对控制医疗费用不合理增长重要性的认识,落实政府的领导责任、保障责任、管理责任、监督责任,明确工作部署,精心组织实施。地方各级卫生计生行政部门会同发展改革、财政、人力资源社会保障、中医药等部门依据本意见,结合实际情况,研究制订本地区的具体实施方案,确定具体的控费目标以及监督考核办法,积极稳妥推进。国家卫生计生委要加强对控费工作的统筹协调、行业监管、检查指导。

(二)强化部门协作

各级政府相关部门要加强协同配合,统筹推进医疗保障、医疗服务、药品供应、公共卫生、监管体制等综合改革,形成控制医疗费用不合理增长的长效机制。加大公立医院综合改革力度,敢于突破原有体制机制,建立起维护公益性、调动积极性、保障可持续的运行新机制,规范医疗行为,实现合理控费目标。各级发展改革(物价)、财政、人力资源社会保障、中医药等部门要按照职责分工,充分发挥在理顺医疗服务价格、落实财政投入和医保引导调控等方面的作用,注重政策衔接,形成工作合力。

附

公立医院医疗费用控制主要监测指标及说明

一、主要监测指标

	医疗费用相关指标	指标要求
1	区域医疗费用增长	实现各地确定的区域医疗费用控制目标
2	门诊病人次均医药费用	监测比较
3	住院病人人均医药费用	监测比较
4	门诊病人次均医药费用增幅	逐步降低
5	住院病人人均医药费用增幅	逐步降低
6	10 种典型单病种例均费用	监测比较
7	参保患者个人支出比例	逐步降低
8	医保目录外费用比例	监测比较
9	城市三级综合医院普通门诊就诊人次占比	逐步降低
10	住院的人次人头比	监测比较
11	手术类型构成比	监测比较
12	门诊收入占医疗收入的比重	监测比较
13	住院收入占医疗收入的比重	监测比较
14	药占比(不含中药饮片)	逐步降低
15	检查和化验收入占医疗收入比重	逐步降低
16	卫生材料收入占医疗收入比重	逐步降低
17	挂号、诊察、床位、治疗、手术和护理收入总和占医疗收入比重	逐步提高
18	百元医疗收入消耗的卫生材料费用	逐步降低
19	平均住院日	逐步降低
20	管理费用率	逐步降低
21	资产负债率	逐步降低

二、指标说明

(一)区域医疗费用增长即区域医疗机构医疗总收入增幅＝[(区域内医疗机构本年度住院收入＋本年度门诊收入)－(区域内医疗机构上年度住院收入＋上年度门诊收入)]/(区域内医疗机构上年度住院收入＋上年度门诊收入)×100％,用于反映区域医疗费用年度总体增长情况。

(二)门诊病人次均医药费用＝门诊收入/总诊疗人次数,用于反映医院门诊病人费用负担水平。

（三）住院病人人均医药费用＝住院收入/出院人数,用于反映医院住院病人费用负担水平。

（四）门诊病人次均医药费用增幅＝(本年度门诊病人次均医药费用－上年度门诊病人次均医药费用)/上年度门诊病人次均医药费用×100%,用于反映医院门诊病人费用负担增长水平。

（五）住院病人人均医药费用增幅＝(本年度住院病人人均医药费用－上年度住院病人人均医药费用)/上年度住院病人人均医药费用×100%,用于反映医院住院病人费用负担增长水平。

（六）10种典型单病种例均费用,各省(区、市)选择10种常见多发疾病,并对各医院各病种收治病例的平均医药费用进行统计,用于反映各医院相同或类似病种平均诊治费用的差异。

（七）参保患者个人支出比例＝参保患者个人支付医疗费用/参保患者就医医疗费用×100%,用于反映患者看病就医负担水平。

（八）医保目录外费用比例＝参保患者就医医保报销目录外医疗费用/参保患者就医医疗费用×100%,用于反映患者看病就医负担及医院诊疗和用药合理性。

（九）城市三级综合医院普通门诊就诊人次占比＝城市三级综合医院普通门诊就诊人次/本医院诊疗人次,普通门诊是指副高职称以下医师提供的门诊服务,反映病人就医流向。

（十）住院的人次人头比＝期内住院人次/期内住院人头数,用于反映在使用均次指标评价情况下,医院分解住院情况。

（十一）手术类型构成比＝N类手术台数/手术总台数(N＝Ⅰ,Ⅱ,Ⅲ,Ⅳ),用于评价医院住院患者的手术疑难程度,便于对不同医院人均住院费用和平均住院日等指标的差异化考核。

（十二）门诊收入占医疗收入的比重＝医院门诊收入/医疗收入×100%,用于反映医院合理诊疗情况。

（十三）住院收入占医疗收入的比重＝医院住院收入/医疗收入×100%,用于反映医院合理诊疗情况。

（十四）药占比(不含中药饮片)＝医院药品收入/医疗收入×100%,不含中药饮片,用于反映医院药品费用水平和收入结构。

（十五）检查和化验收入占医疗收入比重＝(医院检查收入＋化验收入)/医疗收入×100%,用于反映医院收入结构。

（十六）卫生材料收入占医疗收入比重＝医院卫生材料收入/医疗收入×100%,用于反映医院收入结构。

（十七）挂号、诊察、床位、治疗、手术和护理收入总和占医疗收入比重＝(医院挂号收入＋诊察收入＋床位收入＋治疗收入＋手术收入＋护理收入)/医疗收入×100%,用于反映医院收入结构。

（十八）百元医疗收入消耗的卫生材料费用＝(卫生材料支出/医疗收入)×100,用于反映医院卫生材料消耗程度和管理水平。

（十九）平均住院日＝出院者占用总床日数/出院人数，用于反映医院对住院患者的服务效率。

（二十）管理费用率＝管理费用/业务支出×100％，用于反映医院管理效率和管理成本控制情况。

（二十一）资产负债率＝负债总额/资产总额×100％，用于反映医院的资产中借债筹资的比重和债务风险。

参 考 文 献

[1] 郑功成. 社会保障研究[M]. 北京:中国劳动社会保障出版社,2014.

[2] 郑功成. 社会保障概论[M]. 上海:复旦大学出版社,2007.

[3] 郑功成. 中国社会保障改革与发展战略——理念、目标与行动方案[M]. 北京:人民出版社,2008.

[4] 郑功成. 社会保障学[M]. 北京:中国劳动社会保障出版社,2005.

[5] 郑功成. 中国社会保障改革与发展战略(医疗保障卷)[M]. 北京:人民出版社,2011.

[6] 沈松泉. 医疗保险理论与探索[M]. 南京:江苏人民出版社,2006.

[7] 仇雨临. 医疗保险[M]. 北京:中国劳动社会保障出版社,2008.

[8] 王莉. 医疗保险学[M]. 广州:中山大学出版社,2011.

[9] 王东进. 回顾与前瞻:中国医疗保险制度改革[M]. 北京:中国社会科学出版社,2008.

[10] 周绿林,李绍华. 医疗保险学[M]. 北京:科学出版社,2013.

[11] 江启成. 卫生经济学教程[M]. 安徽:安徽科教出版社,2002.

[12] 许怀湘. 美国医保支付方式的演变及对中国医保支付改革的启示[J]. 中国医院,2012(9):69-72.

[13] 于保荣,刘兴柱,袁蓓蓓,等. 公共卫生服务的支付方式理论及国际经验研究[J]. 中国卫生经济,2007,26(295):37-40.

[14] 郭富威,任苒. DRGs在美国的发展及在我国的应用对策[J]. 中国医院管理,2006(2):32-35.

[15] 官波. 美国医保DRG支付方式对我国医保支付方式选择的启示[J]. 卫生软科学,2004(6):283-286.

[16] 孙卫. 改进医疗费用支付方式,破解看病贵难题[J]. 卫生经济研究,2006,11:16-17.

[17] 吴旭东,刘恩靖,宫明. 不同医疗保险支付方式的分析比较. 实用医药杂志,2012,4(29):374-375.

[18] 冯毅,马长琼. 医疗费用供方支付方式概述[J]. 社区医学杂志,2012,10(9):17-19.

[19] 赵斌,孙斐. 社会医疗保障制度对医疗机构付费方式的设置规律——基于31国经验的总结[J]. 社会保障研究,2014(1):111-131.

[20] 刘亚歌,彭明强. 医疗保险费用支付方式改革对医院管理的影响[J]. 中国医院管理,2011,31(7):52-54.

[21] 马进,李恩奎,吴群鸿,等. 医疗费用供方支付方式比较研究[J]. 中国卫生经

济,1998,17(2):34 - 25.

[22] 马进,方力,王维国. 医疗服务补偿经济学——供方的支付方式研究(第一版)[M]. 哈尔滨:黑龙江人民出版社,1999.

[23] 刘海兰,何胜红,肖俊辉,等. 新医政背景下我国社会医疗保险供方支付方式改革研究[J]. 劳动保障世界,2013,2:30 - 32.

[24] Barmum H,Kutzin J,Saxenian H. Incentive and provider payment methods [J]. International Journal of Health Planning and Management,1995.10(1):23 - 45.

[25] Robinson,J. C.:Payment mechanism,non-price incentives,and organizational transaction in health care,Inquiry,Vol. 30:328 - 333,1993.

[26] Karen Bloor,Alan Maynard,et al. Provider mechanisms,Flagship course, Module seven,World Bank,Washington D. C.,USA,November 1998.

[27] Averill R,Muldoon J,Vertees J. The Evolution of Casemix Measurement using diagnosis related groups (DRG)[R],1998.

[28] 郝春彭. 建立和完善有中国特色的医疗保险治理体系,提升医疗保险治理能力[J]. 中国医疗保险,2014(9):28 - 29.

[29] Saltman R,Busse R. Social health insurance systems in Western Europe [M]. Open University Press,2004.

[30] Lisac M. Health systems and health reform in Europe [J]. Intereconomics, 2008,43(4):184 - 218.

[31] 侯文杰. 完善我国医疗保险法律制度研究[D]. 新乡:河南师范大学,2012.

[32] 张深深. 行政法视角下的医疗保险基金监管——以额度控制为例[D]. 北京: 中国社会科学院,2013.

[33] 李瑞. 论我国现行医疗保险劳动纠纷解决机制的缺陷及完善[J]. 长春工业大学学报:社会科学版,2013,6(25):74 - 75.

[34] 张夏. 我国城镇医疗保险法律问题研究[D]. 北京:首都经贸大学. 2014.

[35] 王蔚臆. 医疗欺诈的成因及监管探析[J]. 管理观察,2014(3):164 - 165.

[36] 徐天漪. 我国城镇社会医疗保险的行政立法问题研究[D]. 沈阳:东北大学,2013.

[37] 王平均. 推进人力资源社会保障依法行政的几点思考[J]. 人力资源开发, 2013(1):6 - 8.

[38] 于瑞均. 天津医疗保险监督检查体系现代化建设进程[J]. 中国医疗保险, 2014(3):38 - 40.

[39] 陈琳,袁波,杨国斌. 定点医疗机构医疗保险管理中的精益管理[J]. 解放军定点医疗机构管理杂志,2013,9(20):842 - 844.

[40] 王海林,郭美香. 医疗保险定点医院使用服务手册[M]. 北京:人民卫生出版社,2007.

[41] 周绿林. 我国医疗保险费用控制研究[M]. 镇江:江苏大学出版社,2013.

[42] 荣惠英. 医院医疗保险管理[M]. 北京:人民卫生出版社,2015.

［43］中国医疗保险研究会．中国医疗保险理论研究与实践创新［M］．北京：化学工业出版社，2011．

［44］周绿林，李绍华．医疗保险学［M］．北京：科学出版社，2013．

［45］黄勇．社会医疗保险费用控制方式探讨［M］．济南：山东师范大学，2008．

［46］荣雅芝．医院全面预算管理的重要性研究［J］．科技创新导报，2015.1：186－187．

［47］王波，公立医院实行全面预算管理的探讨［J］．世界最新医学信息文摘，2014，14（12）：198－199．

［48］张海龙，张海英，高虹，等．医院预算管理结合全成本核算应用案例分析［J］．中国卫生经济，2011，30（9）：85－86．

［49］胡爱平，王明叶．管理式医疗：美国的医疗服务与医疗保险［M］．北京：高等教育出版社，2010．

［50］徐波．医保总额预付制下住院收入预算［J］．民营科技，2012（10）：235．

［51］张林．定点医疗机构预算管理现状与改进策略［J］．财经界，2015（3）：64－65．

［52］徐元元，田立启，侯常敏，等．定点医疗机构全面预算管理［M］．北京：企业管理出版社，2014．

［53］由宝剑．现代定点医疗机构全面预算管理理论·实务·案例［M］．西安：西安电子科技大学出版社，2012．

［54］卢祖洵．社会医疗保险［M］．北京：人民卫生出版社，2007．

［55］胡克．加强定点医疗机构财务管理建立成本核算体系与预算管理［J］．现代定点医疗机构，2007，7（9）：118－119．

［56］周枫，傅全威．从药占比看定点医疗机构管理成效［J］．解放军定点医疗机构管理杂志，2013，20（5）：488－493．

［57］路云．社会医疗保险信息系统的统筹规划［M］．南京：东南大学出版社，2013．

［58］中国医疗保险研究会．中国医疗保险理论研究与实践创新［M］．北京：化学工业出版社，2011．

［59］黄勇．社会医疗保险费用控制方式探讨［D］．济南：山东师范大学，2008．

［60］张永理．公共危机管理［M］．武汉：武汉大学出版社，2010．

［61］张成福．公共危机管理理论与实务［M］．北京：中国人民大学出版社，2009．

［62］李惠军等．医院危机管理手册［M］．石家庄：河北科学技术出版社，2013．

［63］孙宗虎，姚小风．员工培训管理实务手册［M］．北京：人民邮电出版社，2012．

［64］王中义．企业文化与企业宣传［M］．北京：北京大学出版社，2015．

［65］毛树伟．浅谈定点医院医保培训的重要性［J］．科技与企业，2015（8）：160－160．

［66］田甜，王立波．加强医保培训提升医院管理质量［J］．吉林医学，2010，31（23）：3995－3996．

［67］苏伟．成都市医疗保险谈判绩效分析［J］．中国医疗保险，2012，（10）：27－29．

［68］华颖．德国法定医疗保险谈判机制的特征［J］．中国医疗保险，2013，（8）：

67－70.

［69］周绿林,胡大洋,等.医患保和谐共赢—构建医保谈判机制的着力点[J].中国医疗保险,2009,(12):30－35.

［70］许东黎.国外医疗保险与医疗机构谈判机制述评[J].中国医疗保险,2009,(12):62－64.

［71］王宗凡.美国和加拿大的医保费用支付与谈判[J].中国医疗保险,2009,(12):65－67.

［72］刘军帅.青岛:锁定高值药品谈判[J].中国社会保障,2015,(7):80－81.

［73］王宗凡.医保谈判机制基本框架构建——医疗保险谈判机制探析之三[J].中国社会保障,2011,(6):76－77.

［74］俞锦声.医疗保险谈判机制浅析[J].中国卫生事业管理,2011,(2):101－103.

［75］胡大洋.关于建立医疗保险谈判机制的几点思考[J].中国医疗保险,2009,(12):19－22.

［76］王翔.镇江市谈判机制成为医保管理的手段[J].中国医疗保险,2011,(3):56－57.

［77］李品媛.现代商务谈判[M].大连:东北财经大学出版社,2013.

［78］刘园.谈判学概论[M].北京:首都经济贸易大学出版社,2011.

［79］张晓,胡大洋,罗兴洪.医疗保险谈判理论与实践[M].北京:中国劳动社会保障出版社,2011.